U1015512

企业投融资评价方法与参数

马　钧　主编

中国经济出版社
CHINA ECONOMIC PUBLISHING HOUSE
北京

图书在版编目（CIP）数据

企业投融资评价方法与参数/马钧主编.
北京：中国经济出版社，2014.8
ISBN 978-7-5136-2983-6

Ⅰ.①企… Ⅱ.①马… Ⅲ.①中小企业—投资—研究②中小企业—融资—研究 Ⅳ.①F276.3

中国版本图书馆 CIP 数据核字（2013）第 299465 号

责任编辑　严　莉
责任审读　霍宏涛
责任印制　马小宾
封面设计　任燕飞设计室

出版发行　中国经济出版社
印 刷 者　三河市佳星印装有限公司
经 销 者　各地新华书店
开　　本　787mm×1092mm　1/16
印　　张　54.25
字　　数　1023 千字
版　　次　2014 年 8 月第 1 版
印　　次　2014 年 8 月第 1 次
定　　价　138.00 元
广告经营许可证　京西工商广字第 8179 号

中国经济出版社 **网址** www.economyph.com **社址** 北京市西城区百万庄北街 3 号 **邮编** 100037
本版图书如存在印装质量问题，请与本社发行中心联系调换（联系电话：010-68319116）

版权所有　盗版必究（举报电话：010-68359418　010-68319282）

国家版权局反盗版举报中心（举报电话：12390）　　　　服务热线：010-68344225　88386794

《企业投融资评价方法与参数》

主　　　编：马　钧

副　主　编：张光平　秦志辉　陈溥才

编　　　委：（以姓氏笔画为序）

丁　灿　于　武　马　彬　王晋佳　任彦详　刘　青
刘福寿　祁春波　孙　莉　李炜瑜　李建国　李　锋
汪　泉　张佳康　张笑宇　陈信健　季俊东　岳　鹰
周勤第　周群信　周德文　郑　昕　郑建库　查斌仪
秦志辉　聂　明　徐一平

主要参编人员：（以姓氏笔画为序）

马　波　王　宾　王　悠　石进国　刘坤球　刘雪玲
孙金义　杜彦坤　李保军　李　斌　吴　剑　吴裕建
沈春晓　张伟平　陈其权　胡　杰　俞清泉　闻小雷
郭卫军　郭镇宁　葛华进　薛东海　薛春风

序言

《企业投融资评价方法与参数》一书，从书名到内容都是一本投融资评价方面极具分量的理论方法专著。看完此书，回味却像一幅画，更像是一幅全社会投资决策科学化的入门指引。

全社会投资决策科学化是一个很好的命题，也是作者心中怀揣十几年的奋斗目标。这个宏伟目标说出了一个全国人民21世纪的“金融梦”，是富民强国的“中国梦”的一个部分。“金融梦”与每个人息息相关，对国家、对企业、对个人都有其确定的含义。在国家层面，我国已进入金融业跨越式发展的时代，决策科学化是从微观层面控制不良贷款率、避免出现系统的或者局部的金融危机。让金融更好地服务于经济结构调整优化、服务于实体经济、服务于中小微企业。在企业层面，为解决中小微企业融资难提供实质性服务是投资决策科学化的根本要求。在个人层面，随着全社会个人财富的积累，个人金融资产规模将越来越大，让个人的金融资产保值增值是每个人都须面对的“幸福的烦恼”，投资决策科学化可以使每个社会成员都能掌握适合自己的理财方法。

《企业投融资评价方法与参数》结合国家现行财税制度和国内企业管理现状，借鉴了国家发改委和建设部联合颁发的《建设项目经济评价方法与参数》，兼顾企业经营数据及企业投融资评价特点，综合了当前商业银行、小贷公司、担保机构、创投机构现有评价方法，是在借鉴前人研究成果的基础上，集中集体智慧创建的企业投融资评价方法体系。方法体系内容完整，钩稽关系严密，可操作性良好。书中理论方法部分包括融资需求分析、评价指标体系、决策方法、评价报表内容与格式。调查评价实务包括资料收集、财务数据审核与真实性验证、合理确定财务评价参数、财务评价方法、评级授信方法、评价报告编制技巧、利率定价方法、“在线评价”等内容。理论方法和操作技巧用了大量案例进行示范。本书适宜用作银行客户经理和风险经理的培训教材。编写本书的专家团队，以本书理论方法为基础开发出“在线评价”平台软件，用于教学，效果显著，软件已在部分银行实际应用。可见，本书的理论和实践基础比较扎实。

本书为企业投融资决策科学化提供了基本的理论方法，“在线评价”平台软件为实现全社会投资决策科学化提供了现代工具。为解决中小微企业融资难，创新金融服务模式提供了新思路。

解决中小微企业融资难，贷款机构、融资企业、政府各有自己的难处。

具体难处可概括为如下几点：

1. 贷款机构的难处

贷款机构感觉小企业贷款风险大、成本高，有些企业提供的资料不全，或真实性存疑，为贷款机构客观评价贷款风险增加难度，加上不少小企业经营状况不稳定，对企业未来经营状况和财务状况预测的准确性难以把握，增加贷款风险，客户筛选、评价和决策工作量大，效率低，人员不足，贷款风险补偿成本及风险控制成本都较高。经济发达的国家，大银行主要是作为资金批发行，小银行是中小微企业贷款的主力军。

2. 融资主体的难处

许多融资企业缺乏抵押资产，缺乏信用记录，没有主动权，融资企业与贷款机构的地位相差悬殊，很多时候贷款机构拒绝贷款不用说明理由。

3. 政府的难处

政府既要促进中小微企业发展，也要避免出现“次贷”危机。政府正在促进银行转变体制；大力发展小银行；适度加快发展资本市场，拓宽企业的直接融资渠道；大力加强全社会的诚信体系建设，营造良好的投融资环境。

总之，整个社会需要一个政府引导，融资企业与金融机构相互配合，能为中小微企业融资提供实质性服务的综合性解决方案。

书中最后一章用了少量篇幅介绍“构建投融资评价软件平台”的思路和进展，提出建设以“评价”为核心的中小微企业金融服务平台。苏州市政府已列专项，提供无偿资助进行试点。试点成功后，全国地级以上城市可以因地制宜地进行推广。提出两种运营模式：第一种模式，由投资者主导建立金融服务平台，如由银行、小贷公司、创投机构、信托机构、担保机构等，每个独立法人建设一个金融服务平台面向融资企业；第二种模式，政府设立中小微企业贷款风险补偿基金，由基金和第三方投资建立“金融超市”式服务平台，所有贷款机构、创投机构、信托机构、担保机构和所有融资企业均登陆到公共服务平台上，融资企业先做自我评价，然后银企双向选择，在平台上完成贷后管理，管理不良贷款和补偿贷款损失。初期利用风险补偿基金吸引投融资各方上平台，长远则被良好的服务效果所吸引。两种模式均以“评价”为核心，为破解中小微企业融资难提供实质性服务。

以“在线评价”平台软件为基础建设的 SaaS 平台——中国评价在线，可以大大降低个人投资者使用评价软件的门槛，投资者通过建立个人登录账户，在线完成评价，如对拟购买股票的上市公司进行评价，对长期投资做出科学决策，有利投资者长期投资，对社会、对企业和投资者个人都有益处。

本书是项目评价方法的延续，也是国家发改委和建设部颁发的《建设项目经济评价方法与参数》的补充，本书填补了企业投融资评价方法的空白。

中国中小企业协会会长

2013 年 6 月

前言

本书是继《房地产开发项目可行性研究与方案优化策略》（中国建筑工业出版社）、《可行性研究与银行贷款项目评估财务评价实务与疑难问题分析》（中国计划出版社）两本专著出版之后，本书作者主编的第三本专著。本书问世与前两本专著有相似之处，即先作为投融资评价专业培训教材，培训取得成功，教材受到欢迎之后，培训教材整理出版，理论方法较好地得到了实践验证，可操作性强。本书不同之处在于，前两本专著与国家规范配套出版，作者是参与国家规范起草或主审的专家，其权威性不言自明，但本书是在国家尚未颁发此类规范的情况下出版，为弥补其权威性的不足，本书作者广泛收集和研究了各银行现行方法，并通过研讨会、学术交流会、书面征求意见等方式广泛征求业内专家意见，邀请了部分银行制定方法或业务部门的专家、大学院校金融专家学者、创投机构和担保机构专家等亲自参与编写，使之不仅理论方法上具有一定的超前性，实际操作上也更贴近当前业务需要。

本书以企事业法人为融资主体，独立于项目投融资评价方法体系之外，构建了一个企业投融资评价方法体系。企业投融资评价方法体系与项目投融资评价方法体系并列，构成一个由项目投融资到企业投融资，覆盖整个项目生命周期的完整的投融资评价方法体系。本书视投资与融资为投融资整体的两个面。投融资评价从融资主体、直接投资者、间接投资者多个角度分别设置评价指标，充分反映投融资各方的重大关切，是投融资评价方法体系的整体解决方案。

目前，贷款机构对现有的“调查评价”“有调查”“无评价”的现状不满意。“有调查”的含义是指“调查评价报告”对企业现状的了解和说明能基本做到位，“无评价”的含义是指未能为决策提供合适的评价指标和标准，让决策人员主要依据企业现状材料凭经验和悟性作出决策。尽管对“无评价”的现状不满意，但也质疑“评价”的科学性能否担负起决策依据的重要作用，更担心“评价”会将大量企业从现有贷款对象中筛选出去，使得贷款机构无企业可贷，有款贷不出去。这种担心的确不是多余的，不科学的评价不仅会剔除可行的企业，还可能对决策起“误导”作用，“误导”决策导致的失误可能比有经验的决策者凭经验和悟性决策导致的损失更严重。

“准确性”是检验评价方法“科学性”的唯一标准，科学的评价方法既要将贷款风险控制在可接受的范围内，又不至于将大量风险可控的企业被剔除。不少人对能否建立起这种科学适用的评价方法体系将信将疑。

本书的答案是肯定的，只要按照一定的程序严格把控主要风险点，精确分析准确决策是可以做到的，相比凭决策者的经验和悟性决策，不仅不会将风险可控的企业排除在贷款对象之外，反之会使那些凭感觉看似有风险，但精确分析后认为风险可控的企业受益，譬如那些关系国计民生、资源或市场被垄断、公益性的低收益低风险行业，不失优质贷款对象。“评价”不仅不会使贷款面收窄，反而会拓宽贷款面，“评价”帮助我们更好地识别风险，合理释放风险，准确度量风险，使决策更加精准。

本书构建了一个企业投融资评价的完整方法体系，方法适用于各个行业，将企业划分为一般企业和小微企业。一般企业的评价方法又分为标准模式（或称详评）和简要模式（或称初评）。整个方法体系由一般企业详评、一般企业初评、小微企业评价等三个层次的企业投融资评价方法构建而成。全书结构共分十二章，分别按照标准模式、简要评价模式、小微模式顺序展开。

第一章为理论方法综述。是全书的理论基础。

第二章至第八章介绍标准模式，其分析论证深度能充分满足贷款和投资决策要求。

第九章将介绍一种简要评价方法，又称为“初评”，用于贷款机构初选客户。内容比“详评”做了简化，假设融资企业提供的资料都是真实的，省略了“真实性验证”内容。客户受理后，在“初评”基础上，增加部分资料即可升级为“详评”。

第十章还将介绍一种比简要评价模式还要简单的小微企业贷款评价模式，简称“微贷模式”，该方法要求收集的资料和评价方法与标准模式有本质区别。与“简要评价”相比，“微贷模式”可以不提供财务报表，其他内容也做了简化。主要用于不能提供财务报表的小微企业，如个体工商户。

第十一章为利率定价。贷款机构接触客户后，客户会试探性地问客户经理三个问题：能不能贷？能贷多少？利率多少？前面 10 章已完整回答前两个问题，本章将为第三个问题准备答案。

第十二章构建企业投融资评价软件平台。

本书前 11 章提供的评价方法解决了方法问题，虽然很重要，但还没有解决贷款机构评价决策工作量大、效率低、成本高等问题，中小企业融资难还不能根本解决。需要借助计算机、因特网、云计算等现代科技建立服务平台，创新服务模式，只有当

要借助计算机、因特网、云计算等现代科技建立服务平台，创新服务模式，只有当“金融超市”步入成熟期，中小企业融资难才有望根本解决。本章将简单介绍贷款机构和公共服务平台两种服务模式，供参考。

当然，要达到“评价”的理想状态，有必要为调查和评价制定一套相应的操作规范，保证所有评价人员科学地作出评价。对于已发生违约的企业，对照规范可区分人为操作失误与评价模型偏差，评价模型偏差还可以进一步区分为合理偏差与超限偏差。为控制人为操作失误，拟定了一套操作规范，详见本书附录，可供贷款和股权投资等各类机构参考。

本书是一本控制企业投资风险、提高企业融资成功率和融资效率、降低投融资成本的工具书。既可作为金融机构客户经理和风险经理、投行从业人员、高等院校相关专业培训的教材；同时也是企业融资主管人员和财务人员的必修内容；也可用作政府主管部门建立中小企业信息管理系统的参考书；也可供股市长期投资者参考。

目　录

第一章　理论方法综述 …… 1
第一节　基本原理和概念 …… 1
第二节　融资需求分析 …… 9
第三节　评价方法体系 …… 13
第四节　决策方法综述 …… 28
第五节　企业投融资评价报表 …… 39
第二章　尽职调查方法 …… 57
第一节　资料收集内容及用途 …… 57
第二节　非财务资料收集与审核 …… 62
第三节　财务报表初审及解读 …… 66
第四节　纳税申报数据收集与审核 …… 79
第五节　产品经营状况与成本数据收集 …… 79
第六节　长期借款还本付息计划 …… 83
第七节　某工业类企业案例数据 …… 85
第八节　某商业类企业案例数据 …… 95
第九节　财务数据真实性验证方法 …… 102
第十节　工业类案例财务报表真实性验证 …… 115
第十一节　商业类案例财务报表真实性验证 …… 126
第三章　财务评价参数确定方法 …… 136
第一节　概述 …… 136
第二节　基本参数 …… 137
第三节　成本估算参数确定方法 …… 140
第四节　流动资金估算参数确定方法 …… 151
第五节　收入预测参数确定方法 …… 158
第六节　企业债务结构分析 …… 170
第七节　财务报表审核结论及说明 …… 181
第八节　商业及其他企业参数确定方法 …… 186

第四章　企业财务评价方法 …… 202
第一节　财务评价方法综述 …… 202
第二节　营业收入估算方法 …… 207
第三节　经营成本估算方法 …… 211
第四节　流动资金估算表 …… 215
第五节　总成本费用估算表 …… 219
第六节　利润估算表 …… 226
第七节　借款还本付息计划表 …… 229
第八节　财务计划现金流量表 …… 239
第九节　资产负债估算表 …… 244
第十节　融资需求与筹措计划表 …… 248
第十一节　全部投资现金流量表 …… 251
第十二节　权益资金现金流量表 …… 253
第十三节　财务评价指标汇总表 …… 255
第十四节　商业类企业案例 …… 262
第五章　企业评级授信方法 …… 297
第一节　概述 …… 297
第二节　信用评级模型 …… 301
第三节　客户信用评级操作方法 …… 318
第四节　客户授信的原理与方法 …… 323
第五节　各银行的综合授信额度计算方法 …… 325
第六节　本书推荐授信额度测算方法 …… 328
第七节　授信额度管理方法 …… 336
第八节　商业类评级授信案例 …… 341
第九节　小额贷款评级授信方法 …… 351
第十节　风险投资信用评级方法 …… 353
第六章　企业投融资评价实务 …… 361
第一节　融资方案落实与优化方法 …… 361
第二节　年度授信提案 …… 364
第三节　流动资金贷款审核 …… 366
第四节　固定资产贷款提案 …… 368

第五节 股权投资评价方法 …… 369
第七章 担保评价与操作实务 …… 371
第一节 概述 …… 371
第二节 贷款评价报告担保评价章节 …… 373
第三节 担保机构担保调查评价 …… 376
第四节 担保方式与评价标准 …… 378
第五节 担保人提供的材料 …… 380
第六节 第三方保证方式担保实例 …… 381
第七节 房地产抵押估价报告案例 …… 386
第八节 土地抵押估价报告案例 …… 397
第九节 机器设备抵押评估报告案例 …… 407
第八章 报告编制技巧及案例 …… 419
第一节 评价报告编制技巧 …… 419
第二节 流动资金小额贷款评价报告 …… 424
第三节 固定资产小额贷款评价报告 …… 448
第四节 流动资金贷款担保评价报告 …… 485
第五节 固定资产贷款担保评价报告 …… 509
第六节 银行年度授信评价报告 …… 541
第七节 银行流动资金贷款评价报告 …… 568
第八节 银行固定资产贷款评价报告 …… 595
第九节 创投机构风险投资评价报告 …… 634
第十节 融资企业自我评价报告 …… 668
第九章 企业投融资简要评价方法 …… 669
第一节 简要评价与初评 …… 669
第二节 简要评价内容综述 …… 670
第三节 工业类简要评价案例 …… 671
第四节 商业及其他类简要评价案例 …… 708
第十章 小微企业贷款评价方法 …… 709
第一节 小微企业贷款评价方法综述 …… 709
第二节 工业类小微企业贷款评价模板 …… 712
第三节 商业类小微企业贷款评价模板 …… 723

第四节　餐饮类小微企业贷款评价模板 …… 732
第五节　其他小微企业贷款评价模板 …… 741
第六节　农户贷款评价模板 …… 749

第十一章　利率定价理论与操作实务 …… 754
第一节　利率定价理论方法综述 …… 754
第二节　定价模型的表示方法 …… 760
第三节　固定参数统计确定方法 …… 768
第四节　利率定价操作方法 …… 785

第十二章　构建投融资评价软件平台 …… 789
第一节　投融资评价平台综述 …… 789
第二节　建立机构投融资评价平台 …… 790
第三节　在线评价公共服务平台 …… 792
第四节　金融超市服务平台 …… 794
第五节　行业参数信息化架构 …… 799

附录 …… 809
银监会《商业银行授信工作尽职指引》 …… 809
《企业贷款调查评价操作规范》 …… 821

第一章　理论方法综述

本章是全书的理论方法篇。“评价”是本书的关键词，“项目评价”与“企业评价”构成一个完整的评价方法体系，本书着重介绍“企业评价”。本章的任务是建立理论方法体系，从掌握科学的思维方法入手，建立先进理念；从了解融资需求着手，认识评价对象和评价目标；站在投资者角度，建立评价方法体系；从风险控制角度，介绍企业贷款的决策方法。让读者掌握一套系统完整、理论方法缜密和可操作性良好的企业投融资评价方法体系。为实现投资决策科学化贡献一份力量。

第一节　基本原理和概念

一、系统思维方法

在投融资评价中，常规的思维方法往往使我们感到力不从心。因为我们的评价对象——企业是一个复杂的系统，用系统思维方法能够帮助我们考虑问题更加全面，不会遗漏不可忽视的风险因素。为保证“评价”的科学性、合理性和准确性，评价人员有必要掌握系统思维方法。

系统思维方法是一种现代科学的思维方法，重视整体思考，同时注意在整体的前提下具体研究解决局部的问题。简单来说就是对事情从整体高度，多角度、全方位、全过程地全面思考，是把想要达到的结果、实现该结果的过程、过程优化以及对未来的影响等一系列问题作为一个整体系统进行研究，提出整体解决方案。这种思维方法是目前人类掌握的最高级、最科学的思维方式。

系统思维方法将自始至终贯穿于本书，帮助我们拓宽思路，更容易地掌握评价方法。首先，我们可以应用系统思维方法说明本书的一些基本原理和概念。

二、关于投资与融资

投资和融资是一个事物（整体）的两个方面，融资是投资对象吸收资金的活动，投资是投资者提供资金的活动。站在吸收投资角度，融资方式分为股权融资和债务融资；站在投资角度，投资方式分为直接投资和间接投资，直接投资又称股权投资，间接投资称之为债权投资；站在投资者角度，通常将投资者分为直接投资者和间接投资者。

三、投资者与融资主体

投资对象又称融资主体，融资主体由直接投资者发起和组建。融资主体的产生，可以由其中一个直接投资者发起，也可以由多个直接投资者共同发起，依照法律经工商注册成为企业法人，即融资主体。

当融资主体组建完成后，继续吸收直接投资的过程即股权融资。融资主体吸收间接投资即债务融资。

融资主体与投资者（包括股权投资者、债权投资者）在投融资过程存在着共生关系。融资主体为投资者提供需求，若没有融资主体的融资需求，投资者将无的放矢；若没有投资者提供资金，融资主体可能因资金短缺难以为继。

四、关于评价与决策

评价与决策应该是一脉相承的，评价为决策提供科学依据，评价应该由决策者信赖的人员来完成。

根据“谁投资谁决策”的原则，投资决策应该由投资者完成。但是，作为接受投资的融资主体，也需要对“是否融资”和“如何融资”作出决策。

融资主体需要通过“融资评价”为融资决策提供依据；投资者也需要通过“投资评价”，如银行的贷款评估、担保机构的担保评估、信托机构的项目评估、创投机构的投资评估等，为投资者提供决策依据。

由谁来为决策者提供决策依据？融资主体除了为自身的融资决策提供评价报告，还可以为投资者提供评价报告。一般来说，投资者只能把融资主体提供的评价报告作为参考资料，决策还得靠投资者自己提供的评估报告作为主要依据。

由谁来编制评价报告？无论是融资主体的评价报告，还是投资者的评估报告，既可以自行组织编制，也可以委托中介机构编制。

五、融资评价与投资评估

投资者的评估报告，多由投资者组织编制，投资者与融资主体分析角度不一样，关注的重点不一样，融资主体提供的报告或许不能完全满足投资者要求，也可能投资者还会担心融资主体的立场是否公正，提供的信息是否属实。

融资主体有义务向投资者提供足够的资料，才能满足投资者的决策需要，否则投融资活动将无法进行。融资主体可以向投资者提供融资评价报告，也可以按照投资者的资料清单提供第一手资料，若两者都能提供则最佳。

尽管投资者多由自己组织编制评估报告，但融资主体编制融资评价报告将是十分必要的。既为融资主体的融资决策提供科学依据，也给投资者的评估提供依据，融资评价报告中关于企业未来预测的参数，是其他资料不可替代的。融资主体若能提供一个站在多个角度、立场公正、信息真实的评价报告，投资者一旦验明数据是真实的，将会大大增强融资评价报告的参考作用，将有助于投资者更快更好地完成评估报告，不仅可以提高投资者评价决策的效率，也可以提高融资主体的融资成功率。

六、评价体系与评价方法

评价体系是评价方法体系的总称，评价体系可由一种评价方法，也可由多种评价方法组成。每种评价方法都由评价目标、评价指标、评价标准和评价准则组成。评价目标要满足投资者决策需要；评价指标要科学适用、定量准确、评价标准容易确定；评价指标的分析计算方法、评价标准确定方法将构成评价方法的重要内容，评价准则用来说明投资者如何依据评价指标与评价标准作出决策。

七、评价目标与财务目标

投融资评价是为投资者提供决策依据，应该将投资者最关心的问题列为主要评价目标。投融资评价目标可分为财务目标、经济目标和社会目标三个层次。财务目标是投资者必须关心的基本目标，需要关注企业生存能力、偿债能力、获利能力。不管任何企业，首先必须满足生存能力和偿债能力才可持续，对于经营性行业来说，还必须具备必要的获利能力才能吸引社会投资。

一般的投资者主要关心财务目标，如直接投资者最关心盈利能力，间接投资者最关注偿债能力，无论直接投资者还是间接投资者，他们将共同关心融资主体的优劣（整体效益）。

八、财务目标与财务评价方法

企业是在各种外部环境影响，各种内部因素作用下经营发展，企业经营效果虽然可用实物量形式、货币形式和其他形式等各种形式表示，但最高表现形式是以货币形式编制的财务报表和统计的财务指标。这也是投资者将财务目标设定为基本目标的主要原因，因为，企业面对的宏观环境无论好与差，企业内部经营条件和经营状况无论好与不好，如果不追溯企业的内外部因素与财务数据之间的因果关系，不问过程只看结果，财务指标将是反映企业经营效果最合适的指标。

企业现状评价，如果避开各种影响因素，直接分析经营结果，我们可以分析财务报表和统计财务指标，用财务指标衡量企业的经营状况、财务状况、盈利能力、偿债能力、发展潜力，判断企业优劣、投资者获利能力和贷款风险。

企业未来预测，可以通过分析企业将要面临的内外部环境，根据企业历史统计的财务指标，确定合理的财务预测参数，如收入估算参数（年增长幅度）、成本估算参数、流动资金估算参数等等，根据预测参数编制财务估算表，测算诸如总投资收益率或内部收益率、利息备付率、偿债备付率等财务评价指标，用预测的财务评价指标作出投资决策。这种采用预测的财务评价指标作出投资决策的方法，称其为财务评价方法。财务评价过程如下：

历史统计指标→合理确定预测参数→预测财务报表和评价指标。

九、财务指标与非财务因素

企业经营中，财务指标是所有外部环境和内部因素共同作用的结果，影响财务指标的因素分为财务因素和非财务因素两大类。所谓非财务因素是指那些不以货币为计量单位，不一定与企业财务状况直接相关，但与企业生产经营活动密切联系，最终影响财务指标的因素，譬如宏观经济形势或企业经营能力都会影响企业的销售量和售价，销售量与售价的乘积即销售收入，销售收入影响利润或影响投资收益率，在这一连串的影响因素作用过程中，宏观经济形势、企业经营能力属于非财务因素，产品销售量、售价是财务评价参数，利润或投资收益率是财务指标或财务评价指标。

非财务因素对企业的生存与发展有着巨大而深远的影响，其重要作用正越来越受到经营者、债权人和投资人等企业利益相关者的高度关注。非财务因素也分为外部因素和内部因素两大类，诸如宏观经济环境、行业风险为外部因素，诸如企业经营风险、企业管理风险、技术与创新能力、企业信誉、反担保能力、重大或有因素和未决因素等属于企业内部因素。具体如下所述：

1. 宏观经济环境

企业不是处于真空状态中生存，其无时无刻不在诸如经济周期、国家产业政策、通货膨胀、财政金融政策、国际经济环境等宏观经济形势影响下经营，一般情况下企业甚至感觉不到其存在，当宏观经济形势恶化到一定程度时，比较敏感的行业将会急剧动荡，抗风险能力差的企业首先支撑不住而倒闭，当竞争能力强的企业面临倒闭困境时，整个行业将面临崩溃的危险，此时，投资风险可能难以避免。

对于宏观经济形势比较敏感的行业，企业关注诸如“经济周期”、“国家产业政策”、“通货膨胀”、“财政金融政策”、“国际经济环境”等宏观经济形势变化是必要的，分析其变化对投资风险带来的不利影响是必要的。

2. 行业风险

不是所有行业都对宏观经济形势的变化具有相同的敏感度，甚至某些行业与宏观经济形势逆向变化，譬如某些行业可能成为宏观经济恶化时政府刺激经济的着力点，某些行业成为宏观经济过热时政府降温的着力点。但对于一般行业来说，行业对宏观经济形势变化的敏感度，是由行业内在特点所决定的，如“成本结构”（可变成本比例）、“行业成熟度”、“行业周期性”、“行业盈利能力”、“行业依赖性”、“行业可替代程度”、“行业监管环境”等等。

记住专家的一句名言也许对我们认识行业风险有帮助：对于一个银行来说，信贷的最小风险是来自于一个繁荣与萧条时期都持续大量盈利的行业，最大风险则来自于一个普遍不盈利的行业。

3. 企业经营风险

不是所有企业对宏观经济形势恶化和行业失调具有相同的敏感度，这与企业在该行业中的竞争能力密切相关，竞争能力强的企业抵御风险的能力强。企业在经营方面的竞争能力，主要表现在企业的“行业地位”、“目标及战略”、“产品的市场竞争优势”、“供给优势”、“生产优势”、“销售渠道”等方面。

优势企业具有更强的盈利能力、更强的生命力和更低的投资风险。

4. 企业管理风险

企业管理能力与企业经营能力一样构成企业核心竞争力，企业管理能力主要体现在“核心管理层”、“企业的组织形式”、“业绩”、“财务管理能力”等方面。

5. 技术与创新能力

技术与创新能力也是构成企业核心竞争力的重要方面，尤其对于技术密集型企业，技术与创新能力不仅影响现状，更重要的是影响未来，代表着企业的发展潜力，具体可用“企业现有技术在同业中的位置”、“企业的科研技术力量”、“科研投入情况”等来衡量。

6. 企业信誉

当今社会已进入高度社会化分工合作时代，任何一个企业都不能靠单打独斗获得完全和持久成功，企业的信誉是获得社会各界支持的重要基础。用“还款意愿”衡量企业信誉是既简单又有效的方法。

有句名言说得好：有远大理想的人并不一定是合适的搭档，而有道德底线的人一般可以共事。

7. 反担保情况

担保是控制银行贷款或商业合作风险的重要防线，即使信用贷款，担保也是最后一道防线。“担保的形式”、“抵质押率”、“是否存在重复抵质押”、“抵质押物是否符合相关法律法规的规定”、“变现性”、“抵质押是否足值”、“抵质押物是否购买保险”等等，都是影响担保有效性因素。

8. 重大或有因素和未决因素

重大或有因素和未决因素的特点是发生的可能性不确定，但是一旦发生就可能给企业造成重大影响。譬如对于银行贷款来说，这类因素有：（1）重大法律纠纷、未结诉讼；（2）衍生金融工具投资，如期货、期权等衍生金融工具可能会导致企业未来财务状况及盈利能力发生剧烈变化，具有高杠杆性和高风险性；（3）其他重大或有资产、或有负债，如已经取得的银行授信额度、大额对外担保、大额票据贴现等。

十、财务评价方法与非财务因素

财务评价方法的优点突出，评价指标与评价目标十分贴近，评价指标科学、直观，决策者容易理解和接受，计算方法成熟，评价标准也容易确定，用财务评价指标作出决策比较精准。财务评价方法的可操作性也是比较好的，评价指标计算和评价标准确定可完全用定量分析方法完成，可将人为因素干扰降至最低程度。

但是，要做到准确预测，即预测的财务指标与实际经营结果的统计指标较为吻合，则取决于预测参数的准确性。换句话说，如果评价参数不准确，也难以保证评价指标的准确性。因此，需要按照以下要求确定预测参数确保其准确性：

第一，必须以历史统计参数为依据，确定预测参数的方法要合理。以“收入增长幅度”参数为例，对于较为成熟的企业，每年的“收入增长幅度”会相对较稳定，波动幅度较小，参考历史统计的“收入增长幅度”为预测参数，预测的准确性高；反之，对于经营年限较短的小企业，经营状况还不稳定，每年统计的“收入增长幅度”波动幅度大，甚至出现负增长，确定预测参数宜取历史统计数据相对保守值。

第二，要判断企业财务报表的真实性，确保历史统计参数的真实性。

第三，要分析内外部环境的变化，注意判断内外部因素变化对预测参数的影响，并据此修正预测参数。譬如还以“收入增长幅度”为例，如果宏观经济形势向好，则参照历史统计数据确定的预测参数可不予修正，反之，则应适当下调。

十一、评级授信评价方法与影响因素

除了财务评价方法之外，还有一种常用评价方法，即用打分方式度量财务因素和非财务因素对企业财务目标的影响，根据分值将企业划分成若干信用等级，依此判断客户的优劣，此为信用评级方法。根据企业财务状况和信用等级核定授信额度，用授信额度判断企业承担债务的能力，此为授信评价方法，授信评价方法可以看作是财务评价方法的另一种表现形式。信用评级方法和授信评价方法统称为评级授信评价方法。

评级授信方法用信用等级判断客户优劣，确定“贷款对象”；用授信额度反映债务承担能力即偿债能力，确定“贷款额度”。评级授信方法虽然不像财务评价方法一样，直接计算出直观易懂的财务评价指标，反映投资者的最大关切，倒也符合银行贷款决策首先确定“贷款对象”，再确定“贷款额度”的思维方法。

信用评级是一种客户综合评价方法，优势在于能够比财务评价方法更直接地、更大范围地综合各种影响因素，无论财务因素还是非财务因素，无论能够定量的还是只能定性分析的因素都可以纳入，全面客观地评价客户优劣。具体来说，全方位考察企业的经营能力、管理能力、技术与创新能力、经营状况、财务状况、盈利能力、偿债能力、发展潜力、特例事项，以及宏观经济环境和行业趋势的影响。

信用评级采用的打分法，用不同的权重反映各个因素的重要性，用不同分值反映影响因素的状态，信用评级总得分对应不同的信用等级，信用评级得分映射企业的违约概率，即不同信用等级有不同的违约概率区间。检验信用评级准确性的方法，是用每个信用等级的客户在未来一年内统计的“违约率”与对应信用等级的“违约概率”比较，如果两者吻合则说明评级模型是合适的科学的。信用评级的准确性取决于评级模型的科学性，由于信用评级模型不是通过数理逻辑关系推导出来的，其科学性受到质疑是不可避免的，其实评级模型起初多由专家建立“经验模型”，“经验模型”需要经过不断验证和调整才能逐步变得越来越精确，才能成为“适用模型”。

十二、投融资全面风险控制整体思路

投资者须经至少三道风险控制程序才能完成决策，“评价”是控制投资风险的第一道程序，由评价人员对投资的可行性和风险作出判断，并通过评价报告传递给审查人和审批人；第二道程序是审查，首要目的是通过合规性审查排除评价人员的操作风险，然后对投资的可行性和风险作出独立判断，确保提供给审批人的决策依据遵循客观性、谨慎性、配比性和一致性原则；第三道程序，审批人最后作出是否投资的决策。

“评价”在投资风险控制环节中起关键作用，因为，风险可控的前提是风险能够度量，风险度量的方法即“评价”，通过评价报告为审批人提供决策依据。评价报告能否全面揭示和客观度量各种风险因素，对正确决策影响甚大。因此，评价报告担负揭示和度量投资风险的“重任”。

在评价报告中，各种因素（包括财务因素和非财务因素）对投资风险的影响，是通过评价指标和文字说明两个层次传递给审批人的。第一层次由评价方法规定的评价指标对各种风险因素进行度量，通过评价指标得出评价结论；第二层次由评价报告的文字揭示和释放风险，常由报告的章节和段落标题提出审批人可能担心的风险点，通过论据揭示和释放风险，如：说明调查所获得的资料，可看出企业提供资料的完整性；通过说明真实性验证方法、验证过程和结果，可看出资料的真实性；通过企业债务结构分析和债务结构优化，诊断企业是否存在重大隐患——债务危机风险；通过统计企业现状数据，根据历史数据确定诸如收入增长参数、成本估算参数、流动资金估算参数等预测参数，可看出预测参数是否合理；通过评级授信和贷款评价报表和说明，可以看出分析论证方法和过程是否严密等等。通过这些章节，可以让审查人或审批人了解评价人员的调查分析是否尽职和严谨，各种影响因素是否构成风险，风险是否得到释放，所有这些影响因素是否在评价方法中得到反映，尤其是没有得到释放的风险其度量的结果如何，是否足以否定投资。

编制评价报告的主线是评价方法，企业投融资评价将采用财务评价和评级授信评价相结合的评价方法。比较两种评价方法，财务评价与评级授信评价的作用似有重叠，但更重要的是互补。

在财务评价中，用“总投资净收益率”指标判断企业的优劣，在信用评级中用“信用等级”判断企业优劣，看似作用重叠，决策者容易接受“总投资净收益率”，因其直观、定量准确、评价标准容易确定等优点；也乐意接受“信用等级”对各种影响因素综合性强的优点，“简单直观”与“综合性强”结合起来，正好优势互补。财务评价测算的“利息备付率”和“偿债备付率”，因其判断企业偿债能力直观、准确、评价标准容易确定，受决策者欢迎；授信评价确定的“授信额度”用于判断企业债务承担能力，只要贷款额度不超过授信额度，贷款应该是安全的，论证“还款能力”与控制“贷款额度”，两者优势互补。评级授信评价方法中财务因素占有一半以上的权重，度量财务因素用到的财务指标都是由财务评价方法计算的，尤其是评级授信中用到的预测指标只有通过财务评价才能得到，而且授信额度测算方法本身也属于财务评价方法的另一种表现方式，因此，评级授信方法与财务评价方法本身具有密不可分的联系。

因此，全面度量各种风险因素需要评级授信方法，准确度量风险因素需要财务评价方法，两者结合，并且设法弥补其不足，可以构建一个全面控制风险的方法体系。内容如下，只要按顺序执行，定能取得良好效果：

（1）调查方法（资料收集与数据真实性验证）

（2）评价参数确定（统计与合理确定预测参数）

(3) 财务评价与方案优化方法

(4) 评级授信评价方法

(5) 用信（贷款）审核方法

(6) 落实担保或担保评价

(7) 评价报告编制方法

(8) 简要评价模式

(9) 微贷评价模式

(10) 利率定价方法

第二节　融资需求分析

分析和判断企业的融资需求，科学制订企业年度融资计划，确保企业正常运营所需资金及时足额得到满足，对于保证企业正常运营和提高企业经济效益都是十分必要的；分析和判断企业的融资需求，为企业提供咨询、评估、贷款等全方位的融资服务，是对金融机构优秀客户经理的基本要求。

据我们所知，很多企业不做资金规划，不知道企业正常运营哪些方面需要资金，更不知道如何准确确定资金需要量，仅凭经验或感觉申请银行贷款，轻则影响企业经营效率，重则导致企业经营严重受损。当前，不少银行客户经理缺乏全面掌握企业资金需求的概念，更不掌握分析判断方法，能够就企业申请的贷款金额论证其合理性和可行性就已经不错了，对于一名优秀的客户经理有必要掌握全面分析判断企业资金需求的方法。

全面分析判断企业的资金需求是个大课题，需要回答诸如哪些方面有需求、需要多少及如何安排筹措计划等等。本节从了解企业融资需求分类入手，掌握企业融资需求的概念，将回答第一个问题，其他问题将贯穿于本书多个章节。企业融资需求可以按用途分类、按融资主体分类和按融资方式分类。

一、融资需求分类依据

2008 年美国次贷危机爆发以后，2009 年中国银监会相继颁发了《个人贷款暂行管理办法》、《流动资金贷款暂行管理办法》、《固定资产贷款暂行管理办法》、《项目融资指引》等重要文件，简称“三个办法一指引”。

“三个办法一指引”是我国从微观层面控制银行贷款风险的长期制度安排。自 2009 年发布以来，中国银监会不仅以“前所未有”的力度，也以“持之以恒”的精神监督金融机构贯彻执行，并将贯彻“三个办法一指引”与金融环境治理相结合。

“三个办法一指引”构建的银行贷款管理体系，将贷款分为个人贷款、企业贷款、项目贷款，企业贷款和项目贷款又分为固定资产贷款和流动资金贷款。其核心是“专贷专用”，不同类型的贷款其还款资金来源不一样，贷款风险不一样，评价方法也不一样。依据“三个办法一指引”进行贷款分类，有利于风险控制和监督检查。

因此，“三个办法一指引”也是企业融资需求分类的重要依据。

二、融资需求按用途分类

融资需求按用途分类，可分为流动资金和固定资产投资。若以企业的资产负债表为研究对象，投资形成资产，即流动资金形成流动资产，固定资产投资主要形成非流动资产中的固定资产和无形资产。

流动资产是在一年内可以变现的资产，非流动资产如固定资产和无形资产则需要一年以上，数年或几十年才能完全变现。偿还贷款的第一资金来源是回收投资和增值，如流动资金贷款的还款资金来源主要是通过营业收入回收的经营成本（回收流动资金）；固定资产贷款的还款资金来源主要是通过营业收入回收的固定资产投资（折旧摊销）和增值（利润）。由于固定资产投资回收周期长，固定资产贷款需要的还款周期也较长，若用短期借款购置固定资产，或安排的长期借款还款周期太短，都将导致企业在偿还期内还款能力不足，使企业面临贷款违约风险。评价流动资金贷款和评价固定资产贷款的方法将完全不同。

因此，分别以不同的方法评价偿债能力，区分流动资金贷款与固定资产贷款的重要性不言而喻。

三、融资需求按融资主体分类

1. 分类

“三个办法一指引”实际上已将融资主体分为个人、企业、项目等三类，融资需求按融资主体分类，与其配套的评价方法差别很大，如以个人为融资主体的评价方法简单，以企业或项目为融资主体的评价方法都比较复杂，虽然两者相互联系，但评价基础和评价方法也大不一样，有必要分别建立评价体系。因此，整个评价体系分为三个分支。

2. 项目融资

项目融资要求在项目开工建设之前完成，融资是项目发展阶段的一个关键节点，也是项目发展的一个标志性事件，项目资金落实到位即意味着前期工作的结束，将转入项目实施阶段。项目总投资由建设投资、建设期利息、流动资金三部分组成，项目投资按照资金用途分为固定资产投资和流动资金，建设投资、建设期利息属于固定资产投资。

项目融资的使用，建设投资一般在建设期完成，建设期利息计算到建设期末，流动资金在投产时开始安排，达到设计能力第一年为止。

3. 企业融资

企业融资的第一需求是流动资金再融资，项目融通的自有流动资金可以继续周转，项目融通的流动资金贷款到期后，按照银监会要求“先还后贷”，需重新决策。企业还有固定资产更新、节能减排、产品研发等对内长期投资需求，统称为新增固定投资。

企业融资还有一种因债务结构调整产生的融资需求，可暂时定名为“债务优化融资”，如企业存在“购置固定资产的短期借款”，或“借新还旧的短期借款”，或“拖欠工程款”，或“贷款周期太短的固定资产借款”，因到期债务集中，还款能力不足，企业需要融入与其周期相匹配的资金，替换“短债长用”债务，故称“债务优化融资”。“债务优化融资”同属固定投资，但与新增固定投资不同，其属于项目融资不到位，在严格执行银监会“三个办法一个指引”后“浮出水面”的，属于历史遗留的融资需求。“债务优化融资”有股权融资和债权融资两种方式。债权融资方式可称之为“债务优化贷款”，有如下特点：

(1) 属于固定贷款，用于替换现有短期债务，不同于购置新增固定资产，没有交易合同作为付款依据。

(2) 本质上属于“借新还旧”，但与“借入短期借款还短期借款”的传统做法不同，“债务优化贷款”借的是还款周期较长的固定资产贷款。

(3) 不同于一般概念的企业“债务重组”，“债务重组”主要指企业或者债务人已经发生财务困难并面临倒闭清算危险的情况，债权人按照其与债务人达成的协议或者法院的裁定作出让步的事项。“债务优化贷款”应选择经营状况良好，在合理还款周期内有偿债能力的企业为贷款对象。

(4) 排除债务结构隐患意义重大。经营状况严重恶化和债务结构隐患是影响企业倒闭的两大决定因素。两个因素中只要有一个因素存在严重问题，均有可能导致企业倒闭。当经营状况恶化到息税折旧摊销前利润小于0时，企业获得贷款的可能性将很小，即使债务结构没有问题，企业倒闭的可能性也很大；当两个因素都严重恶化的情况下，面临倒闭风险极大；当企业经营状况较好，仅仅债务结构不合理时，如项目投资超概算，或用短期借款购置固定资产等，导致到期的短期债务过于集中，不能完全靠经营收益偿还到期债务，目前或未来某个时段可能出现偿债能力不足，若此时严格执行银监会“三个办法一个指引”，杜绝“借新还旧”，企业也将出现债务危机。企业面临的结果可能有三种可能性：一是维持现状，继续用短期借款“借新还旧”；二是债务优化贷款，借长期借款“借新还旧”；三是断绝“借新还旧”，企业资金链断裂。

因此，对于存在债务结构问题但经营状况较好的企业，通过债务优化贷款既理顺了企业的债务结构，为企业持续稳定发展铺平了道路，也为贷款机构提供了良好的发展机会。

4. 项目融资与企业融资区分

项目融资在前，企业融资在后。企业是项目的延续，企业融资也是项目融资的延续。项目生命周期包括建设期、投产期、达到设计能力生产期三个阶段，还可以包括项目前期阶段。

项目融资：融资活动在项目前期完成，在项目前期、建设期、投产期三个阶段使用。

项目总投资 = 建设投资 + 建设期利息 + 流动资金

企业融资：项目正常运营阶段，即达到设计能力阶段，当年融资当年使用。

资金需求 = 流动资金 + 固定资产投资 + 债务优化融资

项目融资与企业融资两者的关系详见图 1－1。

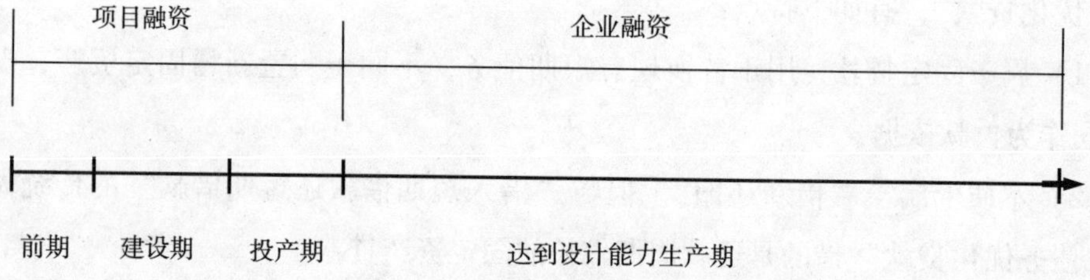

图 1－1　项目融资与企业融资的关系

四、融资需求按融资方式分类

无论企业融资或项目融资都需要首先制定融资方案，只有可行的融资方案才有可能融到资金。所谓融资方案即满足“融资需求”的“筹措计划”，通常要求“筹措资金”等于或大于“融资需求”。“筹措资金”通常都由权益资金与债务资金两大部分组成，为控制债权投资者的风险，需要对债务融资比例提出要求。对于项目融资，国家规定了最低资本金比例；对于企业融资，要求本次融资后企业的资产负债率在合理范围内，国家发改委和建设部颁发的《建设项目经济评价方法与参数》第三版，提供了资产负债率合理范围参考值，通常也可通过以下算法取值，即 100 减去最低资本金比例。

权益资金包括股权融资（公募、私募、风险投资）、可用作投资的经营收益（未分配利润、盈余公积）、其他权益资金（政府补贴、拨款、社会捐赠）等方式；债务资金包括银行贷款（流动资金贷款、固定资产贷款）、债券、信托融资等方式。

第三节　评价方法体系

一、贷款评价常用技术

贷款评价常用技术有7种，具体如：

①财务评价方法——贷前决策；

②评级授信方法——贷前决策；

③担保评价方法——贷前决策辅助方法；

④利率定价方法——贷前决策辅助方法；

⑤风险与收益评价方法——贷前决策未普及的新方法；

⑥贷款分类方法——贷后管理；

⑦项目后评价方法——贷后管理。

这些评价方法主要用于贷前决策，也有用于贷后管理的评价方法。

1. 贷前决策的主要评价方法

用于贷前决策最常用的有财务评价方法和评级授信方法。

财务评价方法是一套完全定量的评价方法，模拟预测企业的经营状况和财务报表，测算财务评价指标，用“财务效益指标”反映客户优劣，用“偿债能力指标”反映贷款偿还能力。为投融资决策提供科学依据。

评级授信评价方法以“信用等级”和“授信额度”为评价指标。“信用等级”综合反映客户优劣，“授信额度”反映客户承贷能力。信用评级是综合财务因素和非财务因素，定量分析与定性分析相结合，将定性分析数量化的一种综合评价方法。授信评价的本质属于财务评价方法，是财务评价方法的另一种表现形式。

财务评价方法与评级授信评价方法互补，成为企业投融资评价主要方法。

2. 贷前决策的辅助评价方法

担保评价方法和利率定价方法都用在贷前决策，但不是决定是否贷款的决策依据。所以，称之为贷前决策的辅助评价方法。

担保评价方法，对于银行来说是一种辅助评价方法，主要用于“落实”担保条件。

贷款决策依据主要以财务评价和评级授信评价为主，银行往往把担保看作是风险防范的最后一道防线，担保评价也是企业贷款评价报告的一部分。对于担保公司来说，担保评价是落实反担保，作为决策依据应该与银行贷款决策一样，以财务评价和评级授信评价为主，落实反担保作为最后一道防线。

利率定价方法，在贷款评价中也是一种辅助评价方法，不是为贷款决策提供主要依据的，而是为确定合理的贷款利率，由客户分担贷款风险的一种评价方法，风险较高的贷款承担较高的贷款利率。

3. 一种新的贷前决策评价方法

风险与收益评价方法，是一种贷款风险评价方法，在度量贷款风险的基础上，计算风险资本收益指标，作为贷款风险决策依据。目前国内已有个别银行使用风险与收益评价方法，但多数银行还在研究中。

4. 贷后管理的评价方法

为贷后管理提供决策依据的常用评价方法有贷款分类方法和项目后评价方法两种。

贷款分类方法即贷款资产分类方法，又称贷款五级分类。1998 年 5 月，中国人民银行参照国际惯例，结合中国国情，制定了《贷款分类指导原则》，要求商业银行依据借款人的实际还款能力进行贷款质量的五级分类，即按风险程度将贷款划分为五类：正常、关注、次级、可疑、损失，后三种为不良贷款。根据管理需要，各银行已经将分类等级增加到十类以上。但其核心定义还是五级分类。

项目后评价方法也是一种贷后管理方法，这种方法为世界银行常用，要求每个项目实施若干年后都要做后评价。中国国资委和国家发改委颁发了后评价方法，要求国家投资项目投产后 6 ~ 18 个月内完成后评价。后评价既是一种验证项目是否成功的评价方法，也可用于银行贷款的贷后管理，作为贷款风险分类的一种评价方法。

二、企业投融资评价方法选择及依据

1. 评价方法体系与评价方法选择

投融资评价方法依据“三个办法一指引”，按照融资主体分类，可分为个人贷款（融资）评价方法、企业贷款（融资）评价方法、项目贷款（融资）评价方法，三大类型构成一个完整的评价方法体系。详见表 1. 1。

个人贷款评价，最适宜采用评级授信方法。

企业贷款评价最适宜同时采用财务评价方法和评级授信方法，存在固定资产贷款的企业必须经过财务评价。

投融资评价方法分类

表 1.1

融资主体	评价方法	采用主要评价技术
个人	个人贷款评价方法	评级授信方法
企业	企业贷款评价方法	财务评价方法和评级授信方法
项目	项目贷款评估方法	财务评价方法和评级授信方法

项目贷款评估最适宜同时采用财务评价方法和评级授信方法，但新设法人项目，主要采用财务评价方法。

2. 投融资评价方法选择依据

（1）在国家统一方法中，财务评价是最主要的方法

国家发改委和建设部颁发《建设项目经济评价方法与参数》；

建设部颁发《房地产开发项目经济评价方法》；

国家银监会颁发“三个办法一指引”。

（2）世界银行的评价方法，财务评价也视为首要方法

世界银行专家认为“还款意愿”和“还款能力”是决定贷款能否如期偿还的两个决定因素，概括的贷款评估方法：用信用评价判断企业还款意愿，用财务评价判断偿债能力。财务评价从来都是世界银行贷款评估的首要方法。

（3）从理论上，财务评价方法不能忽视

理论分析可以得出如下结论：

财务评价方法科学、定量准确、评价标准容易确定；

财务评价指标是评级授信依据；

授信额度计算方法本身也属于财务评价方法的一种形式。

三、企业投融资评价指标体系

（一）评价指标体系

评价指标体系包括财务评价指标和评级授信指标。

财务评价指标从经营状况、获利能力、财务状况、偿债能力和发展潜力等五个方面设置指标，构建一个全方位地对企业作出全面评价的指标体系。

评级授信评价指标还可以将信用评级和额度授信分为两部分。信用评级综合评价企业经营状况、获利能力、财务状况、偿债能力和发展潜力等五个方面的定量分析和其他非财务因素的定性分析，综合得出企业的信用等级，以信用等级为指标判断客户

的优劣。授信评价综合企业的资金需求、信用、财务状况和偿债能力，以企业可承担的贷款额度即授信额度为评价指标，包括流动资金授信额度、固定资产贷款授信额度、表外业务授信额度、授信额度总额等指标。

（二）财务评价指标体系

财务评价指标按评价目标分为经营状况、获利能力、财务状况、偿债能力和发展潜力等五大类，详见表 1.2。

财务评价指标体系

表 1.2

序号	指标	单位	上二年	上一年	预测指标	
			2×××-2	2×××-1	本年	计算期平均
1	**经营状况评价指标**					
1.1	主营业务收入	万元				
1.2	主营业务收入增长幅度	%				
1.3	生产能力利用率	%				
1.4	盈亏平衡点	%				
1.5	存货周转率					
1.6	应收账款周转率					
2	**获利能力评价指标**					
2.1	净利润	万元				
2.2	净利润增长率	%				
2.3	息税折旧摊销前利润	万元				
2.4	息税折旧摊销前利润增长率	%				
2.5	总投资收益率	%				
2.6	总投资净收益率	%				
2.7	全投资税后内部收益率	%				
2.8	权益资金内部收益率	%				
2.9	每股价值	元				
3	**财务状况评价指标**					
3.1	资产负债率	%				
3.2	流动比率					
3.3	速动比率					
3.4	现金比率					
4	**偿债能力评价指标**					

续表

序号	指标	单位	上二年	上一年	预测指标	
			2×××-2	2×××-1	本年	计算期平均
4.1	利息备付率	%				
4.2	贷款偿还期	年				
4.3	偿债备付率	%				
4.4	累计平均偿债备付率最低值	%				
4.5	偿债备付率（优化前）	%				
4.6	累计平均偿债备付率最低值（优化前）	%				
5	**发展潜力评价指标**					
5.1	累计盈余资金	万元				
5.2	净资产	万元				

财务评价指标主要有三大用途：一是直接用于财务评价决策，二是用于信用评级定量分析，三是用于增强感性认识。一般来说，可用于决策的指标也用于信用评级，而且比一般指标给予较大的权重。

1. 经营状况评价指标

“主营业务收入增长幅度”、“生产能力利用率”、“盈亏平衡点”三个指标是判断企业经营状况的主要评价指标。“主营业务收入增长幅度”反映企业的成长性，对所有类型的企业都是适用的。而“生产能力利用率”和“盈亏平衡点”两个指标只适用于工业类企业。“生产能力利用率”是反映工业类企业经营状况的主要评价指标，生产能力利用率高既说明企业生产技术可靠也说明市场有竞争能力，高于盈亏平衡点则说明企业是盈利的。主要评价指标计算公式如下：

主营业务收入增长幅度 =（主营业务收入[本年]/主营业务收入[上年] -1）×100

生产能力利用率 = 主营业务收入 ×100/达产年产值[合计]

盈亏平衡点 = 固定成本 × 生产能力利用率/（主营业务收入 - 营业税金及附加 - 可变成本）

式中：“达产年产值”即按“上一年”价格与生产能力（设计能力）计算的主营业务收入。“上一年”表示去年，后面还将出现“上二年”表示前年，“上三年”表示大前年。“本年”指当前年份，当前年份的含义可以是当前日历年份，也可以指计算公式中时间变量指向的年份，“上年”指公式中时间变量指向的年份，用计算机语言表示，如“本年”用“T”表示，“上年”则用“T-1”表示。下同。

“主营业务收入”属于增强感性认识指标。“存货周转率”、“应收账款周转率”等指标是专为信用评级设置的指标，其含义及计算公式如下：

存货周转率 = 生产成本/存货

应收账款周转率 = 主营业务收入/应收账款

2. 获利能力评价指标

“总投资净收益率”和“全投资税后内部收益率”是反映企业财务效益的主要评价指标，前者为静态指标而后者属动态指标，含义和作用相同，可直接用于财务评价决策。判别准则如下：

总投资净收益率≥基准收益率

或

全投资税后内部收益率≥基准收益率

只需用一个指标作出决策，当计算期比较长时可用动态指标，反之多用静态指标。

总投资净收益率指标用下式表达：

总投资净收益率 =（息税前利润 - 所得税）×100/总投资

全投资税后内部收益率需要通过全投资财务现金流量表计算获得。

“净利润增长率”、“息税折旧摊销前利润增长率”是反映企业成长性的主要指标，主要用于信用评级。计算公式如下：

净利润增长率 =（净利润[上一年开始] - 净利润[上年]）/ABS（净利润[上年]）×100

息税折旧摊销前利润增长率 =（息税折旧摊销前利润[本年] - 息税折旧摊销前利润[上年]）/ABS（息税折旧摊销前利润[上年]）×100

“净利润”、“息税折旧摊销前利润”等属于增强感性认识指标。

对于直接投资者的股权投资，增加了“权益资金内部收益率”和“每股价值”两个反映投资者财务效益的指标，“权益资金内部收益率”可用作投资决策，判别准则如下：

权益资金内部收益率≥自有资金基准收益率

“每股价值”可供投资者定价参考，每股价格不宜超过其价值，计算公式如下：

每股价值 = 股东权益现值/实收资本

3. 财务状况评价指标

“资产负债率”、“流动比率”、“速动比率”、“现金比率”等四个指标，是用于评价企业财务状况的主要指标，可以粗略分析企业的债务结构与偿债能力。但在企业投融资决策中，债务结构分析和偿债能力分析都已被更精确的评价指标取代，财务状况评价指标主要用于信用评级，不用作决策。指标计算公式如下：

资产负债率 = 负债总额 ×100/资产

流动比率 = 流动资产/流动负债

速动比率 =（流动资产 - 存货 - 待摊费用）/流动负债

现金比率 = 货币资金/流动负债总额

流动比率用于反映企业偿债能力，相当于企业流动负债的偿债备付率，若流动比率小于1，则说明即使全部流动资产变成现金，也不能足额偿还全部流动负债；流动比率用于反映企业债务结构，若流动比率小于1，则说明企业的一部分短期负债用于非流动资产，存在“短债长用”问题，是一种债务结构隐患。

资产负债率存在一个合理范围，一般将“100 减去行业最低注册资本比例”作为资产负债率合理范围，不宜超出合理范围。资产负债率的倒数，可称其为全部债务偿债备付率，即全部资产变现后偿还全部债务的能力，可用于反映企业偿债能力，用下式表达：

全部债务偿债备付率 = 资产 ×100/负债总额

若设定资产负债率的合理范围为 70%，其倒数即 1.43，即偿债备付率不低于1.43。

实际上，用流动比率和资产负债率反映企业偿债能力，是假设资产变现用于偿债。企业资产变现存在变现方式，第一种变现方式，即正常经营的企业通过经营收入回收流动资金、折旧、摊销等回收投资实现资产变现，经营收益中往往还伴随着利润和利息等增值，回收投资和增值常称之为偿还贷款的第一资金来源；第二种变现方式，即当企业出现债务违约时，通过清理资产即变卖资产变现，这种方式变现快但损失大，不仅不可能有增值，通常得低于账面值出让，发生这种情况是银行与企业都不愿看到的，所以，此种变现方式不宜作为投融资评价的决策指标，只能用于信用评级。

速动比率主要反映流动资产中容易变现的部分用于偿还流动负债的偿债能力，现金比率主要反映现金的充足率，也是传统评价方法中评价偿债能力的辅助指标。现金首先要满足偿还流动负债所需的备用资金，理论和实践都表明，现金比率达到基本 0.2 够用，达到 0.3 可谓比较充足，超过 0.3 的企业有部分现金可用于扩大经营规模。

4. 偿债能力评价指标

偿债能力评价设置了“利息备付率”、“贷款偿还期”、“偿债备付率”、“累计平均偿债备付率最低值”、“偿债备付率（优化前）”、“累计平均偿债备付率最低值（优化前）”等六个指标，都可以用作决策。指标计算公式如下：

利息备付率 = 息税前利润 ×100/本年应计利息

偿债备付率 = 本年全部可还本付息资金 ×100/应还本金和利息

累计平均偿债备付率 = 全部可还本付息资金累计 ×100/应还本金和利息累计

“利息备付率”和“偿债备付率”都是在“贷款偿还期”限制下的偿债能力评价指标，偿债能力一个目标用三个指标共同完成决策，称之为多指标决策，每个指标都必须满足：

利息备付率≥最低利息备付率

偿债备付率≥最低偿债备付率

贷款偿还期≤贷款期限

当企业只有流动资金贷款时，只要满足最低利息备付率要求即可。当企业存在固定资产贷款时，需同时满足最低偿债备付率与贷款期限要求。特别提醒，利息备付率和偿债备付率，每年都要满足要求。原则上，要求每年的偿债备付率都能达到最低偿债备付率，但对于存在盈余资金或债务优化融资用于还款的年份，盈余资金和债务优化融资是不需要备用的，偿债备付率达到 100% 即可认定其有偿债能力。

某些行业如房地产开发企业，经营收入每年波动很大，当年的经营收益与当年还本付息计划可能不匹配，需要用以前年份的经营收益还款，因此，用“累计平均偿债备付率”更贴近实际需要。在贷款偿还期内每年的“累计平均偿债备付率”能满足要求，贷款就有偿还能力。“累计平均偿债备付率最低值”是指贷款偿还期内“累计平均偿债备付率”中的最低值，只要最低值满足要求，其他情况也就满足了。

偿债能力评价设置了“优化前”和“优化后”两套评价指标，“优化前”评价指标反映企业靠自身实力能否有足够能力按期偿还现有长期借款或清理“短债长用”债务，“优化后”指标反映采用“债务优化融资方案”后的偿债能力，偿债能力评价也为解决企业存在的问题提出了整体解决方案。

5. 发展潜力评价指标

“累计盈余资金”和“净资产”两个指标都是用作信用评级的指标，不直接用于决策。“累计盈余资金”反映自身投资能力，“净资产”反映吸纳债务资金的能力。

（三）企业融资评价决策指标

1. 决策指标的概念

决策指标是决策者能用于判断投资是否可行的指标。只要能够作出准确判断，不是指标越多越好。决策指标应该反映决策者最关心的问题，理想的状况是对每个决策者最关心的问题能用一个指标来表达清楚。因为，决策指标多了，容易使决策者无所适从。当不能用一个指标反映目标时，对于单个企业或单个方案可用多指标决策，只有当每个指标都达到评价标准时，方案才是可行的。当有多个企业或多个方案备选，用排队方法作出决策时，最好采用单个评价指标，或者采用综合评价指标。

2. 对决策指标的要求

对决策指标的要求可从“科学”、“准确”、“标准能够确定”等三个方面来概括。

关于“科学性”，容易沦为一句笼统的空话，应该放在多个企业或多个方案择优选择的操作层面来衡量，能够用于排队的指标将符合“科学性”要求。

对于“准确性”要求，可以体现在相同的条件下，不同的评价人员得到的评价指标相同或相近。目前，各种评价方法中，财务评价方法采用完全的定量分析，可具备这样的准确性。

关于“标准能够确定”，也是很重要的条件，如果一个评价指标不能确定评价标准，那么计算的评价指标再准确也将形同虚设，将不能用于决策。

3. 企业投融资决策指标

分别站在整个企业、直接投资者、间接投资者等三个不同角度设置评价决策指标，详见表1.3。这些决策指标符合科学、定量准确和评价标准能够确定等要求。

从表中可见，一些以往常用的指标并未列入决策指标，如反映企业财务效益的指标已由“总投资收益率”代替“总投资利润率”；反映偿债能力的指标，由“偿债备付率”、“利息备付率”代替“资产负债率”和“流动比率”指标。

企业投融资决策指标

表1.3

角度	指标名称	评价标准及评价准则
整个企业	总投资净收益率	≥基准收益率
	全投资税后财务内部收益率	≥基准收益率
	信用等级	AAA、AA、A为主要贷款对象 BBB、BB、B为慎重贷款对象 CCC、CC、C级及以下为限制贷款对象
直接投资者	每股价值	≥股票价格
	资本金内部收益率	≥自有资金基准收益率
间接投资者	贷款偿还期	≤银行贷款期限
	利息备付率	≥《方法与参数》参考值200
	偿债备付率	≥《方法与参数》参考值130
	累计平均偿债备付率最低值	≥《方法与参数》参考值130
	授信额度	≥贷款额度

四、投融资评价内容与步骤

企业投融资评价一般需要经过六个步骤，最多完成十四项工作内容：

第一步　数据收集与真实性验证

主要完成：

（1）资料收集与现场取证

（2）数据真实性验证

第二步　财务评价参数统计与确定

主要完成：

（3）参数统计

（4）参数确定

第三步　财务评价与方案优化

主要完成：

（5）辅助报表预测

（6）财务平衡分析及优化

（7）评价指标计算

第四步　评级授信评价

（8）信用评级

（9）授信评价

第五步　投融资评价实务

（10）年度授信评价

（11）流动资金贷款评价

（12）固定资产贷款评价

（13）股权投资评价

第六步　编制评价报告

（14）报告生成

五、破解企业投融资评价难题

数据真实性、参数合理性、风险度量准确性、重大风险预警、固定资产贷款偿债能力评价等5大问题，一直是困扰投资者决策的难题，若这五道难题得以解决，“理性决策”将完全代替“感性决策”，确立投资决策科学化体系。

1. 如何解决数据真实性难题

对数据真实性要求，我们应该仅限于满足投融资评价需要。在投融资评价中，无论财务评价方法还是评级授信评价方法，根据财务报表统计和预测的财务评价指标将起重要作用，因此，数据真实性主要指“利润表”、“资产负债表”、“现金流量表”等财务报表的真实性。对于数据真实性要求，还要将范围进一步缩小到具体指标，两个重要指标对投融资评价的准确性将起决定作用，一是说明“成长性”的指标——营业收入，二是影响“偿债能力”的指标——息税折旧摊销前利润。如果这两个数据能被企业提供的资料所验证，企业投融资评价对数据真实性的要求就已满足了。本书将数据真实性验证与数据收集一同放在第二章，目的是保证调查既要重视资料的完整性，同时也要重视数据的真实性，除了现场验证资料原件，提供了钩稽关系验证、主营业务收入验证、息税折旧摊销前利润验证等三种主要验证方法，借助科技手段自动验证。

2. 如何确保评价参数的合理性

数据真实性验证只能保证企业统计的指标和参数是真实的，然而，投资者应该根据未来预测指标而不是企业统计指标作出决策，而预测结果由预测参数决定，预测参数的合理性对预测结果的准确性影响很大。一个现实的难题是，企业成立时间越短或企业规模越小，企业经营状况越不稳定，现状数据波动范围大，越难找出统计规律，确定预测参数的难度相对较大。因此，继真实性验证之后，本书将合理确定预测参数作为关键环节独辟一章，制定合理原则，使预测参数的确定和审核有据可依有规可循。

3. 如何确保风险度量的准确性

本书构建了一个财务评价与评级授信评价两种方法结合的企业投融资评价方法体系，两种评价方法互补，评价指标和信息共享，并通过六个步骤 14 项内容，既全面又精确地度量企业投融资面临的各种风险。

4. 如何识别和处理企业重大风险隐患

分析表明，经营状况严重恶化和债务结构不合理是导致企业倒闭的两大决定因素，本书构建的财务评价方法体系高度重视企业经营状况的合理预测，把确定主营业务收入增长率预测参数列为重要参数。建立分析模型对企业债务结构进行详细分析，得出的结论或提出的疑问，由企业说明，存在问题的企业通过债务结构优化，提出整体解决方案，起到风险诊断的作用，对于维护企业持续稳定发展的正面作用。如“债务结构分析表”是债务结构详细分析的结果，“融资需求与筹措计划表”是债务优化后的整体解决方案。

5. 固定资产贷款偿债能力分析

固定资产贷款的还款资金来源与流动资金贷款不一样，固定资产贷款还本资金来源主要靠折旧、摊销或利润；流动资金贷款还本资金来源主要是周转出来的流动资金——通过经营收入变现的经营成本，或者折旧、摊销和利润。流动资金周转周期短，一般不超过 1 年，所以一年期的流动资金贷款，只要企业不亏损，还款能力一般不会有问题。但是，固定资产贷款则不然，由于固定资产投资回收周期较长，若企业出现

"短债长用"或"借新还旧"问题，即使企业不亏损，也许不能保证到期贷款足额偿还能力，因此，凡存在固定资产贷款的企业，评价决策指标与流动资金贷款不同。

六、评价类型与评价方法选择

企业投融资评价方法是一个完整体系，只要是企业投融资，各种评价需求都能满足。但是，每种评价需求各有侧重，为满足个性化需求，有必要对需求进行分类，见表1.4评价模型分类表。具体说明如下：

1. 按投融资角色分类

若按评价人员代表的角色分类，可分为融资企业、贷款银行、担保公司、信托机构、创投公司、私募股权投资者等不同角色，不同角色对评价的侧重点和评价报告内容的要求有所不同。融资企业，评价报告要求站在各种角度全面评价，提供资料完整，能满足投资者评估要求；贷款银行、担保公司、信托机构等承担的风险相同，最关心的问题是投资（贷款）风险，评价侧重点相同，评价报告表述上可以不一样；创投公司、私募股权投资者属于股权投资，更看重行业发展趋势、企业在行业中的地位、企业成长性、股权价值等，评价报告侧重点也与银行贷款不同。

评价模式分类表

表1.4

按财务评价方法分类	按评级授信方法分类	按评价报告用途分类	按评价深度分类	按企业规模分类
工业类 商业类 房地产类 其他类	1－制造业； 2－批发和零售业； 3－房地产开发业； 4－建筑业； 5－住宿业； 6－旅游业； 7－交通运输业； 8－公用设施业； 9－综合类； 10－教育机构； 11－医疗机构； 12－其他类事业法人 13－新组建企业 14－小型生产类企业 15－小型流通类企业	1. 银行贷款评估报告分类 （1）年度授信评价 （2）流动资金贷款评价 （3）固定资产贷款评价 2. 融资企业自我评价报告 3. 担保评价报告 （1）流动资金贷款担保评价 （2）固定资产贷款担保评价 4. 信托投资评价报告 5. 股权投资评价报告	1－初评（简要评价） 2－详评（标准模式）	1－一般企业 2－小微企业

2. 银行授信评价类型

银行授信品种可以分为"流动资金贷款"、"固定资产贷款"、"表外业务授信"等类型。

授信评价类型可分为“年度授信评价”、“流动资金贷款评价”和“固定资产贷款评价”三种类型。显然，贷款评价类型与贷款业务类型既有联系，又有区别。每种贷款评价类型评价目的和内容有所不同。具体如下：

（1）年度授信评价

对于采用“先授信后用信”的银行，一般每年给企业核定一个授信额度，年中每次用信时，只要按照“授信额度管理办法”审核，即可发放贷款，不需再评估。

年度授信评价即为授信审批提供决策依据。授信总额再细分为流动资金、固定资产、表外业务等单品种的授信额度。

采用“先授信后用信”方式的企业，先年度授信评价和审批，流动资金贷款只需用信审核，一般不再进行流动资金贷款评价。

（2）流动资金贷款评价

对于只申请流动资金贷款，不存在现有固定资产贷款，也没有新增固定资产贷款和债务优化贷款需求的企业，适宜企业流动资金贷款评价报告模板。

采用“授信即用信”方式的企业，流动资金授信及贷款出具流动资金贷款评价报告，授信与用信同时审批，流动资金贷款评价报告除授信评价内容，还包括用信审核。

（3）固定资产贷款评价

只要存在现有固定资产贷款、新增固定资产贷款和债务优化贷款中的一种，即使企业只申请流动资金贷款，也必须按企业固定资产贷款评价要求评价其偿债能力，固定资产贷款偿债能力与流动资金贷款偿债能力相互影响，根据评价方法原理，偿还固定资产贷款对企业的要求比偿还流动资金贷款对企业的要求高，只要固定资产贷款的偿债能力得以论证，流动资金贷款的偿债能力也可以得出同样的结论。因为，只有当固定资产贷款有偿还能力时，偿还流动资金贷款才有保证。

一般固定资产贷款周期较长，对企业未来预测的计算期不能短于贷款偿还期，评估每年的偿债能力。

小贷因数额小多采用“授信即用信”，担保评价分流动资金贷款与固定资产贷款。

3. 按评价深度分类

若按评价深度分类，可分为标准模式（详评）、简要评价（初评）、微贷模式三种模式。

标准模式，即“详评”，评价内容包括全部六个步骤，提供资料的完整性和真实性验证都是严格按照全面风险控制要求，能够满足银行贷款科学决策要求。若企业自我评价能够达到“详评”程度，同样的资料提供给金融机构评估，“自我评价”与“贷款评估”基本上能够获得相同的评价结论；金融机构受理客户后，需要通过“详评”

进行真实性验证，一旦“真实性”得到验证，利用企业提供的资料，金融机构可以既快又好地完成贷款评估。

简要评价，即“初评”，对于企业“自我评价”和银行“客户筛选”，可以跳过数据真实性验证，可以暂时不需要准备大量有关企业信用和资料真实性的证明性材料，快速对企业进行初评。一旦评价认为企业符合贷款条件时，再准备足够的资料进行“详评”，并且要求“初评”的资料能经得起真实性验证。

微贷模式，主要针对提供不了财务报表企业，譬如个体工商户，不能按照一般企业进行投融资评价，调查方法也不同。

4. 按财务评价方法分类

根据财务预测方法，至少需要将企事业单位分为“工业类”、“商业类”两大类型，差异主要体现在收入参数、成本参数的统计和应用方法不同。房地产和其他类型与商业类接近，根据需要再细分。

5. 信用评级模板分类

根据国家统计局的行业分类方法，国民经济分为98个大类，有近27000个小类。在企业投融资评价中，按行业分类的目的之一是为了满足信用评级要求，不同行业度量风险的指标侧重点不一样，需要按行业定制打分模板。所以，此处按行业分类即模板分类。由于不少行业模板差异不大，也就没有必要做成98个模板，一般分为十几个类型，国内某银行做了二十几个模板算是最多的。如某国有大型银行分了15类，具体如下：

1－制造业

2－批发和零售业

3－房地产开发业

4－建筑业

5－住宿业

6－旅游业

7－交通运输业

8－公用设施业

9－综合类

10－教育机构

11－医疗机构

12－其他类事业法人

13－新组建企业

14－小型生产类企业

15－小型流通类企业

6. 评价参数行业分类

企业历史统计参数，如成本估算参数、流动资金估算参数是确定预测参数的重要依据，若将同一个行业众多企业的参数再进行统计，按行业统计的参数称之为行业参数。为了使行业参数具有参考价值，有必要按照行业中类或小类统计，如流动资金估算参数可能需要分为几千类，成本估算参数统计可能需要分为27000类。

七、让评价方法更具灵活性

世界上没有十全十美的企业，投资者的目标不是追求完美，直接投资者最关心效益，间接投资者最关心风险。评价方法既要保证科学性，同时也要有一定的灵活性。企业有问题不可怕，关键是能否帮企业解决问题，以及如何帮助才是正确的。

如以流动资金贷款为例，当估算的流动资金或授信评价计算的授信额度小于企业贷款申请时，评价人员是有一定合理调整空间的。评价人员既要尽可能地满足融资企业的贷款要求，又要处理恰当，否则会给投资者带来不能承受的风险。调整方法具体如下：

1. 要正确把握底线

评价人员要知道轻重缓急，知道哪些可以做，哪些不可以做，哪些先做哪些后做。守住底线，可能给贷款带来风险的任何调整，都是要避免的。

2. 先从调整预测参数着手

调整参数，如收入增长幅度、成本估算参数、流动资金估算参数、最低现金比率、自有流动资金最低比例等，调整这些参数，有的可以调整利润，有的可以调整流动资金需求。可以从企业历史统计数据范围内选择参数。这些参数之所以允许调整，是因为这些参数本身存在不确定性，会在一定范围内波动，我们在评价中只取了参数波动范围内的某一个值，还可以取另外的值，以历史统计数据为依据的调整是可以接受的。

评价人员要知道哪些参数是可调的，并让审查人或审批人也认为取值是合理的，调整后的风险是可控的。

3. 财务报表栏目调整

当调整参数还不能满足需要时，可检查资产负债表归集的栏目是否合理，有时企业不合理的归集方法也会导致不利的评价结论，只要调整不会增加贷款风险，可以要求企业调整，如：①记入流动负债中“一年到期的长期借款”，记入流动负债会降低流动比率，可以放到长期借款栏目；②记入流动负债“其他应付账款”中的股东长期借款，也会降低流动比率，可以记入其他长期负债栏目。

4. 释放风险的同时适当降低评价标准

某些行业或某个企业，通过风险分析证明其风险很小，即释放了风险，即所谓“低收益低风险”企业，可以适当降低评价标准，如最低偿债备付率可以降至100%，偿还期适当放宽。

总之，越是优劣难辨的企业，越能体现评价人员的水平，企业提供资料越充分，风险释放和风险度量越到位，分析判断越准确，通过甄别可将一些原本可贷可不贷的企业列入贷款对象，而且并不增加贷款风险。相信评价人员以高度责任心和精湛的评价技术提交的贷款提案能得到审查人或审批人认同。

第四节　决策方法综述

一、评价与决策的关系

评价与决策由不同的人完成，评价与决策一脉相承，一般分三个层次：

评价（评估人）→审查（审查人）→决策（审批人）

评价：评估人对贷款预期质量进行评价和判断，并通过评估报告将评估人的调查和评价传递给审查人或审批人。

审查：审查人通过对评估报告质量和贷款条件等贷款合规性审查，督促评估人完善决策依据，独立作出判断，通过审查意见传递给审批人。

决策：依据评估报告和审查意见，对是否贷款作出最后裁决。

二、企业贷款决策方法

决策需要系统思维方法，全方位控制风险。企业贷款决策方法需要从判断“客户优劣”、“贷款可行性”、“贷款风险”等三个方面构建一个严密的逻辑思维，换句话说，只要做到这三点，贷款质量就能得到保证，即：

优质贷款 = 客户优质 + 贷款可行 + 风险可控

1. 判断客户优劣的方法

决策目标：选定贷款对象。

评价方法：财务评价方法和信用评级方法。

财务评价决策指标与标准：评价指标是总投资净收益率或全投资财务内部收益率，只要达到基准收益率，即可认为客户是优质的。

信用评价决策指标与标准：信用评级方法，主要就经营状况、获利能力、财务状况、偿债能力、发展潜力等方面设置评价指标，对客户作出评价，以信用等级为决策指标。信用等级可看作是客户评价的综合指标或最终结果，虽然各银行内部评级体系略有差异，但大同小异，一般分为 AAA、AA、A、BBB、BB、B、CCC、CC、C、D 等 10 个等级。

一般 AAA、AA、A 级划为优质客户，属于主要贷款对象；BBB、BB、B 级客户为一般客户，属于慎重贷款对象；CCC、CC、C、D 级及以下客户为较差客户，一般为限制贷款对象。

为方便管理，客户信用等级还可以分得更细，但作为贷款决策依据，分成十个等级已经足够细了。

2. 判断贷款是否可行的方法

决策目标：确定额度，证明还款能力。

评价方法：授信评价，财务评价。

授信评价判断企业可以承受多大的贷款额度；财务评价证明企业是否有足够的还款能力，或优化还本付息计划，确保每年有足够的偿还能力。

评价指标：授信额度、利息备付率、偿债备付率。

评价标准与评价准则：

贷款额度≤授信额度；

利息备付率≥最低利息备付率，国家方法规定的最低利息备付率 200%；

偿债备付率≥最低偿债备付率，国家方法规定的最低偿债备付率 130%。

3. 判断风险是否可控的方法

决策目标：判断风险大小，可控或风险小。

评价方法：合规性审查方法、敏感性分析方法、概率分析方法。

风险揭示：找出风险因素，风险因素即既敏感又不确定的因素。

风险分析：通过参数合理取值和对冲机制，缓释风险。

风险度量指标：贷款评审合规性审查得分、多因素敏感性分析指标（最可能组合）、概率分析指标（最不利、最可能、最有利）。

目前最常用判断风险的方法是贷款评审合规性审查方法。

三、企业贷款决策方法举例

例 1　年度授信决策

年度授信评价：某银铜铅锌矿有限责任公司内部评级确定的信用等级为 AA；授信

评价建议的授信总额为4500万元，其中流动资金授信额度2000万元，固定资产授信额度2500万元。

注：年度授信评价报告详见第八章第六节。

年度授信审查：该客户内部评级为A，属于优质客户，为本行主要贷款对象；授信额度计算依据充分。经企业授信评价合规性审查得92分，企业授信评价合规性审查表详见表1.5。超过80分的评价标准，故认为对该企业授信的风险是可控的。

企业授信评价合规性审查表

表1.5

风险点	选择	评价标准或选项	标准分值	得分
一、借款人			5	
1. 融资主体合法性	√	1. 借款人已通过了上一年度的工商年检	5	5
		2. 上年度工商年检在进行中，借款人未完成工商年检	2	
		3. 上年度工商年检期限已过，借款人未通过工商年检	-50	
二、资料完整性			25	
2. 财务报表	√	1. 提供了近三年（最少两年）和最近月（含上年同期）利润表、资产负债表、现金流量表	3	3
		2. 提供了近三年（最少两年）和最近月（含上年同期）利润表、资产负债表	2	
		3. 未提供财务报表	0	
3. 审计报告	√	1. 提供的年度财务报表经过会计师事务所审计	3	3
		2. 提供的年度财务报表未经会计师事务所审计	2	
4. 纳税申报表	√	1. 提供了上年度增值税、地税纳税申报表	3	3
		2. 未提供上年度增值税、地税纳税申报表	0	
5. 经营状况		1. 非工业类企业	3	
	√	2. 提供了产品设计能力、产量、销售量、销售收入、平均售价等（工业类）	3	3
		3. 未提供产品设计能力、产量、销售量、销售收入、平均售价等任何资料（工业类）	0	
6. 产品成本		1. 非工业类企业	2	
	√	2. 提供了产品成本（工业类）	2	2
		3. 未提供产品成本（工业类）	0	
7. 借款还本付息计划	√	1. 没有固定资产贷款余额	3	3
		2. 提供了现有借款还本付息计划	3	
		3. 未提供现有借款还本付息计划	0	

续表

风险点	选择	评价标准或选项	标准分值	得分
8. 现场调查验证	√	1. 经现场核实填写了验证记录，验证原件后的复印件可证明验证记录的真实性	3	3
		2. 填写了验证记录，未提供复印件可证明验证记录的真实性	3	
		3. 未填写验证记录	0	
9. 非财务资料收集		1.《规范》规定必须收集的资料全部齐全	5	
	√	2.《规范》规定必须收集的资料能满足贷款提案编写要求	2	2
		3. 收集的资料满足不了贷款提案编写要求	0	
三、资料真实性			**15**	
10. 钩稽关系验证	√	1. 利润表、资产负债表、现金流量表三者钩稽关系正确	2	2
		2. 利润表、资产负债表钩稽关系正确	2	
		3. 利润表、资产负债表钩稽关系不正确	0	
11. 征信查证	√	1. 打印贷款卡、企业负责人查询信息	2	2
		2. 打印企业负责人查询信息	1	
		3. 未打印查询信息	0	
12. 纳税申报收入验证	√	1. 验证收入偏差小于10%	3	3
		2. 验证收入偏差10%～30%之间	1	
		3. 验证收入偏差大于30%	0	
13. 息税折旧摊销前利润	√	1. 未经验证的息税折旧摊销前利润小于10%	3	3
		2. 未经验证的息税折旧摊销前利润10%～30%之间	2	
		3. 未经验证的息税折旧摊销前利润大于30%	0	
14. 数据真实性评价	√	1. 真实性验证结论：可信度高	5	5
		2. 真实性验证结论：基本可信	3	
		3. 真实性验证结论：偏差太大，难以接受	0	
四、评价参数合理性			**20**	
15. 基本参数	√	1. 完全符合备注栏要求或本贷款机构规定	5	5
		2. 部分参数不符合规定	0	
16. 企业收入增长率		1. 收入增长幅度预测参数在近三年统计参数变化区间内，接近平均值或下限	5	
	√	2. 收入增长幅度预测参数在近三年统计参数变化区间内，接近上限值	4	4
		3. 收入增长幅度预测参数偏离近三年统计参数变化区间	0	
17. 成本估算参数	√	1. 企业未来可变成本增长与收入增长成正比	3	3
		2. 企业未来可变成本未随收入增长，成本被低估	0	

续表

风险点	选择	评价标准或选项	标准分值	得分
18. 流动资金估算参数	√	1. 确定的流动资金预测参数符合《规范》	3	3
		2. 流动资金估算参数不合理	0	
19. 财务报表分析说明	√	1. 对财务报表分析异常情况作了说明	4	4
		2 财务报表分析未发现异常情况	4	
		3. 对财务报表分析异常情况未作说明	0	
五、信用评级			**15**	
20. 定性分析		1. 定性分析打分全部有证明性材料佐证，一致	3	
	√	2. 定性分析打分有部分证明性材料佐证	2	2
		3. 定性分析打分没有证明性材料佐证	0	
21. 小贷政策加分		1. 小贷政策加分全部有证明性材料佐证，一致	3	
		2. 小贷政策加分有部分证明性材料佐证	2	
	√	3. 小贷政策加分没有证明性材料佐证	0	0
22. 特例事项	√	1. 客户无不良情况或已真实反映客户不良情况	9	9
		2. 客户有轻微不良情况未发现或未反映	5	
		3. 客户有严重不良情况未发现或未反映	0	
六、授信额度			**20**	
23. 综合授信边界	√	1. 可接受的最高资产负债率、信用等级调整系数等参数正确，计算模型合规	5	5
		2. 参数或计算模型不符合规定	0	
24. 流动资金建议授信额度	√	1. 符合本年估算流动资金	3	3
		2. 授信额度为0	3	
		3. 高于本年估算流动资金	0	
25. 表外业务信额度		1. 根据上年应付票据及本年收入增长幅度测算本年最大授信额度	3	
	√	2. 授信额度为0	3	3
		3. 其他方法	0	
26. 固定资产授信额度	√	1. 等于“融资需求与筹措计划表”债务优化贷款与新增固定投资贷款之和	3	3
		2. 授信额度为0	3	
		2. 其他情况	0	
27. 单品种授信额度确定	√	1. 授信总额小于或等于综合授信边界控制范围	6	6
		2. 授信总额超过综合授信边界控制范围	-50	
合计			**100**	**92**

授信审批：同意给予该企业授信总额4500万元，其中流动资金授信额度2000万元，固定资产授信额度2500万元。

例2　企业固定资产贷款决策

担保评价：北京某信息技术股份有限公司申请固定资产贷款1000万元。经过担保评价，客户信用等级为BBB；授信评价债务承受额8113万元，固定资产授信额度1000万元；安排的还本付息计划，贷款偿还期3年；最低偿债备付率为153.46%。

详见第八章第五节固定资产贷款担保评价报告。

担保审查：企业信用等级BBB，属于较好客户，慎重贷款对象；申请固定资产贷款1000万元与固定资产授信额度1000万元相同，额度够用；贷款偿还期3年符合本公司规定的担保年限3年；最低偿债备付率为153.46%，符合国家标准为130%，偿还能力较强；合规性审查得分88，合规性审查表详见表1.6，超过评价标准80分，认为风险可控。

担保审批：同意对该企业提供固定资产贷款1000万元期限3年担保。

企业固定资产贷款评价合规审查表

表1.6

风险点	选择	评价标准或选项	标准分值	得分
一、借款人			**5**	
1. 融资主体合法性		1. 借款人已通过了上一年度的工商年检	5	
	√	2. 上年度工商年检在进行中，借款人未完成工商年检	2	2
		3. 上年度工商年检期限已过，借款人未通过工商年检	-50	
二、资料完整性			**25**	
2. 财务报表	√	1. 提供了近三年（最少两年）和最近月（含上年同期）利润表、资产负债表、现金流量表	3	3
		2. 提供了近三年（最少两年）和最近月（含上年同期）利润表、资产负债表	2	
		3. 未提供财务报表	0	
3. 审计报告	√	1. 提供的年度财务报表经过会计师事务所审计	3	3
		2. 提供的年度财务报表未经会计师事务所审计	2	
4. 纳税申报表	√	1. 提供了上年度增值税、地税纳税申报表	3	3
		2. 未提供上年度增值税、地税纳税申报表	0	
5. 经营状况		1. 非工业类企业	3	
	√	2. 提供了产品设计能力、产量、销售量、销售收入、平均售价等（工业类）	3	3
		3. 未提供产品设计能力、产量、销售量、销售收入、平均售价等任何资料（工业类）	0	

续表

风险点	选择	评价标准或选项	标准分值	得分
6. 产品成本	√	1. 非工业类企业	2	2
		2. 提供了产品成本（工业类）	2	
		3. 未提供产品成本（工业类）	0	
7. 借款还本付息计划	√	1. 没有固定资产贷款余额	3	3
		2. 提供了现有借款还本付息计划	3	
		3. 未提供现有借款还本付息计划	0	
8. 现场调查验证	√	1. 经现场核实填写了验证记录，验证原件后的复印件可证明验证记录的真实性	3	3
		2. 填写了验证记录，未提供复印件可证明验证记录的真实性	3	
		3. 未填写验证记录	0	
9. 非财务资料收集	√	1.《规范》规定必须收集的资料全部齐全	5	5
		2.《规范》规定必须收集的资料能满足贷款提案编写要求	2	
		3. 收集的资料满足不了贷款提案编写要求	0	
三、资料真实性			**15**	
10. 钩稽关系验证	√	1. 利润表、资产负债表、现金流量表三者钩稽关系正确	2	2
		2. 利润表、资产负债表钩稽关系正确	2	
		3. 利润表、资产负债表钩稽关系不正确	0	
11. 征信查证		1. 打印贷款卡、企业负责人查询信息	2	
	√	2. 打印企业负责人查询信息	1	1
		3. 未打印查询信息	0	
12. 纳税申报收入验证	√	1. 验证收入偏差小于10%	3	3
		2. 验证收入偏差10% ~30%之间	1	
		3. 验证收入偏差大于30%	0	
13. 息税折旧摊销前利润		1. 未经验证的息税折旧摊销前利润小于10%	3	
	√	2. 未经验证的息税折旧摊销前利润10% ~30%之间	2	2
		3. 未经验证的息税折旧摊销前利润大于30%	0	
14. 数据真实性评价		1. 真实性验证结论：可信度高	5	
	√	2. 真实性验证结论：基本可信	3	3
		3. 真实性验证结论：偏差太大，难以接受	0	
四、评价参数合理性			**20**	
15. 基本参数	√	1. 完全符合备注栏要求或本贷款机构规定	5	5
		2. 部分参数不符合规定	0	

续表

风险点	选择	评价标准或选项	标准分值	得分
16. 企业收入增长率		1. 收入增长幅度预测参数在近三年统计参数变化区间内，接近平均值或下限	5	
	√	2. 收入增长幅度预测参数在近三年统计参数变化区间内，接近上限值	4	4
		3. 收入增长幅度预测参数偏离近三年统计参数变化区间	0	
17. 成本估算参数	√	1. 企业未来可变成本增长与收入增长成正比	3	3
		2. 企业未来可变成本未随收入增长，成本被低估	0	
18. 流动资金估算参数	√	1. 确定的流动资金预测参数符合《规范》	3	3
		2. 流动资金估算参数不合理	0	
19. 财务报表分析说明	√	1. 对财务报表分析异常情况作了说明	4	4
		2. 财务报表分析未发现异常情况	4	
		3. 对财务报表分析异常情况未作说明	0	
五、信用评级			**15**	
20. 定性分析		1. 定性分析打分全部有证明性材料佐证，一致	3	
	√	2. 定性分析打分有部分证明性材料佐证	2	2
		3. 定性分析打分没有证明性材料佐证	0	
21. 小贷政策加分		1. 小贷政策加分全部有证明性材料佐证，一致	3	
		2. 小贷政策加分有部分证明性材料佐证	2	
	√	3. 小贷政策加分没有证明性材料佐证	0	0
22. 特例事项	√	1. 客户无不良情况或已真实反映客户不良情况	9	9
		2. 客户有轻微不良情况未发现或未反映	5	
		3. 客户有严重不良情况未发现或未反映	0	
六、授信额度			**20**	
23. 综合授信边界	√	1. 可接受的最高资产负债率、信用等级调整系数等参数正确，计算模型合规	5	5
		2. 参数或计算模型不符合规定	0	
24. 流动资金建议授信额度		1. 符合本年估算流动资金	3	
	√	2. 授信额度为0	3	3
		3. 高于本年估算流动资金	0	
25. 表外业务信额度		1. 根据上年应付票据及本年收入增长幅度测算本年最大授信额度	3	
	√	2. 授信额度为0	3	3
		3. 其他方法	0	

续表

风险点	选择	评价标准或选项	标准分值	得分
26. 固定资产授信额度	√	1. 等于"融资需求与筹措计划表"债务优化贷款与新增固定投资贷款之和	3	3
		2. 授信额度为0	3	
		2. 其他情况	0	
27. 单品种授信额度确定	√	1. 授信总额小于或等于综合授信边界控制范围	6	6
		2. 授信总额超过综合授信边界控制范围	-50	
合计			**100**	**88**

例3　流动资金贷款决策

贷款评价：北京某软件股份有限公司申请流动资金贷款2000万元；企业信用等级AAA；年度流动资金授信额度5000万元；月初流动资金贷款余额2800万元，未用额度2200万元；利息备付率312%。

贷款审查：企业信用等级AAA，属于优质客户，主要贷款对象；企业申请流动资金贷款2000万元，小于未用额度2200万元，额度够用；企业只有流动资金贷款，利息备付率312%大于国家标准200%，故认为贷款有偿债能力。合规性审查得91分，详见表1.7，超过标准分值80，认为风险可控。

贷款审批：同意向该企业发放流动资金贷款2000万元。

企业流动资金贷款评价合规审查表

表1.7

风险点	选择	评价标准或选项	标准分值	得分
一、借款人			**5**	
1. 融资主体合法性	√	1. 借款人已通过了上一年度的工商年检	5	5
		2. 上年度工商年检在进行中，借款人未完成工商年检	2	
		3. 上年度工商年检期限已过，借款人未通过工商年检	-50	
二、资料完整性			**25**	
2. 财务报表		1. 提供了近三年（最少两年）和最近月（含上年同期）利润表、资产负债表、现金流量表	3	
	√	2. 提供了近三年（最少两年）和最近月（含上年同期）利润表、资产负债表	2	2
		3. 未提供财务报表	0	
3. 审计报告	√	1. 提供的年度财务报表经过会计师事务所审计	3	3
		2. 提供的年度财务报表未经会计师事务所审计	2	

续表

风险点	选择	评价标准或选项	标准分值	得分
4. 纳税申报表	√	1. 提供了上年度增值税、地税纳税申报表	3	3
		2. 未提供上年度增值税、地税纳税申报表	0	
5. 经营状况	√	1. 非工业类企业	3	3
		2. 提供了产品设计能力、产量、销售量、销售收入、平均售价等（工业类）	3	
		3. 未提供产品设计能力、产量、销售量、销售收入、平均售价等任何资料（工业类）	0	
6. 产品成本	√	1. 非工业类企业	2	2
		2. 提供了产品成本（工业类）	2	
		3. 未提供产品成本（工业类）	0	
7. 借款还本付息计划	√	1. 没有固定资产贷款余额	3	3
		2. 提供了现有借款还本付息计划	3	
		3. 未提供现有借款还本付息计划	0	
8. 现场调查验证		1. 经现场核实填写了验证记录，验证原件后的复印件可证明验证记录的真实性	3	
	√	2. 填写了验证记录，未提供复印件可证明验证记录的真实性	3	3
		3. 未填写验证记录	0	
9. 非财务资料收集		1.《规范》规定必须收集的资料全部齐全	5	
	√	2.《规范》规定必须收集的资料能满足贷款提案编写要求	2	2
		3. 收集的资料满足不了贷款提案编写要求	0	
三、资料真实性			**15**	
10. 钩稽关系验证	√	1. 利润表、资产负债表、现金流量表三者钩稽关系正确	2	2
		2. 利润表、资产负债表钩稽关系正确	2	
		3. 利润表、资产负债表钩稽关系不正确	0	
11. 征信查证	√	1. 打印贷款卡、企业负责人查询信息	2	2
		2. 打印企业负责人查询信息	1	
		3. 未打印查询信息	0	
12. 纳税申报收入验证	√	1. 验证收入偏差小于10%	3	3
		2. 验证收入偏差10%～30%之间	1	
		3. 验证收入偏差大于30%	0	
13. 息税折旧摊销前利润	√	1. 未经验证的息税折旧摊销前利润小于10%	3	3
		2. 未经验证的息税折旧摊销前利润10%～30%之间	2	
		3. 未经验证的息税折旧摊销前利润大于30%	0	

续表

风险点	选择	评价标准或选项	标准分值	得分
14. 数据真实性评价	√	1. 真实性验证结论：可信度高	5	5
		2. 真实性验证结论：基本可信	3	
		3. 真实性验证结论：偏差太大，难以接受	0	
四、评价参数合理性			**20**	
15. 基本参数	√	1. 完全符合备注栏要求或本贷款机构规定	5	5
		2. 部分参数不符合规定	0	
16. 企业收入增长率		1. 收入增长幅度预测参数在近三年统计参数变化区间内，接近平均值或下限	5	
	√	2. 收入增长幅度预测参数在近三年统计参数变化区间内，接近上限值	4	4
		3. 收入增长幅度预测参数偏离近三年统计参数变化区间	0	
17. 成本估算参数	√	1. 企业未来可变成本增长与收入增长成正比	3	3
		2. 企业未来可变成本未随收入增长，成本被低估	0	
18. 流动资金估算参数	√	1. 确定的流动资金预测参数符合《规范》	3	3
		2. 流动资金估算参数不合理	0	
19. 财务报表分析说明	√	1. 对财务报表分析异常情况作了说明	4	4
		2. 财务报表分析未发现异常情况	4	
		3. 对财务报表分析异常情况未作说明	0	
五、信用评级			**15**	
20. 定性分析		1. 定性分析打分全部有证明性材料佐证，一致	3	
	√	2. 定性分析打分有部分证明性材料佐证	2	2
		3. 定性分析打分没有证明性材料佐证	0	
21. 小贷政策加分		1. 小贷政策加分全部有证明性材料佐证，一致	3	
		2. 小贷政策加分有部分证明性材料佐证	2	
	√	3. 小贷政策加分没有证明性材料佐证	0	0
22. 特例事项	√	1. 客户无不良情况或已真实反映客户不良情况	9	9
		2. 客户有轻微不良情况未发现或未反映	5	
		3. 客户有严重不良情况未发现或未反映	0	
六、授信额度			**20**	
23. 综合授信边界	√	1. 可接受的最高资产负债率、信用等级调整系数等参数正确，计算模型合规	5	5
		2. 参数或计算模型不符合规定	0	

续表

风险点	选择	评价标准或选项	标准分值	得分
24. 流动资金建议授信额度	√	1. 符合本年估算流动资金	3	3
		2. 授信额度为0	3	
		3. 高于本年估算流动资金	0	
25. 表外业务信额度		1. 根据上年应付票据及本年收入增长幅度测算本年最大授信额度	3	
	√	2. 授信额度为0	3	3
		3. 其他方法	0	
26. 固定资产授信额度	√	1. 等于“融资需求与筹措计划表”债务优化贷款与新增固定投资贷款之和	3	3
		2. 授信额度为0	3	
		2. 其他情况	0	
27. 单品种授信额度确定	√	1. 授信总额小于或等于综合授信边界控制范围	6	6
		2. 授信总额超过综合授信边界控制范围	-50	
合计			**100**	**91**

第五节　企业投融资评价报表

债务结构分析表

表1.8　　　　单位：万元

序号	项　目	上三年	上二年	上一年	上年同期	本年	备注
		2×××-3	2×××-2	2×××-1	(2×××-1) ××	2××× ××	
1	**资产**						
1.1	流动资产						
1.1.1	货币资金						
1.1.1.1	周转现金						
1.1.1.2	盈余资金						
1.1.2	应收账款						
1.1.3	预付账款						
1.1.4	存货						
1.1.5	应收其他收益						

续表

序号	项　目	上三年	上二年	上一年	上年同期	本年	备注
		2××× -3	2××× -2	2××× -1	(2××× -1) ××	2××× ××	
1.1.6	其他应收款						
1.1.7	其他流动资产						
1.2	固定资产						
1.3	无形资产及其他资产						
1.4	其他长期资产						
2	**负债及所有者权益**						
2.1	流动负债总额						
2.1.1	应付账款						
2.1.2	预收账款						
2.1.3	短期借款						
2.1.4	其他应付账款						
2.1.5	其他流动负债						
2.2	长期负债						
2.2.1	长期借款债券应付款						
2.2.2	其他长期负债						
2.3	所有者权益						
2.3.1	实收资本						
2.3.2	资本公积						
2.3.3	盈余公积						
2.3.4	未分配利润						
3	**总投资**						
3.1	固定投资						
3.2	流动资金						
4	**总投资筹措**						
4.1	固定投资筹措						
4.1.1	长期负债用于固定投资						
4.1.2	权益资金用于固定投资						
4.1.3	其他应付账款用于固定投资						
4.1.4	短期借款用作固定投资						
4.1.5	其他流动负债用于固定投资						
4.2	流动资金筹措						

续表

序号	项 目	上三年 2×××-3	上二年 2×××-2	上一年 2×××-1	上年同期 (2×××-1)××	本年 2××× ××	备注
4.2.1	流动资金短期借款						
4.2.2	自有流动资金						
4.2.3	中长期流动资金借款						
4.2.4	其他流动负债用于流动资金						
4.2.5	其他应付账款用于流动资金						
5	**其他应收收益来源**						
5.1	其他应收收益占用权益资金						
5.2	其他应收收益占用短期借款						
5.3	其他应收收益占用其他应付账款						
5.4	其他应收收益占用其他流动负债						
5.5	其他应收收益占用长期负债						
6	**其他应收款来源**						
6.1	其他应收款占用其他应付账款						
6.2	其他应收款占用其他流动负债						
6.3	其他应收款占用短期借款						
6.4	其他应收款占用长期负债						
6.5	其他应收款占用权益资金						
7	**其他流动资产来源**						
7.1	其他流动资产占用其他流动负债						
7.2	其他流动资产占用其他应付账款						
7.3	其他流动资产占用短期借款						
7.4	其他流动资产占用长期负债						
7.5	其他流动资产占用权益资金						
8	**盈余资金来源**						
8.1	盈余资金来源于短期借款						
8.2	盈余资金来源于其他应付账款						
8.3	盈余资金来源于其他流动负债						
8.4	盈余资金来源于长期负债						
8.4	盈余资金来源于权益资金						

融资需求与筹措计划表

表 1.9 单位：万元

序号	名称	合计	1	2	…	T = 计算期末	备注
1	资金需求						默认 = 1.1 + 1.2 + 1.3
1.1	流动资金						
1.2	债务优化融资						
1.3	新增固定投资						
2	资金筹措						默认 = 2.1 + 2.2
2.1	权益资金						默认 = 2.1.1 + 2.1.2 + 2.1.3
2.1.1	年初自有流动资金						
2.1.2	经营收益及盈余资金						
2.1.3	拟股权融资						
2.2	债务资金						默认 = 2.2.1 + 2.2.2 + 2.2.3
2.2.1	流动资金贷款						
2.2.2	债务优化贷款						
2.2.3	新增固定投资贷款						

营业收入估算表（工业类）

表 1.10.1 单位：万元

序号	项目名称	上二年	上一年	第 1 年	第 2 年	第 3 年	第 4 年	……
		20 ×× −2	20 ×× −1	20 ××	20 ×× +1	20 ×× +2	20 ×× +3	……
1	主营业务收入							
1.1	银铜铅锌精矿金属量							
2	其他业务收入							
3	营业收入（1 + 2）							
4	补贴收入							
5	营业外收支净额							
6	营业税金及附加							

营业收入估算表（商业及其他类）

表 1.10.2

序号	项目名称	单位	上二年	上一年	第 1 年	第 2 年	第 3 年	第 4 年	……
			20 ×× −2	20 ×× −1	20 ××	20 ×× +1	20 ×× +2	20 ×× +3	……
1	主营业务收入	万元	1651	1409	1564	1736	1927	2139	2374
2	其他业务收入	万元	26	9	9	9	9	9	9
3	营业收入	万元	1676	1419	1574	1746	1937	2149	2384
4	营业税金及附加	万元	17	17	19	21	23	25	28

流动资金估算表

表 1.11　　单位：万元

序号	项目名称	统计周转天数	预测周转天数	上二年	上一年	第1年	第2年	第3年	第4年	……
				2×××-2	2×××-1	2×××	2×××+1	2×××+2	2×××+3	……
	负荷（%）									
1	流动资产	—	—							
1.1	应收账款									
1.2	预付账款									
1.3	存货									
1.4	现金									
2	流动负债									
2.1	应付账款									
2.2	预收账款									
3	平均流动资金									
4	流动资金最高值									
5	流动资金增加额									
6	自有流动资金									
7	流动资金借款									
8	流动资金借款累计									

总成本费用估算表（工业类）

表 1.12.1　　单位：万元

序号	项目名称	上二年	上一年	第1年	第2年	第3年	第4年	……
		2×××-2	2×××-1	2×××	2×××+1	2×××+2	2×××+3	……
1	生产成本							
1.1	原材料费							
1.2	燃料及动力费							
1.3	工资及福利费							

续表

序号	项目名称	上二年	上一年	第1年	第2年	第3年	第4年	……
		2×××-2	2×××-1	2×××	2×××+1	2×××+2	2×××+3	……
1.4	折旧费（含维简费）							
1.5	修理费							
1.6	其他制造费用							
2	管理费用							
2.1	摊销费							
2.2	其他管理费用							
3	财务费用							
4	营业费用							
5	总成本费用							
6	经营成本							
7	可变成本							
8	固定成本							

总成本费用估算表（商业及其他类）

表1.12.2　　　　单位：万元

序号	项目名称	上二年	上一年	第1年	第2年	第3年	第4年	……
		2×××-2	2×××-1	2×××	2×××+1	2×××+2	2×××+3	……
	营业收入（万元）							
1	进价（营业）成本							
2	管理费用							
2.1	折旧费（含维简费）							
2.2	租赁费							
2.3	摊销费							
2.4	其他管理费用							
3	财务费用							
4	营业费用							
5	总成本费用							
6	经营成本							

利润估算表

表 1.13 单位：万元

序号	项目名称	上二年	上一年	第 1 年	第 2 年	第 3 年	第 4 年	……
		2 ××× -2	2 ××× -1	2 ×××	2 ××× +1	2 ××× +2	2 ××× +3	……
1	营业收入							
2	营业税金及附加							
3	总成本费用							
4	补贴收入							
5	营业外收支净额							
6	利润总额							
7	弥补以前年度亏损							
8	应纳税所得额							
9	所得税							
10	净利润							
11	法定盈余公积金							
12	各投资方利润分配							
13	当期未分配利润							
14	未分配利润							
15	息税前利润							
16	息税折旧摊销前利润							

借款还本付息计划表

表 1.14 单位：万元

序号	项目名称	上二年	上一年	第 1 年	第 2 年	第 3 年	第 4 年	……
		2 ××× -2	2 ××× -1	2 ×××	2 ××× +1	2 ××× +2	2 ××× +3	……
1	**还本付息计划**							
1.1	原有借款							
1.1.1	年初累计							
1.1.2	本年借款							
1.1.3	应计利息							
1.1.4	本年还本金							
1.1.5	本年付利息							
1.1.6	年末累计							
1.2	新增借款							
1.2.1	年初累计							

续表

序号	项目名称	上二年	上一年	第1年	第2年	第3年	第4年	……
		2×××-2	2×××-1	2×××	2×××+1	2×××+2	2×××+3	……
1.2.2	本年借款							
1.2.3	应计利息							
1.2.4	本年还本金							
1.2.5	本年付利息							
1.2.6	年末累计							
1.3	短期借款偿还							
1.4	支付工程欠款							
1.5	还本付息计划合计							
1.5.1	年初累计							
1.5.2	本年借款							
1.5.3	应计利息							
1.5.4	本年还本金							
1.5.5	本年付利息							
1.5.6	年末累计							
2	**还款能力指标**							
2.1	息税前利润							
2.2	息税折旧摊销前利润							
2.3	各种利息支出							
2.4	偿还债务本金							
2.5	所得税							
2.6	用于建设投资及自有流动资金							
2.7	可用于还款的年初盈余资金							
2.8	企业融资							
2.9	资产变现							
2.10	利息备付率							
2.11	偿债备付率							
2.12	可还本金							
2.13	借款偿还期（年）							

财务计划现金流量表

表 1.15　　　　　　　　　　　　　　　　　　　　单位：万元

序号	项目名称	上二年	上一年	第1年	第2年	第3年	第4年	……
		2×××-2	2×××-1	2×××	2×××+1	2×××+2	2×××+3	……
1	**经营活动净现金流量**							
1.1	现金流入							
1.1.1	营业收入							
1.1.2	增值税销项税额							
1.1.3	补贴收入							
1.1.4	其他收入							
1.2	现金流出							
1.2.1	经营成本							
1.2.2	增值税进项税额							
1.2.3	营业税金及附加							
1.2.4	增值税							
1.2.5	所得税							
1.2.6	其他流出							
2	**投资活动净现金流量**							
2.1	现金流入							
2.1.1	回收固定资产余值							
2.1.2	回收流动资金							
2.1.3	回收对外投资							
2.2	现金流出							
2.2.1	建设投资							
2.2.2	维持运营投资							
2.2.3	流动资金							
2.2.4	其他							
3	**筹资活动净现金流量**							
3.1	现金流入							
3.1.1	项目资本金投入							
3.1.2	建设投资借款							
3.1.3	流动资金借款							
3.1.4	债券							
3.1.5	应付账款							
3.1.6	短期借款							

续表

序号	项目名称	上二年	上一年	第1年	第2年	第3年	第4年	……
		2×××-2	2×××-1	2×××	2×××+1	2×××+2	2×××+3	……
3.1.7	其他							
3.2	现金流出							
3.2.1	各种利息支出							
3.2.2	偿还债务本金							
3.2.3	应付利润（股利分配）							
3.2.4	其他							
4	**净现金流量（1+2+3）**							
5	**累计盈余资金**							

资产负债估算表

表1.16　　单位：万元

序号	项目名称	上二年	上一年	第1年	第2年	第3年	第4年	……
		2×××-2	2×××-1	2×××	2×××+1	2×××+2	2×××+3	……
1	**资产**							
1.1	流动资产总额							
1.1.1	货币资金							
1.1.2	应收账款							
1.1.3	预付账款							
1.1.4	存货							
1.1.5	其他流动资产							
1.2	在建工程							
1.3	固定资产净值							
1.4	无形及其他资产净值							
1.5	长期投资							
2	**负债及所有者权益**							
2.1	流动负债总额							
2.1.1	短期借款							
2.1.2	应付账款							
2.1.3	预收账款							
2.1.4	其他流动负债							

续表

序号	项目名称	上二年	上一年	第1年	第2年	第3年	第4年	……
		2×××-2	2×××-1	2×××	2×××+1	2×××+2	2×××+3	……
2.2	长期借款债券应付款							
2.3	流动资金借款							
2.4	其他长期负债							
2.5	负债小计							
2.6	所有者权益							
2.6.1	实收资本							
2.6.2	资本公积							
2.6.3	累计盈余公积							
2.6.4	未分配利润							
计算指标	资产负债率（%）							
	流动比率							
	速动比率							
	现金比率							

全部投资现金流量表

表1.17　　　　　　　　　　　　　　　　　　　　单位：万元

序号	项目名称	合计	上一年	第1年	第2年	第3年	……
			2×××-1	2×××	2×××+1	2×××+2	……
1	**现金流入**						
1.1	营业收入						
1.2	补贴收入						
1.3	回收固定资产						
1.4	回收流动资金						
1.5	其他收入						
2	**现金流出**						
2.1	建设投资						
2.2	流动资金						
2.3	经营成本						
2.4	营业税金及附加						
2.5	维持运营投资						
2.6	其他现金流出						
3	**所得税前净现金流量（1-2）**						

续表

序号	项目名称	合计	上一年	第1年	第2年	第3年	……
			2×××-1	2×××	2×××+1	2×××+2	……
4	**所得税**						
5	**所得税后净现金流量（3-5）**						
6	**累计所得税后净现金流量**						
计算指标	全投资税后财务净现值（I= %）						
	全投资税后财务内部收益率（%）						
	全投资税后投资回收期（年）						

权益资金现金流量表

表1.18　　单位：万元

序号	项目	合计	上一年	第1年	第2年	第3年	……
			2×××-1	2×××	2×××+1	2×××+2	……
1	**现金流入**						
1.1	销售（营业）收入						
1.2	补贴收入						
1.3	回收固定资产余值						
1.4	回收流动资金						
1.5	其他现金流入						
2	**现金流出**						
2.1	资本金						
2.2	借款本金偿还						
2.3	借款利息支付						
2.4	经营成本						
2.5	销售（营业）税金及附加						
2.6	所得税						
2.7	维持运营投资中的项目资本金						
3	**净现金流量（1-2）**						
4	**股东权益（3+2.1）**						
5	**股东权益现值（I= %）**						
计算指标	资本金内部收益率（%）						

财务评价指标汇总表

（制造业详评）

表 1.19.1

序号	指　标	单位	上二年	上一年	预测指标	
			2×××-2	2×××-1	本年	计算期平均
1	**经营状况评价指标**					
1.1	主营业务收入	万元				
1.2	主营业务收入增长幅度	%				
1.3	生产能力利用率	%				
1.4	盈亏平衡点	%				
1.5	存货周转率					
1.6	应收账款周转率					
2	**获利能力评价指标**					
2.1	净利润	万元				
2.2	净利润增长率	%				
2.3	息税折旧摊销前利润	万元				
2.4	息税折旧摊销前利润增长率	%				
2.5	总投资收益率	%				
2.6	总投资净收益率	%				
2.7	全投资税后内部收益率	%				
2.8	权益资金内部收益率	%				
2.9	每股价值	元				
3	**财务状况评价指标**					
3.1	资产负债率	%				
3.2	流动比率					
3.3	速动比率					
3.4	现金比率					
4	**偿债能力评价指标**					
4.1	利息备付率	%				
4.2	贷款偿还期	年				
4.3	偿债备付率	%				
4.4	累计平均偿债备付率最低值	%				
4.5	偿债备付率（优化前）	%				
4.6	累计平均偿债备付率最低值（优化前）	%				
5	**发展潜力评价指标**					
5.1	累计盈余资金	万元				
5.2	净资产	万元				

财务评价指标汇总表

（制造业初评）

表 1. 19. 2

序号	指　标	单位	上二年	上一年	预测指标	
			2 ×××－2	2 ×××－1	本年	计算期平均
1	**经营状况评价指标**					
1. 1	主营业务收入	万元				
1. 2	主营业务收入增长幅度	%				
1. 3	销售利润率	%				
1. 4	主营业务收入现金含量					
1. 5	存货周转率					
1. 6	应收账款周转率					
2	**获利能力评价指标**					
2. 1	净利润	万元				
2. 2	净利润增长率	%				
2. 3	息税折旧摊销前利润	万元				
2. 4	息税折旧摊销前利润增长率	%				
2. 5	总投资收益率	%				
2. 6	总投资净收益率	%				
2. 7	全投资税后内部收益率	%				
2. 8	权益资金内部收益率	%				
2. 9	每股价值	元				
3	**财务状况评价指标**					
3. 1	资产负债率	%				
3. 2	流动比率					
3. 3	速动比率					
3. 4	现金比率					
4	**偿债能力评价指标**					
4. 1	利息备付率	%				
4. 2	贷款偿还期	年				
4. 3	偿债备付率	%				
4. 4	累计平均偿债备付率最低值	%				
4. 5	偿债备付率（优化前）	%				
4. 6	累计平均偿债备付率最低值（优化前）	%				
5	**发展潜力评价指标**					
5. 1	累计盈余资金	万元				
5. 2	净资产	万元				

财务评价指标汇总表

（批发和零售业、房地产开发业、建筑类、住宿业、旅游业、交通运输业、公用设施业、综合类）

表 1.19.3

序号	指 标	单位	上二年	上一年	预测指标	
			2×××-2	2×××-1	本年	计算期平均
1	**经营状况评价指标**					
1.1	主营业务收入	万元				
1.2	主营业务收入增长幅度	%				
1.3	销售利润率	%				
1.4	主营业务收入现金含量					
1.5	存货周转率					
1.6	应收账款周转率					
2	**获利能力评价指标**					
2.1	净利润	万元				
2.2	净利润增长率	%				
2.3	息税折旧摊销前利润	万元				
2.4	息税折旧摊销前利润增长率	%				
2.5	总投资收益率	%				
2.6	总投资净收益率	%				
2.7	全投资税后内部收益率	%				
2.8	权益资金内部收益率	%				
2.9	每股价值	元				
3	**财务状况评价指标**					
3.1	资产负债率	%				
3.2	流动比率					
3.3	速动比率					
3.4	现金比率					
4	**偿债能力评价指标**					
4.1	利息备付率	%				
4.2	贷款偿还期	年				
4.3	偿债备付率	%				
4.4	累计平均偿债备付率最低值	%				
4.5	偿债备付率（优化前）	%				
4.6	累计平均偿债备付率最低值（优化前）	%				
5	**发展潜力评价指标**					
5.1	累计盈余资金	万元				
5.2	净资产	万元				

财务评价指标汇总表
(教育机构、医疗机构、其他事业法人)

表 1. 19. 4

序号	指　标	单位	上二年	上一年	预测指标	
			2×××-2	2×××-1	本年	计算期平均
1	**经营状况评价指标**					
1. 1	主营业务收入	万元				
1. 2	主营业务收入增长幅度	%				
1. 3	收支比率					
2	**获利能力评价指标**					
2. 1	净利润	万元				
2. 2	净利润增长率	%				
2. 3	息税折旧摊销前利润	万元				
2. 4	息税折旧摊销前利润增长率	%				
2. 5	总投资收益率	%				
2. 6	总投资净收益率	%				
2. 7	全投资税后内部收益率	%				
2. 8	权益资金内部收益率	%				
2. 9	每股价值	元				
3	**财务状况评价指标**					
3. 1	资产负债率	%				
3. 2	流动比率					
3. 3	速动比率					
3. 4	现金比率					
4	**偿债能力评价指标**					
4. 1	利息备付率	%				
4. 2	贷款偿还期	年				
4. 3	偿债备付率	%				
4. 4	累计平均偿债备付率最低值	%				
4. 5	偿债备付率（优化前）	%				
4. 6	累计平均偿债备付率最低值（优化前）	%				
5	**发展潜力评价指标**					
5. 1	累计盈余资金	万元				
5. 2	净资产	万元				

客户评分评级表

表 1.20

序号	指标大类	指标名称	指标	评价	评分
1	经营者素质 20	学历			
		行业经验			
		信用记录			
		公司团队			
2	经营状况 25	生产能力利用率			
		总投资净收益率			
		存货周转率			
		应收账款周转率			
3	偿债能力 25	现金比率			
		流动比率			
		偿债备付率			
		资产负债率			
4	发展潜力 20	企业净资产			
		销售增长率			
		净利润增长率			
		企业投资能力			
5	数据真实性 10	综合评价			
6	特例事项	1. 信用记录			
		2. 重大事项			
		3. 经营情况			
7	评分汇总				
8	评定等级				

授信额度计算表

表 1.21

序号	参数或指标	变量	金额	计算公式
1	**综合授信控制边界测算**			
1.1	可接受的最高资产负债率	R_m		= Rm 值表！对应行业匹配值/100
1.2	客户最近资产总额			= 资产负债表！资产总额
1.3	客户最近负债总额	L_0		= 资产负债表！负债总额
1.4	客户最近资产负债率	R_0		= 财务评价指标汇总表！资产负债率［上一年］/100
1.5	账面净资产			= 资产负债表！所有者权益
1.6	无法变现资产			一般 = 0

续表

序号	参数或指标	变量	金额	计算公式
1.7	客户最近有效净资产	N_A		=1.5-1.6
1.8	客户信用等级			=从系统中导入
1.9	客户信用等级调整系数	C		=企业类客户的C值表！对应信用等级匹配值
1.10	本年利润再投资默认值	I		=利润估算表！净利润
1.11	本年利润再投资确认值	I_0		=利润再投资值
1.12	综合授信控制边界计算值	M		$=([R_m/(1-R_m)-R_0/(1-R_0)]\times N_A+I_0\times R_m/(1-R_m)+L_0)\times C$
1.13	建议综合授信边界	M_0		=2.12
2	**流动资金授信额度计算值**			
2.1	估算的流动资金			=流动资金估算表！流动资金（本年）
2.2	流动资金最大贷款比例			=（100－基本参数！自有流动资金最低比例）/100
2.3	流动资金授信额度计算值			=Max（2.1×2.2，0）
2.4	建议流动资金授信额度	F_B		=2.3
3	**固定资产授信额度计算值**			
3.1	息税折旧摊销前利润			=利润估算表！息税折旧摊销前利润
3.2	所得税			=利润估算表！所得税
3.3	经营活动净现金流量			=3.1－3.2
3.4	可接受的固定资产贷款偿还期	T		=基本参数！新增固定投资贷款偿还期
3.5	折现率			=基本参数！基准收益率/100
3.6	净现值			=∑经营活动净现金流量（T）×(1+折现率)－T
3.7	最低偿债备付率			=基本参数！最低偿债备付率/100
3.8	客户最近固定资产贷款余额			=资产负债估算表！长期借款债券应付款［上一年］
3.9	新增固定资产授信额度计算值	F_A		=if(3.6/3.7－3.8>0，3.6/3.7－3.8，0)
3.10	新增固定投资授信额度需要值	F_{A2}		=债务优化贷款+新增固定投资贷款
4	**表外业务授信额度计算**			
4.1	表外业务授信额度计算值	F_C		=应付票据［上两年平均］×(1+主营业务收入增长率（预测参数)/100)
4.2	表外业务授信额度建议值	F_{C1}		=表外业务授信额度计算值
5	**建议单品种授信额度**			
5.1	客户最近固定资产贷款余额	F_{A0}		=客户最近固定资产贷款余额
5.2	流动资金授信额度	F_{B0}		$=Min(if(M_0-F_{A0}>0, M_0-F_{A0}, 0), F_B)$
5.3	未用固定资产授信额度	F_{A1}		$=Min(if(M_0-F_{B0}-F_{A0}>0, M_0-F_{B0}-F_{A0}, 0), F_{A2})$
5.4	表外业务授信额度	F_{C0}		$=Min(if(M_0-F_{B0}-F_{A0}-F_{A1}>0, M_0-F_{B0}-F_{A0}-F_{A1}, 0), F_{C1})$
6	**授信总额**	F_0		$=F_{A0}+F_{A1}+F_{B0}+F_{C0}$

备注：表中计算公式采用 Excel 的表示方法，“！”左边代表报表名称，右边代表单元格名称，下同。

第二章　尽职调查方法

尽职调查的含义可高度概括为“资料收集”与“真实性验证”。在保证资料完整性的同时，验证资料的真实性。尽职调查能否做到位，极大地影响评价的准确性，决定“评价”实际的意义。如果资料失去真实性，假账真算自欺欺人，可以肯定，误导决策产生的失误比凭经验和悟性决策可能的失误还要大。

第一节　资料收集内容及用途

一、收集资料内容

资料收集的内容必须满足“完整性”要求，即收集的资料能够满足投融资评价需要。投融资评价由定性分析与定量分析相结合，定量分析所需资料目录见表 2.1。表中分“工业类”和“商业或其他”两大类型，资料收集目录略有区别。工业类略为复杂，比商业类多收集了产品经营状况和产品成本数据。

资料收集清单（定量分析）

表 2.1

序号	统计报表名称	工业类	商业或其他类
1	财务报表及验证材料		
1.1	企业连续三年（最少两年）的财务年度报表和最近一期（含上一年同期）的财务月报表	√	√
1.2	企业连续三年（最少两年）的财务审计报告	√	√
1.3	企业连续两年（最少一年）现场验证记录表	√	√
2	企业连续两年年度及本年最近月（含上一年同期）增值税、地税纳税申报表	√	√
3	企业连续两年产品经营状况表	√	
4	企业连续两年产品成本费用统计表	√	
5	企业连续两年及未来长期借款还本付息表	√	√

全部资料清单表2.2，是能同时满足定量分析、定性分析和编写报告所需资料清单，比定量分析增加了诸如营业执照、组织机构代码证、贷款卡、验资报告、税务登记证、银行开户许可证、公司章程、身份证（法人代表、总经理、董事）等复印件，提供法人代表和总经理个人信用报告查询授权书、领导人简历、企业简介等文件，以及销售合同、固定资产清单、担保人相关材料。表2.2也是某银行收集的某工业类企业贷款评价资料清单，表中"√"的目录为已提供资料的。

资料收集清单（全）

表2.2

序号	选择	内容
一		**借款人资料**
1	√	营业执照
2	√	组织机构代码证
3	√	税务登记证
4		外商投资企业批准证书（如有）
5		外汇登记证（如有）
6		公司章程
7	√	验资报告
8	√	贷款卡查询资料（详细版）
9	√	法定代表人身份证复印件
10	√	法定代表人履历表
11	√	法定代表人个人征信系统查询资料及同意查询授权书
12	√	企业连续三年（最少两年）的财务年度报表和最近一期（包括上一年同期）的财务月报表
13	√	现场验证数据表
14		房地产租赁合同（如为租赁）
15		主要固定资产清单
16	√	环保评估及验收文件
17		公司及关联企业股权结构图或组织结构图
18		许可证（如：进出口备案文件、印刷、特种行业经营）（如有）
19		因项目需要，须提供的其他资料（如产品认证、专利证书、企业宣传册等）
20	√	公司简介
二		**企业经营状况资料**
1	√	前、上年度及本年度最近月（包括上一年同期）增值税纳税申报表
2		政府部门（如海关、外管局、外经委等）编制的进出口情况统计表

续表

序号	选择	内　容
3	√	经营状况统计表（工业类）
4	√	企业成本统计资料（工业类）
5		上一年及本年最近月银行非本行账户对账单（含其他结算账户）
6	√	前6个月前3大供应商\下家客户的购货合同和销货合同
7	√	前6个月电（或水、气）费凭证
8		企业的出库单证\销售月报表\运输发票（完整月份）
9		他行对其核定的授信批复通知书
10		其他可以证实销售收入情况的材料
三		**保证人资料**
1	√	营业执照
2	√	组织机构代码证
3	√	税务登记证（国、地税）
4	√	公司章程
5		验资报告
6	√	贷款卡查询资料
7		法定代表人身份证复印件
8	√	连续两年的财务年度报表和最近一期的财务月报表
四		**抵质押资料**
1		相关产权证，如房、地产权证等
2		资产评估报告（或预评估报告）
3		存单和有价证券等质物
五		**固定资产贷款资料**
1	√	企业现有固定资产贷款还本付息计划
2		批复文件（如有）
3	√	项目可行性报告（如有）
4		土地出让合同（如有）
5		工程建造合同、设备购买合同
6		其他配套条件落实文件

二、资料用途

资料有三大用途：验证、评价、预测。

验证：即用于验证数据的真实性。收集到的企业财务数据是否真实，决定数据是否有价值，虚假数据不仅不能为决策提供科学依据，反而会误导决策。凡决策者都有丰富的行业经验，仅凭经验和悟性决策，也能保证一定的成功率；倘若决策者误用虚假数据为决策依据，决策者等于“自毁武功”，任凭虚假信息误导决策，可能损失更惨。

为了保证数据真实性，投资者不得不花很大的精力收集证明性材料，用于验证企业提供信息的真实性和企业信用。如本方法要求收集的审计报告、验证记录、纳税申报数据等，都是用来验证真实性的数据。

还有如营业执照复印件、组织机构代码证复印件、贷款卡复印件、验资报告、税务登记证、银行开户许可证、公司章程、身份证复印件（法人代表、总经理、董事）、个人信用报告查询授权书（法人代表、总经理、董事）、销售合同、固定资产清单、担保人相关材料等，也是用来查证企业的信用，保证企业提供信息的真实性。

图 2.1 是数据真实性验证的流程图，图中形象地说明了收集的数据与真实性验证的关系。图中列举了产量验证、营业收入验证、钩稽关系验证和息税折旧摊销前利润验证等四种方法。

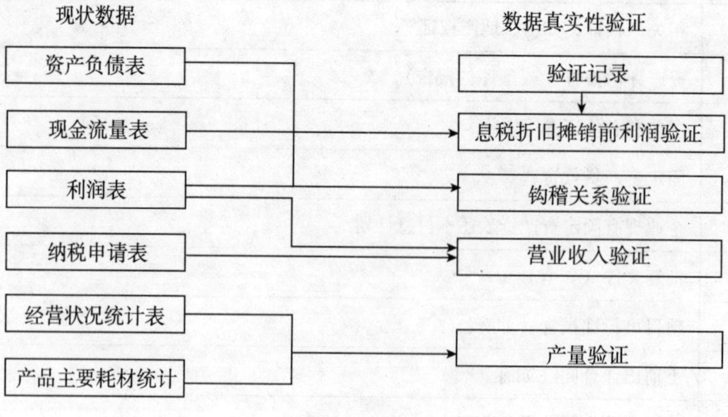

2.1　真实性验证流程图

评价：即企业现状评价。根据企业历史数据，分析企业是否存在债务风险，计算评价指标，判断企业优劣。

预测：即预测企业的未来。投资者的决策，主要以预测的企业未来状况作为决策依据，而不是完全看企业的过去和现状。预测一般需经过参数统计、确定合理的预测参数、预测等三个环节。预测未来的关键是合理确定“预测参数”，合理确定“预测参数”需要依据企业历史“统计参数”或“行业参数”。图 2.2 是利润预测流程图。图中清晰勾画了现状数据、参数统计、未来预测的关系。

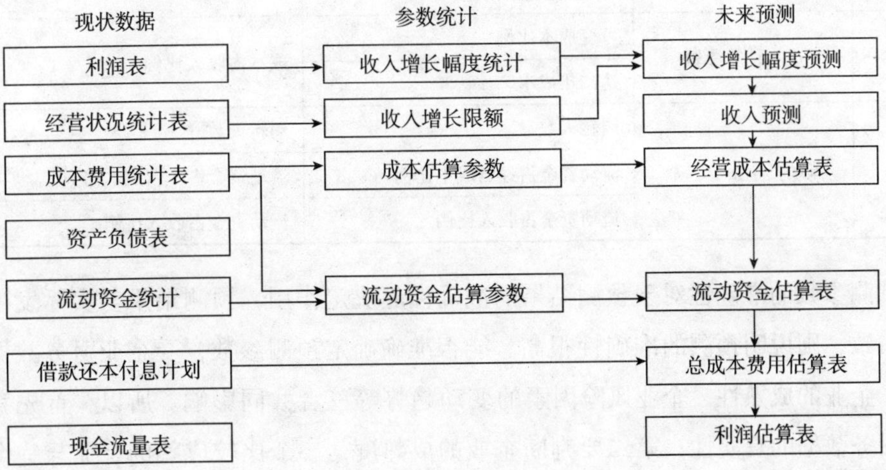

图 2.2 利润预测流程图

三、参数统计内容

预测未来需要用到三套预测参数，如“收入增长幅度”、“成本估算参数”、“流动资金估算参数”等，这三套预测参数需要以企业历史或现有财务报表统计的参数为依据才能合理确定，根据历史或现有财务报表统计的参数内容详见表 2.3。收入统计参数有上年收入增长幅度（即上年收入与上二年收入比较的结果）和本年收入增长幅度（本年最近月份与上年同期比较的结果），工业类企业还有收入增长幅度限额（生产能力与现有生产能力利用率比较的结果），用于共同预测本年全年或未来多年的“收入增长幅度”。

表 2.3 参数统计内容

序号	参数	工业类	商业类及其他类
1	收入增长幅度	收入增长幅度（上年）	收入增长幅度（上年）
		收入增长幅度（本年同期）	收入增长幅度（本年同期）
		收入增长幅度限额	
2	成本估算参数	可变成本比例	成本占收入比例
		达产年成本	
3	流动资金估算参数	周转天数	周转天数
		流动资金占经营成本比例	流动资金占经营成本比例
		流动资金占收入比例	流动资金占收入比例

预测参数的准确性对于预测结果的准确性起决定作用，预测结果与实际发生的结果相一致，则说明预测的准确性很高。能否准确确定预测参数，受企业财务数据的真实性、企业的成熟性、企业风险因素的变动趋势等三者共同影响。所以，首先我们要保证财务数据的真实性；第二要判断企业的成熟度，一个比较成熟的企业与一个创立不满 3 年的企业比较，创立时间短的企业经营还不够稳定，统计数据规律性差一些，预测参数波动范围大，确定预测参数也得更慎重一些；第三要关注和判断企业风险因素的变化，若变动大，则需要对依据统计参数确定的预测参数作较大的调整。

第二节　非财务资料收集与审核

表 2.1 资料收集清单（定量分析）中所列资料目录，都是投融资评价定量分析需要的，在投融资评价中可全部采用。表 2.2 资料收集清单（全）中所列目录包含了表 2.1 的内容，其中增加的内容提供了大量的企业非财务信息，主要用于验证数据真实性、融资评价定性分析和编制评价报告，这些资料在融资评价中需要进行整理，去粗取精，摘要其有用信息。融资评价非财务信息包括借款人资料摘要、保证人资料摘要、抵质押物信息摘要等方面，具体如下。

（一）借款人资料摘要

1. 营业执照信息摘要

收集营业执照要注意审核年检印迹，营业执照每年年检一次，一般在春节后开始，5 月底以前截止。提供的财务报表需要经过会计师事务所审计。5 月份以后提供的营业执照年检印迹的最近年份是“上年”，譬如本年为 2012 年，年检印迹应该是 2011 年。

复印营业执照，将信息摘录于下表。

内　容	摘　要
登记注册号	
企业名称	
注册地址	
法定代表人姓名	
注册资本（万元）	
实收资本（万元）	
经营范围	
工商注册登记日期	
工商注册到期日期	
工商年检印迹最近年份	

2. 组织机构代码证摘要

内　容	摘　要
组织机构代码	

3. 税务登记证摘要

内　容	摘　要
国税登记证号码	
地税登记证号码	

4. 验资报告摘要

验资报告审核，主要审核股东出资额合计是否与营业执照相一致，是否与资产负债表“实收资本”一致。复印验资报告，并将股东出资情况摘录于下表。

序号	股东名称	认缴注册资本（万元）	出资比例（%）	出资方式

5. 贷款卡查询信息摘要

打印贷款卡信息，统计下表数据。

内容	摘　要
贷款卡状态	
上年度借入短期借款（万元）	
上年度偿还短期借款（万元）	
本年借入短期借款（万元）	
本年偿还短期借款（万元）	

6. 高管人员身份信息摘要

提供简历，复印身份证，摘录信息于下表。

职务	姓名	性别	年龄	学历	专业	证件类别	证件号码	从事本行业工作年数
法定代表人								
总经理								
财务负责人								

7. 法定代表人个人征信系统查询资料摘要

通过人民银行征信系统查询，判断结果记入下表。

信用记录		备　注
	无不良记录	
	存在第三方负面影响	
	存在贷款违纪现象	
	发生重大事故或经济纠纷	

上述借款人资料摘要，汇总于见表 2.4 企业基本信息表。

企业基本信息表（工业类举例）

表 2.4

一、基本信息							
档案编号		客户名称			法人代表		
客户类型		注册时间		注册资本(元)		实收资本(元)	
主管部门		注册地址					
法定代表人身份证号				法人学历		公司章程	

续表

<table>
<tr><td>营业执照号码</td><td colspan="2"></td><td>组织机构代码</td><td colspan="2"></td><td>信用评级</td><td></td></tr>
<tr><td>税务登记证号</td><td colspan="2"></td><td>贷款卡号</td><td colspan="2"></td><td>职工人数</td><td></td></tr>
<tr><td>主营业务</td><td colspan="3"></td><td>兼营业务</td><td colspan="3"></td></tr>
<tr><td>基本账户开立</td><td colspan="2"></td><td>结算账户开立</td><td colspan="2"></td><td>关联企业</td><td></td></tr>
<tr><td>邮政编码</td><td></td><td>办公地址</td><td colspan="3"></td><td>联系电话</td><td></td></tr>
<tr><td>其他事项</td><td colspan="7"></td></tr>
<tr><td colspan="2">客户经济类型（公司性质）</td><td></td><td>行业大类</td><td></td><td>行业小类</td><td colspan="2"></td></tr>
<tr><td colspan="8">二、财务状况</td></tr>
<tr><td>财务是否健全</td><td>健全</td><td>财务主管人</td><td></td><td>学历</td><td></td><td>工作年限</td><td></td></tr>
<tr><td rowspan="2">资产总额</td><td colspan="3">其中</td><td rowspan="2">负债合计</td><td colspan="3">其中</td></tr>
<tr><td>固定资产</td><td>流动资产</td><td>其他资产</td><td>流动负债</td><td>长期负债</td><td>其他负债</td></tr>
<tr><td></td><td></td><td></td><td></td><td></td><td></td><td></td><td></td></tr>
<tr><td>年经营收入</td><td></td><td>年净收益</td><td></td><td>其他事项</td><td colspan="3"></td></tr>
<tr><td colspan="8">三、其他情况</td></tr>
<tr><td colspan="3">生产经营是否正常</td><td></td><td colspan="2">产品市场需求情况</td><td colspan="2"></td></tr>
<tr><td colspan="2">借款人有无违约记录</td><td></td><td>还款意愿</td><td></td><td colspan="2">有无税费拖欠记录</td><td></td></tr>
<tr><td>其他事项</td><td colspan="7"></td></tr>
<tr><td colspan="8">四、固定资产情况</td></tr>
<tr><td colspan="2">资产名称</td><td>面积（数量）</td><td>单位</td><td>办证情况</td><td>账面价值</td><td>评估价值</td><td>是否抵押</td></tr>
<tr><td colspan="2">土地使用权</td><td></td><td>平方米</td><td></td><td></td><td></td><td></td></tr>
<tr><td colspan="2">房产</td><td></td><td>平方米</td><td></td><td></td><td></td><td></td></tr>
<tr><td colspan="2">主要设备及交通工具</td><td></td><td>辆（台）</td><td></td><td></td><td></td><td></td></tr>
<tr><td>其他事项</td><td colspan="7"></td></tr>
<tr><td></td><td>建档人</td><td colspan="3"></td><td>建档日期</td><td colspan="2"></td></tr>
</table>

（二）保证人资料摘要

需要收集的保证人非财务信息与借款人非财务信息的目录类似，摘要的信息内容和格式基本相同，需收集和摘要保证人营业执照、组织机构代码证、税务登记证、验资报告、贷款卡查询、法定代表人个人征信系统查询资料等信息。不在此重复说明。

（三）抵质押物信息摘要

抵质押资料摘要包括相关产权证（房产、地产权证等）、资产评估报告（或预评估报告）、存单和有价证券等质物的信息。

序号	抵质押物名称	抵质押物类别	价值	价值确认方式
备注	1. 抵质押物类别包括：1－房产、地产；2－存单；3－有价证券 2. 抵质押物价值确认方式：1－资产评估；2－购买价格；3－票面值			

第三节　财务报表初审及解读

一、报表完整性要求

财务报表包括资产负债表、利润表、现金流量表、所有者权益变动表等四张财务报表。连续三年（至少两年）的年度报表和最近一个月份（含上年同期）的月份报表。年度报表一般需要经过会计师事务所审计，提供审计报告。

1. 年度报表

需要收集过去三年（至少两年）的年度审计报告，含资产负债表、利润表、现金流量表、所有者权益变动表等财务报表。

2. 月份报表

（1）当“最近报表月份＝12”时

不需收集月份报表。

（2）当“最近报表月份＝1～11”时

需要收集最近月份及上年同期的资产负债表、利润表。

值得注意的是，不少银行客户经理不太重视收集上年同期的财务报表，使本年最近月份的财务报表失去比较对象，降低了本年最近月份财务报表的作用。

二、资产负债表初审与解读

（一）内容与格式

除了特殊行业，一般行业财务报表的主要内容与格式基本相同，资产负债表常见栏目的内容与格式详见表2.5。

表中年月排序，年度报表只标注年份不需标注月份，标注年份数字4位。表示最近月份如20××××中的前四位表示年份，最后两位表示月份。年序表示方法，“上一年”表示去年，用数字表示的年序为本年年序减1，“上二年”表示前年，用数字表示的年序为本年年序减2，上三年为本年年序减3。以本年为基准（第1年），往后年序每年加1，依此类推。各表年序编排方法相同。

资产负债表

表2.5 单位：万元

序号	项目	上三年	上二年	上一年	上年同期	本期
		20××-3	20××-2	20××-1	(20××-1) ××	(20××) ××
1	资产					
1.1	流动资产总额					
1.1.1	货币资金					
1.1.2	短期投资					
1.1.3	应收票据					
1.1.4	应收股利					
1.1.5	应收利息					
1.1.6	应收账款					
1.1.7	减坏账准备					
1.1.8	应收账款净额					
1.1.9	预付账款					
1.1.10	应收补贴款					
1.1.11	其他应收款					
1.1.12	存货					
1.1.13	待摊费用					
1.1.14	待处理流动资产净损失					
1.1.15	一年到期的长期债权投资					
1.1.16	其他流动资产					
1.2	长期投资					
1.2.1	长期股权投资					
1.2.2	长期债权投资					
1.3	固定资产					
1.3.1	固定资产原值					
1.3.2	减：累计折旧					
1.3.3	固定资产净值					
1.3.4	减：固定资产减值准备					
1.3.5	固定资产净额					

续表

序号	项目	上三年	上二年	上一年	上年同期	本期
		20××-3	20××-2	20××-1	(20××-1)××	(20××)××
1.3.6	工程物资					
1.3.7	在建工程					
1.3.8	固定资产清理					
1.3.9	固定资产合计					
1.4	无形资产及其他资产					
1.4.1	无形资产					
1.4.2	长期待摊费用					
1.4.3	其他长期资产					
1.5	递延税款					
1.5.1	递延税款借项					
2	**负债及所有者权益**					
2.1	流动负债总额					
2.1.1	短期借款					
2.1.2	应付票据					
2.1.3	应付账款					
2.1.4	预收账款					
2.1.5	其他应付账款					
2.1.6	应付工资					
2.1.7	应付福利费					
2.1.8	应付股利					
2.1.9	应缴税金					
2.1.10	一年到期的长期负债					
2.1.11	其他					
2.2	长期负债					
2.2.1	长期借款					
2.2.2	应付债券					
2.2.3	长期应付款					
2.2.4	住房周转金					
2.2.5	其他长期负债					
2.3	递延税款贷项					
2.4	负债总额					
2.5	所有者权益					

续表

序号	项目	上三年	上二年	上一年	上年同期	本期
		20××-3	20××-2	20××-1	(20××-1) ××	(20××) ××
2.5.1	实收资本（股本）					
2.5.2	资本公积					
2.5.3	盈余公积					
2.5.4	任意公积金					
2.5.5	未分配利润					

（二）资产负债表审核

资产负债表审核的重点：

重点审核之一：本年最近月份与年初比较变动幅度大的主要栏目。本年最近月份与年初比较，当货币资金增减幅度超过20%、应收账款增减幅度超过20%、存货增减幅度超过20%，实收资本有变化或资本公积有变化时，需要说明变化主因。

重点审核之二：年初（上年末）占比异常的非主要栏目。当上年末其他应收款占流动资产比例达到10%、待摊费用占流动资产比例达到10%、长期待摊费用占非流动资产比例达到10%、无形资产占非流动资产比例达到20%、在建工程连续两年占固定资产比例达到40%的栏目，认为占比异常，需要企业说明具体内容与构成。

重点审核之三：为满足真实性验证需要，在现场核实填入“验证数据表”的栏目。

通过审计报告或企业账本，审核方法如下：

1. 应收账款审核

应收账款是否真实存在，是否存在虚列应收账款以虚增销售收入现象，查实的应收账款记入“验证数据表”，“验证数据表”中应收账款包括应收账款净额、应收票据、应收利息、应收股利等栏目数据；

首先审核最近月份，

账龄超过一年的应收账款占比，列出账龄超过一年的大额应收账款；

是否提取足额坏账准备；

是否存在较大数额且已判定不能回收的应收账款而未核销；

是否由于经营效益下降导致应收账款不能及时回收而数额增加；

是否为了刺激销售，导致应收账款大额增加。

2. 存货的审核

核实存货的主要组成；

是否存在少列、多列存货现象，核实存货的真实存在；

核实说明存货收入、发出计价方法及其一贯性，是否存在多计存货、少计成本的现象，存货是否大量积压变质，而未提取足额的跌价准备；

核实是否由于该企业经营效益下降，存货销不出去导致存货数额较大。

3. 固定资产审核

收集企业固定资产清单，核实说明企业固定资产的组成，并确认固定资产划分是否准确、产权是否归企业所有，是否存在将经营租赁固定资产计入固定资产原值现象；

核实企业固定资产的计价是否真实公允，是否及时提取固定资产减值准备；

固定资产折旧方法、期限是否合法合理并遵守一贯性原则，是否存在少提折旧、不提折旧现象；

是否存在已经过时报废、不使用的固定资产还列入账中；

是否存在固定资产评估增值事项，若有，就其事项要求作具体说明；

是否存在接受捐赠、融资租赁的固定资产，若有，要求作具体说明。

4. 其他应收款的审核

当其他应收款占流动资产总额达到 10% 以上时，应说明其他应收款。重点审核该企业是否存在抽逃投资、关联企业往来、错列现象，同时要对该企业其他应收款的回收性进行审核说明。

一般情况下，其他应收款具体项目包括应收的各种赔款、罚款，应收出租包装物租金，应向职工收取的各种垫付款项，备用金，存出保证金，预付账款转入等。

5. 待摊费用的审核

当企业待摊费用占流动资产比例达到 10% 以上时，需要重点审核待摊费费用。

主要核实该企业待摊费用的组成，是否存在把递延费用计入待摊费用现象或者待摊费用未及时摊销计入当期成本和费用。一般情况下，待摊费用包括低值易耗品摊销、预付保险费、固定资产修理费用以及一次购买印花税票等。

6. 长期待摊费用的审核

当企业长期待摊费用占非流动资产（总资产 - 流动资产）的比例达到 10% 时，则应审核长期待摊。该企业长期待摊费用占比较高，要求说明该企业长期待摊费用的组成，核实其摊销期限是否合理合法，是否存在期间费用长期化等现象。一般情况下，长期待摊费用包括固定资产大修理支出，以及筹建期发生费用支出等。

7. 无形资产的审核

当无形资产占非流动资产（总资产 - 流动资产）的比例达到 20% 时，则应审核无形资产。核实说明该企业无形资产的组成及其真实存在；核实无形资产的真实价值，是否提取足额减值准备；是否虚列商誉等无形资产；是否存在无形资产评估增值，若有，要求作具体说明。

8. 在建工程的审核

当连续两年在建工程占固定资产比例达到40%时，应审核在建工程。重点核实说明该企业在建工程的主要项目及金额是否真实存在，并查验“现金流量表”的“投资支付的现金”数据的真实性，查验结果记入“验证记录表”。

说明是否存在已投入使用而未转入固定资产的现象；是否存在已经停工的在建工程；是否存在期间费用长期化现象，利息资本化是否合规。

9. 资本公积的审核

当资本公积占所有者权益的比例达到10%或者期末资本公积不等于期初资本公积时，应审核资本公积。主要审核资本公积增加减少的原因。资本公积增加的途径包括资本（股本）溢价、接受捐赠、股权投资准备、拨款转入、外币折算差额等；资本公积减少的主要原因有原评估增值再评估减值、减资、转增资本等。

10. 实收资本的审核

当期初实收资本不等于期末实收资本时，应审核实收资本科目。核实说明企业实收资本增加的真实存在性，是否存在虚增实收资本、抽逃投资现象。

11. 其他应付账款

当其他应付账款占流动负债总额的比例达到20%时，应审核其他应付账款科目。重点说明是否存在“应付工程款”、“股东借款”。若存在股东借款，当股东借款还款周期超过一年时，可将数据移至“其他长期负债”栏目。

12. 一年到期的长期负债

如果存在“一年到期的长期负债”，需要说明属于具体长期负债科目，可以将数据移至“长期负债”相关栏目。

（三）资产负债表解读

财务报表是企业经营成果的集中体现，也是所有影响因素综合作用的结果，其信息量极其丰富，以至于无论什么用途和目的都要解读财务报表，所以专家提出了各种各样的解读方法。本书主要研究投融资评价，解读财务报表的方法，主要围绕投融资评价中验证数据真实性、统计参数、计算评价指标等目的展开，有针对性地解读。

在验证数据真实性方面，资产负债表、利润表、现金流量表是财务报表真实性验证的对象，本身也是互为真实性验证的资料。也是本章后半部分需重点解决的问题。

在统计参数方面，资产负债表是统计企业流动资金估算参数的主要数据来源，统计流动资金需要区分经营活动占用的资金与非经营活动占用资金，经营活动短期负债与非经营活动短期负债。流动资金统计的是经营活动占用资金和经营活动短期负债。经营活动占用的资金，即流动资产包括货币资金、应收票据、应收账款净额、预付账款、存货、待摊费用；经营活动短期负债，即流动负债包括应付票据、应付账款、应付工资、应付福利费、应缴税金、预收账款。经营活动的流动资产减经营活动的流动负债，即流动资金，流动资金为生产经营需要筹措的资金。

在企业现状评价方面，首先通过资产负债表计算资产负债率、流动比率、速动比率、现金比率指标，分析企业财务状况；通过资产负债表统计企业总投资，结合利润表数据计算财务效益指标；通过资产负债表深度分析企业债务结构，判断企业是否存在可能导致倒闭风险的债务结构隐患。

三、利润表初审与解读

（一）内容与格式

利润表的内容一般包括“损益表”和“利润分配表”两部分内容，各个企业内容差不多，本书只取了向企业收集的利润表中“损益表”部分，并增加了“息税前利润”和“息税折旧摊销前利润”两行重要数据，为此还增加本年利息、本年折旧、本年摊销，详见表2.6。

利润表

表2.6

序号	项目	上三年	上二年	上一年	上年同期	本期
		20××-3	20××-2	20××-1	(20××-1)××	(20××)××
一	**主营业务**					
	减：折扣与折让					
二	**主营业务收入净额**					
	减：主营业务成本					
	主营业务税金及附加					
三	**主营业务利润（毛利润）**					
	加：其他业务利润					
	减：存货跌价准备					
	营业费用（销售费用）					
	管理费用					
	财务费用					

续表

序号	项目	上三年	上二年	上一年	上年同期	本期
		20××-3	20××-2	20××-1	(20××-1) ××	(20××) ××
四	**主营利润**					
	加：投资收益					
	补贴收入					
	营业外收入					
	减：营业外支出					
	加：以前年度损益调整					
五	**利润总额**					
	减：所得税					
	少数股东损益					
六	**净利润**					
七	**各种利息支出**					
	息税前利润					
	本年折旧					
	本年摊销					
	息税折旧摊销前利润					

息税前利润 = 利润总额 + 本年利息

息税折旧摊销前利润 = 利润总额 + 本年利息 + 本年折旧 + 本年摊销

有关数据来源如下：

本年利息 = Max(利润表！财务费用,0)；

本年折旧 = 资产负债表！本年累计折旧 - 资产负债表！上年累计折旧；

本年摊销 = 资产负债表！无形资产及其他资产[上年] - 资产负债表！无形资产及其他资产[本年]。本年折旧和本年摊销数据最好直接从审计报告或企业获取。

息税前利润、息税折旧摊销前利润是分析企业财务效益和偿债能力的重要数据，如：

总投资收益率(%) = 息税前利润 ×100/总投资

利息备付率(%) = 息税前利润 ×100/本年利息

偿债备付率(%) = (息税折旧摊销前利润 - 所得税) ×100/(本年利息 + 本年还本金)

息税前利润、息税折旧摊销前利润是项目评价中“利润和利润分配表”的重要栏目。改变以往的观念，息税前利润、息税折旧摊销前利润在财务评价中甚至比利润总额的意义更大。在《建设项目经济评价方法与参数》第三版中，总投资收益率已替代总投资利润率作为财务效益的主要评价指标，用利息备付率、偿债备付率代替资产负债率和流动比率作为偿债能力的主要评价指标。企业投融资评价与项目评价具有承前启后或一脉相承的关系，采用基本相同的评价指标是顺其自然的事。

由息税前利润、息税折旧摊销前利润替代利润总额在利润表中的重要地位，可以将银行的注意力从获利能力转移到偿债能力上，这才是银行最应该关注的。

（二）利润表审核

主要审核主营业务收入、营业外收入。

1. 主营业务收入审核

主要审核是否存在通过应收账款、预收账款等科目虚增销售收入现象；销售收入确认时是否同时满足已将销售商品上的风险和报酬转移给购买方、失去对已出售商品的控制权、有相关的经济利益流入企业、相关的收入和成本能可靠的计量四个条件。

2. 营业外收入的审核

当营业外收入达到“营业利润”、“投资收益”、“营业外收入”之和的10%时，应审核企业的营业外收入。要求审查说明营业外收入的来源，以核实是否存在虚增利润的现象，营业外收入主要有固定资产盘盈、处置固定资产净收益、非货币性交易收益、出售无形资产收益、罚款净收入等。

（三）利润表解读

利润表解读详见表2.7。此表解读将重点说明贷款还本付息的资金来源，这是贷款偿还能力分析的理论基础。具体如下：

1. 营业收入

营业收入是指企业在生产经营活动中由于销售商品、提供劳务等所取得的收入，以开出的发票为记账凭证，营业收入实现一般意味着已提供产品或服务，并开出发票。

营业收入实现，也意味着经营活动的完成，经营活动投入的资金通过营业收入得以回收，国家得到了税收，投资者获得增值。即：

营业收入 = 回收投资 + 上交税金 + 投资增值

2. 回收投资

收入实现，首先意味着通过营业收入回收投资，回收投资包含回收流动资金和回收固定资产投资两部分。回收流动资金表现为回收经营成本，经营成本即利润表中的销售成本、管理费用、营业费用、财务费用之和，减去其中的折旧、摊销、利息，经营成本又称付现成本，即生产经营过程付出的现金。回收的流动资金可以继续用于周转，也是偿还到期的流动资金贷款的资金来源。包含在销售成本、管理费用、营业费用中的折旧和摊销，收入实现即意味着回收了固定资产投资，回收的固定资产投资可用于偿还到期的固定资产贷款，或回收了资本金。即：

回收投资 = 回收流动资金 + 回收固定资产投资

利润表（举例）

表2.7　　单位：万元

序号	项目	金额	计算公式	备注
1	营业收入	10000	=2+3+4	意味着销售实现
2	总成本费用	7000	=2.1+2.2+2.3+2.4+2.5	意味着投资回收
2.1	外购材料及半成品	4000	经营成本 =4000+700+500=5200	①回收流动资金 “经营成本” 又称“付现成本”
2.2	工资及福利费	700		
2.3	其他费用	500		
2.4	折旧及摊销	1000		②回收固定资产投资
2.5	财务费用	800		③间接投资者增值
3	营业税金及附加	102		④国家税收
4	利润总额	2898	=1-2-3	
5	所得税	724.5	=2898×25%=724.5	④国家税收
6	净利润	2173.5	=2898-724.5=2173.5	⑤直接投资者增值

3. 政府税收

在利润表中，政府税收也包含“营业税金及附加”、“所得税”两部分，是通过营业收入，政府获得了税收。即：

政府税收 = 营业税金及附加 + 所得税

4. 投资增值

在利润表中，投资增值包含利润和利息两部分，利润是直接投资者的增值，利息是间接投资者的增值。

通常，可将企业的投资者区分为直接投资者和间接投资者。企业通过股权融资吸收直接投资者的资金，通过债务融资吸收间接投资者的资金。财务费用中的利息属于间接投资者的增值，将以间接投资者的收益支付给投资者，是支付利息的资金来源；净利润属于企业直接投资者的增值。即：

投资者增值 = 利息 + 净利润

四、现金流量表初审与解读

（一）报表内容与格式

现金流量表将企业现金流量分为经营活动净现金流量、投资活动净现金流量和筹资活动净现金流量等三大部分，三部分之和即整个企业的净现金流量——现金及现金等价物净增加额。报表内容详见表2.8。

现金流量表

表2.8　　　　单位：万元

序号	项　目	上三年	上二年	上一年	上年同期	本期
		20××-3	20××-2	20××-1	(20××-1)××	(20××)××
一	经营活动产生的现金流量					
1	经营活动现金流入					
1.1	销售商品、提供劳务收到的现金					
1.2	收到的税费返还					
1.3	收到的其他与经营活动有关的现金					
2	经营活动现金流出					
2.1	购买商品、接受劳务支出的现金					
2.2	支付给职工以及为职工支付的现金					
2.3	支付的各种税费					
2.4	支付的其他与经营活动有关的现金					
3	经营活动产生的现金流量净额					
二	投资活动产生的现金流量					
1	投资活动现金流入					
1.1	收回投资所收到的现金					
1.2	取得投资收益而收到的现金					
1.3	处置固定资产、无形资产和其他长期资产而收到的现金					
1.4	收到的其他与投资活动有关的现金					
2	投资活动现金流出					
2.1	投资支付的现金					
2.2	支付其他与投资活动有关的现金					
3	投资活动产生的现金流量净额					

续表

序号	项 目	上三年	上二年	上一年	上年同期	本期
		20××-3	20××-2	20××-1	(20××-1) ××	(20××) ××
三	**筹资活动产生的现金流量**					
1	筹资活动现金流入					
1.1	吸收投资所收到的现金					
1.2	借款所收到的现金					
1.3	收到其他与筹资活动有关的现金					
2	筹资活动现金流出					
2.1	偿还债务所支付的现金					
2.2	分配股利、利润和偿付利息所支付的现金					
2.3	支付的其他与筹资活动有关的现金					
3	筹资活动产生的现金流量净额					
四	**汇率变动对现金的影响**					
五	**现金及现金等价物净增加额**					

（二）现金流量表审核

为验证数据的真实性，需要核实现金流量表中以下数据：

1. 查验现金流量表“股利分配及支付利息”

当“股利分配及支付利息”栏目的数额大于0时，需要核实“股利分配及支付利息”的构成。查验记账凭证，存在股利分配的需要核实分配股利缴纳个人所得税凭证。

2. 查验现金流量表“偿还债务所支付的现金”

当“偿还债务所支付的现金”大于0时，需要通过贷款卡信息核实还款金额。

3. 查验现金流量表“投资支付的现金”

当“投资支付的现金”大于0时，需要查实工程和付款是否真实存在，并核实金额。

（三）现金流量表解读

将以“理想状态”与“现实情况”两种状态，重点解读“经营活动净现金流量”。

（1）理想状态

经营活动净现金流量=息税折旧摊销前利润-所得税

或

经营活动净现金流量=净利润+折旧+摊销+财务费用

理想状态是本年生产的产品都全部销售出去了，本年营业收入全部到账，本年发生的经营成本全部应付款项已付清，也不存在预收和预付账款。即：

△资产负债表！存货 =0；

△资产负债表！应收账款 =0；

△资产负债表！应付账款 =0；

△资产负债表！预收账款 =0；

△资产负债表！预付账款 =0

“△”表示年末数减年初数的增量。

（2）现实情况

现实并非如此理想，通常资产负债表中的存货、应收账款、应付账款、预收账款、预付账款等栏目，其增量等于 0、大于 0 或小于 0 都有可能。当增量不等于 0 时，可将“息税折旧摊销前利润 - 所得税”调整为“经营活动净现金流量”。

经营活动现金流量 = 利润总额 + 折旧 + 摊销 + 财务费用 - 所得税 -（△应收账款 + △存货 + △预付账款）+（△应付账款 + △预收账款）

五、财务报表验证数据

对财务报表的审核，在现场要重点验证有关现金流向的几个关键数据，即验证息税折旧摊销前利润的关键数据，经验证的数据记录于表 2.9。

验证记录表

表 2.9　　　　单位：万元

序号	项目名称	单位	上二年	上一年
			20××-2	20××-1
1	查验资产负债表“货币资金”金额	万元		
2	查验资产负债表“应收账款”金额	万元		
3	查验现金流量表“股利分配及支付利息”金额	万元		
4	查验现金流量表“偿还债务所支付的现金”金额	万元		
5	查验现金流量表“投资支付的现金”金额	万元		

资产负债表“货币资金”金额，对照打印的银行对账单进行查验，资产负债表中的货币资金可能还包括一部分现金，若不能证实则现金可以忽略，因为，验证允许一定误差。

资产负债表“应收账款”金额，包括应收账款、应收票据、应收利息、应收股利等资产负债表栏目内容。主要通过审计报告或企业账本查验，将查验数据填入验证记录表中。当“应收账款”年末值减年初值的增量很小或小于 0 时，可以直接将财务报表数据填入，不需查验，因为这种情况不影响数据真实性验证。

现金流量表中三个验证数据的验证方法详见现金流量表审核内容，在此不赘述。

第四节 纳税申报数据收集与审核

纳税申报表由地税申报表和增值税纳税申报表两张。全国各地都已采用网上报税系统，银行客户经理收集资料应该要求企业从纳税申报系统中打印申报表。也可由企业提供纳税申报账户查询授权书，由客户经理直接查询。增值税纳税申报表直接打印年末累计数据，地税申报表每月打印后合计。

纳税申报表是公司类企业每月必须向政府申报的数据，银行收集纳税申报表主要采集纳税申报收入数据，用于验证企业利润表中主营业务收入的真实性。纳税申报表数据摘要见表2.10。

纳税申报收入（工业类举例）

表2.10　　单位：万元

名　称	上二年	上一年	本期
	20××-2	20××-1	（20××）××
增值税纳税申报收入			
营业税纳税申报收入			

第五节 产品经营状况与成本数据收集

一、数据的用途

只有工业类企业详评才需要收集产品经营状况和成本统计数据。按产品统计主营产品的生产能力、生产量、销售量、平均售价和收入，以反映企业的经营状况和发展潜力。按产品分类统计，为的是准确评价企业的经营状况，掌握每种产品目前的达产率和剩余生产能力，以便合理确定每种产品未来增长的预测参数。收集每种产品的生产成本，用于统计成本估算参数，有利于合理确定成本预测参数，以便准确预测未来的生产成本，是工业类企业未来预测的重要依据。

对于工业类企业，投融资评价分为简要评价和详细评价两种模式。简要评价不需要提供产品经营状况及成本数据，评价模式相对粗放，评价参数只能相对取保守值，如在确定收入增长幅度预测参数时，由于简要评价不要求提供经营状况统计表，不能得知每种产品剩余的生产能力，所以，只能取保守值，收入增长幅度预测参数一般只能设为0，即默认未来每年的收入等于上一年的收入，成本也默认等于上一年的成本。在详细评价模式中，根据上一年收入增长幅度、最近月份比上一年同期的收入增长幅度、根据剩余生产能力计算的收入增长幅度限额，共同确定收入增长幅度预测参数。收入变化，可变成本也会随之变化，如果没有提供产品的成本数据，则每种产品的可变成本与收入变化难以准确挂钩，影响成本预测的准确性。因此，企业和银行都要消除一个误解，即认为提供的资料越细发现的问题越多，应该正好相反，提供更详细的数据是为了释疑，即提供经营状况统计表和产品成本数据，预测更准确，可以释放风险，有利于获得贷款。例如，某污水处理厂，2011 年统计的总投资净收益率为 3.58%，说明目前盈利能力较差，多家银行不愿提供贷款，某银行通过经营状况统计表发现目前生产能力利用率刚达到50%，过去每年增长幅度6%以上，说明该企业目前效益较差主要是生产能力利用率较低，随着生产能力利用率提高，效益会越来越好，预测的未来10 年平均总投资净收益率 10.24%，看好该企业发展前景，同意提供贷款。不少企业存在类似问题，提供产品经营状况和成本数据，有助于增加企业获得贷款的机会。

二、经营状况统计数据内容

要求填写每种产品的产品名称、单位量级（选 1 或万）、单位、生产能力、生产量、销售量、平均售价、收入等。收入以万元为单位，表中主营业务收入的合计数与利润表中主营业务收入应该相等。需收集的数据，见表 2.11。

产品经营状况表

表 2.11

序号	项目名称	量级	单位	上二年	上一年
				20××-2	20××-1
1	主营产品生产能力				
	×××产品 1				
	×××产品 2				
	……				
2	主营产品生产量				
	×××产品 1				
	×××产品 2				
	……				

续表

序号	项目名称	量级	单位	上二年	上一年
				20××-2	20××-1
3	主营产品销售量				
	×××产品 1				
	×××产品 2				
	……				
4	主营产品平均售价				
	×××产品 1				
	×××产品 2				
	……				
5	主营业务收入				
	×××产品 1				
	×××产品 2				
	……				

三、产品成本数据收集

在计划经济时代，成本核算表是上报主管部门的重要报表，自从 1993 年财务制度重大改革之后，政府就不要求企业提供成本表。其实，成本核算和统计与经营状况统计一样，也是企业管理的重要组成部分，政府不要求上报只能说明政府不干预，不等于对企业不重要，成本核算是存货核算和结转的重要依据，只不过留待会计师事务所去审计罢了。成本数据的重要性对未来预测尤为突出，因为成本费用估算参数是贷款评价的重要参数，准确与否对贷款评价结果的准确性影响很大。希望贷款评价人员高度重视，企业认真提供。

成本与成本估算参数统计，工业类企业与商业及其他类型的企业不同，工业类详评与工业类初评也不同。现以工业类企业详评为例。

1. 成本统计范围界定

界定成本统计范围，目的是将生产和销售的产品种类与核算成本的产品种类，既可以区分开来又建立起相互联系，可以随着每种生产和销售产品的生产负荷变化，较为准确地预测未来成本。譬如某化纤企业，生产和销售有 5 种产品，其中 3 个涤纶加工丝 POY 生产车间、1 个涤纶加工丝 FDY 生产车间、1 个涤纶加工丝 DTY 生产车间。

只核算了 POY、FDY、DTY 3 个生产成本，这样就要求将核算成本的 3 种产品与生产和销售的 5 种产品建立对应关系。见表 2.12。

成本统计范围界定表（举例）

表 2.12

序号	核算成本的产品名称		生产及销售产品名称				
	产品代码	产品名称	POY 产品 1	POY 产品 2	POY 产品 3	FDY	DTY
1	28303201	涤纶高强力纱 POY	√	√	√		
2	28303202	涤纶变形纱线 FDY				√	
3	2830320201	涤纶弹力丝 DTY					√

2. 产品成本费用统计表

每种核算成本的产品分别统计成本数据，统计表格式见表 2.13。

成本费用统计表［×××产品］

表 2.13

序号	项目名称	上二年	上一年	备注
		20××-2	20××-1	
	产量（吨）			企业提供
1	生产成本			计算 = 1.1 + 1.2 + 1.3 + 1.4 + 1.5 + 1.6
1.1	原材料费			企业提供
1.2	燃料及动力费			企业提供
1.3	工资及福利费			企业提供
1.4	折旧费（含维简费）			企业提供
1.5	修理费			企业提供
1.6	其他制造费用			企业提供
2	管理费用			计算 = 2.1 + 2.2
2.1	摊销费			各种产品可按生产成本分摊
2.2	其他管理费用			各种产品可按生产成本分摊
3	财务费用			各种产品可按生产成本分摊
4	营业费用			各种产品可按生产成本分摊
5	总成本费用			计算 = 1 + 2 + 3 + 4
6	经营成本			计算 = 5 - 1.4 - 2.1 - 3

表中生产成本为每种产品根据实际消耗和价格测算。管理费用、财务费用、营业费用等取利润表中的数据，由每种产品按照各产品的生产成本占比分摊。

3. 产品主要耗材统计

统计每种产品的耗材指标至少有三大用处：一是用于验证产量的真实性；二是统

计产品消耗指标，与行业指标对比，判断企业技术的先进性，消耗指标用作统计行业参数的样本；三是根据节能减排评价要求，统计产品的能耗。统计内容与格式，见表 2.14。

产品主要耗材统计（工业类举例）[××产品]

表 2.14

序号	产品代码	选名称	单位	上二年 2×××-2			上一年 2×××-1		
				单耗	年耗	成本	单耗	年耗	成本

表中耗材种类包括原材料、辅助材料、燃料、动力、人工等，都可以列入统计范围。表 2.14 是某化纤产品消耗电力和主材。

第六节　长期借款还本付息计划

将企业所有尚未履行完毕的长期借款合同所规定的每年还本付息要求汇总于一张表，即长期借款还本付息计划，内容与格式见表 2.15。表中数据是长期借款、应付债券、长期应付款三者之和，简称“长期借款债券应付款”。将应付债券和长期应付款与长期借款一起还，一是因为这些长期负债通常都是必须还的，二是其还款资金来源相同，一起纳入偿还计划，会使企业偿债能力分析更全面。

长期借款还本付息表（工业类举例）

表 2.15　　单位：万元

序号	项目名称	上二年	上一年	第 1 年	第 2 年	第 3 年	第 4 年	第 5 年	第 6 年
		20×× -2	20×× -1	20××	20×× +1	20×× +2	20×× +3	20×× +4	20×× +5
1	年初借款余额								
2	本年借款								
3	本年应计利息								
4	本年还本金								
5	本年付利息								
6	年末借款余额								

表中上二年、上一年数据取自企业统计数据，第 1 年以后为计划数据。表中数据填写方法如下：

1. 年初借款余额

年初借款余额[上二年] = 资产负债表！长期借款[上三年] + 资产负债表！一年到期的长期借款[上三年] + 资产负债表！应付债券[上三年] + 资产负债表！长期应付款[上三年]；

年初借款余额[上一年] = 资产负债表！长期借款[上二年] + 资产负债表！一年到期的长期借款[上二年] + 资产负债表！应付债券[上二年] + 资产负债表！长期应付款[上二年]；

年初借款余额(第 1 年) = 资产负债表！长期借款[上一年] + 资产负债表！一年到期的长期借款[上一年] + 资产负债表！应付债券[上一年] + 资产负债表！长期应付款[上一年]；

年初借款余额[第 2 年及以后] = 年末借款余额[上年]

2. 本年借款

所有长期借款合同汇总。

3. 本年应计利息

本年应计利息上二年、上一年数据取实际发生额。

本年应计利息[第 1 年及以后] = (年初借款余额 + 本年借款/2) × 贷款利率/100

4. 本年还本金

本年还本金上二年、上一年数据取实际发生额。

本年还本金[第 1 年及以后] = 所有长期借款合同汇总

5. 本年付利息

本年应付利息 = 本年应计利息

6. 年末借款余额

年末借款余额[上二年] = 资产负债表！长期借款[上二年] + 资产负债表！一年到期的长期借款[上二年] + 资产负债表！应付债券[上二年] + 资产负债表！长期应付款[上二年]；

年末借款余额[上一年] = 资产负债表！长期借款[上一年] + 资产负债表！一年到期的长期借款[上一年] + 资产负债表！应付债券[上一年] + 资产负债表！长期应付款[上一年]；

年末借款余额[第 1 年及以后] = 年初借款余额 + 本年借款 + 应计利息 − 本年还本金 − 本年付利息

第七节 某工业类企业案例数据

某银铜铅锌矿有限责任公司为贵金属和多种有色金属采选联合企业，年采矿设计能力10万吨，年产铜铅锌精矿金属量3327吨，其中：银12吨、铜655吨、铅860吨、锌1800吨。现有职工总人数约600人，其中各类专业技术人员102人。

2011年11月申请流动资金授信额度2000万元和矿井延深固定资产贷款2500万元。某银行客户经理于2011年11月完成尽职调查，收集到最近月份为2011年10月的财务报表、上年同期财务报表和过去三年的财务审计报告。收集资料清单见表2.16。

资料收集清单

表2.16

序号	选择	内　容
一		**借款人资料**
1	√	营业执照
2	√	组织机构代码证
3	√	税务登记证
4		外商投资企业批准证书（如有）
5		外汇登记证（如有）
6		公司章程
7	√	验资报告
8	√	贷款卡查询资料（详细版）
9	√	法定代表人身份证复印件
10	√	法定代表人履历表
11	√	法定代表人个人征信系统查询资料及同意查询授权书
12	√	企业连续三年（至少两年）的财务年度报表和最近月份一期（含上年同期）的财务月报表
13	√	上两年现场验证数据表
14		房地产租赁合同（如为租赁）
15		主要固定资产清单
16	√	环保评估及验收文件
17		公司及关联企业股权结构图或组织结构图
18		许可证（如：进出口备案文件、印刷、特种行业经营）（如有）
19		因项目需要，须提供的其他资料（如产品认证、专利证书、企业宣传册等）
20		公司简介

续表

序号	选择	内　容
二		企业经营状况资料
1	√	前、上年度及本年度最近月（含上一年同期）增值税纳税申报表
2		政府部门（如海关、外管局、外经委等）编制的进出口情况统计表
3	√	上两年经营状况统计表（工业类）
4	√	上两年企业成本统计资料（工业类）
5		上一年及本年最近月银行非本行账户对账单（含其他结算账户）
6	√	前6个月前3大供应商\下家客户的购货合同和销货合同
7	√	前6个月电（或水、气）费凭证
8		企业的出库单证\销售月报表\运输发票（完整月份）
9		他行对其核定的授信批复通知书
10		其他可以证实销售收入情况的材料
三		保证人资料
1	√	营业执照
2	√	组织机构代码证
3	√	税务登记证（国、地税）
4	√	公司章程
5		验资报告
6	√	贷款卡查询资料
7		法定代表人身份证复印件
8	√	连续两年的财务年度报表和最近一期的财务月报表
四		抵质押资料
1		相关产权证，如房、地产权证等
2		资产评估报告（或预评估报告）
3		存单和有价证券等质物
五		固定资产贷款资料
1		企业现有固定资产贷款还本付息计划
2		批复文件（如有）
3		项目可行性报告（如有）
4		土地出让合同（如有）
5		工程建造合同、设备购买合同
6		其他配套条件落实文件

本例涉及公司名称、地址、负责人姓名、各类证件代码均做了处理。

（一）企业非财务信息

1. 营业执照信息摘要

收集的营业执照复印件，企业通过 2010 年度工商年检，年检日期为 2011 年 5 月 15 日。信息摘录于下表。

内　容	摘　要
登记注册号	362302 ×××××××××
企业名称	某铜铅锌矿有限责任公司
注册地址	江西省德兴县××镇
法定代表人姓名	梁×
注册资本（万元）	1475 万元
实收资本（万元）	1475 万元
经营范围	采选加工铜铅锌银矿石
工商注册登记日期	2001 年 5 月 8 日
工商注册到期日期	2021 年 5 月 7 日
工商年检印迹最近年份	2010 年

2. 组织机构代码证摘要

内　容	摘　要
组织机构代码	15827 ××××

3. 税务登记证摘要

内　容	摘　要
国税登记证号码	362302 ×××××××××
地税登记证号码	362302 ×××××××××

4. 验资报告摘要

复印验资报告，股东出资情况摘录于下表。

序号	股东名称	认缴注册资本（万元）	出资比例（%）	出资方式
1	梁×	885	60	现金
2	马×	590	40	现金

5. 贷款卡查询信息摘要

打印贷款卡信息，统计下表数据。

内 容	摘 要
贷款卡状态	正常
上年度借入短期借款（万元）	2000
上年度偿还短期借款（万元）	0
本年借入短期借款（万元）	0
本年偿还短期借款（万元）	0

6. 高管人员身份信息摘要

提供简历，复印身份证，摘录信息于下表。

法人代表简历

职务	姓名	性别	年龄	学历	专业	证件类别	证件号码	从事本行业工作年数
法定代表人	梁×	男	46	本科	采矿	身份证	362302×××××××××××	20年
总经理	马×	男	45	本科	选矿	身份证	362302×××××××××××	18年
财务负责人	刘×	男	50	大专	财务	身份证	362302×××××××××××	28年

梁×1991年7月毕业于南方江西冶金学院采矿专业，此后自1991年8月起至今先后历任江西某铅锌矿助工工程师、矿山车间主任、矿长助理、副矿长等职务。2001年担任江西某铜铅锌矿有限责任公司董事长。从事该行业时间长达20年，积累了丰富的行业经营经验和领导管理经验。

7. 法定代表人个人征信系统查询资料摘要

通过人民银行征信系统查询，及外围访谈，结果记入下表。

信用记录		备注
√	无不良记录	
	存在第三方负面影响	
	存在贷款违纪现象	
	发生重大事故或经济纠纷	

（二）企业经营状况及财务报表

1. 纳税申报收入

名 称	上二年	上一年	本期
	2009	2010	201110
增值税纳税申报收入（万元）	3574.94	6247.53	7981.45
营业税纳税申报收入（万元）			

2. 产品经营状况表

序号	项目名称	量级	单位	上二年	上一年
				2009	2010
1	主营产品生产能力				
	铜铅锌银金属量	1	吨	3327	3327
2	主营产品生产量				
	铜铅锌银金属量	1	吨	1585.4	1840.5
3	主营产品销售量				
	铜铅锌银金属量	1	吨	1585.4	1840.5
4	主营产品平均售价				
	铜铅锌银金属量	1	元/吨	22950	33984
5	主营业务收入			3638.49	6254.76
	铜铅锌银金属量	万	元	3638.49	6254.76

3. 产品成本费用统计表

序 号	项目名称	上二年	上一年
		2009	2010
	产量	1585.4	1840.5
1	生产成本	2093.77	3143.99
1.1	原材料费	357.81	537.28
1.2	燃料及动力费	478.38	718.34
1.3	工资及福利费	425.84	639.44
1.4	折旧费（含维简费）	423.24	433.98
1.5	修理费	219.17	530.67
1.6	其他制造费用	189.32	284.29
2	管理费用	1631.59	2595.90

续表

序 号	项目名称	上二年	上一年
		2009	2010
2.1	无形资产及其他资产摊销	127.56	152.35
2.2	其他管理费用	1504.03	2443.55
3	财务费用	-26.84	-16.68
4	营业费用	54.36	51.62
5	总成本费用	3752.88	5774.83
6	经营成本	3228.92	5205.18

4. 资产负债表

序号	项目名称	上三年	上二年	上一年	上年同期	本年最近月份
		2008	2009	2010	201010	201110
1	**资产**	**13553.45**	**15301.96**	**17951.37**	**17631.00**	**18375.00**
1.1	流动资产总额	6735.69	3048.86	5826.82	3776.00	5791.00
1.1.1	货币资金	1807.79	1453.71	2094.99	2260.00	2222.00
1.1.2	短期投资					
1.1.3	应收票据	25.50				
1.1.4	应收股利					
1.1.5	应收利息		252.00	252.00	252.00	252.00
1.1.6	应收账款	498.98	42.95	13.37	23.00	435.00
1.1.7	减坏账准备					
1.1.8	应收账款净额	498.98	42.95	13.37	23.00	435.00
1.1.9	预付账款	460.94	36.01	171.19	155.00	316.00
1.1.10	应收补贴款					
1.1.11	其他应收款	3206.37	314.75	2368.54	299.00	1554.00
1.1.12	存货	736.11	949.44	926.73	787.00	1012.00
1.1.13	待摊费用					
1.1.14	待处理流动资产净损失					
1.1.15	一年到期的长期债权投资					
1.1.16	其他流动资产					
1.2	长期投资	910.69	6077.67	6434.64	6663.00	7354.00
1.2.1	长期股权投资					
1.2.2	长期债权投资	910.69	6077.67	6434.64	6663.00	7354.00

续表

序号	项目名称	上三年	上二年	上一年	上年同期	本年最近月份
		2008	2009	2010	201010	201110
1.3	固定资产					
1.3.1	固定资产原值	5460.98	5181.00	5407.88	6910.00	5101.00
1.3.2	减：累计折旧					
1.3.3	固定资产净值	5460.98	5181.00	5407.88	6910.00	5101.00
1.3.4	减：固定资产减值准备					
1.3.5	固定资产净额	5460.98	5181.00	5407.88	6910.00	5101.00
1.3.6	工程物资					
1.3.7	在建工程	18.10	570.04	10.00	10.00	10.00
1.3.8	固定资产清理					
1.3.9	固定资产合计	5479.08	5751.04	5417.88	6920.00	5111.00
1.4	无形资产及其他资产	427.99	424.39	272.03	272.00	120.00
1.4.1	无形资产	1.93	125.17	99.66	100.00	74.00
1.4.2	长期待摊费用	426.06	299.22	172.37	172.00	45.00
1.4.3	其他长期资产					
1.5	递延税款					
1.5.1	递延税款借项					
2	**负债及所有者权益**	**13553.46**	**15301.96**	**17951.39**	**17631.00**	**18375.00**
2.1	流动负债总额	5463.35	4525.90	6308.24	6390.00	5250.00
2.1.1	短期借款			2000.00	2000.00	2000.00
2.1.2	应付票据					
2.1.3	应付账款	153.96	77.69	88.84	94.00	107.00
2.1.4	预收账款	76.57	443.66	42.45	69.00	57.00
2.1.5	其他应付账款	3619.66	3195.82	3294.01	3348.00	2179.00
2.1.6	应付工资	1685.89	726.97	803.99	799.00	812.00
2.1.7	应付福利费					
2.1.8	应付股利					
2.1.9	应缴税金	-72.73	81.76	78.95	81.00	95.00
2.1.10	一年到期的长期负债					
2.1.11	其他					
2.2	长期负债					
2.2.1	长期借款					
2.2.2	应付债券					

续表

序号	项目名称	上三年	上二年	上一年	上年同期	本年最近月份
		2008	2009	2010	201010	201110
2.2.3	长期应付款					
2.2.4	住房周转金					
2.2.5	其他长期负债					
2.3	递延税款贷项	116.88	708.63	797.87	709.00	1155.00
2.4	负债总额	5580.23	5234.53	7106.11	7099.00	6405.00
2.5	所有者权益	7973.23	10067.43	10845.28	10532.00	11970.00
2.5.1	实收资本［股本］	1475.46	1475.46	1475.46	1475.00	1475.00
2.5.2	资本公积	4369.92	6145.15	6412.88	6145.00	6413.00
2.5.3	盈余公积	1815.30	1847.20	1898.21	1847.00	1898.00
2.5.4	任意公积金					
2.5.5	未分配利润	312.55	599.62	1058.73	1064.00	2183.00

5. 利润表

序号	项目名称	上三年	上二年	上一年	上年同期	本年最近月份
		2008	2009	2010	201010	201110
一	**主营业务**	**6024.15**	**3638.48**	**6254.71**	**5365.20**	**7986.64**
	减：折扣与折让					
二	**主营业务收入净额**	**6024.15**	**3638.48**	**6254.71**	**5365.20**	**7986.64**
	减：主营业务成本	3418.60	2093.77	3143.99	2741.78	3820.28
	主营业务税金及附加	62.99	51.23	98.11	85.39	142.75
三	**主营业务利润［毛利润］**	**2542.56**	**1493.48**	**3012.61**	**2538.03**	**4023.61**
	加：其他业务利润					
	减：存货跌价准备					
	营业费用［销售费用］	148.35	54.36	51.62	42.38	56.55
	管理费用	2362.12	1631.59	2595.90	2123.81	2761.84
	财务费用	-165.42	-26.84	-16.68	-8.47	-71.34
四	**主营利润**	**197.51**	**-165.63**	**381.77**	**380.31**	**1276.56**
	加：投资收益		272.39	282.58	240.42	211.30
	补贴收入					
	营业外收入	266.37	324.96	20.32	2.34	39.04
	减：营业外支出	94.02	2.20	3.71	3.70	8.10

续表

序号	项目名称	上三年	上二年	上一年	上年同期	本年最近月份
		2008	2009	2010	201010	201110
	加：以前年度损益调整					
五	**利润总额**	**369.86**	**429.52**	**680.96**	**619.37**	**1518.80**
	减：所得税	103.44	110.57	170.83	154.84	379.70
	少数股东损益					
六	**净利润**	**266.42**	**318.95**	**510.13**	**464.53**	**1139.10**
七	**本年利息**					
	息税前利润	369.86	429.52	680.96	619.37	1518.80
	本年折旧	230.75	423.24	433.98	305.51	325.49
	本年摊销	109.11	127.56	152.35	99.09	102.88
	息税折旧摊销前利润	709.72	980.32	1267.29	1023.97	1947.17

6. 现金流量表

序号	项目名称	上三年	上二年	上一年	上年同期	本年最近月份
		2008	2009	2010	201010	201110
一	**经营活动产生的现金流量**					
1	经营活动现金流入	6879.53	8258.18	9882.70		
1.1	销售商品、提供劳务收到的现金	6647.74	5106.35	6942.71		
1.2	收到的税费返还					
1.3	收到的其他与经营活动有关的现金	231.79	3151.83	2939.99		
2	经营活动现金流出	10797.86	5013.50	11320.22		
2.1	购买商品、接受劳务支出的现金	1872.15	565.89	3103.60		
2.2	支付给职工以及为职工支付的现金					
2.3	支付的各种税费	869.15	429.11	1135.19		
2.4	支付的其他与经营活动有关的现金	8056.56	4018.50	7081.43		
3	经营活动产生的现金流量净额	-3918.33	3244.68	-1437.52		
二	**投资活动产生的现金流量**					
1	投资活动现金流入		20.39	282.58		
1.1	收回投资所收到的现金					
1.2	取得投资收益而收到的现金		20.39	282.58		
1.3	处置固定资产、无形资产和其他长期资产而收到的现金					

续表

序号	项目名称	上三年	上二年	上一年	上年同期	本年最近月份
		2008	2009	2010	201010	201110
1.4	收到的其他与投资活动有关的现金					
2	投资活动现金流出	383.81	3619.16	100.82		
2.1	投资支付的现金	383.81	3619.16	100.82		
2.2	支付其他与投资活动有关的现金					
3	投资活动产生的现金流量净额	-383.81	-3598.77	181.76		
三	**筹资活动产生的现金流量**					
1	筹资活动现金流入			2000.00		
1.1	吸收投资所收到的现金					
1.2	借款所收到的现金			2000.00		
1.3	收到其他与筹资活动有关的现金					
2	筹资活动现金流出			102.97		
2.1	偿还债务所支付的现金					
2.2	分配股利、利润和偿付利息所支付的现金			102.97		
2.3	支付的其他与筹资活动有关的现金					
3	筹资活动产生的现金流量净额			1897.03		
四	**汇率变动对现金的影响**					
五	**现金及现金等价物净增加额**	**-4302.14**	**-354.09**	**641.27**		

7. 长期借款还本付息表

序号	项目名称	2009	2010	2011	2012	2013	2014	2015	2016	2017
1	年初借款余额									
2	本年借款									
3	贷款利率									
4	本年应计利息									
5	本年还本金									
6	本年付利息									
7	年末借款余额									

（三）保证人资料摘要

无保证人。

（四）抵质押物信息摘要

序号	抵质押物名称	抵质押物类别	价值（万元）	价值确认方式
1	某冶炼企业股票230万股	3－有价证券	4554	市值，每股19.8元
2	房产及设备	1－房产、地产、设备	5400	账面净值
备注	1. 抵质押物类别包括：1－房产、地产、设备；2－存单；3－有价证券 2. 抵质押物价值确认方式：1－资产评估；2－购买价格；3－票面值			

第八节　某商业类企业案例数据

某土特产零售有限公司是一家专营全国土特产商品的小型贸易连锁企业，公司2005年成立，经营年限超过6年，虽然规模不大，但收入和效益较为稳定。申请流动资金贷款1500万元。

一、资料收集目录

资料收集清单

序号	选择	内　容
一		**借款人资料**
1	√	营业执照
2	√	组织机构代码证
3	√	税务登记证
4		外商投资企业批准证书（如有）
5		外汇登记证（如有）
6		公司章程
7	√	验资报告
8	√	贷款卡查询资料（详细版）
9	√	法定代表人身份证复印件
10	√	法定代表人履历表
11	√	法定代表人个人征信系统查询资料及同意查询授权书
12	√	企业连续三年（至少两年）的财务年度报表和最近月份一期（含上年同期）的财务月报表
13	√	上两年现场验证数据表

续表

序号	选择	内　容
14		房地产租赁合同（如为租赁）
15		主要固定资产清单
16		环保评估及验收文件
17		公司及关联企业股权结构图或组织结构图
18		许可证（如：进出口备案文件、印刷、特种行业经营）（如有）
19		因项目需要，须提供的其他资料（如产品认证、专利证书、企业宣传册等）
二		**公司简介**
1	√	企业经营状况资料
2		前、上年度及本年度最近月（含上一年同期）增值税纳税申报表
3		政府部门（如海关、外管局、外经委等）编制的进出口情况统计表
4		上两年经营状况统计表（工业类）
5		上两年企业成本统计资料（工业类）
6	√	上一年及本年最近月银行非本行账户对账单（含其他结算账户）
7		前6个月前3大供应商\下家客户的购货合同和销货合同
8		前6个月电（或水、气）费凭证
9		企业的出库单证\销售月报表\运输发票（完整月份）
10		他行对其核定的授信批复通知书
三		**其他可以证实销售收入情况的材料**
1		保证人资料
2		营业执照
3		组织机构代码证
4		税务登记证（国、地税）
5		公司章程
6		验资报告
7		贷款卡查询资料
8		法定代表人身份证复印件
四		**连续两年的财务年度报表和最近一期的财务月报表**
1		抵质押资料
2		相关产权证，如房、地产权证等
3		资产评估报告（或预评估报告）
五		**存单和有价证券等质物**
1		固定资产贷款资料
2		企业现有固定资产贷款还本付息计划

续表

序号	选择	内　　容
3		批复文件（如有）
4		项目可行性报告（如有）
5		土地出让合同（如有）
6		工程建造合同、设备购买合同

二、非财务信息摘要

（略）

三、财务报表

1. 纳税申报收入

名　称	上二年	上一年	本期
	2008	2009	201009
增值税纳税申报收入	1581	1392	1078
营业税纳税申报收入			

2. 资产负债表

序号	项　　目	上三年	上二年	上一年	上年同期	本年最近月份
		2007	2008	2009	200909	201009
1	**资产**	**0.00**	**2505.98**	**2632.35**	**2527.93**	**2791.60**
1.1	流动资产总额	0.00	946.74	1021.44	950.07	1150.87
1.1.1	货币资金		324.81	291.96	258.51	310.63
1.1.2	短期投资		0.00	0.00	0.00	0.00
1.1.3	应收票据		0.80	10.10	0.29	3.94
1.1.4	应收股利		8.88	9.59	9.49	1.17
1.1.5	应收利息		0.00	0.00	0.00	0.00
1.1.6	应收账款		3.33	5.23	5.52	6.45
1.1.7	减坏账准备		0.00	0.00	0.00	0.00
1.1.8	应收账款净额	0.00	3.33	5.23	5.52	6.45
1.1.9	预付账款		194.91	4.31	198.41	8.02
1.1.10	应收补贴款		0.00	0.00	0.00	0.00

续表

序号	项　　目	上三年	上二年	上一年	上年同期	本年最近月份
		2007	2008	2009	200909	201009
1.1.11	其他应收款		61.51	101.17	91.96	200.85
1.1.12	存货		351.85	598.45	385.80	619.72
1.1.13	待摊费用		0.00	0.00	0.00	0.00
1.1.14	待处理流动资产净损失		0.00	0.00	0.00	0.00
1.1.15	一年到期的长期债权投资		0.00	0.00	0.00	0.00
1.1.16	其他流动资产		0.65	0.62	0.08	0.09
1.2	长期投资	0.00	230.36	502.64	495.62	418.22
1.2.1	长期股权投资		223.81	489.18	485.81	407.84
1.2.2	长期债权投资		6.55	13.45	9.82	10.37
1.3	固定资产					
1.3.1	固定资产原值		953.73	660.12	658.78	710.74
1.3.2	减：累计折旧		0.00	0.00	0.00	0.00
1.3.3	固定资产净值	0.00	953.73	660.12	658.78	710.74
1.3.4	减：固定资产减值准备		0.00	0.00		
1.3.5	固定资产净额	0.00	953.73	660.12	658.78	710.74
1.3.6	工程物资					
1.3.7	在建工程		202.82	312.18	286.43	379.68
1.3.8	固定资产清理					
1.3.9	固定资产合计	0.00	1156.55	972.30	945.21	1090.41
1.4	无形资产及其他资产	0.00	147.61	108.91	116.52	104.96
1.4.1	无形资产		77.59	63.20	63.88	62.24
1.4.2	长期待摊费用		29.99	12.02	12.69	9.10
1.4.3	其他长期资产		40.03	33.69	39.95	33.62
1.5	递延税款		24.73	27.07	20.50	27.14
1.5.1	递延税款借项		24.73	27.07	20.50	27.14
2	**负债及所有者权益**	**0.00**	**2505.98**	**2632.35**	**2527.93**	**2791.60**
2.1	流动负债总额	0.00	1539.75	1583.05	1511.60	1714.85
2.1.1	短期借款		1045.00	1115.00	1133.00	1285.00
2.1.2	应付票据		8.22	24.42	12.06	10.24
2.1.3	应付账款		154.01	108.89	77.40	86.32
2.1.4	预收账款		188.94	184.69	184.23	190.81
2.1.5	其他应付账款		40.40	26.63	21.57	30.94

续表

序号	项　目	上三年	上二年	上一年	上年同期	本年最近月份
		2007	2008	2009	200909	201009
2.1.6	应付工资		89.21	109.34	73.51	92.72
2.1.7	应付福利费		0.00	0.00	0.00	0.00
2.1.8	应付股利		4.51	11.28	11.28	16.91
2.1.9	应缴税金		7.56	1.10	-3.11	0.00
2.1.10	一年到期的长期负债		0.00	0.00	0.00	0.00
2.1.11	其他		1.90	1.70	1.66	1.90
2.2	长期负债	0.00	2.58	2.56	2.57	2.54
2.2.1	长期借款		0.00	0.00	0.00	0.00
2.2.2	应付债券		0.00	0.00	0.00	0.00
2.2.3	长期应付款		2.58	2.56	2.57	2.54
2.2.4	住房周转金		0.00	0.00	0.00	0.00
2.2.5	其他长期负债		0.00	0.00	0.00	0.00
2.3	递延税款贷项		2.83	4.55	3.64	2.20
2.4	负债总额	0.00	1545.16	1590.17	1517.81	1719.58
2.5	所有者权益	0.00	960.83	1042.18	1010.12	1072.01
2.5.1	实收资本（股本）		358.32	358.32	358.32	358.32
2.5.2	资本公积		412.76	415.12	410.69	412.80
2.5.3	盈余公积		118.24	130.87	117.85	130.87
2.5.4	任意公积金		0.00	0.00	0.00	0.00
2.5.5	未分配利润		71.50	137.88	123.25	170.03

3. 利润表

序号	项　目	上三年	上二年	上一年	上年同期	本年最近月份
		2007	2008	2009	200909	201009
一	**主营业务**		**1650.61**	**1409.06**	**984.44**	**1093.22**
	减：折扣与折让		0.00	0.00	0.00	0.00
二	**主营业务收入净额**	**0.00**	**1650.61**	**1409.06**	**984.44**	**1093.22**
	减：主营业务成本		1238.77	1032.71	728.19	834.51
	主营业务税金及附加		17.34	16.80	9.67	11.71
三	**主营业务利润（毛利润）**	**0.00**	**394.50**	**359.55**	**246.57**	**247.00**
	加：其他业务利润		0.00	0.00	0.00	0.00

续表

序号	项　　目	上三年	上二年	上一年	上年同期	本年最近月份
		2007	2008	2009	200909	201009
	减：存货跌价准备		-0.84	7.28	-0.01	-1.39
	营业费用（销售费用）		114.68	85.60	28.51	26.10
	管理费用		162.61	143.37	126.07	121.81
	财务费用		31.81	21.90	19.50	9.42
四	**主营利润**	**0.00**	**86.23**	**101.40**	**72.50**	**91.05**
	加：投资收益		25.62	9.48	6.01	7.50
	补贴收入		0.00	0.00	0.00	0.00
	营业外收入		6.65	0.47	2.16	0.43
	减：营业外支出		18.43	0.91	0.85	4.70
	加：以前年度损益调整		0.00	0.00	0.00	0.00
五	**利润总额**	**0.00**	**100.07**	**110.43**	**79.82**	**94.29**
	减：所得税		25.96	21.75	18.83	22.77
	少数股东损益					
六	**净利润**	**0.00**	**74.12**	**88.68**	**60.99**	**71.52**
七	**各种利息支出**	**0.00**	**31.81**	**21.90**	**19.50**	**9.42**
	息税前利润	0.00	131.88	132.33	99.32	103.71
	本年折旧		42.83	31.39	23.54	23.54
	本年摊销		2.61	2.32	1.74	1.74
	息税折旧摊销前利润	0.00	177.32	166.04	124.60	128.99

4. 现金流量表

序号	项　　目	上三年	上二年	上一年	上年同期	本年最近月份
		2007	2008	2009	200909	201009
一	**经营活动产生的现金流量**					
1	经营活动现金流入		1953.68	1648.98	1155.81	1273.36
1.1	销售商品、提供劳务收到的现金		1905.68	1605.85	1125.53	1246.24
1.2	收到的税费返还		0.79	0.00	0.00	0.00
1.3	收到的其他与经营活动有关的现金		47.21	43.13	30.28	27.12
2	经营活动现金流出		1987.13	1531.43	1135.52	1225.61
2.1	购买商品、接受劳务支出的现金		1549.04	1189.45	879.54	965.29
2.2	支付给职工以及为职工支付的现金		163.00	153.73	123.62	119.02

续表

序号	项　目	上三年	上二年	上一年	上年同期	本年最近月份
		2007	2008	2009	200909	201009
2.3	支付的各种税费		137.32	117.17	79.84	86.33
2.4	支付的其他与经营活动有关的现金		137.76	71.08	52.53	54.97
3	经营活动产生的现金流量净额		−33.45	117.55	20.29	47.75
二	**投资活动产生的现金流量**					
1	投资活动现金流入		60.02	6.77	−44.10	84.59
1.1	收回投资所收到的现金		0.03	0.00	0.00	4.00
1.2	取得投资收益而收到的现金		13.54	6.64	5.40	15.92
1.3	处置固定资产、无形资产和其他长期资产而收到的现金		45.41	0.06	0.03	0.62
1.4	收到的其他与投资活动有关的现金		1.04	0.07	−49.53	64.05
2	投资活动现金流出		289.89	154.37	79.79	97.43
2.1	投资支付的现金		288.60	104.79	79.74	97.37
2.2	支付其他与投资活动有关的现金		1.28	49.58	0.05	0.07
3	投资活动产生的现金流量净额		−229.87	−147.60	−123.89	−12.84
三	**筹资活动产生的现金流量**					
1	筹资活动现金流入		1483.34	1783.00	1218.00	1100.00
1.1	吸收投资所收到的现金		0.00	0.00	0.00	0.00
1.2	借款所收到的现金		1480.00	1733.00	1218.00	1100.00
1.3	收到其他与筹资活动有关的现金		3.34	50.00	0.00	0.00
2	筹资活动现金流出		1109.12	1785.79	1180.71	1116.25
2.1	偿还债务所支付的现金		1031.00	1583.00	1050.00	930.00
2.2	分配股利、利润和偿付利息所支付的现金		75.34	96.87	79.95	73.76
2.3	支付的其他与筹资活动有关的现金		2.78	105.93	50.76	112.49
3	筹资活动产生的现金流量净额		374.22	−2.79	37.29	−16.25
四	**汇率变动对现金的影响**					
五	**现金及现金等价物净增加额**		**110.89**	**−32.85**	**−66.31**	**18.66**

5. 长期借款还本付息表

序号	项目名称	上二年	上一年	第1年	第2年	第3年	第4年	第5年	第6年	第7年	第8年	第9年
		2008	2009	2010	2011	2012	2013	2014	2015	2016	2017	2018
1	年初借款余额		2.58	2.56								
2	本年借款											
3	贷款利率											
4	本年应计利息											
5	本年还本金			2.56								
6	本年付利息											
7	年末借款余额	2.58	2.56									

第九节 财务数据真实性验证方法

一、概述

财务数据真实性验证主要验证财务报表钩稽关系、收入、息税折旧摊销前利润等。验证收入的方法有“技术经济指标验证方法”和“纳税申报收入验证方法”两种。

财务报表钩稽关系验证是一种最初级的验证，若钩稽关系有问题，则毫无疑问说明财务报表的真实性存在问题，但是，钩稽关系没有问题也不能完全确认财务报表真实性没有问题，因此，还需要用其他方法进一步验证。

每年的收入是衡量企业规模和成长性的重要数据，通过“纳税申报收入”验证“营业收入”对于大多数企业来说，不失为一个十分有效的方法，纳税也是一个企业的社会责任。但也不能排除少数企业为了虚增营业收入，不惜多交销售税金虚开发票增加营业收入，而虚报纳税申报收入。因此，还需要用其他方法进一步验证。

辨别数据真假的目的是不让虚假数据影响投资决策，所以辨别数据的真实性也有很强的目的性，只要证明“息税折旧摊销前利润”的真实性，就达到目的了，因为反映投资效益的决策指标是总投资收益率，反映偿债能力的指标是偿债备付率。两个指标的计算公式如下：

总投资收益率 = 息税前利润 × 100/总投资

偿债备付率 =（息税折旧摊销前利润 − 所得税）/（偿还债务本金 + 各种利息支付）

"息税折旧摊销前利润"包含了计算总投资收益率的利润总额和利息，也包含了计算偿债能力的全部资金来源。从控制投资风险角度，只要验证了"息税折旧摊销前利润"的真实性，目的就达到了。因此，息税折旧摊销前利润验证方法才是最后的验证方法。

二、财务报表钩稽关系验证方法

财务报表钩稽关系验证，首先验证资产负债表与利润表两者之间的关系，然后验证资产负债表、利润表与现金流量表三者之间的关系。如果资产负债表与利润表两者之间的关系正确，即使现金流量表钩稽关系有问题，现金流量表可以通过钩稽关系推算出来。

（一）资产负债表中的货币资金

资产负债表中货币资金的增加用下式计算：

△资产负债表！货币资金＝资产负债表！货币资金［期末］－资产负债表！货币资金［期初］

△资产负债表！货币资金大于0，则表示本年货币资金增加，小于0表示货币资金减少。是验证财务报表钩稽关系的重要数据。

（二）现金流量表中现金及现金等价物净增加额

在企业收集的现金流量表中，最后一个栏目是"现金及现金等价物净增加额"。

"现金及现金等价物净增加额"与"△资产负债表！货币资金"应该相等，否则说明资产负债表与现金流量表钩稽关系有问题。

（三）资产负债表与利润表钩稽关系验证

根据资产负债表与利润表之间的钩稽关系，可以推算出"净现金流量"。推算的"净现金流量计算值"与"△资产负债表！货币资金"应该相等，否则说明资产负债表与利润表之间的钩稽关系有问题。净现金流量计算模板详见表2.17。表中用"△"表示增量，即年末值减上一年初值，下同。

净现金流量计算表

表2.17

序号	项　目	（上一年）	备注
		20××－1	
一	**经营活动现金流入**		
1	经营活动现金流入		
	（＋）主营业务收入净额		

续表

序号	项　　目	（上一年） 20××-1	备注
	（+）其他业务利润		
	（+）加：投资收益		
	（+）补贴收入		
	（+）营业外收入		
	（+）加：以前年度损益调整		
	（-）△资产负债表！流动资产总额		
	（+）△资产负债表！货币资金		
2	经营活动现金流出		
	（+）减：主营业务成本		
	（+）　　主营业务税金及附加		
	（+）减：存货跌价准备		
	（+）营业费用［销售费用］		
	（+）管理费用		
	（+）财务费用		
	（+）减：营业外支出		
	（+）减：所得税		
	（+）　　少数股东损益		
	（-）△资产负债表！流动负债总额		
	（+）△资产负债表！短期借款		
二	**投资活动净现金流量**		
	（-）△资产负债表！长期投资		
	（-）△资产负债表！固定资产合计		
	（-）△资产负债表！无形资产及其他资产		
	（-）△资产负债表！递延税款借项		
三	**筹资活动产生的现金流量净额**		
	（+）△资产负债表！短期借款		
	（+）△资产负债表！长期负债		
	（+）△资产负债表！递延税款贷项		
	（+）△资产负债表！实收资本［股本］		
	（+）△资产负债表！资本公积		
	（-）利润表！净利润		
	（+）△资产负债表！盈余公积		

续表

序号	项　目	（上一年）	备注
		20××-1	
	（+）△资产负债表！任意公积金		
	（+）△资产负债表！未分配利润		
四	**净现金流量计算值（1-2+二+三）**		
	△资产负债表！货币资金		

（四）判断财务报表钩稽关系是否正确

判断财务报表钩稽关系是否正确，若用计算机模型表达，有下述四种情况：

①If（ABS（△资产负债表！货币资金-现金流量表！现金及现金等价物净增加额）<2）&&（ABS（△资产负债表！货币资金-净现金流量计算值）<2）

结论：资产负债表、利润表、现金流量表三者钩稽关系正确。

②If（ABS（△资产负债表！货币资金-现金流量表！现金及现金等价物净增加额）<2）&&（ABS（△资产负债表！货币资金-净现金流量计算值）>=2）

结论：不仅“现金流量表”与“资产负债表”和“利润表”的钩稽关系有问题，“资产负债表”与“利润表”的钩稽关系也存在问题。建议在录入正确的“资产负债表”和“利润表”后，再用软件复核，或用软件“计算”生成现金流量表。

③If（ABS（△资产负债表！货币资金-现金流量表！现金及现金等价物净增加额）>=2）&&（ABS（△资产负债表！货币资金-净现金流量计算值）<2）

结论：“资产负债表”与“利润表”的钩稽关系正确，但“现金流量表”与“资产负债表”和“利润表”之间的钩稽关系有问题。只需修改“现金流量表”或用软件生成“现金流量表”。

④If（ABS（△资产负债表！货币资金-现金流量表！现金及现金等价物净增加额）>=2）&&（ABS（△资产负债表！货币资金-净现金流量计算值）>=2）

结论：“现金流量表”与“资产负债表”与“利润表”三者钩稽关系都有问题。建议重新录入正确的“资产负债表”和“利润表”后，再修改“现金流量表”或用软件生成“现金流量表”。

上述判断式中“2”表示2万元，数据以万元为单位，两个比较对象相差2万元即认为不可忽略。式中ABS指绝对值函数，功能是求表达式的绝对值。

（五）用资产负债表与利润表编制现金流量表

当企业未提供现金流量表时，可用表2.18提供的模板进行编制。

现金流量表编制模板

表 2.18

序号	项　目	上一年	备注
		20××-1	
1	经营活动净现金流量		
1.1	经营活动现金流入		
1.1.1	销售商品、提供劳务收到的现金		
	（+）利润表！主营业务收入净额		
	（-）△资产负债表！应收票据		
	（-）△资产负债表！应收账款		
	（+）△资产负债表！预收账款		
1.1.2	收到的税费返还		
	（+）利润表！补贴收入		
	（-）△资产负债表！应收补贴款		
	（-）△资产负债表！递延税款借项		
	（+）△资产负债表！递延税款贷项		
1.1.3	收到的其他与经营活动有关的现金		
	（+）利润表！加：其他业务利润		
	（-）△资产负债表！其他应收款		
	（+）利润表！营业外收入		
	（+）△资产负债表！减坏账准备		
	（-）△资产负债表！其他流动资产		
	（+）△资产负债表！其他		
	（+）加：以前年度损益调整		
1.2	经营活动现金流出		
1.2.1	购买商品、接受劳务支出的现金		
	（+）利润表！减：主营业务成本		
	（+）△资产负债表！存货		
	（+）△资产负债表！待摊费用		
	（-）△资产负债表！应付账款		
	（-）△资产负债表！应付票据		
	（-）△资产负债表！应付工资		
	（-）△资产负债表！应付福利费		
	（+）△资产负债表！预付账款		
	（-）△资产负债表！减：累计折旧		

续表

序号	项　目	上一年 20××-1	备注
	（+）减：存货跌价准备		
1.2.2	**支付的各种税费**		
	（+）利润表！主营业务税金及附加		
	（+）利润表！减：所得税		
	（-）△资产负债表！应缴税金		
1.2.3	**支付的其他与经营活动有关的现金**		
	（+）利润表！营业费用［销售费用］		
	（+）利润表！管理费用		
	（+）利润表！减：营业外支出		
	（+）if（△资产负债表！无形资产<0，△资产负债表！无形资产，0）		
	（-）△资产负债表！其他应付账款		
	（+）if（△资产负债表！长期待摊费用<=0，△资产负债表！长期待摊费用，0）		
	（+）if（△资产负债表！其他长期资产<=0，△资产负债表！其他长期资产，0）		
	（+）△待处理流动资产净损失		
	（-）△减：固定资产减值准备		
1.3	**经营活动净现金流量（1.1-1.2）**		
2	**投资活动净现金流量**		
2.1	**投资活动现金流入**		
2.1.1	**收回投资所收到的现金**		
	（-）if（△资产负债表！短期投资<=0，△资产负债表！短期投资，0）		
	（-）if（△资产负债表！长期投资<=0，△资产负债表！长期投资，0）		
2.1.2	**取得投资收益而收到的现金**		
	（+）利润表！加：投资收益		
	（-）△资产负债表！应收股利		
	（-）△资产负债表！应收利息		
2.1.3	**处置固定资产、无形资产和其他长期资产而收到的现金**		
	（-）△资产负债表！固定资产清理		

续表

序号	项　目	上一年 20××-1	备注
2.2	**投资活动现金流出**		
2.2.1	**投资支付的现金**		
	(+) if (△资产负债表! 短期投资>0, △资产负债表! 短期投资, 0)		
	(+) if (△资产负债表! 长期投资>0, △资产负债表! 长期投资, 0)		
	(+) △资产负债表! 固定资产原值		
	(+) △资产负债表! 工程物资		
	(+) △资产负债表! 在建工程		
	(+) if (△资产负债表! 无形资产>0, △资产负债表! 无形资产, 0)		
	(+) if (△资产负债表! 长期待摊费用>0, △资产负债表! 长期待摊费用, 0)		
	(+) if (△资产负债表! 其他长期资产>0, △资产负债表! 其他长期资产, 0)		
2.3	**投资活动净现金流量 (2.1-2.2)**		
3	**筹资活动净现金流量**		
3.1	**筹资活动现金流入**		
3.1.1	**吸收投资所收到的现金**		
	(+) △资产负债表! 实收资本 [股本]		
	(+) △资产负债表! 资本公积		
3.1.2	**借款所收到的现金**		
	(+) if (△资产负债表! 短期借款>0, △资产负债表! 短期借款, 0)		
	(+) if (△资产负债表! 长期借款>0, △资产负债表! 长期借款, 0)		
	(+) if (△资产负债表! 应付债券>0, △资产负债表! 应付债券, 0)		
	(+) if (△资产负债表! 长期应付款>0, △资产负债表! 长期应付款, 0)		
	(+) if (△资产负债表! 住房周转金>0, △资产负债表! 住房周转金, 0)		

续表

序号	项　目	上一年	备注
		20××-1	
	（+）if（△资产负债表！其他长期负债>0，△资产负债表！其他长期负债，0）		
3.1.3	**收到其他与筹资活动有关的现金**		
	（+）if（△资产负债表！一年到期的长期负债>0，△资产负债表！一年到期的长期负债，0）		
3.2	**筹资活动现金流出**		
3.2.1	**偿还债务所支付的现金**		
	（-）if（△资产负债表！短期借款<=0，△资产负债表！短期借款，0）		
	（-）if（△资产负债表！长期借款<=0，△资产负债表！长期借款，0）		
	（-）if（△资产负债表！应付债券<=0，△资产负债表！应付债券，0）		
	（-）if（△资产负债表！长期应付款<=0，△资产负债表！长期应付款，0）		
	（-）if（△资产负债表！住房周转金<=0，△资产负债表！住房周转金，0）		
	（-）if（△资产负债表！其他长期负债<=0，△资产负债表！其他长期负债，0）		
3.2.2	**分配股利、利润和偿付利息所支付的现金**		
	（+）利润表！少数股东损益		
	（-）△资产负债表！应付股利		
	（+）利润表！财务费用		
	（+）利润表！净利润		
	（-）△资产负债表！盈余公积		
	（-）△资产负债表！任意公积金		
	（-）△资产负债表！未分配利润		
3.2.3	**支付的其他与筹资活动有关的现金**		
	（-）if（△资产负债表！一年到期的长期负债<=0，△资产负债表！一年到期的长期负债，0）		
3.3	**筹资活动净现金流量**		
4	**净现金流量（1.3+2.3+3.3）**		
	△资产负债表！货币资金		

三、技术经济指标验证方法

（一）概述

技术经济指标验证数据真实性的方法，主要用于验证工业类企业的产品生产量或商业类企业的营业额。技术经济指标是单位产量或单位营业额对于某种生产资源的消耗量。不是所有的技术经济指标都适合用来验证企业产量或营业额，可以用来验证生产量或营业额的资源，需要同时满足以下两个条件：

条件一：消耗量与产量完全成正比，而且在同一个企业不同时期的波动幅度较小，最好在同行业中各个企业的指标波动范围也不要太大。所以，在工业类企业中常用耗电量、耗水量为验证产量的指标，商业类企业常用经营面积和用工量验证营业额。

条件二：资源的消耗量是可以验证的。如企业的耗电量可以通过缴纳电费的单子，耗水量也可以通过缴纳水费的单子进行验证，只要年末数减上一年初数即可得到年消耗量。如经营场所面积也是容易验证的资源，用工人数则可以通过缴纳“三金”查验。

不同行业在生产经营中有不同的资源适宜用作验证指标，只要同时满足上述两个条件都可以用。

（二）工业类验证方法

一般只选择一种最有代表性的原材料、燃料或动力作为验证对象，由经现场验证的“年耗”、“单位消耗指标”计算其“验证产量”，再由“验证产量”与经营状况统计表中的“统计产量”比较，得到“验证指标——未证实的产量占比”。

年耗 = 产品主要耗材统计！年耗；

单位产品消耗指标 = 产品主要耗材统计！单耗；

验证产量 = 年耗/单位产品消耗指标；

统计产量 = 经营状况统计表！产量；

未证实的产量占比（%）=（统计产量 − 验证产量）×100/统计产量

验证结果见表 2. 19。

产量验证（举例）

表 2. 19

序号	产品名称	统计产量		验证产量		未验证产量占比	
		上二年	上一年	上二年	上一年	上二年	上一年
		2×××-2	2×××-1	2×××-2	2×××-1	2×××-2	2×××-1

三、营业收入验证方法

验证方法：用纳税申报表中的“纳税申报收入”与利润表中的“主营业务收入”比较，用“未纳税申报的营业收入占比”来衡量利润表中营业收入的可信度。

验证指标：

未纳税申报的营业收入占比（%）=（利润表营业收入－纳税申报收入）×100/利润表营业收入

举例：某铜矿2009年纳税申报收入3574.94万元，利润表中主营业务收入3638.48万元，计算：

未纳税申报的营业收入占比（%）=（3638.48－3574.94）×100/3638.48=1.7%。

未纳税申报的营业收入占比1.7%比例很小，说明营业收入可信度高。

四、息税折旧摊销前利润验证方法

（一）原理

经营活动产生的“息税折旧摊销前利润”如果现金到账的话，可用于偿还固定资产贷款本金、支付付息、分配股利、用作投资，剩下的应该增加货币资金。

“息税折旧摊销前利润”的真实性不仅重要，而且可以验证。若“息税折旧摊销前利润”得到验证，可以弥补其他验证方法的漏洞或不足。

（二）验证方法

1. 取利润表数据

息税折旧摊销前利润=利润表！息税折旧摊销前利润；

所得税=利润表！所得税

2. 取现场验证数据

查验的货币资金=验证记录表！查验资产负债表“货币资金”金额；

△查验的货币资金=查验的货币资金［上一年］－查验的货币资金［上二年］；

查验的应收账款=验证记录表！查验资产负债表“应收账款”金额，包括应收账款、应收票据、应收利息、应收股利等资产负债表栏目内容；

△查验的应收账款=查验的应收账款［上一年］－查验的应收账款［上二年］；

查验的股利分配及支付利息=验证记录表！查验现金流量表“股利分配及支付利息”金额；

查验的偿还债务所支付的现金=验证记录表！查验现金流量表“偿还债务所支付

的现金”金额；

查验的投资支付的现金=验证记录表！查验现金流量表“投资支付的现金”金额，包括现金流量表中“投资活动现金流出”全部内容

3. 取现金流量表数据

筹资活动现金流入=现金流量表！筹资活动现金流入；

收回投资收到的现金=现金流量表！收回投资收到的现金

4. 取资产负债表数据

预付账款=资产负债表！预付账款；

△预付账款=预付账款［上一年］－预付账款［上二年］；

存货=资产负债表！存货+资产负债表！待摊费用；

△存货=存货［上一年］－存货［上二年］；

应付账款=资产负债表！应付票据+资产负债表！应付账款+资产负债表！应付工资+资产负债表！应付福利费+资产负债表！应付股利+资产负债表！应缴税金；

△应付账款=应付账款［上一年］－应付账款［上二年］；

预收账款=资产负债表！预收账款；

△预收账款=预收账款［上一年］－预收账款［上二年］；

其他应收账款=资产负债表！其他应收账款；

△其他应收账款=其他应收账款［上一年］－其他应收账款［上二年］；

其他应付账款=资产负债表！其他应付账款+资产负债表！其他；

△其他应付账款=其他应付账款［上一年］－其他应付账款［上二年］

5. 本年应增加货币资金

本年应增加货币资金=息税折旧摊销前利润－所得税－△查验的应收账款－查验的股利分配及支付利息－查验的偿还债务所支付的现金－查验的投资支付的现金+筹资活动现金流入+收回投资收到现金－△预付账款－△存货+△应付账款+△预收账款－△其他应收账款+△其他应付账款

6. 未验证的息税折旧摊销前利润占比

未验证的息税折旧摊销前利润占比（%）=if（AND（本年应增加货币资金>1，（本年应增加货币资金－△查验的货币资金）>0），（本年应增加货币资金－△查验的货币资金）×100/本年应增加货币资金，0）

上述验证方法列表计算，详见表2.20。

息税折旧摊销前利润验证表

表 2.20　　　　　　　　　　　　　　　　　　　　　　　　单位：万元

序号	项　目	上三年	上二年	上一年
		2×××-3	2×××-2	2×××-1
1	**应增加货币资金**			
1.1	息税折旧摊销前利润			
1.2	所得税			
1.3	△查验的应收账款			
1.4	查验的股利分配及支付利息			
1.5	查验的偿还债务所支付的现金			
1.6	查验的投资支付的现金			
1.7	筹资活动现金流入			
1.8	收回投资收到现金			
1.9	△预付账款			
1.10	△存货			
1.11	△应付账款			
1.12	△预收账款			
1.13	△其他应收账款			
1.14	△其他应付账款			
2	**△查验的货币资金**			
3	**未验证的息税折旧摊销前利润占比（%）**			

五、数据真实性评价结论

数据真实性评价根据“分析验证表”中评价指标，对“未纳入”、“未查实”的比例10%以下的，认为“可信度高”；比例超过10%和低于30%的，认为“基本可信”，即评价可以承受30%的误差，比如国家规定的偿债备付率130%，有30%备用；比例超过30%的认为不能接受，应该要求企业重新提供数据，否则在信用评级中降两级。

数据真实性评价需要综合多种验证方法的结论，综合评价应该以财务报表钩稽关系、营业收入、息税折旧摊销前利润等验证结果为主。综合评价结果汇总于表2.21“数据真实性综合评价表”。

1. 营业收入验证结论

分三种情况，用下述模型判断：

①如果（未纳税申报的营业收入占比＜＝10）

结论：{可信度高}

②如果（10 < 未纳税申报的营业收入占比 < =30）

结论：{基本可接受}

③如果（未纳税申报的营业收入占比 > 30）

结论：{营业收入偏差大}

数据真实性综合评价表

表 2.21

序号	指标名称	指标	评价结论
1	未纳税申报的营业收入占比（%）		
2	钩稽关系验证（钩稽关系验证差额，万元）		
3	未验证的息税折旧摊销前利润占比（%）		
4	综合评价		

2. 钩稽关系验证结论

钩稽关系验证差额（万元） = ABS（△资产负债表！货币资金 - 净现金流量计算值）

①如果（ABS（△资产负债表！货币资金 - 现金流量表！现金及现金等价物净增加额） < 2）&&（ABS（△资产负债表！货币资金 - 净现金流量计算值） < 2）

结论：资产负债表、利润表、现金流量表三者钩稽关系正确，完全可接受。

②如果（ABS（△资产负债表！货币资金 - 现金流量表！现金及现金等价物净增加额） > =2）&&（ABS（△资产负债表！货币资金 - 净现金流量计算值） < 2）

结论："资产负债表"与"利润表"的钩稽关系正确，可以接受。

③如果（ABS（△资产负债表！货币资金 - 净现金流量计算值） > =2）

结论："资产负债表"与"利润表"的钩稽关系有问题，不能接受。

3. 息税折旧摊销前利润验证结论

①如果（未验证的息税折旧摊销前利润占比 < =10）

结论：{可信度高}

②如果（10 < 未验证的息税折旧摊销前利润占比 < =30）

结论：{基本可接受}

③如果（未验证的息税折旧摊销前利润占比 > 30）

结论：{息税折旧摊销前利润偏差大}

4. 综合评价结论

①如果（未纳税申报的营业收入占比 < =10）和（钩稽关系验证差额 < 2）和

（未验证的息税折旧摊销前利润占比＜＝10），则：

结论：提供数据可信度高。

②如果（未纳税申报的营业收入占比＜＝30）和（钩稽关系验证差额＜2）和（未验证的息税折旧摊销前利润占比＜＝30）和（未纳税申报的营业收入占比＞10或未验证的息税折旧摊销前利润占比＞10），则：

结论：提供数据误差较大，但可以接受。

③如果（未纳税申报的营业收入占比＞30）或（钩稽关系验证差额＞＝2）或（未验证的息税折旧摊销前利润占比＞30），则：

结论：提供数据误差太大，不能接受。

第十节　工业类案例财务报表真实性验证

一、财务报表审核

本节就本章第七节某工业类企业案例数据，提供的财务报表进行审核和验证示范。财务报表数据见表2.22资产负债表、表2.23利润表和表2.24现金流量表。

参照本章“第三节财务报表审核及解读”方法，年度报表审核和验证应以财务审计报告的报表附注为主要依据。本年最近一个月的财务报表一般都不可能提供审计报告，若上年度报表未来得及审计，审计报告也提供不了，则需要采用与会计师事务所审计程序类似的方法，经查验账本和记账凭证进行审核。

本例提供了过去三年的审计报告，审核上一年、上二年栏目数据，主要参考报表附注。

1. 资产负债表审核

审查上年末的资产负债表，重点关注资产和负债中必须审核的栏目和占比较大的栏目，说明其构成。审核资产负债表本年最近月份数据，主要对照年初数据，对变动较大的科目，说明变动的原因。

表2.22资产负债表中，必须审核的栏目如“货币资金”、“应收账款”（包括应收票据、应收账款、应收股利、应收利息），需要为数据真实性验证提供依据；上年末资产中占比较大栏目除“应收利息”，还有“其他应收账款”、“长期投资”；相对年初变动比较大的栏目除“应收账款”，还有“存货”等，负债占比较大的栏目如“应付工资”、“其他”、“递延税款贷项”等。

货币资金：经查审计报告报表附注，2008年末现金1.64万元、银行存款1773.12万元、其他货币资金33.03万元，合计1807.79万元；2009年末现金3.04万元、银行存款1419.76万元、其他货币资金30.91万元，合计1453.71万元；2010年末现金0.67万元、银行存款2059.36万元、其他货币资金34.96万元，合计2094.99万元；2011年10月，经对照银行对账单，银行存款2188万元。审核结果填入表2.25验证记录表。

资产负债表（工业类举例）

表2.22

序号	项目名称	上三年	上二年	上一年	上年同期	本年最近月份
		2008	2009	2010	201010	201110
1	**资产**	**13553.45**	**15301.96**	**17951.37**	**17631.00**	**18375.00**
1.1	流动资产总额	6735.69	3048.86	5826.82	3776.00	5791.00
1.1.1	货币资金	1807.79	1453.71	2094.99	2260.00	2222.00
1.1.2	短期投资					
1.1.3	应收票据	25.50				
1.1.4	应收股利					
1.1.5	应收利息		252.00	252.00	252.00	252.00
1.1.6	应收账款	498.98	42.95	13.37	23.00	435.00
1.1.7	减坏账准备					
1.1.8	应收账款净额	498.98	42.95	13.37	23.00	435.00
1.1.9	预付账款	460.94	36.01	171.19	155.00	316.00
1.1.10	应收补贴款					
1.1.11	其他应收款	3206.37	314.75	2368.54	299.00	1554.00
1.1.12	存货	736.11	949.44	926.73	787.00	1012.00
1.1.13	待摊费用					
1.1.14	待处理流动资产净损失					
1.1.15	一年到期的长期债权投资					
1.1.16	其他流动资产					
1.2	长期投资	910.69	6077.67	6434.64	6663.00	7354.00
1.2.1	长期股权投资					
1.2.2	长期债权投资	910.69	6077.67	6434.64	6663.00	7354.00
1.3	固定资产					
1.3.1	固定资产原值	5460.98	5181.00	5407.88	6910.00	5101.00
1.3.2	减：累计折旧					
1.3.3	固定资产净值	5460.98	5181.00	5407.88	6910.00	5101.00

续表

序号	项目名称	上三年 2008	上二年 2009	上一年 2010	上年同期 201010	本年最近月份 201110
1.3.4	减：固定资产减值准备					
1.3.5	固定资产净额	5460.98	5181.00	5407.88	6910.00	5101.00
1.3.6	工程物资					
1.3.7	在建工程	18.10	570.04	10.00	10.00	10.00
1.3.8	固定资产清理					
1.3.9	固定资产合计	5479.08	5751.04	5417.88	6920.00	5111.00
1.4	无形资产及其他资产	427.99	424.39	272.03	272.00	120.00
1.4.1	无形资产	1.93	125.17	99.66	100.00	74.00
1.4.2	长期待摊费用	426.06	299.22	172.37	172.00	45.00
1.4.3	其他长期资产					
1.5	递延税款					
1.5.1	递延税款借项					
2	**负债及所有者权益**	**13553.46**	**15301.96**	**17951.39**	**17631.00**	**18375.00**
2.1	流动负债总额	5463.35	4525.90	6308.24	6390.00	5250.00
2.1.1	短期借款			2000.00	2000.00	2000.00
2.1.2	应付票据					
2.1.3	应付账款	153.96	77.69	88.84	94.00	107.00
2.1.4	预收账款	76.57	443.66	42.45	69.00	57.00
2.1.5	其他应付账款	3619.66	3195.82	3294.01	3348.00	2179.00
2.1.6	应付工资	1685.89	726.97	803.99	799.00	812.00
2.1.7	应付福利费					
2.1.8	应付股利					
2.1.9	应缴税金	-72.73	81.76	78.95	81.00	95.00
2.1.10	一年到期的长期负债					
2.1.11	其他					
2.2	长期负债					
2.2.1	长期借款					
2.2.2	应付债券					
2.2.3	长期应付款					
2.2.4	住房周转金					
2.2.5	其他长期负债					
2.3	递延税款贷项	116.88	708.63	797.87	709.00	1155.00

续表

序号	项目名称	上三年	上二年	上一年	上年同期	本年最近月份
		2008	2009	2010	201010	201110
2.4	负债总额	5580.23	5234.53	7106.11	7099.00	6405.00
2.5	所有者权益	7973.23	10067.43	10845.28	10532.00	11970.00
2.5.1	实收资本［股本］	1475.46	1475.46	1475.46	1475.00	1475.00
2.5.2	资本公积	4369.92	6145.15	6412.88	6145.00	6413.00
2.5.3	盈余公积	1815.30	1847.20	1898.21	1847.00	1898.00
2.5.4	任意公积金					
2.5.5	未分配利润	312.55	599.62	1058.73	1064.00	2183.00

应收账款：2008年末498万元，一年以内占98.21%；2009年末42.9万元，一年以内占5.38%；2010年末13.4万元，一年以内占13.08%。账龄一年以内占比小，说明年末余额中本年发生的应收账款占比小。2011年10月（最近月份）为435万元，主要为本年发生，且比年初增幅较大，因本年经营规模扩大（比上年同期增加48%）所致，但未超过2008年历史较高值。2008、2009、2010三年的审核结果填入表2.25验证记录表。

应收利息：每年均为252万元，系信托投资利息，审核结果计入表2.25验证记录表“应收账款”。

应收票据：2008年为25.5万元，以后每年为0，审核结果计入表2.25验证记录表“应收账款”。

其他应收账款：2008年3206.37万元、2009年314.75万元，2010年2368.54万元，2011年10月1554万元，为股东往来款，2011年10月有所减少。

存货：2008年736.11万元、2009年949.44万元、2010年926.73万元，2011年10月1012万元，比年初增加9%，同期营业收入增加48%，系业务扩大所致。

长期投资：2008年至2011年10月，一直持有至到期投资（信托投资）2800万元和可供出售金融资产股票230万股，股票价值采用公允价值计量，2008年为910.69万元，2009年为3277.67万元，2010年为3634.64万元，2011年11月期末价值4554万元。

应付工资：2008年1685.89万元，2009年726.97万元，2010年803.99万元，2011年10月812万元，为公司提取的工资基金。

其他应付账款：2008年3619.66万元，2009年3195.82万元，2010年3294.01万元，2011年10月2179万元，为企业计提的环境治理费。

递延税款贷项：2008 年为 116.88 万元，2009 年为 708.63 万元，2010 年为 797.87 万元，2011 年 10 月 1155.0 万元，为可供出售金融资产公允价值变动。

2. 利润表审核

主要审核主营业务收入和投资收益。

主营业务收入：该企业生产的银铜铅锌等有色金属和贵金属都是以期货价格为定价依据，企业收入极易受宏观经济形势影响，近四年的销售量和平均价格如下：

项目	2008	2009	2010	2011 年 10 月
售价（元）	28692	22950	33984	41616
销售量（吨）	2099. 6	1585. 4	1840. 5	1919. 1

投资收益：主要是信托投资收益，投资 2800 万元，利率 9%，投资收益为 252 万元。

利润表（工业类举例）

表 2.23

序号	项目名称	上三年	上二年	上一年	上年同期	本年最近月份
		2008	2009	2010	201010	201110
一	**主营业务**	**6024.15**	**3638.48**	**6254.71**	**5365.20**	**7986.64**
	减：折扣与折让					
二	**主营业务收入净额**	**6024.15**	**3638.48**	**6254.71**	**5365.20**	**7986.64**
	减：主营业务成本	3418.60	2093.77	3143.99	2741.78	3820.28
	主营业务税金及附加	62.99	51.23	98.11	85.39	142.75
三	**主营业务利润［毛利润］**	**2542.56**	**1493.48**	**3012.61**	**2538.03**	**4023.61**
	加：其他业务利润					
	减：存货跌价准备					
	营业费用［销售费用］	148.35	54.36	51.62	42.38	56.55
	管理费用	2362.12	1631.59	2595.90	2123.81	2761.84
	财务费用	-165.42	-26.84	-16.68	-8.47	-71.34
四	**主营利润**	**197.51**	**-165.63**	**381.77**	**380.31**	**1276.56**
	加：投资收益		272.39	282.58	240.42	211.30
	补贴收入					
	营业外收入	266.37	324.96	20.32	2.34	39.04
	减：营业外支出	94.02	2.20	3.71	3.70	8.10

续表

序号	项目名称	上三年	上二年	上一年	上年同期	本年最近月份
		2008	2009	2010	201010	201110
	加：以前年度损益调整					
五	**利润总额**	**369.86**	**429.52**	**680.96**	**619.37**	**1518.80**
	减：所得税	103.44	110.57	170.83	154.84	379.70
	少数股东损益					
六	**净利润**	**266.42**	**318.95**	**510.13**	**464.53**	**1139.10**
七	**本年利息**					
	息税前利润	369.86	429.52	680.96	619.37	1518.80
	本年折旧	230.75	423.24	433.98	305.51	325.49
	本年摊销	109.11	127.56	152.35	99.09	102.88
	息税折旧摊销前利润	709.72	980.32	1267.29	1023.97	1947.17

3. 现金流量表审核

现金流量表见表2.24，重点审核投资支付的现金，偿还债务所支付的现金，分配股利、利润和偿付利息所支付的现金。审核结果填入表2.25验证记录表。

现金流量表（工业类举例）

表2.24　　单位：万元

序号	项目名称	上三年	上二年	上一年	上年同期	本年最近月份
		2008	2009	2010	201010	201110
一	**经营活动产生的现金流量**					
1	经营活动现金流入	6879.53	8258.18	9882.70		
1.1	销售商品、提供劳务收到的现金	6647.74	5106.35	6942.71		
1.2	收到的税费返还					
1.3	收到的其他与经营活动有关的现金	231.79	3151.83	2939.99		
2	经营活动现金流出	10797.86	5013.50	11320.22		
2.1	购买商品、接受劳务支出的现金	1872.15	565.89	3103.60		
2.2	支付给职工以及为职工支付的现金					
2.3	支付的各种税费	869.15	429.11	1135.19		
2.4	支付的其他与经营活动有关的现金	8056.56	4018.50	7081.43		
3	经营活动产生的现金流量净额	-3918.33	3244.68	-1437.52		
二	**投资活动产生的现金流量**					
1	投资活动现金流入		20.39	282.58		

续表

序号	项目名称	上三年	上二年	上一年	上年同期	本年最近月份
		2008	2009	2010	201010	201110
1.1	收回投资所收到的现金					
1.2	取得投资收益而收到的现金		20.39	282.58		
1.3	处置固定资产、无形资产和其他长期资产而收到的现金					
1.4	收到的其他与投资活动有关的现金					
2	投资活动现金流出	383.81	3619.16	100.82		
2.1	投资支付的现金	383.81	3619.16	100.82		
2.2	支付其他与投资活动有关的现金					
3	投资活动产生的现金流量净额	-383.81	-3598.77	181.76		
三	**筹资活动产生的现金流量**					
1	筹资活动现金流入			2000.00		
1.1	吸收投资所收到的现金					
1.2	借款所收到的现金			2000.00		
1.3	收到其他与筹资活动有关的现金					
2	筹资活动现金流出			102.97		
2.1	偿还债务所支付的现金					
2.2	分配股利、利润和偿付利息所支付的现金			102.97		
2.3	支付的其他与筹资活动有关的现金					
3	筹资活动产生的现金流量净额			1897.03		
四	**汇率变动对现金的影响**					
五	**现金及现金等价物净增加额**	**-4302.14**	**-354.09**	**641.27**		

验证记录表（工业类举例）

表2.25　　单位：万元

序号	项目名称	2008	2009	2010
1	查验资产负债表“货币资金”金额	1807.79	1453.71	2094.99
2	查验现金流量表“分配股利和支付利息”金额		0.00	102.97
3	查验资产负债表“应收账款”金额	524.48	294.95	265.37
4	查验现金流量表“偿还债务所支付的现金”金额		0.00	0.00
5	查验现金流量表“投资支付的现金”金额	383.81	3619.16	100.82

投资支付的现金：主要发生2009年3619.16万元，购买了230万股票和2800万元

信托投资，可以确认。

偿还债务所支付的现金：为0。

分配股利、利润和偿付利息所支付的现金：2008年和2009年为0，2010年102.97万元，为2000万元短期借款利息。

二、钩稽关系验证

验证资产负债表与利润表之间的钩稽关系，由资产负债表年初、年末两组数据与一组利润表本年数据等三组数据进行，一次验证1年。本例表2.22资产负债表，用2009年、2010年两年数据，与表2.23利润表中2010年一年数据，可以验证2010年资产负债表年初和年末数据与2010年利润表之间的钩稽关系。验证结果见表2.26。

钩稽关系验证表（工业类举例）

表2.26

序号	项　目	（上一年） 201012	备注
一	**经营活动现金流入**		
1	**经营活动现金流入**	**4420.93**	
	（+）主营业务收入净额	6254.71	
	（+）其他业务利润		
	（+）加：投资收益	282.58	
	（+）补贴收入		
	（+）营业外收入	20.32	
	（+）加：以前年度损益调整		
	（-）Δ资产负债表！流动资产总额	-2777.96	
	（+）Δ资产负债表！货币资金	641.28	
2	**经营活动现金流出**	**6265.14**	
	（+）减：主营业务成本	3143.99	
	（+）主营业务税金及附加	98.11	
	（+）减：存货跌价准备		
	（+）营业费用［销售费用］	51.62	
	（+）管理费用	2595.90	
	（+）财务费用	-16.68	
	（+）减：营业外支出	3.71	

续表

序号	项　目	（上一年）201012	备注
	（+）减：所得税	170.83	
	（+）少数股东损益		
	（-）△资产负债表！流动负债总额	-1782.34	
	（+）△资产负债表！短期借款	2000.00	
二	**投资活动净现金流量**	**128.55**	
	（-）△资产负债表！长期投资	-356.97	
	（-）△资产负债表！固定资产合计	333.16	
	（-）△资产负债表！无形资产及其他资产	152.36	
	（-）△资产负债表！递延税款借项	0.00	
三	**筹资活动产生的现金流量净额**	**2356.96**	
	（+）△资产负债表！短期借款	2000.00	
	（+）△资产负债表！长期负债	0.00	
	（+）△资产负债表！递延税款贷项	89.24	
	（+）△资产负债表！实收资本［股本］	0.00	
	（+）△资产负债表！资本公积	267.73	
	（-）利润表！净利润	-510.13	
	（+）△资产负债表！盈余公积	51.01	
	（+）△资产负债表！任意公积金	0.00	
	（+）△资产负债表！未分配利润	459.11	
四	**净现金流量计算值（1-2+二+三）**	**641.30**	
	△资产负债表！货币资金	**641.28**	

资产负债表与利润表之间的钩稽关系验证，表2.26数据来源于资产负债表及利润表，所有栏目数据全部耦合在一张表上。验证结果“钩稽关系验证表！净现金流量计算值”641.30万元约等于“△资产负债表！货币资金”641.28万元。说明“资产负债表与利润表之间的钩稽关系正确”。

钩稽关系验证差额=641.30-641.28=0.02（万元）

还有“现金流量表！现金及现金等价物净增加额”641.27万元约等于“△资产负债表！货币资金”641.28万元。说明“现金流量表”与“资产负债表”之间的钩稽关系正确。

三、营业收入验证

取纳税申报收入见表2.27。

纳税申报收入

表2.27 单位：万元

名　　称	上二年	上一年	本期
	2009	2010	201110
增值税纳税申报收入	3574.94	6247.53	7981.45
营业税纳税申报收入			

未纳税申报的营业收入占比（%）=（利润表营业收入－纳税申报收入）×100/利润表营业收入。

2009年纳税申报收入3574.94万元，利润表中主营业务收入3638.48万元；2010年纳税申报收入6247.53万元，利润表中主营业务收入6254.71万元；2011年10月纳税申报收入7981.45元，利润表中主营业务收入7986.64万元，计算：

2009年未纳税申报的营业收入占比（%）=（3638.48－3574.94）×100/3638.48=1.75%

2010年未纳税申报的营业收入占比（%）=（6254.71－6247.53）×100/6254.71=0.02%

2011年未纳税申报的营业收入占比（%）=（7986.64－7981.45）×100/7986.64=0.06%

三年的未纳税申报的营业收入占比分别为1.7%、0.02%和0.06%，均小于10%，根据评价准则，说明营业收入可信度高。

四、息税折旧摊销前利润验证

根据表2.25验证记录表、表2.22资产负债表、表2.23利润表、表2.24现金流量表等提供的数据，验证结果见表2.28。

表2.28中2009年和2010年，两年“应增加货币资金”分别为－354万元、538万元，等于或小于“△查验的货币资金”－354万元、641万元，因此，2009年和2010年两年的“未验证的息税折旧摊销前利润占比”为0。说明息税折旧摊销前利润得以验证。

验证表

表 2.28　　　　　　单位：万元

序号	项　目	200812	200912	201012
1	应增加货币资金		-354	538
1.1	息税折旧摊销前利润		980	1267
1.2	所得税		111	171
1.3	△查验的应收账款		-230	-30
1.4	查验的股利分配及支付利息		0	103
1.5	查验的偿还债务所支付的现金		0	0
1.6	查验的投资支付的现金		3619	101
1.7	筹资活动现金流入		0	2000
1.8	收回投资收到现金		0	0
1.9	△预付账款		-425	135
1.10	△存货		213	-23
1.11	△应付账款		-881	85
1.12	△预收账款		367	-401
1.13	△其他应收账款		-2892	2054
1.14	△其他应付账款		-424	98
2	△查验的货币资金		-354	641
3	未验证的息税折旧摊销前利润占比（%）		0	0

五、数据真实性综合评价

主要就上年数据的真实性得出综合评价结论，综合评价结论见表 2.29。

数据真实性综合评价表

表 2.29

序号	指标名称	指标	评价结论
1	未纳税申报的营业收入占比（%）	0.02	可信度高
2	钩稽关系验证（钩稽关系验证差额，万元）	0.02	钩稽关系正确，完全可接受
3	未验证的息税折旧摊销前利润占比（%）	0	可信度高
4	综合评价		提供数据可信度高

三种验证方法验证结果都表明数据可信度高，综合评价结论：提供数据可信度高。

第十一节　商业类案例财务报表真实性验证

本节就本章第八节某商业类企业案例数据，提供的财务报表进行审核和验证示范。财务报表数据见表2.30资产负债表、表2.31利润表和表2.32现金流量表。

企业提供了上两年的审计报告，财务报表审核和验证主要参考报表附注。

一、财务报表审核

1. 资产负债表审核

“货币资金”和“应收账款”（包括应收票据、应收账款、应收股利、应收利息）是真实性验证需要提供的数据，属于必须审核的数据；其他数据主要审核占比较大或本年变化较大的数据。

货币资金：经查审计报告报表附注，2008年末现金3.52万元、银行存款321.29万元，合计324.81万元；2009年末现金2.81万元、银行存款289.15万元，合计291.96万元；2010年9月，经对照银行对账单，银行存款308.45万元，现金占比小，未查。2008年、2009年两年的审核结果填入表2.33验证记录表。

应收账款：2008年末3.33万元，一年以内占比100%；2009年末5.23万元，一年以内占87.5%。符合商业零售企业的特征，应收账款很小。2010年9月（最近月份）为6.45万元，主要为本年发生，比年初增幅不大。2008年、2009年两年的审核结果填入表2.33验证记录表。

应收票据：2008年0.80万元，2009年10.10万元，2010年9月3.94万元，计入表2.33验证记录表“应收账款”。

应收股利：2008年8.88万元，2009年9.59万元，2010年9月1.17万元，系对外投资收益。计入表2.33验证记录表“应收账款”。

应收利息：每年为0。

预付账款：2008年194.91万元，2009年4.31万元，2010年9月8.02万元，预付账款占用资金多些符合商业类企业的特点。

其他应收账款：2008年61.51万元，2009年101.17万元，2010年9月200.85万元，主要为租赁经营场所的押金。随业务扩大增加明显。

存货：2008年351.85万元，2009年598.45万元，2010年9月619.72万元，随业务扩大稍有增加。本月比年初增加3.6%，同期收入增加11%。

长期投资：2008年230.36万元，2009年502.64万元，2010年9月418.22万元，

主要为企业开办连锁店股权投资。

固定资产净值：2008 年 953.73 万元，2009 年 660.12 万元，2010 年 9 月 710.74 万元，为稳定经营，2008 年企业自建商业用房。

在建工程：2008 年 202.82 万元，2009 年 312.18 万元，2010 年 9 月 379.68 万元，自建商业用房及装修投资。

无形资产：2008 年 147.61 万元，2009 年 108.91 万元，2010 年 9 月 104.96 万元。为 2008 年自建商业用房的土地使用权。

短期借款：2008 年 1045 万元，2009 年 1115 万元，2010 年 9 月 1285 万元。

应付工资：年初 803 万元，本月末 812 万元，为公司提取的工资基金。

其他应付款：2008 年 40.40 万元，2009 年 26.63 万元，2010 年 9 月 30.94 万元，为加盟企业的押金。

资产负债表（商业类举例）

表 2.30　　单位：万元

序号	项　　目	上三年	上二年	上一年	上年同期	本期
		2007	2008	2009	200909	201009
1	**资产**	**0.00**	**2505.98**	**2632.35**	**2527.93**	**2791.60**
1.1	流动资产总额	0.00	946.74	1021.44	950.07	1150.87
1.1.1	货币资金		324.81	291.96	258.51	310.63
1.1.2	短期投资		0.00	0.00	0.00	0.00
1.1.3	应收票据		0.80	10.10	0.29	3.94
1.1.4	应收股利		8.88	9.59	9.49	1.17
1.1.5	应收利息		0.00	0.00	0.00	0.00
1.1.6	应收账款		3.33	5.23	5.52	6.45
1.1.7	减坏账准备		0.00	0.00	0.00	0.00
1.1.8	应收账款净额	0.00	3.33	5.23	5.52	6.45
1.1.9	预付账款		194.91	4.31	198.41	8.02
1.1.10	应收补贴款		0.00	0.00	0.00	0.00
1.1.11	其他应收款		61.51	101.17	91.96	200.85
1.1.12	存货		351.85	598.45	385.80	619.72
1.1.13	待摊费用		0.00	0.00	0.00	0.00
1.1.14	待处理流动资产净损失		0.00	0.00	0.00	0.00
1.1.15	一年到期的长期债权投资		0.00	0.00	0.00	0.00
1.1.16	其他流动资产		0.65	0.62	0.08	0.09

续表

序号	项　目	上三年	上二年	上一年	上年同期	本期
		2007	2008	2009	200909	201009
1.2	长期投资	0.00	230.36	502.64	495.62	418.22
1.2.1	长期股权投资		223.81	489.18	485.81	407.84
1.2.2	长期债权投资		6.55	13.45	9.82	10.37
1.3	固定资产					
1.3.1	固定资产原值		953.73	660.12	658.78	710.74
1.3.2	减：累计折旧		0.00	0.00	0.00	0.00
1.3.3	固定资产净值	0.00	953.73	660.12	658.78	710.74
1.3.4	减：固定资产减值准备		0.00	0.00		
1.3.5	固定资产净额	0.00	953.73	660.12	658.78	710.74
1.3.6	工程物资					
1.3.7	在建工程		202.82	312.18	286.43	379.68
1.3.8	固定资产清理					
1.3.9	固定资产合计	0.00	1156.55	972.30	945.21	1090.41
1.4	无形资产及其他资产	0.00	147.61	108.91	116.52	104.96
1.4.1	无形资产		77.59	63.20	63.88	62.24
1.4.2	长期待摊费用		29.99	12.02	12.69	9.10
1.4.3	其他长期资产		40.03	33.69	39.95	33.62
1.5	递延税款		24.73	27.07	20.50	27.14
1.5.1	递延税款借项		24.73	27.07	20.50	27.14
2	**负债及所有者权益**	**0.00**	**2505.98**	**2632.35**	**2527.93**	**2791.60**
2.1	流动负债总额	0.00	1539.75	1583.05	1511.60	1714.85
2.1.1	短期借款		1045.00	1115.00	1133.00	1285.00
2.1.2	应付票据		8.22	24.42	12.06	10.24
2.1.3	应付账款		154.01	108.89	77.40	86.32
2.1.4	预收账款		188.94	184.69	184.23	190.81
2.1.5	其他应付账款		40.40	26.63	21.57	30.94
2.1.6	应付工资		89.21	109.34	73.51	92.72
2.1.7	应付福利费		0.00	0.00	0.00	0.00
2.1.8	应付股利		4.51	11.28	11.28	16.91
2.1.9	应缴税金		7.56	1.10	−3.11	0.00
2.1.10	一年到期的长期负债		0.00	0.00	0.00	0.00
2.1.11	其他		1.90	1.70	1.66	1.90

续表

序号	项　　目	上三年	上二年	上一年	上年同期	本期
		2007	2008	2009	200909	201009
2.2	长期负债	0.00	2.58	2.56	2.57	2.54
2.2.1	长期借款		0.00	0.00	0.00	0.00
2.2.2	应付债券		0.00	0.00	0.00	0.00
2.2.3	长期应付款		2.58	2.56	2.57	2.54
2.2.4	住房周转金		0.00	0.00	0.00	0.00
2.2.5	其他长期负债		0.00	0.00	0.00	0.00
2.3	递延税款贷项		2.83	4.55	3.64	2.20
2.4	负债总额	0.00	1545.16	1590.17	1517.81	1719.58
2.5	所有者权益	0.00	960.83	1042.18	1010.12	1072.01
2.5.1	实收资本（股本）		358.32	358.32	358.32	358.32
2.5.2	资本公积		412.76	415.12	410.69	412.80
2.5.3	盈余公积		118.24	130.87	117.85	130.87
2.5.4	任意公积金		0.00	0.00	0.00	0.00
2.5.5	未分配利润		71.50	137.88	123.25	170.03

2. 利润表审核

利润表中“上一年（2009 年）”主营业务收入比上二年减少较多，经核实认为并非经营状况恶化所致，是因为“上一年”将部分连锁店资产出让给连锁店管理者，变连锁为加盟，以调动经营人员的积极性。资产负债表中 2009 年固定资产原值比 2008 年减少可以验证，剥离的这部分资产所产生的收入未计入企业经营收入。

利润表（商业类举例）

表 2.31　　　　单位：万元

序号	项　　目	上三年	上二年	上一年	上年同期	本期
		2007	2008	2009	200909	201009
一	**主营业务**		**1650.61**	**1409.06**	**984.44**	**1093.22**
	减：折扣与折让		0.00	0.00	0.00	0.00
二	**主营业务收入净额**	**0.00**	**1650.61**	**1409.06**	**984.44**	**1093.22**
	减：主营业务成本		1238.77	1032.71	728.19	834.51
	主营业务税金及附加		17.34	16.80	9.67	11.71
三	**主营业务利润（毛利润）**	**0.00**	**394.50**	**359.55**	**246.57**	**247.00**
	加：其他业务利润		0.00	0.00	0.00	0.00

续表

序号	项　　目	上三年	上二年	上一年	上年同期	本期
		2007	2008	2009	200909	201009
	减：存货跌价准备		-0.84	7.28	-0.01	-1.39
	营业费用（销售费用）		114.68	85.60	28.51	26.10
	管理费用		162.61	143.37	126.07	121.81
	财务费用		31.81	21.90	19.50	9.42
四	**主营利润**	**0.00**	**86.23**	**101.40**	**72.50**	**91.05**
	加：投资收益		25.62	9.48	6.01	7.50
	补贴收入		0.00	0.00	0.00	0.00
	营业外收入		6.65	0.47	2.16	0.43
	减：营业外支出		18.43	0.91	0.85	4.70
	加：以前年度损益调整		0.00	0.00	0.00	0.00
五	**利润总额**	**0.00**	**100.07**	**110.43**	**79.82**	**94.29**
	减：所得税		25.96	21.75	18.83	22.77
	少数股东损益					
六	**净利润**	**0.00**	**74.12**	**88.68**	**60.99**	**71.52**
七	**各种利息支出**	**0.00**	**31.81**	**21.90**	**19.50**	**9.42**
	息税前利润	0.00	131.88	132.33	99.32	103.71
	本年折旧		42.83	31.39	23.54	23.54
	本年摊销		2.61	2.32	1.74	1.74
	息税折旧摊销前利润	0.00	177.32	166.04	124.60	128.99

3. 现金流量表审核

重点审核下述与数据真实性验证有关的栏目，审核结果填入表2.33验证记录表。

投资支付的现金：2008年288.60万元，2009年104.79万元，2010年9月97.37万元，用于购置股权和固定资产，可以确认。

现金流量表（商业类举例）

表2.32　　　　单位：万元

序号	项　　目	上三年	上二年	上一年	上年同期	本期
		2007	2008	2009	200909	201009
一	经营活动产生的现金流量					
1	经营活动现金流入		1953.68	1648.98	1155.81	1273.36
1.1	销售商品、提供劳务收到的现金		1905.68	1605.85	1125.53	1246.24

续表

序号	项　目	上三年	上二年	上一年	上年同期	本期
		2007	2008	2009	200909	201009
1.2	收到的税费返还		0.79	0.00	0.00	0.00
1.3	收到的其他与经营活动有关的现金		47.21	43.13	30.28	27.12
2	经营活动现金流出		1987.13	1531.43	1135.52	1225.61
2.1	购买商品、接受劳务支出的现金		1549.04	1189.45	879.54	965.29
2.2	支付给职工以及为职工支付的现金		163.00	153.73	123.62	119.02
2.3	支付的各种税费		137.32	117.17	79.84	86.33
2.4	支付的其他与经营活动有关的现金		137.76	71.08	52.53	54.97
3	经营活动产生的现金流量净额		−33.45	117.55	20.29	47.75
二	**投资活动产生的现金流量**					
1	投资活动现金流入		60.02	6.77	−44.10	84.59
1.1	收回投资所收到的现金		0.03	0.00	0.00	4.00
1.2	取得投资收益而收到的现金		13.54	6.64	5.40	15.92
1.3	处置固定资产、无形资产和其他长期资产而收到的现金		45.41	0.06	0.03	0.62
1.4	收到的其他与投资活动有关的现金		1.04	0.07	−49.53	64.05
2	投资活动现金流出		289.89	154.37	79.79	97.43
2.1	投资支付的现金		288.60	104.79	79.74	97.37
2.2	支付其他与投资活动有关的现金		1.28	49.58	0.05	0.07
3	投资活动产生的现金流量净额		−229.87	−147.60	−123.89	−12.84
三	**筹资活动产生的现金流量**					
1	筹资活动现金流入		1483.34	1783.00	1218.00	1100.00
1.1	吸收投资所收到的现金		0.00	0.00	0.00	0.00
1.2	借款所收到的现金		1480.00	1733.00	1218.00	1100.00
1.3	收到其他与筹资活动有关的现金		3.34	50.00	0.00	0.00
2	筹资活动现金流出		1109.12	1785.79	1180.71	1116.25
2.1	偿还债务所支付的现金		1031.00	1583.00	1050.00	930.00
2.2	分配股利、利润和偿付利息所支付的现金		75.34	96.87	79.95	73.76
2.3	支付的其他与筹资活动有关的现金		2.78	105.93	50.76	112.49
3	筹资活动产生的现金流量净额		374.22	−2.79	37.29	−16.25
四	**汇率变动对现金的影响**					
五	**现金及现金等价物净增加额**		**110.89**	**−32.85**	**−66.31**	**18.66**

偿还债务所支付的现金：2008 年 1031 万元，2009 年 1583 万元，2010 年 9 月 930 万元，与到期的短期借款基本吻合，可以确认。

分配股利、利润和偿付利息所支付的现金：2008 年 75.34 万元，2009 年 96.87 万元，2010 年 9 月 73.76 万元，主要为支付利息，也有少量股利分配，可以确认。

验证记录表（商业类举例）

表 2.33

单位：万元

序号	项目名称	2007	2008	2009
1	查验资产负债表"货币资金"金额	0.00	324.81	291.96
2	查验现金流量表"分配股利和支付利息"金额	0.00	75.34	96.87
3	查验资产负债表"应收账款"金额	0.00	13.01	24.92
4	查验现金流量表"偿还债务所支付的现金"金额	0.00	1031.00	1583.00
5	查验现金流量表"投资支付的现金"金额	0.00	289.89	154.37

二、钩稽关系验证

验证资产负债表与利润表之间的钩稽关系，由资产负债表年初、年末两组数据与一组利润表本年数据等三组数据进行，一次验证 1 年。用表 2.30 资产负债表 2009 年年初和年末数据（即 2008 年、2009 年两年数据）与表 2.31 利润表中 2009 年数据，可以验证 2009 年利润表与资产负债表的钩稽关系。验证结果见表 2.34。

钩稽关系验证表（商业类举例）

表 2.34

序号	项目	（上一年）	备注
		2009	
一	**经营活动现金流入**		
1	**经营活动现金流入**	**1311.46**	
	（+）主营业务收入净额	1409.06	
	（+）其他业务利润	0.00	
	（+）加：投资收益	9.48	
	（+）补贴收入	0.00	
	（+）营业外收入	0.47	
	（+）加：以前年度损益调整	0.00	
	（-）△资产负债表！流动资产总额	-74.70	

续表

序号	项　目	（上一年）2009	备注
	（+）△资产负债表！货币资金	-32.85	
2	**经营活动现金流出**	**1357.02**	
	（+）减：主营业务成本	1032.71	
	（+）主营业务税金及附加	16.80	
	（+）减：存货跌价准备	7.28	
	（+）营业费用［销售费用］	85.60	
	（+）管理费用	143.37	
	（+）财务费用	21.90	
	（+）减：营业外支出	0.91	
	（+）减：所得税	21.75	
	（+）少数股东损益	0.00	
	（-）△资产负债表！流动负债总额	-43.30	
	（+）△资产负债表！短期借款	70.00	
二	**投资活动净现金流量**	**-51.67**	
	（-）△资产负债表！长期投资	-272.28	
	（-）△资产负债表！固定资产合计	184.25	
	（-）△资产负债表！无形资产及其他资产	38.70	
	（-）△资产负债表！递延税款借项	-2.34	
三	**筹资活动产生的现金流量净额**	**64.39**	
	（+）△资产负债表！短期借款	70.00	
	（+）△资产负债表！长期负债	-0.02	
	（+）△资产负债表！递延税款贷项	1.72	
	（+）△资产负债表！实收资本［股本］	0.00	
	（+）△资产负债表！资本公积	2.36	
	（-）利润表！净利润	-88.68	
	（+）△资产负债表！盈余公积	12.63	
	（+）△资产负债表！任意公积金	0.00	
	（+）△资产负债表！未分配利润	66.38	
四	**净现金流量计算值（1-2+二+三）**	**-32.84**	
	△资产负债表！货币资金	**-32.85**	

资产负债表与利润表之间的钩稽关系，表中可见，验证结果“钩稽关系验证表！净现金流量计算值”-32.84万元约等于“△资产负债表！货币资金”-32.85万元。

说明“资产负债表与利润表之间的钩稽关系正确”。

钩稽关系验证差额 =(-32.84) -(-32.85) =0.01（万元）

还有“现金流量表！现金及现金等价物净增加额” -32.85 万元等于“△资产负债表！货币资金” -32.85 万元。说明“现金流量表”与“资产负债表”之间的钩稽关系正确。

三、营业收入验证

纳税申报收入见表 2.35。

纳税申报收入

表 2.35 单位：万元

名称	上二年	上一年	本期
	2008	2009	201009
增值税纳税申报收入	1581	1392	1078
营业税纳税申报收入			

未纳税申报的营业收入占比（%）=（利润表营业收入 - 纳税申报收入）×100/利润表营业收入。

2008 年纳税申报收入 1581 万元，利润表中主营业务收入 1650.61 万元；2009 年纳税申报收入 1392 万元，利润表中主营业务收入 1409.06 万元；2010 年 9 月纳税申报收入 1078 万元，利润表中主营业务收入 1093.22 万元，计算：

2008 年未纳税申报的营业收入占比（%）=(1650.61 - 1581) ×100/1650.61 =4.22%

2009 年未纳税申报的营业收入占比（%）=(1409.06 - 1392) ×100/1409.06 =1.21%

2010 年未纳税申报的营业收入占比（%）=(1093.22 - 1078) ×100/1093.22 =1.39%

三年的未纳税申报的营业收入占比分别为 4.22%、1.21% 和 1.39%，占比都小于 10%，根据判别准则，可认为营业收入可信度高。

四、息税折旧摊销前利润验证

根据表 2.33 验证记录表、表 2.30 资产负债表、表 2.31 利润表、表 2.32 现金流量表等提供的数据，验证结果见表 2.36。

表 2.36 中 2008 年和 2009 年，两年“应增加货币资金”分别为 111.97 万元、-41.22 万元，等于或小于“△查验的货币资金”324.81 万元、-32.85 万元，因此，2008 年和 2009 年两年的“未验证的息税折旧摊销前利润占比”为 0。说明息税折旧摊

销前利润得以验证。

验证表

表 2.36　　　　单位：万元

序号	项目	200712	200812	200912
1	应增加货币资金		111.97	-41.22
1.1	息税折旧摊销前利润		177.32	166.04
1.2	所得税		25.96	21.75
1.3	△查验的应收账款		13.01	11.91
1.4	查验的股利分配及支付利息		75.34	96.87
1.5	查验的偿还债务所支付的现金		1031.00	1583.00
1.6	查验的投资支付的现金		289.89	154.37
1.7	筹资活动现金流入		1483.34	1783.00
1.8	收回投资收到现金		0.03	0.00
1.9	△预付账款		194.91	-190.60
1.10	△存货		351.85	246.60
1.11	△应付账款		263.51	-8.48
1.12	△预收账款		188.94	-4.25
1.13	△其他应收账款		61.51	39.66
1.14	△其他应付账款		42.30	-13.97
2	△查验的货币资金		324.81	-32.85
3	未验证的息税折旧摊销前利润占比（%）		0.00	0.00

五、数据真实性综合评价

主要就上年数据的真实性得出综合评价结论，综合评价结论见表 2.37。

数据真实性综合评价表

表 2.37

序号	指标名称	指标	评价结论
1	未纳税申报的营业收入占比（%）	1.21	可信度高
2	钩稽关系验证（钩稽关系验证差额，万元）	0.01	钩稽关系正确，完全可接受
3	未验证的息税折旧摊销前利润占比（%）	0	可信度高
4	综合评价		提供数据可信度高

三种验证方法验证结果都表明数据可信度高，综合评价结论：提供数据可信度高。

第三章 财务评价参数确定方法

第一节 概述

财务评价指标是投资决策的主要依据之一，评价指标能够比较贴切地反映投资者的要求，定量准确，评价标准容易确定，这在第一章理论方法综述中，将财务评价方法与评级授信方法列为企业投融资评价主要方法，对评价方法的选择已有定论。三大因素影响财务评价的准确性：一是数据的真实性，二是预测参数的合理性，三是财务评价方法的科学性。第二章重点讨论了数据真实性验证，本章将重点讨论预测参数的确定方法，第四章介绍财务评价方法。

目前，多数决策者普遍存在一种矛盾的心态，既要依托财务评价指标作出决策，但又普遍担心财务评价指标不能反映企业未来真实情况。其原因，除了担心财务报表的真实性之外，还有一个不易察觉的原因，即不少中小企业经营状况不稳定，统计参数的规律性不强，确定的预测参数存在较大的不确定性，影响财务评价的准确性，甚至可能动摇决策者对财务评价的信心。

所以，合理确定预测参数是财务评价取得信任的关键。通过本章，我们要掌握参数统计方法和预测参数的确定方法。参数统计是从企业历史数据中寻找企业经营状况变化规律的基本方法，首先找到参数变化的区间，然后找到可能性最大的那个值。合理确定参数，就是参考统计参数，结合尽职调查和主观判断，将最可能发生的参数值确定为预测参数。

财务评价参数包括基本参数、成本估算参数、流动资金估算参数、收入预测参数等。除了基本参数外，其他三套参数都需要参考统计参数才能合理确定。只要有两年以上的统计参数，若每年统计参数不完全相同，则以数据小的为下限和数据大的为上限构成一个区间，这个区间确定为参数变化的范围，区间内的任何一个值都是有可能发生的，可能性最大的那个值称其为众值，通常取众值为预测参数。当统计样本大即年份多时，我们可以做出概率分布图，通过图形可以找出众值，如三角形分布的顶点，正态分布的均数 μ；如果样本较小即统计的年份少，我们可以平均值代替众值。由此可见，合理确定预测参数并不是不可能的，而且也是不难做到的。

本章在论述理论方法的同时，以某工业类企业详评为案例示范和验证。最后一节将介绍某商业类企业案例，代表商业及其他类型企业。

第二节 基本参数

一、基本参数的内容

为满足企业数据统计和财务评价需要，设置了15个基本参数。工业类与商业类企业基本参数的内容和格式相同，某工业企业举例详见表3.1。

可以把确定基本参数的过程理解为方案优化的过程，一般先确定参数的初始值，随着评价越来越深入，融资条件越来越确定，基本参数将越来越接近最终安排。

基本参数（工业类举例）

表3.1

序号	项目名称	单位	数据	备注
1	计算期	年	5.00	一般5~20年，可取贷款年限，无固贷取下限，股权投资取8~20年
2	流动资金借款利率	%	5.85	一般取一年期当前法定贷款利率
3	最低偿债备付率	%	130.00	一般取130，不低于100
4	最低现金比率		0.30	一般取0.3，一般0.2~0.3，周转现金占流动负债比例
5	正常年份所得税税率	%	25.00	一般取25，需核实企业实际情况
6	自有流动资金最低比例	%	15.00	一般取30，一般在0~30之间
7	新增固定投资	万元	2500.00	为满足更新投资、节能减排、产品研发等需求估算
8	新增固定投资借款	万元	2500.00	根据新增固定投资筹措计划确定
9	新增固定投资借款偿还期	年	3.00	贷款机构规定的贷款偿还期限
10	新增长期借款利率	%	6.56	一般取同期法定贷款利率，可取利率定价实际利率
11	新增注册资金	万元		一般取0，可核实企业融资计划
12	新增借款偿还方式		1.00	1-等额还本金；2-等额还本利；3-按最大能力偿还
13	基准收益率	%	10.00	可取贷款利率加2%~4%，应高于存款利率或银行贷款利率
14	流动资金贷款申请额	万元	2000.00	填写年度授信额度或本次贷款额度
15	近期到期流动资金贷款	万元		指拟由本次贷款替换的最近到期贷款

表中参数的作用，调整参数对财务评价结果的影响，如何通过合理调整参数达到方案优化的目的，具体说明如下：

1. 计算期

计算期即从本年开始至T=计算期末的时间长度，一般5~20年，应根据投融资评价需要加以确定。企业融资评价一般不低于5年；对于贷款偿还期限超过5年的企业，计算期一般不低于银行贷款偿还期限；若为股权投资评价一般不低于8年，最长不超过20年。计算期长短，主要影响报表长度和全部投资税后内部收益率、权益资金内部收益率、每股价值等指标。

2. 流动资金借款利率

一般可取当前人民银行发布的一年期法定贷款利率。当利率定价基本确定后，应取利率定价。

3. 最低偿债备付率

最低偿债备付率既是评价标准也是一个评价参数。作为评价标准在得出评价结论和编制评价报告时用于判断贷款偿债能力；用于评价参数，当新增固定投资贷款选择"按最大能力偿还"时，用"经营活动净现金流量"除以"最低偿债备付率"得到可还本付息资金，保留一部分"经营活动净现金流量"备用。最低偿债备付率一般可取130%，是《方法与参数》第三版提供的评价标准参考值，即备用30%。调整最低偿债备付率将直接影响"债务优化贷款"金额或贷款偿还期。对于低收益低风险行业可降低，但不应低于100%。

4. 最低现金比率

最低现金比率是一个估算流动资金的重要参数，最低现金比率的含义指周转现金占流动负债的最低比例。最低现金比率用于估算周转用的"现金"，一般可取0.2~0.3。在估算流动资金中使用。提高最低现金比率会增加流动资金需求量，反之也然。

5. 正常年份所得税税率

一般企业25%，计算净利润的重要参数，应注意了解企业是否有政策优惠情况。

6. 自有流动资金最低比例

自有流动资金最低比例是安排流动资金筹措计划的重要参数，一般可取30%。降低比例会增加流动资金贷款需求，反之也然。

7. 新增固定投资

新增固定投资指固定资产更新或大修理投资、节能减排投资、产品研发投资的统称。填写的金额将列入本年投资计划。

8. 新增固定投资借款

指“更新投资贷款、节能减排投资贷款、产品研发贷款”等中长期贷款。贷款金额不可超过“新增固定投资”。若“新增固定投资借款”低于“新增固定投资”，则资金缺口由“经营活动净现金流量”或“新增注册资金”解决。

9. 新增固定投资借款偿还期

“新增固定投资借款偿还期”既是评价标准也是评价参数。用作评价标准，必须与贷款机构规定的借款偿还期限一致，不能超过贷款机构规定的最长贷款期限。在得出评价结论或编制评价报告时，是判断偿债能力的评价标准。

用作评价参数时，若新增固定投资借款采用等额还本金、等额还本利、指定还本利等还款方式，则必须确定借款偿还期，作为安排还本付息计划的参数。计算“授信额度计算表”也用到本参数。因此，不管选择哪种新增借款偿还方式，都必须确定偿还期。

当选用“1－等额还本金”、“2－等额还本利”两种偿还方式时，可能会使初期的还款压力过大，导致某些年份偿债备付率低于最低偿债备付率，甚至低于100%，这也是一种还本付息计划不合理的表现。可以改为“3－按最大能力偿还”方式，在满足贷款偿债备付率标准的基础上安排还本付息计划，测算贷款偿还期。需提醒评价人员注意，按最大能力测算的偿还期不能大于本处确定的“新增固定投资借款偿还期”。

10. 新增长期借款利率

企业融资评价可取人民银行同期法定贷款利率，若为银行贷款评价则根据银行要求的贷款利率。

11. 新增注册资金

当企业需“新增固定投资”或存在“债务优化贷款”时，企业可以采用股权融资方式筹措资金，股权融资即“新增注册资金”。企业自我评价时，“新增注册资金”可以最为方案优化的参数，同债务融资比较，既要考虑融资可能性又要考虑融资成本，不可行的方案不具可比性。当投资者做“贷款评价”、“担保评价”或“股权投资评价”时，“新增注册资金”数据来源于企业，是事先给定的参数。股东增资需要提供三份材料：股东会议决议、增资股东的承诺函和股东的出资能力证明。如果股东出资已经到位，可以免交增资股东的承诺函和股东的出资能力证明。

12. 新增借款偿还方式

“新增借款偿还方式”也是重要的方案优化参数。当贷款银行有要求时，按要求办。若没有硬性规定，可以分别按“1－等额还本金、2－等额还本利、3－按最大能力偿还”的顺序试算，直到每年的偿债备付率都满意为止。等额还本金初期压力最大，等额还本利初期压力次之，按最大能力偿还则安排的还本付息计划可以保证每年的偿债备付率正好等于最低偿债备付率，需要注意计算的借款偿还期是否小于或等于银行要求的贷款期限。“4－指定每年还本金”，可以根据“3－按最大能力偿还”优化的结果适当调整，取整数。

13. 基准收益率

基准收益率既是判断企业财务效益的评价标准，也是计算财务净现值的评价参数。基准收益率用在“全部投资现金流量表”中计算“全投资税后财务净现值”和用在“权益资金现金流量表”中计算“股东权益现值”。若无确定投资者，可以采用利率加成方法确定基准收益率，以5年以上法定贷款利率加2%～4%，风险大的行业取上限，风险小的行业取下限，一般行业取3%；若已有确定投资者，可取投资者的最低收益率。个人投资者基准收益率应高于长期存款利率，企业贷款评价的基准收益率应高于银行贷款利率。

14. 流动资金贷款申请额

“流动资金贷款申请额”用于流动资金用信审核，若采用“先授信后用信”方式，则每年可分N次用信，“流动资金贷款申请额”即为本次贷款额。若采用“授信即用信”，则“流动资金贷款申请额”为本年授信额度，即按核定授信额度一次性全额拨付企业。

15. 近期到期流动资金贷款

“近期到期流动资金贷款”用于流动资金用信审核，当采用“先授信后用信”方式时，即将到期的流动资金贷款其授信额度可循环使用。查看贷款卡流动资金贷款余额和到期情况确定金额。

第三节　成本估算参数确定方法

一、统计方法分类

综合各行各业的企业成本核算方法和成本预测方法，虽然各行各业存在差异，但大同小异，成本估算参数的表达方式和统计方法只需分为两大类型、即：工业类、商业类及其他，便可满足未来成本预测要求。

二、统计范围确定

统计对象的确定决定了成本的统计范围，统计对象可以是整个企业，也可以是某项业务或某种产品。若以整个企业为统计对象，不分业务或产品，只需要统计一个成本，统计范围即整个企业；若以某项业务或某个产品为对象，则一个企业可能存在两个以上统计对象。一般来说，工业类企业可以以产品为统计对象，也可以以整个企业为统计对象；商业及其他行业，一般都以整个企业为统计对象。

譬如某化纤企业，生产和销售有 5 种产品，其中 3 个涤纶加工丝 POY 生产车间、1 个涤纶加工丝 FDY 生产车间、1 个涤纶加工丝 DTY 生产车间。

只核算了 POY、FDY、DTY 3 个生产成本，这样就要求将核算成本的 3 种产品与生产和销售的 5 种产品建立对应关系。见表 3. 2。

成本统计范围界定表（举例）

表 3. 2

序号	核算成本的产品名称		生产及销售产品名称				
	产品代码	产品名称	POY 产品 1	POY 产品 2	POY 产品 3	FDY	DTY
1	28303201	涤纶高强力纱 POY	√	√	√		
2	28303202	涤纶变形纱线 FDY				√	
3	2830320201	涤纶弹力丝 DTY					√

以本书第二章“第七节某工业类企业案例数据”为例，该企业为银铜铅锌采选联合企业，矿石中银铜铅锌等金属共生，矿石通过破碎、研磨成矿浆，加入不同的药剂后分别生产出铜精矿、铅精矿、锌精矿等三种精矿产品，每种精矿中均含有可回收的银金属。产品销售时，铜精矿、铅精矿、锌精矿分别卖给不同的冶炼企业，其中所含金属银作价计入精矿价格。在投融资评价中，可以分别统计铜精矿、铅精矿、锌精矿成本，这与企业的成本核算方法相一致；也可将所有三种精矿产品统计一个成本，三种精矿产量合计、产品成本合计，这种统计方法也能满足未来预测需要，因为只要矿石中各种金属的品位不变，三种精矿总是按比例产出，即使波动也不会太大。成本统计范围见表 3. 3。

成本统计范围界定表（工业类举例）

表 3. 3

序号	核算成本的产品代码及名称		生产及销售产品名称
	产品代码	产品名称	银铜铅锌精矿金属量
1	09100101	银铜铅锌精矿金属量	√

三、企业核算成本的方法

本例中企业核算成本的方法，首先由车间成本核算员分别统计采矿成本、选矿成本等车间的作业成本；再由财务部门的成本会计，根据实际成本计价原则、重要性原则、权责发生制原则，将车间作业成本分配到铜、铅、锌每种精矿产品，形成每种精矿产品的生产成本；在产品没有销售之前，生产成本属于企业占用资金，计入资产负债表“存货”栏目，每月根据销售数量，结转为“销售成本”，即通过利润表中“销售收入”回收投资。

四、成本数据来源

成本数据来源有两个：一是企业提供产品成本，二是取利润表中的成本数据。工业类详评，不管统计对象为某种产品还是整个企业，都要求企业提供产品成本；工业类初评，商业类或其他行业，可以直接取利润表中的成本数据。如第二章“第七节某工业类企业案例数据”中，提供了产品成本数据，见表3.4。

表3.4中由企业提供生产成本，可以直接从利润表中取管理费用、财务费用、营业费用等期间费用。当有多种产品分别统计成本时，期间费用应该由所有产品按生产成本比例分配给每种产品。提供的“生产成本”指当年销售产品的生产成本，是所有销售产品成本的合计数，合计数应该与利润表中“主营业务成本”相等。

产品成本费用统计表（工业类举例）

表3.4　　　　　　　　　　　　　　　　　　　　　　　　　　单位：万元

序号	项目名称	上二年	上一年	备注
		2009	2010	
	产量（吨）	1585.4	1840.5	企业提供
1	生产成本	2093.77	3143.99	企业提供
1.1	原材料费	357.81	537.28	企业提供
1.2	燃料及动力费	478.38	718.34	企业提供
1.3	工资及福利费	425.84	639.44	企业提供
1.4	折旧费（含维简费）	423.24	433.98	企业提供
1.5	修理费	219.17	530.67	企业提供
1.6	其他制造费用	189.32	284.29	企业提供
2	管理费用	1631.59	2595.90	分摊利润表“管理费用”
2.1	无形资产及其他资产摊销	127.56	152.35	分摊利润表“本年摊销”

续表

序号	项目名称	上二年	上一年	备注
		2009	2010	
2.2	其他管理费用	1504.03	2443.55	=2-2.1
3	财务费用	-26.84	-16.68	分摊利润表“财务费用”
4	营业费用	54.36	51.62	分摊利润表“营业费用”
5	总成本费用	3752.88	5774.83	=1+2+3+4
6	经营成本	3228.92	5205.18	=5-1.4-2.1-3

五、工业类成本估算参数统计

通过统计确定的产品成本费用估算参数有“达产年费用”和“可变成本比例”两大参数。

目前，在项目评价中由于缺乏统计资料，只能按照理论分析来确定产品可变成本比例，一般将原材料费用、燃料费用、动力费用、营业费用等费用的可变成本比例定为100%，其他各项费用如工资及福利费、其他制造费用、其他管理费用、流动资金贷款利息、修理费等费用的可变成本比例定为0。按照这样的假设预测每年的成本费用，实际上存在相当大的误差。统计产品的可变成本占比有很重要的意义，不仅用于合理预测本企业未来的成本费用，也是统计行业参数的样本。统计格式见表3.5.1，也是工业类举例。

表中前三列数据分别为上二年、上一年、达产年的成本费用，单位万元；最后一列是“可变成本预测参数”，与“达产年的成本费用”一起用于预测本企业未来的成本费用。其他是“上一年可变成本比例（%）”、“企业历史平均可变成本比例”、“行业可变成本比例”等三列数据，依据上述三列数据合理确定“可变成本预测参数”。“达产年的成本费用”、“上一年可变成本比例（%）”计算公式见式（3-1）、式（3-2）。

$$\text{达产年费用}=\frac{C1\times(1-Q2/Qc)-C2\times(1-Q1/Qc)}{Q1/Qc-Q2/Qc} \tag{3-1}$$

式中：C1——上一年成本；C2——上二年成本；Q1——上一年产量；Q2——上二年产量；Qc——设计能力

式3-1表达成Excel计算公式，并对计算结果小于0或大于100的极端情况加以控制，也可表示为：

达产年费用=Min((上一年成本×(1-上二年产量/设计能力)-上二年成本×(1

-上一年产量/设计能力))/(上一年产量/设计能力-上二年产量/设计能力),设计能力/上一年产量×上一年成本) (3-1)′

达产年费用=if(达产年费用<0,0,达产年费用) (3-1)″

$$\text{可变成本比例}(\%)=\frac{(C1-C2)\times 100}{C1\times(1-Q2/Qc)-C2\times(1-Q1/Qc)} \quad (3-2)$$

式(3-2)表达成Excel计算公式，并对计算结果小于0或大于100的极端情况加以控制，也可表示为：

可变成本比例=Min((上一年成本-上二年成本)×100/(上一年成本×(1-上二年产量/设计能力)-上二年成本×(1-上一年产量/设计能力)),100) (3-2)′

可变成本比例=if(可变成本比例<0,0,可变成本比例) (3-2)″

可变成本比例计算结果可能出现大于100%和出现负数两种极端情况需要控制，当计算结果大于100%时，可变成本比例取值100%，出现负数时取值为0。大于100%表明该费用不仅是100%的可变成本，还说明上一年的物价指数高于上二年，超出100%的部分属于物价指数影响结果。当出现负数时，不仅说明该项费用是100%的固定成本，还说明物价指数低于上年或偶然情况所致。统计可变成本比例时排除物价因素影响，是因为预测时也不考虑物价变动因素，预测投入和产出都不考虑物价变动因素，认为投入与产出两者会相互抵消。

表3.5.1是工业类举例的成本估算参数统计结果，“达产年费用统计”数据是根据公式3-1统计的参数，而“达产年费用预测参数”则是评价人员确定的预测参数。“上一年可变成本比例”是根据式(3-2)统计的参数，“可变成本比例预测参数”则是评价人员确定预测参数。关于“可变成本比例”，若企业统计了更多年份的数据，则可以计算多年的平均值；若行业有多个企业进行过统计，则可以统计行业的可变成本比例。供确定预测参数参考。

表中3.5.1中“达产年费用统计”，是分别用式(3-1)′中的两个公式计算后取最小值的结果。这两个公式分别是：

达产年费用=(上一年成本×(1-上二年产量/设计能力)-上二年成本×(1-上一年产量/设计能力))/(上一年产量/设计能力-上二年产量/设计能力) (3-1-1)

或

达产年费用=设计能力/上一年产量×上一年成本 (3-1-2)

计算值见表3.5.2。

表3.5.1中“上一年可变成本比例”是用式(3-2)′或(3-2)″计算的结果。

式(3-2)′有两个计算值，一个是最高限额100，一个是计算值，计算式：

可变成本比例 =（上一年成本 - 上二年成本）×100/（上一年成本 ×（1 - 上二年产量/设计能力）- 上二年成本 ×（1 - 上一年产量/设计能力））　　(3 -2 -1)

经过多个步骤，确定了“上一年可变成本比例”取值，测算过程见表 3. 5. 3。

产品成本费用估算参数（工业类举例）

表 3. 5. 1　　　　单位：万元

序号	项目名称	上二年	上一年	达产年费用统计（万元）	达产年费用预测参数（万元）	上一年可变成本比例（%）	可变成本比例预测参数（%）
		2009	2010				
	产量	1585. 40	1840. 50	3327. 00	3327. 00		
1	生产成本	2093. 77	3143. 99	5395. 36	4953. 37	100. 00	100. 00
1. 1	原材料费	357. 81	537. 28	971. 22	971. 22	100. 00	100. 00
1. 2	燃料及动力费	478. 38	718. 34	1298. 52	1298. 51	100. 00	100. 00
1. 3	工资及福利费	425. 84	639. 44	1155. 89	995. 15	100. 00	80. 00
1. 4	折旧费	423. 24	433. 98	496. 56	496. 57	28. 21	28. 21
1. 5	修理费	219. 17	530. 67	959. 27	825. 86	100. 00	80. 00
1. 6	其他制造费用	189. 32	284. 29	513. 90	366. 06	100. 00	50. 00
2	管理费用	1631. 59	2595. 90	4692. 51	3955. 18	100. 00	
2. 1	摊销费	127. 56	152. 35	275. 40	152. 35	100. 00	0
2. 2	其他管理费用	1504. 03	2443. 55	4417. 11	3802. 83	100. 00	80. 00
3	财务费用	-26. 84	-16. 68			0	0
4	营业费用	54. 36	51. 62	35. 65	51. 62	0	0
5	总成本费用	3752. 88	5774. 83	10123. 52	8960. 17		
6	经营成本	3228. 92	5205. 18	9351. 56	8311. 25		

达产年费用统计（工业类举例）

表 3. 5. 2　　　　单位：万元

序号	项目名称	式 3 -1 -1 计算值	式 3 -1 -2 计算值	取最小值
1	生产成本（1. 1 +1. 2 +1. 3 +1. 4 +1. 5 +1. 6）	9263. 75	5683. 27	5395. 36
1. 1	原材料费	1583. 10	971. 22	971. 22
1. 2	燃料及动力费	2116. 57	1298. 52	1298. 52
1. 3	工资及福利费	1884. 11	1155. 89	1155. 89
1. 4	折旧费（含维简费）	496. 56	784. 49	496. 56
1. 5	修理费	2345. 76	959. 27	959. 27
1. 6	其他制造费用	837. 65	513. 90	513. 90

续表

序号	项目名称	式3－1－1计算值	式3－1－2计算值	取最小值
2	管理费用（2.1＋2.2）	8215.06	4692.51	4692.51
2.1	无形资产及其他资产摊销	296.80	275.40	275.40
2.2	其他管理费用	7918.25	4417.11	4417.11
3	财务费用	42.52	－30.15	0.00
4	营业费用	35.65	93.31	35.65

上一年可变成本比例（工业类举例）

表3.5.3　　单位：万元

序号	项目名称	式3－2－1计算值	式3－2－1最高限额	式（3－2）′计算值	式（3－2）″取值
1	生产成本（1.1＋1.2＋1.3＋1.4＋1.5＋1.6）				
1.1	原材料费	147.85	100	100	100
1.2	燃料及动力费	147.85	100	100	100
1.3	工资及福利费	147.85	100	100	100
1.4	折旧费（含维简费）	28.21	100	28.21	28.21
1.5	修理费	173.18	100	100	100
1.6	其他制造费用	147.85	100	100	100
2	管理费用（2.1＋2.2）	153.09	100	100	100
2.1	无形资产及其他资产摊销	108.93	100	100	100
2.2	其他管理费用	154.75	100	100	100
3	财务费用	311.61	100	100	100
4	营业费用	－100.23	100	－100.23	0

六、成本预测参数确定方法

表3.5.1中“达产年费用预测参数”和“可变成本比例预测参数”是评价人员确定的结果，也是未来预测的依据。

1. 预测参数确定的影响因素

如何使用预测参数，如何对待价格变动，这是影响预测参数确定的两个主要因素。

(1) 关于成本预测方法

使用预测参数预测未来成本的方法，可用下式表达：

预测成本＝达产年费用预测参数×（1－可变成本比例预测参数/100）＋达产年费用

预测参数×可变成本比例预测参数×生产负荷/10000　　(3－3)

式中：

固定成本＝达产年费用预测参数×(1－可变成本比例预测参数/100)

可变成本＝达产年费用预测参数×可变成本比例预测参数×生产负荷/10000

分析式(3－3)，需要了解“预测成本”与“预测参数”之间的关系，以便灵活微调预测参数，由此得出如下结论：

结论：“达产年费用预测参数”越大，“预测成本”就越大；“可变成本比例预测参数”越大，“预测成本”反而越小。

对“可变成本比例预测参数”的结论可能不太好理解。可以这样看，我们先确定了达产年费用，在达产年费用中分成“可变的”和“固定的”两部分成本，固定成本不随生产负荷变化，生产负荷在设计能力范围内无论怎么变化，固定成本都是不变的（不折不扣的），而可变成本在满负荷时最大，生产负荷小于100%时，可变成本是按生产负荷打折扣的，所以，在不满负荷的情况下，可变成本占比越大，预测成本就越小。

(2) 关于物价变动因素

在未来预测中，一般不考虑物价总水平变动（通货膨胀），因为物价总水平变动一则难以预测，二则成本与收入有联动趋势，大部分可以相互抵消。这也是国家发改委和建设部颁发的《建设项目经济评价方法与参数》第三版统一规定的方法。

在统计参数中，已经反映了价格变动影响，故统计参数在确定为预测参数时有必要做些调整。

2. 成本估算参数确定方法

(1) 用公式推算预测参数

“可变成本比例”和“达产年成本费用”两个成本估算参数，只要先确定了其中一个，另一个可以通过公式推算出来。推算公式如下：

先确定“可变成本比例预测参数”，推算“达产年成本费用预测参数”：

达产年成本费用预测参数＝上一年成本费用/(1－可变成本比例预测参数/100＋(可变成本比例预测参数/100)×(上一年产量/设计能力))　　(3－4)

先确定“达产年成本费用预测参数”，推算“可变成本比例预测参数”：

可变成本比例预测参数＝(达产年成本－上一年成本)/(达产年成本×(1－上一年产量/设计能力))　　(3－5)

本书工业类案例：采用了先根据统计参数确定“可变成本比例预测参数”，再用公式推算“达产年成本费用预测参数”的方法，计算结果见表3.5.1。

（2）根据统计参数合理确定预测参数

采用公式只能推算两个预测参数中的一个，必须用其他方法先确定另一个预测参数。先确定的这个预测参数，无论是“可变成本比例”还是“达产年成本费用”都可以根据统计参数合理确定。

（3）用消耗定额估算达产年成本费用

确定达产年成本费用参数还有第三种方法，即采用消耗定额进行估算。一般由企业成本核算人员完成，首先核定产品设计能力，再根据设计能力和单位产品消耗指标估算达产年消耗量，再根据当前价格估算达产年费用。估算方法类似于建设项目经济评价确定的方法。

3. 根据统计参数确定可变成本比例预测参数的方法

根据上年统计的可变成本比例，合理确定“可变成本比例预测参数”，需要根据每项费用的统计参数和特点分别确定，本书工业类案例采用本方法确定预测参数，结果见表 3.5.1，具体说明如下：

（1）原材料

通常我们说的可变成本是完全指随生产负荷变化而变化的成本。根据常识，构成产品实体的称之为原料，原料一般都是 100% 的可变成本，不构成产品实体的消耗材料称之为辅助材料，消耗量不一定完全随生产负荷变化，原料和辅助材料统称为原材料合在一起，预测参数一般取 100%，除非统计参数小于 100% 时，取实际统计参数。

本例统计参数 100%，预测参数取 100%。

（2）燃料及动力

一般情况下，燃料及动力消耗都是与生产负荷成正比的，即 100% 的可变成本。但也有例外，如窑炉需要保温或预热的，生产负荷不足时，频繁的保温或预热所消耗的燃料不随生产负荷变化，有一部分消耗是固定的。确定参数时一般取 100%，当实际统计参数小于 100% 时，取实际统计参数。

本例统计参数 100%，预测参数取 100%。

（3）工资及福利费

在项目评估中，通常将工资及福利费全部当作固定成本。但可以肯定地说，工资及福利费不可能全部都是固定成本，也不可能全是可变成本。因为，即便是按件计酬的企业，也需要有个最低保障工资，即使是国有企业也有一部分绩效工资。近几年来工资上涨幅度较快，工资增长幅度高于劳动生产率增长幅度，导致统计的可变成本比例达 100%，有的计算值超过 100%，从长远来说应该在 50% ~80% 之间比较合理，在项目评估中工资及福利费的可变成本比例通常设为 0，即 100% 都是固定的。本例计算值100%，预测参数取80%。

（4）折旧费

一般企业采用直线折旧，企业每年提取的折旧费是按固定资产原值、折旧年限、净残值率计算的，不随生产负荷变化的。可变成本比例为0。在项目评估中，通常将折旧全部当作固定成本。

对于矿山企业按产量提取的维简费是随生产负荷变化的，有的企业采用按产量法提取折旧。这种情况，折旧中存在一部分可变成本，预测参数可取统计数据。

本例中统计的可变成本比例为28.21%，预测参数取28.21%。

（5）修理费

在项目评估中，通常将修理费全部当作固定成本。按常识，修理费既不可能完全随生产负荷变化，但负荷增大也必然多消耗一些设备配件。加上物价上涨因素，统计的可变成本比例可能会达到100%，消除物价因素合理的可变成本比例估计应在50%～80%之间。当统计参数小于100%时，可按照实际统计参数选取。本例统计参数100%，预测参数取80%。

（6）其他制造费用

在项目评估中，通常将其他制造费用全部当作固定成本。其他制造费用，相对比较固定，但人员工资存在一些可变因素，消除物价因素后，参数取值一般应在50%以下。本例统计参数100%，预测参数取50%。

（7）摊销费

一般不会随生产负荷变化，无形资产摊销年限较短，一般情况只会越来越少。可变成本比例可取0。本例统计参数100%，预测参数取0，即摊销费不变。

（8）其他管理费等

其他管理费中，一般企业可变成本，比起其他制造费用可变成本占比稍大一些。矿山企业中，有的税费计入管理费用，这些税费与生产负荷有关。若统计参数为100%，建议预测参数取40%～80%之间。本例统计参数100%，属于矿山企业，预测参数取80%。

（9）财务费用

在项目评估中，通常将财务费用全部当作固定成本。实际情况，流动资金贷款利息与生产负荷有一定的关系。由于投融资评价中财务费用是根据贷款余额计算的，因此，可变成本比例不起作用，也可设其为0。本例预测参数为0。

（10）营业费用

在项目评估中，通常将营业费用当作100%的可变成本。但也有例外，有些产品不需要借助别人的销售渠道完成，可变成本比例可以低一些。本例统计计算值为负数，所以预测参数取0。

4．根据统计参数确定达产年成本费用预测参数的方法

根据“达产年成本费用统计”合理确定“达产年成本费用预测参数”，需要根据每项费用的特点和统计数据合理确定。

用本方法确定“达产年成本费用预测参数”只能凭感觉在统计参数基础上修改，所以相对比较简单，但调整的依据不如确定“可变成本比例预测参数”充分，因此，本方法只能作为公式推算方法和定额测算方法之后的最后选项。

七、总成本费用统计表

总成本费用统计表是各产品成本统计表汇总的结果，是流动资金估算参数统计的基础，也用于企业现状评价。格式与产品成本统计表相同，详见表3.6，也是工业类举例。

总成本费用统计表（工业类举例）

表3.6　　单位：万元

序号	项目名称	上二年	上一年	备注
		2009	2010	
1	生产成本	2093.77	3143.99	计算 = $\sum$ 产品成本费用
1.1	原材料费	357.81	537.28	计算 = $\sum$ 产品成本费用
1.2	燃料及动力费	478.38	718.34	计算 = $\sum$ 产品成本费用
1.3	工资及福利费	425.84	639.44	计算 = $\sum$ 产品成本费用
1.4	折旧费（含维简费）	423.24	433.98	计算 = $\sum$ 产品成本费用
1.5	修理费	219.17	530.67	计算 = $\sum$ 产品成本费用
1.6	其他制造费用	189.32	284.29	计算 = $\sum$ 产品成本费用
2	管理费用	1631.59	2595.90	计算 = $\sum$ 产品成本费用
2.1	摊销费	127.56	152.35	计算 = $\sum$ 产品成本费用
2.2	其他管理费用	1504.03	2443.55	计算 = $\sum$ 产品成本费用
3	财务费用	-26.84	-16.68	计算 = $\sum$ 产品成本费用
4	营业费用	54.36	51.62	计算 = $\sum$ 产品成本费用
5	总成本费用	3752.88	5774.83	计算 = $\sum$ 产品成本费用
6	经营成本	3228.92	5205.18	计算 = $\sum$ 产品成本费用
7	可变成本	2769.48	4411.12	计算 = $\sum$ 产品成本费用
8	固定成本	983.40	1363.71	计算 = $\sum$ 产品成本费用

第四节　流动资金估算参数确定方法

流动资金估算参数的确定需要经过流动资金统计、流动资金估算参数统计、流动资金预测参数确定等三个步骤。本节结合工业类案例解析，详细讨论流动资金估算参数的确定方法。

一、流动资金统计

流动资金统计有两个作用，一是了解企业流动资金需要量，二是为统计流动资金估算参数奠定基础。流动资金统计表内容与格式详见表3.7。

表3.7也是工业类企业举例，对于表中内容与统计口径，商业类与工业类相同。

表中流动资金统计数据全部来自资产负债表中流动资产和流动负债，只是其中的部分栏目，而不是全部栏目。请注意以下说明。

1. 流动资金的含义

流动资产是企业生产经营需要占用的资金，正常经营占用的资金包括存货（库存材料、在产品、产成品、待摊费用）、应收账款（应收票据、应收账款）、预付账款、现金等资金。

流动负债是生产经营过程中无偿占用别人的资金，包括应付账款（应付票据、应付账款、应付工资、应付福利费、应缴税金）、预收账款。

流动资金是需要企业筹措经营资金。所以有下式：

流动资金 = 流动资产 − 流动负债

流动资产 = 应收账款 + 存货 + 预付账款 + 现金

流动负债 = 应付账款 + 预收账款

2. 流动资金统计数据来源

（1）应收账款

应收账款 = 资产负债表！应收票据 + 资产负债表！应收账款净额

（2）存货

存货 = 资产负债表！存货 + 资产负债表！待摊费用

（3）预付账款

预付账款 = 资产负债表！预付账款

（4）现金

“现金”特指周转所需的货币资金，其含义和计算公式需要特别说明。

资产负债表中的货币资金由“现金”和“盈余资金”组成，“现金”是周转所需的货币资金，“盈余资金”是还长期借款备用资金、企业积累资金或沉淀资金，是偿还长期借款或企业发展可用的资金。

在执行银监会“先还后贷”政策后，“现金”的首要用途是偿还流动资金贷款需要的周转资金，再就是支付流动负债需要的周转资金，又称“还短期债务备用资金”，可用“现金比率”来衡量“还短期债务备用资金”是否充足。也可以设定“最低现金比率”来保证周转对货币资金的最低要求。可用下式估算现金：

现金 = Min(货币资金,(应收账款 + 预付账款 + 存货) × 最低现金比率/(1 - 最低现金比率)) (3-6)

公式是假设当流动资金全部贷款的情况下所需的“还款备用资金”，是极端情况保守估计的最大值，当存在自有流动资金的情况下，所需“现金”会小些。公式推导的原理：流动资金贷款等于流动资金，流动资金加上流动负债等于流动资产，流动资产等于应收账款、预付账款、存货、现金之和，“还款备用资金”占流动资产的比例等于最低现金比率，表达如下述等式：

现金/(应收账款 + 预付账款 + 存货 + 现金) = 最低现金比率

解上式得：

现金 =(应收账款 + 预付账款 + 存货) × 最低现金比率/(1 - 最低现金比率)

当上式计算的“现金”大于资产负债表上的货币资金时，说明企业现有货币资金达不到最低现金比率要求，应在“计算值”与“货币资金”两者间取最小值。当用Excel 公式表达时，即式 3 - 6。

最低现金比率属于行业指标，需要通过大量统计数据找出边界值。目前，根据统计和专家的理论分析，认为一般企业现金比率达到 0.2 ~ 0.3 已能够满足需要。

（5）应付账款

应付账款 = 资产负债表！应付票据 + 资产负债表！应付账款 + 资产负债表！应付工资 + 资产负债表！应付福利费 + 资产负债表！应缴税金

（6）预收账款

预收账款 = 资产负债表！预收账款

3. 流动资金当期增加额

流动资金当期增加额 = 流动资金[本年] - 流动资金[上年]

4. 流动资金借款

与区分资产负债表中的货币资金有多少属于周转需要和有多少为盈余资金一样，也需要区分资产负债表中的短期借款有多少属于流动资金借款和多少为其他短期借款。我们假设短期借款优先用于流动资金，可以通过比较“流动资金”与“短期借款”，取最小值为流动资金借款。见式3-7。

流动资金借款 = Min（流动资金，短期借款）　(3-7)

工业类企业举例，流动资金统计结果见表3.7。

流动资金统计表（工业类举例）

表3.7　单位：万元

序号	项目名称	上二年	上一年	备注
		2009	2010	
1	流动资产	1469.14	1587.56	计算 = 1.1 + 1.2 + 1.3 + 1.4
1.1	应收账款	42.95	13.37	
1.2	预付账款	36.01	171.19	
1.3	存货	949.44	926.73	
1.4	现金	440.74	476.27	
2	流动负债	1330.08	1014.23	
2.1	应付账款	886.42	971.78	
2.2	预收账款	443.66	42.45	
3	流动资金平均值	139.06	573.33	
4	旺季调整系数	1.00	1.00	默认 = 1
5	流动资金	139.06	573.33	计算 = 3
6	流动资金当期增加额	139.06	434.27	
7	自有流动资金	139.06	-139.06	
8	流动资金借款		573.33	
9	流动资金借款累计		573.33	

二、流动资金估算参数统计

流动资金估算参数表的内容与格式见表3.8，也是工业类举例。工业类与商业及其他类型企业，由于成本表的内容与格式略有差异，个别流动资金估算参数的基数不完全相同，将在商业类案例中说明。

流动资金估算参数统计是合理确定流动资金预测参数的重要依据，分别统计了上二年、上一年两年的流动资金占用指标和平均值。数据来源于表 3.7“流动资金统计表”和表 3.6“总成本费用统计表”，统计方法如下：

应收账款 = 流动资金统计表！应收账款 ×360/经营成本

预付账款 = 流动资金统计表！预付账款 ×360/原材料燃料

存货 = 流动资金统计表！存货 ×360/经营成本

现金 = 流动资金统计表！现金 ×360/流动负债总额

应付账款 = 流动资金统计表！应付账款 ×360/原材料燃料动力

预收账款 = 流动资金统计表！预收账款 ×360/营业收入

流动资金占经营成本比例(%) = 流动资金统计表！流动资金/经营成本 ×100

流动资金占营业收入比例(%) = 流动资金统计表！流动资金/营业收入 ×100

其中，计算基数如下：

原材料燃料 = 总成本费用统计表！(原材料 + 燃料)

原材料燃料动力 = 总成本费用统计表！(原材料 + 燃料 + 动力)

经营成本 = 总成本费用统计表！经营成本

主营业务收入 = 利润表！主营业务收入净额

流动负债总额 = 流动资金统计表！流动负债 + 流动资金统计表！流动资金借款累计

表中第 3 ~5 列为“上两年平均周转天数”、“企业历史平均周转天数”、“行业平均周转天数”，供确定“预测参数”参考。企业投融资评价首选企业历史统计指标，当近两年统计指标与历史平均值差异较大时，应该分析历年统计指标的变动趋势，再决定采用历史平均还是近两年平均。

流动资金估算参数统计表（工业类举例）

表 3.8

序号	项目名称	(上二年)	(上一年)	上两年平均周转天数	企业历史平均周转天数	行业平均周转天数	预测参数
		2009					
一	**周转天数（天）**						
1	流动资产						
1.1	应收账款	4.79	0.92	2.86		50.00	2.86
1.2	预付账款	15.50	49.08	32.29		22.00	32.29
1.3	存货	105.86	64.09	84.98		100.00	84.98

续表

序号	项目名称	（上二年） 2009	（上一年）	上两年平均周转天数	企业历史平均周转天数	行业平均周转天数	预测参数
1.4	现金	119.29	108.00	113.65		108.00	113.65
2	流动负债						
2.1	应付账款	381.63	278.62	330.13		60.00	30.00
2.2	预收账款	43.90	2.44	23.17		5.00	2.00
3	流动资金						
二	**流动资金占经营成本比例（%）**	**4.31**	**11.01**	**7.66**		**7.42**	**7.66**
三	**流动资金占营业收入比例（%）**	**3.82**	**9.17**	**6.50**		**6.50**	**6.50**
四	**旺季调整系数**	**1.00**	**1.00**	**1.00**			**1.00**
五	**指标统计基础**						
1	原材料燃料	836.19	1255.62				
2	原材料燃料动力	836.19	1255.62				
3	经营成本	3228.92	5205.18				
4	主营业务收入	3638.48	6254.71				
5	流动负债总额	1330.08	1587.56				

三、确定预测参数的方法

表3.8最后一列是确定的预测参数，前5列数据均为参考数据，从第1列至第5列分别是上二年、上一年、上两年平均、企业历史平均、行业平均等统计参数。5列数据的最小和最大值划定了一个区间，平均值也可代表众值，确定流动资金预测参数的方法具有较大的灵活性，但必须符合某些规则，如众值优先、日期近者优先、可控分项优先等。

以统计参数为主要依据，可以将确定预测参数的过程看作流动资金筹措方案的优化过程。调整流动资金预测参数的目的是合理调整流动资金的需求量。确定预测参数首先选择一个组合，再进行个别参数的调整。

统计参数提供了5个组合，对照每个组合中每项流动资产或流动负债的周转天数，发现差异很大，有的周转天数增加了，有的减少了，这是很正常的现象，因为流动资金一直在循环流动中，若以每月末为统计时点，则上月末（本月初）的现金可能转换成本月末的存货，上月末的存货转换成了本月末的应收账款或现金，上月末的应收账款转换成了本月末的现金，统计数据只是反映了某一时点的状况，一会存货多其他少，一会应收账款多其他少，一会现金多其他少，此起彼伏。有两个指标能够综合反映某个时点资金占用水平，即“流动资金占经营成本比例”或“流动资金占营业收入比例”。因此，确定预测参数应该首先选取一个组合，认可某种状态和资金占用水平，然后进行合理微调。一般首选的组合是上一年的周转天数，其次是上两年平均值周转天数，再可以选企业历年平均周转天数或行业评价周转天数。最后的选择才是上二年周转天数。各种组合优缺点，以及参数调整方法如下：

1. “上一年周转天数”的优缺点

优点一：本年预测的流动资金与上一年统计的流动资金会衔接得很好，当营业收入增长幅度大于0时，本年预测的流动资产和流动负债的每一项都将比上一年增加，反之，每项都会比上一年减少。

优点二：上一年末统计时点与当前时点最接近，反映的资金占用水平也更接近当前的经营水平和经营状况。

缺点是：只反映了上年末一个时点状态，流动资产或流动负债各分项的构成不能代表全年平均状态，但不影响估算结果。

2. “上两年平均周转天数”的优缺点

“上两年平均周转天数”的优缺点正好与“上一年周转天数”的优缺点相反，完全可以互换。

3. “企业历史平均周转天数”的优缺点

“企业历史平均周转天数”的优缺点与“上两年平均周转天数”的优缺点相似，平均值更有代表性，但缺点是时效性不如“上两年平均周转天数”。

4. “行业平均周转天数”的优缺点

综合了其他企业，更具行业代表性，缺点是有可能偏离本企业实际情况。所以，优先选用前两个组合。仅供参数调整时参考。

取统计参数平均值的优点是：流动资产和流动负债的每一项预测参数都更符合统计规律，可以减少偶然性。

5. 预测参数调整原则和方法

调整预测参数就是调整资金占用强度，目的是调整流动资金的需求量。我们应该明确哪些调整是合理的，在企业经营过程中是能够实现的。

我们可以把流动资产和流动负债分项分为企业完全可控的和企业不能完全控制的分项。需要调整时，首先调整那些企业完全可控的分项，调整幅度可以大一些，以致于突破统计参数的波动范围，如果还不够，还可以适当调整企业不能完全控制的分项，允许在统计参数波动范围内调整。

流动资产中包括应收账款、存货、预收账款、现金等分项。

应收账款：包括应收票据和应收账款两个栏目，企业存在“应收票据”和“应收账款”两种选择。应收票据，即接受客户的承兑汇票，可能收款周期长一些，一般30天到180天，90天最为普遍。选择“货到付款”，即应收账款，期限可能长也可能短，甚至存在坏账风险。企业对应收账款的周转天数有一定的控制能力，但主动权一般不在自己手上。

存货：包括资产负债表上的“存货”及“待摊费用”两个栏目。存货包括库存的原材料、燃料，在产品，库存的产成品，看起来企业都可以控制，比应收账款的周转天数有更大的弹性，但也要注意根据企业管理水平、市场供应、价格等因素，每个企业客观上都有一个最低周转天数限制。

预付账款：即购买原材料、燃料可能需要预付款，一般占用资金不大，但企业控制能力有限或已在统计参数中反映。一般不作为主要调整对象。

现金：一般通过“最低现金比率”参数控制资金占用，最低现金比率一般可取0.2～0.3，理论分析认为，这与流动资金贷款在每个月的分散程度有密切关系，贷款越分散即贷款次数越多，且每次贷款数额越均衡，所需要的“还款准备金”就越少，如全年的流动资金贷款分4次（分4个月）贷出，每次额度相同，则“还款准备金”只需要占全年贷款总额的四分之一，即最低现金比率为0.25。注意，现金的周转天数在流动资金预测中不参与计算，即不起作用，调整现金只需要调整最低现金比率。

流动负债中包括应付账款、预收账款等分项。

应付账款：包括资产负债表中应付票据、应付账款、应付工资、应付福利费、应缴税金等栏目，企业对本分项具有完全控制权，因为是否减少应付账款，主动权主要掌握在企业自己手上。

譬如，不少中小企业存在这样的情形，企业流动资金贷款为0，但应付账款周转天数很长，历年统计的流动资金需要量很小，评价人员往往认为该企业不缺钱，不需要流动资金贷款，这与企业实际需求正好相反，企业感到资金短缺，大量拖欠供应商的货款，甚至拖欠员工工资。

当企业统计的应收账款周转天数比较大时，可以通过合理确定预测参数，降低应付账款的周转天数，增加流动资金需求量，增加流动资金贷款。合理降低应付账款周转天数，不仅不是与企业合伙作弊，而是解决问题的科学方法。这样既可以释放出贷款需求，也解决了企业资金短缺，避免长期拖欠客户货款、拖欠员工工资的问题，还可以为企业创造更好的经营环境，提高经济效益。

本例上年统计的流动资金需要量只有573万元，应付账款周转天数高达278天，投融资评价将周转天数降至30天，流动资金需求量增至2501万元，贷款2000万元。

预收账款：除房地产行业和电信行业，一般行业预收账款不大，虽然企业有主动权决定是否收取预收款，但该收的预收款找不出理由不收，因此，应收账款预测参数主要参照统计参数，一般不做大的调整。

综合上述，可以得出如下结论：

（1）应付账款属于企业完全可控分项，需要调整流动资金需求量时，可作为首选调整对象，调整幅度可以超过统计范围。

（2）调整最低现金比率也可以考虑，但不能低于0.2。

（3）其他分项的预测参数也可以适当调整，但要求限定在“上一年”与“上二年”统计的周转天数范围内。

（4）用预测的流动资金除以经营成本或营业收入，推算的流动资金占经营成本比例或占收入比例，若在上两年的统计范围内则认为是合理的；若只调整了应付账款，即使占比超出统计范围也是可以接受的。

第五节　收入预测参数确定方法

在未来预测中需要确定的第三个主要预测参数是收入预测参数，收入预测参数包括收入增长率预测参数、生产负荷。预测参数确定方法区分为工业类与商业及其他类两种类型，确定商业类收入预测参数不需要确定生产负荷，确定收入增长率也比工业类简单。本节结合工业类企业案例重点介绍工业类收入预测参数的确定方法，其他情况在商业类企业案例中说明。

一、收入统计范围

利润表与利润估算表的栏目不是一一对应关系，利润估算表中只有营业收入、补贴收入、营业外收支净额等栏目，比利润表的栏目少。在财务分析中，用到主营业务收入、其他业务收入、补贴收入、营业外收支净额等，统计口径见图3.1。

- 收入
  - 营业收入 =
    - 主营业务收入 = 利润表！主营业务收入净额
    - 其他业务收入 =
      - 利润表！其他业务利润
      - 利润表！投资收益
  - 补贴收入 = 利润表！补贴收入
  - 营业外收支净额 =
    - 利润表！营业外收入
    - －利润表！营业外支出
    - －利润表！存货跌价准备
    - ＋利润表！以前年度损益调整

图 3.1 收入统计口径

二、主营业务收入增长率统计

工业类企业与商业类企业确定营业收入增长率的方法基本相同，不同之处是商业类企业的增长幅度不受生产能力限制，工业类企业收入增长幅度受设计能力限制生产负荷不能超过100%，所以，工业类比商业类多了“本年增长幅度限额”参数。工业类企业，确定“主营业务收入增长率（预测参数）”的主要依据有四个统计参数：主营业务收入增长率［上二年］、主营业务收入增长率［上一年］、主营业务收入增长率［本年同期］和本年增长幅度限额。具体如下：

1. 上两年主营业务收入增长率

数据来源于利润表，计算上二年、上一年主营业务收入增长幅度，计算公式：

主营业务收入增长率[上二年] = if(利润表！主营业务收入净额[上三年] > 0,(利润表！主营业务收入净额[上二年]/利润表！主营业务收入净额[上三年] - 1) × 100,0) (3-8)

主营业务收入增长率[上一年] = if(利润表！主营业务收入净额[上二年] > 0,(利润表！主营业务收入净额[上一年]/利润表！主营业务收入净额[上二年] - 1) × 100,0) (3-9)

2. 本年同期主营业务收入增长率

主营业务收入增长率[本年同期] = if(利润表！主营业务收入净额[上年同期] > 0,(利润表！主营业务收入净额[本期]/利润表！主营业务收入净额[上年同期] - 1) × 100,(利润表！主营业务收入净额[本期] × 12/最近月份)/利润表！主营业务收入净额[上一年] - 1) × 100) (3-10)

式3-10分两种情况，可以拆分成（3-10）′和（3-10）″。当企业提供了上年同期的利润表时，用式（3-10）′。不过，企业往往不太重视提供上年同期的财务报表，当未提供上年同期报表时，用式（3－10）″，把最近月份收入折算成本年全年收入与上一年全年收入比较。用式（3－10）′比用式（3－10）″测算的参数准确性高。

主营业务收入增长率[本年同期]＝(利润表！主营业务收入净额[本期]/利润表！主营业务收入净额[上年同期]－1)×100　　（3－10）′

当企业没有提供上年同期财务报表时，计算公式：

主营业务收入增长率[本年同期]＝((利润表！主营业务收入净额[本期]×12/最近月份)/利润表！主营业务收入净额[上一年]－1)×100　　（3－10）″

3. 本年增长幅度限额

本年增长幅度限额＝(100－生产能力平均利用率[上一年])/生产能力平均利用率[上一年]×100　　（3－11－1）

式中：

生产能力利用率[上一年]＝产品经营状况表！主营业务收入[合计]/$\sum$（产品经营状况表！主营产品生产能力×产品经营状况表！主营产品平均售价×产品经营状况表！主营产品生产能力量级×产品经营状况表！主营产品平均售价量级/10000）×100　　（3－11－2）

三、主营业务收入增长率预测参数

需要确定的预测参数：主营业务收入增长率（预测参数）。

确定“主营业务收入增长率（预测参数）”可参考的统计参数值有三个：“主营业务收入增长率［上二年］”、“主营业务收入增长率［上一年］”或“主营业务收入增长率［本年同期］”，选择哪一个预测参数，可参照以下原则：

①若本年经营已超过半年，而且本年同期增长率低于上年，则以本年同期增长幅度为主；

②若本年经营已达3个季度，应以本年同期增长率为主；

③若本年经营不足半年，以上年增长率为主；

④若本年经营已达半年，且本年同期增长率超过上年，可采用本年同期增长率，但需慎重分析。

工业类企业在按上述方法确定“主营业务收入增长率（预测参数）”参数后，还需要用“本年增长幅度限额”参数校对，不宜超过“本年增长幅度限额”。

营业收入增长率统计参数和预测参数见表3.9。

上述确定参数的方法可参考的主营业务收入增长率最多只有三个值，在投融资评价信息化平台上确定预测参数，可将长期保存的历史统计参数全部显示供参考。当统计数据足够多时，可采用移动平均法预测企业主营业务收入增长率的变动趋势，更准确地确定预测参数。

主营业务收入预测参数

表 3.9

序号	项目名称	单位	参数
1	主营业务收入增长率［上二年］	%	
2	主营业务收入增长率［上一年］	%	
3	主营业务收入增长率［本年同期］	%	
4	本年增长幅度限额	%	
5	主营业务收入增长率（预测参数）	%	

四、产品达产年产值

达产年产值是估算工业类企业营业收入的基础数据。计算估算如下：

达产年产值 = 设计能力 × 数量量级 × 销售价格 × 售价单位/10000

式中：计算时需要将“数量量级”和“销售单位”换算成数字。如：

若“数量量级 = 万”，则换算为“数量量级 = 10000”，否则，“数量量级 = 1”；

若“售价单位 = 元”，则换算为“销售单位 = 1”，否则，换算为“销售单位 = 10000”。

数据取自“经营状况统计表”，内容与格式见表 3.10。

产品达产年产值计算表

表 3.10　　　　单位：万元

序号	产品名称	设计能力	数量量级	产品单位	销售价格	售价单位	达产年产值
1	×××产品		1 或万			元或万元	
……	……						
	合计						

五、生产负荷安排方法

安排的生产负荷用表 3.11 表示。

每种产品生产负荷表（工业类举例）

表 3.11　　　　　　　　　　　　　　　　　　　　　　　　　　　　　　单位：%

序号	项目名称	上二年	上一年	第1年（本年）	第2年	第3年	第4年	……
		20××-2	20××-1	20××	20××+1	20××+2	20××+3	…
1	××产品1							
2	××产品2							
…	……							

确定产品生产负荷的方法，可区分单一产品与多种产品，单一产品比较简单，多种产品较复杂。

1. 推算单一产品每年生产负荷

当企业只有一种产品时，只要根据“主营业务收入增长率（预测参数）”和“达产年产值合计”，可以推算本年及以后的生产负荷。

生产负荷[上二年]=产品经营状况表！主营业务收入合计[合计][上二年]/达产年产值合计×100；

生产负荷[上一年]=产品经营状况表！主营业务收入合计[合计][上一年]/达产年产值合计×100；

生产负荷(本年)=Min(产品经营状况表！主营业务收入合计[合计][上一年]×(1+主营业务收入增长率(预测参数)/100)/达产年产值合计×100,100)；

式中：“达产年产值合计”取自表3.10产品达产年产值计算表。

从第2年至T=计算期末，用计算机模型可以表达如下：

主营业务收入[1]=产品经营状况表！主营业务收入合计[合计][上一年]×(1+主营业务收入增长率(预测参数)/100)

For(T=2TOJSQ)//JSQ计算期

{

主营业务收入[T]=主营业务收入[T-1]×(1+主营业务收入增长率(预测参数)/100)；

生产负荷[T]=Min(主营业务收入[T]/达产年产值合计×100,100)；

}

生产负荷计算式中，计算结果与100比较，取最小值。即生产负荷最高不能超过100%，也可以将生产负荷上限设定为小于100的某个值。因为，在市场经济条件下，销售与生产不一定能衔接得这么好，尤其是以销定产的企业，一般企业很难达到并长期维持100%的生产负荷。

2. 推算多种产品每年生产负荷

若有多种产品，则需要将“主营业务收入增长率（预测参数）”分配到每种产品中去，并分别确定每种产品的生产负荷。计算过程分为三步完成，用计算机模型表达更容易一些，表达如下：

（1）第一步，计算每种产品达产年产值，即按上年售价乘以设计能力，达产年产值即为满负荷时的销售额。

取“表3.10 产品达产年产值计算表”中“达产年产值”，或按下述程序计算：

```
For I = 1 TON   //N 销售产品种类
{
  If(产品经营状况表！主营产品生产能力的量级 = 1)
  {
    生产能力量级[I] = 1;
  }
  else
  {
    生产能力量级[I] = 10000;
  }
  If(产品经营状况表！主营产品平均售价的量级 = 1)
  {
    售价量级[I] = 1;
  }
  else
  {
    售价量级[I] = 10000;
  }
  产品达产年产值[I] = 产品达产年产值计算表！设计能力 × 产品达产年产值计算表！销售价格 × 产品达产年产值计算表！数量量级[I] × 产品达产年产值计算表！售价单位[I]/10000;
}
```

产品达产年产值［I］填入“产品达产年产值计算表”。

（2）第二步，将“主营业务收入增长率（预测参数）”安排到每种产品，剩余生产能力多的多安排，计算每种产品生产负荷。

```
For T = 1 TO JSQ//JSQ 计算期
{
  For I = 1 TO N  //N 销售产品种类
  {
  If(T < = 2)
    {
     产品收入[I,T] = 产品经营状况表! 主营业务收入;
     收入合计[T] = 收入合计[T] + 产品收入[I,T];
     产品剩余产能[I,T] = 产品达产年产值[I] - 产品收入[I,T];
     剩余产能合计[T] = 剩余产能合计[T] + 剩余产能[I,T];
     产品生产负荷[I,T] = 产品收入[I,T]/产品达产年产值[I] * 100;
    }
  Else
    {
     本年增长合计[T] = 收入合计[T - 1] × 主营业务收入预测参数! 主营业务
                  收入增长率(预测参数)/100;
     收入合计[T] = 收入合计[T - 1] × (1 + 主营业务收入预测参数! 主营业务
                收入增长率(预测参数)/100);
     本年增长[I,T] = if(剩余产能合计[T - 1] > 0, if(本年增长合计[T] × 产品
                 剩余产能[I,T - 1]/剩余产能合计[T - 1] + 产品收入[I,T
                 - 1] < 产品达产年产值[I], 本年增长合计[T] × 产品剩余
                 产能[I,T - 1]/剩余产能合计[T - 1], 产品达产年产值[I]
                 - 产品收入[I,T - 1]),0);
     产品收入[I,T] = 产品收入[I,T - 1] + 本年增长[I,T];
     本年增幅[I,T] = 本年增长[I,T]/产品收入[I,T - 1];
     产品生产负荷[I,T] = Min(产品生产负荷[I,T - 1] × (1 + 本年增幅[I]),
                  0);
     产品剩余产能[I,T] = 产品达产年产值[I] - 产品收入[I,T];
     剩余产能合计[T] = 剩余产能合计[T] + 剩余产能[I,T];
    }
  }
}
```

计算的产品生产负荷［I，T］保存到表3.11每种产品生产负荷表。

(3) 第三步，计算成本核算成本的负荷。

利用“成本统计范围界定表”中的对应关系和参数，将每种产品的生产负荷转换为成本计算负荷。这是一个通用算法，其中一个特例是，当销售产品与核算成本的产品种类相同时，则销售产品与核算成本的产品是一一对应的，核算成本的负荷即等于生产负荷。

```
核算成本的产品达产年产值［I］ =0;
For T =1 TO JSQ   //JSQ 计算期
{
  For I =1 TO N1   // N1 核算成本的产品种类
  {
  核算成本的产品收入[I,T] =0;
  For J =1 TO N2   // N2 销售或生产的产品种类
    {
      If(纳入成本核算[I,J] =√)
      {
        If(T =1)
        {
          核算成本的产品达产年产值[I] =核算成本的产品达产年产值[I] +产品达产年产值[J];
        }
      核算成本的产品收入[I,T] =核算成本的产品收入[I,T] +产品收入[J,T];
      }
    }
    核算成本的负荷[I,T] =核算成本的产品收入[I,T]/核算成本的产品达产年产值[I] *100;
  }
}
```

六、工业类案例

1. 数据来源

本例数据取自第二章第七节某工业类企业案例数据中利润表、产品经营状况表，见表3.12、表3.13。

利润表

表3.12 单位：万元

序号	项目名称	200812	200912	201012	201010	201110
一	**主营业务**	**6024.15**	**3638.48**	**6254.71**	**5365.20**	**7986.64**
	减：折扣与折让					
二	**主营业务收入净额**	**6024.15**	**3638.48**	**6254.71**	**5365.20**	**7986.64**
	减：主营业务成本	3418.60	2093.77	3143.99	2741.78	3820.28
	主营业务税金及附加	62.99	51.23	98.11	85.39	142.75
三	**主营业务利润［毛利润］**	**2542.56**	**1493.48**	**3012.61**	**2538.03**	**4023.61**
	加：其他业务利润					
	减：存货跌价准备					
	营业费用［销售费用］	148.35	54.36	51.62	42.38	56.55
	管理费用	2362.12	1631.59	2595.90	2123.81	2761.84
	财务费用	-165.42	-26.84	-16.68	-8.47	-71.34
四	**主营利润**	**197.51**	**-165.63**	**381.77**	**380.31**	**1276.56**
	加：投资收益		272.39	282.58	240.42	211.30
	补贴收入					
	营业外收入	266.37	324.96	20.32	2.34	39.04
	减：营业外支出	94.02	2.20	3.71	3.70	8.10
	加：以前年度损益调整					
五	**利润总额**	**369.86**	**429.52**	**680.96**	**619.37**	**1518.80**
	减：所得税	103.44	110.57	170.83	154.84	379.70
	少数股东损益					
六	**净利润**	**266.42**	**318.95**	**510.13**	**464.53**	**1139.10**
七	**本年利息**					
	息税前利润	369.86	429.52	680.96	619.37	1518.80
	本年折旧	230.75	423.24	433.98	305.51	325.49
	本年摊销	109.11	127.56	152.35	99.09	102.88
	息税折旧摊销前利润	709.72	980.32	1267.29	1023.97	1947.17

产品经营状况表

表3.13

序号	项目名称	量级	单位	2009	2010
1	主营产品生产能力				
	铜铅锌银精矿金属量	1	吨	3327	3327
2	主营产品生产量				
	铜铅锌银精矿金属量	1	吨	1585.4	1840.5
3	主营产品销售量				
	铜铅锌银精矿金属量	1	吨	1585.4	1840.5
4	主营产品平均售价				
	铜铅锌银精矿金属量	1	元/吨	22950	33984
5	主营业务收入			3638.49	6254.76
	铜铅锌银精矿金属量	万	元	3638.49	6254.76

2. 营业收入增长率统计数据

用式（3-8）、式（3-9），取利润表数据，计算如下：

主营业务收入增长率[上二年]=if(利润表！主营业务收入净额[上三年]>0,(利润表！主营业务收入净额[上二年]/利润表！主营业务收入净额[上三年]-1)×100,0)=if(6024.15>0,(3638.48/6024.15-1)×100,0)=-39.60%

主营业务收入增长率[上一年]=if(利润表！主营业务收入净额[上二年]>0,(利润表！主营业务收入净额[上一年]/利润表！主营业务收入净额[上二年]-1)×100,0)=if(3638.48>0,(6254.71/3638.48-1)×100,0)=71.90%

用式（3-10）′计算本年同期增长率，计算如下：

主营业务收入增长率[本年同期]=(利润表！主营业务收入净额[本期]/利润表！主营业务收入净额[上年同期]-1)×100=(7986.64/5365.20-1)×100=48.86%

用式（3-11-1），取利润表数据，计算如下：

生产能力利用率[上一年]=产品经营状况表！主营业务收入[合计]/$\sum$（产品经营状况表！主营产品生产能力×产品经营状况表！主营产品平均售价×产品经营状况表！主营产品生产能力量级×产品经营状况表！主营产品平均售价量级/10000）×100=6254.76/$\sum$（3327×33984×1×1/10000）×100=55.32

用式（3-11），取利润表数据，计算如下：

本年增长幅度限额=(100-生产能力平均利用率[上一年])/生产能力平均利用率[上一年]×100=(100-55.32)/55.32×100=80.77

计算结果汇总于表3.14。

3. 确定营业收入增长率预测参数

确定的本年营业收入增长率为48.86%，见表3.14。

确定预测参数的理由：首先，本年最近月份为10月，本年12个月已经过去了10个月，用本年增长率预测全年增长率误差将不会很大；再则，本年的营业收入增长率为48.86%，低于上年全年的营业收入增长率71.90%，说明用本年前10个月的增长幅度预测全年是有可能实现的；第三，本年增长幅度限额80.77%，说明还有足够的增长潜力。

主营业务收入预测参数（工业类举例）

表3.14

序号	项目名称	单位	参数
1	主营业务收入增长率［上二年］	%	-39.60
2	主营业务收入增长率［上一年］	%	71.90
2	主营业务收入增长率［本年同期］	%	48.86
3	本年增长幅度限额	%	80.77
4	主营业务收入增长率（预测参数）	%	48.86

4. 产品达产年产值

达产年产值用下式计算，结果见表3.15。

达产年产值 = 设计能力 × 数量量级 × 销售价格 × 售价单位/10000

= 3327 × 1 × 33984 × 1/10000 = 11306.48

数据取自“经营状况统计表”，内容与格式如下：

产品达产年产值计算表

表3.15　　单位：万元

序号	产品名称	设计能力	数量量级	产品单位	销售价格	售价单位	达产年产值
1	铜铅锌银精矿金属量	3327	1	吨	33984	元	11306.48
	合计						11306.48

5. 推算生产负荷

因为本例以一种产品出现，按单一品种推算方法。

达产年产值合计取表3.15中合计数11306.48万元。

生产负荷[上二年] = 产品经营状况表！主营业务收入合计[合计][上二年]/达产年产值合计 × 100 = 3638.49/11306.48 × 100 = 32.18

生产负荷[上一年]=产品经营状况表！主营业务收入合计[合计][上一年]/达产年产值合计×100=6254.76/11306.48×100=55.32

生产负荷(本年)=Min(产品经营状况表！主营业务收入合计[合计][上一年]×(1+主营业务收入增长率(预测参数)/100)/达产年产值合计×100,100)=Min(6254.76×(1+48.86/100)/11306.48×100,100)=Min(82.35,100)=82.35

式中100为评价人员为该企业生产负荷设定的最高限额。

从第2年至T=计算期末,用计算机模型可以表达如下：

第2年

主营业务收入[1]=产品经营状况表！主营业务收入合计[合计][上一年]×(1+主营业务收入增长率(预测参数)/100)=6254.76×(1+48.86/100)=9310.84

主营业务收入[2]=主营业务收入[1]×(1+主营业务收入增长率(预测参数)/100)=9310.84×(1+48.86/100)=13860.11

生产负荷[2]=Min(主营业务收入[2]/达产年产值合计×100,100)=Min(13860.11/11306.48×100,100)=Min(122.58,100)=100

第3年及以后

因为上一年生产负荷已经达到100，故以后还是100。

计算结果计入表3.16。

每种产品生产负荷表（工业类举例）

表3.16　　　　单位：%

序号	项目名称	上二年	上一年	第1年（本年）	第2年	第3年	第4年	第5年
		2009	2010	2011	2012	2013	2014	2015
1	银铜铅锌精矿金属量	32.18	55.32	82.35	100.00	100.00	100.00	100.00

七、收益分配参数

收益分配参数是指利润表中与收入增长率不具有联动关系的一些参数，如补贴收入、营业外收支净额、其他业务收入等。一般不会随生产负荷变化而变化，通常可取过去三年的平均值为预测参数，也可以取“上一年”的统计数据为预测参数。

上二年、上一年的统计数据如下：

补贴收入=利润表！补贴收入；

营业外收支净额=利润表！营业外收入-利润表！营业外支出+利润表！以前年度损益调整-利润表！存货跌价准备；

其他业务收入=利润表！其他业务利润+利润表！投资收益；

从第1年开始，预测数据如下：

补贴收入=补贴收入［上年］；

营业外收支净额=营业外收支净额［上年］；

其他业务收入=其他业务收入［上年］；

所得税税率从第1年开始，一般取“基本参数”中的所得税税率为每年的税率，特殊情况可以调整，如有的企业暂时享受税收优惠，优惠期过后按正常税率。

各投资方利润分配一般可以设其为0，即将利润全部留在企业不考虑向股东分配。盈余公积金，国家规定比例10%，累计提取额达到资本金50%停止提取。

工业类举例按上述方法确定的收益分配参数见表3.17。

收益分配参数（工业类举例）

表3.17

序号	项目名称	单位	上二年	上一年	第1年	第2年	第3年	第4年	第5年
			2009	2010	2011	2012	2013	2014	2015
1	所得税税率	%	25.74	25.09	25.00	25.00	25.00	25.00	25.00
2	补贴收入	万元							
3	各投资方利润分配	万元							
4	盈余公积金比例	%	10.00	10.00	10.00	10.00	10.00	10.00	10.00
5	营业外收支净额	万元	322.76	16.61	16.61	16.61	16.61	16.61	16.61
6	其他业务收入	万元	272.39	282.58	282.58	282.58	282.58	282.58	282.58

第六节　企业债务结构分析

财务报表分析主要对企业现有资产负债表进行分析，一是揭示资产负债表栏目异常情况，二是债务结构分析。本节提供了一种债务结构分析方法，可详细分析企业债务结构，为财务评价和债务结构优化提供科学依据。

一、数据来源

企业债务结构分析的数据来源：“基本参数”中“最低现金比率”，见表3.1；资产负债表，取第二章第七节某工业类企业案例数据，见表3.18。

资产负债表（工业类举例）

表 3.18　　单位：万元

序号	项目名称	上三年	上二年	上一年	上年同期	本年
		200812	200912	201012	201010	201110
1	**资产**	**13553.45**	**15301.96**	**17951.37**	**17631.00**	**18375.00**
1.1	流动资产总额	6735.69	3048.86	5826.82	3776.00	5791.00
1.1.1	货币资金	1807.79	1453.71	2094.99	2260.00	2222.00
1.1.2	短期投资					
1.1.3	应收票据	25.50				
1.1.4	应收股利					
1.1.5	应收利息		252.00	252.00	252.00	252.00
1.1.6	应收账款	498.98	42.95	13.37	23.00	435.00
1.1.7	减坏账准备					
1.1.8	应收账款净额	498.98	42.95	13.37	23.00	435.00
1.1.9	预付账款	460.94	36.01	171.19	155.00	316.00
1.1.10	应收补贴款					
1.1.11	其他应收款	3206.37	314.75	2368.54	299.00	1554.00
1.1.12	存货	736.11	949.44	926.73	787.00	1012.00
1.1.13	待摊费用					
1.1.14	待处理流动资产净损失					
1.1.15	一年到期的长期债权投资					
1.1.16	其他流动资产					
1.2	长期投资	910.69	6077.67	6434.64	6663.00	7354.00
1.2.1	长期股权投资					
1.2.2	长期债权投资	910.69	6077.67	6434.64	6663.00	7354.00
1.3	固定资产					
1.3.1	固定资产原值	5460.98	5181.00	5407.88	6910.00	5101.00
1.3.2	减：累计折旧					
1.3.3	固定资产净值	5460.98	5181.00	5407.88	6910.00	5101.00
1.3.4	减：固定资产减值准备					
1.3.5	固定资产净额	5460.98	5181.00	5407.88	6910.00	5101.00
1.3.6	工程物资					
1.3.7	在建工程	18.10	570.04	10.00	10.00	10.00
1.3.8	固定资产清理					
1.3.9	固定资产合计	5479.08	5751.04	5417.88	6920.00	5111.00

续表

序号	项目名称	上三年	上二年	上一年	上年同期	本年
		200812	200912	201012	201010	201110
1.4	无形资产及其他资产	427.99	424.39	272.03	272.00	120.00
1.4.1	无形资产	1.93	125.17	99.66	100.00	74.00
1.4.2	长期待摊费用	426.06	299.22	172.37	172.00	45.00
1.4.3	其他长期资产					
1.5	递延税款					
1.5.1	递延税款借项					
2	**负债及所有者权益**	**13553.46**	**15301.96**	**17951.39**	**17631.00**	**18375.00**
2.1	流动负债总额	5463.35	4525.90	6308.24	6390.00	5250.00
2.1.1	短期借款			2000.00	2000.00	2000.00
2.1.2	应付票据					
2.1.3	应付账款	153.96	77.69	88.84	94.00	107.00
2.1.4	预收账款	76.57	443.66	42.45	69.00	57.00
2.1.5	其他应付账款	3619.66	3195.82	3294.01	3348.00	2179.00
2.1.6	应付工资	1685.89	726.97	803.99	799.00	812.00
2.1.7	应付福利费					
2.1.8	应付股利					
2.1.9	应缴税金	-72.73	81.76	78.95	81.00	95.00
2.1.10	一年到期的长期负债					
2.1.11	其他					
2.2	长期负债					
2.2.1	长期借款					
2.2.2	应付债券					
2.2.3	长期应付款					
2.2.4	住房周转金					
2.2.5	其他长期负债					
2.3	递延税款贷项	116.88	708.63	797.87	709.00	1155.00
2.4	负债总额	5580.23	5234.53	7106.11	7099.00	6405.00
2.5	所有者权益	7973.23	10067.43	10845.28	10532.00	11970.00
2.5.1	实收资本［股本］	1475.46	1475.46	1475.46	1475.00	1475.00
2.5.2	资本公积	4369.92	6145.15	6412.88	6145.00	6413.00
2.5.3	盈余公积	1815.30	1847.20	1898.21	1847.00	1898.00
2.5.4	任意公积金					
2.5.5	未分配利润	312.55	599.62	1058.73	1064.00	2183.00

二、原理

企业债务结构分析的结果，可以用来判断企业是否存在可能导致资金链断裂的因素，即“短债长用”问题；其次，可以判断企业是否存在抽走资本的情况；第三，可以判断企业是否存在往来账款占用短期借款。

债务结构分析方法，将资产视同资金占用，或称之为“资金需求”或“资金运用”，将负债及所有者权益视同“资金来源”。资产负债表是一张“资金来源”与“资金运用”的资金平衡表，可将“债务结构分析表”看作是一张最合理的“资金来源”与“资金运用”匹配表，每项“资金需求”采用最合理的“资金来源”进行匹配，匹配的结果看是否存在“不合理”的搭配，如果存在而且是不可避免的，则说明存在的问题是无可辩驳的。

将“资金需求”或“资金占用”细分为固定投资、流动资金、其他应收收益、其他应收款、其他流动资产、盈余资金。将“资金来源”细分为短期借款、其他应付账款、其他流动负债、长期负债、所有者权益等5项。按照图3.2的顺序，进行平衡分析，得到的分析结果见表3.19。

平衡分析的基本原理是“资金需求”与“资金来源”比较，取最小值。每项“资金需求”和每项“资金来源”，每平衡一次，“资金需求”和“资金来源”都在减少，剩余的“资金需求”和“资金来源”是下次平衡的基础。

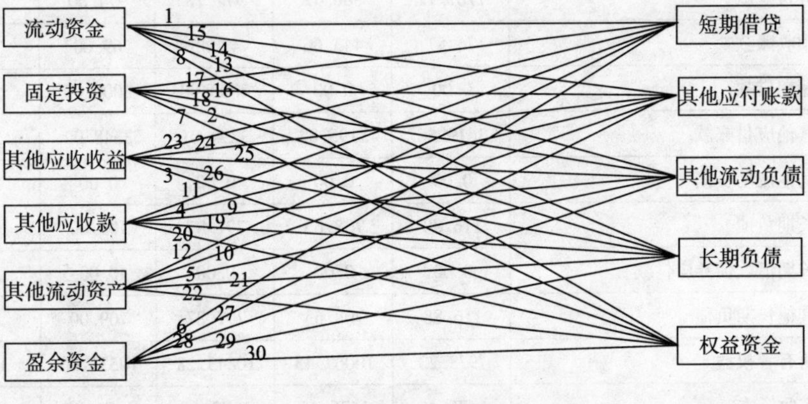

图3.2　债务结构分析顺序和关系图

债务结构分析表（工业类举例）

表 3. 19 单位：万元

序号	项目	上三年	上二年	上一年	上年同期	本年最近月份
		2008	2009	2010	201010	201110
1	**资产**	**13553. 45**	**15301. 96**	**17951. 37**	**17631. 00**	**18375. 00**
1. 1	流动资产	6735. 69	3048. 86	5826. 82	3776. 00	5791. 00
1. 1. 1	货币资金	1807. 79	1453. 71	2094. 99	2260. 00	2222. 00
1. 1. 1. 1	周转现金	737. 80	440. 74	476. 27	413. 57	755. 57
1. 1. 1. 2	盈余资金	1069. 99	1012. 97	1618. 72	1846. 43	1466. 43
1. 1. 2	应收账款	524. 48	42. 95	13. 37	23. 00	435. 00
1. 1. 3	预付账款	460. 94	36. 01	171. 19	155. 00	316. 00
1. 1. 4	存货	736. 11	949. 44	926. 73	787. 00	1012. 00
1. 1. 5	应收其他收益	0. 00	252. 00	252. 00	252. 00	252. 00
1. 1. 6	其他应收款	3206. 37	314. 75	2368. 54	299. 00	1554. 00
1. 1. 7	其他流动资产	0. 00	0. 00	0. 00	0. 00	0. 00
1. 2	固定资产	5479. 08	5751. 04	5417. 88	6920. 00	5111. 00
1. 3	无形资产及其他资产	427. 99	424. 39	272. 03	272. 00	119. 00
1. 4	其他长期资产	910. 69	6077. 67	6434. 64	6663. 00	7354. 00
2	**负债及所有者权益**	**13553. 46**	**15301. 96**	**17951. 39**	**17631. 00**	**18374. 00**
2. 1	流动负债总额	5463. 35	4525. 90	6308. 24	6391. 00	5250. 00
2. 1. 1	应付账款	1767. 12	886. 42	971. 78	974. 00	1014. 00
2. 1. 2	预收账款	76. 57	443. 66	42. 45	69. 00	57. 00
2. 1. 3	短期借款	0. 00	0. 00	2000. 00	2000. 00	2000. 00
2. 1. 4	其他应付账款	3619. 66	3195. 82	3294. 01	3348. 00	2179. 00
2. 1. 5	其他流动负债	0. 00	0. 00	0. 00	0. 00	0. 00
2. 2	长期负债	116. 88	708. 63	797. 87	709. 00	1155. 00
2. 2. 1	长期借款债券应付款	0. 00	0. 00	0. 00	0. 00	0. 00
2. 2. 2	其他长期负债	116. 88	708. 63	797. 87	709. 00	1155. 00
2. 3	所有者权益	7973. 23	10067. 43	10845. 28	10531. 00	11969. 00
2. 3. 1	实收资本	1475. 46	1475. 46	1475. 46	1475. 00	1475. 00
2. 3. 2	资本公积	4369. 92	6145. 15	6412. 88	6145. 00	6413. 00
2. 3. 3	盈余公积	1815. 30	1847. 20	1898. 21	1847. 00	1898. 00
2. 3. 4	未分配利润	312. 55	599. 62	1058. 73	1064. 00	2183. 00
3	**总投资**	**7433. 40**	**12392. 16**	**12697. 88**	**14190. 57**	**14031. 57**
3. 1	固定投资	6817. 76	12253. 10	12124. 55	13855. 00	12584. 00

续表

序号	项目	上三年	上二年	上一年	上年同期	本年最近月份
		2008	2009	2010	201010	201110
3.2	流动资金	615.64	139.06	573.33	335.57	1447.57
4	**总投资筹措**	**7433.40**	**12392.16**	**12697.88**	**14190.57**	**14031.57**
4.1	固定投资筹措	6817.76	12253.10	12124.55	13855.00	12584.00
4.1.1	长期负债用于固定投资	116.88	708.63	797.87	709.00	1155.00
4.1.2	权益资金用于固定投资	6700.88	9815.43	10593.28	10279.00	11429.00
4.1.3	其他应付账款用于固定投资	0.00	1729.04	733.40	2867.00	0.00
4.1.4	短期借款用作固定投资	0.00	0.00	0.00	0.00	0.00
4.1.5	其他流动负债用于固定投资	0.00	0.00	0.00	0.00	0.00
4.2	流动资金筹措	615.64	139.06	573.33	335.57	1447.57
4.2.1	流动资金短期借款	0.00	0.00	573.33	335.57	1447.57
4.2.2	自有流动资金	615.64	0.00	0.00	0.00	0.00
4.2.3	中长期流动资金借款	0.00	0.00	0.00	0.00	0.00
4.2.4	其他流动负债用于流动资金	0.00	0.00	0.00	0.00	0.00
4.2.5	其他应付账款用于流动资金	0.00	139.06	0.00	0.00	0.00
5	**其他应收收益来源**	**0.00**	**252.00**	**252.00**	**252.00**	**252.00**
5.1	其他应收收益占用权益资金	0.00	252.00	252.00	252.00	252.00
5.2	其他应收收益占用短期借款	0.00	0.00	0.00	0.00	0.00
5.3	其他应收收益占用其他应付账款	0.00	0.00	0.00	0.00	0.00
5.4	其他应收收益占用其他流动负债	0.00	0.00	0.00	0.00	0.00
5.5	其他应收收益占用长期负债	0.00	0.00	0.00	0.00	0.00
6	**其他应收款来源**	**3206.37**	**314.75**	**2368.54**	**299.00**	**1554.00**
6.1	其他应收款占用其他应付账款	3206.37	314.75	2368.54	299.00	1554.00
6.2	其他应收款占用其他流动负债	0.00	0.00	0.00	0.00	0.00
6.3	其他应收款占用短期借款	0.00	0.00	0.00	0.00	0.00
6.4	其他应收款占用长期负债	0.00	0.00	0.00	0.00	0.00
6.5	其他应收款占用权益资金	0.00	0.00	0.00	0.00	0.00
7	**其他流动资产来源**	**0.00**	**0.00**	**0.00**	**0.00**	**0.00**
7.1	其他流动资产占用其他流动负债	0.00	0.00	0.00	0.00	0.00
7.2	其他流动资产占用其他应付账款	0.00	0.00	0.00	0.00	0.00
7.3	其他流动资产占用短期借款	0.00	0.00	0.00	0.00	0.00
7.4	其他流动资产占用长期负债	0.00	0.00	0.00	0.00	0.00
7.5	其他流动资产占用权益资金	0.00	0.00	0.00	0.00	0.00

续表

序号	项目	上三年	上二年	上一年	上年同期	本年最近月份
		2008	2009	2010	201010	201110
8	**盈余资金来源**	**1069.99**	**1012.97**	**1618.72**	**1846.43**	**1465.43**
8.1	盈余资金来源于短期借款	0.00	0.00	1426.67	1664.43	552.43
8.2	盈余资金来源于其他应付账款	413.29	1012.97	192.05	182.00	625.00
8.3	盈余资金来源于其他流动负债	0.00	0.00	0.00	0.00	0.00
8.4	盈余资金来源于长期负债	0.00	0.00	0.00	0.00	0.00
8.4	盈余资金来源于权益资金	656.70	0.00	0.00	0.00	288.00

三、计算公式

计算期5列数据，即上三年、上二年、上一年、上年同期、本年最近月份。上一年是承上启下的年份，最为重要。计算公式如下：

资产＝资产负债表！资产；

流动资产＝资产负债表！流动资产；

货币资金＝资产负债表！货币资金；

周转现金＝Min(货币资金,(应收账款＋预付账款＋存货)×行业参数！最低现金比率/(1－行业参数！最低现金比率))；

盈余资金＝货币资金－周转现金；

应收账款＝资产负债表！应收账款＋资产负债表！应收票据；

预付账款＝资产负债表！预付账款；

存货＝资产负债表！存货＋资产负债表！待摊费用；

应收其他收益＝资产负债表！应收股利＋资产负债表！应收利息＋资产负债表！应收补贴款＋资产负债表！短期投资；

其他应收款＝资产负债表！其他应收款；

其他流动资产＝流动资产－货币资金－应收账款－预付账款－存货－应收其他收益－其他应收款；

固定资产＝资产负债表！固定资产合计；

无形资产及其他资产＝资产负债表！无形资产及其他资产；

其他长期资产＝资产负债表！递延税款借项＋资产负债表！长期投资；

负债及所有者权益＝资产负债表！负债及所有者权益；

流动负债总额＝资产负债表！流动负债总额；

应付账款 = 资产负债表！应付账款 + 资产负债表！应付票据 + 资产负债表！应付工资 + 资产负债表！应付福利费 + 资产负债表！应缴税金；

预收账款 = 资产负债表！预收账款；

短期借款 = 资产负债表！短期借款；

其他应付账款 = 资产负债表！其他应付账款；

其他流动负债 = 流动负债总额 - 应付账款 - 预收账款 - 短期借款 - 其他应付账款；

长期负债 = 资产负债表！长期负债 + 资产负债表！递延税款贷项；

长期借款债券应付款 = 资产负债表！长期借款 + 资产负债表！长期债券 + 资产负债表！长期应付款；

其他长期负债 = 资产负债表！住房周转金 + 资产负债表！其他长期负债 + 资产负债表！递延税款贷项；

所有者权益 = 资产负债表！所有者权益；

实收资本 = 资产负债表！实收资本；

资本公积 = 资产负债表！资本公积；

盈余公积 = 资产负债表！盈余公积 + 资产负债表！任意公积金；

未分配利润 = 资产负债表！未分配利润；

总投资 = 固定投资 + 流动资金；

固定投资 = 固定资产 + 无形资产及其他资产 + 其他长期资产；

流动资金 = 周转现金 + 应收账款 + 预付账款 + 存货 - 应付账款 - 预收账款；

总投资筹措 = 固定投资筹措 + 流动资金筹措；

固定投资筹措 = 长期负债用于固定投资 + 权益资金用于固定投资 + 其他应付账款用于固定投资 + 短期借款用作固定投资 + 其他流动负债用于固定投资；

长期负债用于固定投资 = Min（固定投资，长期负债）；

权益资金用于固定投资 = Min（固定投资 - 长期负债用于固定投资，所有者权益 - 其他应收收益占用权益资金）；

其他应付账款用于固定投资 = Min（固定投资 - 长期负债用于固定投资 - 权益资金用于固定投资，其他应付账款 - 其他应收款占用其他应付账款 - 其他流动资产占用其他应付账款 - 其他应付账款用于流动资金）；

短期借款用作固定投资 = Min（固定投资 - 长期负债用于固定投资 - 权益资金用于固定投资 - 其他应付账款用于固定投资，短期借款 - 流动资金短期借款 - 盈余资金来源于短期借款 - 其他应收款占用短期借款 - 其他流动资产占用短期借款）；

其他流动负债用于固定投资 = Min（固定投资 - 长期负债用于固定投资 - 权益资金

用于固定投资－其他应付账款用于固定投资－短期借款用作固定投资，其他流动负债－其他流动负债用于流动资金－其他应收款占用其他流动负债－其他流动资产占用其他流动负债）；

流动资金筹措＝流动资金短期借款＋自有流动资金＋中长期流动资金借款＋其他流动负债用于流动资金＋其他应付账款用于流动资金；

流动资金短期借款＝Min（流动资金，短期借款）；

自有流动资金＝Min（流动资金－流动资金短期借款，所有者权益－其他应收收益占用权益资金－权益资金用于固定投资）；

中长期流动资金借款＝Min（流动资金－流动资金短期借款－自有流动资金，长期负债－长期负债用于固定投资）；

其他流动负债用于流动资金＝Min（流动资金－资金短期借款－自有流动资金－中长期流动资金借款，其他流动负债－其他应收款占用其他流动负债－其他流动资产占用其他流动负债）；

其他应付账款用于流动资金＝Min（流动资金－资金短期借款－自有流动资金－中长期流动资金借款－其他流动负债用于流动资金，其他应付账款－其他应收款占用其他应付账款－其他流动资产占用其他应付账款）；

其他应收收益来源＝其他应收收益占用权益资金＋其他应收收益占用短期借款＋其他应收收益占用其他应付账款＋其他应收收益占用其他流动负债＋其他应收收益占用长期负债；

其他应收收益占用权益资金＝Min（应收其他收益，所有者权益）；

其他应收收益占用短期借款＝Min（应收其他收益－其他应收收益占用权益资金，短期借款－流动资金短期借款－短期借款用作固定投资－其他应收款占用短期借款－其他流动资产占用短期借款－盈余资金来源于短期借款）；

其他应收收益占用其他应付账款＝Min（应收其他收益－其他应收收益占用权益资金－其他应收收益占用短期借款，其他应付账款－其他应付账款用于固定投资－其他应付账款用于流动资金－其他应收款占用其他应付账款－其他流动资产占用其他应付账款）；

其他应收收益占用其他流动负债＝Min（应收其他收益－其他应收收益占用权益资金－其他应收收益占用短期借款－其他应收收益占用其他应付账款，其他流动负债－其他流动负债用于固定投资－其他流动负债用于流动资金－其他应收款占用其他流动负债－其他流动资产占用其他流动负债）；

其他应收收益占用长期负债＝Min（应收其他收益－其他应收收益占用权益资金－

其他应收收益占用短期借款－其他应收收益占用其他应付账款－其他应收收益占用其他流动负债，长期负债－长期负债用于固定投资－中长期流动资金借款－其他应收款占用长期负债－其他流动资产占用长期负债)；

其他应收款来源＝其他应收款占用其他应付账款＋其他应收款占用其他流动负债＋其他应收款占用短期借款＋其他应收款占用长期负债＋其他应收款占用权益资金；

其他应收款占用其他应付账款＝Min（其他应收款，其他应付账款)；

其他应收款占用其他流动负债＝Min（其他应收款－其他应收款占用其他应付账款，其他流动负债－其他流动资产占用其他流动负债)；

其他应收款占用短期借款＝Min（其他应收款－其他应收款占用其他应付账款－其他应收款占用其他流动负债，短期借款－流动资金短期借款－盈余资金来源于短期借款)；

其他应收款占用长期负债＝Min（其他应收款－其他应收款占用其他应付账款－其他应收款占用其他流动负债－其他应收款占用短期借款，长期负债－长期负债用于固定投资－中长期流动资金借款)；

其他应收款占用权益资金＝Min（其他应收款－其他应收款占用其他应付账款－其他应收款占用其他流动负债－其他应收款占用短期借款－其他应收款占用长期负债，所有者权益－自有流动资金－权益资金用于固定投资－其他应收收益占用权益资金)；

其他流动资产来源＝其他流动资产占用其他流动负债＋其他流动资产占用其他应付账款＋其他流动资产占用短期借款＋其他流动资产占用长期负债＋其他流动资产占用权益资金；

其他流动资产占用其他流动负债＝Min（其他流动资产，其他流动负债)；

其他流动资产占用其他应付账款＝Min（其他流动资产－其他流动资产占用其他流动负债，其他应付账款－其他应收款占用其他应付账款)；

其他流动资产占用短期借款＝Min（其他流动资产－其他流动资产占用其他流动负债－其他流动资产占用其他应付账款，短期借款－流动资金短期借款－盈余资金来源于短期借款－其他应收款占用短期借款)；

其他流动资产占用长期负债＝Min（其他流动资产－其他流动资产占用其他流动负债－其他流动资产占用其他应付账款－其他流动资产占用短期借款，长期负债－长期负债用于固定投资－中长期流动资金借款－其他应收款占用长期负债)；

其他流动资产占用权益资金＝Min（其他流动资产－其他流动资产占用其他流动负债－其他流动资产占用其他应付账款－其他流动资产占用短期借款－其他流动资产占用长期负债，所有者权益－权益资金用于固定投资－自有流动资金－其他应收收益占用权益资金－其他应收款占用权益资金）；

盈余资金来源＝盈余资金来源于短期借款＋盈余资金来源于其他应付账款＋盈余资金来源于其他流动负债＋盈余资金来源于长期负债＋盈余资金来源于权益资金；

盈余资金来源于短期借款＝Min（盈余资金，短期借款－流动资金短期借款）；

盈余资金来源于其他应付账款＝Min（盈余资金－盈余资金来源于短期借款，其他应付账款－其他应付账款用于固定投资－其他应付账款用于流动资金－其他应收收益占用其他应付账款－其他应收款占用其他应付账款－其他流动资产占用其他应付账款）；

盈余资金来源于其他流动负债＝Min（盈余资金－盈余资金来源于短期借款－盈余资金来源于其他应付账款，其他流动负债－其他流动负债用于固定投资－其他流动负债用于流动资金－其他应收收益占用其他流动负债－其他应收款占用其他流动负债－其他流动资产占用其他流动负债）；

盈余资金来源于长期负债＝Min（盈余资金－盈余资金来源于短期借款－盈余资金来源于其他应付账款－盈余资金来源于其他流动负债，长期负债－长期负债用于固定投资－中长期流动资金借款－其他应收收益占用长期负债－其他应收款占用长期负债－其他流动资产占用长期负债）；

盈余资金来源于权益资金＝Min（盈余资金－盈余资金来源于短期借款－盈余资金来源于其他应付账款－盈余资金来源于其他流动负债－盈余资金来源于长期负债，所有者权益－权益资金用于固定投资－自有流动资金－其他应收收益占用权益资金－其他应收款占用权益资金－其他流动资产占用权益资金）

四、债务结构合理性判断

判断债务结构是否合理的标准是企业是否存在“短债长用”问题，因为“短债长用”是企业经营的一个重大不确定因素，即长期占用的资金来源于短期负债，这些短期负债需要通过“借新还旧”才能偿还，而“借新还旧”是政策不支持的，一旦资金链断了，企业将出现债务危机，而断绝其资金来源不是偶然的。

一般来说，只要“短期借款用作固定投资”、“其他应付账款用于固定投资”、“其他流动负债用于固定投资”的其中一项大于0，则可以怀疑存在“短债长用”。若“其他应付账款用于固定投资”或“其他流动负债用于固定投资”大于0，可能存在“应付工程款”；若“短期借款用作固定投资”大于0，则可能存在短期借款用于购置固定资产。

如本例，对企业近三年和本年最近月份的债务结构进行了分析，其他应付账款用于固定投资分别为 0、1729.04 万元、733.40 万元、2867 万元，看起来近两年存在“短债长用”问题，根据第二章第十节工业类案例财务报表审核验证，其他应付账款 2008 年 3619.66 万元，2009 年 3195.82 万元，2010 年 3294.01 万元，2011 年 10 月 2179 万元，为企业计提的环境治理费。用于建设投资是正常用途，不属于拖欠工程款。

近三年“短期借款用作固定投资”、“其他流动负债用于固定投资”均为 0，也不存在“短债长用”问题。

上述分析表明，企业不存在“短债长用”问题。

第七节 财务报表审核结论及说明

财务报表审核及说明见表 3.20。表中“结论”有“正常”与“异常”之分，给出“异常”结论的科目，会提示评价人员查实，并在“说明”栏中具体说明。具体要求如下：

1. 财务数据异常变动分析：本年最近月份与年初比较变动幅度大的主要栏目。本年最近月份与年初比较，当货币资金增减幅度超过 20%、应收账款增减幅度超过 20%、存货增减幅度超过 20%，实收资本有变化或资本公积有变化时，需要说明变化主因。

2. 财务数据占比异常分析：年初（上年末）占比异常的非主要栏目。当上年末其他应收款占流动资产比例达到 10%、待摊费用占流动资产比例达到 10%、长期待摊费用占非流动资产比例达到 10%、无形资产占非流动资产比例达到 20%、在建工程连续两年占固定资产比例达到 40% 的栏目，认为占比异常，需要企业说明具体内容与构成。

3. 其他应付账款分析、其他流动负债分析：占流动负债 10% 以上时，要求按“应付工程款”、“股东借款”、“企业提留”、“其他”等需说明其构成。“应付工程款”是本年必须处理的“短债长用”债务，其余只需作技术处理或不处理。

4. 可以调整的栏目：若“一年到期的长期负债”大于 0，提醒其修改资产负债表。

5. “短债长用”释疑：债务结构分析结果若“短期借款用作固定投资”大于 0 则说明“短债长用”，本年需处理；若“其他应付账款用于固定投资”、“其他流动负债用于固定投资”大于 0，且“其他应付账款”、“其他流动负债”中存在应付工程款，则属于“短债长用”风险隐患。

6. 其他短期借款处置方法：若“其他应收款占用短期借款”大于 0，需说明“其他应收款”能否变现用于还短期借款；若“其他流动资产占用短期借款”大于 0，需说明“其他流动资产”能否变现用于还短期借款；若“其他应收收益占用短期借款”大于 0，需说明“其他应收收益”能否变现用于还短期借款。填写数额，为财务分析计算确定处置方法。

7. 往来账款处置方法：若“其他应收款占用其他应付账款”大于或“其他应收款占用其他流动负债”大于0，疑存在往来账款，请企业说明拟采用的处置方法；若“其他应收款占用权益资金”大于0，疑存在转出资本金现象，若确认则要求企业充实资本金，若不是则请企业说明实际情况。

工业类与商业及其他类分析方法相同。工业类案例财务报表分析及说明详见表3.21。

本例疑点不多，以下几点作了说明：

主营业务收入增长幅度［同期］48.86%，增幅较大，说明原因：市场明显回暖，售价也提高，收入增长与行业形势吻合。

应收账款增幅度3153.55%，审查结论：本年最近月份的应收账款与年初比较，变化幅度较大，要求说明原因。企业说明的主要原因是：因市场回暖，应收账款434.7万元，增幅虽大但数额不高。

其他应收款占流动资产比例40.65%，审查结论：上年末其他应收款占流动资产比例10%以上，要求说明构成。企业审计报告的说明是：2010年末2368万元，为持股5%以上股东及关联方款项。

其他应付账款3294.01万元，占流动负债比例52.22%，审查结论：上年末其他应付账款占流动负债比例10%以上，需说明主要构成。审计报告说明：计提地质环境治理费2144万元，母公司款项1150万元。

其他应付账款用于固定投资733.40万元，审查质疑：存在其他应付账款用于固定投资的“短债长用”现象。说明：其他应付账款系环境治理费用正常用途，不构成债务结构风险。

其他应收款占用其他应付账款2368.54万元，审查结论：存在往来账款，要求企业拟说明采用的处置方法。说明：为环境治理提留及母公司款项，不需特别处理。

本例所有质疑均有合理解释，且不构成债务结构隐患，说明企业财务结构良好。

财务报表审核结论及说明表

表3.20

序号	指标名称	单位	指标	结论	说明	备注
1	主营业务收入增长幅度［同期］					
2	财务数据异常变动分析					
2.1	货币资金增减幅度	%				在“说明”栏说明原因释疑

续表

序号	指标名称	单位	指标	结论	说明	备注
2.2	应收账款增减幅度	%				在“说明”栏说明原因释疑
2.3	存货增减幅度	%				在“说明”栏说明原因释疑
2.4	实收资本增减	万元				在“说明”栏说明原因释疑
2.5	资本公积增减	万元				在“说明”栏说明原因释疑
3	财务数据占比异常分析					
3.1	其他应收款占流动资产比例	%				按“结论”要求，在“说明”栏说明构成
3.2	待摊费用占流动资产比例	%				按“结论”要求，在“说明”栏说明构成
3.3	长期待摊费用占非流动资产比例	%				按“结论”要求，在“说明”栏说明构成
3.4	无形资产占非流动资产比例	%				按“结论”要求，在“说明”栏说明构成
3.5	在建工程占固定资产比例	%				按“结论”要求，在“说明”栏说明构成
4	其他应付账款分析					
4.1	其他应付账款占流动负债比例	%				按“结论”要求，在“说明”栏说明构成
4.2	其他应付账款中应付工程款	万元				输入“指标”
4.3	其他应付账款中股东借款	万元				输入“指标”
4.4	其他应付账款中企业提留	万元				输入“指标”
4.5	其他应付账款中其他	万元				输入“指标”
5	其他流动负债分析					
5.1	其他流动负债占流动负债比例	%				按“结论”要求，在“说明”栏说明构成
5.2	其他流动负债中应付工程款	万元				在“指标”栏输入数据
5.3	其他流动负债中股东借款	万元				在“指标”栏输入数据
5.4	其他流动负债中企业提留	万元				在“指标”栏输入数据
5.5	其他流动负债中的其他	万元				在“指标”栏输入数据
6	可以调整的栏目					
6.1	一年到期的长期负债	万元				可修改财务报表
7	“短债长用”释疑					
7.1	短期借款用作固定投资	万元				关注结论，说明处置措施
7.2	其他应付账款用于固定投资	万元				关注结论，说明处置措施
7.3	其他流动负债用于固定投资	万元				关注结论，说明处置措施
8	其他短期借款处置方法					
8.1	其他应收款占用短期借款	万元				
8.1.1	能够变现还款的其他应收账款	万元				在“指标”栏输入数据
8.1.2	不能变现还款的其他应收账款	万元				在“指标”栏输入数据
8.2	其他流动资产占用短期借款	万元				

续表

序号	指标名称	单位	指标	结论	说明	备注
8.2.1	能够变现还款的其他流动资产	万元				在“指标”栏输入数据
8.2.2	不能变现还款的其他流动资产	万元				在“指标”栏输入数据
8.3	其他应收收益占用短期借款	万元				
8.3.1	能够变现还款的其他应收收益	万元				在“指标”栏输入数据
8.3.2	不能变现还款的其他应收收益	万元				在“指标”栏输入数据
9	往来账款处置方法					在“说明”栏回答“结论”中的疑问
9.1	其他应收款占用其他应付账款	万元				
9.2	其他应收款占用其他流动负债	万元				
9.3	其他应收款占用权益资金	万元				

财务报表审核结论及说明表（工业类举例）

表3.21

序号	项目名称	单位	指标	结论	说明
1	主营业务收入增长幅度[同期]	%	48.86		市场明显回暖，售价也提高，收入增长与行业形势吻合
2	财务数据异常变动分析				
2.1	货币资金增减幅度	%	6.06	本年最近月份的货币资金与年初比较，变化幅度不大	
2.2	应收账款增减幅度	%	3153.55	本年最近月份的应收账款与年初比较，变化幅度较大，主因是：	因市场回暖，应收账款434.7万元，增幅虽大数额不高
2.3	存货增减幅度	%	9.20	本年最近月份的存货与年初比较，变化幅度正常	
2.4	实收资本增减	万元	-0.03	本年最近月份的实收资本与年初比较没有变化	
2.5	资本公积增减	万元		本年最近月份的资本公积与年初比较没有变化	
3	财务数据占比异常分析				
3.1	其他应收款占流动资产比例	%	40.65	上年末其他应收款占流动资产比例10%以上，主要构成是：	2010年末2368万元，持股5%以上股东及关联方款项
3.2	待摊费用占流动资产比例	%		上年末待摊费用占流动资产比例小于10%，占比正常	

续表

序号	项目名称	单位	指标	结论	说明
3.3	长期待摊费用占非流动资产比例	%	1.42	上年末长期待摊费用占非流动资产比例小于10%，占比正常	
3.4	无形资产占非流动资产比例	%	0.82	上年末无形资产占非流动资产比例小于20%，占比正常	
3.5	在建工程占固定资产比例	%	5.48	近两年在建工程占固定资产比例小于40%，占比在合理范围	
4	其他应付账款分析	万元	3294.01		
4.1	其他应付账款占流动负债比例	%	52.22	上年末其他应付账款占流动负债比例10%以上，主要构成是：	计提地质环境治理费2144万元，母公司款项1150万元
4.2	其他应付账款中应付工程款	万元			
4.3	其他应付账款中股东借款	万元			
4.4	其他应付账款中企业提留	万元	2144		
4.5	其他应付账款中其他	万元	1150		
5	其他流动负债分析	万元			
5.1	其他流动负债占流动负债比例	%		占比为0，以下略	
6	可以调整的栏目				
6.1	一年到期的长期负债	万元			
7	“短债长用”释疑				
7.1	短期借款用作固定投资	万元			
7.2	其他应付账款用于固定投资	万元	733.40	存在其他应付账款用于固定投资的“短债长用”现象，但清偿顺序可以安排在银行贷款之后	环境治理费用正常用途，不构成债务结构风险
7.3	其他流动负债用于固定投资	万元			
8	其他短期借款处置方法			其他短期借款为0，以下细目略	
9	往来账款处置方法	万元	2368.54	存在往来账款，企业拟采用的处置方法是：	为环境治理提留及母公司款项，不需特别处理

续表

序号	项目名称	单位	指标	结论	说明
9.1	其他应收款占用其他应付账款	万元	2368.54		
9.2	其他应收款占用其他流动负债	万元			
9.3	其他应收款占用权益资金	万元			

第八节 商业及其他企业参数确定方法

一、基本参数

商业类企业与工业类企业确定参数的方法相同。可以通过调整“基本参数”，优化融资及还款方案，如调整流动资金贷款数额的参数：最低现金比率、自有流动资金最低比例；可调整融资方案参数：新增固定投资借款、新增注册资金等数据；调整还款能力的参数：最低偿债备付率、偿还期、偿还方式。本例确定结果见表3.22。

本例取贷款偿还期为计算期。新增固定投资100万元计划用于商业场所装修，全部贷款。新增固定投资借款偿还期9年，是根据等额偿还方式试算得到的最短期限，符合商业类企业固定资产贷款合理期限，也是某贷款银行可以接受的贷款期限。基准收益率取8%，按新增借款利率6%加成2%确定。

基本参数（商业类举例）

表3.22

序号	项目名称	单位	数据	备注
1	计算期	年	9	一般5~20年，取固贷年限或股权投资取8~20年，其余取下限
2	流动资金借款利率	%	4.8	默认=一年期当前法定贷款利率
3	最低偿债备付率	%	130	默认=130，可输入，不低于100，一般取130
4	最低现金比率		0.30	默认=0.3，一般0.2~0.3，周转现金占流动负债比例
5	正常年份所得税税率	%	25	默认=25，根据实际可输入

续表

序号	项目名称	单位	数据	备注
6	自有流动资金最低比例	%	30	默认=30，可输入，一般在0~30之间
7	新增固定投资	万元	100	输入
8	新增固定投资借款	万元	100	输入
9	新增固定投资借款偿还期	年	9	银行规定贷款偿还期限
10	新增借款利率	%	6	默认=同期法定贷款利率，可输入
11	新增注册资金	万元		默认=0，可输入
12	新增借款偿还方式		3	1-等额还本金；2-等额还本利；3-按最大能力偿还
13	基准收益率	%	8	一般取法定贷款利率加2%~4%
14	流动资金贷款申请额	万元	400	填写年度授信额度或本次贷款额度
15	近期到期流动资金贷款	万元		指拟由本次贷款替换的

二、成本估算参数确定方法

1. 数据来源

商业类及其他类型与工业类不同，不要求企业提供成本统计数据，如“第二章第八节某商业类企业案例数据”，没有提供成本费用统计表，数据直接取自利润表。利润表数据见表3.23。

利润表

表3.23　　单位：万元

序号	项目	上三年	上二年	上一年	上年同期	本期
		2007	2008	2009	200909	201009
一	**主营业务**		**1650.61**	**1409.06**	**984.44**	**1093.22**
	减：折扣与折让		0.00	0.00	0.00	0.00
二	**主营业务收入净额**	**0.00**	**1650.61**	**1409.06**	**984.44**	**1093.22**
	减：主营业务成本		1238.77	1032.71	728.19	834.51
	主营业务税金及附加		17.34	16.80	9.67	11.71
三	**主营业务利润（毛利润）**	**0.00**	**394.50**	**359.55**	**246.57**	**247.00**
	加：其他业务利润		0.00	0.00	0.00	0.00
	减：存货跌价准备		-0.84	7.28	-0.01	-1.39

续表

序号	项目	上三年	上二年	上一年	上年同期	本期
		2007	2008	2009	200909	201009
	营业费用（销售费用）		114.68	85.60	28.51	26.10
	管理费用		162.61	143.37	126.07	121.81
	财务费用		31.81	21.90	19.50	9.42
四	**主营利润**	**0.00**	**86.23**	**101.40**	**72.50**	**91.05**
	加：投资收益		25.62	9.48	6.01	7.50
	补贴收入		0.00	0.00	0.00	0.00
	营业外收入		6.65	0.47	2.16	0.43
	减：营业外支出		18.43	0.91	0.85	4.70
	加：以前年度损益调整		0.00	0.00	0.00	0.00
五	**利润总额**	**0.00**	**100.07**	**110.43**	**79.82**	**94.29**
	减：所得税		25.96	21.75	18.83	22.77
	少数股东损益					
六	**净利润**	**0.00**	**74.12**	**88.68**	**60.99**	**71.52**
七	**各种利息支出**	**0.00**	**31.81**	**21.90**	**19.50**	**9.42**
	息税前利润	0.00	131.88	132.33	99.32	103.71
	本年折旧		42.83	31.39	23.54	23.54
	本年摊销		2.61	2.32	1.74	1.74
	息税折旧摊销前利润	0.00	177.32	166.04	124.60	128.99

2. 成本统计

商业类成本统计内容与格式见表3.24。表中商业类与其他类型共用一个格式，第一项费用，商业类为“进价成本”，其他为“营业成本”。其他费用项目相同。数据全部来源于利润表。

总成本费用统计表（商业类举例）

表3.24　　　　单位：万元

序号	项目名称	上二年	上一年	备注
		2008	2009	
	主营业务收入	1650.61	1409.06	默认＝利润表！主营业务收入净额
1	进价（营业）成本	1238.77	1032.71	默认＝利润表！主营业务成本
2	管理费用	162.61	143.37	默认＝利润表！管理费用

续表

序号	项目名称	上二年	上一年	备注
		2008	2009	
2.1	折旧费	42.83	31.39	默认 = 利润表！折旧
2.2	租赁费	0.00	0.00	输入
2.3	无形资产及其他资产摊销	2.61	2.32	默认 = 利润表！摊销
2.4	其他管理费用	117.17	109.67	默认 =2 −2.1 −2.2 −2.3
3	财务费用	31.81	21.90	默认 = 利润表！财务费用
4	营业费用	114.68	85.60	默认 = 利润表！营业费用
5	总成本费用合计	1547.87	1283.58	默认 =1 +2 +3 +4
6	经营成本	1470.62	1227.98	默认 =5 −2.1 −2.3 −3

3. 成本估算参数统计

成本估算参数表示方式与工业类也不同，没有“达产年成本费用”这一概念，也不是“可变成本比例”，而是“成本占收入比例”。“成本占收入比例”是用于预测企业未来成本费用的参数，对于非工业类企业，每个企业的成本占收入比例都相对比较稳定，用于预测未来成本比较准确。

成本占收入比例（%）＝总成本费用统计表！成本费用 ×100/总成本费用统计表！主营业务收入

成本估算参数表内容与格式详见表3.25，也是商业类举例。

表中前两列为近两年的成本构成和主营业务收入，第3、4列为近两年成本占收入比例统计数据，等于成本费用与收入的比值。第5列是该企业近两年平均比例，第6列是行业统计参数。

4. 确定成本预测参数

表3.25中第7列数据为“预测参数”，确定预测参数可供参考的统计数据有近两年的、企业历史平均的、行业统计指标等四组统计指标。一般来说，对于一个新建项目的投融资评价，首选行业统计参数；对于改扩建项目投融资评价和企业投融资评价，该企业的历史统计指标更有参考价值；当近两年统计指标与历史平均值差异较大时，优先使用上一年的统计指标。

当本年最近月份接近年末时，也可以统计本年的“成本占收入比例”指标，并确定为成本预测参数。

本例由于近两年的统计指标相近，预测参数采用平均值，取了上两年平均比例。

成本估算参数表（商业类举例）

表 3.25 单位：万元

序号	项目名称	总成本费用		成本费用占收入比例（%）		上两年平均占比（%）	行业统计参数（%）	预测参数（%）
		2008	2009	2008	2009			
	主营业务收入	1650.61	1409.06					
1	进价（营业）成本	1238.77	1032.71	75.05	73.29	74.17	73.29	74.17
2	管理费用	162.61	143.37	9.85	10.17	10.01	10.17	10.01
2.1	折旧费	42.83	31.39	2.59	2.23	2.41	2.23	2.41
2.2	租赁费	0.00	0.00	0.00	0.00	0.00	0.00	0.00
2.3	摊销费	2.61	2.32	0.16	0.16	0.16	0.16	0.16
2.4	其他管理费用	117.17	109.66	7.10	7.78	7.44	7.78	7.44
3	财务费用	31.81	21.90	1.93	1.55	1.74	1.55	1.74
4	营业费用	114.68	85.60	6.95	6.07	6.51	6.07	6.51
5	总成本费用	1547.87	1283.58	93.78	91.09	92.44	91.09	92.44
6	经营成本	1470.62	1227.97	89.10	87.15	88.12	87.15	88.12

三、确定流动资金估算参数

1. 数据来源

流动资金统计数据主要来源于资产负债表，复制第二章第八节中的资产负债表，见表 3.26。在统计流动资金估算参数时，还需要用到成本统计数据，见表 3.25。

资产负债表（商业类举例）

表 3.26 单位：万元

序号	项目	上三年	上二年	上一年	上年同期	本年最近月份
		2007	2008	2009	200909	201009
1	资产	0.00	2505.98	2632.35	2527.93	2791.60
1.1	流动资产总额	0.00	946.74	1021.44	950.07	1150.87
1.1.1	货币资金		324.81	291.96	258.51	310.63
1.1.2	短期投资		0.00	0.00	0.00	0.00
1.1.3	应收票据		0.80	10.10	0.29	3.94
1.1.4	应收股利		8.88	9.59	9.49	1.17
1.1.5	应收利息		0.00	0.00	0.00	0.00
1.1.6	应收账款		3.33	5.23	5.52	6.45
1.1.7	减坏账准备		0.00	0.00	0.00	0.00
1.1.8	应收账款净额	0.00	3.33	5.23	5.52	6.45

续表

序号	项目	上三年	上二年	上一年	上年同期	本年最近月份
		2007	2008	2009	200909	201009
1.1.9	预付账款		194.91	4.31	198.41	8.02
1.1.10	应收补贴款		0.00	0.00	0.00	0.00
1.1.11	其他应收款		61.51	101.17	91.96	200.85
1.1.12	存货		351.85	598.45	385.80	619.72
1.1.13	待摊费用		0.00	0.00	0.00	0.00
1.1.14	待处理流动资产净损失		0.00	0.00	0.00	0.00
1.1.15	一年到期的长期债权投资		0.00	0.00	0.00	0.00
1.1.16	其他流动资产		0.65	0.62	0.08	0.09
1.2	长期投资	0.00	230.36	502.64	495.62	418.22
1.2.1	长期股权投资		223.81	489.18	485.81	407.84
1.2.2	长期债权投资		6.55	13.45	9.82	10.37
1.3	固定资产					
1.3.1	固定资产原值		953.73	660.12	658.78	710.74
1.3.2	减：累计折旧		0.00	0.00	0.00	0.00
1.3.3	固定资产净值	0.00	953.73	660.12	658.78	710.74
1.3.4	减：固定资产减值准备		0.00	0.00		
1.3.5	固定资产净额	0.00	953.73	660.12	658.78	710.74
1.3.6	工程物资					
1.3.7	在建工程		202.82	312.18	286.43	379.68
1.3.8	固定资产清理					
1.3.9	固定资产合计	0.00	1156.55	972.30	945.21	1090.41
1.4	无形资产及其他资产	0.00	147.61	108.91	116.52	104.96
1.4.1	无形资产		77.59	63.20	63.88	62.24
1.4.2	长期待摊费用		29.99	12.02	12.69	9.10
1.4.3	其他长期资产		40.03	33.69	39.95	33.62
1.5	递延税款		24.73	27.07	20.50	27.14
1.5.1	递延税款借项		24.73	27.07	20.50	27.14
2	负债及所有者权益	0.00	2505.98	2632.35	2527.93	2791.60
2.1	流动负债总额	0.00	1539.75	1583.05	1511.60	1714.85
2.1.1	短期借款		1045.00	1115.00	1133.00	1285.00
2.1.2	应付票据		8.22	24.42	12.06	10.24
2.1.3	应付账款		154.01	108.89	77.40	86.32
2.1.4	预收账款		188.94	184.69	184.23	190.81

续表

序号	项目	上三年	上二年	上一年	上年同期	本年最近月份
		2007	2008	2009	200909	201009
2.1.5	其他应付账款		40.40	26.63	21.57	30.94
2.1.6	应付工资		89.21	109.34	73.51	92.72
2.1.7	应付福利费		0.00	0.00	0.00	0.00
2.1.8	应付股利		4.51	11.28	11.28	16.91
2.1.9	应缴税金		7.56	1.10	-3.11	0.00
2.1.10	一年到期的长期负债		0.00	0.00	0.00	0.00
2.1.11	其他		1.90	1.70	1.66	1.90
2.2	长期负债	0.00	2.58	2.56	2.57	2.54
2.2.1	长期借款		0.00	0.00	0.00	0.00
2.2.2	应付债券		0.00	0.00	0.00	0.00
2.2.3	长期应付款		2.58	2.56	2.57	2.54
2.2.4	住房周转金		0.00	0.00	0.00	0.00
2.2.5	其他长期负债		0.00	0.00	0.00	0.00
2.3	递延税款贷项		2.83	4.55	3.64	2.20
2.4	负债总额	0.00	1545.16	1590.17	1517.81	1719.58
2.5	所有者权益	0.00	960.83	1042.18	1010.12	1072.01
2.5.1	实收资本（股本）		358.32	358.32	358.32	358.32
2.5.2	资本公积		412.76	415.12	410.69	412.80
2.5.3	盈余公积		118.24	130.87	117.85	130.87
2.5.4	任意公积金		0.00	0.00	0.00	0.00
2.5.5	未分配利润		71.50	137.88	123.25	170.03

2. 流动资金统计

统计方法与工业类相同。统计结果见表3.27。

流动资产 = 应收账款 + 预付账款 + 存货 + 现金；

应收账款 = 资产负债表！应收账款 + 资产负债表！应收票据；

预付账款 = 资产负债表！预付账款；

存货 = 资产负债表！存货 + 资产负债表！待摊费用；

现金 = Min(货币资金,(应收账款 + 预付账款 + 存货) × 行业参数！最低现金比率/(1 - 行业参数！最低现金比率))；

流动负债 = 应付账款 + 预收账款；

应付账款 = 资产负债表！应付账款 + 资产负债表！应付票据 + 资产负债表！应付

工资+资产负债表！应付福利费+资产负债表！应缴税金；

预收账款=资产负债表！预收账款；

流动资金平均值=流动资产-流动负债；

有的行业预收账款很大，如房地产行业、预付费的移动通信，预收收入已经用作固定资产投资的企业，有时流动资产减去流动负债为负数。小于0时，令其为0，表达如下：

流动资金平均值=Max（流动资产-流动负债，0）；

旺季调整系数=1，我们需要的是平均数，故旺季调整系数取1。

流动资金=流动资金平均值×旺季调整系数；

流动资金当期增加额=流动资金[本年]-流动资金[上一年]；

自有流动资金=流动资金当期增加额[本年]-流动资金借款[本年]；

流动资金借款累计=Min(流动资金,短期借款)；

流动资金借款[上二年]=流动资金借款累计[上二年]；

流动资金借款[上一年]=流动资金借款累计[上一年]-流动资金借款累计[上二年]

流动资金统计表（商业类举例）

表3.27 单位：万元

序号	项目名称	上二年	上一年	备注
		2008	2009	
1	流动资产	786.99	882.99	计算=1.1+1.2+1.3+1.4
1.1	应收账款	4.13	15.33	
1.2	预付账款	194.91	4.31	
1.3	存货	351.85	598.45	
1.4	现金	236.10	264.90	
2	流动负债	447.94	428.44	计算=2.1+2.2
2.1	应付账款	259.00	243.75	
2.2	预收账款	188.94	184.69	
3	流动资金平均值	339.05	454.55	
4	旺季调整系数	1.00	1.00	默认=1
5	流动资金	339.05	454.55	计算=3
6	流动资金当期增加额	339.05	115.50	
7	自有流动资金			
8	流动资金借款	339.05	115.50	
9	流动资金借款累计	339.05	454.55	

3. 流动资金估算参数统计

商业类企业与工业类不同之处是统计参数的基数不同，计算结果见表 3.28，也是商业类企业举例。数据来源于表 3.24 “总成本费用统计表” 和表 3.27 “流动资金统计表”，计算公式如下：

进价（营业）成本 = 总成本费用统计表！进价（营业）成本；

经营成本 = 总成本费用统计表！经营成本；

主营业务收入 = 利润表！主营业务收入净额；

流动负债总额 = 流动资金统计表！流动负债 + 流动资金统计表！流动资金借款累计；

应收账款 = 流动资金统计表！应收账款 ×360/经营成本；

预付账款 = 流动资金统计表！预付账款 ×360/进价(营业)成本；

存货 = 流动资金统计表！存货 ×360/经营成本；

现金 = 流动资金统计表！现金 ×360/流动负债总额；

应付账款 = 流动资金统计表！应付账款 ×360/进价(营业)成本；

预收账款 = 流动资金统计表！预收账款 ×360/营业收入；

流动资金占经营成本比例(%) = 流动资金统计表！流动资金/经营成本 ×100；

流动资金占营业收入比例(%) = 流动资金统计表！流动资金/营业收入 ×100

流动资金估算参数（商业类举例）

表 3.28

序号	项目名称	上二年	上一年	上两年平均周转天数	企业历史平均周转天数	行业平均周转天数	预测参数
		2008	2009				
一	周转天数（天）						
1	流动资产	—	—				—
1.1	应收账款	1.01	4.49	2.75	7.75	16.21	2.75
1.2	预付账款	56.64	1.50	29.07	45.07	18.46	29.07
1.3	存货	86.13	175.45	130.79	148.79	385.59	130.79
1.4	现金	108.00	108.00	108.00	124.00	88.27	108.00
2	流动负债						0
2.1	应付账款	75.27	84.97	80.12	95.12	277.06	80.12
2.2	预收账款	41.21	47.19	44.20	52.20	70.65	44.20
3	流动资金	—	—	0			0
二	流动资金占经营成本比例（%）	23.05	37.02	30.04	43.04	124.59	30.04

续表

序号	项目名称	上二年 2008	上一年 2009	上两年平均周转天数	企业历史平均周转天数	行业平均周转天数	预测参数
三	流动资金占营业收入比例（%）	20.54	32.26	26.40	36.40	161.49	26.40
四	旺季调整系数	1.00	1.00	1.00	1.00	1.00	1.00
五	指标统计基础						
1	进价（营业）成本	1238.77	1032.71				
2	经营成本	1470.62	1227.97				
3	主营业务收入	1650.61	1409.06				
4	流动负债总额	786.99	882.99				

4. 确定预测参数

确定预测参数的原则与方法见本章第三节。

本例确定上两年平均值为预测参数，见表 3.28 最后一列数据。

四、确定收入预测参数

1. 数据来源

本例数据取自利润表，见表 3.23。

2. 营业收入增长率统计数据

只需要统计“主营业务收入增长率（上年）”和“主营业务收入增长率［本年同期］”两个指标，统计方法与工业类企业相同。

用式（3－8）、式（3－9），取利润表数据，计算如下：

主营业务收入增长率[上二年]＝if(利润表！主营业务收入净额[上三年]>0,(利润表！主营业务收入净额[上二年]/利润表！主营业务收入净额[上三年]－1)×100,0)＝if(0>0,(1409.06/0－1)×100,0)＝0

主营业务收入增长率[上一年]＝if(利润表！主营业务收入净额[上二年]>0,(利润表！主营业务收入净额[上一年]/利润表！主营业务收入净额[上二年]－1)×100,0)＝if(1650.61>0,(1409.06/1650.61－1)×100,0)＝－14.63%

用式（3－10），取利润表数据，计算如下：

主营业务收入增长率[本年同期]＝(利润表！主营业务收入净额[本期]/利润表！主营业务收入净额[上年同期]－1)×100＝(1093.22/984.44－1)×100＝11.05%

计算结果汇总于表 3.30。

3. 确定营业收入增长率预测参数

确定的本年营业收入增长率为 11%，见表 3.29。

确定预测参数的理由：首先，本年最近月份为9月，本年12个月已经过去了9个月，用本年增长率预测全年增长率误差将不会很大；再则，上年的增长幅度因为特殊原因不能作为预测参考，根据“第十二章第十一节商业类案例财务报表审核验证”，“利润表审核”结论：利润表中“上一年（2009年）”主营业务收入比上二年减少较多，经核实认为并非经营状况恶化所致，是因为“上一年”将部分连锁店资产出让给连锁店管理者，变连锁为加盟，以调动经营人员的积极性。资产负债表中2009年固定资产原值比2008年减少可以验证，剥离的这部分资产所产生的收入未计入企业经营收入。

主营业务收入预测参数

表3.29

序号	项目	单位	参数
1	主营业务收入增长率［上二年］	%	
2	主营业务收入增长率［上一年］	%	-14.63
3	主营业务收入增长率［本年同期］	%	11.05
4	主营业务收入增长率（预测参数）	%	11.00

4. 每年收入环比增长幅度

营业收入增长幅度预测参数11%不算特别大，每年按11%增长完全可能，也不像工业类企业受设计能力限制，故本例每年增长幅度均取11%。见表3.30。

每年收入环比增长幅度（商业类举例）

表3.30　　单位：%

年份	上二年	上一年	第1年	第2年	第3年	第4年	第5年	第6年	第7年	第8年	第9年	备注
	2008	2009	2010	2011	2012	2013	2014	2015	2016	2017	2018	
增长幅度	0.00	-14.63	11.00	11.00	11.00	11.00	11.00	11.00	11.00	11.00	11.00	

五、收益分配参数

数据来源于利润表，补贴收入、营业外收支净额、其他业务收入从本年开始以后每年取“上一年”数据，每年的所得税税率取基本参数，各投资方利润分配一般设为0，即不考虑分配。确定结果见表3.31。

收益分配参数（商业类举例）

表3.31

序号	项目名称	单位	上二年	上一年	第1年	第2年	第3年	第4年	第5年	第6年	第7年	第8年	第9年
			2008	2009	2010	2011	2012	2013	2014	2015	2016	2017	2018
1	所得税税率	%	25.94	19.70	25.00	25.00	25.00	25.00	25.00	25.00	25.00	25.00	25.00
2	补贴收入	万元											
3	各投资方利润分配	万元											
4	盈余公积金比例	%	10.00	10.00	10.00	10.00	10.00	10.00	10.00	10.00	10.00	10.00	10.00
5	营业外收支净额	万元	-10.94	-7.72	-7.72	-7.72	-7.72	-7.72	-7.72	-7.72	-7.72	-7.72	-7.72
6	其他业务收入	万元	25.62	9.48	9.48	9.48	9.48	9.48	9.48	9.48	9.48	9.48	9.48

六、财务报表审核结论及说明

债务结构分析结果见表3.32，财务报表审核及说明见表3.33。

从表中“结论”可见，本例“异常”情况较少，但存在严重的“短债长用”问题，购置固定资产，超过三分之一的固定资产是用短期借款购置的，是企业主要风险点。

债务结构分析表（商业类举例）

表3.32　　单位：万元

序号	项目名称	上三年	上二年	上一年	上年同期	本年最近月份
		2007	2008	2009	200909	201009
1	资产		25.94	19.70	2527.93	2791.60
1.1	流动资产		946.74	1021.44	950.07	1150.87
1.1.1	货币资金		324.81	291.96	258.51	310.63
1.1.1.1	周转现金		236.10	264.90	252.87	273.48
1.1.1.2	盈余资金		88.71	27.06	5.64	37.15
1.1.2	应收账款		4.13	15.33	5.81	10.39
1.1.3	预付账款		194.91	4.31	198.41	8.02
1.1.4	存货		351.85	598.45	385.80	619.72
1.1.5	应收其他收益		8.88	9.59	9.49	1.17
1.1.6	其他应收款		61.51	101.17	91.96	200.85
1.1.7	其他流动资产		0.65	0.63	0.09	0.09
1.2	固定资产		1156.55	972.30	945.21	1090.41

续表

序号	项目名称	上三年	上二年	上一年	上年同期	本年最近月份
		2007	2008	2009	200909	201009
1.3	无形资产费用		147.61	108.91	116.52	104.96
1.4	其他长期资产		255.09	529.71	516.12	445.36
2	负债及所有者权益		2505.98	2632.35	2527.93	2791.60
2.1	流动负债总额		1539.75	1583.05	1511.60	1714.85
2.1.1	应付账款		259.00	243.75	159.86	189.28
2.1.2	预收账款		188.94	184.69	184.23	190.81
2.1.3	短期借款		1045.00	1115.00	1133.00	1285.00
2.1.4	其他应付账款		40.40	26.63	21.57	30.94
2.1.5	其他流动负债		6.41	12.98	12.94	18.82
2.2	长期负债		5.41	7.11	6.21	4.74
2.2.1	长期借款债券应付款		2.58	2.56	2.57	2.54
2.2.2	其他长期负债		2.83	4.55	3.64	2.20
2.3	所有者权益		960.83	1042.18	1010.12	1072.01
2.3.1	实收资本		358.32	358.32	358.32	358.32
2.3.2	资本公积		412.76	415.12	410.69	412.80
2.3.3	盈余公积		118.24	130.87	117.85	130.87
2.3.4	未分配利润		71.50	137.88	123.25	170.03
3	总投资		1898.30	2065.47	2076.65	2172.25
3.1	固定投资		1559.25	1610.92	1577.85	1640.73
3.2	流动资金		339.05	454.55	498.80	531.52
4	总投资筹措		1898.30	2065.45	2076.65	2172.25
4.1	固定投资筹措		1559.25	1610.90	1577.85	1640.73
4.1.1	长期负债用于固定投资		5.41	7.11	6.21	4.74
4.1.2	权益资金用于固定投资		951.95	1032.59	1000.63	1070.84
4.1.3	其他应付账款用于固定投资					
4.1.4	短期借款用作固定投资		601.89	571.20	571.01	565.15
4.1.5	其他流动负债用于固定投资					
4.2	流动资金筹措		339.05	454.55	498.80	531.52
4.2.1	流动资金短期借款		339.05	454.55	498.80	531.52

续表

序号	项目名称	上三年	上二年	上一年	上年同期	本年最近月份
		2007	2008	2009	200909	201009
4.2.2	自有流动资金					
4.2.3	中长期流动资金借款					
4.2.4	其他流动负债用于流动资金					
4.2.5	其他应付账款用于流动资金					
5	其他短期借款		8.88	9.59	9.49	1.17
5.1	其他应收收益占用权益资金		8.88	9.59	9.49	1.17
5.2	其他应收收益占用短期借款					
5.3	其他应收收益占用其他应付账款					
5.4	其他应收收益占用其他流动负债					
5.5	其他应收收益占用长期负债					
6	其他应收款来源		61.51	101.17	91.96	200.85
6.1	其他应收款占用其他应付账款		40.40	26.63	21.57	30.94
6.2	其他应收款占用其他流动负债		5.76	12.35	12.85	18.73
6.3	其他应收款占用短期借款		15.35	62.19	57.54	151.18
6.4	其他应收款占用长期负债					
6.5	其他应收款占用权益资金					
7	其他流动资产来源		0.65	0.63	0.09	0.09
7.1	其他流动资产占用其他流动负债		0.65	0.63	0.09	0.09
7.2	其他流动资产占用其他应付账款					
7.3	其他流动资产占用短期借款					
7.4	其他流动资产占用长期负债					
7.5	其他流动资产占用权益资金					
8	盈余资金来源		88.71	27.06	5.64	37.15
8.1	盈余资金来源于短期借款		88.71	27.06	5.64	37.15
8.2	盈余资金来源于其他应付账款					
8.3	盈余资金来源于其他流动负债					
8.4	盈余资金来源于长期负债					
8.5	盈余资金来源于权益资金					

财务报表审核结论及说明表（商业类举例）

表3.33

序号	项目名称	单位	指标	结论
1	主营业务收入增长幅度［同期］		11.05	增长幅度正常
2	财务数据异常变动分析			
2.1	货币资金增减幅度	%	6.39	本年最近月份的货币资金与年初比较，变化幅度不大
2.2	应收账款增减幅度	%	23.33	本年最近月份的应收账款与年初比较，变化幅度较大，主要原因是：随收入增长
2.3	存货增减幅度	%	3.55	本年最近月份的存货与年初比较，变化幅度正常
2.4	实收资本增减	万元		本年最近月份的实收资本与年初比较没有变化
2.5	资本公积增减	万元	-0.56	本年最近月份的资本公积与年初比较没有变化
3	财务数据占比异常分析			
3.1	其他应收款占流动资产比例	%	9.90	上年末其他应收款占流动资产比例小于10%，正常
3.2	待摊费用占流动资产比例	%		上年末待摊费用占流动资产比例小于10%，占比正常
3.3	长期待摊费用占非流动资产比例	%	0.75	上年末长期待摊费用占非流动资产小于10%，正常
3.4	无形资产占非流动资产比例	%	3.92	上年末无形资产占非流动资产小于20%，占比正常
3.5	在建工程占固定资产比例	%	31.91	近两年在建工程占固定资产小于40%，在合理范围
4	其他应付账款分析	万元	26.63	
4.1	其他应付账款占流动负债比例	%	1.68	上年末其他应付账款占流动负债小于10%，正常
4.2	其他应付账款中应付工程款	万元		
4.3	其他应付账款中股东借款	万元		
4.4	其他应付账款中企业提留	万元		
4.5	其他应付账款中其他	万元		
5	其他流动负债分析	万元	1.70	
5.1	其他流动负债占流动负债比例	%	0.11	上年末其他流动负债占流动负债小于10%，正常
5.2	其他流动负债中应付工程款	万元		
5.3	其他流动负债中股东借款	万元		

续表

序号	项目名称	单位	指标	结论
5.4	其他流动负债中企业提留	万元		
5.5	其他流动负债中的其他	万元		
6	可以调整的栏目			
6.1	一年到期的长期负债	万元		
7	“短债长用”释疑			
7.1	短期借款用作固定投资	万元	571.20	年初存在短期借款用作固定投资的“短债长用”现象，必须关注是否需债务优化融资
7.2	其他应付账款用于固定投资	万元		
7.3	其他流动负债用于固定投资	万元		
8	其他短期借款处置方法		62.19	存在其他短期借款，需确定能够变现资产偿还的其他短期借款
8.1	其他应收款占用短期借款	万元	62.19	
8.1.1	能够变现还款的其他应收账款	万元		
8.1.2	不能变现还款的其他应收账款	万元		
8.2	其他流动资产占用短期借款	万元		
8.2.1	能够变现还款的其他流动资产	万元		
8.2.2	不能变现还款的其他流动资产	万元		
8.3	其他应收收益占用短期借款	万元		
8.3.1	能够变现还款的其他应收收益	万元		
8.3.2	不能变现还款的其他应收收益	万元		
9	往来账款处置方法	万元	38.98	存在往来账款，企业拟采用的处置方法是：
9.1	其他应收款占用其他应付账款	万元	26.63	
9.2	其他应收款占用其他流动负债	万元	12.35	
9.3	其他应收款占用权益资金	万元		

第四章　企业财务评价方法

第一节　财务评价方法综述

企业投融资评价由财务评价和评级授信评价两种方法相结合，财务评价自成方法体系，不仅为投融资决策提供科学依据，同时也为评级授信评价提供评价指标。本章将完整展现企业财务评价方法全部内容，评级授信评价将由第五章介绍。

一、企业财务评价内容

企业财务评价全部内容都凝聚在财务评价报表及评价指标中，包括其内容、格式与计算。财务评价指标汇总于一张表，即财务评价指标汇总表。共 11 张财务评价报表，具体如下：

1. 营业收入估算表
2. 流动资金估算表
3. 总成本费用估算表
4. 利润估算表
5. 借款还本付息计划表
6. 财务计划现金流量表
7. 资产负债估算表
8. 融资需求与筹措计划表
9. 全部投资现金流量表
10. 权益资金现金流量表
11. 财务评价指标汇总表

以上报表的内容与格式详见第一章第五节企业投融资评价报表。报表内容与格式参考了国家发改委和建设部颁发的《建设项目经济评价方法与参数》第三版规定，同时兼顾了企业统计资料的内容与格式，全部财务评价报表浑然一体，各栏目钩稽关系严密。

企业财务评价报表的数据分为现状统计、本年预测、未来预测等三个时段数据。

现状统计以上年末为界，未来预测从本年开始至未来若干年，涵盖贷款偿还期或企业正常经营周期。

在报表分析计算中，现状统计全部采用企业实际发生数据，本年预测与未来预测均采用预测数据。本年预测与未来预测的方法基本相同，但由于本年预测起着承上启下的衔接作用，需要留意某些数据的计算公式可能有所不同。

二、企业财务评价目的

企业财务评价至少有四大用途：风险诊断与风险释放、评价企业优劣、未来预测与方案优化、为评级授信提供依据。

1. 风险诊断与风险释放

对于投资者来说，最大的问题莫过于投资的企业倒闭，导致投资损失。

企业倒闭是有征兆的，是可以通过现状资料分析判断的，诊断可能导致企业倒闭的风险隐患，是企业投融资评价的重要内容之一。

大量信息和分析表明，有两大因素危及企业生存：经营状况不佳，或债务结构失衡，或两者兼而有之。对于没有固定资产贷款的企业，因经营状况不佳倒闭的居多，主要是初创企业；对于存在固定资产贷款的企业，因债务结构失衡或双重危机影响倒闭的居多。

企业开办容易，倒闭也容易，据说全国中小企业平均存活期 2.9 年。中小型企业固定资产贷款较少，经营状况不佳是企业倒闭的主要问题。一般来说，企业开办第一年的生存状况：主要靠资本金生存，资本金消耗过半，着重培养创收能力，有营业收入但不足于维持生存；第二年的生存状况：还有一部分资本金，主要靠营业收入生存，还需消耗一部分资本金；第三年及以后年份的生存状况：完全靠经营收入生存，资本金主要用于周转。任何初创企业，不管创业时间长短，只要靠经营收益能够生存了，就算创业基本成功了，接下来进入发展阶段。企业若进入第三年了，还不能完全靠经营收益生存，多数企业都难以支撑，倒闭是不可避免的。当然，不排除少数新兴行业的行业领头企业，靠创新赢得资金支持得以继续生存。因此，企业完全靠经营收入生存的必要条件是："息税折旧摊销前利润大于或等于 0"。

债务结构是否合理是企业突然倒闭的另一个决定因素。首先需要分析企业债务结构是否合理，还要分析本年或以后年份是否能够足额偿还到期的固定资产贷款。如果存在问题，可能将导致债务风险。

风险释放主要指释放企业债务风险，是通过债务优化融资（包括债务融资和股权融资）和经营收益的共同作用，渡过企业可能出现的债务危机。这种方法称之为"债务结构优化方法"，将作为本章重要内容。一般来说，只有那些经营风险小或经营状况较好的企业，才有可能获得债务优化融资，顺利释放债务结构风险。

2. 评价企业优劣

评价企业现状优劣，主要从企业经营状况、财务状况、盈利能力、偿债能力和发展潜力等五个方面，计算财务评价指标和非财务因素定量分析指标来体现。指标体系详见第一章第三节评价方法体系“表 1.2 主要评价指标汇总表”，或见本章案例。

3. 预测未来与方案优化

预测未来与方案优化从本年开始，涵盖贷款偿还期或企业正常经营周期。涉及的内容几乎包含企业财务评价的全部报表。各个报表之间互相关联，表中数据都是经过方案优化后的结果，是企业可持续发展的整体解决方案，若企业能够实现预测的经营指标，企业债务优化方案能够执行到位，就能避免出现债务危机。评价指标是投融资决策的主要依据。

因此，未来预测与方案优化在提供投融资决策依据的同时，也为企业可持续发展提供了整体解决方案，也为企业经营管理提供科学依据。

4. 提供评级授信依据

通过计算财务评价指标和非财务因素定量分析指标，为评级授信评价提供定量分析依据。评价企业现状优劣的指标与提供给评级授信评价指标可以是相同的。通过这些指标，用财务评价方法可以直接判断企业的优劣，也可用信用等级综合衡量企业的优劣。

三、企业财务评价流程

企业财务评价分析计算内容首先分成“财务评价辅助报表估算”、“财务平衡分析及优化”、“财务评价指标计算” 等三个相对独立部分。详见图 4.1 企业财务评价流程图，三个部分用虚线隔开。每部分包含若干报表，第一部分“财务评价辅助报表计算”，只要按顺序即可独立完成；第二部分“财务平衡分析及优化”计算报表最多，计算关系复杂，自成体系，每年一循环；第三部分“财务评价指标计算”，也是只要按照图中顺序即可独立完成。

1. 财务评价辅助报表估算

营业收入、经营成本与流动资金估算是相对独立的计算内容，为财务评价准备数据。首先根据营业收入估算参数估算营业收入，再按成本估算参数和收入估算参数估算经营成本，根据营业收入、经营成本和流动资金估算参数估算流动资金。

企业财务评价辅助报表包括营业收入估算表、经营成本估算表、流动资金估算表等三张表。企业财务评价比起建设项目财务评价，没有单独计算建设投资估算表、固定资产折旧费估算表、无形及其他资产摊销费估算表等 3 张表。企业投融资评价的

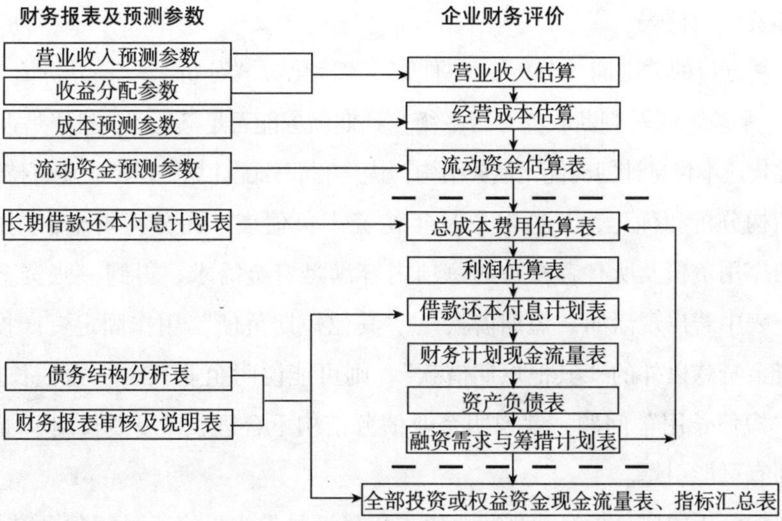

图 4.1 企业财务评价流程图

“融资需求与筹措计划表”对应项目评价的“项目总投资使用计划与资金筹措表”，既反映企业融资需求与资金筹措计划，也是债务结构优化的结果，债务结构优化属于财务平衡分析内容，列入财务平衡分析部分。

企业财务评价辅助报表是财务评价基础，三种辅助报表分别代表了影响企业利润的三大风险因素。计算顺序：按照“营业收入→经营成本→流动资金”顺序进行，不能颠倒。计算依据：根据“第三章合理确定预测参数”所提供的方法，提供的统计数据和预测参数。

计算方法，报表栏目的钩稽关系已全部标准化，实现了精确计量，预测参数确定以后，计算结果是唯一答案，不会因人而异。本章将重点就计算方法，结合工业类案例示范进行深度解析。计算模型若借助信息化和计算机先进手段，编成软件程序模块，全部计算将由一键完成，既可以提高预测的准确性又可减少人工工作量。评价人员在实际应用中，只要掌握了计算方法，通过简单复核便能判断计算正确与否，评价人员可将主要精力放在尽职调查和合理确定参数方面，而不是把主要精力放在计算上面。

2. 财务平衡分析及优化

包括计算总成本费用估算表、利润估算表、还本付息计划表、财务计划现金流量表、资产负债估算表、融资需求与筹措计划表等内容。财务平衡分析六个报表每年一循环。财务平衡分析小循环的计算流程是：

计算财务费用（根据年初贷款余额及本年借款计算贷款利息）→计算总成本费用（不含财务费用的总成本加上财务费用）→计算利润（根据营业收入计算参数、总成本费用计算利润和息税折旧摊销前利润）→计算还本付息计划表→计算财务计划现金流量表→计算资产负债表。

财务平衡分析的关键词“分析”、“平衡”、“优化”。“分析”——分析债务结构是否风险隐患；“平衡”——判断收支是否平衡，到期债务能否足额偿还，投资是否落实；“优化”——优化还本付息计划，优化债务结构，优化利润分配计划，保持企业可持续发展。

债务结构分析和优化，分析对象是年初资产负债表，在分析资金占用的基础上，按照科学顺序用负债及所有者权益的每项内容满足资金需求，得到一张资金占用与资金筹措表，表中若出现诸如“短期借款”、“其他短期负债”用作固定资产投资，或者存在流动资金贷款以外的“其他短期借款”，则可能说明企业存在“短债长用”问题。只要存在“短债长用”问题，就说明企业债务结构不合理，“短债长用”潜藏的债务风险随时都有可能引爆。

债务结构分析主要分析企业现状，以本年最近月份为界。通过“债务结构分析表”展现分析内容、分析结果。分析方法详见第三章第六节债务结构分析。

从本年开始至T=计算期末的未来时段，也需要进行债务结构分析，但不是通过“债务结构分析表”，体现在优化前和优化后的两张“财务计划现金流量表”上，譬如优化前“累计盈余资金”栏目出现负数即资金短缺的表现，优化后在“建设投资借款”栏目增加借款，保证“累计盈余资金”栏目大于或等于0，优化结果也在“融资需求与筹措计划表”中体现。

债务结构优化不仅要解决债务结构分析中出现的“短债长用”问题，还要解决固定资产贷款周期不合理的问题。有些企业虽然贷了固定资产贷款来购置固定资产，贷款用途没问题，但是贷款周期短于合理周期，也会导致企业还款困难，这种情况属于变相的“短债长用”。按照科学发展观，不同行业固定资产投资回收的周期不同，不能一刀切。高风险高收益行业允许的贷款周期可短些，一般3~5年即可，如房地产业、产品深加工行业；中等收益和风险的行业，一般5~12年居多，如矿山开采、矿产品加工、水泥、玻璃、电力等基础产业；低风险低效益行业，超过12年，长达30年的都有，如污水处理、垃圾处理、供水、水电、风电、造林。但是，一般商业银行确定贷款期限时，虽然也会考虑合理周期，但考虑更多的是贷款机构资金的流动性，还有认为贷款周期越长风险越大。因此，贷款机构可能明知道确定的贷款周期不合理，限于本行规定还是没能满足企业需要。由于贷款周期不合理，因还款过于集中而出现的偿债能力问题也需要通过债务优化解决。此外，企业还要解决发展中的问题，如随着生产负荷增加，企业所需流动资金增加，同时需要增加自有流动资金。债务结构优化就是要综合企业各种资金来源和用款需求，判断企业是否存在债务结构问题，如果存在，安排一个合理的债务优化融资计划，避免出现债务风险隐患。使企业持续稳定增长，保证银行贷款安全。

3. 财务评价指标计算

在财务平衡分析完成后，计算财务评价指标，需要计算全部投资现金流量表、权益资金现金流量表、财务评价指标汇总表。通过“全部投资现金流量表”、“权益资金现金流量表”可以计算财务评价动态指标，如全投资财务内部收益率、净现值、投资回收期、权益资金内部收益率、每股价值等，为直接投资者提供决策依据。

第二节　营业收入估算方法

商业及其他类型与工业类估算方法不同。工业类按生产负荷计算收入和经营成本。商业及其他类型，直接按每年的收入增长率预测参数估算。

1. 营业收入估算表

工业类企业营业收入计算表内容与格式见表4.1。表中“营业收入”、“补贴收入”、“营业外收支净额”三个栏目直接与利润估算表、现金流量表对接。

营业收入估算表（工业类举例）

表4.1

序号	项目名称	上二年	上一年	第1年	第2年	第3年	第4年	……
		20××-2	20××-1	20××	20××+1	20××+2	20××+3	……
1	主营业务收入							
1.1	××(产品)							
2	其他业务收入							
3	营业收入（1+2）							
4	补贴收入							
5	营业外收支净额							
6	营业税金及附加							

2. 计算数据来源

利润表、经营状况表、“达产年产值”、“产品生产负荷”。

3. 计算公式

从上二年开始至T=计算期末。

（1）主营业务收入

每种产品分别计算，计算公式如下：

主营业务收入［第I种产品］［上二年、上一年］=产品经营状况表！主营业务收入［第I种产品］［上二年、上一年］；

上二年、上一年也可以不计算每种产品主营业务收入，当每种产品主营业务收入之和与利润表中主营业务收入净额相差较大时，只取主营业务收入合计数，即：

主营业务收入[上二年、上一年]＝利润表！主营业务收入净额；

主营业务收入[第I种产品][第1年开始]＝产品达产年产值计算表！达产年产值[第I种产品]×每种产品生产负荷表！[第I种产品][第1年开始]/100；

主营业务收入[第1年开始]＝ $\sum$ 主营业务收入[第I种产品][第1年开始]

（2）其他业务收入

包括其他业务利润及投资收益，数据取自收益分配参数。

其他业务收入[上二年开始]＝收益分配参数！其他业务收入[上二年开始]

（3）营业收入合计

营业收入[上二年开始]＝主营业务收入[上二年开始]＋其他业务收入[上二年开始]

（4）补贴收入

补贴收入[上二年开始]＝收益分配参数！补贴收入

（5）营业外收支净额

营业外收支净额[上二年开始]＝收益分配参数！营业外收支净额

（6）营业税金及附加

营业税金及附加按主营业务收入比例变化，具体算法如下：

营业税金及附加[上二年、上一年]＝利润表！主营业务税金及附加[上二年、上一年]；

营业税金及附加[第1年开始]＝营业税金及附加[上一年]×营业收入[第1年开始]/营业收入[上一年]

4. 工业类举例

（1）数据来源

本节以工业类为例，需要取“产品经营状况表”、“产品达产年产值计算表”、“每种产品生产负荷表”、“收益分配参数”等数据。

取第二章第七节“产品经营状况表”。见表4.2。

产品经营状况表（工业类举例）

表4.2

序号	项目名称	量级	单位	2009	2010
1	主营产品生产能力				
	铜铅锌银金属量	1	吨	3327	3327
2	主营产品生产量				

续表

序号	项目名称	量级	单位	2009	2010
	铜铅锌银金属量	1	吨	1585.4	1840.5
3	主营产品销售量				
	铜铅锌银金属量	1	吨	1585.4	1840.5
4	主营产品平均售价				
	铜铅锌银金属量	1	元/吨	22950	33984
5	主营业务收入			3638.49	6254.76
	铜铅锌银金属量	万	元	3638.49	6254.76

取表3.15产品达产年产值计算表。见表4.3。

产品达产年产值计算表（工业类举例）

表4.3　　单位：万元

序号	产品名称	设计能力	数量量级	产品单位	销售价格	售价单位	达产年产值
1	铜铅锌银精矿金属量	3327	1	吨	33984	元	11306.48
	合计						11306.48

取表3.16每种产品生产负荷表，见表4.4。

每种产品生产负荷表（工业类举例）

表4.4　　单位：%

序号	项目名称	上二年	上一年	第1年（本年）	第2年	第3年	第4年	第5年
		2009	2010	2011	2012	2013	2014	2015
1	银铜铅锌精矿金属量	32.18	55.32	82.35	100.00	100.00	100.00	100.00

取表3.17收益分配参数，见表4.5。

收益分配参数（工业类举例）

表4.5

序号	项目名称	单位	上二年	上一年	第1年	第2年	第3年	第4年	第5年
			2009	2010	2011	2012	2013	2014	2015
1	所得税税率	%	25.74	25.09	25.00	25.00	25.00	25.00	25.00
2	补贴收入	万元							
3	各投资方利润分配	万元							
4	盈余公积金比例	%	10.00	10.00	10.00	10.00	10.00	10.00	10.00
5	营业外收支净额	万元	322.76	16.61	16.61	16.61	16.61	16.61	16.61
6	其他业务收入	万元	272.39	282.58	282.58	282.58	282.58	282.58	282.58

（2）计算

计算结果见表4.6。

①主营业务收入

只有一种产品，产品名称：银铜铅锌精矿金属量，主营业务收入计算如下：

主营业务收入[银铜铅锌精矿金属量][上二年]=产品经营状况表！主营业务收入[银铜铅锌精矿金属量][上二年]=3638.49

主营业务收入[银铜铅锌精矿金属量][上一年]=产品经营状况表！主营业务收入[银铜铅锌精矿金属量][上一年]=6254.76

主营业务收入[银铜铅锌精矿金属量][第1年]=产品达产年产值计算表！达产年产值[银铜铅锌精矿金属量]×每种产品生产负荷表！[银铜铅锌精矿金属量][第1年]/100=11306.48×82.35/100=9310.89

主营业务收入[银铜铅锌精矿金属量][第2-5年]=产品达产年产值计算表！达产年产值[银铜铅锌精矿金属量]×每种产品生产负荷表！[银铜铅锌精矿金属量][第2-5年]/100=11306.48×100/100=11306.48

②其他业务收入

其他业务收入[上二年]=收益分配参数！其他业务收入[上二年]=272.39

其他业务收入[上一年]=收益分配参数！其他业务收入[上一年]=282.58

其他业务收入[第1-5年]=收益分配参数！其他业务收入[第1-5年]=282.58

③营业收入

营业收入[上二年]=主营业务收入[上二年]+其他业务收入[上二年]=3638.49+272.39=3910.88

营业收入[上一年]=主营业务收入[上一年]+其他业务收入[上一年]=6254.76+282.58=6537.34

营业收入[第1年]=主营业务收入[第1年]+其他业务收入[第1年]=9310.89+282.58=9593.47

营业收入[第2-5年]=主营业务收入[第2-5年]+其他业务收入[第2-5年]=11306.48+282.58=11589.06

④营业税金及附加

营业税金及附加按主营业务收入比例变化，具体算法如下：

营业税金及附加[上二年]=利润表！主营业务税金及附加[上二年]=51.23

营业税金及附加[上一年]=利润表！主营业务税金及附加[上一年]=98.11

营业税金及附加[第1年]=营业税金及附加[上一年]×营业收入合计[第1年]/

营业收入合计[上一年] = 98.11 × 9593.47/6537.34 = 143.98

营业税金及附加[第2－5年] = 营业税金及附加[上一年] × 营业收入合计[第2－5年]/营业收入合计[上一年] = 98.11 × 11589.06/6537.34 = 173.92

营业收入估算表（工业类举例）

表4.6 单位：万元

序号	项目名称	上二年	上一年	第1年	第2年	第3年	第4年	第5年
		2009	2010	2011	2012	2013	2014	2015
1	主营业务收入	3638.49	6254.76	9310.89	11306.48	11306.48	11306.48	11306.48
1.1	银铜铅锌精矿金属量	3638.49	6254.76	9310.89	11306.48	11306.48	11306.48	11306.48
2	其他业务收入	272.39	282.58	282.58	282.58	282.58	282.58	282.58
3	营业收入（1+2）	3910.88	6537.34	9593.47	11589.06	11589.06	11589.06	11589.06
4	补贴收入							
5	营业外收支净额	322.76	16.61	16.61	16.61	16.61	16.61	16.61
6	营业税金及附加	51.23	98.11	143.98	173.92	173.92	173.92	173.92

第三节 经营成本估算方法

1. 成本估算步骤

估算成本的最终目标是完成“总成本费用估算表”，总成本费用估算表需要经过三个步骤完成：产品经营成本→企业经营成本→企业总成本费用。对于商业及其他类型企业，只需要经过两个步骤：企业经营成本→企业总成本费用。

2. 产品成本估算方法

只有工业类企业才需要首先估算产品的经营成本。当存在多种产品分别核算成本时，每种产品分别估算产品成本，然后将每种产品的成本汇总为企业经营成本。当企业不分品种只核算一个成本时，产品成本即企业经营成本。

本书工业类举例，只核算了一个成本，取表3.4产品成本费用估算参数（工业类举例）中达产年费用、可变成本比例预测参数，见表4.7；取表3.16每种产品生产负荷表（工业类举例）中每种产品每年生产负荷，见表4.4。估算的产品成本，结果详见表4.8，计算公式如下：

从上二年开始至T = 计算期末，上二年、上一年数据取自表3.4产品成本费用估算参数，第1年开始用下述计算公式：

生产成本 = 原材料费 + 燃料及动力费 + 工资及福利费 + 折旧费 + 修理费 + 其他制造费用；

原材料费 = 原材料费（达产年费用）×（1 - 原材料费（可变成本预测参数）/100）+ 原材料费（达产年费用）× 原材料费（可变成本预测参数）× 每种产品生产负荷表！第 i 种产品第 t 年生产负荷/10000；

燃料及动力费 = 燃料及动力费（达产年费用）×（1 - 燃料及动力费（可变成本预测参数）/100）+ 燃料及动力费（达产年费用）× 燃料及动力费（可变成本预测参数）× 每种产品生产负荷表！第 i 种产品第 t 年生产负荷/10000；

工资及福利费 = 工资及福利费（达产年费用）×（1 - 工资及福利费（可变成本预测参数）/100）+ 工资及福利费（达产年费用）× 工资及福利费（可变成本预测参数）× 每种产品生产负荷表！第 i 种产品第 t 年生产负荷/10000；

折旧费 = 折旧费（达产年费用）×（1 - 折旧费（可变成本预测参数）/100）+ 折旧费（达产年费用）× 折旧费（可变成本预测参数）× 每种产品生产负荷表！第 i 种产品第 t 年生产负荷/10000；

折旧费 = Min（折旧费，固定资产净值）；

固定资产净值 = Max（固定资产净值 - 折旧费，0）；

修理费 = 修理费（达产年费用）×（1 - 修理费（可变成本预测参数）/100）+ 修理费（达产年费用）× 修理费（可变成本预测参数）× 每种产品生产负荷表！第 i 种产品第 t 年生产负荷/10000；

其他制造费用 = 其他制造费用（达产年费用）×（1 - 其他制造费用（可变成本预测参数）/100）+ 其他制造费用（达产年费用）× 其他制造费用（可变成本预测参数）× 每种产品生产负荷表！第 i 种产品第 t 年生产负荷/10000；

管理费用 = 摊销费 + 其他管理费用；

摊销费 = 摊销费（达产年费用）×（1 - 摊销费（可变成本预测参数）/100）+ 摊销费（达产年费用）× 摊销费（可变成本预测参数）× 每种产品生产负荷表！第 i 种产品第 t 年生产负荷/10000；

摊销费 = Min（摊销费，无形资产）；

无形资产 = Max（无形资产 - 摊销费，0）；

其他管理费用 = 其他管理费用（达产年费用）× 其他管理费用（达产年费用）×（1 - 其他管理费用（可变成本预测参数）/100）+ 其他管理费用（达产年费用）× 其他管理费用（可变成本预测参数）× 每种产品生产负荷表！第 i 种产品第 t 年生产负荷/10000；

财务费用 = 0，在完成流动资金估算表以后，根据贷款金额和利率计算财务费用；

营业费用 = 营业费用（达产年费用）×（1 - 营业费用（可变成本预测参数）/100）+ 营业费用（达产年费用）× 营业费用（可变成本预测参数）× 每种产品生产负荷表！第 i 种产品第 t 年生产负荷/10000；

总成本费用 = 生产成本 + 管理费用 + 财务费用 + 营业费用；

经营成本 = 总成本费用 - 折旧费 - 摊销费 - 财务费用；

固定成本 = 原材料费（达产年费用）×（1 - 原材料费（可变成本预测参数）/100）+ 燃料及动力费（达产年费用）×（1 - 燃料及动力费（可变成本预测参数）/100）+ 工资及福利费（达产年费用）×（1 - 工资及福利费（可变成本预测参数）/100）+ 折旧费（含维简费）×（1 - 折旧费（可变成本预测参数）/100）+ 修理费（达产年费用）×（1 - 修理费（可变成本预测参数）/100）+ 其他制造费用（达产年费用）×（1 - 其他制造费用（可变成本预测参数）/100）+ 摊销费 ×（1 - 摊销费（可变成本预测参数）/100）+ 其他管理费用（达产年费用）× 其他管理费用（达产年费用）×（1 - 其他管理费用（可变成本预测参数）/100）+ 营业费用（达产年费用）×（1 - 营业费用（可变成本预测参数）/100）；

可变成本 = 总成本费用 - 固定成本

产品成本费用估算参数（工业类举例）

表 4.7　　单位：万元

序号	项目名称	上二年	上一年	达产年费用预测参数（万元）	可变成本比例预测参数（%）
		2009	2010		
	产量	1585.40	1840.50	3327.00	
1	生产成本	2093.77	3143.99	4953.37	100.00
1.1	原材料费	357.81	537.28	971.22	100.00
1.2	燃料及动力费	478.38	718.34	1298.51	100.00
1.3	工资及福利费	425.84	639.44	995.15	80.00
1.4	折旧费	423.24	433.98	496.57	28.21
1.5	修理费	219.17	530.67	825.86	80.00
1.6	其他制造费用	189.32	284.29	366.06	50.00
2	管理费用	1631.59	2595.90	3955.18	
2.1	摊销费	127.56	152.35	152.35	0
2.2	其他管理费用	1504.03	2443.55	3802.83	80.00
3	财务费用	-26.84	-16.68		0
4	营业费用	54.36	51.62	51.62	0
5	总成本费用	3752.88	5774.83	8960.17	
6	经营成本	3228.92	5205.18	8311.25	

产品成本估算表［银铜铅锌精矿金属］（工业类举例）

表4.8　　单位：万元

序号	项目名称	上二年 2009	上一年 2010	第1年 2011	第2年 2012	第3年 2013	第4年 2014	第5年 2015
1	生产成本	2093.76	3144.00	4238.60	4953.38	4953.38	4953.38	4953.38
1.1	原材料费	357.81	537.28	799.80	971.22	971.22	971.22	971.22
1.2	燃料及动力费	478.38	718.34	1069.32	1298.52	1298.52	1298.52	1298.52
1.3	工资及福利费	425.84	639.44	854.63	995.14	995.14	995.14	995.14
1.4	折旧费	423.24	433.98	471.84	496.57	496.57	496.57	496.57
1.5	修理费	219.17	530.67	709.25	825.87	825.87	825.87	825.87
1.6	其他制造费用	189.32	284.29	333.76	366.07	366.07	366.07	366.07
2	管理费用	1631.59	2595.90	3418.21	3922.51	3802.83	3802.83	3802.83
2.1	摊销费	127.56	152.35	152.35	119.68			
2.2	其他管理费用	1504.03	2443.55	3265.86	3802.83	3802.83	3802.83	3802.83
3	财务费用	-26.84	-16.68					
4	营业费用	54.36	51.62	51.62	51.62	51.62	51.62	51.62
5	总成本费用	3752.87	5774.84	7708.43	8927.51	8807.83	8807.83	8807.83
6	经营成本	3228.91	5205.19	7084.23	8311.27	8311.27	8311.27	8311.27
7	可变成本			5840.20	7091.93	7091.93	7091.93	7091.93
8	固定成本			1868.23	1835.58	1715.90	1715.90	1715.90

3. 企业经营成本

企业经营成本的内容及格式与产品成本相同，由产品成本汇总而成，本例只有一种产品，汇总结果见表4.9，数据与表4.8相同。

企业经营成本估算表（工业类举例）

表4.9　　单位：万元

序号	项目名称	上二年 2009	上一年 2010	第1年 2011	第2年 2012	第3年 2013	第4年 2014	第5年 2015	备注
1	生产成本	2093.76	3144.00	4238.60	4953.38	4953.38	4953.38	4953.38	计算=产品汇总
1.1	原材料费	357.81	537.28	799.80	971.22	971.22	971.22	971.22	计算=产品汇总
1.2	燃料及动力费	478.38	718.34	1069.32	1298.52	1298.52	1298.52	1298.52	计算=产品汇总
1.3	工资及福利费	425.84	639.44	854.63	995.14	995.14	995.14	995.14	计算=产品汇总
1.4	折旧费	423.24	433.98	471.84	496.57	496.57	496.57	496.57	计算=产品汇总
1.5	修理费	219.17	530.67	709.25	825.87	825.87	825.87	825.87	计算=产品汇总

续表

序号	项目名称	上二年	上一年	第1年	第2年	第3年	第4年	第5年	备注
		2009	2010	2011	2012	2013	2014	2015	
1.6	其他制造费用	189.32	284.29	333.76	366.07	366.07	366.07	366.07	计算=产品汇总
2	管理费用	1631.59	2595.90	3418.21	3922.51	3802.83	3802.83	3802.83	计算=产品汇总
2.1	摊销费	127.56	152.35	152.35	119.68				计算=产品汇总
2.2	其他管理费用	1504.03	443.55	3265.86	3802.83	3802.83	3802.83	3802.83	计算=产品汇总
3	财务费用	-26.84	-16.68						计算=产品汇总
4	营业费用	54.36	51.62	51.62	51.62	51.62	51.62	51.62	计算=产品汇总
5	总成本费用	3752.87	5774.84	7708.43	8927.51	8807.83	8807.83	8807.83	计算=产品汇总
6	经营成本	3228.91	5205.19	7084.23	8311.27	8311.27	8311.27	8311.27	计算=产品汇总
7	可变成本			5840.20	7091.93	7091.93	7091.93	7091.93	计算=产品汇总
8	固定成本			1868.23	1835.58	1715.90	1715.90	1715.90	计算=产品汇总

第四节 流动资金估算表

1. 数据来源

流动资金估算数据来源：营业收入估算表，见表4.6；经营成本估算表，见表4.9；流动资金统计表，取表3.7，见表4.10；流动资金估算参数，取表3.8，见表4.11；基本参数取表3.1，见表4.12。

流动资金统计表（工业类举例）

表4.10　　单位：万元

序号	项目名称	上二年	上一年	备注
		2009	2010	
1	流动资产	1469.14	1587.56	计算=1.1+1.2+1.3+1.4
1.1	应收账款	42.95	13.37	
1.2	预付账款	36.01	171.19	
1.3	存货	949.44	926.73	
1.4	现金	440.74	476.27	
2	流动负债	1330.08	1014.23	
2.1	应付账款	886.42	971.78	
2.2	预收账款	443.66	42.45	
3	流动资金平均值	139.06	573.33	

续表

序号	项目名称	上二年	上一年	备注
		2009	2010	
4	旺季调整系数	1.00	1.00	默认 =1
5	流动资金	139.06	573.33	计算 =3
6	流动资金当期增加额	139.06	434.27	
7	自有流动资金	139.06	−139.06	
8	流动资金借款		573.33	
9	流动资金借款累计		573.33	

流动资金估算参数统计表（工业类举例）

表4.11

序号	项目名称	上二年	上一年	上两年平均周转天数	企业历史平均周转天数	行业平均周转天数	预测参数
		2009	2010				
一	周转天数（天）						
1	流动资产						
1.1	应收账款	4.79	0.92	2.86		50.00	2.86
1.2	预付账款	15.50	49.08	32.29		22.00	32.29
1.3	存货	105.86	64.09	84.98		100.00	84.98
1.4	现金	119.29	108.00	113.65		108.00	113.65
2	流动负债						
2.1	应付账款	381.63	278.62	330.13		60.00	30.00
2.2	预收账款	43.90	2.44	23.17		5.00	2.00
3	流动资金						
二	流动资金占经营成本比例（%）	4.31	11.01	7.66		7.42	7.66
三	流动资金占营业收入比例（%）	3.82	9.17	6.50		6.50	6.50
四	旺季调整系数	1.00	1.00	1.00			1.00
五	指标统计基础						
1	原材料燃料	836.19	1255.62				
2	原材料燃料动力	836.19	1255.62				
3	经营成本	3228.92	5205.18				
4	主营业务收入	3638.48	6254.71				
5	流动负债总额	1330.08	1587.56				

基本参数（工业类举例）

表 4.12

序号	项目名称	单位	数据	备注
1	计算期	年	5.00	一般5~20年，可取贷款年限，无固贷取下限，股权投资取8~20年
2	流动资金借款利率	%	5.85	一般取一年期当前法定贷款利率
3	最低偿债备付率	%	130.00	一般取130，不低于100
4	最低现金比率		0.30	一般取0.3，一般0.2~0.3，周转现金占流动负债比例
5	正常年份所得税税率	%	25.00	一般取25，需核实企业实际情况
6	自有流动资金最低比例	%	15.00	一般取30，一般在0~30之间
7	新增固定投资	万元	2500.00	为满足更新投资、节能减排、产品研发等需求估算
8	新增固定投资借款	万元	2500.00	根据新增固定投资筹措计划确定
9	新增固定投资借款偿还期	年	3.00	贷款机构规定的贷款偿还期限
10	新增长期借款利率	%	6.56	一般取同期法定贷款利率，可取利率定价实际利率
11	新增注册资金	万元		一般取0，可核实企业融资计划
12	新增借款偿还方式		1.00	1-等额还本金；2-等额还本利；3-按最大能力偿还
13	基准收益率	%	10.00	可取贷款利率加2%~4%，应高于存款利率或银行贷款利率
14	流动资金贷款申请额	万元	2000.00	填写年度授信额度或本次贷款额度
15	近期到期流动资金贷款	万元		指拟由本次贷款替换的最近到期贷款

2. 流动资金估算表

工业类企业与商业类企业流动资金估算方法也有所区别，主要是成本差异所致。流动资金估算表的内容与格式，工业类企业详见表 4.13，商业类企业详见本章第十四节。

流动资金估算表（工业类举例）

表 4.13　　单位：万元

序号	项目名称	统计周转天数	预测周转天数	上二年	上一年	第1年	第2年	第3年	第4年	第5年
				2009	2010	2011	2012	2013	2014	2015
	负荷（%）									
1	流动资产	0.00	0.00	1469.14	1587.56	2557.51	3010.25	3010.25	3010.25	3010.25
1.1	应收账款	2.86	2.86	42.95	13.37	56.18	65.91	65.91	65.91	65.91
1.2	预付账款	32.29	32.29	36.01	171.19	167.65	203.58	203.58	203.58	203.58
1.3	存货	84.98	84.98	949.44	926.73	1672.17	1961.81	1961.81	1961.81	1961.81

续表

序号	项目名称	统计周转天数	预测周转天数	上二年	上一年	第1年	第2年	第3年	第4年	第5年
				2009	2010	2011	2012	2013	2014	2015
1.4	现金	113.65	113.65	440.74	476.27	661.50	778.95	778.95	778.95	778.95
2	流动负债	0.00	0.00	1330.08	1014.23	207.49	251.96	251.96	251.96	251.96
2.1	应付账款	330.12	30.00	886.42	971.78	155.76	189.14	189.14	189.14	189.14
2.2	预收账款	23.17	2.00	443.66	42.45	51.73	62.81	62.81	62.81	62.81
3	平均流动资金			139.06	573.33	2350.02	2758.30	2758.30	2758.30	2758.30
4	流动资金最高值			139.06	573.33	2350.02	2758.30	2758.30	2758.30	2758.30
5	流动资金增加额			139.06	434.27	1776.69	408.28			
6	自有流动资金			139.06	-139.06	352.50	61.24			
7	流动资金借款				573.33	1424.19	347.03			
8	流动资金借款累计				573.33	1997.52	2344.55	2344.55	2344.55	2344.55

3. 计算公式

从上二年开始至T=计算期末，上二年、上一年数据取自表4.10流动资金统计表。

从第1年开始，按如下公式计算：

流动资产=应收账款+预付账款+存货+现金；

应收账款=流动资金估算参数统计表！应收账款[预测参数]×经营成本估算表！经营成本/360；

预付账款=流动资金估算参数统计表！预付账款[预测参数]×(经营成本估算表！原材料+经营成本估算表！燃料动力)/360；

存货=流动资金估算参数统计表！存货[预测参数]×经营成本估算表！经营成本/360；

现金估算公式比较复杂，估算现金需要满足现金比率不低于基本参数规定的最低现金比率，公式推导过程略，用Excel表达的公式如下：

现金[T]=If(((应收账款[T]+预付账款[T]+存货[T]+流动负债[T]×最低现金比率-流动负债[T])/(1-(1-自有流动资金最低比例/100)×最低现金比率)<=流动资金借款累计[T-1]),((应收账款[T]+预付账款[T]+存货[T]+流动负债[T]×最低现金比率-流动负债[T])/(1-(1-自有流动资金最低比例/100)×最低现金比率)+流动负债[T])×最低现金比率,If(((应收账款[T]+预付账款[T]+存货[T]+流动负债[T]×最低现金比率-流动负债[T])/(1-(1-自有流动资金最低比例/100)

×最低现金比率）×（1－自有流动资金最低比例/100）＜流动资金借款累计[T－1]），（流动资金借款累计[T－1]＋流动负债[T]）×最低现金比率,（流动负债[T]＋（应收账款[T]＋预付账款[T]＋存货[T]－流动负债[T]）×（1－自有流动资金最低比例/100））×最低现金比率/（1－（1－自有流动资金最低比例/100）×最低现金比率）））

式中“T”为年份，本年；“T－1”表示上年，下同。检查流动资金估算表中“现金”是否正确，一般情况下只要满足“现金［T］/（流动负债［T］＋流动资金借款累计［T］）＝最低现金比率”等式，即可认定符合要求；

流动负债＝应付账款＋预收账款；

应付账款＝流动资金估算参数统计表！应付账款[预测参数]×（经营成本估算表！原材料＋经营成本估算表！燃料动力）/360；

预收账款＝流动资金估算参数统计表！预收账款[预测参数]×营业收入估算表！主营业务收入/360；

流动资金平均值＝流动资产－流动负债；

流动资金当期增加额＝流动资金－流动资金（上年）；

“流动资金借款累计”即年度流动资金贷款需求，是确定流动资金授信额度的依据，一般情况下，本年授信额度不低于上年，对于收入增长快的企业会逐年增加，对于经营状况不断恶化的企业，流动资金需求也会减少，通过推导，用Excel表达的公式如下：

流动资金借款累计＝if（流动资金[T]＜＝流动资金借款累计[T－1]，流动资金[T]，if（流动资金[T]×（1－自有流动资金最低比例/100）＜流动资金借款累计[T－1]，流动资金借款累计[T－1]，流动资金[T]×（1－自有流动资金最低比例/100）））；

流动资金借款＝流动资金借款累计－流动资金借款累计（上年）；

自有流动资金＝流动资金当期增加额－流动资金借款。

第五节　总成本费用估算表

财务平衡分析从总成本费用估算表开始，到资产负债表结束，不仅涉及内容多，而且计算方法特殊，需要多张报表每年循环。

1. 报表计算内容

总成本费用估算复制企业经营成本估算表数据，企业经营成本估算表中的总成本费用、固定成本除了财务费用之外，其他都已确定了。只有财务费用需要在财务平衡分析中，与其他报表一起每年循环计算确定，得出最终总成本费用和固定成本。工业类企业详见表4.17，商业类企业详见本章第十四节。

2. 数据来源

计算财务费用数据来源，取表 4.9 企业经营成本估算表数据；取表 4.12 基本参数中“流动资金借款利率”；取表 4.13 流动资金估算表中“流动资金借款［第 1 年］”、“流动资金借款累计［第 2 年开始］”；复制表 3.19 债务结构分析表见表 4.14；复制表 3.21 财务报表审核及说明表见表 4.15；复制第二章第七节某工业类企业案例数据“长期借款还本付息表”见表 4.16。

债务结构分析表（工业类举例）

表 4.14　　　　单位：万元

序号	项目	上三年	上二年	上一年	上年同期	本年最近月份
		2008	2009	2010	201010	201110
1	**资产**	**13553.45**	**15301.96**	**17951.37**	**17631.00**	**18375.00**
1.1	流动资产	6735.69	3048.86	5826.82	3776.00	5791.00
1.1.1	货币资金	1807.79	1453.71	2094.99	2260.00	2222.00
1.1.1.1	周转现金	737.80	440.74	476.27	413.57	755.57
1.1.1.2	盈余资金	1069.99	1012.97	1618.72	1846.43	1466.43
1.1.2	应收账款	524.48	42.95	13.37	23.00	435.00
1.1.3	预付账款	460.94	36.01	171.19	155.00	316.00
1.1.4	存货	736.11	949.44	926.73	787.00	1012.00
1.1.5	应收其他收益	0.00	252.00	252.00	252.00	252.00
1.1.6	其他应收款	3206.37	314.75	2368.54	299.00	1554.00
1.1.7	其他流动资产	0.00	0.00	0.00	0.00	0.00
1.2	固定资产	5479.08	5751.04	5417.88	6920.00	5111.00
1.3	无形资产及其他资产	427.99	424.39	272.03	272.00	119.00
1.4	其他长期资产	910.69	6077.67	6434.64	6663.00	7354.00
2	**负债及所有者权益**	**13553.46**	**15301.96**	**17951.39**	**17631.00**	**18374.00**
2.1	流动负债总额	5463.35	4525.90	6308.24	6391.00	5250.00
2.1.1	应付账款	1767.12	886.42	971.78	974.00	1014.00
2.1.2	预收账款	76.57	443.66	42.45	69.00	57.00
2.1.3	短期借款	0.00	0.00	2000.00	2000.00	2000.00
2.1.4	其他应付账款	3619.66	3195.82	3294.01	3348.00	2179.00
2.1.5	其他流动负债	0.00	0.00	0.00	0.00	0.00
2.2	长期负债	116.88	708.63	797.87	709.00	1155.00
2.2.1	长期借款债券应付款	0.00	0.00	0.00	0.00	0.00

续表

序号	项目	上三年	上二年	上一年	上年同期	本年最近月份
		2008	2009	2010	201010	201110
2.2.2	其他长期负债	116.88	708.63	797.87	709.00	1155.00
2.3	所有者权益	7973.23	10067.43	10845.28	10531.00	11969.00
2.3.1	实收资本	1475.46	1475.46	1475.46	1475.00	1475.00
2.3.2	资本公积	4369.92	6145.15	6412.88	6145.00	6413.00
2.3.3	盈余公积	1815.30	1847.20	1898.21	1847.00	1898.00
2.3.4	未分配利润	312.55	599.62	1058.73	1064.00	2183.00
3	**总投资**	**7433.40**	**12392.16**	**12697.88**	**14190.57**	**14031.57**
3.1	固定投资	6817.76	12253.10	12124.55	13855.00	12584.00
3.2	流动资金	615.64	139.06	573.33	335.57	1447.57
4	**总投资筹措**	**7433.40**	**12392.16**	**12697.88**	**14190.57**	**14031.57**
4.1	固定投资筹措	6817.76	12253.10	12124.55	13855.00	12584.00
4.1.1	长期负债用于固定投资	116.88	708.63	797.87	709.00	1155.00
4.1.2	权益资金用于固定投资	6700.88	9815.43	10593.28	10279.00	11429.00
4.1.3	其他应付账款用于固定投资	0.00	1729.04	733.40	2867.00	0.00
4.1.4	短期借款用作固定投资	0.00	0.00	0.00	0.00	0.00
4.1.5	其他流动负债用于固定投资	0.00	0.00	0.00	0.00	0.00
4.2	流动资金筹措	615.64	139.06	573.33	335.57	1447.57
4.2.1	流动资金短期借款	0.00	0.00	573.33	335.57	1447.57
4.2.2	自有流动资金	615.64	0.00	0.00	0.00	0.00
4.2.3	中长期流动资金借款	0.00	0.00	0.00	0.00	0.00
4.2.4	其他流动负债用于流动资金	0.00	0.00	0.00	0.00	0.00
4.2.5	其他应付账款用于流动资金	0.00	139.06	0.00	0.00	0.00
5	**其他应收收益来源**	**0.00**	**252.00**	**252.00**	**252.00**	**252.00**
5.1	其他应收收益占用权益资金	0.00	252.00	252.00	252.00	252.00
5.2	其他应收收益占用短期借款	0.00	0.00	0.00	0.00	0.00
5.3	其他应收收益占用其他应付账款	0.00	0.00	0.00	0.00	0.00
5.4	其他应收收益占用其他流动负债	0.00	0.00	0.00	0.00	0.00
5.5	其他应收收益占用长期负债	0.00	0.00	0.00	0.00	0.00
6	**其他应收款来源**	**3206.37**	**314.75**	**2368.54**	**299.00**	**1554.00**
6.1	其他应收款占用其他应付账款	3206.37	314.75	2368.54	299.00	1554.00
6.2	其他应收款占用其他流动负债	0.00	0.00	0.00	0.00	0.00
6.3	其他应收款占用短期借款	0.00	0.00	0.00	0.00	0.00

续表

序号	项目	上三年	上二年	上一年	上年同期	本年最近月份
		2008	2009	2010	201010	201110
6.4	其他应收款占用长期负债	0.00	0.00	0.00	0.00	0.00
6.5	其他应收款占用权益资金	0.00	0.00	0.00	0.00	0.00
7	**其他流动资产来源**	**0.00**	**0.00**	**0.00**	**0.00**	**0.00**
7.1	其他流动资产占用其他流动负债	0.00	0.00	0.00	0.00	0.00
7.2	其他流动资产占用其他应付账款	0.00	0.00	0.00	0.00	0.00
7.3	其他流动资产占用短期借款	0.00	0.00	0.00	0.00	0.00
7.4	其他流动资产占用长期负债	0.00	0.00	0.00	0.00	0.00
7.5	其他流动资产占用权益资金	0.00	0.00	0.00	0.00	0.00
8	**盈余资金来源**	**1069.99**	**1012.97**	**1618.72**	**1846.43**	**1465.43**
8.1	盈余资金来源于短期借款	0.00	0.00	1426.67	1664.43	552.43
8.2	盈余资金来源于其他应付账款	413.29	1012.97	192.05	182.00	625.00
8.3	盈余资金来源于其他流动负债	0.00	0.00	0.00	0.00	0.00
8.4	盈余资金来源于长期负债	0.00	0.00	0.00	0.00	0.00
8.4	盈余资金来源于权益资金	656.70	0.00	0.00	0.00	288.00

财务报表审核结论及说明表（工业类举例）

表4.15

序号	项目名称	单位	指标	结论
1	主营业务收入增长幅度［同期］		48.86	
2	财务数据异常变动分析			
2.1	货币资金增减幅度	%	6.06	本年最近月份的货币资金与年初比较，变化幅度不大
2.2	应收账款增减幅度	%	3153.55	本年最近月份的应收账款与年初比较，变化幅度较大，主因是：
2.3	存货增减幅度	%	9.20	本年最近月份的存货与年初比较，变化幅度正常
2.4	实收资本增减	万元	−0.03	本年最近月份的实收资本与年初比较没有变化
2.5	资本公积增减	万元		本年最近月份的资本公积与年初比较没有变化
3	财务数据占比异常分析			
3.1	其他应收款占流动资产比例	%	40.65	上年末其他应收款占流动资产比例10%以上，主要构成是：
3.2	待摊费用占流动资产比例	%		上年末待摊费用占流动资产比例小于10%，占比正常

续表

序号	项目名称	单位	指标	结论
3.3	长期待摊费用占非流动资产比例	%	1.42	上年末长期待摊费用占非流动资产比例小于10%，占比正常
3.4	无形资产占非流动资产比例	%	0.82	上年末无形资产占非流动资产比例小于20%，占比正常
3.5	在建工程占固定资产比例	%	5.48	近两年在建工程占固定资产比例小于40%，占比在合理范围
4	其他应付账款分析	万元	3294.01	
4.1	其他应付账款占流动负债比例	%	52.22	上年末其他应付账款占流动负债比例10%以上，主要构成是：
4.2	其他应付账款中应付工程款	万元		
4.3	其他应付账款中股东借款	万元		
4.4	其他应付账款中企业提留	万元	2144	
4.5	其他应付账款中其他	万元	1150	
5	其他流动负债分析	万元		
5.1	其他流动负债占流动负债比例	%		上年末其他流动负债占流动负债比例小于10%，占比正常
5.2	其他流动负债中应付工程款	万元		
5.3	其他流动负债中股东借款	万元		
5.4	其他流动负债中企业提留	万元		
5.5	其他流动负债中的其他	万元		
6	可以调整的栏目			
6.1	一年到期的长期负债	万元		
7	“短债长用”释疑			
7.1	短期借款用作固定投资	万元		
7.2	其他应付账款用于固定投资	万元	733.40	存在其他应付账款用于固定投资的“短债长用”现象，但清偿顺序可以安排在银行贷款之后
7.3	其他流动负债用于固定投资	万元		
8	其他短期借款处置方法			
8.1	其他应收款占用短期借款	万元		
8.1.1	能够变现还款的其他应收账款	万元		
8.1.2	不能变现还款的其他应收账款	万元		
8.2	其他流动资产占用短期借款	万元		
8.2.1	能够变现还款的其他流动资产	万元		

续表

序号	项目名称	单位	指标	结论
8.2.2	不能变现还款的其他流动资产	万元		
8.3	其他应收收益占用短期借款	万元		
8.3.1	能够变现还款的其他应收收益	万元		
8.3.2	不能变现还款的其他应收收益	万元		
9	往来账款处置方法	万元	2368.54	存在往来账款，企业拟采用的处置方法是：
9.1	其他应收款占用其他应付账款	万元	2368.54	
9.2	其他应收款占用其他流动负债	万元		
9.3	其他应收款占用权益资金	万元		

长期借款还本付息表

表 4.16　单位：万元

序号	项目名称	上二年	上一年	第 1 年（本年）	第 2 年	第 3 年	第 4 年	第 5 年
		2009	2010	2011	2012	2013	2014	2015
1	年初借款余额							
2	本年借款							
3	贷款利率（%）							
4	本年应计利息							
5	本年还本金							
6	本年付利息							
7	年末借款余额							

3. 计算公式

计算周期从上二年开始至 T = 计算期末。上二年、上一年数据全部取自经营成本估算表。从第 1 年开始除了财务费用，其他数据也取自经营成本估算表，财务费用通过下述公式计算：

财务费用[第 1 年] =（债务结构分析表！短期借款[上一年] + 流动资金估算表！流动资金借款[本年]）× 基本参数！流动资金借款年利率/100 + 长期借款还本付息表！本年应计利息[第 1 年] + 基本参数！新增固定投资借款 × 基本参数！新增借款利率/200

财务费用[第 2 年及以后] =（资产负债估算表！短期借款[上年] + 流动资金估算表！流动资金借款累计[本年]）× 基本参数！流动资金借款年利率/100 + 长期借款还本付息表！本年应计利息[本年] + 借款还本付息计划表！新增固定投资借款[年初余额]

×基本参数！新增借款利率/100

注意到第2年开始，上式中“资产负债估算表！短期借款［上年］”、“借款还本付息计划表！新增固定投资借款［年初余额］”，计算顺序排在本表之后，为了取得这些数据，从总成本费用估算表开始循环至资产负债估算表结束，要求一年一循环。

总成本费用＝经营成本估算表！总成本费用＋财务费用

固定成本＝经营成本估算表！固定成本＋财务费用

4. 案例计算

财务费用[第1年]＝(2000＋1424.19)×5.85/100＋0＋2500×6.56/200＝282.31

财务费用[第2年]＝(0＋2344.55)×5.85/100＋0＋2500×6.56/100＝301.16

财务费用[第3年]＝(0＋2344.55)×5.85/100＋0＋1250×6.56/100＝219.16

财务费用[第4－5年]＝(0＋2344.55)×5.85/100＋0＋0×6.56/100＝137.16

总成本费用[第1年]＝7708.42＋282.31＝7990.73

总成本费用[第2年]＝8927.51＋301.16＝9228.67

总成本费用[第3年]＝8807.83＋219.16＝9026.99

总成本费用[第4－5年]＝8807.83＋137.16＝8944.99

固定成本＝经营成本估算表！固定成本＋财务费用

固定成本[第1年]＝1868.23＋282.31＝2150.54

固定成本[第2年]＝1835.58＋301.16＝2136.74

固定成本[第3年]＝1715.90＋219.16＝1935.06

固定成本[第4－5年]＝1715.90＋137.16＝1853.06

总成本费用估算表（工业类举例）

表4.17

序号	项目名称	上二年	上一年	第1年	第2年	第3年	第4年	第5年
		2009	2010	2011	2012	2013	2014	2015
1	生产成本	2093.76	3144.00	4238.60	4953.38	4953.38	4953.38	4953.38
1.1	原材料费	357.81	537.28	799.80	971.22	971.22	971.22	971.22
1.2	燃料及动力费	478.38	718.34	1069.32	1298.52	1298.52	1298.52	1298.52
1.3	工资及福利费	425.84	639.44	854.63	995.14	995.14	995.14	995.14
1.4	折旧费	423.24	433.98	471.84	496.57	496.57	496.57	496.57
1.5	修理费	219.17	530.67	709.25	825.87	825.87	825.87	825.87
1.6	其他制造费用	189.32	284.29	333.76	366.07	366.07	366.07	366.07
2	管理费用	1631.59	2595.90	3418.21	3922.51	3802.83	3802.83	3802.83

续表

序号	项目名称	上二年	上一年	第1年	第2年	第3年	第4年	第5年
		2009	2010	2011	2012	2013	2014	2015
2.1	摊销费	127.56	152.35	152.35	119.68			
2.2	其他管理费用	1504.03	2443.55	3265.86	3802.83	3802.83	3802.83	3802.83
3	财务费用	-26.84	-16.68	282.31	301.16	219.16	137.16	137.16
4	营业费用	54.36	51.62	51.62	51.62	51.62	51.62	51.62
5	总成本费用	3752.87	5774.84	7990.74	9228.67	9026.99	8944.99	8944.99
6	经营成本	3228.91	5205.19	7084.23	8311.27	8311.27	8311.27	8311.27
7	可变成本			5840.20	7091.93	7091.93	7091.93	7091.93
8	固定成本			2150.54	2136.74	1935.06	1853.06	1853.06

第六节　利润估算表

1. 报表内容与格式

工业类企业与商业类企业估算利润的方法相同。工业类企业举例利润估算表见表4.18，商业类企业举例见本章第十四节。

利润估算表（工业类举例）

表4.18　　单位：万元

序号	项目名称	上二年	上一年	第1年	第2年	第3年	第4年	第5年
		2009	2010	2011	2012	2013	2014	2015
1	营业收入	3910.87	6537.29	9593.46	11589.06	11589.06	11589.06	11589.06
2	营业税金及附加	51.23	98.11	143.98	173.93	173.93	173.93	173.93
3	总成本费用	3752.87	5774.84	7990.74	9228.67	9026.99	8944.99	8944.99
4	补贴收入							
5	营业外收支净额	322.76	16.61	16.61	16.61	16.61	16.61	16.61
6	利润总额	429.52	680.96	1475.36	2203.07	2404.75	2486.75	2486.75
7	弥补以前年度亏损							
8	应纳税所得额	429.52	680.96	1475.36	2203.07	2404.75	2486.75	2486.75
9	所得税	110.57	170.83	368.84	550.77	601.19	621.69	621.69
10	净利润	318.95	510.13	1106.52	1652.30	1803.56	1865.06	1865.06
11	法定盈余公积金	31.90	51.01	110.65	165.23	180.36	186.51	186.51
12	各投资方利润分配							

续表

序号	项目名称	上二年	上一年	第1年	第2年	第3年	第4年	第5年
		2009	2010	2011	2012	2013	2014	2015
13	当期未分配利润	287.06	459.12	995.87	1487.07	1623.21	1678.56	1678.56
14	未分配利润	599.62	1058.73	2054.60	3541.67	5164.88	6843.43	8521.99
15	息税前利润	402.68	664.28	1757.67	2504.23	2623.91	2623.91	2623.91
16	息税折旧摊销前利润	953.48	1250.61	2381.87	3120.48	3120.48	3120.48	3120.48

2. 数据来源

表4.5收益分配参数；表4.1营业收入估算表；表4.17总成本费用估算表；表4.12基本参数。

3. 计算公式

计算周期从上二年开始至T=计算期末，计算公式如下：

（1）营业收入

营业收入=营业收入估算表！营业收入

（2）营业税金及附加

营业税金及附加=营业收入估算表！营业税金及附加

（3）总成本费用

总成本费用=总成本费用估算表！总成本费用

（4）补贴收入

补贴收入=收益分配参数！补贴收入

（5）营业外收支净额

营业外收支净额=收益分配参数！营业外收支净额

（6）利润总额

利润总额=营业收入-营业税金及附加-总成本费用+补贴收入+营业外收支净额

（7）弥补以前年度亏损

默认=0

（8）应纳税所得额

应纳税所得额=MAX（利润总额，0）

（9）所得税

所得税=应纳税所得额×收益分配参数！所得税税率/100

（10）净利润

净利润 = 利润总额 - 所得税

（11）法定盈余公积金

法定盈余公积金 = 0

（12）各投资方利润分配

各投资方利润分配 = 收益分配参数！各投资方利润分配

（13）当期未分配利润

当期未分配利润 = 净利润 - 法定盈余公积金 - 各投资方利润分配

（14）未分配利润

未分配利润 = 未分配利润［T-1］ + 当期未分配利润

（15）息税前利润

息税前利润 = 利润总额 + 总成本费用估算表！财务费用

（16）息税折旧摊销前利润

息税折旧摊销前利润 = 息税前利润 + 总成本费用估算表！折旧费 + 总成本费用估算表！摊销费

4. 判断本年预测利润的合理性

本年预测利润需与本年最近月份财务报表的利润比较，看两者之间的偏差会不会太离谱。判断预测结果是否合理，也是验证预测参数是否合理，若预测结果偏差大，可以修正预测参数。有两种偏差较大的情况需要提出质疑、论证，或调整。

质疑情况之一：本年预测利润明显低于本年最近月份的利润，对于季节性生产经营不是特别明显的企业，这种情况是不符合逻辑的，需要质疑本年预测利润是否被低估。本年预测利润低于本年最近月份的利润情况，只有当未来月份出现亏损才可能出现，否则，本年预测的利润不应该小于本年最近月份的利润。出现这种情况也不能排除企业最近月份的利润被抬高的可能性，因为提供的本年最近月份报表是没有经过审计的，真实性没有通过审计证明，有可能是虚构的。只有经过验证认为本年最近月份收入和利润是可信的，才有必要对本年预测参数和预测结果进行调整。可以通过比较最近月份"纳税申报收入"与最近月份利润表"主营业务收入"进行验证。

质疑情况之二："本年预测月平均利润"显著高于"最近月份月平均利润"时，哪怕高于5%，也需要质疑本年预测利润是否被高估。首先检查收入增长幅度预测参数是否合理，是采用了本年营业收入增长率，还是上一年营业收入增长率，或者依据其他统计参数。再检查达产年成本费用参数和可变成本比例是否合理。

如本例本年最近月份（2011年10月）的利润总额为1515.80万元，折算到年底为1818.96万元，本年预测1475.36万元，利润相差343.6万元，估算的利润不仅低于按最近月份折算的全年利润，而且低于最近月份利润。主要原因是财务费用影响，前10个月财务费用为-71.34万元，而本年估算的财务费用为282.31万元，财务费用相差353.65万元。一是财务评价没有考虑存款利息，该企业存款利息比较大，二是本年借款2500万元增加利息82万元。除了利息影响之外，其他方面都比较吻合，偏差在合理范围内。

5. 可还款收益

息税折旧摊销前利润减所得税即为经营活动净现金流量，是偿还固定资产贷款和支付企业全部利息的主要资金来源。

第七节 借款还本付息计划表

一、方法与参数

1. 贷款偿还方式

常用的贷款偿还方式有“等额还本金”、“等额还本利”、“按最大能力偿还”三种。“等额还本金”和“等额还本利”两种方法称之为“等额偿还方式”。按照“每年的偿债备付率正好等于最低偿债备付率”安排还本付息计划的方法，称之为“按最大能力偿还方式”。

“等额偿还方式”与“按最大能力偿还方式”各有特点，“等额偿还方式”先满足偿还期要求，每年偿还本金相等或每年还本付息金额相等，可能出现的问题是还款初期压力大，计算的“偿债备付率”可能达不到“最低偿债备付率”要求。“按最大能力偿还方式”先满足最低偿债备付率，保证每年偿债能力都能满足要求，贷款偿还期实际需要多少年就安排多少年。选择偿还方式也是方案优化方法之一。

2. 评价指标

评价标准：新增固定投资借款偿还期限和最低偿债备付率。

每年评价指标：利息备付率、偿债备付率、累计平均偿债备付率、借款偿还期。

评价决策指标：利息备付率、累计平均偿债备付率最低值、借款偿还期。

评价准则：只有流动资金贷款的企业，只要满足下述条件即为可行：

利息备付率≥最低利息备付率（不低于100%）。

有固定资产贷款的企业需同时满足下述条件为可行。

贷款偿还期≤新增固定投资借款偿还期；

累计平均偿债备付率最低值≥最低偿债备付率（不低于100%）。

用“累计平均偿债备付率最低值”作决策指标，比用“偿债备付率”更科学。“累计平均偿债备付率”兼顾到了每年经营收益波动大的行业，如房地产企业经常出现“收入多时还款少，还款多时收入少”的现象，“累计平均偿债备付率”累计了从第1年开始到本年的还款资金来源和还本付息金额，每年的偿债备付率都是从第1年开始到本年的平均偿债备付率，偿还期末年的“累计平均偿债备付率”就是整个偿还期内的平均偿债备付率，若偿还期内“累计平均偿债备付率最低值”达到了评价标准，则偿还期内所有年份都有偿债能力。“累计平均偿债备付率最低值”用作决策指标，对于一般行业也是很合适的。

3. 评价标准与评价参数

基本参数确定的“新增固定投资借款偿还期限”和“最低偿债备付率”既是评价标准又是评价参数。用作评价标准时，评价指标与其比较作出决策。用作评价参数，当选择“等额还本金”或“等额还本利”偿还方式时，作为评价指标的“贷款偿还期”即等于“评价标准（新增固定投资借款偿还期）”已经确定下来，剩下需要确定的只有“偿债备付率”了，只要借款还本付息计划表测算的偿债备付率每年都达到评价标准（最低偿债备付率或100%），则计划是可行的；当选择“按最大能力偿还”时，最低偿债备付率起评价参数作用，“偿债备付率”评价指标即等于评价标准“最低偿债备付率”被确定下来，再根据“最低偿债备付率”安排还本付息计划，根据借款还本付息计划表测算“贷款偿还期”评价指标，计算的评价指标与基本参数“固定投资借款偿还期”比较，计算的贷款偿还期若小于或等于“固定投资借款偿还期”，则贷款是可行的，否则贷款不可行。

4. 可以降低评价标准的情况

最低偿债备付率一般取130%，留有30%的备用系数，这完全是针对用经营收益还款的情况。企业存在用现有盈余资金或债务优化融资作为还款资金来源时，这部分还款资金是不需要备用的，因此可以降低评价标准，如最低可以降低至100%。

5. 债务结构优化方法

当企业存在“短债长用”情况时，若本年产生的经营收益不能完全改变企业财务状况时，需要债务优化融资。当企业既无现有长期借款、应付债券、长期应付款，又没有其他短期负债用作固定投资，也没有新增固定投资，若此时出现债务优化贷款，则可能是新增自有流动资金筹措出了问题，可以通过降低基本参数“自有流动资金最低比例”进行调整。债务优化融资可选择股权融资和债权融资两种方法。

本方法计算了优化前和优化后两套报表和指标。

二、报表内容与格式

借款还本付息计划表是“贷款评价”最重要的报表，合理安排贷款还本付息计划和判断贷款偿还能力是“贷款评价”的目的。借款还本付息计划表不分工业类和商业类，报表内容与格式相同，工业类举例见表 4. 19。本例采用“等额还本金”的偿还方式，贷款偿还期 3 年，每年的累计平均偿债备付率分别为：191. 88%、177. 53%、175. 65%。累计平均偿债备付率最低值 175. 65%，显著高于最低偿债备付率 130%。

借款还本付息计划表（工业类举例）

表 4. 19　　　　单位：万元

序号	项目名称	上二年	上一年	第 1 年	第 2 年	第 3 年	第 4 年	第 5 年
		2009	2010	2011	2012	2013	2014	2015
1	**还本付息计划**							
1. 1	原有借款							
1. 1. 1	原有借款年初累计							
1. 1. 2	原有借款本年借款							
1. 1. 3	原有借款应计利息							
1. 1. 4	原有借款本年还本金							
1. 1. 5	原有借款本年付利息							
1. 1. 6	原有借款年末累计							
1. 2	新增借款							
1. 2. 1	新增借款年初累计				2500. 00	1250. 00		
1. 2. 2	新增借款本年借款			2500. 00				
1. 2. 3	新增借款应计利息			82. 00	164. 00	82. 00		
1. 2. 4	新增借款本年还本金				1250. 00	1250. 00		
1. 2. 5	新增借款本年付利息			82. 00	164. 00	82. 00		
1. 2. 6	新增借款年末累计			2500. 00	1250. 00			
1. 3	短期借款偿还			1426. 67				
1. 4	支付工程欠款							
1. 5	还本付息计划合计							
1. 5. 1	年初累计			1426. 67	2500. 00	1250. 00		
1. 5. 2	本年借款			2500. 00				
1. 5. 3	应计利息			82. 00	164. 00	82. 00		
1. 5. 4	本年还本金			1426. 67	1250. 00	1250. 00		

续表

序号	项目名称	上二年	上一年	第1年	第2年	第3年	第4年	第5年
		2009	2010	2011	2012	2013	2014	2015
1.5.5	本年付利息			82.00	164.00	82.00		
1.5.6	年末累计			2500.00	1250.00			
2	**还款能力指标**							
2.1	息税前利润	402.68	664.28	1757.67	2504.23	2623.91		
2.2	息税折旧摊销前利润	953.48	1250.61	2381.87	3120.48	3120.48		
2.3	各种利息支出	-26.84	-16.68	282.31	301.16	219.16		
2.4	偿还债务本金			1426.67	1250.00	1250.00		
2.5	所得税	110.57	170.83	368.84	550.77	601.19		
2.6	用于建设投资及自有流动资金			2852.50	61.24			
2.7	可用于还款的年初盈余资金			1618.72	1187.06	1565.49		
2.8	企业融资			2500.00				
2.9	资产变现							
2.10	利息备付率	200.00	200.00	622.59	831.54	1197.28		
2.11	偿债备付率	130.00	130.00	191.88	238.24	278.04		
2.12	累计平均偿债备付率			191.88	177.53	175.65		
2.13	借款偿还期（年）	3.00						

三、计算公式

计算周期用T表示从上二年开始循环至T=计算期末。计算公式如下：

1. 还本付息第一资金来源

息税前利润[T]=利润估算表！息税前利润；

息税折旧摊销前利润[T]=利润估算表！息税折旧摊销前利润；

各种利息支出[T]=总成本费用估算表！财务费用；

所得税[T]=利润估算表！所得税

2. 原有长期借款还本付息计划

数据取自"长期借款还本付息表"。

原有借款年初累计[T]=长期借款还本付息表！年初借款余额；

原有借款本年借款[T]=长期借款还本付息表！本年借款；

原有借款应计利息[T]=长期借款还本付息表！本年应计利息；

原有借款本年还本金[T]=长期借款还本付息表！本年还本金；

原有借款本年付利息[T]=长期借款还本付息表！本年付利息；

原有借款年末累计[T]=长期借款还本付息表！年末借款余额

3. 还本付息资金其他资金来源及投资

用于建设投资及自有流动资金[T=3]=基本参数！新增固定投资+流动资金估算表！自有流动资金；

用于建设投资及自有流动资金[T>3]=流动资金估算表！自有流动资金；

可用于还款的年初盈余资金[T=3]=债务结构分析表！盈余资金[上一年]；

可用于还款的年初盈余资金[T>3]=财务计划现金流量表！盈余资金累计[上年]-还款备用经营收益累计[上年]；

新增固定资产贷款[T=3]=基本参数！新增固定投资借款；

新增注册资金[T=3]=基本参数！新增注册资金；

用于投资的新增注册资金[T=3]=Min(新增注册资金[T=3],用于建设投资及自有流动资金[T=3])；

剩余新增注册资金[T=3]=新增注册资金[T=3]-用于投资的新增注册资金[T=3]；

用于投资的新增固定资产贷款[T=3]=Min(新增固定资产贷款[T=3],用于建设投资及自有流动资金[T=3]-用于投资的新增注册资金[T=3])；

剩余新增固定资产贷款[T=3]=新增固定资产贷款[T=3]-用于投资的新增固定资产贷款[T=3]；

企业融资[T=3]=基本参数！新增固定投资借款+基本参数！新增注册资金；

可支配的经营收益[T>2]=Max(息税折旧摊销前利润[T>2]-所得税[T>2],0)；

用于投资的经营收益[T=3]=Min(可支配的经营收益[T=3],用于建设投资及自有流动资金[T=3]-用于投资的新增注册资金[T=3]-用于投资的新增固定资产贷款[T=3])；

用于投资的经营收益[T>3]=Min(可支配的经营收益[T>3],用于建设投资及自有流动资金[T>3])；

投资资金缺口[T=3]=用于建设投资及自有流动资金[T=3]-用于投资的新增注册资金[T=3]-用于投资的新增固定资产贷款[T=3]-用于投资的经营收益[T=3]；

投资资金缺口[T>3]=用于建设投资及自有流动资金[T>3]-用于投资的经营收益[T>3]；

还款备用经营收益[T>2]=Max((可支配的经营收益[T>2]-用于投资的经营收

益[T>2])×((基本参数！最低偿债备付率-100)/基本参数！最低偿债备付率),0)；

可还本付息的经营收益[T>2]=(可支配的经营收益[T>2]-用于投资的经营收益[T>2])-还款备用经营收益[T>2]；

可还本付息资金：

资产变现[T=3]=财务报表审核说明！能够变现还款的其他应收账款+财务报表审核说明！能够变现还款的其他流动资产+财务报表审核说明！能够变现还款的其他应收收益；

可还本付息资金[T=3]=可还本付息的经营收益[T=3]+新增注册资金[T=3]+新增固定资产贷款[T=3]+可用于还款的年初盈余资金[T=3]+资产变现-用于投资的新增注册资金[T=3]-用于投资的新增固定资产贷款[T=3]；

可还本付息资金[T>3]=可还本付息的经营收益[T>3]+可用于还款的年初盈余资金[T>3]

4. 借款偿还与资金平衡

1）借款种类

还本付息计划由四部分组成：原有长期借款还本付息计划、新增固定资产借款、短期借款偿还、支付工程欠款等，都按固定资产贷款处理。

2）短期借款偿还、支付工程欠款

短期借款偿还[T=3]=债务结构分析表！短期借款-债务结构分析表！流动资金短期借款；

理论：用作流动资金的短期借款将由周转出来的流动资金偿还，用作固定投资的短期借款用折旧摊销利润偿还，盈余资金对应的短期借款用盈余资金偿还，其他短期借款理应用其他流动资产变现后偿还。

支付工程欠款[T=3]=财务报表审核说明！其他应付账款中应付工程款+财务报表审核说明！其他流动负债中应付工程款；

短期借款偿还[T>3]=财务计划现金流量表！短期借款[上年]；

短期负债利息[T=3]=(短期借款偿还[T=3]+流动资金估算表！流动资金借款[本年])×基本参数！流动资金借款利率/100；

短期负债利息[T>3]=(短期借款偿还[T>3]+流动资金估算表！流动资金借款累计[本年])×基本参数！流动资金借款年利率/100

3）偿还现有债务

需还原有债务[T>2]=原有借款本年付利息[T>2]+原有借款本年还本金[T>2]+短期借款偿还[T>2]+支付工程欠款[T>2]+短期负债利息；

用可还本付息资金偿还现有债务[T>2]=Min(需还原有债务[T>2],可还本付息资金[T>2]);

还款资金缺口1_1[T>2]=需还原有债务[T>2]-用可还本付息资金偿还现有债务[T>2];

可还本付息资金_1[T>2]=可还本付息资金[T>2]-用可还本付息资金偿还现有债务[T>2];

备用资金还现有债务[T>2]=Min(还款资金缺口1_1[T>2],还款备用经营收益);

还款资金缺口1_2[T>2]=还款资金缺口1_1[T>2]-备用资金还现有债务[T>2];

还款备用经营收益_1[T>2]=还款备用经营收益[T>2]-备用资金还现有债务[T>2]

4）新增固定资产借款

新增借款年初累计[T=3]=0;

新增借款本年借款[T=3]=基本参数！新增固定投资借款;

新增借款应计利息[T=3]=基本参数！新增固定投资借款×基本参数！新增借款利率/200;

新增借款年初累计[T>3]=新增借款年末累计[上年];

新增借款本年借款[T=3]=0;

新增借款应计利息[T>3]=新增借款年初累计[T>3]×基本参数！新增借款利率/100;

应计利息说明：债务优化贷款本年不计算利息，因为被替代的贷款已经计算全年利息，不计利息是为了避免重复计息。

“新增借款本年还本金”的确定方法，是财务平衡分析的重要内容，根据“基本参数”选择的“新增借款偿还方式”可能有三种确定方法：

①等额还本金

等额还本金计算开始：

新增固定投资借款偿还期[T=3]=基本参数！新增固定投资借款偿还期;

新增固定投资借款偿还期[T>3]=新增固定投资借款偿还期[上年]-1;

新增借款本年还本金[T=3]=0;//宽限期

新增借款本年还本金[T>3]=if(新增固定投资借款偿还期[T>3]>0,新增借款年初累计[T>3]/新增固定投资借款偿还期[T>3],0);

需偿还的新增借款本息[T>2]=新增借款应计利息[T>2]+新增借款本年还本金[T>2];

用可还本付息资金偿还新增借款[T>2]=Min(需偿还的新增借款,可还本付息资金_1[T>2]);

还款资金缺口2_1[T>2]=需偿还的新增借款[T>2]-用可还本付息资金偿还新增借款[T>2];//偿还新增借款资金缺口

使用备用资金[T>2]=Min(还款资金缺口2_1[T>2],还款备用经营收益_1[T>2]);

还款备用经营收益_2[T>2]=还款备用经营收益_1[T>2]-使用备用资金[T>2];

还款资金缺口2_2[T>2]=还款资金缺口2_1[T>2]-使用备用资金[T>2];

等额还本金计算结束。

②等额还本利

等额还本利计算开始:

新增固定投资借款偿还期[T=3]=基本参数!新增固定投资借款偿还期;

本年还本利[T=3]=新增借款应计利息[T=3];//宽限期

新增借款本年还本金[T>2]=0;//宽限期

新增固定投资借款偿还期[T>3]=新增固定投资借款偿还期[上年]-1;

本年还本利[T>3]=if(新增固定投资借款偿还期[T>3]>0,新增借款年初累计[T>2]×((1+基本参数!新增借款利率/100)^新增固定投资借款偿还期[T>3])×(基本参数!新增借款利率/100)/(((1+基本参数!新增借款利率/100)^新增固定投资借款偿还期[T>3])-1),0);

新增借款本年还本金[T>3]=本年还本利[T>3]-新增借款应计利息[T>3];

用可还本付息资金偿还新增借款[T>2]=Min(需偿还的新增借款[T>2],可还本付息资金_1[T>2]);

还款资金缺口2_1[T>2]=需偿还的新增借款[T>2]-用可还本付息资金偿还新增借款[T>2];//偿还新增借款资金缺口;

使用备用资金[T>2]=Min(还款资金缺口2_1[T>2],还款备用经营收益_1[T>2]);

还款备用经营收益_2[T>2]=还款备用经营收益_1[T>2]-使用备用资金[T>2];

还款资金缺口2_1[T>2]=还款资金缺口2_1[T>2]-使用备用资金[T>2];

等额还本利计算结束。

③按最大能力偿还

按最大能力偿还计算开始：

用可还款资金偿还新增借款利息[T>2]=Min(新增借款本年付利息[T>2],可还本付息资金_1[T>2])；

可还本付息资金_2[T>2]=可还本付息资金_1[T>2]-用可还款资金偿还新增借款利息[T>2]；

还款资金缺口2_1[T>2]=新增借款本年付利息[T>2]-用可还款资金偿还新增借款利息[T>2]；

使用备用资金[T>2]=Min(还款资金缺口2_1[T>2],还款备用经营收益_1[T>2])；

还款备用经营收益_2[T>2]=还款备用经营收益_1[T>2]-使用备用资金[T>2]；

还款资金缺口2_2[T>2]=还款资金缺口2_1[T>2]-使用备用资金[T>2]；

需还本金[T=3]=0;//宽限期不还本金

需还本金[T>3]=新增借款年初累计[T>3]+新增借款本年借款[T>3]；

偿还债务本金[T>3]=Min(需还本金[T>3],可还本付息资金_2[T>3])；

按最大能力偿还计算结束。

也可把上述三种方式中的“偿还债务本金”用一个Excel公式表达如下：

偿还债务本金[T=3]=0；

偿还债务本金[T>3]=if(基本参数！偿还方式=1,if(新增固定投资借款偿还期[T>3]>0,新增借款年初累计[T>3]/新增固定投资借款偿还期[T>3],0),if(基本参数！偿还方式=2,if(新增固定投资借款偿还期[T>3]>0,新增借款年初累计[T>2]×((1+基本参数！新增借款利率/100)^新增固定投资借款偿还期[T>3])×(基本参数！新增借款利率/100)/(((1+基本参数！新增借款利率/100)^新增固定投资借款偿还期[T>3])-1),0)-新增借款应计利息[T>3],Min(新增借款年初累计[T>3]+新增借款本年借款[T>3],可还本付息资金_2[T>3])))

5）新增借款还本付息共用部分

还款备用经营收益累计[T=3]=还款备用经营收益_2[T=3]；

还款备用经营收益累计[T>3]=还款备用经营收益累计[上年]+还款备用经营收益_2[T>3]；

偿还债务本金[T>2]=原有借款本年还本金[T>2]+短期借款偿还[T>2]+支付工程欠款[T>2]+新增借款本年还本金[T>2]；

资金缺口合计[T>2] = 投资资金缺口[T>2] + 还款资金缺口1_2[T>2] + 还款资金缺口2_2[T>2];

企业融资[T>2] = 企业融资[T>2] + 投资资金缺口[T>2] + 还款资金缺口1_2[T>2] + 还款资金缺口2_2[T>2];

新增固定资产贷款[T>2] = 新增固定资产贷款[T>2] + 投资资金缺口合计[T>2];

新增借款本年借款[T>2] = 新增固定资产贷款[T>2];

新增借款本年付利息[T>2] = 新增借款应计利息[T>2];

新增借款年末累计[T>2] = 新增借款年初累计[T>2] + 新增借款本年借款[T>2] - 新增借款本年还本金[T>2]

5. 贷款合计

1.5.1 年初累计[T>2] = 原有借款年初累计[T>2] + 新增借款年初累计[T>2] + 短期借款偿还[T>2] + 支付工程欠款[T>2];

1.5.2 本年借款[T>2] = 原有借款本年借款[T>2] + 新增借款本年借款[T>2];

1.5.3 应计利息[T>2] = 原有借款应计利息[T>2] + 新增借款应计利息[T>2];

1.5.4 本年还本金[T>2] = 原有借款本年还本金[T>2] + 短期借款偿还[T>2] + 支付工程欠款[T>2] + 新增借款本年还本金[T>2];

1.5.5 本年付利息[T>2] = 原有借款本年付利息[T>2] + 新增借款本年付利息[T>2];

1.5.6 年末累计[T>2] = 原有借款年末累计[T>2] + 新增借款年末累计[T>2]

6. 计算指标

利息备付率[T] = 息税前利润[T]/各种利息支付[T] ×100

从上二年开始计算，当企业无任何贷款的情况下，若判断偿债能力可根据企业状况确定一个利息备付率，方法如下：

当“息税前利润大于0”和“各种利息支出等于或小于0”时，可以认为企业有偿还能力，利息备付率 [T] =200。

当“可用于还款的年初盈余资金大于0”和“各种利息支出等于或小于0”时，可以认为企业有偿还能力，利息备付率 [T] =200。

当“息税前利润小于或等于0”和“可用于还款的年初盈余资金小于或等于0”和“各种利息支出等于或小于0”时，可以认为企业有偿还能力不确定，保守认为没有偿债能力，利息备付率 [T] =0。

偿债备付率[T] = (息税折旧摊销前利润[T] - 所得税[T] - 用于建设投资及自有流动资金[T] + 可用于还款的年初盈余资金[T] + 企业融资[T] + 资产变现[T]) ×100/

(各种利息支付[T]+偿还债务本金[T])

当企业无任何贷款和当还款资金来源大于0时,可以认为企业有偿还能力,偿债备付率[T]=130。

当企业无任何贷款和当还款资金来源小于0时,偿债能力不确定,保守认为企业无偿还能力,偿债备付率[T]=0。

还本付息资金来源累计[T=3]=息税折旧摊销前利润[T=3]-所得税[T=3]-用于建设投资及自有流动资金[T=3]+可用于还款的年初盈余资金[T=3]+企业融资[T=3]+资产变现[T=3];

还本付息资金来源累计[T>3]=还本付息资金来源累计[T-1]+息税折旧摊销前利润[T>3]-所得税[T>3]-用于建设投资及自有流动资金[T>3]+企业融资[T>3];

还本付息累计[T=3]=各种利息支出[T=3]+偿还债务本金[T=3];

还本付息累计[T>3]=还本付息累计[T-1]+各种利息支出[T>3]+偿还债务本金[T>3];

累计平均偿债备付率[T>2]=还本付息资金来源累计[T>2]×100/还本付息累计[T>2]

计算借款偿还期,如果新增借款偿还方式选择为“等额还本金”或“等额还本利”,则借款偿还期等于基本参数规定的“新增固定投资借款偿还期”。若为“按最大能力偿还”则需要通过推算确定,事先赋值如下:

借款偿还期=基本参数!计算期+1

推算方法,以K为循环变量,当符合“(新增借款年初累计[计算期+3-K]>0.5&&新增借款年末累计[计算期+3-K]<0.5&&借款偿还期=计算期+1)”条件时,则:

借款偿还期=计算期+1-K

上述公式计算值除了与借款还本付息计划表栏目对应之外,还有一些是中间计算过程,若用Excel计算,可在表外设置中间变量计算栏目。

第八节 财务计划现金流量表

1. 报表内容与格式

本年预测的财务计划现金流量表,工业类企业与商业类企业编制方法相同,内容与格式见表4.20,也是工业类企业举例,商业类企业举例见第五节。

财务计划现金流量表（工业类举例）

表 4.20　　　　单位：万元

序号	项目名称	上二年	上一年	第 1 年	第 2 年	第 3 年	第 4 年	第 5 年
		2009	2010	2011	2012	2013	2014	2015
1	**经营活动净现金流量**			**2013.03**	**2569.71**	**2519.29**	**2498.79**	**2498.79**
1.1	现金流入			9610.07	11605.67	11605.67	11605.67	11605.67
1.1.1	营业收入			9593.46	11589.06	11589.06	11589.06	11589.06
1.1.2	增值税销项税额							
1.1.3	补贴收入							
1.1.4	其他收入			16.61	16.61	16.61	16.61	16.61
1.2	现金流出			7597.05	9035.96	9086.38	9106.88	9106.88
1.2.1	经营成本			7084.23	8311.27	8311.27	8311.27	8311.27
1.2.2	增值税进项税额							
1.2.3	营业税金及附加			143.98	173.93	173.93	173.93	173.93
1.2.4	增值税							
1.2.5	所得税			368.84	550.77	601.19	621.69	621.69
1.2.6	其他流出							
2	**投资活动净现金流量**			**-4276.69**	**-408.28**			**14652.70**
2.1	现金流入							14652.70
2.1.1	回收固定资产余值							5459.76
2.1.2	回收流动资金							2758.30
2.1.3	回收对外投资							6434.64
2.2	现金流出			4276.69	408.28			
2.2.1	建设投资			2500.00				
2.2.2	维持运营投资							
2.2.3	流动资金			1776.69	408.28			
2.2.4	其他							
3	**筹资活动净现金流量**			**2215.20**	**-1204.12**	**-1469.16**	**-137.16**	**-2481.71**
3.1	现金流入			3924.19	347.03			
3.1.1	项目资本金投入							
3.1.2	建设投资借款			2500.00				
3.1.3	流动资金借款			1424.19	347.03			
3.1.4	债券							

续表

序号	项目名称	上二年	上一年	第1年	第2年	第3年	第4年	第5年
		2009	2010	2011	2012	2013	2014	2015
3.1.5	应付账款							
3.1.6	短期借款							
3.1.7	其他							
3.2	现金流出			1708.99	1551.16	1469.16	137.16	2481.71
3.2.1	各种利息支出			282.31	301.16	219.16	137.16	137.16
3.2.2	偿还债务本金			1426.67	1250.00	1250.00		2344.55
3.2.3	应付利润（股利分配）							
3.2.4	其他筹资活动现金流出							
4	**净现金流量**			**-48.46**	**957.31**	**1050.13**	**2361.63**	**14669.78**
5	**累计盈余资金**	**1012.97**	**1618.72**	**1570.26**	**2527.57**	**3577.70**	**5939.33**	**20609.11**

2. 假设条件

采用了与项目评价相同的假设条件，即假设当年生产的产品当年全部销售出去，当年的销售收入全部到账。

3. 计算公式

经营活动现金流量、投资活动现金流量、筹资活动现金流量从第1年（本年）开始至计算期末。用“T”表示时间。只有累计盈余资金栏目从上二年开始。

（1）计算经营活动净现金流量

1）经营活动现金流入

营业收入[T]=利润估算表！营业收入；

增值税销项税额[T]=0；

由于收入中不含税，增值税销项税额、进项税额和增值税不会对经营活动净现金流量产生影响。

补贴收入[T]=利润估算表！补贴收入；

经营活动其他收入[T]=利润估算表！营业外收支净额；

经营活动现金流入[T]=营业收入[T]+增值税销项税额[T]+补贴收入[T]+经营活动其他收入[T]

2）经营活动现金流出

经营成本[T]=总成本费用估算表！经营成本；

增值税进项税额[T]=0；

营业税金及附加[T]=利润估算表！营业税金及附加；

增值税[T]=0；

所得税[T]=利润估算表！所得税；

经营活动其他流出[T]=0；

经营活动现金流出[T]=经营成本[T]+增值税进项税额[T]+营业税金及附加[T]+增值税[T]+所得税[T]+经营活动其他流出[T]

3）经营活动净现金流量

经营活动净现金流量[T]=经营活动现金流入[T]-经营活动现金流出[T]

（2）投资活动净现金流量

1）投资活动现金流入

计算期末流动资产和固定资产全部变现，公式如下：

回收固定资产余值[T=计算期末]=资产负债估算表！固定资产净值[T-1]+资产负债估算表！无形及其他资产[T-1]-本年折旧[T=计算期末]-本年摊销[T=计算期末]；

回收流动资金[T=计算期末]=流动资金估算表！流动资金[计算期末]；

回收对外投资[T=计算期末]=资产负债估算表！长期投资[T]；

投资活动现金流入[T=计算期末]=回收固定资产余值[T=计算期末]+回收流动资金[T=计算期末]+回收流动资金[T=计算期末]

2）投资活动现金流出

建设投资[T=3]=基本参数！新增固定投资；

建设投资[T>3]=0；

维持运营投资[T]=0；

流动资金[T]=流动资金估算表！流动资金增加额；

投资活动其他流出[T]=0；

投资活动现金流出[T]=建设投资[T]+维持运营投资[T]+流动资金[T]+投资活动其他流出[T]

3）投资活动净现金流量

投资活动净现金流量[T]=投资活动现金流入[T]-投资活动现金流出[T]

（3）筹资活动净现金流量

1）筹资活动现金流入

项目资本金投入[T=3]=基本参数！新增注册资金；

项目资本金投入[T>3]=0；

建设投资借款[T]=借款还本付息计划表！新增借款本年借款；

流动资金借款[T]=流动资金估算表！流动资金借款；

债券[T]=0；

应付账款[T]=0；

短期借款[T]=0；

"短期借款"栏目并非指流动资金借款，流动资金借款已有专门栏目反映。"短期借款"属于其他短期借款，特别是"短债长用"的短期借款。由于采取了债务优化措施，第1年短期借款=0，以后若出现资金短缺则借债务优化贷款。

筹资活动其他流入[T]=0；

筹资活动现金流入[T]=项目资本金投入[T]+建设投资借款[T]+流动资金借款[T]+债券+应付账款[T]+短期借款[T]+筹资活动其他流入[T]

2）筹资活动现金流出

各种利息支出[T]=总成本费用估算表！财务费用；

偿还债务本金[T]=借款还本付息计划表！本年还本金；

应付利润(股利分配)[T]=0；

筹资活动其他流出[T]=0；

筹资活动现金流出[T]=各种利息支出[T]+偿还债务本金[T]+应付利润(股利分配)[T]+筹资活动其他流出[T]

3）筹资活动净现金流量

筹资活动净现金流量[T]=筹资活动现金流入[T]-筹资活动现金流出[T]。

(4）净现金流量

净现金流量[T]=经营活动净现金流量[T]+投资活动净现金流量[T]+筹资活动净现金流量[T]；

累计盈余资金[T=1]=债务结构分析表！盈余资金[上二年]；

累计盈余资金[T=2]=债务结构分析表！盈余资金[上一年]；

累计盈余资金[T=3]=债务结构分析表！盈余资金[上一年]+净现金流量[T=3]；

累计盈余资金[T>3]=累计盈余资金[T-1]+净现金流量[T>3]

4. 案例计算

计算了优化前和优化后两套报表。优化前的财务计划现金流量表在累计盈余资金出现负数时不以处理，出现负数说明资金短缺。优化后的财务计划现金流量表，当累计盈余资金出现负数时，通过借入债务优化贷款或增加注册资金解决"短债长用"的资金短缺问题。

第九节 资产负债估算表

1. 报表内容与格式

资产负债估算表工业类企业与商业类企业编制方法相同，内容与格式见表4.21，也是工业类举例，商业类举例见本章第十四节。

2. 数据来源

数据来源于债务结构分析表、流动资金估算表、财务计划现金流量表、借款还本付息计划表、总成本费估算表、利润估算表。

3. 计算公式

从上二年开始至计算期末。

（1）资产

1）流动资产

货币资金[上二年、上一年]=债务结构分析表！货币资金；

货币资金[第1年开始]=流动资金估算表！现金+财务计划现金流量表！累计盈余资金；

货币资金[计算期末]=财务计划现金流量表！累计盈余资金;//回收流动资金,资产变现

应收账款[上二年开始]=流动资金估算表！应收账款；

应收账款[计算期末]=0;//回收流动资金,资产变现

预付账款[上二年开始]=流动资金估算表！预付账款；

预付账款[计算期末]=0;//回收流动资金,资产变现

存货[上二年开始]=流动资金估算表！存货；

存货[计算期末]=0;//回收流动资金,资产变现

其他流动资产[上二年、上一年]=债务结构分析表！应收其他收益+债务结构分析表！其他应收款+债务结构分析表！其他流动资产；

其他流动资产[第1年]=其他流动资产[上年]-借款还本付息计划表！资产变现；

其他流动资产[第2年开始]=其他流动资产[上年]；

流动资产总额[上二年开始]=货币资金[上二年开始]+应收账款[上二年开始]+预付账款[上二年开始]+存货[上二年开始]+其他流动资产[上二年开始]

2）非流动资产

在建工程[上二年开始]=0；

固定资产净值[上二年、上一年] = 债务结构分析表！固定资产净值；

固定资产净值[第 1 年开始] = 固定资产净值[上年] + 财务计划现金流量表！建设投资 - 总成本费用估算表！折旧费；

固定资产净值[计算期末] = 0；//回收固定资产余值，资产变现

无形及其他资产净值[上二年、上一年] = 债务结构分析表！无形资产费用；

无形及其他资产净值[第 1 年开始] = 无形及其他资产净值[上年] - 总成本费用估算表！无形资产及其他资产摊销费；

无形及其他资产净值[第 1 年开始] = 0；//回收固定资产余值，资产变现

长期投资[上二年、上一年] = 债务结构分析表！其他长期资产；

长期投资[第 1 年开始] = 长期投资[上年]；

长期投资[第 1 年开始] = 0；//回收投资，资产变现

3）资产合计

资产[上二年开始] = 流动资产总额[上二年开始] + 在建工程[上二年开始] + 固定资产净值[上二年开始] + 无形及其他资产净值[上二年开始] + 长期投资[上二年开始]

（2）负债及所有者权益

1）流动负债

短期借款[上二年、上一年] = 债务结构分析表！短期借款 - 流动资金短期借款；

短期借款[第 1 年开始] = 财务计划现金流量表！短期借款；

应付账款[上二年开始] = 流动资金估算表！应付账款；

应付账款[计算期末] = 0；//回收流动资金，资产变现

预收账款[上二年开始] = 流动资金估算表！预收账款；

预收账款[计算期末] = 0；//回收流动资金，资产变现

其他流动负债[上二年、上一年] = 债务结构分析表！其他应付账款 + 债务结构分析表！其他流动负债；

其他流动负债[第 1 年] = 其他流动负债[上年] - 借款还本付息计划表！支付工程款；

其他流动负债[第 2 年开始] = 其他流动负债[上年]；

流动负债总额[上二年开始] = 短期借款[上二年开始] + 应付账款[上二年开始] + 预收账款[上二年开始] + 其他流动负债[上二年开始]

2）长期负债

长期借款债券应付款[上二年、上一年] = 债务结构分析表！长期借款债券应付款；

长期借款债券应付款[第 1 年开始] = 借款还本付息计划表！年末累计；

流动资金借款[上二年开始] = 流动资金估算表！流动资金借款累计；

流动资金借款[计算期末] = 0；//回收流动资金，偿还流动资金借款

其他长期负债[上二年、上一年] = 债务结构分析表！其他长期负债；

其他长期负债[第 1 年开始] = 其他长期负债[上年]

3）负债小计

负债小计[上二年开始] = 流动负债总额[上二年开始] + 建设投资借款[上二年开始] + 流动资金借款[上二年开始] + 其他长期负债[上二年开始]

4）所有者权益

实收资本[上二年、上一年] = 债务结构分析表！实收资本；

实收资本[第 1 年开始] = 实收资本[上年] + 财务计划现金流量表！资本金投入；

资本公积[上二年、上一年] = 债务结构分析表！资本公积；

资本公积[第 1 年开始] = 资本公积[上年]；

累计盈余公积[上二年、上一年] = 债务结构分析表！累计盈余公积；

累计盈余公积[第 1 年开始] = 累计盈余公积[上年] + 利润估算表！法定盈余公积金；

未分配利润[上二年开始] = 利润估算表！未分配利润；

所有者权益[上二年开始] = 实收资本[上二年开始] + 资本公积[上二年开始] + 累计盈余公积[上二年开始] + 未分配利润[上二年开始]

5）负债及所有者权益

负债及所有者权益[上二年开始] = 负债小计[上二年开始] + 所有者权益[上二年开始]

（3）计算指标

资产负债率(%)[上二年开始] = 负债小计[上二年开始]/资产[上二年开始] ×100；

流动比率[上二年开始] = 流动资产[上二年开始]/(流动负债总额[上二年开始] + 流动资金借款[上二年开始])；

速动比率[上二年开始] = (流动资产[上二年开始] − 存货[上二年开始])/(流动负债总额[上二年开始] + 流动资金借款[上二年开始])；

现金比率 = 货币资金/(流动负债总额 + 流动资金借款)；

注意：在计算期末，上述公式中的“负债小计”、“流动资金借款”、“流动负债总额”因资产变现后，“应付账款”、“预收账款”、“流动资金借款”等清零而减少了，

即用回收的流动资金清偿了，在计算评价指标时，还需要加上这三项流动负债。

4. 案例示范

工业类举例计算结果见表4.21。虽然资产负债估算表涉及的数据来源很多，但计算方法简单，只要按照上述公式可以复核表中所有数据。故不在此详述表中数据的计算过程。

资产负债估算表（工业类举例）

表4.21　　单位：万元

序号	项目名称	上二年	上一年	第1年（本年）	第2年	第3年	第4年	第5年
		2009	2010	2011	2012	2013	2014	2015
1	**资产**	**15301.96**	**17951.37**	**20748.66**	**21542.47**	**22096.03**	**23961.10**	**23229.65**
1.1	流动资产总额	3048.86	5826.82	6748.30	8158.36	9208.49	11570.12	23229.65
1.1.1	货币资金	1453.71	2094.99	2231.76	3306.52	4356.65	6718.28	20609.11
1.1.2	应收账款	42.95	13.37	56.18	65.91	65.91	65.91	
1.1.3	预付账款	36.01	171.19	167.65	203.58	203.58	203.58	
1.1.4	存货	949.44	926.73	1672.17	1961.81	1961.81	1961.81	
1.1.5	其他流动资产	566.75	2620.54	2620.54	2620.54	2620.54	2620.54	2620.54
1.2	在建工程							
1.3	固定资产净值	5751.04	5417.88	7446.04	6949.47	6452.90	5956.33	
1.4	无形及其他资产净值	424.39	272.03	119.68				
1.5	长期投资	6077.67	6434.64	6434.64	6434.64	6434.64	6434.64	
2	**负债及所有者权益**	**15301.96**	**17951.39**	**20748.68**	**21542.49**	**22096.05**	**23961.12**	**23229.67**
2.1	流动负债总额	4525.90	5734.91	3501.50	3545.97	3545.97	3545.97	3294.01
2.1.1	短期借款		1426.67					
2.1.2	应付账款	886.42	971.78	155.76	189.14	189.14	189.14	
2.1.3	预收账款	443.66	42.45	51.73	62.81	62.81	62.81	
2.1.4	其他流动负债	3195.82	3294.01	3294.01	3294.01	3294.01	3294.01	3294.01
2.2	长期借款债券应付款			2500.00	1250.00			
2.3	流动资金借款		573.33	1997.52	2344.55	2344.55	2344.55	
2.4	其他长期负债	708.63	797.87	797.87	797.87	797.87	797.87	797.87
2.5	负债小计	5234.53	7106.11	8796.88	7938.39	6688.39	6688.39	4091.88
2.6	所有者权益	10067.43	10845.28	11951.80	13604.10	15407.66	17272.73	19137.79
2.6.1	实收资本	1475.46	1475.46	1475.46	1475.46	1475.46	1475.46	1475.46
2.6.2	资本公积	6145.15	6412.88	6412.88	6412.88	6412.88	6412.88	6412.88

续表

序号	项目名称	上二年	上一年	第1年（本年）	第2年	第3年	第4年	第5年
		2009	2010	2011	2012	2013	2014	2015
2.6.3	累计盈余公积	1847.20	1898.21	2008.86	2174.09	2354.45	2540.95	2727.46
2.6.4	未分配利润	599.62	1058.73	2054.60	3541.67	5164.88	6843.43	8521.99
计算指标	资产负债率（%）	34.21	39.59	42.40	36.85	30.27	27.91	25.90
计算指标	流动比率	0.67	0.92	1.23	1.38	1.56	1.96	2.37
计算指标	速动比率	0.46	0.75	0.89	1.02	1.20	1.60	2.00
计算指标	现金比率	0.32	0.33	0.41	0.56	0.74	1.14	1.54

第十节　融资需求与筹措计划表

1. 报表内容与格式

融资需求与筹措计划表不仅为融资主体和投资者指明了方向，也是企业债务结构优化的成果。内容与格式见表4.22，也是工业类举例。

分析表明，本年有流动资金需求2350万元，自有流动资金352万元，贷款1998万元。新增固定投资2500万元，贷款2500万元。下年还有新增流动资金需求408万元。企业没有债务优化融资需求，债务优化贷款为0。

融资需求与筹措计划表（工业类举例）

表4.22　　单位：万元

序号	项目名称	合计	第1年	第2年	第3年	第4年	第5年
			2011	2012	2013	2014	2015
1	**资金需求**	**5258**	**4850**	**408**			
1.1	流动资金	2758	2350	408			
1.2	债务优化融资						
1.3	新增固定投资	2500	2500				
2	**资金筹措**	**5258**	**4850**	**408**			
2.1	权益资金	413	352	61			
2.1.1	年初自有流动资金						
2.1.2	经营收益及盈余资金	413	352	61			
2.1.3	拟股权融资						

续表

序号	项目名称	合计	第1年	第2年	第3年	第4年	第5年
			2011	2012	2013	2014	2015
2.2	债务资金	4845	4498	347			
2.2.1	流动资金贷款	2345	1998	347			
2.2.2	债务优化贷款						
2.2.3	新增固定投资贷款	2500	2500				

2. 数据来源与计算公式

流动资金[第1年]=流动资金估算表！流动资金；

流动资金[第2年开始]=Max(流动资金估算表！流动资金增加额,0)；

新增固定投资[第1年]=基本参数！新增固定投资；

新增固定投资[第2年开始]=0；

年初自有流动资金[第1年]=流动资金估算表！自有流动资金[上二年]+流动资金估算表！自有流动资金[上一年]；

如果“流动资金估算表！自有流动资金［第1年］”小于0，则：

年初自有流动资金[第1年]=流动资金估算表！自有流动资金[上二年]+流动资金估算表！自有流动资金[上一年]+流动资金估算表！自有流动资金[第1年]；

年初自有流动资金[第2年]=0；

用于投资的经营收益[第1年]=Min(Max(息税折旧摊销前利润[第1年]-所得税[第1年],0),基本参数！新增固定投资+流动资金估算表！自有流动资金[第1年]-Min(基本参数！新增注册资金,基本参数！新增固定投资+流动资金估算表！自有流动资金[第1年])-Min(新增固定资产贷款[第1年],基本参数！新增固定投资+流动资金估算表！自有流动资金[第1年]-Min(基本参数！新增注册资金,基本参数！新增固定投资+流动资金估算表！自有流动资金[第1年])))；

用于投资的经营收益[第2年开始]=Min(Max(息税折旧摊销前利润[第2年开始]-所得税[第2年开始],0),流动资金估算表！自有流动资金[第1年开始]))；

拟股权融资[第1年]=基本参数！新增注册资金；

拟股权融资[第2年开始]=0；

权益资金[第1年开始]=年初自有流动资金[第1年开始]+用于投资的经营收益[第1年开始]+拟股权融资[第1年开始]；

流动资金贷款[第1年]=流动资金估算表！流动资金借款累计；

流动资金贷款[第2年开始]=流动资金估算表！流动资金借款；

投资资金缺口[第1年]=基本参数！新增固定投资+流动资金估算表！自有流动资金[第1年]-Min(基本参数！新增注册资金,基本参数！新增固定投资+流动资金估算表！自有流动资金[第1年])-Min(基本参数！新增固定投资借款,基本参数！新增固定投资+流动资金估算表！自有流动资金[第1年]-Min(基本参数！新增注册资金,基本参数！新增固定投资+流动资金估算表！自有流动资金[第1年]))-用于投资的经营收益[第1年]；

投资资金缺口[第2年开始]=流动资金估算表！自有流动资金[第2年开始]-用于投资的经营收益[第2年开始]；

债务优化融资[第1年开始]=偿债资金缺口

=借款还本付息计划表！新增借款本年借款-基本参数！新增固定投资借款-投资资金缺口[第1年开始]；

资金需求[第1年开始]=流动资金[第1年开始]+债务优化融资[第1年开始]+新增固定投资[第1年开始]；

债务优化贷款[第1年开始]=偿债资金缺口

=借款还本付息计划表！新增借款本年借款-基本参数！新增固定投资借款-投资资金缺口[第1年开始]；

新增固定投资贷款[第1年]=基本参数！新增固定投资借款+投资资金缺口

=基本参数！新增固定投资借款+基本参数！新增固定投资+流动资金估算表！自有流动资金[第1年]-Min(基本参数！新增注册资金,基本参数！新增固定投资+流动资金估算表！自有流动资金[第1年])-Min(基本参数！新增固定投资借款,基本参数！新增固定投资+流动资金估算表！自有流动资金[第1年]-Min(基本参数！新增注册资金,基本参数！新增固定投资+流动资金估算表！自有流动资金[第1年]))-用于投资的经营收益[第1年]；

新增固定投资贷款[第2年开始]=投资资金缺口[第2年开始]

=流动资金估算表！自有流动资金[第2年开始]-用于投资的经营收益[第2年开始]；

债务资金[第1年开始]=流动资金贷款[第1年开始]+债务优化贷款[第1年开始]+新增固定投资贷款[第1年开始]；

资金筹措[第1年开始]=权益资金[第1年开始]+债务资金[第1年开始]；

一般来说，融资需求与资金筹措应该相等，若不相等应查找原因。值得注意的是，当“新增固定投资贷款”大于基本参数中的“新增固定投资贷款”时，说明流动资金估算表中“自有流动资金”的筹措出了问题，即经营收益解决不了这么多自有流动资金。可以通过降低基本参数中“自有流动资金最低比例”来调节。

第十一节　全部投资现金流量表

在财务平衡分析与方案优化后，就可以编制全部投资现金流量表、权益投资现金流量表、财务评价指标汇总表。

全部投资现金流量表的内容与格式见表4.23。通过计算得到净现值、内部收益率、投资回收期。数据几乎全部来源于财务计划现金流量表，只有期初的建设投资来源于资产负债估算表和流动资金来源于流动资金估算表。计算公式如下：

营业收入[第1年开始]=财务计划现金流量表！营业收入；

补贴收入[第1年开始]=财务计划现金流量表！补贴收入；

回收固定资产余值[第1年开始]=财务计划现金流量表！回收固定资产余值；

回收流动资金[第1年开始]=财务计划现金流量表！回收流动资金；

其他收入[第1年开始]=财务计划现金流量表！其他收入+财务计划现金流量表！回收对外投资+财务计划现金流量表！筹资活动其他流入；

其他收入[第0年]=财务计划现金流量表！累计盈余资金[上一年]；

现金流入[第0年开始]=营业收入[第1年开始]+补贴收入[第1年开始]+回收固定资产余值[第1年开始]+回收流动资金[第1年开始]+其他收入[第0年开始]；

建设投资[第0年]=资产负债估算表！在建工程+资产负债估算表！固定资产净值+资产负债估算表！无形及其他资产净值+资产负债估算表！长期投资；

建设投资[第1年开始]=财务计划现金流量表！建设投资；

流动资金[第0年]=流动资金估算表！流动资金[上一年]；

流动资金[第1年开始]=流动资金估算表！流动资金增加额；

经营成本[第1年开始]=财务计划现金流量表！经营成本；

营业税金及附加[第1年开始]=财务计划现金流量表！营业税金及附加；

维持运营投资[第1年开始]=财务计划现金流量表！维持运营投资；

其他现金流出[第1年开始]=财务计划现金流量表！经营活动其他流出+财务计划现金流量表！投资活动其他流出+财务计划现金流量表！其他筹资活动现金流出；

现金流出[第0年开始]=建设投资[第0年开始]+流动资金[第0年开始]+经营成本[第1年开始]+营业税金及附加[第1年开始]+维持运营投资[第1年开始]+其他现金流出[第1年开始]；

所得税前净现金流量[第0年开始]=现金流入[第0年开始]-现金流出[第0年

开始]；

所得税[第0年]=0；

所得税[第1年开始]=财务计划现金流量表！所得税；

所得税后净现金流量[第0年开始]=所得税前净现金流量[第0年开始]-所得税[第0年开始]；

累计所得税后净现金流量[第0年]=所得税后净现金流量[第0年]；

累计所得税后净现金流量[第1年开始]=累计所得税后净现金流量[上年]+所得税后净现金流量[第1年开始]；

计算净现值[第0年开始]=所得税后净现金流量[第0年开始]×(1+基准收益率/100)^(-T)；

式中“T”是时间变量，从第0年开始至计算期末。

投资回收期计算，以相邻两年的累计所得税后净现金流量的正负号为判断条件，当上年小于0本年转为大于或等于0时，本年即为投资回收刚结束的年份，本年用“T”表示，上年用“T-1”表示，投资回收期用下式计算：

投资回收期=T-1-所得税后净现金流量[T-1]/所得税后净现金流量[T]；

投资回收期计算值若超过计算期，则说明计算期内投资未能全部回收。

全投资财务内部收益率需经过选取不同的折现率试算取得。一般采用折现率由小到大，每次试算间距不超过2。当净现值大于0时，继续试算，当净现值由“正”变“负”时，停止试算，根据两次试算结果，用插入法计算内部收益率。

设前一次试算的折现率为I，本次试算的折现率为I+△I，前后两次试算的净现值为NPV1、NPV2，则内部收益率用下式计算：

内部收益率=I+△I×NPV1/(NPV1-NPV2)

全部投资现金流量表（工业类举例）

表4.23 单位：万元

序号	项目名称	合计	上一年	第1年	第2年	第3年	第4年	第5年
			2010	2011	2012	2013	2014	2015
1	现金流入	72304.16	1618.72	9610.07	11605.67	11605.67	11605.67	26258.36
1.1	营业收入	55949.69		9593.46	11589.06	11589.06	11589.06	11589.06
1.2	补贴收入							
1.3	回收固定资产余值	5459.76						5459.76
1.4	回收流动资金	2758.30						2758.30

续表

序号	项目名称	合计	上一年	第1年	第2年	第3年	第4年	第5年
			2010	2011	2012	2013	2014	2015
1.5	其他收入	8136.41	1618.72	16.61	16.61	16.61	16.61	6451.25
2	现金流出	58551.82	12697.88	11504.90	8893.47	8485.19	8485.19	8485.19
2.1	建设投资	14624.55	12124.55	2500.00				
2.2	流动资金	2758.30	573.33	1776.69	408.28			
2.3	经营成本	40329.30		7084.23	8311.27	8311.27	8311.27	8311.27
2.4	营业税金及附加	839.68		143.98	173.93	173.93	173.93	173.93
2.5	维持运营投资							
2.6	其他现金流出							
3	所得税前净现金流量（1－2）	13752.34	－11079.16	－1894.82	2712.20	3120.48	3120.48	17773.17
4	所得税	2764.17		368.84	550.77	601.19	621.69	621.69
5	所得税后净现金流量（3－5）	10988.17	－11079.16	－2263.66	2161.43	2519.29	2498.79	17151.49
6	累计所得税后净现金流量		－11079.16	－13342.82	－11181.39	－8662.10	－6163.31	10988.17
计算指标	全投资税后财务内部收益率（%）	15.42						
	全投资税后投资回收期（年）	4.36						
	全投资税后财务净现值（I＝10.0%）	2898.48	－11079.16	－2057.88	1786.31	1892.78	1706.71	10649.72

第十二节 权益资金现金流量表

权益资金现金流量表又称资本金现金流量表，内容与格式见表4.24。通过“权益资金现金流量表”计算出资本金内部收益率和股东权益现值。股东权益现值是计算每股价值的基础，股东权益现值除以实收资本等于每股价值。资本金内部收益率、每股价值是直接投资者的决策依据。

权益资金现金流量表的数据主要来源于全部投资现金流量表、资产负债估算表、财务计划现金流量表，计算公式如下：

营业收入[第1年开始]＝全部投资现金流量表！营业收入；

回收固定资产余值[第1年开始]=全部投资现金流量表！回收固定资产余值；

回收流动资金[第1年开始]=全部投资现金流量表！回收流动资金；

补贴收入[第1年开始]=全部投资现金流量表！补贴收入；

其他现金流入[第1年开始]=全部投资现金流量表！其他现金流入；

现金流入[第1年开始]=营业收入[第1年开始]+回收固定资产余值[第1年开始]+回收流动资金[第1年开始]+补贴收入[第1年开始]+其他现金流入[第1年开始]；

资本金[第0年]=资产负债估算表！所有者权益；

资本金[第1年开始]=财务计划现金流量表！资本金投入；

借款本金偿还[第1年开始]=财务计划现金流量表！偿还债务本金；

借款利息支付[第1年开始]=财务计划现金流量表！各种利息支付；

经营成本[第1年开始]=全部投资现金流量表！经营成本；

营业税金及附加[第1年开始]=全部投资现金流量表！营业税金及附加；

所得税[第1年开始]=全部投资现金流量表！所得税；

维持运营投资中的项目资本金[第1年开始]=全部投资现金流量表！维持运营投资；

现金流出[第0年开始]=资本金[第0年开始]+借款本金偿还[第1年开始]+借款利息支付[第1年开始]+经营成本[第1年开始]+营业税金及附加[第1年开始]+所得税[第1年开始]+维持运营投资中的项目资本金[第1年开始]；

净现金流量(1-2)[第0年开始]=现金流入[第1年开始]-现金流出[第0年开始]；

股东权益[第0年开始]=净现金流量+资本金；

计算现值=股东权益[第0年开始]×(1+基准收益率/100)^(-T)；

计算资本金内部收益率与计算全部投资内部收益率方法相同。

权益资金现金流量表（工业类举例）

表4.24　　单位：万元

序号	项目名称	合计	上一年	第1年	第2年	第3年	第4年	第5年
			2010	2011	2012	2013	2014	2015
1	现金流入	72304.16	1618.72	9610.07	11605.67	11605.67	11605.67	26258.36
1.1	营业收入	55949.69		9593.46	11589.06	11589.06	11589.06	11589.06
1.2	补贴收入							

续表

序号	项目名称	合计	上一年	第1年	第2年	第3年	第4年	第5年
			2010	2011	2012	2013	2014	2015
1.3	回收固定资产余值	5459.76						5459.76
1.4	回收流动资金	2758.30						2758.30
1.5	其他现金流入	8136.41	1618.72	16.61	16.61	16.61	16.61	6451.25
2	现金流出	62126.59	10845.28	9306.04	10587.12	10555.54	9244.04	11588.59
2.1	资本金	10845.28	10845.28					
2.2	借款本金偿还	6271.22		1426.67	1250.00	1250.00		2344.55
2.3	借款利息支付	1076.94		282.31	301.16	219.16	137.16	137.16
2.4	经营成本	40329.30		7084.23	8311.27	8311.27	8311.27	8311.27
2.5	营业税金及附加	839.68		143.98	173.93	173.93	173.93	173.93
2.6	所得税	2764.17		368.84	550.77	601.19	621.69	621.69
2.7	维持运营投资中的项目资本金							
3	净现金流量（1-2）	10177.57	-9226.56	304.04	1018.55	1050.13	2361.63	14669.78
4	股东权益（3+2.1）	21022.85	1618.72	304.04	1018.55	1050.13	2361.63	14669.78
计算指标	资本金内部收益率（%）	18.09						
	股东权益现值（I=10.0%）	14247.68	1618.72	276.40	841.78	788.98	1613.03	9108.78

第十三节　财务评价指标汇总表

一、内容与格式

从经营状况、获利能力、财务状况、偿债能力、发展潜力等五个方面设置评价指标。这些指标可为客户评价或信用评级提供依据。每个方面都有具备可比性好、计算准确、评价标准容易确定的指标，可直接用作投资决策。

工业类企业与商业类企业财务评价指标略有差异，主要是反映经营状况的评价指标有所不同，工业类举例见表4.25，商业类及其他类型见本章第十四节。

财务评价指标汇总表（工业类举例）

表 4. 25

序号	项目名称	单位	2009（上二年）	2010（上一年）	2011（本年）	计算期平均
1	**经营状况评价指标**					
1. 1	主营业务收入	万元	3638. 48	6254. 71	9310. 88	10907. 36
1. 2	主营业务收入增长幅度	%	-39. 60	71. 90	48. 86	14. 06
1. 3	生产能力利用率	%	32. 18	55. 32	82. 35	96. 47
1. 4	盈亏平衡点	%			53. 08	49. 11
1. 5	存货周转率		2. 21	3. 39	2. 53	2. 02
1. 6	应收账款周转率		84. 71	467. 82	165. 73	136. 07
2	**获利能力评价指标**					
2. 1	净利润	万元	318. 95	510. 13	1106. 52	1658. 50
2. 2	净利润增长率	%		59. 94	116. 91	35. 76
2. 3	息税折旧摊销前利润	万元	953. 48	1250. 61	2381. 87	2972. 75
2. 4	息税折旧摊销前利润增长率	%		31. 16	90. 46	24. 29
2. 5	总投资收益率	%	3. 25	5. 23	10. 75	16. 19
2. 6	总投资净收益率	%	2. 36	3. 89	8. 49	12. 65
2. 7	全投资税后内部收益率	%				15. 42
2. 8	权益资金内部收益率	%				18. 09
2. 9	每股价值	元			9. 66	9. 66
3	**财务状况评价指标**					
3. 1	资产负债率	%	34. 21	39. 59	42. 40	32. 67
3. 2	流动比率		0. 67	0. 92	1. 23	1. 70
3. 3	速动比率		0. 46	0. 75	0. 89	1. 34
3. 4	现金比率		0. 32	0. 33	0. 41	0. 88
4	**偿债能力评价指标**					
4. 1	利息备付率	%	200. 00	200. 00	622. 59	1295. 51
4. 2	贷款偿还期	年				3. 00
4. 3	偿债备付率		130. 00	130. 00	191. 88	175. 65
4. 4	累计平均偿债备付率最低值	%			191. 88	175. 65
4. 5	偿债备付率（优化前）	%	130. 00	130. 00	191. 88	175. 65
4. 6	累计平均偿债备付率最低值（优化前）	%			191. 88	175. 65
5	**发展潜力评价指标**					
5. 1	累计盈余资金	万元	1012. 97	1618. 72	1570. 26	6844. 79
5. 2	净资产	万元	10067. 43	10845. 28	11951. 80	15474. 82

二、数据来源及计算公式

计算四列数据，第1列为上二年数据，第2列上一年数据，第3列为本年（第1年）数据，第4列为第1年至计算期末平均值，除有说明者外，一般取算术平均值。

1. 经营状况评价指标

1.1 主营业务收入

主营业务收入[1-3]=营业收入估算表！主营业务收入；

主营业务收入[合计]= ∑ 营业收入估算表！主营业务收入；

主营业务收入[4]=主营业务收入[合计]/计算期

1.2 主营业务收入增长幅度

主营业务收入增长幅度[1-3]=(主营业务收入[本年]-主营业务收入[上年])/ABS(主营业务收入[上年])×100；

主营业务收入增长幅度[合计]= ∑ (主营业务收入[本年]-主营业务收入[上年])/ABS(主营业务收入[上年])×100；

主营业务收入增长幅度[4]=主营业务收入增长幅度[合计]/计算期

1.3 生产能力利用率

生产能力利用率[1-3]=主营业务收入[上二年开始]×100/产品达产年产值计算表！达产年产值[合计]；

生产能力利用率[合计]= ∑ 主营业务收入[上二年开始]×100/产品达产年产值计算表！达产年产值[合计]；

生产能力利用率[4]=生产能力利用率[合计]/计算期

1.4 盈亏平衡点

盈亏平衡点[1-2]=0；

盈亏平衡点[3]=总成本费用估算表！固定成本×生产能力平均利用率[第1年开始]/(主营业务收入[第1年开始]-利润估算表！营业税金及附加-总成本费用估算表！可变成本)；

盈亏平衡点[合计]= ∑ 总成本费用估算表！固定成本×生产能力平均利用率[第1年开始]/(主营业务收入[第1年开始]-利润估算表！营业税金及附加-总成本费用估算表！可变成本)；

盈亏平衡点[4]=盈亏平衡点[合计]/计算期

1.5　存货周转率

存货周转率[1-3]=总成本费用估算表！生产成本/资产负债估算表！存货；

存货周转率[合计]=$\sum$总成本费用估算表！生产成本/资产负债估算表！存货；

存货周转率[4]=存货周转率[合计]/计算期

1.6　应收账款周转率

应收账款周转率[1-3]=主营业务收入[上二年开始]/资产负债估算表！应收账款；

应收账款周转率[合计]=$\sum$主营业务收入[第1年开始]/资产负债估算表！应收账款；

应收账款周转率[4]=应收账款周转率[合计]/计算期

以上是工业类详评（标准模式）计算的经营状况评价指标，对于初评和其他行业有所不同，区别如下：

教育机构、医疗机构、其他事业法人，用“1.3 收支比率”替换“1.3 生产能力利用率”，1.4~1.6 不用。

收支比率=利润估算表！营业收入/利润估算表！总成本费用×100

批发和零售业、房地产开发业、建筑类、住宿业、旅游业、交通运输业、公用设施业、综合类企业，工业类初评，用“1.3 销售利润率”、“1.4 主营业务收入现金含量”替换“1.3 生产能力利用率”、“1.4 盈亏平衡点”，1.5~1.6 不变。

1.3　销售利润率

销售利润率[1-3]=利润总额/营业收入×100；

销售利润率[合计]=$\sum$利润总额/营业收入×100；

销售利润率[4]=销售利润率[合计]/计算期

1.4　主营业务收入现金含量

主营业务收入现金含量[1-3]=销售商品或提供劳务收到的现金/主营业务收入×100%；

主营业务收入现金含量[合计]=$\sum$销售商品或提供劳务收到的现金/主营业务收入×100%；

主营业务收入现金含量[4]=主营业务收入现金含量[合计]/计算期

2. 获利能力评价指标

2.1　净利润

净利润[1-3]=利润估算表！净利润；

净利润[合计] = $\sum$ 利润估算表！净利润；

净利润[4] = 净利润[合计]/计算期

2.2 净利润增长率

净利润增长率[1] = 0；

净利润增长率[2 - 3] = (净利润[上一年开始] - 净利润[上年])/ABS(净利润[上年]) × 100；

净利润增长率[合计] = $\sum$ (净利润[上一年开始] - 净利润[上年])/ABS(净利润[上年]) × 100；

净利润增长率[4] = 净利润增长率[合计]/计算期

2.3 息税折旧摊销前利润

息税折旧摊销前利润[1 - 3] = 利润估算表！息税折旧摊销前利润；

息税折旧摊销前利润[合计] = $\sum$ 利润估算表！息税折旧摊销前利润；

息税折旧摊销前利润[4] = 息税折旧摊销前利润[合计]/计算期

2.4 息税折旧摊销前利润增长率

息税折旧摊销前利润增长率[1] = 0；

息税折旧摊销前利润增长率[2 - 3] = (息税折旧摊销前利润[上一年开始] - 息税折旧摊销前利润[上年])/ABS(息税折旧摊销前利润[上年]) × 100；

息税折旧摊销前利润增长率[合计] = $\sum$ (息税折旧摊销前利润[上一年开始] - 息税折旧摊销前利润[上年])/ABS(息税折旧摊销前利润[上年]) × 100；

息税折旧摊销前利润增长率[4] = 息税折旧摊销前利润增长率[合计]/计算期

2.5 总投资收益率

总投资收益率[1 - 3] = 息税前利润[上二年开始]/(资产负债估算表！固定资产净值 + 资产负债估算表！无形及其他资产净值 + 资产负债估算表！长期投资 + 流动资金估算表！流动资金) × 100；

总投资收益率[合计] = $\sum$ 息税前利润[第1年开始]/(资产负债估算表！固定资产净值 + 资产负债估算表！无形及其他资产净值 + 资产负债估算表！长期投资 + 流动资金估算表！流动资金) × 100；

注：上式中“资产负债估算表！固定资产净值”、“资产负债估算表！无形及其他资产净值”、“资产负债估算表！长期投资”，在计算期末年取“上年”数据，因为计算期末年假设这些资产变成现金了。

总投资收益率[4]=总投资收益率[合计]/计算期

2.6 总投资净收益率

总投资净收益率[1-3]=(息税前利润[上二年开始]-所得税[上二年开始])/(资产负债估算表！固定资产净值+资产负债估算表！无形及其他资产净值+资产负债估算表！长期投资+流动资金估算表！流动资金)×100；

总投资净收益率[合计]= $\sum$(息税前利润[第1年开始]-所得税[第1年开始])/(资产负债估算表！固定资产净值+资产负债估算表！无形及其他资产净值+资产负债估算表！长期投资+流动资金估算表！流动资金)×100；

注：上式中“资产负债估算表！固定资产净值”、“资产负债估算表！无形及其他资产净值”、“资产负债估算表！长期投资”，在计算期末年取“上年”数据，因为计算期末年假设这些资产变成现金了。

总投资净收益率[4]=总投资净收益率[合计]/计算期

2.7 全投资税后内部收益率

全投资税后内部收益率[1-3]=0；

全投资税后内部收益率[4]=全部投资现金流量表！全部投资财务内部收益率

2.8 权益资金内部收益率

权益资金内部收益率[1-3]=0；

权益资金内部收益率[4]=权益资金现金流量表！资本金内部收益率

2.9 每股价值=股东权益现值/资产负债估算表！实收资本

每股价值[1-3]=0；

每股价值[4]=股东权益现值/资产负债估算表！实收资本

3. 财务状况评价指标

3.1 资产负债率

资产负债率[1-3]=资产负债估算表！资产负债率；

资产负债率[合计]= $\sum$ 资产负债估算表！资产负债率；

资产负债率[4]=资产负债率[合计]/计算期

3.2 流动比率

流动比率[1-3]=资产负债估算表！流动比率；

流动比率[合计]= $\sum$ 资产负债估算表！流动比率；

流动比率[4]=流动比率[合计]/计算期

3.3 速动比率

速动比率[1-3]=资产负债估算表！速动比率；

速动比率[合计] = $\sum$ 资产负债估算表！速动比率；

速动比率[4] = 速动比率[合计]/计算期

3.4 现金比率

现金比率[1-3] = 资产负债估算表！现金比率；

现金比率[合计] = $\sum$ 资产负债估算表！现金比率；

现金比率[4] = 现金比率[合计]/计算期

4. 偿债能力评价指标

4.1 利息备付率

利息备付率[1-3] = 借款还本付息计划表！利息备付率；

利息备付率[合计] = $\sum$ 借款还本付息计划表！利息备付率；

利息备付率[4] = 利息备付率[合计]/计算期

4.2 贷款偿还期

贷款偿还期[1-3] = 0；

贷款偿还期[4] = 借款还本付息计划表！贷款偿还期

4.3 偿债备付率

偿债备付率[1-3] = 借款还本付息计划表(优化后)！偿债备付率；

偿债备付率[4] = 借款还本付息计划表(优化后)！累计平均偿债备付率[贷款偿还期末]

4.4 累计平均偿债备付率最低值

累计平均偿债备付率最低值[1-3] = 借款还本付息计划表(优化后)！累计平均偿债备付率；

累计平均偿债备付率最低值[4] = Min(借款还本付息计划表(优化后)！累计平均偿债备付率(第1年),借款还本付息计划表(优化后)！累计平均偿债备付率(第2年),…,借款还本付息计划表(优化后)！累计平均偿债备付率(贷款偿还期末))

4.5 偿债备付率（优化前）

偿债备付率(优化前)[1-3] = 借款还本付息计划表(优化前)！偿债备付率；

偿债备付率(优化前)[4] = 借款还本付息计划表(优化前)！累计平均偿债备付率[贷款偿还期末]

4.6 累计平均偿债备付率最低值（优化前）

累计平均偿债备付率最低值(优化前)[1-3] = 借款还本付息计划表(优化前)！累计平均偿债备付率；

累计平均偿债备付率最低值(优化前)[4] = Min(借款还本付息计划表(优化前)！

累计平均偿债备付率(第 1 年),借款还本付息计划表(优化前)! 累计平均偿债备付率(第 2 年),…,借款还本付息计划表(优化前)! 累计平均偿债备付率(贷款偿还期末))

5. 发展潜力评价指标

5.1 累计盈余资金

累计盈余资金[1-3]=财务计划现金流量表! 累计盈余资金(上二年开始);

累计盈余资金[合计]=∑财务计划现金流量表! 累计盈余资金(第 1 年开始);

累计盈余资金[4]=累计盈余资金[合计]/计算期

5.2 净资产

净资产[1-3]=资产负债估算表! 所有者权益(上二年开始);

净资产[合计]=∑资产负债估算表! 所有者权益(第 1 年开始);

净资产[4]=净资产[合计]/计算期

三、案例计算

以本书工业类案例为例，完全按照上述计算公式计算结果汇总于表 4.25。计算过程简单，就不在此赘述。

第十四节 商业类企业案例

本节示范以商业类为例，财务评价方法适用于除工业类、房地产类企业之外的其他各个行业。

一、营业收入估算

1. 数据来源

复制表 3.30“每年收入环比增长幅度”见表 4.26；复制表 3.31“收益分配参数”见表 4.27；复制表 3.23“利润表”见表 4.28。

每年收入环比增长幅度（商业类举例）

表 4.26 单位：%

年份	上二年	上一年	第 1 年	第 2 年	第 3 年	第 4 年	第 5 年	第 6 年	第 7 年	第 8 年	第 9 年	备注
	2008	2009	2010	2011	2012	2013	2014	2015	2016	2017	2018	
增长幅度	0.00	-14.63	11.00	11.00	11.00	11.00	11.00	11.00	11.00	11.00	11.00	

收益分配参数（商业类举例）

表4.27

序号	项目名称	单位	上二年	上一年	第1年	第2年	第3年	第4年	第5年	第6年	第7年	第8年	第9年
			2008	2009	2010	2011	2012	2013	2014	2015	2016	2017	2018
1	所得税税率	%	25.94	19.70	25.00	25.00	25.00	25.00	25.00	25.00	25.00	25.00	25.00
2	补贴收入	万元											
3	各投资方利润分配	万元											
4	盈余公积金比例	%	10.00	10.00	10.00	10.00	10.00	10.00	10.00	10.00	10.00	10.00	10.00
5	营业外收支净额	万元	-10.94	-7.72	-7.72	-7.72	-7.72	-7.72	-7.72	-7.72	-7.72	-7.72	-7.72
6	其他业务收入	万元	25.62	9.48	9.48	9.48	9.48	9.48	9.48	9.48	9.48	9.48	9.48

利润表（商业类举例）

表4.28　　单位：万元

序号	项目	上三年	上二年	上一年	上年同期	本年最近月份
		2007	2008	2009	200909	201009
一	**主营业务**		**1650.61**	**1409.06**	**984.44**	**1093.22**
	减：折扣与折让		0.00	0.00	0.00	0.00
二	**主营业务收入净额**	**0.00**	**1650.61**	**1409.06**	**984.44**	**1093.22**
	减：主营业务成本		1238.77	1032.71	728.19	834.51
	主营业务税金及附加		17.34	16.80	9.67	11.71
三	**主营业务利润（毛利润）**	**0.00**	**394.50**	**359.55**	**246.57**	**247.00**
	加：其他业务利润		0.00	0.00	0.00	0.00
	减：存货跌价准备		-0.84	7.28	-0.01	-1.39
	营业费用（销售费用）		114.68	85.60	28.51	26.10
	管理费用		162.61	143.37	126.07	121.81
	财务费用		31.81	21.90	19.50	9.42
四	**主营利润**	**0.00**	**86.23**	**101.40**	**72.50**	**91.05**
	加：投资收益		25.62	9.48	6.01	7.50
	补贴收入		0.00	0.00	0.00	0.00
	营业外收入		6.65	0.47	2.16	0.43
	减：营业外支出		18.43	0.91	0.85	4.70
	加：以前年度损益调整		0.00	0.00	0.00	0.00
五	**利润总额**	**0.00**	**100.07**	**110.43**	**79.82**	**94.29**
	减：所得税		25.96	21.75	18.83	22.77
	少数股东损益					

续表

序号	项目	上三年	上二年	上一年	上年同期	本年最近月份
		2007	2008	2009	200909	201009
六	**净利润**	**0.00**	**74.12**	**88.68**	**60.99**	**71.52**
七	**各种利息支出**	**0.00**	**31.81**	**21.90**	**19.50**	**9.42**
	息税前利润	0.00	131.88	132.33	99.32	103.71
	本年折旧		42.83	31.39	23.54	23.54
	本年摊销		2.61	2.32	1.74	1.74
	息税折旧摊销前利润	0.00	177.32	166.04	124.60	128.99

2. 计算方法

商业类企业主营业务收入计算方法比工业类简单，其他内容计算方法与工业类相同。主营业务收入计算公式如下：

（1）主营业务收入

主营业务收入[上二年、上一年]=利润表！主营业务收入净额；

主营业务收入[第1-9年]=(主营业务收入[上年])×(1+每年收入环比增长幅度[第1-9年]/100)

（2）其他业务收入

其他业务收入[上二年、上一年]=收益分配参数！其他业务收入；

其他业务收入[第1-9年]=收益分配参数！其他业务收入[第1-9年]

（3）营业收入

营业收入[上二年-第9年]=主营业务收入[上二年-第9年]+其他业务收入[上二年-第9年]；

（4）补贴收入

补贴收入[上二年、上一年]=收益分配参数！补贴收入；

补贴收入[1-9]=补贴收入[上一年]

（5）营业外收支净额

营业外收支净额[上二年、上一年]=收益分配参数！营业外收支净额；

营业外收支净额[1-9]=营业外收支净额[上一年]

（6）营业税金及附加

营业税金及附加按主营业务收入比例变化，具体算法如下：

营业税金及附加[上二年、上一年]=利润表！主营业务税金及附加；

营业税金及附加[第1-9年]=(营业收入[第1-9年])×(营业税金及附加[上一

年]/营业收入[上一年])

商业类举例计算结果见表4.29。

营业收入估算表（商业类举例）

表4.29　　单位：万元

序号	项目名称	上二年	上一年	第1年	第2年	第3年	第4年	第5年	第6年	第7年	第8年	第9年
		2008	2009	2010	2011	2012	2013	2014	2015	2016	2017	2018
1	主营业务收入	1650.61	1409.06	1564.06	1736.10	1927.07	2139.05	2374.35	2635.53	2925.43	3247.23	3604.43
2	其他业务收入	25.62	9.48	9.48	9.48	9.48	9.48	9.48	9.48	9.48	9.48	9.48
3	营业收入（1+2）	1676.23	1418.54	1573.54	1745.58	1936.55	2148.53	2383.83	2645.01	2934.91	3256.71	3613.91
4	补贴收入											
5	营业外收支净额	-10.94	-7.72	-7.72	-7.72	-7.72	-7.72	-7.72	-7.72	-7.72	-7.72	-7.72
6	营业税金及附加	17.34	16.80	18.64	20.67	22.93	25.45	28.23	31.33	34.76	38.57	42.80

二、经营成本估算

1. 数据来源

数据来源：复制表3.25“成本估算参数表（商业类举例）”见表4.30；表4.29“营业收入估算表”。

成本估算参数表（商业类举例）

表4.30　　单位：万元

序号	项目名称	总成本费用		成本费用占收入比例（%）		上两年平均占比（%）	行业统计参数（%）	预测参数（%）
		2008	2009	2008	2009			
	主营业务收入	1650.61	1409.06					
1	进价（营业）成本	1238.77	1032.71	75.05	73.29	74.17	74.17	74.17
2	管理费用	162.61	143.37	9.85	10.17	10.01	10.01	10.01
2.1	折旧费	42.83	31.39	2.59	2.23	2.41	2.41	2.41
2.2	租赁费	0.00	0.00	0.00	0.00	0.00	0.00	0.00
2.3	摊销费	2.61	2.32	0.16	0.16	0.16	0.16	0.16
2.4	其他管理费用	117.17	109.66	7.10	7.78	7.44	7.44	7.44
3	财务费用	31.81	21.90	1.93	1.55	1.74	1.74	1.74
4	营业费用	114.68	85.60	6.95	6.07	6.51	6.51	6.51
5	总成本费用	1547.87	1283.58	93.78	91.09	92.44	92.44	92.44
6	经营成本	1470.62	1227.97	89.10	87.15	88.12	88.12	88.12

2. 计算公式

商业及其他类型企业的成本预测方法完全与工业类企业不一样，比工业类简单。计算方法如下：

“上二年”、“上一年”数据全部取自“成本预测参数表”中的“总成本费用”数据。

从第 1 年开始至 T = 计算期末，按下述公式计算：

主营业务收入[第 1 年开始] = 营业收入估算表！主营业务收入；

进价(营业)成本[第 1 年开始] = 主营业务收入[第 1 年开始] × 成本占收入比例！进价(营业)成本(预测参数)/100；

折旧费[第 1 年开始] = 主营业务收入[第 1 年开始] × 成本占收入比例！折旧费(预测参数)/100；

折旧费[第 1 年开始] = Min(折旧费[第 1 年开始],固定资产净值)；

固定资产净值 = Max(固定资产净值 - 折旧费[第 1 年开始],0)；

租赁费[第 1 年开始] = 主营业务收入[第 1 年开始] × 成本占收入比例！租赁费(预测参数)/100；

摊销费[第 1 年开始] = 主营业务收入[第 1 年开始] × 成本占收入比例！摊销费(预测参数)/100；

摊销费[第 1 年开始] = Min(摊销费[第 1 年开始],无形资产)；

无形资产 = Max(无形资产 - 摊销费[第 1 年开始],0)；

其他管理费用[第 1 年开始] = 主营业务收入[第 1 年开始] × 成本占收入比例！其他管理费用(预测参数)/100；

管理费用[第 1 年开始] = 主营业务收入[第 1 年开始] × 成本占收入比例！管理费用(预测参数)/100；

财务费用[第 1 年开始] = 0；

营业费用[第 1 年开始] = 主营业务收入[第 1 年开始] × 成本占收入比例！营业费用(预测参数)/100；

总成本费用[第 1 年开始] = 进价(营业)成本[第 1 年开始] + 管理费用[第 1 年开始] + 财务费用[第 1 年开始] + 营业费用[第 1 年开始]；

经营成本[第 1 年开始] = 总成本费用[第 1 年开始] - 折旧费[第 1 年开始] - 摊销费[第 1 年开始] - 财务费用[第 1 年开始]

3. 案例计算

计算方法简单,计算过程略,计算结果见表 4.31。

企业经营成本估算表(商业类举例)

表 4.31　　单位:万元

序号	项目名称	上二年	上一年	第1年	第2年	第3年	第4年	第5年	第6年	第7年	第8年	第9年
		2008	2009	2010	2011	2012	2013	2014	2015	2016	2017	2018
	营业收入	1650.61	1409.06	1564.06	1736.10	1927.07	2139.05	2374.35	2635.53	2925.43	3247.23	3604.43
1	进价(营业)成本	1238.77	1032.71	1160.06	1287.67	1429.31	1586.53	1761.05	1954.77	2169.79	2408.47	2673.40
2	管理费用	162.61	143.37	156.61	173.84	192.96	214.19	237.75	263.90	292.93	325.15	360.92
2.1	折旧费	42.83	31.39	37.71	41.86	46.47	51.58	57.25	63.55	70.54	78.30	86.91
2.2	租赁费											
2.3	摊销费	2.61	2.32	2.52	2.80	3.11	3.45	3.83	4.25	4.72	5.24	5.82
2.4	其他管理费用	117.17	109.66	116.37	129.18	143.38	159.16	176.66	196.10	217.67	241.61	268.19
3	财务费用	31.81	21.90									
4	营业费用	114.68	85.60	101.84	113.04	125.48	139.28	154.60	171.61	190.49	211.44	234.70
5	总成本费用	1547.87	1283.58	1418.51	1574.55	1747.75	1940.00	2153.40	2390.28	2653.21	2945.06	3269.02
6	经营成本	1470.62	1227.97	1378.28	1529.89	1698.17	1884.97	2092.32	2322.47	2577.95	2861.52	3176.29

三、流动资金估算

1. 数据来源

数据来源于:复制表 3.27“流动资金统计表(商业类举例)”见表 4.32;复制表 3.28“流动资金估算参数(商业类举例)”见表 4.33;“经营成本估算表”见表 4.31;复制表 3.22“基本参数”,见表 4.34;“营业收入估算表”见表 4.29。

流动资金统计表(商业类举例)

表 4.32　　单位:万元

序号	项目名称	(上二年)	(上一年)	备注
		2008	2009	
1	流动资产	786.99	882.99	计算 =1.1+1.2+1.3+1.4
1.1	应收账款	4.13	15.33	
1.2	预付账款	194.91	4.31	
1.3	存货	351.85	598.45	
1.4	现金	236.10	264.90	
2	流动负债	447.94	428.44	计算 =2.1+2.2
2.1	应付账款	259.00	243.75	

续表

序号	项目名称	（上二年）	（上一年）	备注
		2008	2009	
2.2	预收账款	188.94	184.69	
3	流动资金平均值	339.05	454.55	
4	旺季调整系数	1.00	1.00	默认 =1
5	流动资金	339.05	454.55	计算 =3
6	流动资金当期增加额	339.05	115.50	
7	自有流动资金			
8	流动资金借款	339.05	115.50	
9	流动资金借款累计	339.05	454.55	

流动资金估算参数（商业类举例）

表 4.33

序号	项目名称	上二年	上一年	上两年平均周转天数	企业历史平均周转天数	行业平均周转天数	预测参数
		2008	2009				
一	周转天数（天）						
1	流动资产	—	—				—
1.1	应收账款	1.01	4.49	2.75	7.75	16.21	2.75
1.2	预付账款	56.64	1.50	29.07	45.07	18.46	29.07
1.3	存货	86.13	175.45	130.79	148.79	385.59	130.79
1.4	现金	108.00	108.00	108.00	124.00	88.27	108.00
2	流动负债						0
2.1	应付账款	75.27	84.97	80.12	95.12	277.06	80.12
2.2	预收账款	41.21	47.19	44.20	52.20	70.65	44.20
3	流动资金	—	—	0			0
二	流动资金占经营成本比例（%）	23.05	37.02	30.04	43.04	124.59	30.04
三	流动资金占营业收入比例（%）	20.54	32.26	26.40	36.40	161.49	26.40
四	旺季调整系数	1.00	1.00	1.00	1.00	1.00	1.00
五	指标统计基础						
1	进价（营业）成本	1238.77	1032.71				
2	经营成本	1470.62	1227.97				
3	主营业务收入	1650.61	1409.06				
4	流动负债总额	786.99	882.99				

基本参数(商业类举例)

表 4.34

序号	项目名称	单位	数据	备注
1	计算期	年	9	一般 5~20 年,取固贷年限或股权投资取 8~20 年,其余取下限
2	流动资金借款利率	%	4.8	默认=一年期当前法定贷款利率
3	最低偿债备付率	%	130	默认=130,可输入,不低于 100,一般取 130
4	最低现金比率		0.30	默认=0.3,一般 0.2~0.3,周转现金占流动负债比例
5	正常年份所得税税率	%	25	默认=25,根据实际可输入
6	自有流动资金最低比例	%	30	默认=30,可输入,一般在 0~30 之间。
7	新增固定投资	万元	100	输入
8	新增固定投资借款	万元	100	输入
9	新增固定投资借款偿还期	年	9	银行规定贷款偿还期限
10	新增借款利率	%	6	默认=同期法定贷款利率,可输入
11	新增注册资金	万元		默认=0,可输入
12	新增借款偿还方式		3	1-等额还本金;2-等额还本利;3-按最大能力偿还
13	基准收益率	%	8	
14	流动资金贷款申请额	万元	400	填写年度授信额度或本次贷款额度
15	近期到期流动资金贷款	万元		指拟由本次贷款替换的

2. 计算公式

商业类企业流动资金估算,只有预付账款、应付账款两个栏目计算公式与工业类不同,具体如下:

“上二年”、“上一年”的数据全部取自于表 4.32“流动资金统计表”。

第 1 年至 T=计算期末,按下述公式估算:

流动资产[第 1 年开始]=应收账款[第 1 年开始]+预付账款[第 1 年开始]+存货[第 1 年开始]+现金[第 1 年开始];

应收账款[第 1 年开始]=流动资金估算参数!应收账款×经营成本估算表!经营成本/360;

预付账款[第 1 年开始]=流动资金估算参数!预付账款×经营成本估算表!进价(营业)成本/360;

存货[第 1 年开始]=流动资金估算参数!存货×经营成本估算表!经营成本/360;

现金估算公式与工业类详评相同,估算现金需要满足现金比率不低于基本参数规定的最低现金比率。公式推导过程略,用 Excel 表达的公式如下:

现金[T] = If(((应收账款[T] + 预付账款[T] + 存货[T] + 流动负债[T] × 最低现金比率 - 流动负债[T])/(1 - (1 - 自有流动资金最低比例/100) × 最低现金比率) < = 流动资金借款累计[T - 1]),((应收账款[T] + 预付账款[T] + 存货[T] + 流动负债[T] × 最低现金比率 - 流动负债[T])/(1 - (1 - 自有流动资金最低比例/100) × 最低现金比率) + 流动负债[T]) × 最低现金比率,If(((应收账款[T] + 预付账款[T] + 存货[T] + 流动负债[T] × 最低现金比率 - 流动负债[T])/(1 - (1 - 自有流动资金最低比例/100) × 最低现金比率) × (1 - 自有流动资金最低比例/100) < 流动资金借款累计[T - 1]),(流动资金借款累计[T - 1] + 流动负债[T]) × 最低现金比率,(流动负债[T] + (应收账款[T] + 预付账款[T] + 存货[T] - 流动负债[T]) × (1 - 自有流动资金最低比例/100)) × 最低现金比率/(1 - (1 - 自有流动资金最低比例/100) × 最低现金比率)));

式中“T”为年份，本年；“T - 1”表示上年，下同。检查流动资金估算表中“现金”是否正确，一般情况下只要满足“现金 [T] / (流动负债 [T] + 流动资金借款累计 [T]) = 最低现金比率”等式，即可认定符合要求。

流动负债[第1年开始] = 应付账款[第1年开始] + 预收账款[第1年开始];

应付账款[第1年开始] = 流动资金估算参数！应付账款 × 经营成本估算表！进价(营业)成本/360;

预收账款[第1年开始] = 流动资金估算参数！预收账款 × 利润估算表！主营业务收入/360;

流动资金平均值[第1年开始] = 流动资产[第1年开始] - 流动负债[第1年开始];

流动资金当期增加额[第1年开始] = 流动资金[第1年开始] - 流动资金[上年];

“流动资金借款累计”即年度流动资金贷款需求，是确定流动资金授信额度的依据。一般情况下，本年授信额度不低于上年，对于收入增长快的企业会逐年增加，对于经营状况不断恶化的企业，流动资金需求也会减少。通过推导，用 Excel 表达的公式如下:

流动资金借款累计 = if(流动资金[T] < = 流动资金借款累计[T - 1],流动资金[T],if(流动资金[T] × (1 - 自有流动资金最低比例/100) < 流动资金借款累计[T - 1],流动资金借款累计[T - 1],流动资金[T] × (1 - 自有流动资金最低比例/100)));

流动资金借款[第1年开始] = 流动资金借款累计[第1年开始] - 流动资金借款累计[第1年开始];

自有流动资金[第1年开始] = 流动资金当期增加额[第1年开始] - 流动资金借款[第1年开始]

3. 案例计算

根据本例数据来源及计算公式，流动资金估算结果见表4.35。表中“现金”、“流动资金借款累计”计算比较复杂一些，需复核和说明，其他比较简单，计算过程就不在此一一说明。

“现金”指现金周转所需资金，基本参数规定的最低现金比率为0.3，即估算结果要满足：

现金/(流动负债+流动资金贷款)≈0.3,以第1~3年为例验证如下：

第1年：245/(450+400)=0.29

第2年：270/(500+400)=0.30

第3年：286/(555+400)=0.30

“流动资金借款累计”即最大授信额度，上两年全部流动资金均为借款，随着流动资金需求量逐年增加，通过增加自有流动资金，将自有流动资金增至基本参数规定的最低自有流动资金比例30%，贷款比例则降至70%。

流动资金估算表（商业类举例）

表4.35

序号	项目名称	周转天数		上二年	上一年	第1年	第2年	第3年	第4年	第5年	第6年	第7年	第8年	第9年
		统计	预测	2008	2009	2010	2011	2012	2013	2014	2015	2016	2017	2018
	负荷（%）													
1	流动资产			787	883	850	941	1032	1132	1243	1377	1528	1696	1883
1.1	应收账款	2.75	2.75	4	15	11	12	13	14	16	18	20	22	24
1.2	预付账款	29.07	29.07	195	4	94	104	115	128	142	158	175	194	216
1.3	存货	130.79	130.79	352	598	501	556	617	685	760	844	937	1040	1154
1.4	现金			236	265	245	270	286	305	325	357	397	440	489
2	流动负债			448	428	450	500	555	616	683	759	842	935	1038
2.1	应付账款	80.12	80.12	259	244	258	287	318	353	392	435	483	536	595
2.2	预收账款	44.20	44.20	189	185	192	213	237	263	292	324	359	399	443
3	平均流动资金			339	455	400	442	477	516	560	618	686	762	845
4	流动资金最高值	1.00	1.00	339	455	400	442	477	516	560	618	686	762	845
5	流动资金增加额			339	116	-55	42	35	39	44	58	68	75	84

续表

序号	项目名称	周转天数		上二年	上一年	第1年	第2年	第3年	第4年	第5年	第6年	第7年	第8年	第9年
		统计	预测	2008	2009	2010	2011	2012	2013	2014	2015	2016	2017	2018
6	自有流动资金						42	35	39	44	25	20	23	25
7	流动资金借款			339	116	-55					33	48	53	59
8	流动资金借款累计			339	455	400	400	400	400	400	433	480	533	592

四、总成本费用估算

1. 概述

从计算总成本费用估算表开始，便进入财务平衡分析过程。平衡分析方法由总成本费用估算表、利润估算表、借款还本付息计划表、财务计划现金流量表、资产负债估算表等五个表循环。

财务平衡分析方法不分行业，所有类型的企业分析方法相同。本例存在严重的“短债长用”问题，以优化还本付息计划为首要任务，对约640万元债务优化贷款和新增固定资产贷款有三种还款方式。经过比较，推荐了“按最大能力偿还”方式。

2. 报表内容与格式

总成本费用估算表中三种还款方式的不同之处是财务费用，三个方案的财务费用见表4.36。推荐方案的总成本费用估算表见表4.37。商业及其他类型企业的总成本费用估算表内容与格式不同。

三个方案财务费用比较表（商业类举例）

表4.36 单位：万元

序号	项目名称	上二年	上一年	第1年	第2年	第3年	第4年	第5年	第6年	第7年	第8年	第9年
		2008	2009	2010	2011	2012	2013	2014	2015	2016	2017	2018
1	等额还本金	32	22	54	58	54	49	44	40	38	35	33
2	等额还本利	32	22	54	58	54	50	45	42	40	37	34
3	按最大能力	32	22	54	58	55	52	48	44	39	32	28

总成本费用估算表（商业类举例——按最大能力还款）

表 4.37 单位：万元

序号	项目名称	上二年	上一年	第 1 年	第 2 年	第 3 年	第 4 年	第 5 年	第 6 年	第 7 年	第 8 年	第 9 年
		2008	2009	2010	2011	2012	2013	2014	2015	2016	2017	2018
	营业收入	1651	1409	1564	1736	1927	2139	2374	2636	2925	3247	3604
1	进价（营业）成本	1239	1033	1160	1288	1429	1587	1761	1955	2170	2408	2673
2	管理费用	163	143	157	174	193	214	238	264	293	325	361
2.1	折旧费	43	31	38	42	46	52	57	64	71	78	87
2.2	租赁费											
2.3	摊销费	3	2	3	3	3	3	4	4	5	5	6
2.4	其他管理费用	117	110	116	129	143	159	177	196	218	242	268
3	财务费用	32	22	54	58	55	52	48	44	39	32	28
4	营业费用	115	86	102	113	125	139	155	172	190	211	235
5	总成本费用	1548	1284	1472	1632	1803	1992	2201	2434	2692	2978	3297
6	经营成本	1471	1228	1378	1530	1698	1885	2092	2322	2578	2862	3176

3. 计算公式

总成本费用估算表是在经营成本估算表基础上加上财务费用，不需要计算固定成本和可变成本。

财务费用[第 1 年] =（资产负债估算表！短期借款[上一年] + 流动资金估算表！流动资金借款[本年]）× 基本参数！短期借款年利率/100 + 长期借款还本付息表！本年应计利息[第 1 年] + 基本参数！新增固定投资借款 × 基本参数！新增借款利率/200；

财务费用[第 2 年及以后] =（资产负债估算表！短期借款[上年] + 流动资金估算表！流动资金借款累计[本年]）× 基本参数！短期借款年利率/100 + 长期借款还本付息表！本年应计利息[本年] + 借款还本付息计划表！新增建设投资借款[年初余额] × 基本参数！新增借款利率/100

4. 数据来源

数据来源：经营成本估算表，见表 4.31；资产负债估算表，见表 4.47；流动资金估算表，见表 4.35；基本参数，见表 4.34；长期借款还本付息表取自第二章第八节案例数据，见表 4.38。

长期借款还本付息表（商业类举例）

表 4. 38　　　　　　　　　　　　　　　　　　　　　　　　单位：万元

序号	项目名称	上二年	上一年	第 1 年	第 2 年	第 3 年	第 4 年	第 5 年	第 6 年	第 7 年	第 8 年	第 9 年
		2008	2009	2010	2011	2012	2013	2014	2015	2016	2017	2018
1	年初借款余额		2. 58	2. 56								
2	本年借款											
3	贷款利率											
4	本年应计利息											
5	本年还本金			2. 56								
6	本年付利息											
7	年末借款余额	2. 58	2. 56									

5. 案例计算

主要就推荐方案的财务费用验算如下：

财务费用[第 1 年] =（资产负债估算表！短期借款[上一年] + 流动资金估算表！流动资金借款[本年]）× 基本参数！短期借款年利率/100 + 长期借款还本付息表！本年应计利息[第 1 年] + 基本参数！新增固定投资借款 × 基本参数！新增借款利率/100

= (1115 + (−54. 71)) ×4. 8/100 +0 +100 ×6/200

= 53. 89 ≈54

财务费用[第 2 年] =（资产负债估算表！短期借款[上年] + 流动资金估算表！流动资金借款累计[本年]）× 基本参数！短期借款年利率/100 + 长期借款还本付息表！本年应计利息[本年] + 借款还本付息计划表！新增建设投资借款[年初余额] × 基本参数！新增借款利率/100

= (0 +400) ×4. 8/100 +0 +639. 63 ×6/100

= 57. 58 ≈58

五、利润估算

1. 报表内容与格式

利润估算表的内容与格式，商业类与工业类企业没有区别，见表 4. 39。

利润估算表（商业类举例——按最大能力还款）

表4.39 单位：万元

序号	项目名称	上二年	上一年	第1年	第2年	第3年	第4年	第5年	第6年	第7年	第8年	第9年
		2008	2009	2010	2011	2012	2013	2014	2015	2016	2017	2018
1	营业收入	1676	1419	1574	1746	1937	2149	2384	2645	2935	3257	3614
2	营业税金及附加	17	17	19	21	23	25	28	31	35	39	43
3	总成本费用	1548	1284	1472	1632	1803	1992	2201	2434	2692	2978	3297
4	补贴收入											
5	营业外收支净额	-11	-8	-8	-8	-8	-8	-8	-8	-8	-8	-8
6	利润总额	100	110	75	85	103	124	147	172	200	233	266
7	弥补以前年度亏损											
8	应纳税所得额	100	110	75	85	103	124	147	172	200	233	266
9	所得税	26	22	19	21	26	31	37	43	50	58	66
10	净利润	74	89	56	64	77	93	110	129	150	175	199
11	法定盈余公积金	7	9	6	6	8	9	11	13	15	17	20
12	各投资方利润分配											
13	当期未分配利润	67	80	50	57	69	83	99	116	135	157	180
14	未分配利润	72	138	188	246	315	399	498	614	749	906	1086
15	息税前利润	132	132	129	143	158	175	194	216	239	265	294
16	息税折旧摊销前利润	177	166	169	187	208	230	256	283	314	349	387

2. 数据来源

利润估算表数据来源于：表4.27“收益分配参数（商业类举例）”；表4.29“营业收入估算表（商业类举例）”；表4.34“基本参数”；表4.37“总成本费用估算表（商业类举例——按最大能力还款）”。

3. 计算公式

计算公式与工业类相同，见本章第六节的“利润估算”，在此不重复。

六、借款还本付息计划表

1. 方案优化

借款还本付息计划表是财务平衡分析和融资方案优化的结果，方案优化一是借款偿还方式的优化，有“等额还本金”、“等额还本利”、“按最大能力偿还”三种偿还方式可选择；二是债务结构优化，即用长期借款替换“短债长用”的短期借款。

商业类与其他类型企业的财务分析方法并无差别，由于本例存在“短债长用”问题，而且借款偿还期较长，不仅测算了优化前的借款还本付息计划表，还分别采用了“等额还本金”、“等额还本利”、“按最大能力偿还”等三种偿还方式，测算了优化后的报表和指标，计算的偿债备付率、债务优化融资需求比较于表4.40。每种方式的详细安排见表4.41“借款还本付息计划表［优化后］（按最大能力还款）”、表4.42“借款还本付息计划表［优化前］（按最大能力还款）、表4.43“借款还本付息计划表［优化后］（等额还本金）”、表4.44“借款还本付息计划表［优化后］（等额还本利）”。

表中“优化前”第1年的偿债备付率为24.73%，即当年的偿债能力只能偿还四分之一到期贷款，违约风险较大。从第2年开始偿债备付率均超过130%，说明企业偿债能力不足是因为“短债长用”所致。

债务优化后，每年的偿债备付率均达到100%或以上，三种偿还方式第1年债务优化贷款均为539.63万元。采用“等额还本利”、“按最大能力偿还”方式，第2年开始不需债务优化融资，采用“等额还本金”方式，第2年需继续债务优化融资13.27万元，以后也不需要债务优化融资。

一般来说需要债务优化融资的年份，偿债备付率只要达到100%，不考虑备用，一方面因为债务优化融资按需要筹措不需备用，年初盈余资金用于还款也不需备用，只有经营收益还存在一定的不确定性，按理应该按照最低偿债备付率要求安排备用，但一边安排融资一边安排备用看似不合理，故债务优化融资年份不考虑备用。

选择“按最大能力偿还”，从第2年开始每年的偿债备付率均达到130%，即达到了评价标准，其他两种方式的偿债备付率均有多年不达标。安排的贷款偿还期8年，不仅没有延长期限，而且比其他方式缩短一年。

还款方式偿债备付率比较表（商业类举例）

表4.40

单位：%

序号	项目名称	第1年	第2年	第3年	第4年	第5年	第6年	第7年	第8年	第9年
		2010	2011	2012	2013	2014	2015	2016	2017	2018
1	**等额还本金［优化后］**									
	偿债备付率	100.00	100.00	107.96	122.17	138.76	182.18	246.38	330.58	438.56
	累计平均偿债备付率	100.00	100.00	101.09	103.54	107.09	113.19	120.47	128.41	137.06
	债务优化贷款	539.63	13.27							

续表

序号	项目名称	第1年	第2年	第3年	第4年	第5年	第6年	第7年	第8年	第9年
		2010	2011	2012	2013	2014	2015	2016	2017	2018
2	**等额还本利［优化后］**									
	偿债备付率	100.00	101.68	119.67	130.67	143.44	183.80	236.67	299.46	373.89
	累计平均偿债备付率	100.00	100.25	102.71	105.87	109.62	115.57	122.33	129.39	136.79
	债务优化贷款	539.63								
3	**按最大能力［优化后］**									
	偿债备付率	100.00	130.00	130.00	130.00	130.00	130.00	130.00	181.66	1246.69
	累计平均偿债备付率	100.00	103.53	106.76	109.49	111.82	114.05	116.00	121.76	136.99
	债务优化贷款	539.63								
4	**按最大能力［优化前］**									
	偿债备付率	24.73	130.00	241.59	792.38	876.08	1008.04	1041.26	1115.99	1739.19
	累计平均偿债备付率	24.73	36.39	49.98	66.13	83.36	104.18	127.02	151.10	176.36
	债务优化贷款									

2. 计算公式

计算公式与工业类相同，详见本章第七节借款还本付息计划表内容。不在此重复。

3. 本例计算

本例计算“企业融资”包括：新增固定投资借款、新增注册资金、债务优化贷款等。本例上一章确定的基本参数，其中：新增固定投资借款100万元，新增注册资金为0。企业融资639.63万元，减去新增固定投资借款100万元，剩下的539.63万元即为债务优化贷款。

借款还本付息计划表［优化后］（商业类举例——按最大能力还款）

表4.41　　　　单位：万元

序号	项目名称	上二年	上一年	第1年	第2年	第3年	第4年	第5年	第6年	第7年	第8年	第9年
		2008	2009	2010	2011	2012	2013	2014	2015	2016	2017	2018
1	**还本付息计划**											
1.1	原有借款											
1.1.1	原有借款年初累计		2.58	2.56								
1.1.2	原有借款本年借款											

续表

序号	项目名称	上二年 2008	上一年 2009	第1年 2010	第2年 2011	第3年 2012	第4年 2013	第5年 2014	第6年 2015	第7年 2016	第8年 2017	第9年 2018
1.1.3	原有借款应计利息											
1.1.4	原有借款本年还本金			2.56								
1.1.5	原有借款本年付利息											
1.1.6	原有借款年末累计	2.58	2.56									
1.2	新增借款											
1.2.1	新增借款年初累计				639.63	601.62	544.12	472.70	385.46	263.87	115.06	
1.2.2	新增借款本年借款			639.63								
1.2.3	新增借款应计利息			3.00	38.38	36.10	32.65	28.36	23.13	15.83	6.90	
1.2.4	新增借款本年还本金				38.01	57.50	71.42	87.24	121.60	148.81	115.06	
1.2.5	新增借款本年付利息			3.00	38.38	36.10	32.65	28.36	23.13	15.83	6.90	
1.2.6	新增借款年末累计			639.63	601.62	544.12	472.70	385.46	263.87	115.06		
1.3	短期借款偿还			660.45								
1.4	支付工程欠款											
1.5	还本付息计划合计											
1.5.1	年初累计		2.58	663.01	639.63	601.62	544.12	472.70	385.46	263.87	115.06	
1.5.2	本年借款			639.63								
1.5.3	应计利息			3.00	38.38	36.10	32.65	28.36	23.13	15.83	6.90	
1.5.4	本年还本金			663.01	38.01	57.50	71.42	87.24	121.60	148.81	115.06	
1.5.5	本年付利息			3.00	38.38	36.10	32.65	28.36	23.13	15.83	6.90	
1.5.6	年末累计	2.58	2.56	639.63	601.62	544.12	472.70	385.46	263.87	115.06		
2	还款能力指标											
2.1	息税前利润	131.88	132.33	128.67	142.64	158.15	175.36	194.47	215.68	239.23	265.36	294.37
2.2	息税折旧摊销前利润	177.32	166.04	168.91	187.30	207.73	230.39	255.56	283.49	314.49	348.90	387.10
2.3	各种利息支出	31.81	21.90	53.89	57.57	55.29	51.84	47.55	43.90	38.89	32.49	28.40

续表

序号	项目名称	上二年	上一年	第1年	第2年	第3年	第4年	第5年	第6年	第7年	第8年	第9年
		2008	2009	2010	2011	2012	2013	2014	2015	2016	2017	2018
2.4	偿还债务本金			663.01	38.01	57.50	71.42	87.24	121.60	148.81	115.06	
2.5	所得税	25.96	21.75	18.69	21.27	25.71	30.88	36.73	42.95	50.09	58.22	66.49
2.6	用于建设投资及自有流动资金			100.00	41.78	35.38	39.28	43.60	25.40	20.40	22.64	25.13
2.7	可用于还款的年初盈余资金			27.06								58.64
2.8	企业融资			639.63								
2.9	资产变现											
2.10	利息备付率	414.59	604.25	238.74	247.77	286.04	338.28	408.95	491.34	615.21	816.68	1036.36
2.11	偿债备付率	475.83	658.86	100.00	130.00	130.00	130.00	130.00	130.00	130.00	181.66	1246.69
2.12	累计平均偿债备付率			100.00	103.53	106.76	109.49	111.82	114.05	116.00	121.76	136.99
2.13	借款偿还期	8										

借款还本付息计划表［优化前］（商业类举例——按最大能力还款）

表4.42　　单位：万元

序号	项目名称	上二年	上一年	第1年	第2年	第3年	第4年	第5年	第6年	第7年	第8年	第9年
		2008	2009	2010	2011	2012	2013	2014	2015	2016	2017	2018
1	还本付息计划											
1.1	原有借款											
1.1.1	原有借款年初累计		2.58	2.56								
1.1.2	原有借款本年借款											
1.1.3	原有借款应计利息											
1.1.4	原有借款本年还本金			2.56								
1.1.5	原有借款本年付利息											
1.1.6	原有借款年末累计	2.58	2.56									
1.2	新增借款											

续表

序号	项目名称	上二年	上一年	第1年	第2年	第3年	第4年	第5年	第6年	第7年	第8年	第9年
		2008	2009	2010	2011	2012	2013	2014	2015	2016	2017	2018
1.2.1	新增借款年初累计				100.00	35.84						
1.2.2	新增借款本年借款			100.00								
1.2.3	新增借款应计利息			3.00	6.00	2.15						
1.2.4	新增借款本年还本金				64.16	35.84						
1.2.5	新增借款本年付利息			3.00	6.00	2.15						
1.2.6	新增借款年末累计			100.00	35.84							
1.3	短期借款偿还			660.45								
1.4	支付工程欠款											
1.5	还本付息计划合计											
1.5.1	年初累计		2.58	663.01	100.00	35.84						
1.5.2	本年借款			100.00								
1.5.3	应计利息			3.00	6.00	2.15						
1.5.4	本年还本金			663.01	64.16	35.84						
1.5.5	本年付利息			3.00	6.00	2.15						
1.5.6	年末累计	2.58	2.56	100.00	35.84							
2	还款能力指标											
2.1	息税前利润	131.88	132.33	128.67	142.64	158.15	175.36	194.47	215.68	239.23	265.36	294.37
2.2	息税折旧摊销前利润	177.32	166.04	168.91	187.30	207.73	230.39	255.56	283.49	314.49	348.90	387.10
2.3	各种利息支出	31.81	21.90	53.89	25.19	21.34	19.19	19.19	20.77	23.05	25.59	28.40
2.4	偿还债务本金			663.01	64.16	35.84						
2.5	所得税	25.96	21.75	18.69	29.36	34.20	39.04	43.82	48.73	54.04	59.94	66.49
2.6	用于建设投资及自有流动资金			100.00	41.78	35.38	39.28	43.60	25.40	20.40	22.64	25.13
2.7	可用于还款的年初盈余资金			27.06							19.26	198.53

续表

序号	项目名称	上二年	上一年	第1年	第2年	第3年	第4年	第5年	第6年	第7年	第8年	第9年
		2008	2009	2010	2011	2012	2013	2014	2015	2016	2017	2018
2.8	企业融资			100.00								
2.9	资产变现											
2.10	利息备付率	414.59	604.25	238.74	566.20	741.00	913.72	1013.28	1038.49	1037.71	1037.00	1036.36
2.11	偿债备付率	475.83	658.86	24.73	130.00	241.59	792.38	876.08	1008.04	1041.26	1115.99	1739.19
2.12	累计平均偿债备付率			24.73	36.39	49.98	66.13	83.36	104.18	127.02	151.10	176.36
2.13	借款偿还期	8										

借款还本付息计划表［优化后］（商业类举例——等额还本金）

表4.43　　单位：万元

序号	项目名称	上二年	上一年	第1年	第2年	第3年	第4年	第5年	第6年	第7年	第8年	第9年
		2008	2009	2010	2011	2012	2013	2014	2015	2016	2017	2018
1	**还本付息计划**											
1.1	原有借款											
1.1.1	原有借款年初累计		2.58	2.56								
1.1.2	原有借款本年借款											
1.1.3	原有借款应计利息											
1.1.4	原有借款本年还本金			2.56								
1.1.5	原有借款本年付利息											
1.1.6	原有借款年末累计	2.58	2.56									
1.2	新增借款											
1.2.1	新增借款年初累计				639.63	572.95	491.10	409.25	327.40	245.55	163.70	81.85
1.2.2	新增借款本年借款			639.63	13.27							
1.2.3	新增借款应计利息			3.00	38.38	34.38	29.47	24.55	19.64	14.73	9.82	4.91

续表

序号	项目名称	上二年	上一年	第1年	第2年	第3年	第4年	第5年	第6年	第7年	第8年	第9年
		2008	2009	2010	2011	2012	2013	2014	2015	2016	2017	2018
1.2.4	新增借款本年还本金				79.95	81.85	81.85	81.85	81.85	81.85	81.85	81.85
1.2.5	新增借款本年付利息			3.00	38.38	34.38	29.47	24.55	19.64	14.73	9.82	4.91
1.2.6	新增借款年末累计			639.63	572.95	491.10	409.25	327.40	245.55	163.70	81.85	
1.3	短期借款偿还			660.45								
1.4	支付工程欠款											
1.5	还本付息计划合计											
1.5.1	年初累计		2.58	663.01	639.63	572.95	491.10	409.25	327.40	245.55	163.70	81.85
1.5.2	本年借款			639.63	13.27							
1.5.3	应计利息			3.00	38.38	34.38	29.47	24.55	19.64	14.73	9.82	4.91
1.5.4	本年还本金			663.01	79.95	81.85	81.85	81.85	81.85	81.85	81.85	81.85
1.5.5	本年付利息			3.00	38.38	34.38	29.47	24.55	19.64	14.73	9.82	4.91
1.5.6	年末累计	2.58	2.56	639.63	572.95	491.10	409.25	327.40	245.55	163.70	81.85	
2	还款能力指标											
2.1	息税前利润	131.88	132.33	128.67	142.64	158.15	175.36	194.47	215.68	239.23	265.36	294.37
2.2	息税折旧摊销前利润	177.32	166.04	168.91	187.30	207.73	230.39	255.56	283.49	314.49	348.90	387.10
2.3	各种利息支出	31.81	21.90	53.89	57.57	53.57	48.66	43.75	40.41	37.79	35.41	33.32
2.4	偿还债务本金			663.01	79.95	81.85	81.85	81.85	81.85	81.85	81.85	81.85
2.5	所得税	25.96	21.75	18.69	21.27	26.14	31.68	37.68	43.82	50.36	57.49	65.26
2.6	用于建设投资及自有流动资金			100.00	41.78	35.38	39.28	43.60	25.40	20.40	22.64	25.13
2.7	可用于还款的年初盈余资金			27.06					8.46	51.02	118.87	208.36
2.8	企业融资			639.63	13.27							
2.9	资产变现											
2.10	利息备付率	414.59	604.25	238.74	247.77	295.22	360.40	444.54	533.70	633.10	749.37	883.59
2.11	偿债备付率	475.83	658.86	100.00	100.00	107.96	122.17	138.76	182.18	246.38	330.58	438.56
2.12	累计平均偿债备付率			100.00	100.00	101.09	103.54	107.09	113.19	120.47	128.41	137.06
2.13	借款偿还期						9					

借款还本付息计划表［优化后］（商业类举例——等额还本利）

表4.44　　　　单位：万元

序号	项目名称	上二年	上一年	第1年	第2年	第3年	第4年	第5年	第6年	第7年	第8年	第9年
		2008	2009	2010	2011	2012	2013	2014	2015	2016	2017	2018
1	还本付息计划											
1.1	原有借款											
1.1.1	原有借款年初累计		2.58	2.56								
1.1.2	原有借款本年借款											
1.1.3	原有借款应计利息											
1.1.4	原有借款本年还本金			2.56								
1.1.5	原有借款本年付利息											
1.1.6	原有借款年末累计	2.58	2.56									
1.2	新增借款											
1.2.1	新增借款年初累计				639.63	575.01	506.50	433.89	356.92	275.33	188.85	97.17
1.2.2	新增借款本年借款			639.63								
1.2.3	新增借款应计利息			3.00	38.38	34.50	30.39	26.03	21.42	16.52	11.33	5.83
1.2.4	新增借款本年还本金				64.63	68.50	72.61	76.97	81.59	86.48	91.67	97.17
1.2.5	新增借款本年付利息			3.00	38.38	34.50	30.39	26.03	21.42	16.52	11.33	5.83
1.2.6	新增借款年末累计			639.63	575.01	506.50	433.89	356.92	275.33	188.85	97.17	
1.3	短期借款偿还			660.45								
1.4	支付工程欠款											
1.5	还本付息计划合计											

续表

序号	项目名称	上二年	上一年	第1年	第2年	第3年	第4年	第5年	第6年	第7年	第8年	第9年
		2008	2009	2010	2011	2012	2013	2014	2015	2016	2017	2018
1.5.1	年初累计		2.58	663.01	639.63	575.01	506.50	433.89	356.92	275.33	188.85	97.17
1.5.2	本年借款			639.63								
1.5.3	应计利息			3.00	38.38	34.50	30.39	26.03	21.42	16.52	11.33	5.83
1.5.4	本年还本金			663.01	64.63	68.50	72.61	76.97	81.59	86.48	91.67	97.17
1.5.5	本年付利息			3.00	38.38	34.50	30.39	26.03	21.42	16.52	11.33	5.83
1.5.6	年末累计	2.58	2.56	639.63	575.01	506.50	433.89	356.92	275.33	188.85	97.17	
2	还款能力指标											
2.1	息税前利润	131.88	132.33	128.67	142.64	158.15	175.36	194.47	215.68	239.23	265.36	294.37
2.2	息税折旧摊销前利润	177.32	166.04	168.91	187.30	207.73	230.39	255.56	283.49	314.49	348.90	387.10
2.3	各种利息支出	31.81	21.90	53.89	57.57	53.69	49.58	45.23	42.18	39.57	36.92	34.23
2.4	偿还债务本金			663.01	64.63	68.50	72.61	76.97	81.59	86.48	91.67	97.17
2.5	所得税	25.96	21.75	18.69	21.27	26.11	31.45	37.31	43.37	49.91	57.11	65.03
2.6	用于建设投资及自有流动资金			100.00	41.78	35.38	39.28	43.60	25.40	20.40	22.64	25.13
2.7	可用于还款的年初盈余资金			27.06				0.63	12.78	54.17	115.94	194.38
2.8	企业融资			639.63								
2.9	资产变现											
2.10	利息备付率	414.59	604.25	238.74	247.77	294.54	353.68	430.01	511.29	604.52	718.74	859.86
2.11	偿债备付率	475.83	658.86	100.00	101.68	119.67	130.67	143.44	183.80	236.67	299.46	373.89
2.12	累计平均偿债备付率			100.00	100.25	102.71	105.87	109.62	115.57	122.33	129.39	136.79
2.13	借款偿还期(年)	9										

七、财务计划现金流量

1. 财务计划现金流量表的作用

财务计划现金流量表中“经营活动净现金流量”和“累计盈余资金”是判断企业风险状况的重要数据。“经营活动净现金流量”大于0，说明企业有持续生存能力，反之亦然。“累计盈余资金”大于0，说明企业不存在倒闭风险，反之，“累计盈余资金”小于0的年份，存在倒闭风险。当两者同时都小于0时，除非可能获得风险投资的企业，一般企业处于此种状况即意味着即将倒闭。

2. 报表内容与格式

报表内容与格式不分行业，每个行业都相同。

财务计划现金流量表是财务平衡分析和债务结构优化的结果，分别计算“优化前”和“优化后”两份报表。本例优化后财务计划现金流量表见表4.45、优化前财务计划现金流量表见表4.46。

“优化前”表示不优化债务结构的前提下企业的生存能力。“优化后”反映债务结构优化后的生存能力。两者比较，主要差异在“筹资活动现金流量部分”和“累计盈余资金”。当两个报表数据相同，而且“累计盈余资金”大于0时，说明企业不需要经过债务结构优化也可获得良好的生存状况。反之，企业存在一定的问题，需要帮助。

3. 计算公式

商业类与工业类财务计划现金流量表的计算公式相同，详见本章第八节财务计划现金流量表，本例不再重复。

4. 评价结论

分析评价：本年经营活动净现金流量大于0，说明借款人的主要风险不是来自于经营，优化前累计盈余资金出现负数，说明现有债务结构不合理（短债长用）是企业的主要风险因素，需要债务优化融资。否则，一旦银行停止“借新还旧”，企业将出现债务违约风险。

由于每年预测的经营活动净现金流量大于150万元，在借款还本付息计划表中计算利息备付率超过200%，说明企业有较好的偿债能力，只要能够获得540万元债务优化贷款和100万元新增固定投资贷款，企业能够摆脱债务结构风险，持续稳定发展。

财务计划现金流量表［优化后］（商业类举例）

表4.45　　　　单位：万元

序号	项目名称	上二年	上一年	第1年	第2年	第3年	第4年	第5年	第6年	第7年	第8年	第9年
		2008	2009	2010	2011	2012	2013	2014	2015	2016	2017	2018
1	**经营活动净现金流量**			**150**	**166**	**182**	**200**	**219**	**241**	**264**	**291**	**321**
1.1	现金流入			1566	1738	1929	2141	2376	2637	2927	3249	3606
1.1.1	营业收入			1574	1746	1937	2149	2384	2645	2935	3257	3614

续表

序号	项目名称	上二年	上一年	第1年	第2年	第3年	第4年	第5年	第6年	第7年	第8年	第9年
		2008	2009	2010	2011	2012	2013	2014	2015	2016	2017	2018
1.1.2	增值税销项税额											
1.1.3	补贴收入											
1.1.4	其他收入			-8	-8	-8	-8	-8	-8	-8	-8	-8
1.2	现金流出			1416	1572	1747	1941	2157	2397	2663	2958	3286
1.2.1	经营成本			1378	1530	1698	1885	2092	2322	2578	2862	3176
1.2.2	增值税进项税额											
1.2.3	营业税金及附加			19	21	23	25	28	31	35	39	43
1.2.4	增值税											
1.2.5	所得税			19	21	26	31	37	43	50	58	66
1.2.6	其他流出											
2	**投资活动净现金流量**			**-45**	**-42**	**-35**	**-39**	**-44**	**-58**	**-68**	**-75**	**1903**
2.1	现金流入											1986
2.1.1	回收固定资产余值											611
2.1.2	回收流动资金											845
2.1.3	回收对外投资											530
2.2	现金流出			45	42	35	39	44	58	68	75	84
2.2.1	建设投资			100								
2.2.2	维持运营投资											
2.2.3	流动资金			-55	42	35	39	44	58	68	75	84
2.2.4	其他											
3	**筹资活动净现金流量**			**-132**	**-96**	**-113**	**-123**	**-135**	**-133**	**-140**	**-95**	**-562**
3.1	现金流入			585					33	48	53	59
3.1.1	项目资本金投入											
3.1.2	建设投资借款			640								
3.1.3	流动资金借款			-55					33	48	53	59
3.1.4	债券											
3.1.5	应付账款											
3.1.6	短期借款											
3.1.7	其他											

续表

序号	项目名称	上二年	上一年	第1年	第2年	第3年	第4年	第5年	第6年	第7年	第8年	第9年
		2008	2009	2010	2011	2012	2013	2014	2015	2016	2017	2018
3.2	现金流出			717	96	113	123	135	165	188	148	620
3.2.1	各种利息支出			54	58	55	52	48	44	39	32	28
3.2.2	偿还债务本金			663	38	58	71	87	122	149	115	592
3.2.3	应付利润（股利分配）											
3.2.4	其他											
4	**净现金流量（1+2+3）**			**-27**	**29**	**34**	**37**	**40**	**50**	**56**	**120**	**1662**
5	**累计盈余资金**	**89**	**27**		**29**	**63**	**99**	**140**	**190**	**246**	**366**	**2028**

财务计划现金流量表［优化前］（商业类举例）

表4.46　　　　　　　　　　　　　　　　　　　　单位：万元

序号	项目名称	上二年	上一年	第1年	第2年	第3年	第4年	第5年	第6年	第7年	第8年	第9年
		2008	2009	2010	2011	2012	2013	2014	2015	2016	2017	2018
1	**经营活动净现金流量**			**150**	**158**	**174**	**191**	**212**	**235**	**260**	**289**	**321**
1.1	现金流入			1566	1738	1929	2141	2376	2637	2927	3249	3606
1.1.1	营业收入			1574	1746	1937	2149	2384	2645	2935	3257	3614
1.1.2	增值税销项税额											
1.1.3	补贴收入											
1.1.4	其他收入			-8	-8	-8	-8	-8	-8	-8	-8	-8
1.2	现金流出			1416	1580	1755	1949	2164	2403	2667	2960	3286
1.2.1	经营成本			1378	1530	1698	1885	2092	2322	2578	2862	3176
1.2.2	增值税进项税额											
1.2.3	营业税金及附加			19	21	23	25	28	31	35	39	43
1.2.4	增值税											
1.2.5	所得税			19	29	34	39	44	49	54	60	66
1.2.6	其他流出											
2	**投资活动净现金流量**			**-45**	**-42**	**-35**	**-39**	**-44**	**-58**	**-68**	**-75**	**1903**
2.1	现金流入											1986
2.1.1	回收固定资产余值											611

续表

序号	项目名称	上二年	上一年	第1年	第2年	第3年	第4年	第5年	第6年	第7年	第8年	第9年
		2008	2009	2010	2011	2012	2013	2014	2015	2016	2017	2018
2.1.2	回收流动资金											845
2.1.3	回收对外投资											530
2.2	现金流出			45	42	35	39	44	58	68	75	84
2.2.1	建设投资			100								
2.2.2	维持运营投资											
2.2.3	流动资金			-55	42	35	39	44	58	68	75	84
2.2.4	其他											
3	**筹资活动净现金流量**			**-672**	**-89**	**-57**	**-19**	**-19**	**12**	**25**	**27**	**-562**
3.1	现金流入			45					33	48	53	59
3.1.1	项目资本金投入											
3.1.2	建设投资借款			100								
3.1.3	流动资金借款			-55					33	48	53	59
3.1.4	债券											
3.1.5	应付账款											
3.1.6	短期借款											
3.1.7	其他											
3.2	现金流出			717	89	57	19	19	21	23	26	620
3.2.1	各种利息支出			54	25	21	19	19	21	23	26	28
3.2.2	偿还债务本金			663	64	36						592
3.2.3	应付利润（股利分配）											
3.2.4	其他											
4	**净现金流量（1+2+3）**			**-567**	**27**	**81**	**133**	**149**	**189**	**217**	**241**	**1662**
5	**累计盈余资金**	**89**	**27**	**-540**	**-513**	**-432**	**-299**	**-150**	**39**	**256**	**496**	**2158**

八、资产负债估算表

1. 内容与格式

资产负债估算表不分行业，商业类与工业类内容与格式相同。本例计算结果见表4.47。

2. 计算公式

计算公式与工业类完全相同，详见本章第九节资产负债估算表内容。

资产负债估算表（商业类举例）

表 4. 47　　　　　　　　　　　　　　　　　　　　　　　　　　　单位：万元

序号	项目名称	上二年	上一年	第 1 年	第 2 年	第 3 年	第 4 年	第 5 年	第 6 年	第 7 年	第 8 年	第 9 年
		2008	2009	2010	2011	2012	2013	2014	2015	2016	2017	2018
1	**资产**	**2506**	**2632**	**2632**	**2707**	**2782**	**2864**	**2955**	**3070**	**3203**	**3408**	**2139**
1. 1	流动资产总额	947	1021	961	1081	1206	1343	1495	1678	1885	2174	2139
1. 1. 1	货币资金	325	292	245	299	349	404	465	547	643	807	2028
1. 1. 2	应收账款	4	15	11	12	13	14	16	18	20	22	
1. 1. 3	预付账款	195	4	94	104	115	128	142	158	175	194	
1. 1. 4	存货	352	598	501	556	617	685	760	844	937	1040	
1. 1. 5	其他流动资产	71	111	111	111	111	111	111	111	111	111	111
1. 2	在建工程											
1. 3	固定资产净值	1157	972	1035	993	946	895	837	774	703	625	
1. 4	无形及其他资产净值	148	109	106	104	100	97	93	89	84	79	
1. 5	长期投资	255	530	530	530	530	530	530	530	530	530	
2	**负债及所有者权益**	**2506**	**2632**	**2632**	**2707**	**2782**	**2864**	**2955**	**3070**	**3203**	**3408**	**2139**
2. 1	流动负债总额	1201	1129	490	539	594	655	723	798	882	974	40
2. 1. 1	短期借款	706	660									
2. 1. 2	应付账款	259	244	258	287	318	353	392	435	483	536	
2. 1. 3	预收账款	189	185	192	213	237	263	292	324	359	399	
2. 1. 4	其他流动负债	47	40	40	40	40	40	40	40	40	40	40
2. 2	长期借款债券应付款	3	3	640	602	544	473	385	264	115		
2. 3	流动资金借款	339	455	400	400	400	400	400	433	480	533	
2. 4	其他长期负债	3	5	5	5	5	5	5	5	5	5	5
2. 5	负债小计	1545	1590	1534	1545	1543	1532	1513	1499	1482	1512	44
2. 6	所有者权益	961	1042	1098	1162	1239	1332	1442	1571	1721	1896	2095
2. 6. 1	实收资本	358	358	358	358	358	358	358	358	358	358	358
2. 6. 2	资本公积	413	415	415	415	415	415	415	415	415	415	415
2. 6. 3	累计盈余公积	118	131	136	143	151	160	171	184	199	216	236

续表

序号	项目名称	上二年	上一年	第1年	第2年	第3年	第4年	第5年	第6年	第7年	第8年	第9年
		2008	2009	2010	2011	2012	2013	2014	2015	2016	2017	2018
2.6.4	未分配利润	72	138	188	246	315	399	498	614	749	906	1086
计算指标	资产负债率（%）	61.66	60.41	58.27	57.08	55.46	53.50	51.20	48.83	46.26	44.37	44.40
	流动比率	0.61	0.65	1.08	1.15	1.21	1.27	1.33	1.36	1.38	1.44	1.57
	速动比率	0.26	0.26	0.41	0.45	0.48	0.50	0.53	0.55	0.57	0.62	0.75
	现金比率	0.21	0.18	0.28	0.32	0.35	0.38	0.41	0.44	0.47	0.54	0.67

九、融资需求与资金筹措表

1. 报表内容与格式

融资需求与筹措计划表不仅为融资主体和投资者指明了方向，也是企业债务结构优化的成果。商业类与工业类内容与格式相同，商业类举例见表4.48。

2. 计算公式

计算公式详见第十节融资需求与筹措计划表。

3. 本例评价结果

一般来说，流动资金融资需求主要看第1年，以后每年的需求不作为本年授信依据，但应该把整个计算期的新增固定投资和债务优化融资等需求作为一个整体解决方案考虑，最好一次授信多年用信，即使每年分别授信也需要整体考虑。

本例只有第1年存在新增固定投资100万元和债务优化贷款540万元需求，其他年份为0，第1年的流动资金融资需求为400万元，共1040万元，全部来自银行贷款。

融资需求与筹措计划表（商业类举例）

表4.48　　单位：万元

序号	项目名称	合计	第1年	第2年	第3年	第4年	第5年	第6年	第7年	第8年	第9年
			2010	2011	2012	2013	2014	2015	2016	2017	2018
1	**资金需求**	**1485**	**1040**	**42**	**35**	**39**	**44**	**58**	**68**	**75**	**84**
1.1	流动资金	845	400	42	35	39	44	58	68	75	84
1.2	债务优化融资	540	540								
1.3	新增固定投资	100	100								
2	**资金筹措**	**1485**	**1040**	**42**	**35**	**39**	**44**	**58**	**68**	**75**	**84**
2.1	权益资金	254		42	35	39	44	25	20	23	25
2.1.1	年初自有流动资金										

续表

序号	项目名称	合计	第1年	第2年	第3年	第4年	第5年	第6年	第7年	第8年	第9年
			2010	2011	2012	2013	2014	2015	2016	2017	2018
2.1.2	经营收益及盈余资金	254		42	35	39	44	25	20	23	25
2.1.3	拟股权融资										
2.2	债务资金	1231	1040					33	48	53	59
2.2.1	流动资金贷款	592	400					33	48	53	59
2.2.2	债务优化贷款	540	540								
2.2.3	新增固定投资贷款	100	100								

十、全部投资现金流量表

商业类全部投资现金流量表的内容与格式与工业类相同，商业类举例见表4.49。

计算公式与工业类完全相同，详见本章第十一节全部投资现金流量表。不再重复。

基本参数确定的基准收益率为8%，测算的全部投资财务内部收益率为7.82%，略低于基准收益率，但高于银行贷款利率，财务效益较好。

全部投资现金流量表（商业类举例）

表4.49　　　　单位：万元

序号	项目名称	合计	第1年	第2年	第3年	第4年	第5年	第6年	第7年	第8年	第9年	
			2010	2011	2012	2013	2014	2015	2016	2017	2018	
1	现金流入	24183	27	1566	1738	1929	2141	2376	2637	2927	3249	5593
1.1	营业收入	22239		1574	1746	1937	2149	2384	2645	2935	3257	3614
1.2	补贴收入											
1.3	回收固定资产	611										611
1.4	回收流动资金	845										845
1.5	其他收入	487	27	-8	-8	-8	-8	-8	-8	-8	-8	522
2	现金流出	22342	2065	1442	1592	1756	1950	2164	2412	2681	2976	3303
2.1	建设投资	1711	1611	100								
2.2	流动资金	845	455	-55	42	35	39	44	58	68	75	84
2.3	经营成本	19522		1378	1530	1698	1885	2092	2322	2578	2862	3176
2.4	营业税金及附加	263		19	21	23	25	28	31	35	39	43
2.5	维持运营投资											
2.6	其他现金流出											
3	所得税前净现金流量（1-2）	1841	-2038	124	146	172	191	212	225	247	273	2290

续表

序号	项目名称	合计	第1年	第2年	第3年	第4年	第5年	第6年	第7年	第8年	第9年	
			2010	2011	2012	2013	2014	2015	2016	2017	2018	
4	所得税	351		19	21	26	31	37	43	50	58	66
5	所得税后净现金流量（3－5）	1490	－2038	105	124	147	160	175	182	196	215	2223
6	累计所得税后净现金流量		－2038	－1933	－1809	－1663	－1502	－1327	－1145	－948	－733	1490
计算指标	全投资税后财务内部收益率（%）	7.82										
	全投资税后投资回收期（年）	8.33										
	全投资税后财务净现值（I＝8.0%）	－23	－2038	97	107	116	118	119	115	115	116	1112

十一、权益资金现金流量表

商业类权益资金现金流量表的内容与格式与工业类相同，商业类举例见表4.50。

计算公式与商业类完全相同，详见本章第十二节权益资金现金流量表。不再重复。

基本参数确定的基准收益率为8%，测算的资本金内部收益率为7.82%，高于基准收益率。计算了股东权益和股东权益现值，股东权益现值合计1244万元，企业实收资本358万元，每股价值：1244÷358＝3.47（元）。

权益资金现金流量表（商业类举例）

表4.50　　　　单位：万元

序号	项目名称	合计	第1年	第2年	第3年	第4年	第5年	第6年	第7年	第8年	第9年	
			2010	2011	2012	2013	2014	2015	2016	2017	2018	
1	现金流入	24722	27	2105	1738	1929	2141	2376	2637	2927	3249	5593
1.1	销售（营业）收入	22239		1574	1746	1937	2149	2384	2645	2935	3257	3614
1.2	补贴收入											
1.3	回收固定资产余值	611										611
1.4	回收流动资金	845										845

续表

序号	项目名称	合计	第1年	第2年	第3年	第4年	第5年	第6年	第7年	第8年	第9年	
			2010	2011	2012	2013	2014	2015	2016	2017	2018	
1.5	其他现金流入	1027	27	532	-8	-8	-8	-8	-8	-8	-8	522
2	现金流出	23483	1042	2133	1667	1860	2065	2292	2562	2850	3106	3906
2.1	资本金	1042	1042									
2.2	借款本金偿还	1894		663	38	58	71	87	122	149	115	592
2.3	借款利息支付	410		54	58	55	52	48	44	39	32	28
2.4	经营成本	19522		1378	1530	1698	1885	2092	2322	2578	2862	3176
2.5	销售（营业）税金及附加	263		19	21	23	25	28	31	35	39	43
2.6	所得税	351		19	21	26	31	37	43	50	58	66
2.7	维持运营投资中的项目资本金											
3	净现金流量（1-2）	1239	-1015	-27	70	69	76	84	75	77	143	1687
4	股东权益（3+2.1）	2282	27	-27	70	69	76	84	75	77	143	1687
计算指标	资本金内部收益率（%）	10.53										
5	股东权益现值（I=8.0%）	1244	27	-25	60	55	56	57	47	45	77	844

十二、财务评价指标汇总表

1. 内容与格式

商业及其他类型企业与工业类企业的财务评价指标略有差异，主要是反映经营状况的评价指标有所不同，商业类及其他类型企业的财务评价指标汇总表见表4.51。

2. 数据来源与计算公式

商业类企业比工业类企业少了“生产能力平均利用率”、“盈亏平衡点”两个指标，指标的含义、数据来源及计算方法均相同，工业类见本章第十三节财务评价指标汇总表。

3. 评价结论

评价结论见表4.52财务评价结论。

财务评价指标汇总表（商业类举例）

表4.51　　　　单位：万元

序号	项目名称	单位	上二年	上一年	本年	计算期
			2008	2009	2010	平均
1	**经营状况评价指标**					
1.1	主营业务收入	万元	1650.61	1409.06	1564.06	2461.47
1.2	主营业务收入增长幅度	%		-14.63	11.00	11.00
1.3	销售利润率	%	5.97	7.78	4.75	6.08
1.4	主营业务收入现金含量		97.29	79.88	100.00	100.00
1.5	存货周转率		3.52	1.73	2.32	
1.6	应收账款周转率		399.66	91.92	148.55	
2	**获利能力评价指标**					
2.1	净利润	万元	74.12	88.68	56.08	117.01
2.2	净利润增长率	%		19.64	-36.76	11.22
2.3	息税折旧摊销前利润	万元	177.32	166.04	168.91	264.87
2.4	息税折旧摊销前利润增长率	%		-6.36	1.73	9.90
2.5	总投资收益率	%	6.95	6.41	6.21	10.40
2.6	总投资净收益率	%	5.58	5.35	5.31	8.48
2.7	全投资税后内部收益率	%				7.82
2.8	权益资金内部收益率	%				10.53
2.9	每股价值	元			3.47	3.47
3	**财务状况评价指标**					
3.1	资产负债率	%	61.66	60.41	58.27	51.04
3.2	流动比率		0.61	0.65	1.08	1.31
3.3	速动比率		0.26	0.26	0.41	0.54
3.4	现金比率		0.21	0.18	0.28	0.43
4	**偿债能力评价指标**					
4.1	利息备付率	%	414.59	604.25	238.74	497.71
4.2	贷款偿还期	年				8.00
4.3	偿债备付率	%	475.83	658.86	100.00	121.76
4.4	累计平均偿债备付率最低值	%			100.00	100.00
4.5	偿债备付率（优化前）	%	475.83	658.86	24.73	127.02
4.6	累计平均偿债备付率最低值（优化前）	%			24.73	24.73
5	**发展潜力评价指标**					
5.1	累计盈余资金	万元	88.71	27.06		351.17
5.2	净资产	万元	960.82	1042.19	1098.27	1506.29

财务评价结论（商业类举例）

表4.52

序号	项目名称	单位	指标	结论
1	**融资需求**	**万元**	**1231.39**	**企业有融资需求，而且拟通过流动资金贷款、债务优化贷款、新增固定投资贷款等多种渠道解决**
1.1	拟股权融资	万元		
1.2	流动资金贷款	万元	591.75	有流动资金贷款需求，主要用于：进货及工资
1.3	债务优化贷款	万元	539.63	需要债务优化贷款，用于偿还现有到期长期借款、“短债长用”的其他短期借款
1.4	新增固定投资贷款	万元	100.00	有新增固定投资贷款需求，主要用于：经营场所装修
2	**经营状况评价**			**近两年主营业务收入不稳定，上一年负增长，本年有增长，但增幅度低于15%。需注意观察，正确判断增长趋势**
2.1	主营业务收入增长幅度［上二年］	%		
2.2	主营业务收入增长幅度［上一年］	%	-14.63	
2.3	主营业务收入增长幅度［本年同期］	%	11.05	
2.4	主营业务收入增长幅度［本年预测］	%	11.00	
3	**获利能力评价**			**本年预测的总投资净收益率（静态指标）和反映整个计算期的全投资税后内部收益率指标，都已经达到了银行贷款利率，认为融资主体的经济效益较好**
3.1	总投资净收益率	%	5.31	
3.2	全投资税后内部收益率	%	7.82	
3.3	权益资金内部收益率	%	10.53	
4	**偿债能力评价**			**在规定的贷款偿还期限内，优化前偿债备付率最低值已低于100%，即低于贷款可行的警戒线，借款人可能某些年份将出现偿债能力不足，有必要为债务优化融资。通过债务优化融资，在贷款偿还期内，借款人每年均有足够偿债能力**
4.1	利息备付率	%	497.71	
4.2	贷款偿还期	年	8.00	
4.3	偿债备付率	%	100.00	通过债务优化融资，融资主体已有足够偿债能力
4.4	累计平均偿债备付率最低值	%	100.00	通过债务优化，在贷款偿还期内，融资主体每年均有足够偿债能力

续表

序号	项目名称	单位	指标	结论
4.5	偿债备付率（优化前）	%	24.73	分析本年的偿债能力，认为现有偿债能力不足，有必要为债务优化融资
4.6	累计平均偿债备付率最低值（优化前）	%	24.73	在贷款偿还期内，优化前偿债备付率最低值已低于100%，即低于贷款可行的警戒线，借款人可能某些年份将出现偿债能力不足，有必要为债务优化融资
5	**风险评价**			**据测算，本年经营活动净现金流量大于0，说明借款人的主要风险不是来自于经营，新增投资筹措缺口或现有债务结构不合理（短债长用）可能是主要风险因素，需通过融资解决资金缺口或优化债务结构（见“融资需求与筹措计划表”），否则，可能在一年内出现资金断流风险**
5.1	新增固定投资	万元	100.00	
5.2	累计盈余资金	万元	-539.63	

第五章　企业评级授信方法

第一节　概述

一、评级授信评价方法的地位

据了解，对小企业仅凭评级授信评价作出贷款决策的银行不在少数，说明评级授信评价方法必有可肯定之处。用信用评级判断客户优劣，通过授信确定贷款额度，评级授信配合使用可独立形成一套完整的贷款评价方法体系。评级授信方法与财务评价方法都分别可以独立形成评价方法体系，也是贷款评价中最常用和最重要的方法，可以独立使用，也可以在风险较大的贷款中相互配合使用。

比较财务评价方法与评级授信方法，财务评价指标可比性好（科学）、定量准确、评价标准容易确定，财务评价方法是国内外推崇的项目贷款评估方法，在参数确定的情况下是最好的评价方法，其不足之处是面对评价参数的不确定性，在风险度量方面不太令人满意。评级授信方法，用信用等级衡量客户贷款违约的风险，判断客户优劣，如将客户划分为主要贷款对象、慎重贷款对象和限制贷款对象，为贷款指明大方向。再用授信评价方法确定客户可以承担的贷款额度。信用评级方法用于评价客户优劣，采用的是一种模糊决策方法，也是一种多目标的综合评价方法。目前各银行采用的授信评价方法其本质仍属于财务评价，以授信后资产负债率不超过合理范围为原则确定企业综合授信边界，以流动资金贷款不超过周转需要为原则确定流动资金授信额度、以企业自由现金流能够覆盖新增贷款的还本付息计划为原则确定新增固定资产授信额度、以不超过现有表外业务水平为原则确定表外业务授信额度等测算单品种授信额度，并根据综合授信边界核定企业授信总额，所有这些都离不开企业现有财务报表。评级授信方法在风险度量上弥补了财务评价的不足。

因此，对于明确贷款方向和确定贷款额度，评级授信方法不失为一种很好的评价方法，评级授信方法与财务评价方法互补，配套使用控制风险的效果更佳。

二、评级授信方法的应用前景

评级授信方法是国际上推崇的贷款评价方法之一，也是目前与《巴塞尔新资本协议》衔接最好的评价方法，目前国内已有大型银行不仅在企业贷款评价中应用，也在项目贷款“风险与收益”评价中应用。

根据趋势，评级授信方法在贷款决策、利率定价、风险监控等已显示其应用前景。

1. 贷款决策

对于周期短风险较低的授信，如流动资金贷款、表外业务授信等，评级授信评价完全可用作决策依据，有风险控制能力。

虽然对于贷款周期较长的固定资产贷款，还需要通过财务评价合理预测未来若干年的经营活动净现金流量，合理安排还本付息计划，确认每年都有足够的偿债能力，以财务评价为主要决策依据。但是，评级授信对于企业固定资产贷款决策还是可以起重要作用的，可以明确贷款对象，确定贷款额度。

2. 利率定价

在利率定价中，确定风险溢价的主要依据之一就是客户的信用等级，即客户信用等级对应的违约概率。违约概率与违约损失率的乘积即为风险溢价。

3. 风险监控

风险监控主要针对企业的信用余额，一般采用贷款五级分类方法，实际上贷款五级分类方法类似于信用评级方法，信用评级结果也可以直接应用于贷款五级分类。

三、评级授信模型的建立和完善机制

评级授信模型分为信用评价模型和授信评价模型两部分，信用评级模型主要是经验模型，授信评价模型用到的某些参数虽然也属经验数据，但整个评价过程完全由数学公式表达，是一种理论模型。

经验模型的形成过程要比理论模型长，一般都需要经过建立、验证和持久维护过程。即：

专家模型→初步验证模型→高精度模型。

专家模型是每个信用评级模型的最初形成阶段，而且各银行建立信用评级模型的初期，都相互借鉴，考虑的因素都一样，甚至各因素所占权重也差不多，这就是专家模型的特性。专家模型是理论分析和经验总结的结晶。

评级模型包括评分模型（指标设置、指标的权重、指标档次与分值）、评级标准（分值与信用等级关系）、等级标准（每个信用等级与违约概率）。在内容上，每个阶段的模型内容是一样的。其差异在于，模型规定每个信用等级所含的违约概率与实际发生后统计的违约率的吻合程度不同。

初步验证模型，一般在一个模型正式投入使用前，需用积累的客户信息验证模型的吻合程度。即对过去一段时间的客户进行评级，然后统计每个等级客户的违约率，与模型规定的违约概率比较，看模型的吻合程度，如果出入过大，可以对专家模型进行必要调整，再验证，直至投入使用的模型与统计结果比较吻合为止。这个过程工作量巨大，需要编制程序由计算机来完成。

模型持久维护，主要朝着两个方向进行：第一个方向是行业个性化，即对模型针对行业特点的微调，可以通过增加行业模板实现；第二个方向是宏观形势的影响，对于同一个行业同样的模板，有的年份吻合程度高有的吻合程度低，产生差异的主要原因是宏观经济形势的影响。一般每年需要调整一次模型，验证和调整方法类似于初步验证。

模型完善的必要条件是信息化，需要有一定数量的客户信息，可以采用模拟方法完善。模拟法的原理和步骤是，将客户按信用等级分组；根据违约标准统计每组客户的违约率；每组客户违约率与等级标准的违约概率比较，如果相符则模型可用，如果差距不可忽略，则修改评级标准或修改等级标准。一般不首先修改等级标准，应该优先修改评级标准，通过修改客户评分与信用等级的对应关系使得每个评级标准的违约率与等级标准的违约概率相符。

四、本书推荐模型的特色

本书推荐的模型包括打分表、评价标准和等级标准，三者构成一个不可分割的整体。由铭星科技组织行业专家，研究了国内各大银行、多家股份制城市商业银行、多家农信社等规模大中小不同银行的模板，是理论与行业经验结合建立的专家模型。继承了各种评级模型的优点，较好地克服了目前某些模型存在的缺陷，譬如：定性分析比重过大，人为因素导致评价失真；定量分析财务数据真实性不能保证，导致“假账真算”自欺欺人；信用评级的本质是判断企业在未来一段时间内贷款违约的可能性，理应采用未来预测指标，但现有模型主要采用现状统计指标，或者采用粗糙方法预测的评价指标。本方法体系对此作了重要改进，具有以下显著特点：

1. 模型以数据真实性验证为坚实基础

比现行模型强化了数据真实性验证和财务评价，譬如评价流程包括：数据收集与真实性验证→评价参数统计与确定→企业财务评价→评级授信评价。真实性验证涵盖了财务数据和非财务数据，除继承了各银行常用的营业收入验证、钩稽关系验证现行做法，创新了息税折旧摊销前利润验证方法。息税折旧摊销前利润验证方法比现有其他方法更为严密，更具可操作性。真实性验证和财务评价是本书第二章至第四章的主要内容。

2. 突出财务决策指标的重要作用

财务评价建立在数据真实性验证基础上，评级授信建立在财务评价基础上，本书创新的评级模型给予了财务评价决策指标更大的权重，强化财务评价指标的重要性。突出优点是：这些财务评价决策指标科学、定量准确、评价标准明确（违约边界清晰），单纯用一组财务评价决策指标已经能够作出科学决策，而信用评价将这些指标与非财务因素综合成一个决策指标——信用等级，可以起到单纯的财务评价达不到的增效作用。这些财务评价决策指标是通过合理确定预测参数如收入增长幅度、成本预测参数、流动资金预测参数等，用科学预测方法预测的，而某些现有模型的评价指标是采用“最近月份平均值乘以12”的粗糙方法得到的，创新模型将有力提升信用评级模型的科学性。

3. 实现定量分析为主的可操作模式

国家发改委和建设部颁发的《建设项目经济评价方法与参数》规定了“定量分析与定性分析相结合，以定量分析为主”的原则。由于铭星科技创新的方法体系很好解决了数据真实性和财务评价的准确性，才使得“以定量分析为主”的原则在企业贷款评价中得以实现。实现定量分析为主，可将人为因素干扰降至最低程度，可避免以往因为人为因素导致评价失真和评价方法失效的局面再出现。

定性分析继承现有信用评级处理非财务因素和特例事项的做法，如除了给予非财务因素（客户管理能力和信用情况）一定的权重之外，还对客户可能出现“违约”的“信用状况”和“特例事项”，给予大幅度降级处理。

4. 简化评级方法

上述三点较好地解决了企业内部因素的风险度量方法。对于影响企业信用等级的外部因素如行业差异、地区差别、宏观经济形势等方面，除了反映行业差异继续沿用“行业模板”的现有方法之外，关于地区差异、宏观经济形势，通过合理确定财务评价预测参数，由财务评价指标如总投资净收益率、贷款偿还期、偿债备付率、流动比率、现金比率等财务评价指标反映，最终会在打分和信用等级中体现。不再需要采用如现有方法对信用等级进行二次修正。因此，既简化了信用评价方法又不失其科学性。

第二节　信用评级模型

一、模型内容

信用评级模型由打分模板、评价标准、等级标准（违约概率）三部分组成。

打分模板是对风险因素进行风险度量的模型，首先列出主要风险因素、然后给予每个风险因素必要的权重、再给每个风险因素设置多种不同的状态和分值。使用时只要选定每个因素的状态，便确定了每个因素的分值，所有因素汇总得到总分值。

评价标准是根据风险因素度量的分值确定信用等级的标准，不同分值对应着不同的信用等级。

等级标准是衡量信用等级“含金量”的标准，即违约概率，不同信用等级对应着不同的违约概率区间。在应用客户信用等级作出贷款决策、利率定价、风险监控时，可根据违约概率预估投资（贷款）的风险损失。是应用信用评级结果所必需的。

二、模型分类方法

评级模型分类一是按信用评级用途分类，二是按评估对象分类。

按用途分类，如贷款信用评级、证券信用评级、创投信用评级。贷款信用评级又可分为商业银行贷款信用评级和小额贷款信用评级。

按评估对象分类，主要是行业分类。

三、模板按行业分类

实践表明，不可能用一个评级模型完全覆盖所有的企业。根据国民经济行业分类，每个行业均有自己的特点，俗话说“没有特点不成行业”，行业特点是否影响信用评级的准确性，答案是肯定的。影响信用评级的风险因素各个行业大同小异，但这些因素在每个行业里的重要性（权重）是不尽相同的，因此，为了保证评价模型能够精准地度量风险，有必要按国民经济行业分类分别定制模板。理论上来说，每个行业都可以定制一个模板，但是，结果发现很多行业模板差异很小，为维护方便有必要将差异很小行业模板合并成一个。目前国内各银行根据业务范围和积累的经验，采用的模板分类方法和定制的模板个数略有差异，多数银行分类为十多个评级模板，最多的有二十多个模板。模板分类没有孰优孰劣之分，只要每个行业都能准确度量风险才是最终目标。综合各银行的分类方法，本书作者认为，一般企业至少可以建立12个模板，小微企业和和农户建立4个模板。一般企业模板名称如下：

1－制造业；

2－批发和零售业；

3－房地产开发业；

4－建筑业；

5－住宿业；

6－旅游业；

7－交通运输业；

8－公用设施业；

9－综合类；

10－医疗机构；

11－教育机构；

12－其他事业法人。

小微企业模板名称如下：

1－工业类

2－流通类

3－餐饮业

4－其他类

5－农户

小微企业模板主要适用于个体工商户。

上述一般企业模板对应行业分类见表5.1。

行业分类与评级模板

表5.1

行业大类代码	行业大类名称	评级模板名称
01	农业	综合类
02	林木及林木采伐	综合类
03	畜牧业	综合类
04	渔业	综合类
05	农、林、牧、渔服务业	综合类

续表

行业大类代码	行业大类名称	评级模板名称
06	煤炭开采和洗选业	综合类
07	石油和天然气开采业	综合类
08	黑色金属矿采选业	综合类
09	有色金属矿采选业	综合类
10	非金属矿采选业	综合类
11	开采辅助活动	综合类
12	其他采矿业	综合类
13	农副食品加工业	制造业
14	食品制造业	制造业
15	饮料制造业	制造业
16	烟草制品业	制造业
17	纺织业	制造业
18	纺织服装、鞋、帽制造业	制造业
19	皮革、毛皮、羽毛（绒）及其制品业	制造业
20	木材加工及木、竹、藤、棕、草制品业	制造业
21	家具制造业	制造业
22	造纸及纸制品业	制造业
23	印刷业和记录媒介的复制	制造业
24	文教体育用品制造业	制造业
25	精炼石油产品的制造	制造业
26	化学原料及化学制品制造业	制造业
27	医药制造业	制造业
28	化学纤维制造业	制造业
29	橡胶制品业	制造业
30	塑料制品业	制造业
31	非金属矿物制品业	制造业
32	黑色金属冶炼及压延加工业	制造业
33	有色金属冶炼及压延加工业	制造业
34	金属制品业	制造业
35	通用设备制造业	制造业
36	专用设备制造业	制造业
37	交通运输设备制造业	制造业
39	电气机械及器材制造业	制造业

续表

行业大类代码	行业大类名称	评级模板名称
40	通信设备、计算机及其他电子设备制造业	制造业
41	仪器仪表及文化、办公用机械制造业	制造业
42	工艺品及其他制造业	制造业
43	废弃资源和废旧材料回收加工业	制造业
44	电力、热力的生产和供应业	公用设施业
45	燃气生产和供应业	公用设施业
46	水的生产和供应业	公用设施业
47	房屋和土木工程建筑业	建筑业
48	建筑安装业	建筑业
49	建筑装饰业	建筑业
50	其他建筑业	建筑业
51	铁路运输业	交通运输业
52	道路运输业	交通运输业
53	城市公共交通业	交通运输业
54	水上运输业	交通运输业
55	航空运输业	交通运输业
56	管道运输业	交通运输业
57	装卸搬运和其他运输服务业	交通运输业
58	仓储业	交通运输业
59	邮政业	交通运输业
60	电信和其他信息传输服务业	公用设施业
61	计算机服务业	综合类
62	软件业	综合类
63	批发业	批发和零售业
65	零售业	批发和零售业
66	住宿业	住宿业
67	餐饮业	综合类
68	银行业	
69	证券业	
70	保险业	
71	其他金融活动	
72	房地产业	房地产开发业
73	租赁业	综合类

续表

行业大类代码	行业大类名称	评级模板名称
74	商务服务业	综合类
75	研究与试验发展	综合类
76	专业技术服务业	综合类
77	科技交流和推广服务业	综合类
78	地质勘查业	综合类
79	水利管理业	综合类
80	环境管理业	综合类
81	公共设施管理业	综合类
82	居民服务业	综合类
83	其他服务业	综合类
84	教育	教育机构
85	卫生	医疗机构
86	社会保障业	其他类事业法人
87	社会福利业	其他类事业法人
88	新闻出版业	综合类
89	广播、电视、电影和音像业	综合类
90	文化艺术业	综合类
91	体育	综合类
92	娱乐业	旅游业
93	中国共产党机关	
94	国家机构	
95	人民政协和民主党派	
96	群众团体、社会团体和宗教组织	
97	基层群众自治组织	
98	国际组织	

四、信用评级打分表

以制造业（工业类）与批发和零售业（商业类）为例，工业类企业与商业类企业评价指标略有不同，打分模板不同，但总体方法上是一致的。工业类打分模板见表5.2。商业类举例见本章第八节。

信用评级打分表（工业类举例）

表 5.2

序号	指标大类	指标名称	指标	选择	指标分档	分值	得分
1	经营者素质 20	学历			主要领导人硕士以上学历	5	
				√	主要领导人本科以上学历	4	4
					主要领导人大专以上学历	3	
					主要领导人大专以下学历	2	
		行业经验		√	从事本行业 5 年以上	5	5
					从事本行业 3～5 年	3	
					从事本行业 1～3 年	2	
					从事本行业 1 年以下	1	
		信用记录		√	无不良记录	5	5
					存在第三方负面评价	3	
					存在贷款违约记录	2	
					发生重大事故或经济纠纷	0	
		公司团队		√	技术实力和销售能力俱强	5	5
					技术实力强和销售能力稍弱	4	
					销售能力强和技术实力稍弱	3	
					技术实力和销售能力一般	2	
2	经营状况 25	生产能力利用率	1.34		生产能力利用率 >1.5×盈亏平衡点	5	
				√	1.3×盈亏平衡点 < 生产能力利用率 < =1.5×盈亏平衡点	4	4
					1.05×盈亏平衡点 < 生产能力利用率 < =1.3×盈亏平衡点	3	
					盈亏平衡点 < 生产能力利用率 < 1.05×盈亏平衡点	2	
					生产能力利用率 < 盈亏平衡点	0	

续表

序号	指标大类	指标名称	指标	选择	指标分档	分值	得分
2	经营状况 25	总投资净收益率	6.65		总投资净收益率 > 1.6 × 三年期法定贷款利率	10	
				√	1.4 × 三年期法定贷款利率 < 总投资净收益率 < = 1.6 × 三年期法定贷款利率	9	
					1.2 × 三年期法定贷款利率 < 总投资净收益率 < = 1.4 × 三年期法定贷款利率	8	
					三年期法定贷款利率 < 总投资净收益率 < = 1.2 × 三年期法定贷款利率	7	7
					0.7 × 三年期法定贷款利率 < 总投资净收益率 < = 三年期法定贷款利率	6	
					0 < = 总投资净收益率 < = 0.7 × 三年期法定贷款利率	5	
					总投资净收益率 < 0	0	
		存货周转率	2.87		存货周转率 > = 4	5	
					3 < = 存货周转率 < 4	4	
				√	2 < = 存货周转率 < 3	3	3
					1 < = 存货周转率 < 2	1	
					存货周转率 < 1	0	
		应收账款周转率	286.57	√	应收账款周转率 > = 4	5	5
					3 < = 应收账款周转率 < 4	4	
					2 < = 应收账款周转率 < 3	3	
					1 < = 应收账款周转率 < 2	1	
					应收账款周转率 < 1	0	
3	偿债能力 25	现金比率	0.38		现金比率 > = 0.4	4	
				√	0.3 < = 现金比率 < 0.4	3	3
					0.2 < = 现金比率 < 0.3	2	
					0.1 < = 现金比率 < 0.2	1	
					现金比率 < 0.1	0	
		流动比率	1.11		流动比率 > = 1.5	4	
				√	1 < = 流动比率 < 1.5	3	3
					0.5 < = 流动比率 < 1	1	
					流动比率 < 0.5	0	

续表

序号	指标大类	指标名称	指标	选择	指标分档	分值	得分
3	偿债能力 25	偿债备付率	176. 63	√	偿债备付率 > =170	9	9
					150 < = 偿债备付率 <170	8	
					130 < = 偿债备付率 <150	7	
					115 < = 偿债备付率 <130	6	
					110 < = 偿债备付率 <115	5	
					105 < = 偿债备付率 <110	4	
					100 < = 偿债备付率 <105	3	
					偿债备付率 <100	1	
		资产负债率	41. 28		资产负债率 < =25	8	
					25 < 资产负债率 < =35	6	
				√	35 < 资产负债率 < =45	5	5
					45 < 资产负债率 < =55	4	
					55 < 资产负债率 < =65	2	
					资产负债率 >65	1	
4	发展潜力 20	企业净资产	11509	√	企业净资产 > =2600	4	4
					1700 < = 企业净资产 <2600	3	
					900 < = 企业净资产 <1700	2	
					200 < = 企业净资产 <900	1	
					企业净资产 <200	0	
		销售增长率	58. 08	√	销售增长率 > =12	5	5
					8 < = 销售增长率 <12	4	
					4 < = 销售增长率 <8	3	
					2 < = 销售增长率 <4	2	
					1 < = 销售增长率 <2	1	
					销售增长率 <1	0	
		净利润增长率	94. 12	√	净利润增长率 > =9	5	5
					6 < = 净利润增长率 <9	4	
					3 < = 净利润增长率 <6	3	
					1 < = 净利润增长率 <3	2	
					0 < = 净利润增长率 <1	1	
					净利润增长率 <0	0	

续表

序号	指标大类	指标名称	指标	选择	指标分档	分值	得分
4	发展潜力 20	企业投资能力	1589.64		企业投资能力 > = 5000	6	
					4000 < = 企业投资能力 < 5000	5	
					3000 < = 企业投资能力 < 4000	4	
					2000 < = 企业投资能力 < 3000	3	
				√	1000 < = 企业投资能力 < 2000	2	2
					500 < = 企业投资能力 < 1000	1	
					企业投资能力 < 500	0	0
5	数据真实性 10	综合评价		√	提供数据可信度高	10	10
					提供数据误差较大，但可以接受	5	
					提供数据误差太大，不能接受	0	
6	特例事项	信用记录			经营者个人的信用征信记录	-5	
					第三方负面评价	-2	
					他行逾期记录	-5	
					重大事故和经济纠纷	-5	
				√	无不良记录	0	0
		重大事项			资金问题	-5	
					主业无关投资	-5	
					股权转让或纠纷	-5	
					纳税额及水电费	-5	
					关键经营人员离职	-5	
					借款人企业超能力对外担保	-5	
					重大诉讼	-5	
				√	无重大事项	0	0
		经营情况			资本金不到位	-10	
					所有者权益为负	-5	
					环保问题	-5	
					安全生产问题	-10	
					政策问题	-5	
					为大型企业提供配套生产	5	
				√	无不良状况	0	0
	汇总						84

五、评级标准

评价标准即信用等级对应的分值，见表5.3。

评级标准

表5.3

序号	信用等级	对应分值下限	对应分值上限
1	AAA	>90	< =100
2	AA	>85	< =90
3	A	>80	< =85
4	BBB	>70	< =80
5	BB	>65	< =70
6	B	>60	< =65
7	CCC	>50	< =60
8	CC	>45	< =50
9	C	>40	< =45
10	D	> =0	< =40

六、等级标准

等级标准指信用等级对应的违约概率。是利率定价和贷款监管的重要依据。也是检验评级模型的依据。

1. 巴塞尔委员会提供的参考值

巴塞尔委员会提供了累积违约率长期参考值，可用于信用评级及利用信用评级结果的标准，建议的评级标准见表5.4。

委员会建议的三年期累积违约率长期参考值

表5.4

标准普尔评级 穆迪评级	AAA－AA （Aaa－Aa）	A （A）	BBB （Baa）	BB （Ba）	B （B）
三年期累积违约率的20年平均值	0.10%	0.25%	1.00%	7.50%	20.00%

委员会还提供了监测点标准和触发点标准，监测点标准可以一般被认为适合于确定相应的风险权重，触发点标准一般用于校正风险等级。见表5.5。

委员会建议的三年期累积违约率标准值

表5.5

标准普尔评级 穆迪评级	AAA - AA (Aaa - Aa)	A (A)	BBB (Baa)	BB (Ba)	B (B)
监测点标准	0.8%	1.0%	2.4%	11.0%	28.6%
触发点标准	1.2%	1.3%	3.0%	12.4%	35.0%

2. 厦门金融咨询评信公司统计的违约率

厦门金融咨询评信公司在资信评级中运用传统法计算违约率已进行了七年有益的尝试。评级企业金融债务违约率历年情况见表5.6。

评级企业金融债务违约率历年情况表

表5.6　　单位：%

年度	AAA	AA	A	BBB	BB	B	CCC	CC 以下
1997	6.94	12.27	19.45	23.17	10.98	81.51		89.48
1998	2.76	9.29	22.93	29.86	30.64	60.29	81.06	95.25
1999	2.92	8.56	16.21	29.01	40.59	60.07	71.56	84.19
2000	1.73	2.76	21.20	12.95	50.58	69.80	78.25	91.13
2001	3.82	4.17	9.75	16.73	37.87	64.11	64.68	91.68
2002	1.17	2.61	7.26	17.75	32.83	43.75	90.10	95.10

3. 国内某银行内部评级违约概率标准值

国内某银行对其内部评级规定的违约概率标准值见表5.7。

某国有银行1内部评级核心定义与违约概率区间

表5.7

信用等级	违约概率区间	平均违约概率	特征描述	核心定义
AAA	[0, 3.7%]	1.9%	极佳	公司治理结构符合现代企业要求；管理团队具有丰富的管理经验、从业经验和优异的过往业绩。 经营实力和财务实力雄厚，能够抵御和承受重大的内外部不利变化；财务表现优异，现金流量非常充足，具有很强的偿债能力和盈利能力；发展前景很好；在行业竞争中处于绝对优势地位。 融资能力强，已经进入资本市场或者是多家银行积极营销的优质客户。 原则上规模为特大型或大型，成立时间3年（含）以上。5年内无不良信用记录。

续表

信用等级	违约概率区间	平均违约概率	特征描述	核心定义
AA	(3.7%，5.0%]	4.4%	优秀	公司治理结构符合现代企业要求；管理团队具有较为丰富的管理经验、从业经验和良好的过往业绩。 经营实力和财务实力很强，能抵御和承受较大的内外不利变化；财务表现好，现金流量充足，偿债能力和盈利能力很强；发展前景良好；在行业竞争中处于领先地位。 融资能力较强，是多家银行积极营销的客户。 3年内无不良信用记录。
A	(5.0%，6.0%]	5.5%	良好	公司治理结构基本符合现代企业要求；管理团队具有一定的管理经验、从业经验和较好的过往业绩。 经营实力和财务实力较强，能抵御和承受一定的内外部不利变化；财务表现较好，现金流量比较充足，偿债能力和盈利能力较强；发展前景稳定，但有潜在的经营风险或财务风险；在行业竞争中有一定的优势。 3年内无不良信用记录。
BBB	(6.0%，9.5%]	7.8%	较好	公司治理结构基本符合现代企业要求，但存在一定的缺陷；管理团队具有一定的管理经验和从业经验。 经营实力和财务实力中等偏上，能够承受一定的内外不利变化；财务状况稳定，有一定的现金流量和盈利能力；目前有足够还债能力，但在恶劣的经济条件下其还债能力较脆弱。发展前景基本稳定，但有一定的经营风险或财务风险因素。在行业竞争中的地位稳定，没有明显的竞争优势。
BB	(9.5%，20.8%]	15.2%	一般	公司治理结构存在明显缺陷；管理团队素质一般，基本无管理经验和从业经验。 经营实力和财务实力一般，难以承受较大的内外不利变化；财务状况基本稳定，现金流量偏低，流动性偏紧，对银行信贷有一定依赖性，有一定的偿债能力和盈利能力，但持续的重大不稳定情况或恶劣的商业、金融或经济条件可能令客户未有足够能力偿还债务。发展前景难以预测，具有较明显的经营风险或财务风险因素。在行业竞争中处于劣势地位。
B	(20.8%，53.7%]	37.3%	可接受	公司治理结构存在明显重大缺陷；管理团队素质一般，无管理经验、从业经验。 经营实力和财务实力中等偏下，难以承受一般的内外不利变化；财务表现不稳定，现金流量明显不足，流动性较差，对银行信贷依赖性较强；目前仍有能力偿还债务，但恶劣的商业、金融或经济情况可能严重削弱客户偿还债务的能力和意愿。发展前景较差，具有较明显的经营风险或财务风险因素。在行业竞争中处于明显劣势地位。

续表

信用等级	违约概率区间	平均违约概率	特征描述	核心定义
CCC	(53.7%, 79.7%]	66.7%	关注	公司治理结构存在严重问题；管理团队专业知识和经验难以适应企业发展需要。 经营实力和财务实力弱，财务状况差或有恶化的可能，对银行信贷依赖性强，偿债能力不足；发展前景差，经营风险或财务风险较大。在行业竞争中处于较低的地位。
CC	(79.7%, 94.5%]	87.1%	预警	公司治理结构达不到相关法律法规和公司章程基本要求；管理团队素质较差。 经营实力和财务实力低下，基本无抵御风险能力；财务状况恶化，对银行信贷依赖性极强，现有的债务偿还已不保证；发展前景黯淡。在行业竞争中处于很低的地位。
C	(94.5%, 97.9%]	96.2%	判断性违约	银行有充分证据认定客户不准备或不能全额履行其到期偿债义务。
D	(97.9%, 100%]	99.0%	实际违约	客户已经处于实际违约状态。

某国有银行2内部评级核心定义与违约概率区间

表5.8

信用等级	违约概率区间	核心定义
AAA	(0.00%, 0.04%]	借款人基本不会违约，无需怀疑其偿债能力。 稳定程度特别高；整体业务牢固且多元化发展；资产和负债的质量高；财务杠杆低，经营活动现金流量充足，偿债能力极强；进入国际金融市场融资无任何困难。 借款人偿还贷款能力非常强；授信业务具有最高质量和最小的风险；大量或非常稳定的富余现金保障了利息的支付和本金的安全；可预见各种保障因素的变化，并且这些变化不会损害授信业务的基本优良性。
AA	(0.04%, 0.10%]	借款人违约可能性极小，具有很强的偿债能力，受不确定因素影响较小。 稳定程度高。整体业务牢固且多元化；资产负债、现金流量和业务运作会因经营周期过程中的不利影响而产生波动；资产负债率稍高，但偿债能力仍较强；随时有能力进入国际金融市场融资。 借款人偿还贷款能力很强；授信业务具有高质量，无论现在和将来风险很小；长期风险显得略高于“1”级，因为富余现金的保障可能不如“1”级强大，或保障因素的变化程度略大。
A	(0.10%, 0.20%]	借款人违约可能性很小。具有较强的偿债能力，但有时受一些不确定性因素的影响。 目前有足够能力清偿债务，资金周转无问题，但若经济条件恶化或者外在环境改变，其还债能力可能减弱；经营风险如产品或市场风险较为集中，财务风险因素较为突出；有能力进入国际金融市场融资。 借款人的偿还贷款能力仍然较强；授信业务在高质量授信业务中属低级别，但还款前景仍很好；授信业务具有良好的投资性，同时具备适度的风险。目前拥有适当的本息偿还的保障能力，但是这些能力在将来可能会减弱。

续表

信用等级	违约概率区间	核心定义
BBB	(0.20%，0.80%]	借款人违约可能性小。有足够的偿债能力，但存在着一定的不确定因素。 资产和现金周转情况尚可，现金周转和资产状况可为债务偿还提供保证；风险因素主要表现在盈利和整体经营状况的不稳定；除银行贷款外，尚有其他融资渠道，但可能仅限于某些特定的融资渠道；有能力进入国内资本市场融资。 借款人偿还贷款能力好于一般情况；授信业务属中等质量，因为它的保障既不强也不弱；虽然目前利息的支付和本金的安全性显得足够，但可能因为缺少某些保障因素，或随着时间的增长变得不可靠。
BB	(0.80%，2.00%]	借款人一般情况下不会违约。有能力还本付息，存在的不确定因素较多，但风险级别降低的可能较小。 现金周转和资产状况可为债务偿还提供一定的保证；由于资产负债率明显偏高等因素，业务和财务风险较突出，为此，需要对授信作结构性安排如保证、抵押、预设约束条件等对有关风险加以防范和回避。管理层的管理能力对这类公司的健康发展至关重要，尤其是管理层能否确保有关财务计划的落实。在国内资本市场上的融资受到一定限制，但仍有能力以相似的利率和条件向其他银行融资。 借款人偿还贷款的能力属中等，但没有足够理由怀疑贷款本息不能按时足额偿还；授信业务具有投机成分，不能很好地确定其前景；还贷本息的保障仅属中等，因此在将来经济良好或经济衰退的时期都没有良好的保障。
B	(2.00%，10.0%]	借款人可能违约，但目前具备还本付息的能力，不确定因素会对偿债能力造成一定的影响，并导致风险级别降低。一般需提供有效担保获取银行融资。 行业或公司不景气，存在的风险因素较明显。经营运作状况与财务实力处于边际状态。公司一般难以从银行以外的渠道获得融资，在银行的融资成本高于5级客户。把存在的弱点和可供利用的降低风险办法等因素考虑在内后，若在外部条件改善时，该类借款人的评级有望获得调升。 借款人目前正面临重要的不确定因素，或者不良的业务、财务或经济上的情况，由此可能会导致借款人没有充分偿还贷款的能力。授信业务具有比“5”级更多的投机因素，具有中等以上风险。
CCC	≥10.00%	借款人较大可能违约，目前虽具备一定的还本付息能力，但不确定因素会对偿债能力造成重大影响，必须提供非常有效的担保获取银行融资。 存在潜在或正在暴露的脆弱点，并产生较大的业务风险。不利的经济状况可能会延续。市场趋势和借款人的经营状况可能直接影响到其未来的偿债能力。可能会在财务信息披露或抵/质押品控制等方面出现问题。虽然这些弱点并不意味着有关债务的偿还会立即或严重地受到威胁，但是银行仍需加倍留意监控该类债务，并采取相应措施改善债务人的偿债能力和偿债意愿，以确保自身债权的安全。 借款人表现出潜在的还贷能力上的缺陷或下降趋势，需要对其密切关注；虽然授信业务可能面临无法归还的问题，但借款人目前仍有还贷能力；不利的业务、财务或经济上的情况可能会减弱借款人还款能力或还款意愿；长期来看，本息归还或维持合同其他条款的保障因素较小。

续表

信用等级	违约概率区间	核心定义
CC	已违约	借款人已违约或有很大可能违约，其偿债能力出现明显问题，依靠其正常经营收入已无法保证足额偿还本息，即使执行担保，也可能会造成一定损失。 依靠借款人的偿债能力和资产状况，无法足额偿还本息；即使执行担保也可能会遭受一定损失。 借款人被判定为状态很差，呈现出非常明显的还贷缺陷，按照债务的清偿顺序将会面临危险；虽然预计没有本金的损失，但借款人的正常还贷陷于困境；授信业务的保障不充分，如果某些缺陷未能解决，存在发生部分本息损失的可能。
C	已违约	借款人已违约，已无法足额偿还本息；即使执行担保，也肯定要造成较大损失。 除存在8级的所有弱点外，该类授信的明显特征是：借款人根本无法全额偿还本息，即使执行担保，银行也肯定要遭受较大损失，但具体损失程度仍须取决于其他因素如合并、收购、清盘、注资、附加抵押、新的保证人、新的融资安排等。 借款人表现出所有“8”级的症状，并且造成完全的债务清偿变得非常困难以至于不可能；存在的严重问题可能导致部分本金的损失；虽然损失的可能性非常高，但因为存在一些可能会强化资产的未决因素，所以直到上述因素确立后，才能把授信业务的分类定为损失；未决因素包括兼并、收购、清算程序、注资、附加抵押物的完全留置权和再次融资的计划；通常会为上述这些未决因素提取准备金。
D	已违约	借款人严重违约，在采取所有可能的措施和一切必要的法律程序之后，本息仍然无法收回或只能收回极少部分。 在采取所有可能的措施或者一切必要的法律程序之后，本息仍然无法收回，或只能收回极少部分。 借款人被认为无力偿还无担保的债务；授信业务被认为是无法偿还的，并且价值极低以至于没有理由继续划为银行的有效资产；虽然这并不说明授信业务完全不可追偿或没有抢救价值，但即使将来部分追偿生效，推迟核销这些基本上无用的资产也是不可行或不可取的。

4. 建议的等级标准

参考巴塞尔委员会提供的参考值和国内部分商业银行内部评级核心定义与违约概率区间，建议的等级标准见表5.9。以核心定义为判断准则，以违约概率区间为控制目标，一般不轻易改变。每年一度的模板校准，若违约率偏离违约概率幅度过大，首先调整打分模板和评价标准，不得已也可调整违约概率区间。一般将调整违约概率区间作为最后调整选项。

建议的信用等级违约率标准值

表 5.9

信用等级	违约概率区间（%）	特征描述	核心定义
AAA	［0.0，0.20）	极佳	公司治理结构符合现代企业要求；管理团队具有丰富的管理经验、从业经验和优异的过往业绩。 经营实力和财务实力雄厚，能够抵御和承受重大的内外部不利变化；财务表现优异，现金流量非常充足，具有很强的偿债能力和盈利能力；发展前景很好；在行业竞争中处于绝对优势地位。 融资能力强，已经进入资本市场或者是多家银行积极营销的优质客户。 原则上规模为特大型或大型，成立时间3年（含）以上。 5年内无不良信用记录。 判断：借款人基本不会违约，无需怀疑其偿债能力。
AA	［0.66，1.40）	优秀	公司治理结构符合现代企业要求；管理团队具有较为丰富的管理经验、从业经验和良好的过往业绩。 经营实力和财务实力很强，能抵御和承受较大的内外不利变化；财务表现好，现金流量充足，偿债能力和盈利能力很强；发展前景良好；在行业竞争中处于领先地位。 融资能力较强，是多家银行积极营销的客户。 3年内无不良信用记录。 判断：借款人违约可能性极小，具有很强的偿债能力，受不确定因素影响较小。
A	［2.58，3.06）	良好	公司治理结构基本符合现代企业要求；管理团队具有一定的管理经验、从业经验和较好的过往业绩。 经营实力和财务实力较强，能抵御和承受一定的内外部不利变化；财务表现较好，现金流量比较充足，偿债能力和盈利能力较强；发展前景稳定，但有潜在的经营风险或财务风险；在行业竞争中有一定的优势。 3年内无不良信用记录。 判断：借款人违约可能性很小。具有较强的偿债能力，但有时受一些不确定性因素的影响。
BBB	［6.00，8.86）	较好	公司治理结构基本符合现代企业要求，但存在一定的缺陷；管理团队具有一定的管理经验和从业经验。 经营实力和财务实力中等偏上，能够承受一定的内外不利变化；财务状况稳定，有一定的现金流量和盈利能力；目前有足够还债能力，但在恶劣的经济条件下其还债能力较脆弱。发展前景基本稳定，但有一定的经营风险或财务风险因素。在行业竞争中的地位稳定，没有明显的竞争优势。 判断：借款人违约可能性小。有足够的偿债能力，但存在着一定的不确定因素。

续表

信用等级	违约概率区间（%）	特征描述	核心定义
BB	[12.72，17.72)	一般	公司治理结构存在明显缺陷；管理团队素质一般，基本无管理经验和从业经验。 经营实力和财务实力一般，难以承受较大的内外不利变化；财务状况基本稳定，现金流量偏低，流动性偏紧，对银行信贷有一定依赖性，有一定的偿债能力和盈利能力，但持续的重大不稳定情况或恶劣的商业、金融或经济条件可能令客户未有足够能力偿还债务。发展前景难以预测，具有较明显的经营风险或财务风险因素。在行业竞争中处于劣势地位。 判断：借款人一般情况下不会违约。有能力还本付息，存在的不确定因素较多，但风险级别降低的可能较小。
B	[17.72，26.56)	可接受	公司治理结构存在明显重大缺陷；管理团队素质一般，无管理经验、从业经验。 经营实力和财务实力中等偏下，难以承受一般的内外不利变化；财务表现不稳定，现金流量明显不足，流动性较差，对银行信贷依赖性较强；目前仍有能力偿还债务，但恶劣的商业、金融或经济情况可能严重削弱客户偿还债务的能力和意愿。发展前景较差，具有较明显的经营风险或财务风险因素。在行业竞争中处于明显劣势地位。 判断：借款人可能违约，但目前具备还本付息的能力，不确定因素会对偿债能力造成一定的影响，并导致风险级别降低。一般需提供有效担保获取银行融资。
CCC	[26.56，39.08)	关注	公司治理结构存在严重问题；管理团队专业知识和经验难以适应企业发展需要。 经营实力和财务实力弱，财务状况差或有恶化的可能，对银行信贷依赖性强，偿债能力不足；发展前景差，经营风险或财务风险较大。在行业竞争中处于较低的地位。 判断：借款人较大可能违约，目前虽具备一定的还本付息能力，但不确定因素会对偿债能力造成重大影响，必须提供非常有效的担保获取银行融资。
CC	[39.08，47.92)	预警	公司治理结构达不到相关法律法规和公司章程基本要求；管理团队素质较差。 经营实力和财务实力低下，基本无抵御风险能力；财务状况恶化，对银行信贷依赖性极强，现有的债务偿还已不保证；发展前景黯淡。在行业竞争中处于很低的地位。 判断：借款人已违约或有很大可能违约，其偿债能力出现明显问题，依靠其正常经营收入已无法保证足额偿还本息，即使执行担保，也可能会造成一定损失。
C	[47.92，100)	判断性违约	银行有充分证据认定客户不准备或不能全额履行其到期偿债义务。
D	100	实际违约	客户已经处于实际违约状态。 借款人严重违约，在采取所有可能的措施和一切必要的法律程序之后，本息仍然无法收回或只能收回极少部分。

第三节　客户信用评级操作方法

客户评级操作很简单，包括定性分析、定量分析、评分评级三个步骤。

一、定性分析

定性分析主要是经营者素质和特例事项。经营者素质主要反映经营者学历、行业经验、信用记录、公司团队等，占20%权重，每个因素5分，为单选项。特例事项主要是减分因素，分为信用记录、重大事项、经营情况等三组，为多选项。定性分析由人工选择。

工业类与商业类定性分析因素相同，但指标分值有差异。工业类举例见表5.10，商业类举例见本章第八节。

定性分析打分表（工业类举例）

表5.10

序号	指标大类	指标名称	指标	选择	指标分档	分值	得分
1	经营者素质 20	学历			主要领导人硕士以上学历	5	
				√	主要领导人本科以上学历	4	4
					主要领导人大专以上学历	3	
					主要领导人大专以下学历	2	
		行业经验		√	从事本行业5年以上	5	5
					从事本行业3~5年	3	
					从事本行业1~3年	2	
					从事本行业1年以下	1	
		信用记录		√	无不良记录	5	5
					存在第三方负面评价	3	
					存在贷款违约记录	2	
					发生重大事故或经济纠纷	0	
		公司团队		√	技术实力和销售能力俱强	5	5
					技术实力强和销售能力稍弱	4	
					销售能力强和技术实力稍弱	3	
					技术实力和销售能力一般	2	

续表

序号	指标大类	指标名称	指标	选择	指标分档	分值	得分
6	特例事项	信用记录			经营者个人的信用征信记录	-5	
					第三方负面评价	-2	
					他行逾期记录	-5	
					重大事故和经济纠纷	-5	
				√	无	0	0
		重大事项			资金问题	-5	
					主业无关投资	-5	
					股权转让或纠纷	-5	
					纳税额及水电费	-5	
					关键经营人员离职	-5	
					借款人企业超能力对外担保	-5	
					重大诉讼	-5	
				√	无	0	0
		经营情况			资本金不到位	-10	
					所有者权益为负	-5	
					环保问题	-5	
					安全生产问题	-10	
					政策问题	-5	
					为大型企业提供配套生产	5	
				√	无	0	0

二、定量分析

定量分析全部由系统自动选择，手工不能修改。

工业类与商业类评价指标稍有差别，工业类举例见表5.11，商业类举例见本章第八节。数据来源于第四章，取“财务评价指标汇总表”上一年、本年数据分别乘0.4和0.6权重，加权后的指标与打分标准比较确定分值。

定量分析打分表（工业类举例）

表 5. 11

序号	指标大类	指标名称	指标	选择	指标分档	分值	得分
2	经营状况获利能力 25	生产能力利用率	1. 34		生产能力利用率 > 1. 5 × 盈亏平衡点	5	
				√	1. 3 × 盈亏平衡点 < 生产能力利用率 < = 1. 5 × 盈亏平衡点	4	4
					1. 05 × 盈亏平衡点 < 生产能力利用率 < = 1. 3 × 盈亏平衡点	3	
					盈亏平衡点 < 生产能力利用率 < 1. 05 × 盈亏平衡点	2	
					生产能力利用率 < 盈亏平衡点	0	
		总投资净收益率	6. 65		总投资净收益率 > 1. 6 × 三年期法定贷款利率	10	
					1. 4 × 三年期法定贷款利率 < 总投资净收益率 < = 1. 6 × 三年期法定贷款利率	9	9
					1. 2 × 三年期法定贷款利率 < 总投资净收益率 < = 1. 4 × 三年期法定贷款利率	8	
				√	三年期法定贷款利率 < 总投资净收益率 < = 1. 2 × 三年期法定贷款利率	7	7
					0. 7 × 三年期法定贷款利率 < 总投资净收益率 < = 三年期法定贷款利率	6	
					0 < = 总投资净收益率 < = 0. 7 × 三年期法定贷款利率	5	
					总投资净收益率 < 0	0	
		存货周转率	2. 87		存货周转率 > = 4	5	
					3 < = 存货周转率 < 4	4	
				√	2 < = 存货周转率 < 3	3	3
					1 < = 存货周转率 < 2	1	
					存货周转率 < 1	0	
		应收账款周转率	286. 57	√	应收账款周转率 > = 4	5	5
					3 < = 应收账款周转率 < 4	4	
					2 < = 应收账款周转率 < 3	3	
					1 < = 应收账款周转率 < 2	1	
					应收账款周转率 < 1	0	

续表

序号	指标大类	指标名称	指标	选择	指标分档	分值	得分
3	偿债能力 25	现金比率	0.38		现金比率 > =0.4	4	
				√	0.3 < = 现金比率 <0.4	3	3
					0.2 < = 现金比率 <0.3	2	
					0.1 < = 现金比率 <0.2	1	
					现金比率 <0.1	0	
		流动比率	1.11		流动比率 > =1.5	4	
				√	1 < = 流动比率 <1.5	3	3
					0.5 < = 流动比率 <1	1	
					流动比率 <0.5	0	
		偿债备付率	176.63	√	偿债备付率 > =170	9	9
					150 < = 偿债备付率 <170	8	
					130 < = 偿债备付率 <150	7	
					115 < = 偿债备付率 <130	6	
					110 < = 偿债备付率 <115	5	
					105 < = 偿债备付率 <110	4	
					100 < = 偿债备付率 <105	3	
					偿债备付率 <100	1	
		资产负债率	41.28		资产负债率 < =25	8	
					25 < 资产负债率 < =35	6	
				√	35 < 资产负债率 < =45	5	5
					45 < 资产负债率 < =55	4	
					55 < 资产负债率 < =65	2	
					资产负债率 >65	1	

续表

序号	指标大类	指标名称	指标	选择	指标分档	分值	得分
4	发展潜力 20	企业净资产	11509	√	企业净资产 > =2600	4	4
					1700 < =企业净资产 <2600	3	
					900 < =企业净资产 <1700	2	
					200 < =企业净资产 <900	1	
					企业净资产 <200	0	
		销售增长率	58.08	√	销售增长率 > =12	5	5
					8 < =销售增长率 <12	4	
					4 < =销售增长率 <8	3	
					2 < =销售增长率 <4	2	
					1 < =销售增长率 <2	1	
					销售增长率 <1	0	
		净利润增长率	94.12	√	净利润增长率 > =9	5	5
					6 < =净利润增长率 <9	4	
					3 < =净利润增长率 <6	3	
					1 < =净利润增长率 <3	2	
					0 < =净利润增长率 <1	1	
					净利润增长率 <0	0	
		累计盈余资金	1589.64		企业投资能力 > =5000	6	
					4000 < =企业投资能力 <5000	5	
					3000 < =企业投资能力 <4000	4	
					2000 < =企业投资能力 <3000	3	
				√	1000 < =企业投资能力 <2000	2	2
					500 < =企业投资能力 <1000	1	
					企业投资能力 <500	0	
5	数据真实性 10	综合评价		√	提供数据可信度高	10	10
					提供数据误差较大，但可以接受	5	
					提供数据误差太大，不能接受	0	

三、评分评级表

评分评级表操作过程，先汇总分值，再对照评价标准确定信用等级。工业类与商业类评价指标稍有差别，工业类举例见表5.12，商业类举例本章第八节。

客户评分评级表（工业类举例）

表5.12

序号	指标大类	指标名称	指标	评　价	评分
1	经营者素质	1. 学历		(2) 主要领导人本科以上学历	4.00
		2. 行业经验		(1) 从事本行业5年以上	5.00
		3. 信用记录		(1) 无不良记录	5.00
		4. 公司团队		(1) 技术实力和销售能力俱强	5.00
2	经营状况	1. 生产能力利用率	1.34	(2) 1.3 < 生产能力利用率 < = 1.5	4.00
		2. 总投资净收益率	6.65	(4) 三年期法定贷款利率 < 总投资净收益率 < = 1.2 × 三年期法定贷款利率	7.00
		3. 存货周转率	2.87	(3) 2 < = 存货周转率 <3	3.00
		4. 应收账款周转率	286.57	(1) 应收账款周转率 > =4	5.00
3	偿债能力	1. 现金比率	0.38	(2) 0.3 < = 现金比率 <0.4	3.00
		2. 流动比率	1.11	(2) 1 < = 流动比率 <1.5	3.00
		3. 偿债备付率	176.63	(1) 偿债备付率 > =170	9.00
		4. 资产负债率	41.28	(3) 35 < 资产负债率 < =45	5.00
4	发展潜力	1. 净资产	11509.19	(1) 净资产 > =2600	4.00
		2. 销售增长率	58.08	(1) 销售增长率 > =12	5.00
		3. 净利润增长率	94.12	(1) 净利润增长率 > =9	5.00
		4. 累计盈余资金	1589.64	(5) 1000 < = 累计盈余资金 <2000	2.00
5	数据真实性	1. 综合评价		(1) 所提供报表可信度高	10.00
6	特例事项	1. 信用记录		(5) 无不良记录	
		2. 重大事项		(8) 无重大事项	
		3. 经营情况		(7) 无不良状况	
7	分值汇总	分值汇总			84.00
8		评定等级		A	84.00

第四节　客户授信的原理与方法

一、授信目的

客户授信的目的是防范风险、提高效率、增强竞争力（吸引客户）。

三个目标：一是防范风险。银行对单个客户的信用不能太集中，应当有个度，这个“度”限制银行对该客户的信用总量。二是提高效率。对于不同的授信客户，在已确定授信额度内，不同程度地简化审批手续，直至经办行可自主地发放贷款（额度内仍须按权限报批的除外），不必每笔贷款都报批。三是增强竞争能力。对客户作出授信额度的公开承诺，密切银行与优质客户的合作关系，有助于培养银行客户群体，树立银行的良好形象。

二、三者的矛盾关系

风险控制与吸引客户、提高效率的关系常常存在矛盾。加强风险控制往往会增加识别风险的工作量，延长客户（贷款）评价的周期，也会增加客户的工作量，降低效率和影响客户关系。

三、三者的主次关系

控制风险是对银行工作的基本要求，三者的主次关系是在控制风险的基础上吸引客户、提高效率。

四、三者的协调统一关系

每年年初在客户提出贷款之前，为客户核定一个最高授信（贷款）额度。授信额度一般适用于短期贷款，期限一般在一年以内，特殊的如保函等可放宽到一年以上。对于风险较低的贷款，在额度范围内可以不必经过贷前决策程序，给予贷款，而且额度可以循环使用，既能控制一般的风险，又能吸引客户、提高效率。风险较大的贷款（如固定资产贷款）还是需要一事一议，通过贷前决策程序。

五、主要影响因素与授信额度确定方法

影响授信的主要因素有客户信用、资产负债水平、偿债能力。

1. 客户信用

实践表明，贷款的最大风险来自于客户的信用，因此，客户的信用等级不仅影响授信额度，而且是由客户信用等级首先决定是否给予授信，一般只对主要贷款对象授信。授信额度与信用等级之间存在数量关系，一般用信用等级调节系数来表示。

2. 资产负债水平

资产负债水平虽然也是决定客户信用等级的重要因素，资产负债水平也是直接决定授信额度的重要因素。原理是授信额度全部用完后，资产负债率仍然要控制在合理范围内，具体授信数额可以用表达式精确计算。

3. 偿债能力

根据合理预测的企业未来经营活动的净现金流量，以及银行规定的贷款期限，推算企业能够承担的固定资产贷款最大授信额度。

第五节　各银行的综合授信额度计算方法

一、某大型国有银行N综合授信额度计算方法

有四种方法：

（1）对于农业、工业、商贸、综合类中信用等级为AA级和AAA级的客户。核定该类客户的最高综合授信额度，主要根据客户的第一还款能力，一般采取企业上年度年底资产负债率不得高于70%作为主要依据，测算单一法人最高综合授信额度，其测算公式如下：推导后可得出如下公式：

最高综合授信额度≤2.33×资产总额－3.33×负债总额＋农行上年末信用余额，或：

最高综合授信额度≤2.33×所有者权益总额－负债总额＋农行上年末信用余额。

（2）对于房地产、建筑安装、外资企业、非银行金融企业、事业法人中信用等级为A级、AA级、AAA级的客户。

最高综合授信额度≤上年末或报告期有效净资产×负债与权益最高控制比率×信用等级调节系数－客户负债总额减去目前在本行的负债。

式中系数取自表5.13、表5.14。

负债与权益最高控制比率

表5.13

指标	房地产企业	建筑安装企业	外资企业		银行金融企业	事业法人
			商贸型	生产型		
负债与权益最高控制比率	3	2.33	6	3	8	1.2
资产负债率最高控制线	75%	70%	85%	75%	89%	55%

（3）对于新建客户及所有A级、AA级、AAA级的客户。最高综合授信额度≤抵押物变现值×70%＋质押物变现值×90%＋100%保证担保。

（4）所有B级、C级客户。最高综合授信额度≤上年末实际信用余额。

信用等级调节系数

表 5.14

客户信用等级	信用等级得分	信用等级调节系数
AAA	90～100	1.0
AA	85～89	0.9
	80～84	0.8
A	75～79	0.6
	70～74	0.4

从上面的定义及推导公式可以看出：

一是客户偿债能力是核定最高综合授信额度的核心，控制指标主要为客户的资产负债率，并以行业或平均资产负债率作为最高控制线。

二、某大型国有银行 J 综合授信额度计算方法

若客户规模为中型（含）以上，则 $CL = E \times V_1$，

若客户规模为小型，则 $CL = A \times V_2$，

其中：

CL 为客户信用风险限额；

E 为客户平均净资产，即 E =（本期净资产 + 基期净资产）/2；

A 为客户平均资产总额，即 A =（本期资产总额 + 基期资产总额）/2；

V_1 为净资产限额乘数，V_2 为总资产限额乘数，取表 5.15 数值。

风险限额乘数

表 5.15

最终评级 R_3	净资产乘数 V_1	总资产乘数 V_2
AAA	2.0	
AA	1.8	
A	1.5	0.5
BBB	1.0	0.4
BB	0.5	0.3
B	0.25	0.1
CCC－D	0	0

值得注意的是，最高授信额度不能超过客户信用风险限额。客户信用风险限额包

括其他银行的信用余额，本行的最高授信额度应该等于客户信用风险限额减去其他银行的信用余额。

三、某农信社的授信额度计算方法

1. 核定客户负债的合理值

客户负债合理值 = 总资产 ×60% ×产业参数

（产业参数：涉农产业　1；非农产业　0.9）

2. 核定客户信用合理值

客户信用合理值 = 客户负债合理值 – 客户负债总额

3. 核定最高综合授信额度参考值

最高综合授信额度参考值 = 客户信用合理值 × 信用等级参数 + 客户在农村信用社现有信用余额

信用等级参数见表 5.16。

信用等级参数

表 5.16

信用等级	AAA	AA	A	B	C
等级参数	1	0.8	0.6	0.3	0.1

点评：上式中现有信用余额没有乘信用等级参数，表明现行规定是默许现有信用余额。当现有“客户负债总额”过大，超出合理范围时，“客户信用合理值”会出现负数，说明不仅不能增加授信额度，还应该适当减少额度，负数也是合理的。当“客户信用合理值”会出现负数时，令信用等级参数等于 1。

4. 核定最高综合授信额度

通过对客户所处行业、发展前景与农村信用社单一法人客户信用总量的适度性等情况进行定性分析，最终核定最高综合授信额度。

上述确定授信额度过程，可用计算表的方式表示，见表 5.17。

某农信社授信计算表

表 5.17

序号	项　目	单位	指标	备　注
1	信用等级			AAA，AA，A，B，C
2	资产总额	万元		资产负债表“资产总额”

续表

序号	项　目	单位	指标	备　注
3	资产负债率最大合理范围	%		默认60，输入
4	产业系数			默认1，输入：涉农产业1；非农产业0.9
5	客户负债合理值	万元		[2] × [3] × [4]
6	客户负债总额	万元		资产负债表“负债小计”
7	客户信用合理值	万元		[5] - [6]
8	信用等级参数			AAA（=1）；AA（=0.8）；A（=0.6）；B（=0.3）；C（=0.1）
9	上年末农信社信用余额	万元		默认“短期借款”与“长期借款”之和，需核准，可修改
10	最高综合授信额度参考值	万元		[7] × [8] + [9]
11	建议最大综合授信额度	万元		默认等于 [10]，可修改

第六节　本书推荐授信额度测算方法

一、授信额度计算表

参考了全国大中小不同规模多种类型贷款银行的授信模型，经财务评价原理优化，通过大量案例验证，推荐了一个授信额度计算模型。

推荐模型不分行业类型，工业类举例见表5.18，商业类举例见本章第八节。

推荐模型的特点，将全部授信测算集中在一张表上，有综合授信边界测算，也包括流动资金授信额度、企业新增固定资产授信额度、企业表外业务授信额度等单品种授信额度测算，并通过综合授信控制边界验算，得到企业授信总额。测算方法能够用科学原理和数理逻辑关系合理解释。

二、综合授信边界测算方法

综合授信边界测算，采用了“授信后企业资产负债率仍处于合理范围”为原则，这是各银行共性的方法。计算公式如下：

$$计算=([R_m/(1-R_m)-R_0/(1-R_0)]\times N_A+I_0\times R_m/(1-R_m)+L_0)\times C \quad (5-1)$$

式中：R_m——可接受的最高资产负债率，见表5.18；

R_0——客户最近资产负债率=资产负债表！负债小计/资产负债表！资产；

N_A——客户最近有效净资产 = 账面净资产 - 无法变现资产；

I_0——本年利润再投资确认值，根据本年利润估算表中“净利润”确定；

L_0——客户最近负债总额 = 资产负债表！负债小计；

C——客户信用等级调整系数，见表 5.19。

计算式的含义可以分四部分进行解释：

第一部分：由现有负债水平提高到可接受的最高资产负债率还允许增加的授信额度 $[R_m/(1-R_m)-R_0/(1-R_0)]\times N_A$，如果计算值为负数，则说明现有负债水平已高于可接受的最高资产负债率。

第二部分：本年利润再投资还允许增加的授信额度 $I_0\times R_m/(1-R_m)$，确认利润再投资需要慎重，在授信中一旦确认利润再投资的数额，则要求企业必须保证这部分利润留在企业暂时不能分配。

第三部分：现有负债 L_0。

第四部分：客户信用等级调整系数。

确定综合授信额度控制边界可依据计算值取整数，一般向下取整数。

授信额度计算表（工业类举例）

表 5.18　　单位：万元

序号	参数或指标	变量名称	测算
1	综合授信控制边界测算		
1.1	可接受的最高资产负债率	R_m	0.7
1.2	客户最近资产总额		17951
1.3	客户最近负债总额	L_0	7106
1.4	客户最近资产负债率	R_0	0.4
1.5	账面净资产		10845
1.6	无法变现资产		0
1.7	客户最近有效净资产	N_A	10845
1.8	客户信用等级		A
1.9	客户信用等级调整系数	C	0.75
1.10	本年利润再投资默认值	I	1107
1.11	本年利润再投资确认值	I_0	1107
1.12	综合授信控制边界计算值	M	20823
1.13	建议综合授信边界	M_0	20823

续表

序号	参数或指标	变量名称	测算
2	流动资金授信额度计算值		
2.1	估算的流动资金		2350
2.2	流动资金最大贷款比例		0.85
2.3	流动资金授信额度计算值		1998
2.4	建议流动资金授信额度	F_B	2000
3	固定资产授信额度计算值		
3.1	息税折旧摊销前利润		2382
3.2	所得税		369
3.3	经营活动净现金流量		2013
3.4	可接受的固定资产贷款偿还期	T	3
3.5	折现率		0.1
3.6	净现值		5882
3.7	最低偿债备付率		1.3
3.8	客户最近固定资产贷款余额1		0
3.9	新增固定资产授信额度计算值	F_A	4525
3.10	新增固定投资授信额度需要值	F_{A2}	2500
4	表外业务授信额度计算		
4.1	表外业务授信额度计算值	F_C	0
4.2	表外业务授信额度建议值	F_{C1}	0
5	建议单品种授信额度		
5.1	客户最近固定资产贷款余额2	F_{A0}	0
5.2	流动资金授信额度	F_{B0}	2000
5.3	未用固定资产授信额度	F_{A1}	2500
5.4	表外业务授信额度	F_{C0}	0
6	授信总额	F_0	4500

Rm 值表

表5.19

行　业	R_m	对应行业分类
航空公司	85%	
电网	80%	
电力（不含电网）	75%	
电信	75%	

续表

行业	R_m	对应行业分类
石油石化	75%	
电子	70%	
铁路	70%	
公路	70%	
流通	70%	
煤炭	70%	
水运	65%	
轨道交通	65%	
旅游	65%	
装备制造（机械）	65%	
汽车	65%	
房地产	65%	
钢铁	60%	
有色	60%	
建材	60%	
化工	60%	
农业	60%	
纺织	60%	
造纸	60%	
其他	60%	

三、流动资金授信额度测算方法

流动资金授信额度计算值 = 估算的流动资金 × 流动资金最大贷款比例　　(5 -2)

式中“估算的流动资金”可以采用各种方法估算，以第四章财务评价方法“流动资金估算表”中的估算数据最为精确。

流动资金授信额度计算值主要反映流动资金授信额度需求，确定“建议流动资金授信额度”还需要经过两个步骤。步骤一，根据客户信用等级判断是否适宜授信或是否存在其他限制，当企业信用等级比较低时，也应限制流动资金授信额度，如有的商业银行规定 B、CCC 级客户授信额度不超过上年，CC – D 级客户不提供授信。流动资金授信额度还需根据计算值取整数，可取流动资金估算表本年“流动资金借款累计”向上取整数。步骤二，通过综合授信额度控制边界审核。

四、企业新增固定资产授信额度测算方法

新增固定资产授信额度计算值＝净现值/最低偿债备付率－客户最近固定资产贷款余额 (5－3)

式中：净现值——对未来T年内每年的经营活动净现金流量，用基本参数中的基准收益率计算的现值。净现值计算公式如下：

T＝基本参数！新增固定投资借款期；

经营活动净现金流量[T]＝财务计划现金流量表！经营活动净现金流量 (5－3)′

净现值＝∑经营活动净现金流量[T]×(1＋基本参数！基准收益率/100)^(－T) (5－3)″

特别提示，T是一个很重要的参数，授信评级采用参数与财务评价相一致，得出的结果相近，相互印证；其二，可接受的贷款偿还期T越长，可用于偿还固定投资贷款本金的现金流越多，可以承受的贷款额度就越大。

新增固定资产授信额度计算值只是企业可以承受的授信额度。确定新增固定投资授信额度还需要结合新增固定投资授信额度的需求，没有需求则没有必要授信。新增固定投资贷款需求包括债务优化贷款、更新投资贷款、节能减排贷款、产品研发贷款等，新增固定投资借款需求取自“融资需求与筹措计划表”中的“债务优化贷款”与“新增固定投资贷款”之和。最后还需通过综合授信控制边界审核。

五、表外业务授信额度测算方法

根据上年应付票据余额，按照本年主营业务收入增长率（预测参数）调整。计算式如下：

表外业务授信额度＝上年表外业务平均余额×(1＋主营业务收入增长率(预测参数)/100) (5－4)

或

表外业务授信额度＝按上年资产负债表！应付票据×(1＋主营业务收入增长率(预测参数)/100) (5－4)′

确定“表外业务授信额度建议值”需要注意，在确定流动资金估算参数时，若在统计数据基础上调低了“应付账款”的周转天数，即增加了流动资金需求，在此应减少表外业务授信额度。当企业信用等级比较低时，也应限制表外业务授信额度，如有的商业银行规定B、CCC级客户授信额度不超过上年，CC、C、D级客户不提供授信。

六、企业授信总额确定方法

上述测算的单品种授信额度需要通过综合授信控制边界验算，最后确定授信总额和每个单品种的授信额度。

理应赋予不同风险的单品种授信于不同的权重，为简化起见可以采用相同的权重，而通过不同的优先顺序进行验算。优先顺序和确定方法如下：

1. 优先满足客户现有固定资产贷款余额

2. 其次满足流动资金单品种授信需要

流动资金授信额度 = Min（if（建议综合授信控制边界 - 客户最近固定资产贷款余额 >0，建议综合授信控制边界 - 客户最近固定资产贷款余额，0），建议流动资金授信额度）

3. 再满足新增固定资产单品种授信需要

新增固定资产贷款需求主要一是“债务优化贷款”，二是更新投资，三是节能减排，四是产品研发。新增固定资产贷款需求与“新增固定资产授信额度计算值”比较，取最小值。还要与综合授信控制边界剩余额度比较，取最小值，具体确定如下：

未用固定资产授信额度 = Min（if（建议综合授信控制边界 - 客户最近固定资产贷款余额 - 流动资金授信额度 >0，建议综合授信控制边界 - 客户最近固定资产贷款余额 - 流动资金授信额度，0），新增固定投资授信额度需要值）

4. 最后满足表外业务授信要求

表外业务授信额度 = Min（if（建议综合授信控制边界 - 客户最近固定资产贷款余额 - 流动资金授信额度 - 未用固定资产授信额度 >0，建议综合授信控制边界 - 客户最近固定资产贷款余额 - 流动资金授信额度 - 未用固定资产授信额度，0），表外业务授信额度建议值）

5. 企业授信总额

企业授信总额 = 客户最近固定资产贷款余额 + 流动资金授信额度 + 未用固定资产授信额度 + 表外业务授信额度

七、全过程计算公式

1. 综合授信控制边界测算

（1）可接受的最高资产负债率

可接受的最高资产负债率（R_m） = Rm 值表！对应行业匹配值/100；//保留两位小数

（2）客户最近资产总额

客户最近资产总额 = 资产负债表！资产总额；//不保留小数

（3）客户最近负债总额

客户最近负债总额（L_0）= 资产负债表！负债总额；//不保留小数

（4）客户最近资产负债率

客户最近资产负债率（R_0）= 财务评价指标汇总表！资产负债率［上一年］/100；//保留两位小数

（5）账面净资产

账面净资产 = 资产负债表！所有者权益；//不保留小数

（6）无法变现资产

无法变现资产 = 0；//可修改，不保留小数

（7）客户最近有效净资产

客户最近有效净资产（N_A）= 账面净资产 - 无法变现资产；//不保留小数

（8）客户信用等级

客户信用等级 = 从系统中导入；

（9）客户信用等级调整系数

客户信用等级调整系数（C）= 企业类客户的 C 值表！对应信用等级匹配值；//保留两位小数

（10）本年利润再投资默认值

本年利润再投资默认值（I）= 利润估算表！净利润

（11）本年利润再投资确认值

本年利润再投资确认值（I_0）= 本年利润再投资默认值；//可修改

（12）综合授信控制边界计算值

综合授信控制边界计算值(M) = $([R_m/(1-R_m)-R_0/(1-R_0)]\times N_A+I_0\times R_m/(1-R_m)+L_0)\times C$;//不保留小数

（13）建议综合授信边界（M_0）

建议综合授信边界 = M；//可修改，不保留小数

2. 流动资金授信额度计算值

（1）估算的流动资金

估算的流动资金 = 流动资金估算表！流动资金（本年）；//不保留小数

（2）流动资金最大贷款比例

流动资金最大贷款比例 =（100 - 基本参数！自有流动资金最低比例）/100；//保

留两位小数

(3) 流动资金授信额度计算值

流动资金授信额度计算值 = Max（估算的流动资金 × 流动资金最大贷款比例，0）；//不保留小数

(4) 建议流动资金授信额度

建议流动资金授信额度（F_B） = 流动资金授信额度计算值；//可修改

3. 固定资产授信额度计算值

(1) 息税折旧摊销前利润

息税折旧摊销前利润 = 利润估算表！息税折旧摊销前利润；//不保留小数

(2) 所得税

所得税 = 利润估算表！所得税；//不保留小数

(3) 经营活动净现金流量

经营活动净现金流量 = 息税折旧摊销前利润 - 所得税；//不保留小数

(4) 可接受的固定资产贷款偿还期

可接受的固定资产贷款偿还期（T）= 基本参数！新增固定投资贷款偿还期

(5) 折现率

折现率 = 基本参数！基准收益率/100，//保留四位小数

(6) 净现值

净现值 = ∑经营活动净现金流量［T］×(1 + 折现率)^(-T)；//不保留小数

(7) 最低偿债备付率

最低偿债备付率 = 基本参数！最低偿债备付率/100；//保留两位小数

(8) 客户最近固定资产贷款余额

客户最近固定资产贷款余额 = 资产负债估算表！长期借款债券应付款［上一年］；//不保留小数

(9) 新增固定资产授信额度计算值

新增固定资产授信额度计算值 = if(净现值/最低偿债备付率 - 客户最近固定资产贷款余额 >0,净现值/最低偿债备付率 - 客户最近固定资产贷款余额,0)；//不保留小数

4. 表外业务授信额度计算值

表外业务授信额度计算值(F_C) = （资产负债表！应付票据[上二年] + 资产负债表！应付票据[上一年]）/2；默认(按本年估算值测算) = 按上年报表值测算 ×(1 + 本年预测参数！主营业务收入增长率(预测参数)/100)；//不保留小数

表外业务授信额度建议值(默认) = 表外业务授信额度计算值(F_C)；//可修改

5. 建议单品种授信额度

（1）客户最近固定资产贷款余额

客户最近固定资产贷款余额（F_{A0}）= 客户最近固定资产贷款余额；//不保留小数，不需修改

（2）流动资金授信额度

流动资金授信额度（F_{B0}）= Min（if（$M_0 - F_{A0} > 0$，$M_{0} - F_{A0}$，0），F_B）；//可修改

（3）未用固定资产授信额度

未用固定资产授信额度（F_{A1}）= Min（if（$M_0 - F_{B0} - F_{A0} > 0$，$M_0 - F_{B0} - F_{A0}$，0），$F_{A2}$）；//可修改

（4）表外业务授信额度

表外业务授信额度（F_{C0}）= Min（if（$M_0 - F_{B0} - F_{A0} - F_{A1} > 0$，$M_0 - F_{B0} - F_{A0} - F_{A1}$，0），$F_{C1}$）；//可修改

6. 授信总额

授信总额（F_0）= $F_{A0} + F_{A1} + F_{B0} + F_{C0}$，可修改

工业类举例，计算结果，授信总额4500万元，其中流动资金授信额度2000万元，新增固定资产贷款额度2500万元。可完全满足企业贷款申请。

企业类客户的C值表

表5.20

信用评级	C	备　注
AAA	0.9	
AA	0.8	
A	0.75	
BBB	0.7	
BB	0.6	
B	0.5	
CCC	0.4	
CC	0	
C	0	
D	0	

第七节　授信额度管理方法

授信额度管理，主要是对授信期限内期初核定的授信额度进行动态管理，粗放的

做法分为固定资产、流动资金、表外业务三大类型分别管理。可通过信息一体化用下述授信额度管理明细表进行管理。

一、固定资产授信额度管理

通过表 5.21 “固定资产授信额度管理明细表”进行管理。

1. 授信管理初始值

表中第一个记录即第一行记录授信年份期初核定值，分别记录“授信额度”、“使用额度”和“未用额度”，取“授信额度计算表”中建议的单品种授信额度，表示如下：

使用额度 = 授信额度计算表！客户最近固定资产贷款余额；

未用额度 = 授信额度计算表！未用固定资产授信额度；

授信额度 = 使用额度 + 未用额度

“合同号”可以填写授信合同，若未签授信合同，则为“空”。

固定资产授信额度管理明细表

表 5.21

序号	项目名称	日期	授信额度	申请使用额度	使用额度	累计使用额度	未用额度	合同号
1	期初核定额度							

2. 授信额度调整

从第二个记录即第 2 行开始，“授信额度”一般在授信期限内不需调整。固定资产授信额度管理明细表中每增加一个记录，可以复制上个记录中“授信额度”为当前授信额度；只有特殊情况才调整，若有调整，录入调整后的“授信额度”。

3. 使用额度

从第二个记录即第 2 行开始，在“使用额度”栏记录每次使用的额度。

如果有多家银行同时向一个企业授信时，可以在一张表上管理，每家银行的“使用额度”都应该记录，算法相同。需要企业提供贷款证，查询全部贷款信息。

4. 累计使用额度

累计使用额度 = 上个记录中“累计使用额度” + 本次“使用额度”

5. 未用额度

未用额度 = 授信额度 − 累计使用额度

6. 合同号

作为用款依据和查找有关信息的索引号。

7. 申请使用额度的限制条件

当录入“申请使用额度”后，自动判断是否超限，如果超限，自动确定用下式修正：

使用额度 = min（上个记录“未用额度”，“申请使用额度”）

如“申请使用额度”虽然超限，但“使用额度”已按“申请使用额度”用信，既成事实了，则修改“使用额度”，则“未用额度”将成负数。负数应该用红色字体提醒。

二、流动资金授信额度管理

流动资金授信额度可以循环使用，所以，与固定资产授信额度管理方法不同。固定资产授信额度“未用额度”在授信期限内一般只有越来越少。流动资金授信额度“未用额度”则随着贷款偿还而增加。见表 5. 22。

1. 授信管理初始值

表中第一个记录即第一行记录授信年份期初核定值，分别记录“授信额度”、“使用额度”和“未用额度”，数据来源如下：

授信额度 = 授信额度计算表！流动资金授信额度；

使用额度 = 债务结构分析表！流动资金借款；

累计使用额度 = 使用额度；

未用额度 = 授信额度 - 使用额度。

“合同号”可以填写授信合同，若未签授信合同，则为“空”。

流动资金授信额度管理明细表

表 5. 22

序号	项目名称	日期	授信额度	申请使用额度	偿还贷款	使用额度	贷款余额	未用额度	合同号
1	期初核定额度								

2. 授信额度调整

授信额度维护方法与固定资产授信相同，从第二个记录即第 2 行开始，“授信额度”一般在授信期限内也不需调整。流动资金授信额度管理明细表中每增加一个记录，可以复制上个记录中“授信额度”为当前授信额度；只有特殊情况才调整，若有调整，录入调整后的“授信额度”。

3. 使用额度

从第二个记录即第2行开始，在“使用额度”栏记录每次使用的额度。

如果有多家银行同时向一个企业授信时，可以在一张表上管理，每家银行的“使用额度”都应该记录，算法相同。需要企业提供贷款证，查询全部贷款信息。

4. 偿还贷款

当企业偿还流动资金贷款时，偿还的额度记入“偿还贷款”栏目。

5. 贷款余额

贷款余额=上个记录中“贷款余额”+本次“使用额度”-本次“偿还贷款”

6. 未用额度

未用额度=授信额度-贷款余额

7. 合同号

作为用款依据和查找有关信息的索引号。

8. 申请使用额度的限制条件

当录入“申请使用额度”后，自动判断是否超限，如果超限，自动确定用下式修正：

使用额度=min（上个记录“未用额度”，“申请使用额度”）

如“申请使用额度”虽然超限，但“使用额度”已按“申请使用额度”用信，既成事实了，则修改“使用额度”，而“未用额度”将成负数。负数应该用红色字体提醒。

三、表外业务授信额度管理

表外业务授信额度管理与流动资金授信额度管理相似，额度可以循环使用。见表5.23。

表外业务授信额度管理明细表

表5.23

序号	项目名称	日期	授信额度	申请使用额度	到期用信	使用额度	用信余额	未用额度	合同号
1	期初核定额度								

1. 授信管理初始值

表中第一个记录即第一行记录授信年份期初核定值，分别记录“授信额度”、“使用额度”和“未用额度”，数据来源如下：

授信额度 = 授信额度计算表！表外业务授信额度；

使用额度 = 资产负债表［上一年］！应付票据；

应付票据只是银行表外业务的一部分，若还有其他的表外业务，应该汇总在一起。

累计使用额度 = 使用额度；

未用额度 = 授信额度 – 使用额度

“合同号”可以填写授信合同，若未签授信合同，则为“空”。

2. 授信额度调整

授信额度维护方法与固定资产授信相同，从第二个记录即第 2 行开始，“授信额度”一般在授信期限内也不需调整。表外业务授信额度管理明细表中每增加一个记录，可以复制上个记录中“授信额度”为当前授信额度；只有特殊情况才调整，若有调整，录入调整后的“授信额度”。

3. 使用额度

从第二个记录即第 2 行开始，在“使用额度”栏记录每次使用的额度。

如果有多家银行同时向一个企业授信时，可以在一张表上管理，每家银行的“使用额度”都应该记录，算法相同。需要企业提供贷款证，查询全部用信信息。

4. 到期用信

当表外业务用信到期时，到期释放的授信额度记入“到期用信”栏目。

5. 用信余额

用信余额 = 上个记录中“用信余额” + 本次“使用额度” – 本次“到期用信”

6. 未用额度

未用额度 = 授信额度 – 用信余额

7. 合同号

作为用款依据和查找有关信息的索引号。

8. 申请使用额度的限制条件

当录入“申请使用额度”后，自动判断是否超限，如果超限，自动确定用下式修正：

使用额度 = min（上个记录“未用额度”，“申请使用额度”）

如“申请使用额度”虽然超限，但“使用额度”已按“申请使用额度”用信，既成事实了，则修改“使用额度”，则“未用额度”将成负数。负数应该用红色字体提醒。

第八节　商业类评级授信案例

一、商业类企业打分模板

商业类打分模板见表5.24，商业类与工业类不同之处如下：

（1）经营者素质

①信用记录，分值增加；

②公司团队，改变评价标准，注重营销能力。

（2）经营状况

①“生产能力利用率”改为“销售利润率”；

②“总投资净收益率”评价标准适当降低，将法定贷款利率由“三年期”改为“一年期”，分值不变；

③“存货周转率”、“应收账款周转率”评价标准比工业类提高一倍，分值不变。

（3）偿债能力

重点放在流动资金贷款：

①“现金比率”，提高评价标准0.1及分值1分；

②提高“流动比率”，提高分值1分；

③降低“偿债备付率”，降低分值2分。

（4）发展潜力

①“净资产规模”评价标准降低，分值不变；

②“销售增长率”评价标准提高，分值不变；

③“投资能力”评价标准调低，分值不变；

④“利润增长率”评价标准调高，分值不变。

信用评级打分表（商业类举例）

表5.24

序号	指标大类	指标名称	指标	选择	指标分档	分值	得分
1	经营者素质 20	学历			主要领导人硕士以上学历	5	
				√	主要领导人本科以上学历	4	4
					主要领导人大专以上学历	3	
					主要领导人大专以下学历	2	

续表

序号	指标大类	指标名称	指标	选择	指标分档	分值	得分
1	经营者素质 20	行业经验		√	从事本行业5年以上	5	5
					从事本行业3~5年	3	
					从事本行业1~3年	2	
					从事本行业1年以下	1	
		信用记录		√	无不良记录	7	7
					存在第三方负面评价	4	
					存在贷款违约记录	2	
					发生重大事故或经济纠纷	0	
		公司团队		√	市场开发能力强	3	3
					市场开发能力较强	2	
					市场开发能力一般	1	
2	经营状况 25	销售利润率	5.96		销售利润率>=10	5	
					8<=销售利润率<10	4	
					6<=销售利润率<8	3	
				√	4<=销售利润率<6	2	2
					1<=销售利润率<4	1	
					销售利润率<1	0	
		总投资净收益率	5.33		总投资净收益率>1.6×一年期法定贷款利率	10	
					1.4×一年期法定贷款利率<总投资净收益率<=1.6×一年期法定贷款利率	9	
					1.2×一年期法定贷款利率<总投资净收益率<=1.4×一年期法定贷款利率	8	
				√	一年期法定贷款利率<总投资净收益率<=1.2×一年期法定贷款利率	7	7
					0.7×一年期法定贷款利率<总投资净收益率<= 一年期法定贷款利率	6	
					0<=总投资净收益率<=0.7×一年期法定贷款利率	5	
					总投资净收益率<0	0	
		存货周转率	2.08		存货周转率>=8	5	
					6<=存货周转率<8	4	
					4<=存货周转率<6	3	
				√	2<=存货周转率<4	1	1
					存货周转率<2	0	

续表

序号	指标大类	指标名称	指标	选择	指标分档	分值	得分
2	经营状况 25	应收账款周转率	125.90	√	应收账款周转率>=8	5	5
					6<=应收账款周转率<8	4	
					4<=应收账款周转率<6	3	
					2<=应收账款周转率<4	1	
					应收账款周转率<2	0	
3	偿债能力 25	现金比率	0.24		现金比率>=0.5	5	
					0.4<=现金比率<0.5	4	
					0.3<=现金比率<0.4	3	
				√	0.2<=现金比率<0.3	2	2
					现金比率<0.2	0	
		流动比率	0.91		流动比率>=1.5	5	
					1<=流动比率<1.5	3	
				√	0.5<=流动比率<1	1	1
					流动比率<0.5	0	
		偿债备付率	24.73		偿债备付率>=180	7	
					140<=偿债备付率<180	6	
					130<=偿债备付率<140	5	
					110<=偿债备付率<130	4	
					100<=偿债备付率<110	3	
				√	偿债备付率<100	2	2
		资产负债率	59.13		资产负债率<=25	8	
					25<资产负债率<=35	7	
					35<资产负债率<=45	6	
					45<资产负债率<=55	5	
				√	55<资产负债率<=65	4	4
					资产负债率>65	3	
4	发展潜力 20	企业净资产	1075	√	企业净资产>=1000	4	4
					800<=企业净资产<1000	3	
					500<=企业净资产<800	2	
					300<=企业净资产<500	1	
					企业净资产<300	0	

续表

序号	指标大类	指标名称	指标	选择	指标分档	分值	得分
4	发展潜力 20	销售增长率	0.75		销售增长率 > =18	5	
					12 < =销售增长率 <18	4	
					6 < =销售增长率 <12	3	
					3 < =销售增长率 <6	2	
					1 < =销售增长率 <3	1	
				√	销售增长率 <1	0	0
		净利润增长率	−14.2		净利润增长率 > =12	5	
					8 < =净利润增长率 <12	4	
					4 < =净利润增长率 <8	3	
					2 < =净利润增长率 <4	2	
					1 < =净利润增长率 <2	1	
				√	净利润增长率 <1	0	0
		累计盈余资金	10.82		企业投资能力 > =600	6	
					500 < =企业投资能力 <600	5	
					400 < =企业投资能力 <500	4	
					300 < =企业投资能力 <400	3	
					200 < =企业投资能力 <300	2	
					100 < =企业投资能力 <200	1	
				√	企业投资能力 <100	0	0
5	数据真实性 10	综合评价		√	提供数据可信度高	10	10
					提供数据误差较大，但可以接受	5	
					提供数据误差太大，不能接受	0	
6	特例事项	信用记录			经营者个人的信用征信记录	−5	
					第三方负面评价	−2	
					他行逾期记录	−5	
					重大事故和经济纠纷	−5	
				√	无	0	0
		重大事项			资金问题	−5	
					主业无关投资	−5	
					股权转让或纠纷	−5	
					纳税额及水电费	−5	
					关键经营人员离职	−5	
					借款人企业超能力对外担保	−5	
					重大诉讼	−5	
				√	无	0	0

续表

序号	指标大类	指标名称	指标	选择	指标分档	分值	得分
6	特例事项	经营情况			资本金不到位	-10	
					所有者权益为负	-5	
					环保问题	-5	
					安全生产问题	-10	
					政策问题	-5	
					为大型企业提供配套生产	5	
				√	无	0	0
7	分值汇总					100	57

二、商业企业信用评级案例操作

1. 定性分析打分表

根据现场调查资料，完成定性分析，见表5.25。

定性分析打分表（商业类举例）

表5.25

序号	指标大类	指标名称	指标	选择	指标分档	分值	得分
1	经营者素质 20	学历			主要领导人硕士以上学历	5	
				√	主要领导人本科以上学历	4	4
					主要领导人大专以上学历	3	
					主要领导人大专以下学历	2	
		行业经验		√	从事本行业5年以上	5	5
					从事本行业3~5年	3	
					从事本行业1~3年	2	
					从事本行业1年以下	1	
		信用记录		√	无不良记录	7	7
					存在第三方负面评价	4	
					存在贷款违约记录	2	
					发生重大事故或经济纠纷	0	
		公司团队		√	市场开发能力强	3	3
					市场开发能力较强	2	
					市场开发能力一般	1	

续表

序号	指标大类	指标名称	指标	选择	指标分档	分值	得分
6	特例事项	信用记录			经营者个人的信用征信记录	-5	
					第三方负面评价	-2	
					他行逾期记录	-5	
					重大事故和经济纠纷	-5	
				√	无不良记录	0	0
		重大事项			资金问题	-5	
					主业无关投资	-5	
					股权转让或纠纷	-5	
					纳税额及水电费	-5	
					关键经营人员离职	-5	
					借款人企业超能力对外担保	-5	
					重大诉讼	-5	
				√	无重大事项	0	0
		经营情况			资本金不到位	-10	
					所有者权益为负	-5	
					环保问题	-5	
					安全生产问题	-10	
					政策问题	-5	
					为大型企业提供配套生产	5	
				√	无不良状况	0	0

2. 定量分析打分表

根据第四章商业类企业案例计算的财务评价指标汇总表，用商业类信用评级打分模板，定量分析打分表见表5.26。

定量分析打分表（商业类举例）

表5.26

序号	指标大类	指标名称	指标	选择	指标分档	分值	得分
2	经营状况 25	销售利润率	5.96		销售利润率 > =10	5	
					8 < =销售利润率 <10	4	
					6 < =销售利润率 <8	3	
				√	4 < =销售利润率 <6	2	2
					1 < =销售利润率 <4	1	
					销售利润率 <1	0	

续表

序号	指标大类	指标名称	指标	选择	指标分档	分值	得分
2	经营状况 25	总投资净收益率	5.33		总投资净收益率 > 1.6 × 一年期法定贷款利率	10	
					1.4 × 一年期法定贷款利率 < 总投资净收益率 < = 1.6 × 一年期法定贷款利率	9	
					1.2 × 一年期法定贷款利率 < 总投资净收益率 < = 1.4 × 一年期法定贷款利率	8	
				√	一年期法定贷款利率 < 总投资净收益率 < = 1.2 × 一年期法定贷款利率	7	7
					0.7 × 一年期法定贷款利率 < 总投资净收益率 < = 一年期法定贷款利率	6	
					0 < = 总投资净收益率 < = 0.7 × 一年期法定贷款利率	5	
					总投资净收益率 <0	0	
		存货周转率	2.08		存货周转率 > = 8	5	
					6 < = 存货周转率 <8	4	
					4 < = 存货周转率 <6	3	
				√	2 < = 存货周转率 <4	1	1
					存货周转率 <2	0	
		应收账款周转率	125.90	√	应收账款周转率 > = 8	5	5
					6 < = 应收账款周转率 <8	4	
					4 < = 应收账款周转率 <6	3	
					2 < = 应收账款周转率 <4	1	
					应收账款周转率 <2	0	
3	偿债能力 25	现金比率	0.24		现金比率 > = 0.5	5	
					0.4 < = 现金比率 <0.5	4	
					0.3 < = 现金比率 <0.4	3	
				√	0.2 < = 现金比率 <0.3	2	2
					现金比率 <0.2	0	
		流动比率	0.91		流动比率 > = 1.5	5	
					1 < = 流动比率 <1.5	3	
				√	0.5 < = 流动比率 <1	1	1
					流动比率 <0.5	0	

续表

序号	指标大类	指标名称	指标	选择	指标分档	分值	得分
3	偿债能力 25	偿债备付率	24.73		偿债备付率 > =180	7	
					140 < =偿债备付率 <180	6	
					130 < =偿债备付率 <140	5	
					110 < =偿债备付率 <130	4	
					100 < =偿债备付率 <110	3	
				√	偿债备付率 <100	2	2
		资产负债率	59.13		资产负债率 < =25	8	
					25 <资产负债率 < =35	7	
					35 <资产负债率 < =45	6	
					45 <资产负债率 < =55	5	
				√	55 <资产负债率 < =65	4	4
					资产负债率 >65	3	
4	发展潜力 20	企业净资产	1075	√	企业净资产 > =1000	4	4
					800 < =企业净资产 <1000	3	
					500 < =企业净资产 <800	2	
					300 < =企业净资产 <500	1	
					企业净资产 <300	0	
		销售增长率	0.75		销售增长率 > =18	5	
					12 < =销售增长率 <18	4	
					6 < =销售增长率 <12	3	
					3 < =销售增长率 <6	2	
					1 < =销售增长率 <3	1	
				√	销售增长率 <1	0	0
		净利润增长率	-14.2		净利润增长率 > =12	5	
					8 < =净利润增长率 <12	4	
					4 < =净利润增长率 <8	3	
					2 < =净利润增长率 <4	2	
					1 < =净利润增长率 <2	1	
				√	净利润增长率 <1	0	0
		累计盈余资金	10.82		企业投资能力 > =600	6	
					500 < =企业投资能力 <600	5	
					400 < =企业投资能力 <500	4	
					300 < =企业投资能力 <400	3	
					200 < =企业投资能力 <300	2	
					100 < =企业投资能力 <200	1	
				√	企业投资能力 <100	0	0

续表

序号	指标大类	指标名称	指标	选择	指标分档	分值	得分
5	数据真实性 10	综合评价		√	提供数据可信度高	10	10
					提供数据误差较大，但可以接受	5	
					提供数据误差太大，不能接受	0	

3. 评分评价表

将定性分析打分结果与定量分析打分结果汇总于表5.27“客户评分评级表”，总分值57分，确定的信用等级CCC。

客户评分评级表（商业类举例）

表5.27

序号	指标大类	指标名称	指标	评　价	评分
1	经营者素质	1. 学历		（2）主要领导人本科以上学历	4
		2. 行业经验		（1）从事本行业5年以上	5
		3. 信用记录		（1）无不良记录	7
		4. 公司团队		（1）市场开发能力强	3
2	经营状况	1. 销售利润率	5.96	（4）4 < = 销售利润率 <6	2
		2. 总投资净收益率	5.33	（4）一年期法定贷款利率 < 总投资净收益率 < = 1.2 × 一年期法定贷款利率	7
		3. 存货周转率	2.08	（4）2 < = 存货周转率 <4	1
		4. 应收账款周转率	125.90	（1）应收账款周转率 > = 8	5
3	偿债能力	1. 现金比率	0.24	（4）0.2 < = 现金比率 <0.3	2
		2. 流动比率	0.91	（3）0.5 < = 流动比率 <1	1
		3. 偿债备付率	24.73	（6）偿债备付率 <100	2
		4. 资产负债率	59.13	（5）55 < 资产负债率 < = 65	4
4	发展潜力	1. 企业净资产	1075.84	（1）企业净资产 > = 1000	4
		2. 销售增长率	0.75	（6）销售增长率 <1	0
		3. 净利润增长率	-34.81	（6）净利润增长率 <1	0
		4. 企业投资能力	34.54	（7）企业投资能力 <100	0
5	数据真实性	1. 综合评价		（1）提供数据可信度高	10
6	特例事项	1. 信用记录		（5）无不良记录	0
		2. 重大事项		（8）无重大事项	0
		3. 经营情况		（7）无不良状况	0
7	分值汇总				57
8	评定等级		CCC		

三、商业类案例授信评价

在第四章财务评价中，商业类案例计算流动资金贷款需求为400万元，债务优化贷款540万元和新增固定资产贷款100万元，贷款总额1040万元。固定资产贷款按最大能力偿还，经测算贷款偿还期8年，正常还款年份每年偿债备付率130%，评价偿债备付率121.76%。

信用评价确定的信用评级为CCC，属于限制贷款对象。授信评价结果见表5.28。测算的综合授信边界1661万元，某银行同意提供期限9年的固定资产贷款，经测算企业可承受的固定资产贷款额度为1007万元，能够满足企业要求。流动资金贷款需求400万元，表外业务授信需求16万元。最后确定的授信总额1043万元，其中流动资金400万元，新增固定资产贷款640万元，表外业务授信0万元。

授信额度计算表（商业类举例）

表5.28　　单位：万元

序号	参数或指标	变量名称	测算
1	综合授信控制边界测算		
1.1	可接受的最高资产负债率	R_m	0.7
1.2	客户最近资产总额		2632
1.3	客户最近负债总额	L_0	1590
1.4	客户最近资产负债率	R_0	0.0
1.5	账面净资产		1042
1.6	无法变现资产		0
1.7	客户最近有效净资产	N_A	1042
1.8	客户信用等级		CCC
1.9	客户信用等级调整系数	C	0.4
1.10	本年利润再投资默认值	I	56
1.11	本年利润再投资确认值	I_0	56
1.12	综合授信控制边界计算值	M	1661
1.13	建议综合授信边界	M_0	1661
2	流动资金授信额度计算值		
2.1	估算的流动资金		400
2.2	流动资金最大贷款比例		0.7
2.3	流动资金授信额度计算值		280

续表

序号	参数或指标	变量名称	测算
2.4	建议流动资金授信额度	F_B	400
3	固定资产授信额度计算值		
3.1	息税折旧摊销前利润		169
3.2	所得税		19
3.3	经营活动净现金流量		150
3.4	可接受的固定资产贷款偿还期	T	9
3.5	折现率		0.08
3.6	净现值		1313
3.7	最低偿债备付率		1.3
3.8	客户最近固定资产贷款余额 1		3
3.9	新增固定资产授信额度计算值	F_A	1007
3.10	新增固定投资授信额度需要值	F_{A2}	640
4	表外业务授信额度计算		
4.1	表外业务授信额度计算值	F_C	16
4.2	表外业务授信额度建议值	F_{C1}	0
5	建议单品种授信额度		
5.1	客户最近固定资产贷款余额 2	F_{A0}	3
5.2	流动资金授信额度	F_{B0}	400
5.3	未用固定资产授信额度	F_{A1}	640
5.4	表外业务授信额度	F_{C0}	0
6	授信总额	F_0	1043

第九节　小额贷款评级授信方法

为解决中小企业融资难，国家和地方政府都出台了不少扶持政策，旨在扩大对中小企业的贷款范围，将贷款范围从优质的中小企业扩大到贷款条件稍差、风险较大的中小企业。通过专设风险补偿金补偿商业银行实际的贷款损失，把试点区域科技型中小企业的不良贷款容忍率提高至5%。

小额贷款评价在商业银行一般贷款信用评级模型的基础上，对于符合小贷扶持政策的情况加分，通过加分适当提高信用等级，从而扩大贷款范围。本书列举了承担利率、政府无偿资助、政府贴息、担保因素、政府承担风险等加分因素。利率因素，根据利率定价原理，贷款风险越大的企业应承担的风险溢价越高，或换句话说，客户承担的利率越高，贷款机构抗风险能力越强，在国家规定的利率上限范围内适当提高利率，有助于放宽贷款范围。得到政府无偿资助、政府贴息的企业，给企业带来的直接好处是降低企业成本，同时也说明企业的发展方向符合政府的宏观经济发展导向，可以提高企业抗风险能力。担保因素，担保是抵御贷款风险的最后一道防线，对于质量较高的担保，有助于降低贷款机构风险。政府承担风险主要指政府对不良贷款率容忍度提高，并承担部分贷款损失，有利于适当放宽贷款范围。

小贷加分模型详见表5.29。

小贷政策加分

表5.29

指标名称	评价标准	计分标准	选择
承担利率	法定贷款利率（>3.8~≤4.0）倍	5	
	法定贷款利率（>3.6~≤3.8）倍	4.5	
	法定贷款利率（>3.4~≤3.6）倍	4	
	法定贷款利率（>3.2~≤3.4）倍	3.5	
	法定贷款利率（>3.0~≤3.2）倍	3	
	法定贷款利率（>2.8~≤3.0）倍	2.5	
	法定贷款利率（>2.6~≤2.8）倍	2	
	法定贷款利率（>2.4~≤2.6）倍	1.5	
	法定贷款利率（>2.2~≤2.4）倍	1	
	法定贷款利率（>2.0~≤2.2）倍	0.5	
	法定贷款利率（≤2.0）倍	0	
政府无偿资助	本年已经落实的政府无偿资助金额>500	5	
	本年已经落实的政府无偿资助金额（>300~≤500）	4.5	
	本年已经落实的政府无偿资助金额（>250~≤300）	4	
	本年已经落实的政府无偿资助金额（>200~≤250）	3.5	
	本年已经落实的政府无偿资助金额（>150~≤200）	3	
	本年已经落实的政府无偿资助金额（>100~≤150）	2.5	
	本年已经落实的政府无偿资助金额（>70~≤100）	2	
	本年已经落实的政府无偿资助金额（>50~≤70）	2.5	
	本年已经落实的政府无偿资助金额（>30~≤50）	1	
	本年已经落实的政府无偿资助金额（>10~≤30）	0.5	
	本年已经落实的政府无偿资助金额（≤10）	0	

续表

指标名称	评价标准	计分标准	选择
政府贴息	本年已经落实贴息为基准利率（≥0.8～<1.0）倍	2	
	本年已经落实贴息为基准利率（≥0.6～<0.8）倍	1.5	
	本年已经落实贴息为基准利率（≥0.4～<0.6）倍	1	
	本年已经落实贴息为基准利率（≥0.2～<0.4）倍	0.5	
	本年已经落实贴息为基准利率（<0.2）倍	0	
担保因素	担保机构担保	5	
	抵（质）押率小于70%（贷款额×100/抵质押价值）	5	
	抵（质）押率小于100%（贷款额×100/抵质押价值）	3	
	抵质押率小于150%（贷款额×100/抵质押价值）	2	
	抵质押率小于200%（贷款额×100/抵质押价值）	1	
	无抵押无担保	0	
政府承担风险	高科技园区企业	3	
	其他科技企业	3	
	小微企业	3	
	其他企业	0	

"小贷政策加分"与一般银行贷款信用评级"定性分析"和"定量分析结果"分值相加，得到总分。再根据"分值"与"信用等级"的对应关系确定"小贷评级结果"。

"银行授信评价"与"小贷授信评价"采用相同的模板。

第十节　风险投资信用评级方法

无论银行贷款信用评级还是小贷信用评级，信用等级很低的企业都不能列入贷款对象，即不符合贷款条件。但是，这些企业不等同于劣质企业，因为此前的信用评级都是站在贷款角度，而且更适合于短期贷款，评价的依据主要是企业过去两年发生的和未来一年内可能发生的财务状况，不能代表企业未来较长时间的发展趋势。因此，前面介绍的信用评级模型不能完全满足长期投资如科技企业的研发贷款、私募权益融资、创投融资等决策需要。

对科技企业发放研发贷款一般允许较长的贷款偿还期，因为研发阶段经营收益少，甚至没有经营收益，往往需要给予一年以上的宽限期和较长的偿还期。对于私募股权投资、创业投资，一般看重的是企业的未来，属于长期投资。因此，企业未来发展前景和成功的可能性是判断能否长期贷款或长期投资的主要考量。

长期投资信用评价与短期贷款评价不同，一是定量分析的财务评价指标不仅取上一年、本年指标，还应该取未来预测平均值或动态评价指标；二是定性分析需要对未来发展潜力更多的关注。需要有区别于短期贷款评价的信用评级模型。具体如下。

一、定性分析打分模板不同

风险投资定性分析打分表见表5.30。内容比贷款评价的定性分析打分表内容更丰富，各影响因素的权重也不同。定性分析包括创业者素质、技术条件、运营能力、发展潜力、退出机制、政府支持等六个方面共18个因素。满分100分。

定性分析打分表

表5.30

指标名称	评价标准	计分标准	选择
1. 创业者素质			
1.1 创业者精神特质	(1) 创业者志向高远、执行力强、有坚强毅力	6	
	(2) 创业者有远见、能付诸行动、有较强的毅力	4	
	(3) 创业者行动能力一般，持久性一般	1	
1.2 创业者的经历和背景	(1) 从事本行业8年以上，曾带领团队取得突出业绩	4	
	(2) 从事本行业3年以上，个人工作业绩突出	2	
	(3) 从事本行业3年以下	1	
1.3 创业者能力素质	(1) 创业者由技术和经营双领军人才组成研发和经营团队，且配合默契	9	
	(2) 创业者是技术和经营双料创新型人才，已形成研发和经营团队	7	
	(3) 创业者技术创新和经营创新能力强，研发和经营团队力量薄弱	5	
	(4) 创业者个人素质一般，尚未形成团队	1	
1.4 创业者商业模式创新能力	(1) 商业模式有重大创新，已获成功案例，具备大规模推广的条件	4	
	(2) 现有商业模式运行有效，或创新模式在试点中	2	
	(3) 现有商业模式效果不佳，也没有找到新的替代模式	1	
2. 技术条件			
2.1 技术的先进性	(1) 经查新或鉴定确认创新属于国际领先	5	
	(2) 经查新或鉴定确认创新属于国内领先	4	
	(3) 经查新或鉴定确认创新属于国内先进	3	
	(4) 经查新或鉴定确认创新属于国内一般	2	
	(5) 创新未经查新或鉴定确认	1	

续表

指标名称	评价标准	计分标准	选择
2.2 技术的可替代性	（1）具有不可替代性	2	
	（2）具有被替代风险	1	
2.3 技术的发展阶段	（1）规模生产阶段	5	
	（2）小规模生产阶段	4	
	（3）样品样机研制阶段	3	
	（4）产品规划阶段	2	
	（5）概念开发阶段	0	
2.4 技术成果认定	（1）科技成果6项或1项发明专利	5	
	（2）科技成果5项	4	
	（3）科技成果4项	3	
	（4）科技成果3项	2	
	（5）科技成果1~2项	1	
3. 运营能力			
3.1 荣誉与资质	（1）获得省部级以上科技进步奖	7	
	（2）获得省部级以上科技部门其他奖项或创新基金	5	
	（3）获得高新技术企业和高新技术产品证书	4	
	（4）获得高新技术企业证书	3	
	（5）获得高新技术产品证书	2	
	（6）未获得相关荣誉与资质	1	
3.2 营销能力	（1）已建立稳定的营销团队和渠道，由优秀营销人才领军，绩效优良	5	
	（2）已建立较稳定的营销团队，由优秀营销人才领军，绩效已显现	4	
	（3）已初步建立以营销骨干为核心的营销团队，绩效已初步显现	3	
	（4）尚未形成以销售骨干为核心的销售团队，销售规模小	1	
3.3 法人结构治理	（1）股权结构明晰、内控机制完善、组织架构合理、规章制度完善	5	
	（2）股权结构基本清晰、组织架构基本合理、规章制度基本完善	3	
	（3）法人治理结构存在明显缺陷，规章制度不够完善	1	
3.4 人力资源管理能力	（1）创业管理层及核心技术人员稳定，激励机制合理，员工工作热情高	2	
	（2）创业管理层及核心技术人员不稳定，激励机制不合理，员工工作热情低	0	
4. 发展潜力			

续表

指标名称	评价标准	计分标准	选择
4.1 行业前景	（1）行业规模预期10000亿元以上	6	
	（2）行业规模预期1000亿～10000亿元	5	
	（3）行业规模预期100亿～1000亿元	4	
	（4）行业规模预期10亿～100亿元	3	
	（5）行业规模预期1亿～10亿元	2	
	（6）行业规模预期1亿元以下	1	
4.2 行业发展阶段	（1）成长期（上升阶段每年增幅15%以上，下行阶段增幅5%以上）	5	
	（2）进入期（每年增幅15%以下）	3	
	（3）成熟期（每年增幅5%以下）	2	
	（4）衰退期（每年增幅小于0）	0	
4.3 市场竞争能力	（1）市场竞争能力很强，独家经营，同业尚无潜在竞争者和替代品出现	9	
	（2）市场竞争能力强，同业中市场占有率最高，虽有少量竞争者，但尚未构成威胁	7	
	（3）市场竞争能力较强，同业中市场占有率排列前三名，竞争压力较大	5	
	（4）市场竞争能力一般，同业中市场占有率前三名之外	3	
	（5）市场竞争能力弱，同业中市场占有率很低	1	
5. 退出机制			
5.1 退出方式	（1）预计通过首次公开上市（IPO）退出	4	
	（2）预计通过并购退出	3	
	（3）预计通过回购退出	2	
	（4）预计通过清算退出	1	
5.2 IPO预期	（1）取得核准首发股票并上市核准批复文件	10	
	（2）取得首次公开发行上市的受理文件	9	
	（3）与证券公司签订辅导保荐和承销协议	8	
	（4）代办股份系统正式挂牌交易（新三板）	7	
	（5）完成内核正式递交申请代办股份转让材料（新三板）	6	
	（6）已取得股份有限公司营业执照	4	
	（7）与专业机构签订改制顾问协议	2	
	（8）企业没有IPO计划	0	
6. 政府支持			

续表

指标名称	评价标准	计分标准	选择
6.1 政府无偿资助和贴息	(1) 本年已经落实的政府无偿资助和贴息金额 >500	7	
	(2) 本年已经落实的政府无偿资助和贴息金额（>250 ~ ≤500）	5	
	(3) 本年已经落实的政府无偿资助和贴息金额（>150 ~ ≤250）	3	
	(4) 本年已经落实的政府无偿资助和贴息金额（>70 ~ ≤150）	2	
	(5) 本年已经落实的政府无偿资助和贴息金额（>30 ~ ≤70）	1	
	(6) 本年已经落实的政府无偿资助和贴息金额（≤30）	0	

二、定量分析评价指标不同

风险投资定量分析打分表见表 5.31。与贷款评价打分表有较大差异：一是降低偿债能力指标的权重，增加财务效益指标的权重；二是财务效益指标主要用了反映整个计算期的动态指标。定量分析满分 100 分。

定量分析打分表

表 5.31

指标名称	指标	评价标准	计分标准	选择
7.1 现金比率		(1) 现金比率 > =0.5	5	
		(2) 0.4 < =现金比率 <0.5	4	
		(3) 0.3 < =现金比率 <0.4	3	
		(4) 0.2 < =现金比率 <0.3	2	
		(5) 现金比率 <0.2	0	
7.2 流动比率		(1) 流动比率 > =1.5	5	
		(2) 1 < =流动比率 <1.5	3	
		(3) 0.5 < =流动比率 <1	1	
		(4) 流动比率 <0.5	0	
7.3 偿债备付率		(1) 偿债备付率 > =180	5	
		(2) 140 < =偿债备付率 <180	4	
		(3) 130 < =偿债备付率 <140	3	
		(4) 110 < =偿债备付率 <130	2	
		(5) 100 < =偿债备付率 <110	1	
		(6) 偿债备付率 <100	0	

续表

指标名称	指标	评价标准	计分标准	选择
7.4 资产负债率		（1）资产负债率 < =60	5	
		（2）60 < 资产负债率 < =65	4	
		（3）65 < 资产负债率 < =70	3	
		（4）70 < 资产负债率 < =75	2	
		（5）75 < 资产负债率 < =80	1	
		（6）资产负债率 >80	0	
8.1 销售增长率		（1）销售增长率 > =35	15	
		（2）25 < = 销售增长率 <35	12	
		（3）15 < = 销售增长率 <25	8	
		（4）7 < = 销售增长率 <15	6	
		（5）1 < = 销售增长率 <7	3	
		（6）销售增长率 <1	0	
8.2 净利润增长率		（1）净利润增长率 > =15	15	
		（2）12 < = 净利润增长率 <15	12	
		（3）8 < = 净利润增长率 <12	8	
		（4）4 < = 净利润增长率 <8	6	
		（5）2 < = 净利润增长率 <4	3	
		（6）净利润增长率 <2	0	
9.1 每股价值		（1）每股价值 > =25	10	
		（2）16 < = 每股价值 <25	8	
		（3）8 < = 每股价值 <16	6	
		（4）3 < = 每股价值 <8	4	
		（5）1 < = 每股价值 <3	2	
		（6）每股价值 <1	0	
9.2 内部收益率		（1）内部收益率 > =70	20	
		（2）50 < = 内部收益率 <70	16	
		（3）30 < = 内部收益率 <50	12	
		（4）20 < = 内部收益率 <30	10	
		（5）10 < = 内部收益率 <20	6	
		（6）6 < = 内部收益率 <10	4	
		（7）3 < = 内部收益率 <6	2	
		（8）内部收益率 <3	0	

续表

指标名称	指标	评价标准	计分标准	选择
9.3 每股净利润		(1) 每股净利润 > =0.80	10	
		(2) 0.50 < = 每股净利润 <0.80	8	
		(3) 0.25 < = 每股净利润 <0.50	6	
		(4) 0.15 < = 每股净利润 <0.25	4	
		(5) 0.05 < = 每股净利润 <0.15	2	
		(6) 每股净利润 <0.05	0	
10.1 综合评价		(1) 提供数据可信度高	10	
		(2) 提供数据误差较大，但可以接受	5	
		(3) 提供数据误差太大，不能接受	0	

三、定性分析与定量分析权重不同

定性分析与定量分析各 100 分，折成百分制，分别给予定性分析 50% 和定量分析 50% 的权重。

总分 = 定性分析打分 ×0.5 + 定量分析打分 ×0.5

总得分与“信用等级”的对应关系确定“创投评级结果”。

四、信用评级结果

风险投资信用评级结果见表 5.32。其内容与贷款评价考虑因素有所不同。

信用评级结果

表 5.32

序号	指标大类	指标名称	指标	评价	评分
1	创业者素质	1.1 创业者精神特质			
		1.2 创业者的经历和背景			
		1.3 创业者能力素质			
		1.4 创业者商业模式创新能力			
2	技术条件	2.1 技术的先进性			
		2.2 技术的可替代性			
		2.3 技术的发展阶段			
		2.4 技术成果认定			

续表

序号	指标大类	指标名称	指标	评价	评分
3	运营能力	3.1 荣誉与资质			
		3.2 营销能力			
		3.3 法人结构治理			
		3.4 人力资源管理能力			
4	市场前景	4.1 行业前景			
		4.2 行业发展阶段			
		4.3 市场竞争能力			
5	退出机制	5.1 退出方式			
		5.2 IPO 预期			
6	政策支持	6.1 政府无偿资助和贴息			
7	偿债能力	7.1 现金比率			
		7.2 流动比率			
		7.3 偿债备付率			
		7.4 资产负债率			
8	发展潜力	8.1 销售增长率			
		8.2 净利润增长率			
9	财务效益	9.1 每股价值			
		9.2 内部收益率			
		9.3 每股净利润			
10	数据真实性	10.1 综合评价			
评定等级			总得分		

第六章　企业投融资评价实务

第一节　融资方案落实与优化方法

一、融资方式与筹措渠道

拟定并评价融资方案的可行性，需要了解融资方式和融资渠道。

融资主体的融资方式包括股权融资与债务融资两大类，股权融资可细分为投资入股和发行股票两种方式，债务融资可细分为银行借款、发放债券、商业信用、融资租赁等方式。

我国资本市场已基本实现投资多元化，投资者已遍布全社会，来自世界各地，资金来源包括国家财政、银行信贷、非银行金融机构、其他企业、居民个人、外商等各种筹资渠道。

各种融资方式对应的筹资渠道详见表6.1“融资方式与筹资渠道对应表”。

表中非银行金融机构指除商业银行和专业银行以外的所有金融机构。主要包括信托、证券、保险、融资租赁等机构以及财务公司等。非银行金融机构包括存款性金融机构和非存款性机构。存款性金融机构主要有储蓄信贷协会、储蓄互助银行、信用合作社。非存款性金融机构包括金融控股公司、公募基金、养老基金、保险公司、证券公司、小额信贷公司等。

融资方式的多样性与筹资渠道的多元化，交织成一个错综复杂的网状结构，说明了每种筹资渠道可能的投资方向和每种融资方式可能的筹资渠道。表中的对应关系为制定融资方案提供参考。

融资方式与筹资渠道对应表

表 6.1

筹资渠道	融资方式					
	投资入股	发行股票	银行借款	发行债券	商业信用	融资租赁
国家财政	√	√				
银行信贷			√			
非银行金融机构	√	√	√	√		√
其他企业	√	√		√	√	√
居民个人	√	√		√		
外商	√	√				√

二、融资方案优化

在第四章财务评价方法中，已通过财务分析与方案优化，编制了“融资需求与筹措计划表”，表中将筹措计划分为“权益资金”与“债务资金”两大类。“权益资金”再分为“用作投资的经营收益”和“拟股权融资”，前者已通过财务平衡分析落实，后者尚需根据表 6.1 具体落实。“债务资金”优先选择贷款，通常银行贷款成本比其他筹措方式成本低，也需要根据表 6.1 具体落实。

关于融资方案优化，理论上应该选择融资成本最低的方案，但实际上企业可以选择的方案有限且不能同时选择，只有优质企业才有更多选择。即使优质企业，也只能边落实边选择，在可行的方案中选择最佳方案。可采用的优化方法，首先评价各种融资渠道的优劣并进行排序，然后按照优先顺序落实资金，直到融通资金能满足需求为止。

三、投融资评价分类

本书第四章企业财务评价方法和第五章企业评级授信方法，两套方法已构成一个投融资评价完整的方法体系，是企业投融资评价的基本方法。适用于各种投融资评价对象，恰如国家发改委和建设部颁发的《建设项目经济评价方法与参数》，项目投融资活动的所有参与者，如项目发起人（融资主体）、直接投资者（股权投资者）、间接投资者（债权投资者）、担保机构、中介咨询机构，虽然每个角色站在不同角度，但在评价中都能共同遵循。

在实际应用中，除需要统一的基本方法之外，还需要满足投融资活动中不同参与者的特殊需求，提供个性化的评价报告，为决策提供科学依据。因此，有必要对投融资评价适当分类。根据评价报告的不同要求，可以分为六种类型，详见图6.1。

投融资评价主要从满足决策需要角度进行分类，不同类型的投资者关心的主要问题是不一样的，评价决策指标也不同，风险控制的方法不同。按投融资活动参与者或风险承担者分类，可分为融资主体、直接投资者、间接投资者、担保机构等四类。

融资主体（企业）提交的融资评价报告，又称自我评价报告，其主要作用有两个：一是为企业的经营管理提供科学依据，二是向投资者提供详实资料和融资需求。自我评价报告是在企业经营规划和融资需求分析的基础上，通过融资方案优化确定融资计划，分别站在融资主体（企业）、直接投资者、间接投资者等三个角度对融资方案的可行性作出全面评价。对报告内容的要求一要真实，二要完整。

- 融资主体——企业自我评价报告
- 直接投资者——企业投资评价报告
- 间接投资者
  - 企业年度授信评价报告
  - 流动资金贷款评价报告
  - 固定资产贷款评价报告
- 担保机构——银行贷款担保评价报告

图6.1　投融资评价分类图

直接投资者最关心企业的发展前景和可能带来的经济效益，投资入股方式的决策可用全部投资内部收益率（或总投资收益率）和资本金内部收益率两个指标，股票投资可以每股价值为定价依据。

间接投资者最关心投资风险，间接投资包括银行贷款、购买债券、商业信用、融资租赁等投资方式，银行贷款比重最高。银行贷款评价分三种情况：企业年度授信评价、流动资金贷款评价、固定资产贷款评价。首先根据资金用途将贷款分为固定资产贷款和流动资金贷款，两种贷款类型面临的风险不同，固定资产贷款比流动资金贷款风险大，采用决策指标有差别。根据贷款操作方式，可分为“先授信后用信”和“授信即用信”两种方式，采用“先授信后用信”方式时，需要进行年度授信评价。因此，贷款评价报告分为年度授信评价、流动资金贷款评价、固定资产贷款评价等三种类型。

除了融资主体的自我评价、直接投资评价、间接投资的年度授信评价、流动资金贷款评价、固定资产贷款评价，还有一种评价即担保评价。担保评价将在第七章介绍。

四、关于投融资公共服务平台

为了提高投融资评价效率，降低成本，提高投融资成功率，有必要建立一个以评价为核心投融资公共服务平台。企业在平台上可以完成自我评价，融资企业与贷款机构在平台上双向选择，贷款机构在线或离线评估。苏州铭星科技股份有限公司组织专家已成功研发出“中国评价在线”平台，项目得到江苏省经信委和财政厅无偿资助，成果已经过省经信委验收。计划在全国地级以上城市分别建立“中小企业融资评价与融资服务平台”，平台操作流程如下：

先由企业在平台上完成“自我评价”→根据银行贷款条件和自我评价结果，系统自动匹配金融机构，系统自动按顺序向银行提出贷款申请→收到企业融资申请的金融机构，对是否受理客户作出选择→金融机构客户经理完成受理客户的贷款评估（在线评估或离线评估）→金融机构客户经理对承诺贷款的客户实施贷款管理→贷款信息反馈给企业。

第二节　年度授信提案

年度授信评价为贷款机构授信提供决策依据。

一、授信模式

银行对企业的授信一般采用两种模式之一，一种是“先授信后用信”，另一种是“授信即用信”。选择授信模式，主要由授信品种多少和授信后的用款次数决定，若品种单一且授信后一次性用款，最宜采用“授信即用信”模式，可以节省贷款决策和管理程序，提高效率，小微企业多采用这种模式。若授信品种多或授信后需要分多次用款，最宜采用“先授信后用信”。年度授信评价，主要用于“先授信后用信”模式。

二、年度授信的意义

先授信后用信具有防范风险、提高效率、增强竞争力三重作用，具体如下：

1. 防范风险

授信额度对于防范风险是给企业设定一个贷款限额，即企业能够承担的贷款额度。一般情况下，只要贷款控制在授信额度范围内，贷款风险就能得到控制。

2. 提高效率

对于不同的授信客户和授信品种，在授信额度内，不同程度地简化审批手续，直至经办行可自主地发放贷款，除了额度内仍须按权限报批的除外，不必每笔贷款都报批。

3. 增强竞争力

企业希望银行年初对其作出授信额度承诺，解企业资金之忧，可集中精力经营。银行“先授信后用信”，可密切银行与优质客户的合作关系，树立银行的良好形象，有利于抢占优质客户。

三、年度授信评价方法

年度授信评价是包括流动资金贷款评价和固定资产贷款评价三种评价中最为简单的一种，只需确定授信额度，不涉及用信，也就不需用信审核。本书前五章介绍的方法，对于年度授信评价已是一个完整的评价过程，只缺评价报告编制方法。

年度授信评价流程如下：

数据收集与验证→参数统计与确定→财务评价与方案优化→评级授信评价→编制年度授信评价报告。

评价决策指标：

总投资净收益率；

利息备付率；

偿债备付率；

贷款偿还期；

信用等级；

综合授信额度；

流动资金授信额度；

固定资产授信额度；

表外业务授信额度。

根据上述指标得出评价结论：以总投资净收益率为依据判断企业的获利能力，依据企业获利能力和信用等级判断客户的优劣，确定贷款对象；依据利息备付率、偿债备付率、贷款偿还期判断借款偿还能力。依据授信评价指标（综合授信额度、流动资金授信额度、固定资产授信额度、表外业务授信额度）建议授信额度。

四、授信提案核心内容

授信提案即授信评价报告书，报告书首页是“送审审批表”。“送审审批表”核心内容是授信方案和决策依据，即评价决策指标。授信方案包括授信额度、利率、还款方式、付息方式、还款来源、贷款期限、担保措施等，决策依据包括评价指标。

以工业类案例为例，授信理由如下：

经统计，融资主体上二年、上一年、本年的收入增长幅度分别为 -39.6%、71.9%、48.86%。主营业务收入持续两年增长幅度均超过15%，增长势头好。

经测算，总投资净收益率、全投资税后内部收益率、权益资金内部收益率分别为8.49%、15.06%、17.66%。基本参数规定的基准收益率为10%。获利能力评价结论：本年预测的总投资净收益率（静态指标）和反映整个计算期的全投资税后内部收益率指标，其中一个已经达到了基准收益率，认为融资主体的经济效益较好。

经测算，本年的利息备付率为622.59%，优化前偿债备付率最低值176.63%，优化后偿债备付率最低值176.63%，基本参数规定的最低偿债备付率评价标准为130%。偿债能力评价结论：企业借款还本付息计划安排的贷款偿还期等于规定的贷款期限，各年偿债备付率最低值大于偿债备付率评价标准（最低偿债备付率），说明借款人每年的偿债能力都很强。

通过企业现状和未来趋势分析，客户的信用等级评定为A级，可将该客户划入主要贷款对象。

根据融资主体新增固定投资需求、年初财务报表，分析了融资主体本年内可能出现的重大经营和财务风险，得出的结论是：企业需要新增固定投资，需要通过新增固定投资借款解决资金需求，只要按筹措计划融资到位，企业能平稳运行，不会出现资金断流风险。若融资不能到位，将在一定程度上产生资金短缺风险。

建议授信总额4800.00万元，其中流动资金授信额度2300万元，客户最近固定资产贷款余额0万元，未用固定资产授信额度2500万元，表外业务授信额度0万元。

第三节　流动资金贷款审核

一、适用范围

只有当企业不存在现有固定资产贷款，“融资需求与筹措计划表”中也不存在“债务优化贷款”和“新增固定投资贷款”的情况，只提出流动资金贷款申请的企业，才适宜按流动资金贷款提交贷款提案。既有固定投资贷款又有流动资金贷款的企业，按照固定资产贷款提交贷款提案。

严格区分流动资金贷款与固定资产贷款，主要因为评价两者偿债能力的指标不同。

二、用信审核方法

流动资金贷款提案更适合于“授信即用信”的流动资金授信模式，因为流动资金贷款采用“先授信后用信”方式时，授信审批是重点，用信时只需要经过简单的用信审核即可。采用“先授信后用信”方式时，授信评价见本章第二节年度授信提案，一般一年内分多次用信，授信额度可循环使用，每次用信审核可简化，一般只要填写一张审核表。用下式审核：

贷款额度 = Min（申请流动资金贷款额，授信额度 - 现有流动资金贷款余额 + 近期到期流动资金贷款）　(6 - 1)

对于“授信即用信”方式，一般贷款一次发放，贷款额度即等于授信额度。

三、流动资金贷款评价方法

采用“授信即用信”方式，流动资金贷款评价相对较为简单，主要评价指标如下：

总投资净收益率；

利息备付率；

偿债备付率；

信用等级；

流动资金授信额度；

流动资金贷款余额；

流动资金贷款额度。

根据上述指标得出评价结论：以总投资净收益率为依据判断企业的获利能力，依据企业获利能力和信用等级判断客户的优劣，确定贷款对象；依据利息备付率或偿债备付率判断借款偿还能力。依据授信评价指标（流动资金授信额度、表外业务授信额度）建议授信额度和贷款额度。

一般来说，判断流动资金的偿债能力只要用“利息备付率”即可，国家规定的利息备付率的评价标准为200%。当企业略为亏损时，“利息备付率”不仅达不到标准，还可能小于100%的警戒线。这时，如果企业不存在固定资产贷款，企业提取的折旧摊销也是付利息的资金来源，只要“偿债备付率”大于100%，也是有偿债能力的。

四、授信提案核心内容

核心内容是授信方案和决策依据，即评价决策指标。授信方案包括授信额度、利率、还款方式、付息方式、还款来源、贷款期限、担保措施等，决策依据包括评价指标。

以某企业为例，流动资金贷款理由如下：

经测算，总投资净收益率、全投资税后内部收益率、权益资金内部收益率分别为

11.11%、12.00%、14.02%，基本参数规定的基准收益率为8%，获利能力评价结论：无论本年预测的总投资净收益率（静态指标），还是反映整个计算期的全投资税后内部收益率指标，均达到了基准收益率，认为融资主体的经济效益良好。

经测算，本年的利息备付率为324.75%，优化前偿债备付率最低值203.52%，优化后偿债备付率最低值203.52%，基本参数规定的偿债备付率评价标准为130.00%。得出的偿债能力评价结论：企业只有流动资金贷款，利息备付率大于或等于200%，说明流动资金贷款偿债能力很强。

通过企业现状和未来趋势分析，客户的信用等级评定为BBB级，可将该客户划入慎重贷款对象。

根据融资主体新增固定投资需求、年初财务报表，分析了融资主体本年内可能出现的重大经营和财务风险，得出的结论是：借款人暂无新增固定投资需求，债务结构合理，经营活动净现金流量为正，企业能平稳运行，未见重大风险隐患。

根据客户信用等级和资产负债率合理范围，经测算的债务承受额为11977万元。

申请流动资金贷款金额11000万元，建议流动资金授信额度11000万元。

第四节　固定资产贷款提案

一、固定资产贷款评价特点

在固定资产贷款评价中信用评级仍然是评价客户优劣的好方法，但应更侧重于财务评价，因为，财务评价在判断偿债能力方面比评级授信评价方法更精准，是固定资产贷款的主要决策依据。

二、评价决策指标

总投资净收益率；

利息备付率；

偿债备付率；

贷款偿还期；

信用等级；

固定资产授信额度。

三、授信提案核心内容

核心内容是授信方案和决策依据，即评价决策指标。授信方案包括授信额度、利率、还款方式、付息方式、还款来源、贷款期限、担保措施等，决策依据包括评价指标。

以某企业为例，固定资产贷款理由如下：

经过客户评价，信用评级确定的信用等级为 A，属于主要贷款对象；固定投资授信额度 2500 万元，固定投资借款 2500 万元，在授信额度控制范围内。

测算了借款人未来 5 年的现金流量，其总投资净收益率、全投资税后内部收益率、权益资金内部收益率分别为 8.49%、15.06%、17.66%。得出获利能力评价结论：本年预测的总投资净收益率（静态指标）和反映整个计算期的全投资税后内部收益率指标，其中一个已经达到了基准收益率，认为融资主体的经济效益较好。

根据财务评价安排的借款还本付息计划，借款人综合贷款偿还期 3 年，在整个偿还期内，优化前和优化后的累计平均偿债备付率每年最低值分别为 176.63%、176.63%，表明企业借款还本付息计划安排的贷款偿还期等于规定的贷款期限，各年偿债备付率最低值大于偿债备付率评价标准（最低偿债备付率），说明借款人每年的偿债能力都很强。

综上所述，建议按贷款提案拟定的条件向该客户提供固定投资贷款 2500 万元。

第五节 股权投资评价方法

一、股权投资的含义

投资者对一个企业的投资，分为“股权投资”和“债权投资”，“股权投资”在投资者资产负债表中计入“长期投资”的“股权投资”，在投资对象的资产负债表中计入“实收资本”。“股权投资”又可分为保守型投资和风险型投资，保守型投资是对生产经营条件成熟和经营收益可预期的企业投资，风险型投资是对发展前景良好但经营收益较难预测的企业投资。

两种股权投资的评价方法差异很大，保守型投资评价可用企业历史统计数据找出规律，对未来进行预测；风险型投资评价，企业统计数据很难反映企业发展潜力和规律，选取的预测参数存在较大的不确定性，评价方法应该加强风险评价。

二、股权投资常规评价方法

第四章财务评价方法和第五章评级授信方法已经能够满足股权投资的决策需要，无论是已经成熟的企业还是处于研发阶段的科技企业，只要能够合理确定评价参数，企业未来发展前景能够在财务评价指标中反映出来，按照第五章第十节长期投资信用评级方法，企业未来前景也能在信用等级中反映出来。股权投资比贷款更看重全部投资现金流量表和权益资金现金流量表。用全部投资财务内部收益率、资本金内部收益率、每股价值等动态指标作为决策和定价依据。

三、评价决策指标

全投资税后内部收益率；

权益资金内部收益率；

每股价值；

信用等级；

资产负债率；

利息备付率；

贷款偿还期；

偿债备付率；

累计平均偿债备付率最低值。

以全投资税后内部收益率、权益资金内部收益率为依据判断企业盈利能力，并与信用等级一起判断融资主体优劣；以每股价值为定价依据；以资产负债率为判断企业财务状况的依据；以利息备付率、贷款偿还期、累计平均偿债备付率最低值为判断企业偿债能力的依据。

四、案例分析

以某科技企业为例，该企业以“评价”定位，开发投资评价软件、提供投资咨询服务、投融资评价专业培训，三者形成良性循环，是我国投资“评价”技术领域的龙头企业。企业已展现出良好的发展前景，为形成规模，拟吸收2000万元风险投资投入推广项目。评价报告详见第八章第九节股权投资评价报告。

第七章　担保评价与操作实务

第一节　概述

一、担保的意义

担保是指法律为确保特定的债权人实现债权，以债务人或第三人的信用或者特定财产来督促债务人履行债务的制度。

担保的性质具有：

（1）平等性：担保关系中当事人地位平等、担保法律关系中的权利义务是双方平等协商的结果。

（2）自愿性：我国合同法设立了担保制度，但并未规定当事人必须设立担保。

（3）附属性：合同与担保之间的关系是从属关系，即担保附属于合同。

（4）保障性：保障合同的履行是担保的最根本的特征。

（5）补充性：担保权利人行使担保权利以主债务已届清偿期且债务未得到履行为前提。保证人对担保权利人享有先诉抗辩权。

总之，担保的意义就是提供第二还款资金来源。

二、担保评价的本质

担保项目评价，在这里主要指担保前评估，是控制担保业务项目风险的最重要措施之一。其作用在于：全面科学地了解、分析、评价担保项目的各方面包括企业素质、经营状况、财务状况、信用状况、用款项目和反担保措施，分析项目主要风险所在，对担保项目作出综合评价，为承担担保责任的公司提供科学决策依据。通过担保项目评估，使承保项目的代偿风险降至最低。

由此可见，担保项目评价的目的是控制风险，本质是落实项目担保。

三、担保评价核心

担保评价的核心，可以用四句话概括：

（1）落实担保方式；

（2）审查担保资格；

（3）评价担保能力；

（4）提供担保文件。

四、担保方式

1. 保证担保

（1）一般保证：一般保证的保证人在主合同纠纷未经审判或仲裁，并就债务人财产依法强制执行仍不能履行债务前，对债务人可以拒绝承担保证责任。

但有下列情况之一的，保证人不得行使上述权利：①债务人住所变更，致使债权人要求其履行债务发生重大困难；②人民法院受理债务人破产案件，中止执行程序；③保证人以书面形式放弃上述权利的。

（2）连带责任保证：连带责任保证的债务人在主合同规定的债务履行期限届满没有履行债务的，债权人可以要求债务人履行债务，也可以要求保证人在其保证范围内承担保证责任。

2. 抵押担保

借款人抵押担保；第三方抵押担保。

3. 质押担保

借款人质押担保；第三方质押担保。

4. 留置担保

主债权及利息、违约金、损害赔偿金、留置物保管费用和实现留置权的费用。

5. 定金担保

预交付一定的金额，其数额由当事人约定，但不得超过主合同标的额的20%。

五、担保评价分类

企业信用贷款担保评价分为贷款机构担保评价与担保机构担保评价两种类型。贷款机构担保评价是企业贷款调查评价报告的组成部分，内容简单，旨在落实担保，开辟第二还款资金来源；担保机构的担保评价是一个完整的评价报告，旨在落实融资主体的第一还款资金来源，同时落实反担保，开辟第二还款资金来源，避免或减小担保机构的担保风险。

第二节　贷款评价报告担保评价章节

虽然贷款机构在项目评估和流动资金贷款调查评价的有关规范中要求的担保评价内容很详细，但在实际操作中，作为评估报告的章节内容往往比较简单。一般要求如下：

一、保证担保的报告内容

1. 担保概述；
2. 保证人简介；
3. 保证人信用状况；
4. 保证人财务表现；
5. 保证人关联方交易；
6. 保证人重大事项；
7. 担保系数；
8. 问题与风险。

二、抵押担保的报告内容

1. 担保概述；
2. 抵押人基本情况；
3. 合法性和有效性分析；
4. 抵押物估值和抵押系数计算；
5. 抵押登记；
6. 问题与风险。

三、质押担保的报告内容

1. 担保概述；
2. 出质人基本情况；
3. 合法性和有效性分析；
4. 质物估值和质押系数计算；
5. 质押登记；
6. 问题与风险。

四、举例分析

例一

张家港某不锈钢有限公司贷款评估报告，其中担保评价的章节内容如下：

该项目的贷款10532万元将由江苏某集团有限公司提供担保。

江苏某集团有限公司始建于1975年，位于张家港市××镇，为国内最大的电炉钢生产基地和热扎窗框钢生产基地。1997年，该公司生产钢材达110万吨，销售收入278181万元，利税总额为5495万元，利润4527万元；1998年1—6月销售收入153710万元，利税总额为3537万元。

目前江苏某集团有限公司的固定资产净值为81659万元，资产总额为251503万元，资产负债率为41.8%。经评估，担保系数为46%，具备担保能力，可以为本项目贷款提供担保。

附件：江苏某集团有限公司担保承诺。

备注：担保系数=(251503×41.8%+10532)×100/251503=46%

例二

江苏某集团有限公司Φ530车间火成材生产线技术改造项目评估报告，该报告第九章担保评估，内容如下：

本项目拟选择张家港某钢铁有限公司为担保单位。

张家港某钢铁有限公司成立于1992年，目前拥有国内先进水平的75t电炉—精练—连铸—棒材连扎生产线一条；整体水平达国际先进水平的90t超高功率竖式电炉—精练—连铸—高速线材生产线一条，年炼钢和轧钢能力70万吨，目前共有职工700人。

经评估，该公司具备法人资格，符合我行“AAA”资信等级，该公司拥有固定资产175858万元，资产总额200800万元，净资产166023万元，大于所担保的贷款本息总额3463万元，资产负债率为17.32%，担保系数为19%。具备担保能力，可以为本项目提供担保。

备注：担保系数=(200800×17.32%+3463)×100/200800=19%

附件：张家港某钢铁有限公司“同意为集团公司提供担保”的董事会决议
　　　张家港某钢铁有限公司营业执照副本复印件

例三

本书工业类案例，授信项目由主要股东（母公司）担保，担保情况见表7.1。

授信项目担保情况

表 7.1

公司名称	××有色集团总公司	所属行业	有色金属采选冶
法人代表	高××	营业执照是否经过年审	是
经营地址	南昌市××路 120 号		
贷款卡号	3613020000 ××××××	是否年检	是
组织机构代码证	361315 ××－×	是否在有效期内	是
注册资本	435469 万元	实收资本	435469 万元
信用评级	BBB +	上年销售收入	581244 万元
主营业务范围	有色金属矿山开采、选矿、冶炼		
基本户开户行	中国××银行××营业部	与申请人关系	股东
获我行已批授信总量	55000 万元	目前在我行授信余额	55000 万元
对外担保余额	441600 万元	拟担保金额	4800 万元
对外担保总额是否超净资产	否	担保率	61.99%
担保人是否涉及诉讼、重大违约、购并、重组等事项		否	

财务状况 单位：万元

项目	2009 年	2010 年	最近（9 月）	项目	2009 年	2010 年	最近（9 月）
货币资金	406161	299368	31723	成长性盈利能力分析			
应收账款	322109	271658	273855	主营业务收入	341116	581244	245495
其他应收款	486858	581828	639953	主营业务成本	251406	406525	150720
存货	849088	1005660	1083628	销售费用	18142	20103	15452
流动资产合计	2107392	2203201	2391557	管理费用	20945	26012	22258
固定资产净值	286205	318975	327250	财务费用	30636	18947	27751
无形资产	16525	22695	23437	利润总额	22479	52071	16559
总资产	2657246	2916560	3130896	净利润	13437	37661	6960
短期借款	646500	585900	503800	销售利润率	20.98%	26.60%	32.31%
应付票据	17564	41825	116125	净利润率	3.94%	6.48%	2.84%
应付账款	125930	152903	14754	偿债及营运能力分析			
其他应付款	158875	394808	287763	资产负债率	75.82%	75.95%	77.25%
流动负债合计	1353598	1555807	143184	利息保障倍数	1.73	3.75	1.60
长期借款	450500	420233	623450	应收账款周转率	—	195.78%	90.01%
总负债合计	2014794	2215024	2418562	销售收入增长率	—	70.39%	－57.76%
所有者权益合计	642452	701535	712334	总资产收益率	0.51%	1.29%	0.22%

续表

对外担保情况				
被担保人	贷款行	担保金额	是否逾期	起止期限
/	/	/	/	/
/	/	/	/	/
企业负债信息				
贷款类型	贷款金额	起止日期	担保人或抵质押物	五级分类
贷款	499550		保证	正常
保理	25000		保证	正常
承兑汇票	119125	保证	正常	
企业经营管理能力、主要竞争优势分析、其信用记录及综合评价： ××有色集团总公司是全国重点有色金属开采、选矿、冶炼联合企业，注册资金43.5亿元，经营范围包括：有色金属矿山开采、选矿、冶炼。2010年信用评级系统评级为BBB+。该公司资金实力雄厚，2010全年公司实现营业收入58.12亿元、利润总额5.21亿元、净利润3.77亿元。有多年与我行合作历史，始终合作愉快，从未出现不良信用记录。				

第三节　担保机构担保调查评价

一、担保评价的重点

担保调查评价正确的做法应该将落实第一还款资金来源真正放在首位，与贷款调查评价采用的方法一样，对客户优劣和还款能力进行评价和论证，将反担保作为第二道风险防线。因为，一般要求由担保机构提供担保的客户，不会是非常优质的客户，企业自身担保能力也较弱，因此，反担保不宜作为担保决策的主要依据。

二、担保评价主要方法

担保机构信用贷款担保评价与贷款机构企业贷款调查评价方法几乎完全相同，评价报告只是名词术语做些修改即可。只要是信用贷款，贷款机构贷款评价与担保机构贷款担保评价的还款资金来源和顺序都相同，第一还款资金都是经营收益，第二还款来源在贷款评价中为“担保”，在担保机构担保评价中称之为“反担保”，其本质相同。

担保机构的信用贷款担保评价分两种类型，流动资金贷款担保评价和固定投资贷款担保评价，与第六章第三节流动资金贷款审核、第四节固定资产贷款提案介绍的评价方法相似。

担保机构的流动资金贷款担保评价主要评价指标如下：

总投资净收益率；

利息备付率；

偿债备付率；

信用等级；

流动资金授信额度；

流动资金贷款余额；

流动资金贷款额度。

以总投资净收益率为依据判断企业的获利能力，依据企业获利能力和信用等级判断客户的优劣，确定担保对象；依据利息备付率或偿债备付率判断借款偿还能力。综合判断第一还款资金来源的强弱。

担保机构的固定投资贷款担保评价主要评价指标如下：

总投资净收益率；

信用等级；

偿债备付率；

贷款偿还期。

以总投资净收益率为依据判断企业的获利能力，依据企业获利能力和信用等级判断客户的优劣，确定担保对象；依据偿债备付率和贷款偿还期判断借款偿还能力。综合判断第一还款资金来源的强弱。

三、反担保评价的方法

担保机构信用贷款反担保评价与贷款机构贷款担保评价性质相同，本质上起到落实反担保的作用，但相对于贷款机构要求的担保强度，反担保可以弱一些，换位思考，若融资主体反担保能力很强，就不需要担保机构担保了。

可以列表形式，集中反映反担保方式、评估价值、清算值、操作程序，落实反担保。内容与格式详见表 7.2。

反担保分析表

表 7.2

序号	反担保方式	评估价值	清算值	操作程序
1				
2				

续表

序号	反担保方式	评估价值	清算值	操作程序
3				
4				
5				
6				

四、举例分析

详见第八章报告编制技巧及案例第四节流动资金贷款担保评价报告、第五节固定资产贷款担保评价报告。

第四节　担保方式与评价标准

一、保证担保方法与标准

1. 方式选择

原则上要求采用连带责任保证。

2. 保证人主体资格

相关标准、规定同借款人。

3. 担保能力

保证人简介、信用状况、财务表现、关联方交易、重大事项等评审方法：同借款人。

4. 评审谈判

应就保证合同的主要条款交换意见，保证人要确认其责任和义务，出具意向书。

5. 重大事项

了解保证人近期是否面临重大诉讼、生产事项、重组、改制等重大事项，分析其对担保能力的影响。

6. 担保系数计算

担保系数 =（负债总额 + 或有负债可能代偿额 + 本次担保本金 +1 年利息）/资产总额 ×100

7. 专业担保机构

资格和担保能力审查。

二、抵（质）押担保方法与标准

1. 禁止设置抵押权的财产

2. 可质押的动产和权利

3. 关于收费权质押

4. 抵（质）押物价值评估规定

5. 测算抵（质）押率

抵（质）押率 =（贷款本金 + 1 年利息）/ 抵（质）押物价值 × 100

6. 评审阶段应落实抵（质）押登记部门

7. 抵（质）押率控制边界

三、担保评价指标及评价标准

各种担保方式选择和评价标准见表 7.3，供参考。

贷款的主要担保方式一览表

表 7.3

担保分类		标准	现金流强的优质客户贷款	现金流强的一般客户贷款	中小项目贷款	其他项目贷款
信用贷款		优质客户	√			
保证	股东	担保系数≤100%			√	√
保证	担保公司	应在担保限额内			√	√
保证	其他第三方	担保系数≤100%		√		√
抵押	机器设备抵押	通用设备抵押率≤70%		√	√	√
抵押	机器设备抵押	专用设备抵押率≤60%		√	√	√
抵押	建筑物、房地产、土地使用权抵押	抵押率≤75%		√	√	√
抵押	采矿权抵押	抵押率≤70%		√	√	√
质押	股权质押	质押率≤70%		√		√
质押	专利权等知识产权质押	质押率≤70% 研发类项目质押率≤80%		√		√
质押	销售、承包等合同项下的权益质押、订单质押	质押率≤70%		√		√
质押	收入账户项下的权益质押	质押率≤70%		√	√	√
质押	保险收益权质押	不计算		√		√

续表

担保分类		标准	现金流强的优质客户贷款	现金流强的一般客户贷款	中小项目贷款	其他项目贷款
质押	土地出让收益权质押	质押率≤75%		√		√
	企业债券等其他有价证券	质押率≤80%		√		√
选择权动态担保				√	√	√
第四方担保				√	√	√

第五节　担保人提供的材料

一、保证人提供材料

1. 担保意向书。

2. 经工商行政管理部门年检合格的法人营业执照副本。

3. 组织机构代码证。

4. 税务部门年检合格的税务登记证（国、地税）。

5. 法定代表人（负责人）或其授权代理人的身份证复印件。

6. 公司章程。

7. 授权委托书、董事会决议：

股份有限公司、有限责任公司、中外合资企业、具有法人资格的中外合作企业担任保证人的，须提供董事会（或类似机构）关于同意出具保证担保的文件或其他具有同等法律效力的文件或证明。包括授权委托书、董事会决议等。

8. 验资报告。

9. 财务报表。

经财政部门核准或会计师事务所审计的近三年及申请前一个月度财务报告（资产负债表、损益表、财务状况变动表或现金流量表和财务报表附注）（原件）。企业成立不足三年的提供与其成立年限相当的财务和会计报表。

10. 中国人民银行颁发并年审合格的《贷款证》或贷款卡，及贷款卡查询资料。

二、抵押人提供材料

1. 抵押财产的产权证明资料。

2. 抵押人资格证明材料：

（1）法人：经工商行政管理部门年检合格的企业法人营业执照、事业法人营业执照；

（2）非法人：经工商行政管理部门年检合格的营业执照、授权委托书；

（3）自然人：质押人身份证明。

3. 授权委托书、董事会决议：

股份有限公司、有限责任公司、中外合资企业、具有法人资格的中外合作企业担任保证人的，须提供董事会（或类似机构）关于同意出具抵押担保的文件或其他具有同等法律效力的文件或证明。包括授权委托书、董事会决议等。

4. 财产共有人出具的同意抵押的文件（原件）。

5. 已向其他抵押权人设定抵押权的资料（原件）。

6. 海关同意被监管商品抵押的证明（原件）。

三、质押人提供材料

1. 质押财产的产权证明文件。

2. 出质人资格证明：

（1）法人：经工商行政管理部门年检合格的企业法人营业执照、事业法人营业执照；

（2）非法人：经工商行政管理部门年检合格的营业执照、授权委托书；

（3）自然人：质押人身份证明；

3. 授权委托书、董事会决议：

股份有限公司、有限责任公司、中外合资企业、具有法人资格的中外合作企业担任保证人的，须提供董事会（或类似机构）关于同意出具质押担保的文件或其他具有同等法律效力的文件或证明。包括授权委托书、董事会决议等。

4. 财产共有人出具的同意出质的文件。

第六节　第三方保证方式担保实例

苏州某建设开发有限公司承接苏州某主干道工程以 BT 方式建设，某银行由第三方连带责任保证担保提供贷款。已出具项目贷款评估报告，因本项目担保事项重大，银行要求就担保评价单独出具报告，报告完全按照该行标准格式，内容如下：

一、结论

1. 评价结论（对担保方式选择、担保能力、担保率、担保可行性、担保实现难易程度等情况进行总结评价）：

本笔贷款采用第三方连带责任保证方式，在贷款方式选择上，是在对企业未来成长性和发展潜力充分调查的基础上，结合贷款“三性”原则的要求和有利于增强我行竞争力等方面来考虑的——由其控股母公司——江苏某集团有限公司提供第三方连带责任担保。担保单位为江苏某集团有限公司，系上市公司江苏某股份有限公司的控股母公司，企业效益显著，2001 年、2002 年、2003 年 6 月的利润分别为 13029 万元、13894 万元、7101 万元，具有较强的担保能力，经测算本笔信贷业务的担保系数为 64.18%，江苏某集团有限公司是按公司法正常规定、程序组建，无违法经营行为，具有完全独立民事行为能力，具备《担保法》规定的担保资格，我行认为苏州某建设开发有限公司的贷款由其担保，在还款能力有保障的基础上，既融洽了关系，又增强了我行对外竞争力和影响力，因此同意由江苏某集团有限公司提供连带责任担保，请审查、支持！借款人为担保单位的控股子公司，目前与本行也存在良好的业务合作关系。

担保人全称	江苏某集团有限公司				
被担保人全称	苏州某建设开发有限公司				
担保信贷类别	基本建设贷款	金额	10000 万元	币种	人民币
期限	6 年				
担保方式	■保证　□抵押　□质押　□其他				
担保物名称（保证方式不填）					
担保物评估价值或保证最高限额					
担保系数					64.18%

直接评价人签字：________

2. 评价审查人意见

江苏某集团有限公司为我行的重点优质大客户，在我行存、贷款余额稳定，公司经营盈利能力强，社会信誉好，有能力为苏州某建设开发有限公司的贷款提供保证。

评价审查人签字：________

3. 评价审定人意见

公司为我行的重点优质大客户，在我行存、贷款余额稳定，公司经营盈利能力强，社会信誉好，有能力为苏州某建设开发有限公司的贷款提供保证。

评价审定人签字：______________

二、评价分析

保证方式评价分析

（一）保证人基本情况和主体资格评价

1. 保证人名称：江苏某集团有限公司

详细地址：吴中区宝带东路×号

邮政编码：2151 ××

2. 法人营业执照号码：320506210＊＊＊＊＊

贷款卡（证）号码：320207000011＊＊＊＊＊

主营业务：服装、医药；兼营业务：无

行业规模（净资产、销售收入、生产能力）：2003 年 6 月净资产为 88087 万元、销售收入 121801 万元、生产能力 130000 万元。

（净资产和生产能力按近期情况填写，销售收入情况按上年度情况填写）

资质等级________法人代码证号＊＊＊＊＊＊＊＊－＊

基本账户行×行××支行营业部

3、法定代表人 ××× 国籍 中国 电话 ＊＊＊＊＊＊＊＊

授权代理人________国籍________电话________

财务主管 ××× 国籍 中国 电话 ＊＊＊＊＊＊＊＊

4. 保证人所有制类别：

☐ 国有企业　　■ 集体企业　　☐民营企业

☐ 中外合作企业　　☐中外合资企业　　☐外商独资企业

保证人组织类别：

☐ 有限责任公司　　☐有限责任公司（联营）　　☐ 国有独资公司

☐ 股份有限（上市）　　☐股份有限（未上市）

☐ 合伙　　☐股份合作

保证人与政府关系类别：　　☐具有行业管理职能的公司

■与政府机关有关的服务公司　　☐政府机关无隶属或附属关系

5. 保证人注册资本 10000 万元　实收资本 10000 万元　实收资本/注册资本＝100%

保证人主要投资人	实际投资额	占实收资本
×××	2000 万元	20%

××× 2900 万元 29%

××× 800 万元 8%

……

××× 200 万元 2%

其余投资人 ________ ____________

企业上级主管部门或隶属于____________

企业组织结构（附组织结构图）（略）

全资子公司 14 个，控股公司 15 个，参股公司____个，附属厂____个

6. 资产负债表和损益表主要财务数据

企业财务报表类型：

□事务所审计过 □报送税务机关 □调整过 ■未调整

审计部门__________事务所 审计报告结论时间______年 月 日

审计意见类型 □无保留 □保留 □否定 □拒绝发表意见

财政部门审批意见：

填报日期：2003 年 6 月 30 日 单位：万元

项目	上二年	上一年	本年
总资产	183001	211719	244704
固定资产净值	23606	22035	26323
在建工程	5914	9441	6683
无形和递延资产	8168	7791	9872
流动资产	138811	141586	169754
货币资金	46032	41712	54582
应收票据	20	45	203
应收账款净值	22835	23409	25981
存货	27897	28222	28986
其他应收款	25054	26701	29027
长期投资	6500	20866	32072
流动负债	84449	102954	146479
应付账款	7689	5696	6467
其他应付款	3489	3521	6331
实收资本	5000	5000	10000
资本公积	51688	51968	35260

续表

项目	上二年	上一年	本年
盈余公积	32103	35494	37339
未分配利润	7261	9597	5488
销售收入	106017	121801	74467
销售成本	79096	94821	58668
销售毛利	21242	21339	11595
利润总额	13029	13894	7101
净利润			

7. 对外或有负债分析

截止日：　　　　　　　　　　　　　　　　　　单位：万元（万美元）

项目	笔数	对象	余额	到期日	企业垫款的可能性
对外担保	64	下属子公司			无
承兑商业汇票	35	下属子公司			无

被担保/承兑企业简况（市场地位、经营状况、资金实力、资信情况、前景等）

公司经人行网络查询共对外担保 78 笔（详见清单），被担保的企业全部都是公司下属企业，生产、经营、销售比较正常，贷款形态正常，利息主动支付，具有一定的还款能力，公司担保从未发生垫付现象，其中有某绝缘材料厂等单位的到期不良贷款，经调查已经予以归还。

企业对外不良担保将对企业产生的影响：无

8. 其他重要项目情况分析（主要是对保证人存在异常情况的资产、负债项目作出说明，如财务报表是否真实，如何调整，保证人有无作假账问题，是否参与股票市场、期货市场交易等）

公司报表真实，公司控股公司江苏某实业股份有限公司于 1999 年 4 月在上海证券交易所上市。

9. 对保证人主体资格综合评价（主要从保证人是否具有完全民事行为能力；是否为《担保法》明确规定禁止不得作为保证人范围；无法人资格的经济组织，是否具有法人书面授权；是否为××银行的分支机构或全资附属企业）

公司具有完全民事行为能力，是具有法人资格的经济组织，经营业绩良好，信誉良好，具有保证资格。

（二）保证人代偿能力评价

参照《客户评价报告》信用等级评价要求分析代偿能力。

江苏某集团有限公司位于苏州市宝带东路×号，企业性质为：有限责任公司，注册资本10000万元，法定代表人为×××，担保人主要从事教育、服装、医药、其他产业投资、房地产开发经营；市政公用设施建设、网络工程建设；企业管理及形象策划；电子商务；国内贸易。

公司经营正常，产销率呈上升趋势，2001年、2002年分别为96.5%、96.8%；销售收入增长率2001年为1.81%，2002年为14.89%。企业效益显著，利润2001年、2002年、本年6月分别为13029万元、13894万元、7101万元；企业资产流动性较好，企业的长期偿债能力较强，资产负债率分别为47.51%、51.8%，短期偿债能力流动比率分别为164.37%、137.52%；速动比率分别为131.34%、110.11%，具有较强担保能力。

（三）担保系数

担保系数=（负债总额+或有负债可能代偿额+本次担保本金+1年利息）/资产总额×100

担保系数=[146479+10000×(1+5.76%)]×100/244704=64.18% <70%

第七节　房地产抵押估价报告案例

目　录

一、致委托方函
二、注册房地产估价师声明
三、估价的假设和限制条件
四、估价结果报告
（一）委托方
（二）估价方
（三）估价对象
（四）估价目的
（五）估价时点

（六）价值定义

（七）估价依据

（八）估价原则

（九）估价方法

（十）估价结果

（十一）估价人员

（十二）估价作业日期

（十三）估价报告应用的有效期

五、附件

1. 估价对象照片和位置图（略）

2.《房屋所有权证》复印件（略）

3.《国有土地使用权证》复印件（略）

4. 企业法人营业执照（复印件）（略）

5. 企业法人身份证（复印件）（略）

6. 房地产估价机构营业执照复印件（略）

7. 房地产估价机构资格证书复印件（略）

8. 房地产估价人员资格证书复印件（略）

一、致委托方函

浙江＊＊＊＊有限公司：

受贵公司的委托，为确定估价对象办理抵押手续而提供参考依据，我们于2010年12月8日至2010年12月14日对估价对象即位于浙江省＊＊市＊＊路＊＊号房地产的抵押价值进行了估价，估价对象现产权单位为浙江＊＊＊＊有限公司，设计用途为住宅，实际用途为办公及门面用房，估价对象的建筑面积为3528.28平方米，占地面积为870.00平方米。

根据有关房地产估价的法律法规，本着独立、客观、公正、合法、谨慎的原则，按照估价程序，利用科学的估价方法，在认真分析现有资料的基础上，经过周密准确的测算，并详细考虑了影响房地产价格的各项因素，采用市场比较法和收益法确定估价对象在估价时点2010年12月8日的估价结果为：

总　　价：34185100.00元

人民币大写：叁仟肆佰壹拾捌万伍仟壹佰元整

单　　价：9689.00 元/平方米

以上内容摘自房地产估价报告书，欲全面了解本评估项目情况，应认真阅读报告书全文。

浙江＊＊＊房地产估价有限公司

法定代表人：＊＊＊＊＊＊＊＊＊

二〇一〇年十二月十四日

二、注册房地产估价师声明

我们郑重声明：

1. 我们在本估价报告中陈述的事实是真实的和准确的。

2. 本估价报告中的分析、意见和结论是我们自己公正的专业分析、意见和结论，但受到本估价报告中已说明的假设和限制条件的限制。

3. 我们与本估价报告中的估价对象没有利害关系，与有关当事人也没有个人利害关系或偏见。

4. 我们依照中华人民共和国国家标准 GB/T50291—1999《房地产估价规范》及建设部、中国人民银行、中国银行业监督管理委员会联合颁布《房地产抵押估价指导意见》进行分析，形成意见和结论，撰写本估价报告。

5. 我们已委派专业估价人员＊＊＊对本估价报告中的估价对象进行了实地查勘，但仅限于对评估标的物外观和使用状况。估价人员不承担对评估标的物建筑结构、质量进行调查的责任和其他被遮盖、未暴露及难于接触到部分进行检视的责任。

6. 估价时点与完成实地勘查之日（2010 年 12 月 8 日）一致。

7. 没有人对本估价报告提供了重要的专业帮助。

8. 估价结论依据委托方提供的相关资料得出，委托方对资料的真实性、合法性、完整性负责。因资料失实造成的估价结果有误的，估价机构和估价人员不承担相应的责任。

9. 估价报告需经我公司盖章及在我公司注册的两名房地产估价师签字，并作为一个整体完整使用时有效，我公司对本次估价结果拥有最终解释权。

10. 估价时点后、报告有效期以内估价对象价格标准发生变化，并对估价对象价值产生明显影响时，应及时聘请估价机构重新确定价值。

注册房地产估价师	证书编号	估价师签字
* * *	33200200 * *	
* * *	33200600 * *	

三、估价的假设和限制条件

（一）本次估价的假设前提

1. 《中华人民共和国城市房地产管理法》和《中华人民共和国土地管理法》等国家现行的各项房地产法规在估价时点后的相当一段时间内不进行重大修改。

2. 估价对象在可预知的法律、经济和技术条件许可的范围内处于正常、合理、合法的使用及维护状况。

3. 估价过程中所指市场价值，是反映估价对象根据公开市场原则确定的估价时点的客观合理价值，即假设估价对象可以在公开市场上转让，交易达成前有一段合理的洽谈议价时间，且在此期间待估对象的价值将保持稳定。

4. 假设估价对象不存在抵押权等他项权利，且不存在法定优先受偿权利。

（二）未经调查确认或无法调查确认的资料数据

1. 委托方提供的权证等由权属部门印发的资料，我们未到相关部门进行核实，估价人员未对估价对象的面积数据进行实地测量。

2. 本次估价对估价对象的现场勘察仅限于其外观和使用状况，对被遮盖、未暴露及难以接触到的部分，依据委托方提供的资料进行估价。我们不承担对估价对象建筑结构质量进行调查的责任。

（三）估价中未考虑的因素及一些特殊处理

1. 本次估价没有考虑国家宏观经济政策发生变化、市场供应关系变化、市场结构转变、遇有自然力和其他不可抗力等因素对房地产价值的影响，也没有考虑估价对象将来可能承担违约责任的事宜，以及特殊交易方式下的特殊交易价格等对评估价值的影响。当上述条件发生变化时，评估结果一般亦会发生变化。

2. 估价结果未考虑未来处置风险。

3. 估价结果未考虑估价对象及其产权持有者已承担的债务、或有债务及经营决策失误或市场运作失当对其价值的影响。

（四）本报告使用的限制条件

1. 应用本估价报告时，本估价报告应用人应明确本次评估的价格定义，以及本估价报告中的“估价的假设和限制条件”。本报告估价结果是在满足全部假设与限制条件下的房地产公开市场价格。若国家政策、经济环境、房地产本身的状况等因素及本报告假设条件发生重大变化，并对估价结果产生重大影响时，本估价结果无效，须重新估价。

2. 本次估价是以估价对象所处地块在估价时点符合城市规划部门的规划要求为基础进行的，若城市规划部门对该地块作出重大的规划变动，估价结果一般会失效。

3. 本估价报告仅作为委托方在本次估价目的下使用，不得做其他用途。未经我公司书面同意，本估价报告的全部或任何一部分内容均不得向委托方、报告使用者和报告审查部门之外的单位和个人提供，也不得以任何形式公开发表。

4. 本估价报告结论系为委托方提供专业化估价意见，这个意见本身并无强制执行的效力，估价机构只对本报告的结论本身和采用方法合乎规范要求负责。

5. 如发现本估价报告文字或数字因校对或其他类似原因出现差错时，请通知本公司进行更正。

6. 估价报告的估价结果，需经浙江＊＊房地产估价有限公司盖章及在该公司注册的两名房地产估价师签字，并作为一个整体完整使用时有效，本公司对本次估价结果拥有最终解释权。

7. 本报告附件是本报告的重要组成部分，使用本报告时请仔细阅读附件。本报告必须完整使用，对仅使用报告中的部分内容而导致的有关纠纷和损失，本估价机构和估价师不承担任何法律责任

8. 本报告使用期限为半年。即估价目的在报告完成后的半年内实现，估价结果可作估价对象实现估价目的的价格参考，超过半年，需重新进行估价。

四、估价结果报告

（一）委托方

名　　称：浙江＊＊＊＊有限公司

地　　址：浙江省＊＊市＊＊路＊＊号

法定代表人：＊＊＊

（二）估价方

名　　称：浙江＊＊房地产估价有限公司

住　　所：杭州市＊＊＊路＊＊＊号＊＊楼

法定代表人：＊＊＊

资格级别：＊＊级

证书编号：浙建房估证字〔2004〕＊＊＊号

（三）估价对象

一）估价对象范围

本次估价对象的范围为浙江＊＊＊＊有限公司所拥有的位于浙江省＊＊市＊＊路＊＊号房地产，房屋建筑面积为3528.28平方米，占用土地面积870.00平方米。

本次估价的范围确定为与估价对象在技术和经济上不能有效分离的建筑结构、普通内外装饰、水电管线设备和土地使用权及其他相关权利。

二）估价对象权属状况

1. 房地产权属描述

根据委托方提供的《房屋所有权证》（＊房权证＊＊字第133194号），估价对象浙江省＊＊市＊＊路＊＊号房地产现产权单位为浙江＊＊＊＊有限公司，设计用途为住宅，实际用途为办公及门面用房。

根据委托方提供的《国有土地使用证》（＊＊市国用〔2010〕第＊＊＊＊＊号），土地用途住宅，使用权类型出让，终止日期为2078年5月8日，故截止评估时点2010年12月8日，土地剩余使用年限为67.5年。建筑物为钢混结构，非生产用房，寿命年限为60年，建筑物于2010年通过竣工验收，故在估价时点房屋建筑物剩余使用年限为60年。根据《房地产估价规范》取剩余使用年限短的时间作为收益年限，故最后设定估价对象收益年限为60年。

2. 他项权利描述

根据委托方介绍结合估价人员现场勘察和了解，未发现该项目有抵押等情况，本次估价设定该项目无抵押等他项权利存在。

三）估价对象实体状况

估价对象为位于浙江省＊＊市＊＊路＊＊号的房地产，证载用途为住宅，实际用途为办公及门面用房，总建筑面积3528.28平方米，占地面积为870.00平方米。估价对象为钢筋混凝土结构，地上六层，地下一层，估价对象为地下一层及地上六层的整幢楼房。委估对象一层作为商业门面出租，二至三层作为办公用房出租，四至六层作为自用办公用房，地下仓库准备用于出租。

估价对象内外部状况：地面铺地砖，内墙面刷白色涂料，外墙面为花岗岩贴面，内部有吊顶、日光灯，卫生间墙面贴瓷砖，卫生洁具配套齐全。

估价对象建筑物基础、其他承重构件、墙体、屋面、楼地面、内外装修、门窗、上下水、电力设施、中央空调系统、电梯等均正常使用。基础设施达到“七通一平”（即：通路、供水、排水、通讯、供暖、通电力、通燃气与场地平整）。

估价对象位于＊＊市＊＊路＊＊号，处在＊＊＊＊＊路与＊＊路交叉口，四至：东靠＊＊路、南靠＊＊＊路、西临＊＊路、北临＊＊南街。附近有大酒店、银行、学校、邮局等公共配套设施，地段繁华；有公交车经过委估对象附近，交通便捷。

（四）估价目的

浙江＊＊＊＊有限公司拟以其拥有的位于浙江省＊＊市＊＊路＊＊号的房地产向银行申请抵押贷款，本次评估为确定房地产抵押贷款额度提供参考依据而评估房地产抵押价值。

（五）估价时点

按照本次估价工作的实地查勘日确定本次估价的估价时点为 2010 年 12 月 8 日。

（六）价值定义

本次估价的房地产价格为估价对象在估价时点 2010 年 12 月 8 日的抵押价值。

房地产抵押价值为抵押房地产在估价时点的市场价值，等于假定未设立法定优先受偿权利下的市场价值减去房地产估价师知悉的法定优先受偿款。

法定优先受偿款是指假定在估价时点实现抵押权时，法律规定优先于本次抵押贷款受偿的款额，包括发包人拖欠承包人的建筑工程价款、已抵押担保的债权数额，以及其他法定优先受偿款。

（七）估价依据

本此估价所依据的有关法律、法规、部门规章及技术规程

1.1《中华人民共和国城市房地产管理法》、《中华人民共和国城市房屋权属登记管理办法》等房地产管理的法律法规

1.2《中华人民共和国土地管理法》、《中华人民共和国城镇国有土地使用权出让和转让暂行条例》等房地产用地管理法律法规

1.3《中华人民共和国城乡规划法》、《中华人民共和国建筑法》等与房地产相关的法律法规

1.4《房地产估价规范》（GB/T 50291 - 1999）、《城镇土地估价规程》（GB/T18508—2001）等相关的国家和行业标准

1.5《建设部 中国人民银行 中国银行业监督管理委员会关于规范与银行信贷业务相关的房地产抵押估价管理有关问题的通知》（建住房〔2006〕8号）等

1.6《中华人民共和国物权法》

2. 产权依据

2.1 委托方提供的《房屋所有权证》、《国有土地使用证》、《契证》

2.2 其他产权依据

3. 其他依据

3.1 估价专业人员对估价对象核实、勘察和市场调查等所搜集的佐证资料

3.2 其他

（八）估价原则

1. 合法原则

应以估价对象的合法使用、合法处分为前提进行。所谓合法，是指符合国家的法律、法规和当地政府的有关规定，其权益才能受法律保护，并体现其权益价值。

2. 最高最佳使用原则

应以估价对象的最高最佳使用为前提进行。在合法使用前提下，房地产只有在最高最佳使用状态下才能发挥最大效用。最高最佳使用应是法律上允许、技术上可能、经济上可行，经过充分合理的论证，能使估价对象产生最高价值的使用方式。

3. 替代原则

估价结果不得明显偏离类似房地产在同等条件下的正常价格。同一供求范围内，在用途、规模、档次、建筑结构等方面类似的房地产之间具有相互影响作用，其价格会相互牵制而趋于一致。

4. 估价时点原则

要求估价结果应是估价对象在估价时点的客观合理价格或价值。

5. 公平原则

公平原则要求房地产估价人员应站在中立的立场上，评估出一个对各方当事人来说都是公平合理的价格。

（九）估价方法

房地产抵押价值为抵押房地产在估价时点的市场价值，等于假定未设立法定优先受偿权利下的市场价值减去房地产估价师知悉的法定优先受偿款。因此，本次评估先根据房地产估价规范的要求评估估价对象假定未设立法定优先受偿权利下的市场价值，再根据委托方提供的估价对象法定优先受偿权利的相关资料核实确定法定优先受偿款，最后按照已确定的假定未设立法定优先受偿权利下的市场价值和法定优先受偿款确定

估价对象抵押价值的估价结果。具体步骤如下：

1. 确定假定未设立法定优先受偿权利下的市场价值

本公司估价人员认真分析所掌握的资料并进行了实地勘查和对邻近地区调查之后，根据国家有关房地产估价的规定，遵循估价原则，依据估价目的，并结合估价对象的特点和我们掌握的资料，对于成交案例较多的一至六层房屋按证载住宅用途采用市场比较法和地下仓库按其租金收入采用收益现值法计算假定未设立法定优先受偿权利下的市场价值。

市场比较法

市场比较法即在掌握与估价对象相同或相似的房地产（参照物）的市场价格的基础上，以估价对象为标准对比分析参照物并将两者的差异量化，然后在参照物市场价格的基础上作出调整和修正，得到估价对象的估价结果。具体步骤如下：

（1）参照物的选定

选择与估价对象同一供求圈内的多宗近期交易的与估价对象在用途、规模、建筑结构等相同或相近的物业作为参照物，再将上述参照物的交易价格统一调整为成交日一次付款、单位建筑面积上的人民币买卖交易价格。

（2）因素修正调整计算

根据估价对象与参照物的交易情况、交易日期、位置及房屋装修、层次、朝向等个别因素的不同，对参照物的价格进行修正，得出比准价格。具体修正因素可分为4类：交易情况修正、交易日期修正、区域因素修正和个别因素修正。修正计算公式为：

估价对象比准价格＝参照物交易价格×交易情况修正系数×交易日期修正系数×区域因素修正系数×个别因素修正系数

（3）市场价值确定

对于各参照物测算所得的比准价格，在分析其合理性的基础上经比较后确定假定未设立法定优先受偿权利下的市场价值，一般按算术平均值或加权平均值确定。

收益现值法

收益现值法是通过估算被评估资产未来的预期收益能力，并以适当的折现率或本金化率将未来收益折成现值，借以确定被评估资产价值的一种资产评估方法。

采用收益现值法的公式：评估价值＝Σ年净收益/（还原利率－年增长率）×[1－（1＋年增长率）^n/（1＋还原利率）^n]，其中n为收益期限

每年净收益＝每年单位面积净收益×（1－空置率）×面积

每年单位面积净收益根据同类房产单位面积租金结合委估房地产的具体情况得出每平方米年租金再扣减相应的税收、租售费用、管理费、修缮费用以及保险费后得出。

2. 确定法定优先受偿款

委托方提供了估价对象法定优先受偿权利的相关资料，估价人员对此进行了了解和核实工作，在此基础上，确定估价对象的法定优先受偿款。

3. 确定估价对象抵押价值

估价对象抵押价值的估价结果，按照下列公式计算：

抵押价值 = 假定未设立法定优先受偿权利下的市场价值 - 法定优先受偿款

（十）估价结果

1. 抵押价值的估价结果

估价人员根据估价目的，遵循估价原则，采用科学的估价方法，在认真分析所掌握资料与影响估价对象价值诸因素的基础上，最后确定位于浙江省 * * 市 * * 路 * * 号房地产抵押价值为：

总　　　价：34185100.00 元

人民币大写：叁仟肆佰壹拾捌万伍仟壹佰元整

单　　　价：9689.00 元/平方米

2. 估价对象的市场价值和法定优先受偿款

经过估价人员的评定估算，估价对象位于浙江省 * * 市 * * 路 * * 号房地产在估价时点 2010 年 12 月 8 日的假定未设立法定优先受偿权利下的市场价值的估价结果为 34185100.00 元。

根据委托方提供的资料，经过估价人员的核实，在假设原已设定的房地产抵押解除后，估价对象在估价时点 2010 年 12 月 8 日的已知各项法定优先受偿款合计为 0 元。

3. 抵押价值未来下跌的风险分析

估价对象状况和房地产市场状况因时间变化对房地产抵押价值可能产生影响，在估价对象个别因素及区域因素不受意外损害，能正常维护使用，且未增加法定优先受偿款，房地产市场没有大的波动的情况下，预计估价报告使用有效期内，房地产抵押价值基本保持稳定。

4. 估价对象的变现能力分析

变现能力是指假定在估价时点实现抵押权时，在没有过多损失的条件下，将抵押房产转换为现金的可能性。假定在估价时点拍卖或者变卖估价对象时，因存在短期内强制处分、潜在购买群体受到限制及心理排斥因素影响，最可能实现的价格一般比公开市场价格要低的价格。处置房地产时，其变现的时间长短以及费用、税金的种类、数额和清偿顺序与处置方式和营销策略等因素有关。一般说来，以拍卖方式处置房地产时，变现时间较短，但变现价格一般较低，变现成本较高，要支付拍卖佣金、营业税及部分手续费，期间会产生评估费用、诉讼费用、拍卖费用、执行费用以及办理房地产过户手续的相关税费等。房地产的变现价值须在扣除上述变现费用后，扣除已抵押担保的债权、拖欠的建筑工程款，以及其他法定优先受偿款后方可优先受偿。

5. 房地产信贷风险分析

对抵押期间可能产生的房地产信贷风险，估价报告使用者应给予关注：在抵押期间估价对象房屋有可能产生非正常损坏，包括人为损坏和自然灾害等，办理房地产抵押时请注意办理相关财产保险；对抵押期间可能产生的房地产信贷风险，估价报告使用者应给予关注，估价对象房屋是否存在现状变更及环境变化引起的房地产抵押价值减损。

6. 其他重要事项揭示

（1）估价报告使用者应充分了解评估价值的定义和内涵，合理使用评估价值，正当使用本估价报告；应定期或者在房地产市场价格变化较快时对房地产抵押价值进行再评估。

（2）本次评估委托方未提供房屋建筑物所有权证及国有土地使用权证原件。在评估时，评估人员无法核实上述资料的真实性，只能采信委托方提供的资料作为本次评估依据，在此提请有关报告使用者注意查看产权证书原件。

（3）如果估价对象已存在抵押，当重新抵押时，必须撤销原抵押，注销《他项权利证明书》，否则只能在该财产的价值大于所担保债权余额部分再次抵押，但不能超出其余额部分。

（4）估价对象证载用途为住宅，虽然其实际用途为商业及办公，本次根据合法性原则按住宅评估，未考虑实际用途的差异可能带来的影响。

（十一）估价人员

＊＊＊中国注册房地产估价师（注册号：33200200＊＊）

＊＊＊中国注册房地产估价师（注册号：33200600＊＊）

（十二）估价作业日期

（十三）估价报告应用的有效期

本估价报告应用的有效期为半年，即自 2010 年 12 月 14 日起至 2011 年 6 月 13 日止。

浙江＊＊房地产估价有限公司

二０一０年十二月十四日

五、附　件

1. 估价对象照片和位置图；
2. 《房屋所有权证》复印件；
3. 《国有土地使用权证》复印件；
4. 企业法人营业执照（复印件）；
5. 企业法人身份证（复印件）；
6. 房地产估价机构营业执照复印件；
7. 房地产估价机构资格证书复印件；
8. 房地产估价人员资格证书复印件。

第八节　土地抵押估价报告案例

目　录

第一部分　摘　要
一、估价项目名称
二、委托估价方
三、估价目的
四、估价基准日
五、估价日期
六、地价定义
七、估价结果
八、土地估价师签字
九、土地估价机构
第二部分　估价对象界定
一、委托估价方
二、估价对象
三、估价对象概况
四、影响地价的因素说明

第三部分　土地估价结果及其使用
一、估价依据
二、土地估价
三、估价结果和估价报告的使用
第四部分　附　件

第一部分　摘　要

一、估价项目名称

某建筑工程有限公司位于＊＊市＊＊区＊＊镇＊＊＊村的一宗工业用地抵押贷款土地使用权价格评估。

二、委托估价方

单位名称：某建筑工程有限公司

单位地址：＊＊市＊＊区＊＊镇＊＊＊村

联 系 人：×××

三、估价目的

某建筑工程有限公司拟向金融机构贷款，以位于＊＊市＊＊区＊＊镇＊＊＊村的一宗工业用地的土地使用权作为抵押，本次评估为其抵押贷款提供价值参考依据。

四、估价基准日

2010 年 3 月 15 日

五、估价日期

2010 年 3 月 12 日至 2010 年 3 月＊＊日

六、地价定义

委估宗地共一宗，现状为国有出让土地，土地使用权人为某建筑工程有限公司，土地用途为工业用地，土地使用权总面积为 20490 平方米，《国有土地使用证》编号为杭拱国用〔2010〕第 100013 号，土地使用权终止日期为 2057 年 6 月 28 日，至估价基准日，土地剩余使用年限为 47.3 年，委估宗地现状开发程度为外围“五通”（通路、通水、通电、通讯、排污），宗地内部平整完成，施工单位已进场并开始土方及管道施工。

本次评估价格定义为：委估宗地在估价基准日 2010 年 3 月 15 日，土地用途为工业用地，土地使用年限为 47.3 年，开发程度为外围具备“五通”市政配套，场地内现状条件下的国有出让土地使用权价格。

七、估价结果

估价人员在实地调查踏勘的基础上，遵循估价原则，经过评估测算与综合分析，确定委估宗地估价结果：

土地面积：20490 平方米；

土地单价：1280 元/平方米；

总地价：2622.72 万元（大写人民币：贰仟陆佰贰拾贰万柒仟贰佰元整）。

宗地具体情况详见表 1-1《土地估价结果一览表》。

八、土地估价师签字

姓　名	估价师证号	签　名
* * *	2004330 * * *	
* * *	2002330 * * *	

九、土地估价机构

浙江 * * 土地房地产评估咨询有限公司

二〇一〇年三月 * * 日

附表：

土地估价结果一览表

估价机构：浙江 * * 土地房地产评估咨询有限公司　　估价报告编号：浙 * * 土估〔2010〕第03 * * * 号

估价基准日：2010 年 3 月 15 日　　估价基准日的土地使用权性质：出让

表 1-1

项目	内容
估价期日土地使用者	某建筑工程有限公司
宗地编号	05-006-007-000 ××
土地使用证号	杭拱国用〔2010〕第 100013 号
宗地位置	* * 市 * * 区 * * 镇 * * * 村
估价期日登记用途	工业
估价设定的用途	工业
估价期日实际开发程度	宗地外五通，宗地内部平整完成，施工单位已进场并开始土方及管道施工
估价设定开发程度	宗地外五通，宗地内现状
土地使用权年限（年）	47.3
土地使用权面积（米^2）	20490
单位面积地价（元/米^2）	1280
总地价（万元）	2622.72

一、上述土地估价结果的限定条件

1. 土地权利限制：无；

2. 基础设施条件：设定通路、通水、通电、通讯、排污“五通”和宗地内现状；

3. 影响土地价格的其他限定条件：详见估价报告。

二、其他需要说明的事项：详见估价报告。

第二部分　估价对象界定

一、委托估价方

单位名称：某建筑工程有限公司

单位地址：＊＊市＊＊区＊＊镇＊＊＊村

联 系 人：×××

二、估价对象

估价对象为某建筑工程有限公司所属位于＊＊市＊＊区＊＊镇＊＊＊村的一宗工业用地，土地使用权面积20490平方米。本次评估范围为估价对象在价格定义条件下的国有出让土地使用权价格。

三、估价对象概况

1. 土地登记状况

委估宗地《国有土地使用证》编号为杭拱国用〔2010〕第100013号，宗地位于＊＊市＊＊区＊＊镇＊＊＊村，土地面积20490平方米，地号：05－006－007－000××，图号：76－92.8－D，土地用途为工业用地，其四至为东至杭州市运河综合保护开发建设集团有限责任公司，南至平安桥村，西至规划道路，北至规划道路。土地等级为杭州市七级。

2. 土地权利状况

根据委估宗地《国有土地使用证》，土地使用权人为某建筑工程有限公司，土地使用权类型为国有出让土地，土地用途为工业用地，土地使用权终止日期为2057年6月28日。至估价基准日，土地剩余使用年限47.3年，委估宗地权属来源合法、产权清楚。

根据委托方提供的资料，委估宗地于估价基准日无抵押权、担保权、地役权、租赁权、地上地下权等他项权利存在。

3. 土地利用状况

根据委托方提供的资料及现场勘查结果，委估宗地地块形状规则，近似矩形，地质地基较好。至估价基准日，现状开发程度为外围“五通”（通路、通水、通电、通讯、排污），宗地内部平整完成，施工单位已进场并开始土方及管道施工。

四、影响地价的因素说明

（一）一般因素

1. 地理位置

杭州市地处长江三角洲南翼，杭州湾西端，钱塘江下游，京杭大运河南端，是长江三角洲重要中心城市和中国东南部交通枢纽。东北距中国最大的经济中心上海市180公里，东南距沿海七大深水港之一的宁波港168公里。杭州市区中心地理坐标为北纬30°16′、东经120°12′。是长江三角洲重要中心城市、国家历史文化名城、国际风景旅游城市。

2. 行政区划及人口

杭州市辖上城、下城、江干、拱墅、西湖、高新（滨江）、萧山、余杭8个区，建德、富阳、临安3个县级市，桐庐、淳安2个县。全市总面积16596平方千米，其中市区面积3068平方千米。

2009年末杭州市常住人口达810万人，比上年末增加13.4万人。其中户籍人口683.38万人，比上年末增加5.74万人。在户籍人口中，农业人口328.9万人，非农业人口354.48万人。按公安部门统计的全市人口出生率为9.18‰，人口自然增长率为3.42‰。

3. 自然环境

（1）地势、地貌：杭州西北部和西南部系浙西中山丘陵区；东北部和东南部属浙北平原，河网密布，是著名的鱼米之乡之一。全市丘陵山地占总面积的65.6%，平原占26.4%，江、河、湖、荡、水库占8%。

（2）气候、水文：杭州属亚热带季风性气候，四季分明，温和湿润，光照充足，雨量充沛。年平均气温16.2℃，夏季平均气温28.6℃，冬季平均气温3.8℃。无霜期230～260天。年平均降雨量1435毫米，平均相对湿度为76%。

4. 社会经济状况

近几年来，杭州市按照“构建大都市、建设新天堂”的要求，着力推进城市化、工业兴市、旅游西进、开放带动和环境立市“五大战略”，积极打造“平安杭州”、引领“和谐创业”、构建“和谐杭州”，打响了经济强市、文化名城、旅游胜地、天堂硅谷“四张金名片”，已发展成为一座经济繁荣、功能完备、法制健全、环境优美、百姓生活富足的新型现代化城市。

据杭州市统计部门初步核算，2009年杭州市实现生产总值（GDP）5098.66亿元，按可比价格计算，比上年增长10.0%，连续19年保持两位数增长。其中：第一产业增加值190.25亿元，第二产业增加值2434.89亿元，第三产业增加值2473.52亿元，比上年分别增长3.2%、6.8%和13.9%。三次产业结构由上年的3.7∶50.0∶46.3调整为3.7∶47.8∶48.5。全市按常住人口计算的人均GDP为63471元，按户籍人口计算的人均GDP为74924元，分别增长8.4%和9.1%，按国家公布的2009年平均汇率计算，分别达到9292美元和10968美元。

另据统计部门抽样调查，杭州市区城镇居民人均可支配收入26864元，比上年增长11.5%。人均生活消费性支出18595元，比上年增长11.2%，恩格尔系数（食品占消费支出比重）由上年的38.3%下降至37.5%。年末人均住房建筑面积30.85平方米，比上年末增加1.02平方米。

杭州市农村居民人均纯收入11822元，比上年增长10.6%；人均生活消费性支出9065元，增长7.3%。恩格尔系数由上年的35.9%下降至33.8%。年末人均居住面积达70.74平方米，比上年末增加1.04平方米。

5. 工业经济

2009年杭州市实现工业增加值2157.1亿元，按可比价计算增长6%。实现工业销售产值10647.98亿元，增长1.5%。其中规模以上工业销售产值9245.99亿元，增长1.3%。在规模以上工业中：轻工业实现销售产值3925.7亿元，增长4.7%，重工业实现销售产值5320.29亿元，下降1.0%。全年规模以上工业实现新产品产值1567.05亿元，增长18.8%。新产品产值率由上年的14.20%提高到16.73%。

全市规模以上工业企业实现产品销售收入9015.91亿元，比上年增长1.1%；实现利税859.3亿元，比上年增长15.5%，其中利润495.99亿元，增长20.8%。工业产品产销衔接良好，全年规模以上工业产品产销率为98.7%。

6. 城市建设

2009年杭州市完成基础设施投资601.84亿元，比上年增长11.2%。地铁一二期36个站点全部开工，20个站点完成主体施工。“十纵十横”道路综合整治工程全面完工。萧山机场公路改造、钱江通道及南接线（钱江大道）、杭新景高速公路延伸线（之江大桥）、庆春路过江隧道、杭长高速公路等重大交通项目开工，申嘉湖杭高速建成。中山路综保工程顺利开街。市区完成47条河道综保工程。七格污水处理厂三期建成试通水。

（二）区域因素

委估宗地位于＊＊市＊＊区康桥镇。康桥镇地处杭州市城北，东接320国道，南连石祥路，西临运河，北靠绕城公路，镇域面积12.5平方公里，共有九个村和两个社区，常住人口5万余人，其中外来人口35000人，综合经济实力列全省“百强乡镇”第15位。

区域是杭州市四大物流中心之一，交通优势明显。区域东西分别与320国道、104国道相连，京杭大运河沿镇北上，铁路北站和二线货场设在辖区内，拱康路和康桥路贯穿全镇；同时，区域通信、供水供电、污水管网等基础设施完善，为康桥镇工业发展提供了有利条件。现区域内有各类所有制企业600多家，工业集聚度高。

（三）个别因素

委估宗地位于＊＊市＊＊区＊＊镇＊＊＊村，其四至为：东至杭州市运河综合保护开发建设集团有限责任公司，南至平安桥村，西至规划道路，北至规划道路。土地等级为杭州市七级。

宗地形状规则，近似矩形，地质地基较好。至估价基准日，现状开发程度为外围“五通”（通路、通水、通电、通讯、排污），宗地内部平整完成，施工单位已进场并开始土方及管道施工。

第三部分　土地估价结果及其使用

一、估价依据

1.《中华人民共和国土地管理法》；

2.《中华人民共和国城市房地产管理法》；

3.《城镇土地估价规程》GB/T18508－2001；

4. 国家、省及杭州市等各级政府关于土地管理、地价管理的法律、法规；

5. 杭州市基准地价资料；

6. 杭政发〔2009〕59号《杭州市人民政府关于调整杭州市区征地补偿标准的通知》；

7. 浙政发〔2008〕39号《浙江省人民政府关于调整耕地开垦费征收标准等有关问题的通知》、浙政发〔2008〕38号《浙江省人民政府关于做好耕地占用税征管工作的通知》等；

8. 委估宗地《国有土地使用证》；

9. 委托估价方提供的其他资料；

10. 本公司估价师实地踏勘所作的现场记录；

11. 本公司掌握的杭州市的地价资料和实地调查取得的有关材料。

二、土地估价

（一）估价原则

本项估价严格执行国家有关行政法规和规程，遵循公正、公平、公开，体现客观、科学、合法的原则。

1. 替代原则

根据市场运行规律，在同一商品市场中，商品或提供服务的效用相同或大致相似时，价格低者吸引需求，即有两个以上互有替代性的商品或服务同时存在时，商品或服务的价格是经过相互影响与比较之后来决定的。土地价格也同样遵循替代规律，某块土地的价格，受其他具有相同使用价值的地块，即同类型具有替代可能的地块价格所牵制。换言之，具有相同使用价值、替代可能的地块之间，会相互影响和竞争，使价格相互牵制而趋于一致。

2. 需求与供给原则

在完全的市场竞争中，一般商品的价格都取决于供求的均衡点。供小于求，价格就会提高，否则，价格就会降低。由于土地与一般商品相比，具有独特的人文和自然特性，因此在进行土地估价时既要考虑到所假设的公平市场，又要考虑土地供应的垄断性特征。

3. 变动原则

一般商品的价格，是伴随着构成价格的因素的变化而发生变动的。土地价格也有同样情形，它是各种地价形成因素相互作用的结果，而这些价格形成因素经常处于变动之中，所以土地价格是在这些因素相互作用及其组合的变动过程中形成的。因此，在土地估价时，必须分析该土地的效用、稀缺性、个别性及有效需求以及使这些因素发生变动的一般因素、区域因素及个别因素。由于这些因素都在变动之中，因此应把握各因素之间的因果关系及其变动规律，以便根据目前的地价水平预测未来的土地价格。

4. 协调原则

土地总是处于一定的自然与社会环境之中，必须与周围环境相协调。因为土地能适应周围环境，则该土地的收益或效用能最大限度地发挥，所以要分析土地是否与所处环境协调。因此，在土地估价时，一定要认真分析土地与周围环境的关系，判断其是否协调，这直接关系到该地块的收益量和价格。

5. 预期收益原则

对于价格的评估，重要的并非是过去，而是未来。过去收益的重要意义，在于为推测未来的收益变化动向提供依据。因此，商品的价格是由反映该商品将来的总收益所决定的。土地也是如此，它的价格也是受预期收益形成因素的变动所左右。所以，土地投资者是在预测该土地将来所能带来的收益或效用后进行投资的。这就要求估价者必须了解过去的收益状况，并对土地市场现状、发展趋势、政治经济形势及政策规定对土地市场的影响进行细致分析和预测，准确预测该土地现在以至未能给权利人带来的利润总和，即收益价格。

6. 最有效使用原则

由于土地具有用途的多样性，不同的利用方式能为权利人带来不同的收益量，且土地权利人都期望从其所占有的土地上获取更多的收益，并以能满足这一目的为确定土地利用方式的依据。所以，土地价格是以该地块的效用作最有效发挥为前提的。土地投资遵循报酬递增、递减原则，是指增加各生产要素的单位投入量时，纯收益随之增加；但达到某一数值后，如继续追加投资，其纯收益不再会与追加的投资成比例增加。土地投资同样遵循这一原则。利用这一原则，就可找出土地的边际使用点，即最有效使用点。

7. 多种方法相结合的原则

随着我国土地估价业的发展，目前比较实用的宗地估价方法有收益还原法、市场比较法、成本法、剩余法和基准地价系数修正法等方法。由于不适宜的估价方法可能使评估结果产生较大的偏差，因此进行地价评估时，就要根据估价对象的实际情况，充分考虑用地类型及所掌握的资料，选择最适宜的方法进行评估，同时为了使评估结果更为客观，更接近于准确，评估中选择两种较为适宜的方法进行评估，以便互相验证，减小误差，确定出合理的价格。

总之，在评估过程中，要按照国家、地方有关规定，恪守客观、公正、科学、合法的原则进行土地价格评估，做到评估过程合理，评估方法科学，评估结果准确，严格保守评估秘密。

（二）估价方法

根据《城镇土地估价规程》（以下简称《规程》），通行的土地估价方法有基准地价系数修正法、市场比较法、剩余法、收益还原法、成本逼近法等。估价方法的选择应根据委估宗地所在区域的地产市场状况、估价基础资料的可用性和委估宗地的性质、特点等因素来确定。

工业用地估价宜采用市场比较法、成本逼近法、基准地价修正法以及收益还原法。经估价人员实地踏勘及调查，并综合考虑自然、社会、经济、技术条件、行政等一般因素、区域因素以及宗地本身的条件和特征等个别因素。因委估宗地的市场比较案例容易取得，且土地补偿费、安置补助费等土地取得费及相关税费标准可由相关文件确定，因此本次评估以市场比较法和成本逼近法进行地价试算，再结合地块区位特点进一步分析，从而得到委估宗地较为准确、合理的估价结果。

（三）估价结果

1. 试算土地价格分析

委估宗地由市场比较法和成本法测算的土地单价分别为1280元/平方米和1288元/平方米，两个结果相差不大，经综合分析，本次估价以两种方法所得数据的算术平均值为基础，最终确定委估宗地土地单价为1280元/平方米。

2. 土地价格确定

在上述试算结果基础上，确定委估宗地估价结果为：

土地面积：20490平方米；

土地单价：1280元/平方米；

总地价：2622.72万元（大写人民币：贰仟陆佰贰拾贰万柒仟贰佰元整）。

宗地具体情况详见表1－1《土地估价结果一览表》。

三、估价结果和估价报告的使用

（一）估价假设条件

1. 估价对象的开发利用或其他行为符合国家、地方的有关法律、法规；

2. 假设估价对象可以按最有效利用方式进行开发利用，资金到位、开发顺利，并得到合法许可；

3. 在估价基准日，估价对象不存在抵押、担保等他项权利。

（二）本报告使用限制条件

1. 本报告估价结果不得用于任何与本次目的无关的其他事项；不得擅改报告及歪曲理解报告有关内容。

2. 本报告估价结果是在满足地价定义设定条件下的土地使用权价格，若估价对象土地利用方式、估价基准日、土地开发状况、土地使用年限、土地面积等影响地价的因素发生变化，评估价格应作相应调整。

3. 本报告必须完整使用，对仅使用报告中的部分内容所导致的有关损失，受托估价机构不承担责任。

4. 本报告解释权归浙江＊＊土地房地产评估咨询有限公司。

5. 本报告的估价结果自估价基准日起六个月内有效。

（三）其他说明

1. 本次估价结果为估价基准日正常市场条件下的国有出让土地使用权价格，具体贷款额度建议发放贷款银行根据贷款风险来确定。本次估价结果并非等同于贷款额度。

2. 本次评估的估价报告分为“土地估价报告”和“土地估价技术报告”两部分。

第四部分　附　件

1. 委估宗地位置示意图；
2. 委估宗地利用现状照片；
3. 委估宗地《土地使用权证》复印件；
4. 估价机构《土地评估中介机构注册证书》复印件；
5. 土地估价师资质证书复印件。

第九节　机器设备抵押评估报告案例

目　录

注册资产评估师声明

摘要

资产评估报告书

一、委托方、产权持有者和其他报告使用者

二、评估目的

三、评估对象和评估范围

四、价值类型及其定义

五、评估基准日

六、评估依据

七、评估方法

八、评估程序实施过程和情况

九、评估假设

十、评估结论

十一、特别事项说明

十二、评估报告使用限制说明

十三、评估报告日

备查文件目录

注册资产评估师声明

一、我们在执行本资产评估业务中，遵循了相关法律法规和资产评估准则，恪守独立、客观和公正的原则；根据我们在执业过程中收集的资料，评估报告陈述的内容是客观的，并对评估结论合理性承担相应的法律责任。

二、评估对象涉及的资产、负债清单由委托方、被评估单位申报并经其签章确认；所提供资料的真实性、合法性、完整性，恰当使用评估报告是委托方和相关当事方的责任。

三、我们与评估报告中的评估对象没有现存或者预期的利益关系；与相关当事方没有现存或者预期的利益关系，对相关当事方不存在偏见。

四、我们已对评估报告中的评估对象及其所涉及资产进行现场调查；我们已对评估对象及其所涉及资产的法律权属状况给予必要的关注，对评估对象及其所涉及资产的法律权属资料进行了查验，并对已经发现的问题进行了如实披露，且已提请委托方及相关当事方完善产权以满足出具评估报告的要求。

五、我们出具的评估报告中的分析、判断和结论受评估报告中假设和限定条件的限制，评估报告使用者应当充分考虑评估报告中载明的假设、限定条件、特别事项说明及其对评估结论的影响。

注册房地产估价师	证书编号	估价师签字
* * *	33200200 * *	
* * *	33200600 * *	

嵊州×××××有限公司
第4期技改锅炉及相关配套设备评估项目
资产评估报告书

浙×评〔2010〕第＊＊＊号

摘要

浙江××资产评估有限公司受嵊州×××××有限公司的委托，就嵊州×××××有限公司所属的4期技改锅炉及配套设备进行了评估，为确定委估资产作为银行贷款抵押物的价值提供参考依据。

评估对象是嵊州×××××有限公司所属4期技改汽电及配套设备。评估范围与评估对象一致。

评估基准日为20＊＊年＊＊月＊＊日。

本次评估的价值类型为市场价值。

本次评估以持续使用和公开市场为前提，结合委估对象的实际情况，综合考虑各种影响因素，采用成本法对嵊州×××××有限公司所属4期技改汽电及配套设备进行评估。

经实施清查核实、实地查勘、市场调查和询证、评定估算等评估程序，得出嵊州×××××有限公司所属4期技改汽电及配套设备在评估基准日20＊＊年＊＊月＊＊日的评估结论如下：

单位：人民币万元

账面原值	账面净值	评估价值	增值额	增值率
14302.05	11760.84	12272.18	511.35	4.35%

在使用本评估结论时，特别提请报告使用者使用本报告时注意报告中所载明的特殊事项以及期后重大事项。

本报告评估结果使用有效期一年，即自20＊＊年＊＊月＊＊日至201＊年＊＊月＊＊日使用有效。

以上内容摘自资产评估报告正文，欲了解本评估项目的详细情况和合理理解评估结论，应当阅读资产评估报告全文。

嵊州×××××有限公司
第4期技改锅炉及相关配套设备评估项目
资产评估报告书

浙×评〔2010〕第＊＊＊号

嵊州×××××有限公司：

浙江××资产评估有限公司接受贵公司的委托，根据有关法律法规和资产评估准则，采用成本法，按照必要的评估程序，对贵公司第4期技改锅炉及相关配套设备在评估基准日20＊＊年＊＊月＊＊日的市场价值进行了评估。现将资产评估情况报告如下：

一、委托方、产权持有者和其他报告使用者

本次资产评估的委托方及产权持有者为嵊州×××××有限公司。

（一）委托方及产权持有者概况

公司名称：嵊州×××××有限公司

公司地址：浙江省嵊州市××镇×××

法定代表人：×××

注册资本：壹亿伍仟参佰万元人民币

经济性质：有限责任公司（中外合资）

营业执照注册号：33060040001 ××××

经营范围：生产销售电力、热电；提供电力热力技术服务

1. 公司简介

嵊州×××××有限公司前身为某热电厂，创建于1985年，1997年10月与香港××××有限公司合资而成，法定代表人×××，注册资本15300万元，其中外方投资9396万元，占总注册资本的61%；中方投资5904万元，占注册资本的39%。现有职工250人，拥有总资产5亿多元，是嵊州市重点骨干企业。于2003年4月30日取得绍兴市工商行政管理局核发的企业法人营业执照，注册号为企合浙绍总字第001 ×××号，住所：浙江省嵊州市××镇×××，公司经营范围：生产销售电力、热力以及附属产品；提供有关的技术服务。

嵊州×××××有限公司一期工程于1985年9月开工，1986年12月竣工投产，当时总投资1150万元；二期工程于1990年12月动工，1992年3月竣工投产，总投资2360万元，二期工程是国内首台75t/h双温分离循环硫化床锅炉，实现了热电联产；三期工程于1994年12月开工，1996年8月建成投产，被国家经贸委立为75t/h循环硫化床锅炉完善化示范项目，获浙江省科技进步一等奖。公司现有四炉三机（一台35t/h链条炉、两台75t/h循环硫化床锅炉、一台130t/h循环流化床锅炉、一台6000kW固定抽气机组、一台7500kW抽凝机组、一台15000kW抽凝机组），总装机容量2.85万kW和100t/h的定额供热能力。为充分发挥炉的使用效能，需续建汽、电关键设备和相关的辅助设备，公司投资8262万元增建一台18MW高温高压背压供热发电机组（由浙经贸能源〔2003〕10××号文批复，见附件），于2003年9月破土动工，2004年3季度竣工投产。第四期扩建技改总投资为13739.84万元，投产后年增发电量1亿多度，新增供热能力110t/h，年节标煤5万吨，新增年销售收入达6679万元，即将大大提高公司的供热、供电能力，改善供热质量，提高了调峰能力，使公司综合能耗大幅下降，经济效益明显增加。

嵊州×××××有限公司投产18年以来重视科技，加强管理，取得了较好的业绩，已连续实现18个安全年。公司先后被评为省级文明单位、优秀企业、绍兴市重才企业、管理示范企业，浙江省资源综合利用示范企业，浙江省“八五”、“九五”期间节能先进企业，多年连续获得“重合同，守信用”单位，2001年6月通过ISO9002国际质量管理体系认证。“九五”期间，公司通过外资嫁接、改制等措施，为企业注入蓬勃的生机和活力，1999、2000、2001、2002年连续四年利润总额超1000万元，2003、2004年连续两年净利润超2000万元，纳税排名在嵊州市名列前茅。

2008年嵊州×××××有限公司对2号机组进行了技术改造，将二号机原有一台抽凝机组改为背压式机组及相关设备进行改造，共投入资金1500万元左右。

公司的节能技术改造项目“新增1×150T/H高温高压循环流化床锅炉+1×25MW高温高压纯背压式汽轮发电机组；淘汰45T/H中温中压链条炉+（1×6MW+1×7.5MW）中温中压抽凝机组”被列入浙江省发展循环经济“911行动计划”重点项目。

2009年1月，浙江越盛集团有限公司被评为2008年度嵊州市“工业企业30强”、“节能降耗十佳企业”，董事长被市政府授予“嵊州市杰出企业家”称号。多次荣获优秀工程勘察奖和科技进步奖，其中15项获国家优秀工程勘察金、银、铜奖。

（二）委托方、业务约定书约定的其他评估报告使用者

本评估报告的使用者为委托方、经济行为相关的当事方以及按照国有资产管理相关规定报送备案的相关监管机构。

除国家法律法规另有规定外，任何未经评估机构和委托方确认的机构或个人不能由于得到评估报告而成为评估报告使用者。

二、评估目的

本次评估的目的是反映嵊州×××××有限公司4期技改汽电及配套设备的市场价值，为该公司拟以机器设备抵押提供价值参考意见。

三、评估对象和评估范围

纳入本次评估范围的资产与委托评估时确定的资产范围一致，为嵊州×××××有限公司所属4期技改汽电及配套设备。于评估基准日账面原值14302.05万元，账面净值11760.84万元。评估资产主要为锅炉及辅助设备、汽、电及辅助设备、配电设备、控制设备、水处理设备、其他设备、热网扩建等，维护保养措施比较到位，资产效用相对正常，资产权属为嵊州×××××有限公司。

委托评估对象和评估范围与经济行为涉及的评估对象和评估范围一致。

四、价值类型及其定义

依据本次评估目的，确定本次评估的价值类型为市场价值。

市场价值是指自愿买方和自愿卖方在各自理性行事且未受任何强迫的情况下，评估对象在评估基准日进行正常公平交易的价值估计数额。

五、评估基准日

本项目资产评估的基准日是20＊＊年＊＊月＊＊日。资产评估中的一切取价标准均为评估基准日有效的价格标准。

六、评估依据

本次资产评估遵循的评估依据主要包括经济行为依据、法律法规依据、评估准则依据、资产权属依据，及评定估算时采用的取价依据和其他参考资料等，具体如下：

（一）经济行为依据

资产评估业务约定书。

（二）法律法规依据

1.《中华人民共和国公司法》（2005年10月27日第十届全国人民代表大会常务委

员会第十八次会议修订)；

2. 其他与评估工作相关的法律、法规和规章制度等。

（三）评估准则依据

1.《资产评估准则—基本准则》(财企〔2004〕20 号)；

2.《资产评估职业道德准则—基本准则》(财企〔2004〕20 号)；

3.《资产评估准则—评估报告》(中评协〔2007〕189 号)；

4.《资产评估准则—评估程序》(中评协〔2007〕189 号)；

5.《资产评估准则—机器设备》(中评协〔2007〕189 号)；

6.《资产评估价值类型指导意见》(中评协〔2007〕189 号)；

7.《注册资产评估师关注评估对象法律权属指导意见》(会协〔2003〕18 号)。

（四）资产权属依据

1. 重要资产购置合同或凭证；

2. 其他资产权属证明文件。

（五）取价依据

1.《基本建设财务管理规定》(财建〔2002〕394 号)；

2.《工程勘察设计收费管理规定》(计价格〔2002〕10 号)；

3.《关于工程勘察设计收费管理规定有关问题的补充通知》(计办价格〔2002〕1153 号)；

4.《建设工程监理与相关服务收费管理规定》(发改价格〔2007〕670 号)；

5.《招标代理服务收费管理暂行办法》(计价格〔2002〕1980 号)；

6.《关于规范环境影响咨询收费有关问题的通知》(计价格〔2002〕125 号)；

7.《2010 机电产品报价手册》(机械工业信息研究院)；

8.《中国人民银行贷款利率表》2008 年 12 月 23 日起执行；

9. 浙江××资产评估有限公司价格信息资料库相关资料；

10. 设备生产商询价资料；

11. 其他参考资料。

（六）其他参考资料

1. 设备类资产购置合同和会计凭证；

2.《资产评估常用数据与参数手册》；

3. 对设备实地情况的照片资料；

4. 其他参考资料。

七、评估方法

1. 评估方法

根据本次评估目的，按照持续使用原则，以市场价格为依据，结合委估设备的特点和收集资料情况，主要采用成本法进行评估。

评估值 = 重置全价 × 成新率

2. 重置全价的确定

机器设备的重置价值由现行购置费加计相关费用（运杂费、安装调试费、财务费用等）组成，经市场询价及资料查阅，相比于2008年同期，钢材、水泥等建材价格上升幅度约为8%～12%，某些零星设备价格基本持平，以账面原值作为评估重置价值；对技术发展迅速，产品更新换代快的电子、通讯设备，根据功能性贬值情况确定价格调整指数，重置价值 = 账面价值 × 调整指数确定。

3. 成新率确定

根据现场勘查机器设备现状、技术性能、使用率和维修保养的实际情况，参照国家历年有关机器设备折旧具体规定，结合设备实际，考虑技术、功能、经济和自然耗损等贬值因素影响，确定机器设备尚可使用年限和已使用年限（经量化确定），按下式确定成新率：

成新率 = 尚可使用年限/(尚可使用年限 + 已使用年限) × 100%

对于全新的或刚投入使用且在用状态良好的设备成新率为95%～100%。

4. 评估举例

（1）重置价值的确定

EHNG 40/32/40 抽汽背压式汽轮机一项，2004年10月启用，经市场询价和资料查阅，评估测算，考虑汽轮机的安装、调试、运输（包括基础）、财务费用等费用，根据委托方提供的合同、决算资料，得出抽汽背压式汽轮机重置价价格为25412402.54元，取整，则汽轮机的重置价值 = 2541（万元）。

（2）成新率的确定

根据现场实地勘察该项控制系统现状、技术性能和使用、维护、保养等情况，参照国家有关设备折旧的具体规定，确定该系统的尚可使用年限为16年，已使用5.6年，则

成新率 = 尚可使用年限/（尚可使用年限 + 已使用年限） × 100% = 74%

考虑到整体设备更新维护较好，综合评定成新率为75%。

（3）确定评估价值

评估价值 = 重置价值 × 成新率

= 2541 × 75% = 1906（万元）（取整）

八、评估程序实施过程和情况

整个评估工作分四个阶段进行：

（一）评估准备阶段

1. 2010 年 4 月，委托方召集本项目各中介协调会，有关各方就本次评估的目的、评估基准日、评估范围等问题协商一致，并制订出本次资产评估工作计划。

2. 配合企业进行资产清查、填报资产评估申报明细表等工作。2010 年 5 月，评估项目组人员对委估资产进行了详细了解，布置资产评估工作，协助企业进行委估资产申报工作，收集资产评估所需文件资料。

（二）现场评估阶段

项目组现场评估阶段的时间为 2010 年 5 月 4 日至 2010 年 5 月 10 日。主要工作如下：

1. 听取委托方及被评估单位有关人员介绍企业总体情况和委估资产的历史及现状，了解企业的财务制度、经营状况、固定资产技术状态等情况。

2. 对企业提供的资产清查评估申报明细表进行审核、鉴别，并与企业有关财务记录数据进行核对，对发现的问题协同企业作出调整。

3. 根据资产清查评估申报明细表，对固定资产进行了全面清查核实。

4. 查阅收集委估资产的产权证明文件。

5. 根据委估资产的实际状况和特点，确定各类资产的具体评估方法。

6. 对主要设备，查阅了技术资料、决算资料和竣工验收资料；对通用设备，主要通过市场调研和查询有关资料，收集价格资料。

7. 对企业提供的权属资料进行查验。

8. 对评估范围内的资产，在清查核实的基础上作出初步评估测算。

（三）评估汇总阶段

2010 年 5 月 11 日至 5 月 18 日对所评估资产的初步结果进行分析汇总，对评估结果进行必要的调整、修改和完善。

（四）提交报告阶段

在上述工作基础上，起草资产评估报告书，与委托方就评估结果交换意见，在全面考虑有关意见后，按评估机构内部资产评估报告三审制度和程序对报告进行反复修改、校正，最后出具正式资产评估报告书。

本阶段的工作时间为 2010 年 5 月 18 日至 5 月 20 日。

九、评估假设

本次评估中，评估人员遵循了以下评估假设：

1. 交易假设

交易假设是假定所有待评估资产已经处在交易的过程中，评估师根据待评估资产的交易条件等模拟市场进行估价。交易假设是资产评估得以进行的一个最基本的前提假设。

2. 公开市场假设

公开市场假设，是假定在市场上交易的资产，或拟在市场上交易的资产，资产交易双方彼此地位平等，彼此都有获取足够市场信息的机会和时间，以便于对资产的功能、用途及其交易价格等作出理智的判断。公开市场假设以资产在市场上可以公开买卖为基础。

3. 资产原地续用假设

资产原地续用假设是指评估时需根据被评估资产按目前的用途和使用的方式、规模、频度、环境等情况继续使用，被评估的实物资产机器设备为原地续用。

当上述条件发生变化时，评估结果一般会失效。

十、评估结论

经实施清查核实、实地查勘、市场调查和询证、评定估算等评估程序，得出嵊州×××××有限公司第4期技改锅炉及相关配套设备在评估基准日20＊＊年＊＊月＊＊日的评估结论。

单位：人民币万元

账面原值	账面净值	评估价值	增值额	增值率
14302.05	11760.84	12272.18	511.35	4.35%

十一、特别事项说明

1. 评估师和评估机构的法律责任是对本报告所述评估目的下的资产价值量作出专业判断，并不涉及评估师和评估机构对该项评估目的所对应的经济行为作出任何判断。评估工作在很大程度上，依赖于委托方及产权持有者提供的有关资料。因此，评估工作是以委托方及被评估单位提供的有关经济行为文件，有关资产所有权文件、证件及会计凭证，有关法律文件的真实合法为前提。

2. 评估过程中，评估人员在对设备进行勘察时，因检测手段限制及部分设备正在运行等原因，主要依赖于评估人员的外观观察和被评估单位提供的近期检测资料及向有关操作使用人员的询问情况等判断设备状况。

3. 本次评估范围及采用的由被评估单位提供的数据、报表及有关资料，委托方及被评估单位对其提供资料的真实性、完整性负责。

4. 评估报告中涉及的有关权属证明文件及相关资料由被评估单位提供，委托方及被评估单位对其真实性、合法性承担法律责任。

5. 在评估基准日以后的有效期内，如果资产数量及作价标准发生变化时，应按以下原则处理：

（1）当资产数量发生变化时，应根据原评估方法对资产数额进行相应调整；

（2）当资产价格标准发生变化、且对资产评估结果产生明显影响时，委托方应及时聘请有资格的资产评估机构重新确定评估价值；

（3）对评估基准日后，资产数量、价格标准的变化，委托方在资产实际作价时应给予充分考虑，进行相应调整。

十二、评估报告使用限制说明

（一）本评估报告只能用于本报告载明的评估目的和用途。同时，本次评估结论是反映评估对象在本次评估目的下，根据公开市场的原则确定的现行公允市价，没有考虑将来可能承担的抵押、担保事宜，以及特殊的交易方可能追加付出的价格等对评估价格的影响，同时，本报告也未考虑国家宏观经济政策发生变化以及遇有自然力和其他不可抗力对资产价格的影响。当前述条件以及评估中遵循的持续经营原则等其他情况发生变化时，评估结论一般会失效。评估机构不承担由于这些条件的变化而导致评估结果失效的相关法律责任。

本评估报告成立的前提条件是本次经济行为符合国家法律、法规的有关规定，并得到有关部门的批准。

（二）本评估报告只能由评估报告载明的评估报告使用者使用。评估报告的使用权归委托方所有，未经委托方许可，本评估机构不会随意向他人公开。

（三）未征得本评估机构同意并审阅相关内容，评估报告的全部或者部分内容不得被摘抄、引用或披露于公开媒体，法律、法规规定以及相关当事方另有约定的除外。

（四）评估结论的使用有效期：根据国家现行规定，本资产评估报告结论使用有效期为一年，自评估基准日20＊＊年＊＊月＊＊日起计算，至201＊年＊＊月＊＊日止。超过一年，需重新进行资产评估。

十三、评估报告日

评估报告日为二〇一〇年五月二十日。

备查文件目录

1. 评估对象照；
2. 嵊州×××××有限公司企业法人营业执照（复印件）；
3. 嵊州×××××有限公司评估基准日报表；
4. 嵊州×××××有限公司资产评估承诺函；
5. 资产评估机构及注册评估师承诺函；
6. 浙江××资产评估有限公司资产评估资格证书（复印件）；
7. 浙江××资产评估有限公司企业法人营业执照（复印件）；
8. 签字注册资产评估师资格证书（复印件）；
9. 机器设备评估明细表。

第八章　报告编制技巧及案例

第一节　评价报告编制技巧

企业投融资评价报告编制技巧，一是对评价报告进行恰当分类，二是编制评价报告模板，三是计算机自动生成报告。第一、二两点做好了，既可以保证评价报告质量，又可以提高人工编写报告的效率。做到了第三点，则可以极大地提高评价报告编制效率。

一、关于评价报告分类

评价报告分类的目的是为了使每个模板都能贴近评价报告个性化要求，既可以更好地做出个性化的评价报告，也能大大减少人工编制报告的工作量。

按报告使用者分类，可分为小贷公司、贷款银行、担保机构、创投机构、融资企业等。每个报告使用者站的角度不同，评价报告的内容、格式、叙述将有所不同。差异最大的是直接投资者与间接投资者评价决策指标，如贷款机构与创投机构的差异。

贷款机构的评价报告按资金用途分类分为流动资金贷款、固定资产贷款、年度授信三种不同情况。

具体分类情况详见表 8. 1。

评价报告分类表

表 8. 1

按报告使用者分类	评价报告模板分类	备注
小贷公司	流动资金小额贷款评价报告	
	固定资产小额贷款评价报告	
贷款银行	银行年度授信评价报告	
	流动资金银行贷款评价报告	
	固定资产银行贷款评价报告	

续表

按报告使用者分类	评价报告模板分类	备注
担保机构	流动资金贷款担保评价报告	
	固定资产贷款担保评价报告	
创投机构	创投机构股权投资评价报告	
融资企业	融资企业自我评价报告	

二、关于评价报告模板

1. 模板的作用

评价报告模板是评价报告的一种标准格式，每种类型的评价报告都可以提供报告模板。评估报告模板的作用，首先为满足风险揭示、风险缓释和风险度量的需要，通过标准格式起到规范评估报告内容与格式的作用；其次，报告模板为评价人员快速学习报告编制方法和提高编制效率奠定基础；第三，报告模板是实现计算机自动生成报告的必要条件。

在手工编写评价报告时，评价人员常用以往的评价报告为模板修改而成。由计算机自动生成报告时，在模板上做成标签，通过标签将企业具体内容导入模板形成报告，模板分类越细越能满足个性化需要，标签的内容越具体，生成报告的自动化程度越高，需要人工修改的工作量越少。

2. 模板的结构

报告模板由章、节、论点三个层次构建报告框架（提纲），由引言、论据、结论组成论述的内容。报告编制方法，报告的章、节、论点作为报告框架固定不变，引言一般也不需要修改，论据和结论需要根据融资主体具体情况填写，不同融资主体情况不同。模板提示论据、结论的论述内容和论述方法。

3. 章节结构组成

企业投融资评价报告模板以“一、二、……”为章目录，以“1、2、……”为节目录，以“（1）、（2）、……”为论点提纲。按章、节、论点提纲分类，可以分为流动资金贷款评价模板、流动资金贷款担保评价模板、固定资产贷款评价模板、固定资产贷款担保评价模板、年度授信评价模板、风险投资评价模板等六种类型。各种模板内容组成详见表 8. 2。

小贷公司贷款评价报告与商业银行贷款评价报告虽然目录相同，但具体内容的详细程度还是有较大差别的，具体见第二节至第九节案例示范。

模板内容组成

表 8.2

流动资金贷款		固定资产贷款		年度授信	股权投资
小贷公司流动资金贷款评价 商业银行流动资金贷款评价	担保机构流动资金贷款担保评价	小贷公司固定资产贷款评价 商业银行固定资产贷款评价	担保机构固定资产贷款担保评价	小贷公司年度授信评价 商业银行年度授信评价	创投机构风险投资评价
一、授信送审审批表 二、借款人基本情况 基本信息（一） 基本信息（二） 三、公司简介 四、尽职调查情况 1. 资料收集内容 2. 财务报表简表 3. 财务报表审核说明 4. 资料真实性评价 五、财务评价 1. 财务评价参数 （1）财务评价基本参数 （2）收入预测参数 （3）流动资金估算参数 2. 资金需求分析 3. 财务分析 （1）财务评价指标 （2）经营状况评价 （3）获利能力评价 （4）偿债能力评价 六、评级授信评价 1. 信用评级 2. 授信额度计算 3. 流动资金贷款审核	一、担保送审审批表 二、借款人基本情况 基本信息（一） 基本信息（二） 三、公司简介 四、尽职调查情况 1. 资料收集内容 2. 财务报表简表 3. 财务报表审核说明 4. 资料真实性评价 五、财务评价 1. 财务评价参数 （1）财务评价基本参数 （2）收入预测参数 （3）流动资金估算参数 2. 资金需求分析 3. 财务分析 （1）财务评价指标 （2）经营状况评价 （3）获利能力评价 （4）偿债能力评价 六、评级授信评价 1. 信用评级 2. 授信额度计算	一、授信送审审批表 二、借款人基本情况 基本信息（一） 基本信息（二） 三、公司简介 四、尽职调查情况 1. 资料收集内容 2. 财务报表简表 3. 财务报表审核说明 4. 资料真实性评价 五、财务评价 1. 财务评价参数 （1）财务评价基本参数 （2）收入预测参数 （3）流动资金估算参数 2. 资金需求分析 3. 财务分析 （1）财务评价指标 （2）经营状况评价 （3）获利能力评价 （4）偿债能力评价 六、评级授信评价 1. 信用评级 2. 授信额度计算 3. 贷款审核	一、担保送审审批表 二、借款人基本情况 基本信息（一） 基本信息（二） 三、公司简介 四、尽职调查情况 1. 资料收集内容 2. 财务报表简表 3. 财务报表审核说明 4. 资料真实性评价 五、财务评价 1. 财务评价参数 （1）财务评价基本参数 （2）收入预测参数 （3）流动资金估算参数 2. 资金需求分析 3. 财务分析 （1）财务评价指标 （2）经营状况评价 （3）获利能力评价 （4）偿债能力评价 六、评级授信评价 1. 信用评级 2. 授信额度计算	一、授信送审审批表 二、借款人基本情况 基本信息（一） 基本信息（二） 三、公司简介 四、尽职调查情况 1. 资料收集内容 2. 财务报表简表 3. 财务报表审核说明 4. 资料真实性评价 五、财务评价 1. 财务评价参数 （1）财务评价基本参数 （2）收入预测参数 （3）流动资金估算参数 2. 资金需求分析 3. 财务分析 （1）财务评价指标 （2）经营状况评价 （3）获利能力评价 （4）偿债能力评价 六、评级授信评价 1. 信用评级 2. 授信额度计算	一、投资计划审批表 二、融资企业基本情况 基本信息（一） 基本信息（二） 三、公司简介 四、市场分析 五、技术分析 六、生产过程及设施调查 七、尽职调查情况 1. 资料收集内容 2. 财务报表简表 3. 财务报表审核及说明 4. 资料真实性评价 八、财务评价 1. 财务评价参数 （1）财务评价基本参数 （2）收入预测参数 （3）流动资金估算参数 2. 资金需求分析 3. 财务分析 （1）财务评价指标 （2）经营状况评价 （3）获利能力评价 （4）偿债能力评价 九、信用评级

续表

流动资金贷款		固定资产贷款		年度授信	股权投资
小贷公司流动资金贷款评价 商业银行流动资金贷款评价	担保机构流动资金贷款担保评价	小贷公司固定资产贷款评价 商业银行固定资产贷款评价	担保机构固定资产贷款担保评价	小贷公司年度授信评价 商业银行年度授信评价	创投机构风险投资评价
七、风险评价 1. 风险分析 2. 担保分析 八、借款用途及还款来源 1. 借款用途 2. 还款来源 九、经办初审意见 1. 同意放贷理由 2. 具体贷款方案 附表 附表1 资料收集清单 附表2 资产负债表 附表3 利润表 附表4 现金流量表	七、风险评价 1. 风险分析 2. 反担保分析 八、借款用途及还款来源 1. 借款用途 2. 还款来源 九、经办初审意见 1. 同意担保理由 2. 具体担保方案 附表 附表1 资料收集清单 附表2 资产负债表 附表3 利润表 附表4 现金流量表	七、风险评价 1. 风险分析 2. 担保分析 八、借款用途及还款来源 1. 借款用途 2. 还款来源 九、经办初审意见 1. 同意放贷理由 2. 具体贷款方案 附表 附表1 资料收集清单 附表2 资产负债表 附表3 利润表 附表4 现金流量表 附表5 利润估算表 附表6 借款还本付息计划表（优化前） 附表7 借款还本付息计划表（优化后） 附表8 财务计划现金流量表（优化前） 附表9 财务计划现金流量表（优化后） 附表10 资产负债估算表	七、风险评价 1. 风险分析 2. 反担保分析 八、借款用途及还款来源 1. 借款用途 2. 还款来源 九、经办初审意见 1. 同意担保理由 2. 具体担保方案 附表 附表1 资料收集清单 附表2 资产负债表 附表3 利润表 附表4 现金流量表 附表5 利润估算表 附表6 借款还本付息计划表（优化前） 附表7 借款还本付息计划表（优化后） 附表8 财务计划现金流量表（优化前） 附表9 财务计划现金流量表（优化后） 附表10 资产负债估算表	七、风险评价 1. 风险分析 2. 担保分析 八、借款用途及还款来源 1. 借款用途 2. 还款来源 九、经办初审意见 1. 同意放贷理由 2. 具体贷款方案 附表 附表1 资料收集清单 附表2 资产负债表 附表3 利润表 附表4 现金流量表	十、风险分析及对策 十一、经办初审意见 1. 同意投资理由 2. 具体投资方案 附表 附表1 资料收集清单 附表2 资产负债表 附表3 利润表 附表4 现金流量表 附表5 利润估算表 附表6 借款还本付息计划表（优化前） 附表7 借款还本付息计划表（优化后） 附表8 财务计划现金流量表（优化前） 附表9 财务计划现金流量表（优化后） 附表10 资产负债估算表 附表11 全部投资现金流量表 附表12 权益资金现金流量表

三、计算机自动生成报告技巧

计算机自动生成报告的技巧，就是将模板中论述的内容包括报表、论据、结论做成标签，由计算机采集软件系统内储存的信息和分析结论自动导入评价报告电子文稿。系统中储存的信息越多，设置的标签越多，生成的评价报告需要人工修改的内容就越少。设置标签的基本要求：评价报告中从软件系统引用的所有评价资料、评价参数、评价指标、评价结论等都尽可能做成标签，由软件直接导入报告。

计算机自动生成报告的最大优点，是每次修改评价参数、评价指标和评价结论之后，只要重新生成报告，由系统自动完成，可大量减少报告重复修改的工作量。一般来说，一个报告多次修改的现象十分普遍，譬如报告在校对、审核、审查、审批等过程中，都有可能提出修改要求。

四、评价报告案例

本章按“评价报告分类表”，每种类型举例一个，定制模板，并由计算机自动生成报告。详见以下各节。

第二节　流动资金小额贷款评价报告

报告封面：

上海某小额贷款股份有限公司
上海某电子科技有限公司
流动资金贷款调查评价报告

评估机构：

评估机构公章：

报告完成日期：　　　　年　　　月　　　日

直接评估人

姓名：

所在单位：

职称：

评估审核人

姓名：

所在单位：

职务：

职称：

声 明 与 保 证

我们在此声明与保证：此报告是按照本贷款公司相关规定，根据贷款申请人提供的和本人收集的资料，经我们审慎调查、核实、分析和整理后完成的。报告全面反映了贷款申请人及项目最主要、最基本的信息，我们对报告内容的真实性、准确性、完整性及所作判断的合理性负责。

直接评估人签字：

年　　月　　日

评估审核人签字：

年　　月　　日

目 录

一、授信送审审批表

二、借款人基本情况

三、公司简介

四、尽职调查情况

1. 资料收集内容

2. 财务报表简表

3. 财务报表审核及说明

4. 资料真实性评价

五、财务评价

1. 财务评价参数

2. 资金需求分析

3. 财务分析

六、评级授信评价

1. 信用评级

2. 授信额度计算

3. 流动资金贷款审核

七、风险评价

1. 风险分析

2. 担保分析

八、借款用途及还款来源

1. 借款用途

2. 还款来源

九、经办初审意见

1. 同意放贷理由

2. 具体贷款方案

附表

附表 1 资料收集清单

附表 2 资产负债表

附表 3 利润表

一、授信送审审批表

公司名称	上海某电子科技有限公司		
信用等级	BB	债务承受额	8918 万元
利息备付率	123.7%	偿债备付率	515.46%
上年授信额度	300 万元	总投资净收益率	3.68%
本年授信额度	2000 万元	用信方式	授信即用信
借款金额	2000 万元	借款期限	12 个月
综合利率	10%/年	手续费	0%
借款用途	流动资金		
担保措施	1. 李＊＊夫妇提供无限连带责任担保　2. 以中山北路＊＊＊号的清房作一次抵押		
还款来源	1. 经营收益　2. 抵质押物		
还款方式	一年到期还本	付息方式	每月付息
借款历史	2010 年、2011 年分别在本公司借入流动资金贷款 400 万、300 万，按期还本付息，无逾期		
客户经理 A	张×	客户经理 B	潘××
当否？请领导审核！ 签字：　　签字： 日期：　　日期： 公司业务部经理意见： 签字：　　日期：			
审核审批部经办人复审意见： 签字：　　日期： 审核审批部经理意见： 签字：　　日期：			

二、借款人基本情况

基本信息（一）

注册地	＊＊路＊＊号＊＊幢＊＊＊－＊室		成立时间	2007－09－13
办公地址	＊＊路＊＊号＊＊幢＊＊＊－＊室		注册资本	6358.50 万元
法定代表人	李＊＊		身份证	310109＊＊＊＊＊＊＊＊＊＊＊＊
主要经营	电视电脑一体机软硬件开发销售		公司性质	有限责任公司
相关证照	营业执照	组织机构代码证	税务登记证	贷款卡
编号	31010400＊＊＊＊＊＊＊	666＊＊＊＊＊－＊	31010466＊＊＊＊＊＊＊	310104＊＊＊＊＊＊＊＊＊＊

基本信息（二）

往来银行账户情况		开户银行		账号	
	基本户	* *银行		622609* * * * * * * * * * * *	
	一般户	* *银行		100124* * * * * * * * * * * *	
股东结构	股东名称		出资金额（万元）	占比（%）	
	李* *		1000.00	15.73	
	王* *		625.80	9.84	
	张* *		400.00	6.29	
	刘* *		350.00	5.50	
	陈* *		100.00	1.57	
	……		……	……	
	合计		6358.50	100.00	
管理人员	姓名	职务	电话	学历	从事行业年限
	李* *	董事长，总裁	189* * * * * * * *	本科	26
	王* *	执行董事，副总裁	139* * * * * * * *	硕士	10
	张* *	副总裁	137* * * * * * * *	硕士	10
最近期借款情况	贷款银行	金 额	贷款性质	担保方式	贷款起讫期限
	* *银行	300.0	流动资金，用于进货	无	2011-09-19至2012-09-19
对外担保情况	被担保人	金 额	贷款银行	担保方式	起讫期限
	无		无		至
法律诉讼与仲裁说明	原告	被告	案由		金额
	无				
企业资质及荣誉等相关证书	内容		时间		颁发机构
	发明专利：一种数字多媒体系统		2007-11-28		国家知识产权局
	实用新型专利：一种多知识数字电视信号前端处理装置		2010-10-11		国家知识产权局

三、公司简介

公司开发了一款电视、电脑、上网一体机软件及关键设备，在宾馆饭店好评，有较大推广价值。

主要领导人简历

姓名	李＊＊	职务	总裁	性别	男	出生年月	1965－06－17
住址：＊＊市＊＊区＊＊花园＊号＊＊＊＊室				学历	本科	婚姻状况	已婚
毕业院校：同济大学				专业	应用化学	联系电话	189＊＊＊＊＊＊＊＊

序号	年限（起止日）	工作单位	职务	从事的行业
1	1986－11－17至1992－04－26	中国科院＊＊化学研究所	技术员	化学原料及化学制品制造业
2	1992－12－15至1998－08－21	＊＊化工公司	总经理	化学原料及化学制品制造业
3	1999－10－08至2005－04－26	＊＊信息科技有限公司	总经理	信息技术
4	2007－09－19	上海某电子科技有限公司	总裁	信息技术

四、尽职调查情况

尽职调查完成了企业现状资料收集和真实性验证两项任务，具体情况如下：

1. 资料收集内容

企业除提供了贷款评价定量分析必须提供的资料，如近三（两）年及最近月份（包括上年同期）的财务报表（包括资产负债表、利润表、现金流量表），近两年及最近月份（包括上年同期）纳税申报表，近两年产品经营状况表、成本统计表，长期借款还本付息表等资料，还提供了大量非财务资料，具体见附件资料收集清单。

2. 财务报表简表

收集了近两年和最近月份资产负债表和利润表见附表，主要内容摘要见表4－1“财务报表简表”。

财务报表简表

表4－1　　　　单位：万元

项目	上二年	上一年	本年最近月份	项目	上二年	上一年	本年最近月份
	201012	201112	201206		201012	201112	201206
货币资金	555.02	218.25	713.55	长期借款	0.00	0. 00	0. 00
应收账款	828.07	723.29	653.82	实收资本	3000.00	5350.00	6358.50
其他应收款	78.18	48.61	7.71	资本公积		1000.00	2008.50
存货	728.55	1444.87	3560.34	盈余公积	3.38	3.38	3.38
流动资产合计	2883.68	3934.07	5092.97	未分配利润	80.05	－1551.49	－1422.54
固定资产净值	612.85	1259.35	1716.37	所有者权益	3083.43	4801.89	6947.84
在建工程	62.55	287.25	176.81	主营业务收入	806.90	1452.24	1047.36

续表

项目	上二年	上一年	本年最近月份	项目	上二年	上一年	本年最近月份
	201012	201112	201206		201012	201112	201206
总资产	4214.46	8377.14	10951.37	主营业务成本	124.00	1328.61	447.48
短期借款	400.00	300.00	300.00	销售费用	206.63	365.49	168.09
应付账款	-23.37	1719.87	2191.43	管理费用	483.87	870.09	302.97
应付票据		488.40		财务费用	8.54	16.01	9.80
其他应付款	762.15	341.52	2195.36	利润总额	24.79	-1626.53	128.94
				营业外收入	49.37	12.26	3.32
流动负债合计	1131.04	3575.24	4003.54	净利润	21.61	-1631.52	128.94

3. 财务报表审核及说明

对资产负债表最近月份数据与年初数据进行比较，变动较大的科目作了说明；分析了资产负债表非主要科目的占比，对于占比异常栏目作了说明；分析了企业债务结构，为企业债务结构优化指明方向。财务报表审核及说明见下表4-2，表中删除了部分变动无异常和占比正常的栏目。

财务报表审核结论及说明表

表4-2

序号	指标名称	单位	指标	结论及说明
1	主营业务收入增长幅度［同期］		44.24	
2	财务数据异常变动分析			
2.1	货币资金增减幅度	%	226.94	本年最近月份的货币资金与年初比较，变化幅度较大，主要原因是：股本投资增加及应收账款减少
2.2	应收账款增减幅度	%	-9.60	本年最近月份的应收账款与年初比较，变化正常
2.3	存货增减幅度	%	146.41	本年最近月份的存货与年初比较，变化幅度较大，主要原因是：收入增幅大
2.4	实收资本增减	万元	1008.5	本年最近月份的实收资本与年初比较有变化，主要原因是：增资
2.5	资本公积增减	万元	1008.5	本年最近月份的资本公积与年初比较有变化，主要原因是：溢价
3	财务数据占比异常分析			
3.1	其他应收款占流动资产比例	%	1.24	上年末其他应收款占流动资产比例小于10%，占比正常
3.2	待摊费用占流动资产比例	%	0.37	上年末待摊费用占流动资产比例小于10%，占比正常

续表

序号	指标名称	单位	指标	结论及说明
3.3	长期待摊费用占非流动资产比例	%	45.92	上年末长期待摊费用占非流动资产比例10%以上，主要构成是：软件开发成本形成的其他长期资产
3.4	无形资产占非流动资产比例	%	10.94	上年末无形资产占非流动资产比例小于20%，占比正常
3.5	在建工程占固定资产比例	%	18.68	近两年在建工程占固定资产比例小于40%，占比在合理范围
4	其他应付账款分析	万元	341.52	
4.1	其他应付账款占流动负债比例	%	9.55	上年末其他应付账款占流动负债比例小于10%，占比正常
5	其他流动负债分析	万元	168.16	
5.1	其他流动负债占流动负债比例	%	4.70	上年末其他流动负债占流动负债比例小于10%，占比正常
8	其他短期借款处置方法			无其他短期借款
9	往来账款处置方法	万元	48.61	存在往来账款，处置方法是：正常，无需特殊处理
9.1	其他应收款占用其他应付账款	万元	48.61	

4. 资料真实性评价

除了在现场验证资料原件之外，还重点对财务数据的真实性进行了验证。我们验证了资产负债表、利润表、现金流量表的钩稽关系；通过纳税申报表验证了利润表中主营业务收入；查验了资产负债表“货币资金”、现金流量表中“股利分配及支付利息”金额、资产负债表“应收账款”、现金流量表“偿还债务所支付的现金”、现金流量表“投资支付的现金”等重要科目，验证了企业息税折旧摊销前利润（可还款的经营收益）的真实性。得出的综合评价结论是提供数据可信度高。详见下表4－3“数据真实性综合评价表”。

数据真实性综合评价表

表4－3

序号	指标名称	指标	评价结论
1	未纳税申报的营业收入占比（%）	0.41	可信度高
2	钩稽关系验证（钩稽关系验证差额，万元）	0	资产负债表、利润表、现金流量表三者钩稽关系正确
3	未验证的息税折旧摊销前利润占比（%）	0	可信度高
4	综合评价	0	提供数据可信度高

五、财务评价

通过统计企业现有财务报表，我们合理确定了收入预测、成本预测和流动资金需求预测参数。在未来收入预测、成本预测、流动资金预测的基础上，计算了利润估算表、企业还本付息计划、财务计划现金流量表、资产负债估算表、全部投资现金流量表等财务分析报表，对企业未来的经营状况、获利能力、偿债能力得出了可信的结论。

1. 财务评价参数

（1）财务评价基本参数

财务评价基本参数见表5－1“基本参数表”。

基本参数表

表5－1

序号	项目名称	单位	数据
1	计算期	年	10.00
2	流动资金借款利率	%	10.00
3	最低偿债备付率	%	130.00
4	最低现金比率		0.30
5	正常年份所得税税率	%	25.00
6	自有流动资金最低比例	%	10.00
7	新增固定投资	万元	0
8	新增固定投资借款	万元	0
9	新增固定投资借款偿还期	年	0
10	新增借款利率	%	0
11	新增注册资金	万元	0
12	新增借款偿还方式		0
13	基准收益率	%	8.00
14	流动资金贷款申请额	万元	2000
15	近期到期流动资金贷款	万元	

（2）主营业务收入预测参数

经统计，上一年、本年的收入增长幅度分别为79.98%、44.24%，根据统计数据确定的本年收入增长幅度预测参数为44.00%，详见表5－2。每年收入环比增长幅度见表5－3。

主营业务收入预测参数表

表5－2

序号	项目名称	单位	参数
1	主营业务收入增长率［上一年］	%	79.98
2	主营业务收入增长率［本年同期］	%	44.24
3	主营业务收入增长率（预测参数）	%	44.00

每年收入环比增长幅度

表5－3

项目名称	单位	2010	2011	2012	2013	2014	2015	2016	2017	2018	2019	2020	2021
增长幅度	%		79.98	44	22	22	22	22	22	22	22	22	22

（3）成本估算参数

统计上两年的统计参数，确定成本预测参数见表5－4。

成本估算参数

表5－4

序号	项目名称	2010	2011	2010年占比（%）	2011年占比（%）	上两年平均占比（%）	成本预测参数（%）
	营业收入（万元）	806.90	1452.24				
1	进价（营业）成本	124.00	1328.61	15.37	91.49	53.43	40
2	管理费用	483.87	870.09	59.97	59.91	59.94	30
2.1	折旧费	144.46	110.00	17.90	7.57	12.74	10
2.2	租赁费						
2.3	摊销费						
2.4	其他管理费用	339.41	760.09	42.06	52.34	47.20	20
3	财务费用	8.54	16.01	1.06	1.10	1.08	
4	营业费用	206.63	365.49	25.61	25.17	25.39	15
5	总成本费用	823.04	2580.20	102.00	177.67	139.84	
6	经营费用	670.04	2454.19	83.04	168.99	126.02	

（4）流动资金估算参数

根据统计数据确定的流动资金估算参数见表5－5。

流动资金估算参数表

表 5－5

序号	项目名称	上二年	上一年	上两年平均周转天数	预测参数
		2010 年	2011 年		
一	周转天数（天）				
1	流动资产				
1.1	应收账款	444.91	106.10	275.51	106.00
1.2	预付账款	1742.52	402.24	1072.38	400.00
1.3	存货	391.44	214.08	302.76	214.00
1.4	现金	541.64	25.63	283.64	108.00
2	流动负债				
2.1	应付账款	－94.99	481.75	193.38	120.00
2.2	预收账款	0.72	244.82	122.77	120.00
3	流动资金				
二	流动资金占经营成本比例（%）	409.37	45.63	227.50	45.00
三	流动资金占营业收入比例（%）	339.94	77.12	208.53	77.00
四	旺季调整系数				

2. 资金需求分析

根据企业业务发展预测和财务平衡分析，得出的企业融资需求与资金筹措计划是 13455 万元，详见表 5－6。本年流动资金贷款需求 2022 万元，企业申请流动资金贷款 2000 万元。

融资需求与筹措计划表

表 5－6　　单位：万元

序号	名　称	合计	2012	2013	2014	2015	2016	2017	2018	2019	2020	2021
1	资金需求	13455	2247	494	603	736	898	1095	1336	1630	1989	2426
1.1	流动资金	13455	2247	494	603	736	898	1095	1336	1630	1989	2426
1.2	债务优化融资											
1.3	新增固定投资											
2	资金筹措	13455	2247	494	603	736	898	1095	1336	1630	1989	2426
2.1	权益资金	1345	225	49	60	74	90	110	134	163	199	243
2.1.1	年初自有流动资金	225	225									
2.1.2	经营收益及盈余资金	1121		49	60	74	90	110	134	163	199	243

续表

序号	名　　称	合计	2012	2013	2014	2015	2016	2017	2018	2019	2020	2021
2.1.3	拟股权融资											
2.2	债务资金	12109	2022	445	543	662	808	986	1203	1467	1790	2184
2.2.1	流动资金贷款	12109	2022	445	543	662	808	986	1203	1467	1790	2184
2.2.2	债务优化贷款											
2.2.3	新增固定投资贷款											

3. 财务分析

（1）财务评价指标

经过财务评价分析，分析结果详见表5－7“财务评价指标汇总表”。

财务评价指标汇总表

表5－7

序号	指　　标	单位	上二年	上一年	预测指标	
					本年	计算期平均
1	经营状况评价指标					
1.1	主营业务收入	万元	806.90	1452.24	2091.23	5992.91
1.2	主营业务收入增长幅度	%		79.98	44.00	24.20
1.3	销售利润率	%	3.07	－116.00	2.29	8.07
1.4	主营业务收入现金含量		315.16		100.00	100.00
1.5	存货周转率		0.17	0.91	0.90	
1.6	应收账款周转率		0.97	2.01	4.53	
2	获利能力评价指标					
2.1	净利润	万元	21.61	－1631.52	35.95	471.47
2.2	净利润增长率	%		－7649.84	102.20	63.28
2.3	息税折旧摊销前利润	万元	177.79	－1500.52	459.30	1362.88
2.4	息税折旧摊销前利润增长率	%		－943.98	130.61	33.40
2.5	总投资收益率	%	0.82	－28.95	3.86	10.89
2.6	总投资净收益率	%	0.74	－29.04	3.68	9.56
2.7	全投资税后内部收益率	%				10.69
2.8	权益资金内部收益率	%				10.62
2.9	每股价值	元			1.07	1.07
3	财务状况评价指标					
3.1	资产负债率	%	26.84	42.68	42.03	56.64

续表

序号	指　标	单位	上二年	上一年	预测指标	
					本年	计算期平均
3.2	流动比率		2.55	1.10	1.17	1.30
3.3	速动比率		1.37	0.28	0.64	0.72
3.4	现金比率		0.49	0.06	0.50	0.57
4	偿债能力评价指标					
4.1	利息备付率	%	390.28	-10059.46	123.70	183.45
4.2	贷款偿还期	年				
4.3	偿债备付率	%	2044.61	-9403.56	515.46	
4.4	累计平均偿债备付率最低值	%			515.46	515.46
4.5	偿债备付率（优化前）	%	2044.61	-9403.56	515.46	
4.6	累计平均偿债备付率最低值（优化前）	%			515.46	515.46
5	发展潜力评价指标					
5.1	累计盈余资金	万元			840.25	3194.28
5.2	净资产	万元	3083.43	4801.89	4837.84	6207.69

（2）经营状况评价

经统计，融资主体上一年、本年的收入增长幅度分别为79.98%、44.24%。主营业务收入持续两年增长幅度均超过15%，增长势头好。

（3）获利能力评价

经测算，本年总投资净收益率、全投资税后内部收益率分别为3.68%、10.69%。

基本参数规定的基准收益率为8.00%。

获利能力评价结论：本年预测的总投资净收益率（静态指标）和反映整个计算期的全投资税后内部收益率指标，其中一个已经达到了基准收益率，认为融资主体的经济效益较好。

（4）偿债能力评价

经测算，本年的利息备付率为123.7%，偿债备付率最低值515.46%，基本参数规定的偿债备付率评价标准为130.00%。

评价结论：企业只有流动资金贷款，利息备付率大于或等于100%，说明流动资金贷款有偿债能力。

六、评级授信评价

1. 信用评级

上述分析论证，对企业的贷款需求、企业经营状况、盈利能力、债务结构、偿债能力等，在数据真实性认证的基础上，已经进行了全面的定量分析，已经能够对客户的优劣，以及是否可以满足客户的贷款需求有了初步判断。企业评级授信将进一步确定客户信用等级和授信额度，作为用信依据。

本报告的评级授信采用了“定性分析与定量分析相结合，以定量分析为主”的评价方法，在分析论证企业数据真实性的基础上，强化了财务评价指标在信用评级中的作用。并在商业银行贷款评价基础上，增加了小贷政策加分因素。通过企业现状和未来趋势分析，客户的信用等级评定为BB级，可将该客户划入慎重贷款对象。

详见表6－1“小贷评分评级表”。

小贷评分评级表

表6－1

序号	指标大类	指标名称	指标	评价	评分
1	经营者素质	1. 学历		（1）主要领导人硕士以上学历	5
		2. 行业经验		（3）从事本行业1～3年	2
		3. 信用记录		（1）无不良记录	7
		4. 公司团队		（1）市场开发能力强	3
2	经营状况	1. 销售利润率	－45.03	（6）销售利润率<4	0
		2. 总投资净收益率	－9.41	（7）总投资净收益率<0	0
		3. 存货周转率	0.90	（5）存货周转率<2	0
		4. 应收账款周转率	3.52	（4）2<＝应收账款周转率<4	1
3	偿债能力	1. 现金比率	0.32	（3）0.3<＝现金比率<0.4	3
		2. 流动比率	1.14	（2）1<＝流动比率<1.5	3
		3. 偿债备付率	515.46	（1）偿债备付率>＝180	7
		4. 资产负债率	42.29	（1）资产负债率<＝60	8
4	发展潜力	1. 净资产	4823.46	（1）净资产>＝1000	4
		2. 销售增长率	58.39	（1）销售增长率>＝18	5
		3. 净利润增长率	－2998.62	（6）净利润增长率<2	0
		4. 累计盈余资金	504.15	（4）300<＝累计盈余资金<400	3
5	数据真实性	1. 综合评价		（1）提供数据可信度高	10

续表

序号	指标大类	指标名称	指标	评价	评分
6	特例事项	1. 信用记录		（5）无	0
		2. 重大事项		（8）无	0
		3. 经营情况		（7）无	0
7	评价加分	承担利率		法定贷款利率（≤2.0）倍	0
		政府无偿资助		30＜本年已经落实的政府无偿资助金额≤50	1
		政府贴息		本年已经落实贴息为基准利率（＜0.2）倍	0
		担保因素		抵（质）押率小于100%（贷款额×100/抵质押价值）	3
		政府承担风险		高科技园区企业	3
8	分值汇总	分值汇总			68
9		评定等级		BB	68

2. 授信额度计算

客户授信建立在资料真实性分析和债务优化基础上，完全采用定量分析方法，避免了人为因素干扰。不仅核定了综合授信边界，还分别核定了固定资产、流动资金和表外业务等单品种授信额度。核定方法及核定结果详见表6－2。

根据客户信用等级和资产负债率合理范围，经测算的债务承受额为8918.0万元。

授信额度根据资金需求与债务承受额综合确定。流动资金需求根据财务评价流动资金估算表确定需求；新增固定投资根据企业购置固定资产、无形资产、技术研发和节能减排等资金需要，结合融资主体未来经营收益的偿债能力综合确定；表外业务，根据近几年统计数据和企业发展需要确定。遵循“所有单品种授信额度之和不能超过综合授信控制边界”的原则，提出了企业授信总额和单品种授信额度建议。

建议提供流动资金授信额度2000万元。

授信额度计算表

表6－2

序号	参数或指标	变量名称	按本年估算值测算
1	综合授信控制边界测算		
1.1	可接受的最高资产负债率	R_m	0.7
1.2	客户最近资产总额		8377

续表

序号	参数或指标	变量名称	按本年估算值测算
1.3	客户最近负债总额	L_0	3575
1.4	客户最近资产负债率	R_0	0.0
1.5	账面净资产		4802
1.6	无法变现资产		0
1.7	客户最近有效净资产	N_A	4802
1.8	客户信用等级		BB
1.9	客户信用等级调整系数	C	0.6
1.10	本年利润再投资默认值	I	36
1.11	本年利润再投资确认值	I_0	36
1.12	综合授信控制边界计算值	M	8918
1.13	建议综合授信边界	M_0	8918
2	流动资金授信额度计算值		
2.1	估算的流动资金		2247
2.2	流动资金最大贷款比例		0.9
2.3	流动资金授信额度计算值		2022
2.4	建议流动资金授信额度	F_B	2000
3	固定资产授信额度计算值		
3.1	息税折旧摊销前利润		459
3.2	所得税		12
3.3	经营活动净现金流量		447
3.4	可接受的固定资产贷款偿还期	T	0
3.5	折现率		0.08
3.6	净现值		1421
3.7	最低偿债备付率		1.3
3.8	客户最近固定资产贷款余额1		0
3.9	新增固定资产授信额度计算值	F_A	1093
3.10	新增固定投资授信额度需要值	F_{A2}	0
4	表外业务授信额度计算		
4.1	表外业务授信额度计算值	F_C	244
4.2	表外业务授信额度建议值	F_{C1}	0
5	建议单品种授信额度		
5.1	客户最近固定资产贷款余额2	F_{A0}	0
5.2	流动资金授信额度	F_{B0}	2000

续表

序号	参数或指标	变量名称	按本年估算值测算
5.3	未用固定资产授信额度	F_{A1}	0
5.4	表外业务授信额度	F_{C0}	0
6	授信总额	F_0	2000

3. 流动资金贷款审核

流动资金贷款（用信）可选择“授信即用信”或“先授信后用信”两种方式之一确定每次贷款金额。采用“授信即用信”方式时，贷款可一次性发放，贷款金额等于授信额度。若采用“先授信后用信”方式，可分次发放，授信额度可循环使用，每次放款数额不超过下式核定的贷款金额。

贷款额度 = Min（申请额度，授信额度 - 现有贷款余额 + 近期到期贷款）

本贷款提案建议采用授信即用信方式，核定的本次贷款额度为2000万元。

七、风险评价

1. 风险分析

根据融资主体新增固定投资需求、年初财务报表，分析了融资主体本年内可能出现的重大经营和财务风险，得出的结论是：借款人暂无新增固定投资需求，债务结构合理，经营活动净现金流量为正，企业能平稳运行，未见重大风险隐患。

2. 担保分析

本贷款方案落实的担保措施如下：

1. 李＊＊夫妇提供无限连带责任担保　　2. 以中山北路＊＊＊号的清房作一次抵押。

八、借款用途及还款来源

1. 借款用途

流动资金贷款用于进货、工资及管理费用。

2. 还款来源

（1）经营收益　　（2）抵质押物。

九、经办初审意见

1. 同意放贷理由

上海＊＊电子科技有限公司申请流动资金贷款2000万元；企业信用等级BB，属于慎重贷款对象；年度流动资金授信额度2000万元，采用授信即用信；核定的贷款额度为2000万元，额度够用；利息备付率123.7%，偿债备付率515.46%。得出偿债能力评价结论：企业只有流动资金贷款，利息备付率大于100%，说明流动资金贷款有偿债能力。建议按贷款方案提供流动资金贷款2000万元。

2. 具体贷款方案

公司名称	上海＊＊电子科技有限公司		
信用等级	BB	债务承受额	8918万元
利息备付率	123.7%	偿债备付率	515.46%
上年授信额度	300万元	总投资净收益率	3.68%
本年授信额度	2000万元	用信方式	授信即用信
借款金额	2000万元	借款期限	12个月
综合利率	10%/年	手续费	0%
借款用途	流动资金		
担保措施	1. 李＊＊夫妇提供无限连带责任担保　2. 以中山北路＊＊＊号的清房作一次抵押		
还款来源	1. 经营收益　2. 抵质押物		
还款方式	一年到期还本	付息方式	每月付息
借款历史	2010年在本公司借入流动资金贷款400万，按期还本付息，无逾期		
客户经理A	张×	客户经理B	潘××

附表

附表1 资料收集清单

序号	选择	内容
一		**借款人资料**
1	√	营业执照
2	√	组织机构代码证
3	√	税务登记证
4		外商投资企业批准证书（如有）
5		外汇登记证（如有）
6		公司章程
7	√	验资报告
8	√	贷款卡查询资料（详细版）
9	√	法定代表人身份证复印件
10	√	法定代表人履历表
11	√	法定代表人个人征信系统查询资料及同意查询授权书
12	√	企业连续两年的财务年度报表和最近一期（包括上一年同期）的财务月报表
13	√	现场验证数据表
14		房地产租赁合同（如为租赁）
15		主要固定资产清单
16		环保评估及验收文件
17		公司及关联企业股权结构图或组织结构图
18		许可证（如：进出口备案文件、印刷、特种行业经营）（如有）
19		因项目需要，须提供的其他资料（如产品认证、专利证书、企业宣传册等）
二		**企业经营状况资料**
1		前、上年度及本年度最近月（包括上一年同期）增值税纳税申报表
2		政府部门（如海关、外管局、外经委等）编制的进出口情况统计表
3		经营状况统计表（工业类）
4		企业成本统计资料（工业类）
5	√	上一年及本年最近月银行非本行账户对账单（含其他结算账户）
6		前6个月前3大供应商\下家客户的购货合同和销货合同
7	√	前6个月电（或水、气）费凭证
8	√	企业的出库单证\销售月报表\运输发票（完整月份）
9		他行对其核定的授信批复通知书

续表

序号	选择	内　容
10		其他可以证实销售收入情况的材料
三		**保证人资料**
1		营业执照
2		组织机构代码证
3		税务登记证（国、地税）
4		公司章程
5		验资报告
6		贷款卡查询资料
7		法定代表人身份证复印件
8		连续两年的财务年度报表和最近一期的财务月报表
四	√	**抵质押资料**
1		相关产权证，如房、地产权证等
2		资产评估报告（或预评估报告）
3		存单和有价证券等质物
五		**固定资产贷款资料**
1		企业现有固定资产贷款还本付息计划
2		批复文件（如有）
3		项目可行性报告（如有）
4		土地出让合同（如有）
5		工程建造合同、设备购买合同
6		其他配套条件落实文件

附表2　资产负债表

单位：万元

序号	项目名称	200912	201012	201112	201106	201206
1	资产		4214.46	8377.14		10951.37
1.1	流动资产总额		2883.68	3934.07		5092.97
1.1.1	货币资金		555.02	218.25		713.55
1.1.2	短期投资					
1.1.3	应收票据					
1.1.4	应收股利					
1.1.5	应收利息					
1.1.6	应收账款		828.07	723.29		653.82
1.1.7	减坏账准备					

续表

序号	项目名称	200912	201012	201112	201106	201206
1.1.8	应收账款净额		828.07	723.29		653.82
1.1.9	预付账款		600.20	1484.51		151.61
1.1.10	应收补贴款					
1.1.11	其他应收款		78.18	48.61		7.71
1.1.12	存货		728.55	1444.87		3560.34
1.1.13	待摊费用			14.54		5.93
1.1.14	待处理流动资产净损失					
1.1.15	一年到期的长期债权投资					
1.1.16	其他流动资产		93.66			0.01
1.2	长期投资		50.00			
1.2.1	长期股权投资		50.00			
1.2.2	长期债权投资					
1.3	固定资产					
1.3.1	固定资产原值		979.83	1369.42		2000.02
1.3.2	减：累计折旧		366.98	110.07		283.65
1.3.3	固定资产净值		612.85	1259.35		1716.37
1.3.4	减：固定资产减值准备					
1.3.5	固定资产净额		612.85	1259.35		1716.37
1.3.6	工程物资					
1.3.7	在建工程		62.55	287.25		176.81
1.3.8	固定资产清理		1.98			
1.3.9	固定资产合计		677.38	1546.60		1893.18
1.4	无形资产及其他资产		603.40	2896.47		3965.22
1.4.1	无形资产		576.00	486.29		465.54
1.4.2	长期待摊费用		27.40	2040.16		3163.71
1.4.3	其他长期资产			370.02		335.97
1.5	递延税款					
1.5.1	递延税款借项					
2	负债及所有者权益		4214.47	8377.13		10951.38
2.1	流动负债总额		1131.04	3575.24		4003.54
2.1.1	短期借款		400.00	300.00		300.00
2.1.2	应付票据			488.40		
2.1.3	应付账款		-23.37	1719.87		2191.43

续表

序号	项目名称	200912	201012	201112	201106	201206
2.1.4	预收账款		1.61	987.61		212.77
2.1.5	其他应付账款		762.15	341.52		2195.36
2.1.6	应付工资			74.95		29.06
2.1.7	应付福利费					
2.1.8	应付股利					
2.1.9	应缴税金		-9.35	-505.27		-1068.42
2.1.10	一年到期的长期负债					
2.1.11	其他			168.16		143.34
2.2	长期负债					
2.2.1	长期借款					
2.2.2	应付债券					
2.2.3	长期应付款					
2.2.4	住房周转金					
2.2.5	其他长期负债					
2.3	递延税款贷项					
2.4	负债总额		1131.04	3575.24		4003.54
2.5	所有者权益		3083.43	4801.89		6947.84
2.5.1	实收资本［股本］		3000.00	5350.00		6358.50
2.5.2	资本公积			1000.00		2008.50
2.5.3	盈余公积		3.38	3.38		3.38
2.5.4	任意公积金					
2.5.5	未分配利润		80.05	-1551.49		-1422.54

附表3　利润表

单位：万元

序号	项目名称	200912	201012	201112	201106	201206
一	**主营业务**		**806.90**	**1452.24**		**1047.36**
	减：折扣与折让					
二	**主营业务收入净额**		**806.90**	**1452.24**		**1047.36**
	减：主营业务成本		124.00	1328.61		447.48
	主营业务税金及附加		8.24	25.82		6.64
三	**主营业务利润［毛利润］**		**674.66**	**97.81**		**593.24**
	加：其他业务利润					
	减：存货跌价准备			344.73		

续表

序号	项目名称	200912	201012	201112	201106	201206
	营业费用［销售费用］		206.63	365.49		168.09
	管理费用		483.87	870.09		302.97
	财务费用		8.54	16.01		9.80
四	**主营利润**		**-24.38**	**-1498.51**		**112.38**
	加：投资收益			-50.00		
	补贴收入					28.77
	营业外收入		49.37	12.26		3.32
	减：营业外支出		0.20	90.28		15.53
	加：以前年度损益调整					
五	**利润总额**		**24.79**	**-1626.53**		**128.94**
	减：所得税		3.18	4.99		
	少数股东损益					
六	**净利润**		**21.61**	**-1631.52**		**128.94**
七	**本年利息**		**8.54**	**16.01**		**1.50**
	息税前利润		33.33	-1610.52		130.44
	本年折旧		144.46	110.00		173.58
	本年摊销					
	息税折旧摊销前利润		177.79	-1500.52		304.02

附表4　现金流量表

单位：万元

序号	项目名称	200912	201012	201112	201106	201206
一	**经营活动产生的现金流量**					
1	经营活动现金流入		-142.03	2846.67		-347.92
1.1	销售商品、提供劳务收到的现金		-19.56	2543.02		-364.57
1.2	收到的税费返还					
1.3	收到的其他与经营活动有关的现金		-122.47	303.65		16.65
2	经营活动现金流出		1058.46	3422.34		-462.82
2.1	购买商品、接受劳务支出的现金		1109.14	1238.83		824.52
2.2	支付给职工以及为职工支付的现金					
2.3	支付的各种税费		20.77	526.73		563.15
2.4	支付的其他与经营活动有关的现金		-71.45	1656.78		-1850.49
3	经营活动产生的现金流量净额		-1200.49	-575.67		114.90
二	**投资活动产生的现金流量**					

续表

序号	项目名称	200912	201012	201112	201106	201206
1	投资活动现金流入		-1.98	1.98		
1.1	收回投资所收到的现金			50.00		
1.2	取得投资收益而收到的现金			-50.00		
1.3	处置固定资产、无形资产和其他长期资产而收到的现金		-1.98	1.98		
1.4	收到的其他与投资活动有关的现金					
2	投资活动现金流出		1695.78	2997.07		1643.71
2.1	投资支付的现金		1695.78	2997.07		1643.71
2.2	支付其他与投资活动有关的现金					
3	投资活动产生的现金流量净额		-1697.76	-2995.09		-1643.71
三	**筹资活动产生的现金流量**					
1	筹资活动现金流入		3400.00	3350.00		2017.00
1.1	吸收投资所收到的现金		3000.00	3350.00		2017.00
1.2	借款所收到的现金		400.00			
1.3	收到其他与筹资活动有关的现金					
2	筹资活动现金流出		-53.28	116.03		-7.13
2.1	偿还债务所支付的现金			100.00		
2.2	分配股利、利润和偿付利息所支付的现金		-53.28	16.03		-7.13
2.3	支付的其他与筹资活动有关的现金					
3	筹资活动产生的现金流量净额		3453.28	3233.97		2024.13
四	汇率变动对现金的影响					
五	现金及现金等价物净增加额		555.03	-336.79		495.32

第三节　固定资产小额贷款评价报告

报告封面：

上海××小额贷款股份有限公司
某集成电路设备有限公司
固定资产贷款调查评价报告

评估机构：

评估机构公章：

报告完成日期：　　　　年　　　月　　　日

直接评估人

姓名：

所在单位：

职称：

评估审核人

姓名：

所在单位：

职务：

职称：

声明与保证

我们在此声明与保证：此报告是按照本贷款公司相关规定，根据贷款申请人提供的和本人收集的资料，经我们审慎调查、核实、分析和整理后完成的。报告全面反映了贷款申请人及项目最主要、最基本的信息，我们对报告内容的真实性、准确性、完整性及所作判断的合理性负责。

直接评估人签字：

年　　月　　日

评估审核人签字：

年　　月　　日

目　录

一、授信送审审批表

二、借款人基本情况

三、公司简介

四、尽职调查情况

1. 资料收集内容

2. 财务报表简表

3. 财务报表审核及说明

4. 资料真实性评价

五、财务评价

1. 财务评价参数

2. 资金需求分析

3. 财务分析

六、评级授信评价

1. 信用评级

2. 授信额度计算

3. 贷款审核

七、风险评价

1. 风险分析

2. 担保分析

八、借款用途及还款来源

1. 借款用途

2. 还款来源

九、经办初审意见

1. 同意授信理由

2. 具体贷款方案

附表

附表 1 资料收集清单

附表 2 资产负债表

附表 3 利润表

附表4 现金流量表

附表5 利润估算表

附表6 借款还本付息计划表（优化前）

附表7 借款还本付息计划表（优化后）

附表8 财务计划现金流量表（优化前）

附表9 财务计划现金流量表（优化后）

附表10 资产负债估算表

一、授信送审审批表

<table>
<tr><td>公司名称</td><td colspan="6">某集成电路设备有限公司</td></tr>
<tr><td>授信总额（万元）</td><td colspan="6">6000</td></tr>
<tr><td>授信品种和条件</td><td colspan="2">流动资金授信</td><td colspan="2">固定投资授信</td><td colspan="2">表外业务授信</td></tr>
<tr><td>授信额度（万元）</td><td colspan="2">0</td><td colspan="2">6000</td><td colspan="2"></td></tr>
<tr><td>借款期限（个月）</td><td colspan="2">0</td><td colspan="2">12</td><td colspan="2"></td></tr>
<tr><td>综合利率（%/年）</td><td colspan="2">0</td><td colspan="2">12</td><td colspan="2"></td></tr>
<tr><td>手续费（%）</td><td colspan="2">0</td><td colspan="2">0</td><td colspan="2"></td></tr>
<tr><td colspan="7">贷款评价指标</td></tr>
<tr><td>信用等级</td><td colspan="2">BBB</td><td colspan="2">债务承受额（万元）</td><td colspan="2">6513.0</td></tr>
<tr><td>利息备付率（%）</td><td colspan="2">562.17</td><td colspan="2">偿债备付率（%）</td><td colspan="2">350.88</td></tr>
<tr><td>综合贷款偿还期（年）</td><td colspan="2">9.0</td><td colspan="2">总投资净收益率</td><td colspan="2">10.58</td></tr>
<tr><td colspan="7">新增固定投资贷款</td></tr>
<tr><td>贷款金额（万元）</td><td>宽限期（年）</td><td colspan="2">偿还期（年）</td><td colspan="2">还款方式</td><td>付息方式</td></tr>
<tr><td>6000</td><td>0</td><td colspan="2">1</td><td colspan="2">到期一次还本</td><td>按月付息</td></tr>
<tr><td>担保措施</td><td colspan="6">李＊＊个人保证担保（免配偶）</td></tr>
<tr><td>还款来源</td><td colspan="6">银行按揭贷款</td></tr>
<tr><td>借款历史</td><td colspan="6">无</td></tr>
<tr><td>客户经理 A</td><td colspan="2">张＊</td><td colspan="2">客户经理 B</td><td colspan="2">刘＊＊</td></tr>
<tr><td colspan="7">当否？请领导审核！
签字：　签字：
日期：　日期：
公司业务部经理意见：
签字：　日期：</td></tr>
<tr><td colspan="7">审核审批部经办人复审意见：
签字：　日期：
审核审批部经理意见：
签字：　日期：</td></tr>
</table>

二、借款人基本情况

基本信息（一）

注册地	上海市＊＊路＊＊号第＊幢		成立时间	2005－05－17
办公地址	上海市＊＊路＊＊号第＊幢		注册资本	21312.5 万元
法定代表人	李＊		身份证	46692＊＊＊＊（护照）
主要经营	生产加工销售电子设备及其零部件		公司性质	有限责任公司
相关证照	营业执照	组织机构代码证	税务登记证	贷款卡
编号	3100004004＊＊＊＊＊	77433＊＊＊－＊	3101157743＊＊＊＊＊	310115100012＊＊＊＊＊

基本信息（二）

往来银行账户情况			开户银行		账号
	基本户		上海浦东发展银行＊＊支行		98210＊＊＊＊＊＊＊＊＊＊＊＊＊
	一般户		上海浦东发展银行＊＊支行		12190＊＊＊＊＊＊＊＊＊＊＊＊＊
	一般户		中国银行＊＊支行		62220＊＊＊＊＊＊＊＊＊＊＊＊＊
股东结构	股东名称		出资金额（万元）		占比（%）
	＊＊＊ INC		12000.00		60.00
	＊＊＊＊创业投资有限公司		4000.00		20.00
	＊＊集团有限公司		2000.00		10.00
	＊＊＊＊科技投资有限公司		2000.00		10.00
	合计		20000.00		100.00
管理人员	姓名	职务	电话	学历	从事行业年限
	李＊＊	董事长兼首席执行官	139＊＊＊＊＊＊＊＊	博士	22.0
	郭＊＊	董事，市场副总裁	133＊＊＊＊＊＊＊＊	博士	15.0
	刘＊＊	销售副总裁	138＊＊＊＊＊＊＊＊	博士	16.0
最近期借款情况	贷款银行	金 额	贷款性质	担保方式	贷款起讫期限
	交通银行	500.0	流动资金	无	2012－02－15 至 2013－02－15
对外担保情况	被担保人	金 额	贷款银行	担保方式	起讫期限
		0.0	无		至
法律诉讼与仲裁说明	原告	被告	案由		金额
	无				0.0
企业资质及荣誉等相关证书	内容		时间		颁发机构
	上海市高新技术企业		2010－05－07		上海市高新技术产业开发区管委会
	集成电路热处理方法和装置		2010－05－01		国家知识产权局
	集成电路超均匀镀金属膜的方法		2010－08－20		国家知识产权局

三、公司简介

该公司研发生产的设备是我国集成电路行业亟须引进的集成电路设备，公司瞄准国际国内两个市场，取得多项专利发明。研发成功的具有国际领先水平的集成电路热处理和集成电路超均匀镀金属膜装置，在美国市场销售已取得成功。为稳定企业发展，拟购买当前租用的厂房，申请按揭贷款，在按揭贷款批准之前先申请 1 年期小额贷款过渡。公司得到政府专项支持，创投机构已投资 4000 万元，本贷款项目定性为“以投促贷”项目。

主要领导人简历

姓名	李＊＊	职务	总裁	性别	男	出生年月	1961－11－04
住址：＊＊市＊＊区＊＊－＊＊＊室				学历	博士	婚姻状况	已婚
毕业院校：美国加州大学				专业	精密加工系	联系电话	139＊＊＊＊＊＊＊＊
序号	年限（起止日）	工作单位				职务	从事的行业
1	1990－11－21 至 1992－07－22	＊＊国家纳米实验室				研究员	新材料
2	1992－08－19 至 1995－07－20	＊＊ Materials				高级工程师	新材料
3	1995－09－14 至 1998－06－10	＊＊Corporation				研发经理	集成电路设备
4	1998－07－23 至 2006－09－18	＊＊ Inc				CEO	集成电路设备
5	2006－09－21	某集成电路设备有限公司				CEO	集成电路设备

四、尽职调查情况

尽职调查完成了企业现状资料收集和真实性验证两项任务，具体情况如下：

1. 资料收集内容

企业除提供了贷款评价定量分析必须提供的资料，如近三（两）年及最近月份（包括上年同期）的财务报表（包括资产负债表、利润表、现金流量表），近两年及最近月份（包括上年同期）纳税申报表，近两年产品经营状况表、成本统计表，长期借款还本付息表等资料，还提供了大量非财务资料，具体见附件资料收集清单。

2. 财务报表简表

收集了近两年和最近月份资产负债表和利润表见附表，主要内容摘要见表 4－1“财务报表简表”。

财务报表简表

表4-1　　　　　　　　　　　　　　　　　　　　单位：万元

项目	上二年	上一年	本年最近月份	项目	上二年	上一年	本年最近月份
	201012	201112	201207		201012	201112	201207
货币资金	2362.42	2724.62	2955.63	长期借款			
应收账款	1655.68	1575.23	1871.01	实收资本	20000.00	20000.00	20000.00
其他应收款	86.01	457.73	115.77	资本公积	202.63	202.63	202.63
存货	188.89	456.74	615.47	盈余公积			
流动资产合计	4367.59	5413.96	5754.82	未分配利润	-11428.41	-14518.97	-16419.70
固定资产净值	2431.03	1447.14	876.14	所有者权益	8774.22	5683.66	3782.93
在建工程	2765.64	4325.38	4514.84	主营业务收入	1702.63	1766.33	1499.72
总资产	14676.86	15977.07	15450.92	主营业务成本	1197.78	1300.08	1146.76
短期借款			500.00	销售费用	316.45	500.58	289.91
应付账款	88.61	139.90	172.73	管理费用	3005.52	3283.62	1991.01
应付票据				财务费用	11.38	90.10	-23.79
其他应付款	359.35	360.93	585.53	利润总额	-2706.71	-3090.57	-1900.73
				营业外收入		244.00	1.92
流动负债合计	182.02	801.35	1424.48	净利润	-2706.71	-3090.57	-1900.73

3. 财务报表审核及说明

对资产负债表最近月份数据与年初数据进行比较，变动较大的科目作了说明；分析了资产负债表非主要科目的占比，对于占比异常栏目作了说明；分析了企业债务结构，为企业债务结构优化指明方向。财务报表审核及说明见下表4-2，表中删除了部分变动无异常和占比正常的栏目。

财务报表审核结论及说明表

表4-2

序号	指标名称	单位	指标	结论
1	主营业务收入增长幅度［同期］		45.55	
2	财务数据异常变动分析			
2.1	货币资金增减幅度	%	8.48	本年最近月份的货币资金与年初比较，变化幅度不大
2.2	应收账款增减幅度	%	18.78	本年最近月份的应收账款与年初比较，变化正常
2.3	存货增减幅度	%	34.75	本年最近月份的存货比年初增幅较大，原因：销售增加

续表

序号	指标名称	单位	指标	结论
2.4	实收资本增减	万元		本年最近月份的实收资本与年初比较没有变化
2.5	资本公积增减	万元		本年最近月份的资本公积与年初比较没有变化
3	财务数据占比异常分析			
3.1	其他应收款占流动资产比例	%	8.45	上年末其他应收款占流动资产比例小于10%，占比正常
3.2	待摊费用占流动资产比例	%		上年末待摊费用占流动资产比例小于10%，占比正常
3.3	长期待摊费用占非流动资产比例	%	0.19	上年末长期待摊费用占非流动资产比例小于10%，占比正常
3.4	无形资产占非流动资产比例	%	40.42	上年末无形资产占非流动资产比例20%以上，主要构成是：
3.5	在建工程占固定资产比例	%	182.84	近两年在建工程占固定资产比例40%以上，主要构成是：
4	其他应付账款分析	万元	360.93	
4.1	其他应付账款占流动负债比例	%	45.04	上年末其他应付账款占流动负债比例较大，经核实为销售环节押金
5	其他流动负债分析	万元	0	
7	“短债长用”释疑			无
8	其他短期借款处置方法			无
9	往来账款处置方法	万元	360.93	存在往来账款，企业拟采用的处置方法是：
9.1	其他应收款占用其他应付账款	万元	360.93	
9.2	其他应收款占用其他流动负债	万元		
9.3	其他应收款占用权益资金	万元	96.80	其他应收款占用权益资金数目不大，可忽略

4. 资料真实性评价

除了在现场验证资料原件之外，还重点对财务数据的真实性进行了验证。我们验证了资产负债表、利润表、现金流量表的钩稽关系；通过纳税申报表验证了利润表中主营业务收入；查验了资产负债表“货币资金”、现金流量表中“股利分配及支付利息”金额、资产负债表“应收账款”、现金流量表“偿还债务所支付的现金”、现金流量表“投资支付的现金”等重要科目，验证了企业息税折旧摊销前利润（可还款的经营收益）的真实性。得出的综合评价结论是提供数据可信度高。详见下表4－3“数据真实性综合评价表”。

数据真实性综合评价表

表 4－3

序号	指标名称	指标	评价结论
1	未纳税申报的营业收入占比（%）	0	可信度高
2	钩稽关系验证（钩稽关系验证差额，万元）	0	资产负债表、利润表、现金流量表三者钩稽关系正确
3	未验证的息税折旧摊销前利润占比（%）	0	可信度高
4	综合评价	0	提供数据可信度高

五、财务评价

通过统计企业现有财务报表，我们合理确定了收入预测、成本预测和流动资金需求预测参数。在未来收入预测、成本预测、流动资金预测的基础上，计算了利润估算表、企业还本付息计划、财务计划现金流量表、资产负债估算表、全部投资现金流量表等财务分析报表，详见附表 5 至附表 10。对企业未来的经营状况、获利能力、偿债能力得出了可信的结论。

1. 财务评价参数

（1）财务评价基本参数

财务评价基本参数见表 5－1“基本参数表”。

基本参数表

表 5－1

序号	项目名称	单位	数据
1	计算期	年	10.00
2	流动资金借款利率	%	6.00
3	最低偿债备付率	%	130.00
4	最低现金比率		0.30
5	正常年份所得税税率	%	25.00
6	自有流动资金最低比例	%	100.00
7	新增固定投资	万元	6000.00
8	新增固定投资借款	万元	0
9	新增固定投资借款偿还期	年	9.00
10	新增借款利率	%	12.00
11	新增注册资金	万元	0

续表

序号	项目名称	单位	数据
12	新增借款偿还方式		3.00
13	基准收益率	%	8.00
14	流动资金贷款申请额	万元	
15	近期到期流动资金贷款	万元	

（2）主营业务收入预测参数

经统计，上一年、本年的收入增长幅度分别为3.74%、45.55%，根据统计数据确定的本年收入增长幅度预测参数为45.00%，详见表5－2。每年的生产负荷见表5－3。

主营业务收入预测参数表

表5－2

序号	项目名称	单位	参数
1	主营业务收入增长率［上二年］	%	0
2	主营业务收入增长率［上一年］	%	3.74
3	主营业务收入增长率［本年同期］	%	45.55
4	本年增长幅度限额	%	1032.29
5	主营业务收入增长率（预测参数）	%	45.00

产品生产负荷

表5－3

项目名称	2010	2011	2012	2013	2014	2015	2016	2017	2018	2019	2020	2021
产品生产销售	8.51	8.83	12.81	18.57	26.92	39.04	56.61	82.08	100	100	100	100

（3）成本估算参数

统计上两年的统计参数，确定成本预测参数见表5－4。

成本估算参数

表5－4

序号	项目名称	2010	2011	达产年费用统计（万元）	达产年费用预测参数（万元）	上一年可变成本比例（%）	可变成本预测参数（%）
0	产量	1702.63	1766.33	20000	20000		
1	生产成本	1197.78	1300.08	12922	12790	100	23
1.1	原材料费	207.85	303.99	7745	6540	100	100

续表

序号	项目名称	2010	2011	达产年费用统计（万元）	达产年费用预测参数（万元）	上一年可变成本比例（%）	可变成本预测参数（%）
1.2	燃料及动力费				2378		100
1.3	工资及福利费				2972		80
1.4	折旧费（含维简费）	989.93	996.09	5177	650	70	0
1.5	修理费				150		0
1.6	其他制造费用				100		20
2	管理费用	3026.80	2612.26		660	100	
2.1	无形资产及其他资产摊销	843.88	842.51		421		0
2.2	其他管理费用	2182.92	1769.75		773	100	0
3	财务费用	11.38	90.10	2295		100	0
4	营业费用	316.45	500.58	12753	1000	100	100
5	总成本费用	4552.41	4503.02	27970	10400		
6	经营成本	2707.22	2574.32	20498	8561		

（4）流动资金估算参数

根据统计数据确定的流动资金估算参数见表5－5。

流动资金估算参数表

表5－5

序号	项目名称	上二年	上一年	上两年平均周转天数	预测参数
		2010年	2011年		
一	周转天数（天）				
1	流动资产				
1.1	应收账款	220.17	220.28	220.23	220.00
1.2	预付账款	95.35	231.96	163.66	160.00
1.3	存货	25.12	63.87	44.50	45.00
1.4	现金	－1652.76	780.45	－436.16	0
2	流动负债				
2.1	应付账款	－307.14	－292.14	－299.64	0
2.2	预收账款	0	140.04	70.02	70.00
3	流动资金				
二	流动资金占经营成本比例（%）	106.79	106.52	106.66	106.66
三	流动资金占营业收入比例（%）	169.80	155.25	162.53	162.53
四	旺季调整系数	1.00	1.00	1.00	1.00

2. 资金需求分析

根据企业业务发展预测和财务平衡分析，得出的企业融资需求与资金筹措计划是12939.96万元，详见表5－6。企业2012年申请1年期固定资产贷款6000万元，2013年用按揭贷款6000万元替换。

融资需求与筹措计划表

表5－6 单位：万元

序号	名　　称	合计	2012	2013	2014	2015	2016	2017	2018	2019	2020	2021
1	资金需求	23904	8496	5824	1639	1661	1811	2626	1847			
1.1	流动资金	11483	2496	594	861	1249	1811	2626	1847			
1.2	债务优化融资	6421		5230	778	413						
1.3	新增固定投资	6000	6000									
2	资金筹措	23904	8496	5824	1639	1661	1811	2626	1847			
2.1	权益资金	10964	2496	147	789	1249	1811	2626	1847			
2.1.1	年初自有流动资金	2496	2496									
2.1.2	经营收益及盈余资金	8468		147	789	1249	1811	2626	1847			
2.1.3	拟股权融资											
2.2	债务资金	12940	6000	5677	850	413						
2.2.1	流动资金贷款											
2.2.2	债务优化贷款	6421		5230	778	413						
2.2.3	新增固定投资贷款	6519	6000	447	72							

3. 财务分析

财务分析过程也是企业债务结构优化过程，计算了“优化前”和“优化后”两套报表和指标，当“优化后”与“优化前”的借款还本付息计划表完全相同时，或者融资需求与筹措计划表中债务优化贷款为0时，说明借款人现有债务结构合理，无须为了优化债务结构而贷款。反之，为调整借款人的债务结构，需要债务优化融资，能否按计划实现债务优化融资，关系到持续稳定经营，需引起注意。

（1）财务评价指标

经过财务评价分析，分析结果详见表5－7“财务评价指标汇总表”。

财务评价指标汇总表

表 5 – 7

序号	指　　标	单位	上二年	上一年	预测指标	
					本年	计算期平均
1	**经营状况评价指标**					
1.1	主营业务收入	万元	1702.63	1766.33	2561.18	12720.60
1.2	主营业务收入增长幅度	%		3.74	45.00	29.18
1.3	生产能力利用率	%	8.51	8.83	12.81	63.60
1.4	盈亏平衡点	%			40.07	41.82
1.5	存货周转率		6.34	2.85	7.37	6.62
1.6	应收账款周转率		1.03	1.12	1.32	1.82
2	**获利能力评价指标**					
2.1	净利润	万元	−2706.71	−3090.57	−1777.43	1388.54
2.2	净利润增长率	%		−14.18	42.49	110.68
2.3	息税折旧摊销前利润	万元	−861.52	−1161.87	−295.86	3607.59
2.4	息税折旧摊销前利润增长率	%		−34.86	74.54	94.87
2.5	总投资收益率	%	−20.42	−22.55	−7.60	13.73
2.6	总投资净收益率	%	−20.42	−22.55	−7.60	10.58
2.7	全投资税后内部收益率	%				9.52
2.8	权益资金内部收益率	%				27.33
2.9	每股价值	元			0.96	0.96
3	**财务状况评价指标**					
3.1	资产负债率	%	40.22	64.43	49.22	69.93
3.2	流动比率		24.00	6.76	5.45	4.46
3.3	速动比率		22.65	5.94	4.40	3.20
3.4	现金比率		12.98	3.40	1.61	0.90
4	**偿债能力评价指标**					
4.1	利息备付率	%	−23684.80	−3330.16	−333.19	562.17
4.2	贷款偿还期	年				9.00
4.3	偿债备付率	%	−7570.47	−1289.53	350.88	132.63
4.4	累计平均偿债备付率最低值	%			350.88	100.00
4.5	偿债备付率（优化前）	%	−7570.47	−1289.53	350.88	165.42
4.6	累计平均偿债备付率最低值（优化前）	%			350.88	17.05
5	**发展潜力评价指标**					
5.1	累计盈余资金	万元	1548.30	1769.83	1230.10	3997.47
5.2	净资产	万元	8774.22	5683.66	3906.23	7155.86

（2）经营状况评价

经统计，融资主体上一年、本年的收入增长幅度分别为3.74%、45.55%。主营业务收入持续两年增长，本年增长幅度超过前两年，且超过15%，增长势头看好。

（3）获利能力评价

经测算，总投资净收益率、全投资税后内部收益率、权益资金内部收益率分别为10.58%、9.52%、27.33%。企业正处于市场拓展中，目前处于亏损状态，对企业未来10年预测，内部收益率较高，前景看好。

基本参数规定的基准收益率为8.00%。

评价结论：本年预测的总投资净收益率（静态指标）和反映整个计算期的全投资税后内部收益率指标，其中一个已经达到了基准收益率，认为融资主体的经济效益较好。

（4）偿债能力评价

经测算，企业固定投资贷款偿还期9年，基本参数规定的贷款偿还期限为9年；在贷款偿还期内，优化前偿债备付率最低值17.05%，优化后偿债备付率最低值100.00%，基本参数规定的偿债备付率评价标准为130.00%。

评价结论：在规定的贷款偿还期限内，优化前偿债备付率最低值已低于100%，即低于贷款可行的警戒线，借款人可能某些年份将出现偿债能力不足，有必要为债务优化融资。通过债务优化融资，在贷款偿还期内，借款人每年均有足够偿债能力。

六、评级授信评价

1. 信用评级

上述分析论证，对企业的贷款需求、企业经营状况、盈利能力、债务结构、偿债能力等，在数据真实性认证的基础上，已经进行了全面的定量分析，已经能够对客户的优劣，以及是否可以满足客户的贷款需求有了初步判断。企业评级授信将进一步确定客户信用等级和授信额度，作为用信依据。

本报告的评级授信采用了"定性分析与定量分析相结合，以定量分析为主"的评价方法，在分析论证企业数据真实性的基础上，强化了财务评价指标在信用评级中的作用。并在商业银行贷款评价基础上，增加了小贷政策加分因素。通过企业现状和未来趋势分析，客户的信用等级评定为BBB级，可将该客户划入慎重贷款对象。

详见表6－1"小贷评分评级表"。

小贷评分评级表

表6－1

序号	指标大类	指标名称	指标	评价	评分
1	经营者素质	1. 学历		（1）主要领导人硕士以上学历	5.0
		2. 行业经验		（1）从事本行业5年以上	5.0
		3. 信用记录		（1）无不良记录	5.0
		4. 公司团队		（1）技术实力和销售能力俱强	5.0
2	经营状况	1. 生产能力利用率	0.28	（5）生产能力利用率<1	
		2. 总投资净收益率	－13.58	（7）总投资净收益率<0	
		3. 存货周转率	5.56	（1）存货周转率> =4	5.0
		4. 应收账款周转率	1.24	（4）1< =应收账款周转率<2	1.0
3	偿债能力	1. 现金比率	2.33	（1）现金比率> =0.4	4.0
		2. 流动比率	5.97	（1）流动比率> =1.5	4.0
		3. 偿债备付率	17.05	（8）偿债备付率<100	1.0
		4. 资产负债率	55.30	（5）55<资产负债率< =65	2.0
4	发展潜力	1. 净资产	4617.20	（1）净资产> =2600	4.0
		2. 销售增长率	28.50	（1）销售增长率> =12	5.0
		3. 净利润增长率	19.82	（1）净利润增长率> =9	5.0
		4. 累计盈余资金	1445.99	（5）1000< =累计盈余资金<2000	2.0
5	数据真实性	1. 综合评价		（1）提供数据可信度高	10.0
6	特例事项	1. 信用记录		（5）无	
		2. 重大事项		（8）无	
		3. 经营情况		（7）无	
7	评价加分	承担利率		法定贷款利率（≤2.0）倍	
		政府无偿资助		本年已经落实的政府无偿资助金额>500	5.0
		政府贴息		本年已经落实贴息为基准利率（<0.2）倍	
		担保因素		无抵押无担保	
		政府承担风险		高科技园区企业	3.0
8	分值汇总	分值汇总			71.0
9		评定等级		BBB	71.0

2. 授信额度计算

客户授信建立在资料真实性分析和债务优化基础上，完全采用定量分析方法，避免了人为因素干扰。不仅核定了综合授信边界，还分别核定了固定资产、流动资金和表外业务等单品种授信额度。核定方法及核定结果详见表6－2。

授信额度计算表

表6－2

序号	参数或指标	变量名称	按本年估算值测算
1	**综合授信控制边界测算**		
1.1	可接受的最高资产负债率	R_m	0.7
1.2	客户最近资产总额		15977
1.3	客户最近负债总额	L_0	10293
1.4	客户最近资产负债率	R_0	0.56
1.5	账面净资产		5684
1.6	无法变现资产		0
1.7	客户最近有效净资产	N_A	5684
1.8	客户信用等级		BBB
1.9	客户信用等级调整系数	C	0.7
1.10	本年利润再投资默认值	I	－1777.
1.11	本年利润再投资确认值	I_0	－1777.
1.12	综合授信控制边界计算值	M	6513
1.13	建议综合授信边界	M_0	6513
2	**流动资金授信额度计算值**		
2.1	估算的流动资金		2496
2.2	流动资金最大贷款比例		0.0
2.3	流动资金授信额度计算值		0
2.4	建议流动资金授信额度	F_B	0
3	**固定资产授信额度计算值**		
3.1	息税折旧摊销前利润		－296.
3.2	所得税		0
3.3	经营活动净现金流量		－296.
3.4	可接受的固定资产贷款偿还期	T	9
3.5	折现率		0.08
3.6	净现值		14157
3.7	最低偿债备付率		1.3
3.8	客户最近固定资产贷款余额1		419
3.9	新增固定资产授信额度计算值	F_A	10471

续表

序号	参数或指标	变量名称	按本年估算值测算
3.10	新增固定投资授信额度需要值	F_{A2}	6000
4	**表外业务授信额度计算**		
4.1	表外业务授信额度计算值	F_C	0
4.2	表外业务授信额度建议值	F_{C1}	0
5	**建议单品种授信额度**		
5.1	客户最近固定资产贷款余额2	F_{A0}	0
5.2	流动资金授信额度	F_{B0}	0
5.3	未用固定资产授信额度	F_{A1}	6000
5.4	表外业务授信额度	F_{C0}	0
6	**授信总额**	$\mathbf{F_0}$	**6000**

根据客户信用等级和资产负债率合理范围，经测算的债务承受额为6513万元。

授信额度根据资金需求与债务承受额综合确定。流动资金需求根据财务评价流动资金估算表确定需求；新增固定投资根据企业购置固定资产、无形资产、技术研发和节能减排等资金需要，结合融资主体未来经营收益的偿债能力综合确定；表外业务，根据近几年统计数据和企业发展需要确定。遵循“所有单品种授信额度之和不能超过综合授信控制边界”的原则，提出了企业授信总额和单品种授信额度建议。

建议授信总额6000.00万元，其中流动资金授信额度0万元，客户最近固定资产贷款余额0万元，未用固定资产授信额度6000.00万元，表外业务授信额度0万元。

3. 贷款审核

不同于流动资金贷款，固定投资贷款的主要还款资金是折旧、摊销、利润，需要合理安排还本付息计划，论证偿债能力，财务评价已得出结论。

固定投资贷款的授信额度不能像流动资金贷款一样循环使用，贷款金额不能超过未用固定资产授信额度。借款人的固定投资授信额度为6000.0万元，固定投资借款金额为6000.0万元，在授信额度控制范围内。

七、风险评价

1. 风险分析

根据融资主体新增固定投资需求、年初财务报表，分析了融资主体本年内可能出现的重大经营和财务风险，得出的结论是：目前企业尚处于亏损状态，企业货币资金充足，抵御亏损的能力比较强，随着收入逐年快速增加将减少亏损直至盈利，企业购置厂房需要投资，贷款偿还期9年，只要解决固定资产投资需求，企业能平稳运行和有偿还能力。

2. 担保分析

本贷款方案落实的担保措施如下：

李＊＊个人保证担保（免配偶）

八、借款用途及还款来源

1. 借款用途

用于购置厂房

2. 还款来源

银行按揭贷款

九、经办初审意见

1. 同意授信理由

某集成电路设备有限公司经过客户评价，信用评级确定的信用等级为BBB，属于慎重贷款对象；固定投资授信额度6000万元，固定投资借款6000万元，在授信额度控制范围内。

测算了借款人未来10.00年的现金流量，其总投资净收益率、全投资税后内部收益率、权益资金内部收益率分别为10.58%、9.52%、27.33%。得出获利能力评价结论：本年预测的总投资净收益率（静态指标）和反映整个计算期的全投资税后内部收益率指标，其中一个已经达到了基准收益率，认为融资主体的经济效益较好。

根据财务评价安排的借款还本付息计划，借款人综合贷款偿还期9年，在整个偿还期内，优化前和优化后的累计平均偿债备付率每年最低值分别为17.05%、100.00%，表明在规定的贷款偿还期限内，优化前偿债备付率最低值已低于100%，即低于贷款可行的警戒线，借款人可能某些年份将出现偿债能力不足，有必要为债务优化融资。通过债务优化融资，在贷款偿还期内，借款人每年均有足够偿债能力。

综上所述，建议按贷款提案拟定的条件向该客户提供固定投资贷款6000万元。

2. 具体贷款方案

公司名称	某集成电路设备有限公司		
授信总额（万元）	6000		
授信品种和条件	流动资金授信	固定投资授信	表外业务授信
授信额度（万元）		6000	

续表

借款期限（个月）		12		
综合利率（%/年）		12		
手续费（%）		0		
贷款评价指标				
信用等级	BBB	债务承受额（万元）	6513.0	
利息备付率（%）	561.17	偿债备付率（%）	350.88	
综合贷款偿还期（年）	9	总投资净收益率	10.58	
新增固定投资贷款				
贷款金额（万元）	宽限期（年）	偿还期（年）	还款方式	付息方式
6000	1	8	到期一次还本	按月付息
担保措施	李＊＊个人保证担保（免配偶）			
还款来源	银行按揭贷款			
借款历史	无			
客户经理A	张＊	客户经理B	刘＊＊	

附表

附表1　资料收集清单

序号	选择	内　容
一		**借款人资料**
1	√	营业执照
2	√	组织机构代码证
3	√	税务登记证
4	√	外商投资企业批准证书（如有）
5		外汇登记证（如有）
6		公司章程
7		验资报告
8	√	贷款卡查询资料（详细版）
9	√	法定代表人身份证复印件
10	√	法定代表人履历表
11	√	法定代表人个人征信系统查询资料及同意查询授权书
12	√	企业连续两年的财务年度报表和最近一期（包括上一年同期）的财务月报表
13	√	现场验证数据表
14	√	房地产租赁合同（如为租赁）
15		主要固定资产清单
16		环保评估及验收文件
17		公司及关联企业股权结构图或组织结构图
18		许可证（如：进出口备案文件、印刷、特种行业经营）（如有）
19		因项目需要，须提供的其他资料（如产品认证、专利证书、企业宣传册等）
二		**企业经营状况资料**
1	√	前、上年度及本年度最近月（包括上一年同期）增值税纳税申报表
2		政府部门（如海关、外管局、外经委等）编制的进出口情况统计表
3	√	经营状况统计表（工业类）
4	√	企业成本统计资料（工业类）
5	√	上一年及本年最近月银行非本行账户对账单（含其他结算账户）
6	√	前6个月前3大供应商\下家客户的购货合同和销货合同
7		前6个月电（或水、气）费凭证
8		企业的出库单证\销售月报表\运输发票（完整月份）
9		他行对其核定的授信批复通知书

续表

序号	选择	内容
10		其他可以证实销售收入情况的材料
三		**保证人资料**
1		营业执照
2		组织机构代码证
3		税务登记证（国、地税）
4		公司章程
5		验资报告
6		贷款卡查询资料
7		法定代表人身份证复印件
8		连续两年的财务年度报表和最近一期的财务月报表
四		**抵质押资料**
1	√	相关产权证，如房、地产权证等
2		资产评估报告（或预评估报告）
3		存单和有价证券等质物
五		**固定资产贷款资料**
1		企业现有固定资产贷款还本付息计划
2		批复文件（如有）
3		项目可行性报告（如有）
4		土地出让合同（如有）
5		工程建造合同、设备购买合同
6		其他配套条件落实文件

附表2 资产负债表

单位：万元

序号	项目名称	200912	201012	201112	201107	201207
1	**资产**	**15494.73**	**14676.86**	**15977.07**		**15450.92**
1.1	流动资产总额	3985.80	4367.59	5413.96		5754.82
1.1.1	货币资金	3507.31	2362.42	2724.62		2955.63
1.1.2	短期投资					
1.1.3	应收票据					
1.1.4	应收股利					
1.1.5	应收利息					
1.1.6	应收账款	3.17	1655.68	1575.23		1871.01
1.1.7	减坏账准备					

续表

序号	项目名称	200912	201012	201112	201107	201207
1.1.8	应收账款净额	3.17	1655.68	1575.23		1871.01
1.1.9	预付账款	184.85	55.05	195.87		193.72
1.1.10	应收补贴款					
1.1.11	其他应收款	72.93	86.01	457.73		115.77
1.1.12	存货	212.38	188.89	456.74		615.47
1.1.13	待摊费用					
1.1.14	待处理流动资产净损失					
1.1.15	一年到期的长期债权投资					
1.1.16	其他流动资产	5.16	19.54	3.77		3.22
1.2	长期投资			500.00		500.00
1.2.1	长期股权投资			500.00		500.00
1.2.2	长期债权投资					
1.3	固定资产					
1.3.1	固定资产原值	5318.46	5242.72	5254.92		5262.81
1.3.2	减：累计折旧	1821.76	2811.69	3807.78		4386.67
1.3.3	固定资产净值	3496.70	2431.03	1447.14		876.14
1.3.4	减：固定资产减值准备					
1.3.5	固定资产净额	3496.70	2431.03	1447.14		876.14
1.3.6	工程物资					
1.3.7	在建工程	1697.93	2765.64	4325.38		4514.84
1.3.8	固定资产清理					
1.3.9	固定资产合计	5194.63	5196.67	5772.52		5390.98
1.4	无形资产及其他资产	6314.30	5112.60	4290.59		3805.12
1.4.1	无形资产	5955.37	5112.60	4270.09		3780.00
1.4.2	长期待摊费用	358.93		20.50		25.12
1.4.3	其他长期资产					
1.5	递延税款					
1.5.1	递延税款借项					
2	**负债及所有者权益**	**15494.74**	**14676.87**	**15977.08**		**15450.91**
2.1	流动负债总额	782.51	182.02	801.35		1424.48
2.1.1	短期借款	500.00				500.00
2.1.2	应付票据					
2.1.3	应付账款	366.74	88.61	139.90		172.73

续表

序号	项目名称	200912	201012	201112	201107	201207
2.1.4	预收账款	24.66		687.11		505.71
2.1.5	其他应付账款	85.02	359.35	360.93		585.53
2.1.6	应付工资					
2.1.7	应付福利费					
2.1.8	应付股利					
2.1.9	应缴税金	-193.91	-265.94	-386.59		-339.50
2.1.10	一年到期的长期负债					
2.1.11	其他					0.01
2.2	长期负债	2527.49	4408.13	8179.57		8931.00
2.2.1	长期借款					
2.2.2	应付债券					
2.2.3	长期应付款	500.00	500.00	419.24		419.24
2.2.4	住房周转金					
2.2.5	其他长期负债	2027.49	3908.13	7760.33		8511.76
2.3	递延税款贷项	1312.50	1312.50	1312.50		1312.50
2.4	负债总额	4622.50	5902.65	10293.42		11667.98
2.5	所有者权益	10872.24	8774.22	5683.66		3782.93
2.5.1	实收资本［股本］	20000.00	20000.00	20000.00		20000.00
2.5.2	资本公积	202.63	202.63	202.63		202.63
2.5.3	盈余公积					
2.5.4	任意公积金					
2.5.5	未分配利润	-9330.39	-11428.41	-14518.97		-16419.70

附表3 利润表

单位：万元

序号	项目名称	200912	201012	201112	201107	201207
一	**主营业务**		**1702.63**	**1766.33**		**1499.72**
	减：折扣与折让					
二	**主营业务收入净额**		**1702.63**	**1766.33**		**1499.72**
	减：主营业务成本		1197.78	1300.08		1146.76
	主营业务税金及附加					
三	**主营业务利润［毛利润］**		**504.85**	**466.25**		**352.95**
	加：其他业务利润	108.82	121.79	73.48		1.53
	减：存货跌价准备					

续表

序号	项目名称	200912	201012	201112	201107	201207
	营业费用［销售费用］	150.97	316.45	500.58		289.91
	管理费用	3725.40	3005.52	3283.62		1991.01
	财务费用	-40.05	11.38	90.10		-23.79
四	**主营利润**	**-3727.50**	**-2706.71**	**-3334.57**		**-1902.65**
	加：投资收益					
	补贴收入					
	营业外收入	27.00		244.00		1.92
	减：营业外支出					
	加：以前年度损益调整					
五	**利润总额**	**-3700.50**	**-2706.71**	**-3090.57**		**-1900.73**
	减：所得税					
	少数股东损益					
六	**净利润**	**-3700.50**	**-2706.71**	**-3090.57**		**-1900.73**
七	**本年利息**		**11.38**	**90.10**		
	息税前利润	-3700.50	-2695.33	-3000.47		-1900.73
	本年折旧		989.93	996.09		578.88
	本年摊销		843.88	842.51		485.48
	息税折旧摊销前利润	-3700.50	-861.52	-1161.87		-836.37

附表4　现金流量表

单位：万元

序号	项目名称	200912	201012	201112	201107	201207
一	**经营活动产生的现金流量**					
1	经营活动现金流入	1481.73	2434.84	6945.65		2882.33
1.1	销售商品、提供劳务收到的现金			2454.29		1051.11
1.2	收到的税费返还		2.11	32.89		140.21
1.3	收到的其他与经营活动有关的现金	1481.73	2432.74	4458.47		1691.01
2	经营活动现金流出	4151.51	2978.76	6063.84		3136.56
2.1	购买商品、接受劳务支出的现金	1079.48	694.03	2525.27		1182.71
2.2	支付给职工以及为职工支付的现金	803.46	876.77	1262.65		783.51
2.3	支付的各种税费	107.50	126.90	38.19		5.29
2.4	支付的其他与经营活动有关的现金	2161.07	1281.06	2237.72		1165.06
3	经营活动产生的现金流量净额	-2669.78	-543.92	881.81		-254.23

续表

序号	项目名称	200912	201012	201112	201107	201207
二	**投资活动产生的现金流量**					
1	投资活动现金流入					
1.1	收回投资所收到的现金					
1.2	取得投资收益而收到的现金					
1.3	处置固定资产、无形资产和其他长期资产而收到的现金					
1.4	收到的其他与投资活动有关的现金					
2	投资活动现金流出	137.32	101.03	511.10		8.73
2.1	投资支付的现金			500.00		
2.2	支付其他与投资活动有关的现金	137.32	101.03	11.10		8.73
3	投资活动产生的现金流量净额	-137.32	-101.03	-511.10		-8.73
三	**筹资活动产生的现金流量**					
1	筹资活动现金流入	3500.00		1069.44		1000.00
1.1	吸收投资所收到的现金	2297.37				
1.2	借款所收到的现金	1000.00		1069.44		1000.00
1.3	收到其他与筹资活动有关的现金	202.63				
2	筹资活动现金流出	540.58	500.00	1077.94		506.03
2.1	偿还债务所支付的现金	500.00	500.00	1069.44		506.03
2.2	分配股利、利润和偿付利息所支付的现金					
2.3	支付的其他与筹资活动有关的现金	40.58		8.51		
3	筹资活动产生的现金流量净额	2959.42	-500.00	-8.51		493.97
四	**汇率变动对现金的影响**		**0.05**			
五	**现金及现金等价物净增加额**	**152.32**	**-1144.89**	**362.20**		**231.01**

附表5 利润估算表

单位：万元

序号	项目名称	2010（上二年）	2011（上一年）	2012（第1年）	2013（第2年）	2014（第3年）	2015（第4年）	2016（第5年）	2017（第6年）	2018（第7年）	2019（第8年）	2020（第9年）	2021（第10年）
1	营业收入	1824.42	1839.81	2634.66	3787.19	5458.36	7881.55	11395.19	16489.95	20073.48	20073.48	20073.48	20073.48
2	营业税金及附加												
3	总成本费用	4552.41	4503.02	4656.09	5335.84	6682.42	8271.46	10478.90	13610.39	15767.35	15545.61	15131.91	14984.26
4	补贴收入												
5	营业外收支净额		244.00	244.00	244.00	244.00	244.00	244.00	244.00	244.00	244.00	244.00	244.00
6	利润总额	-2706.71	-3090.57	-1777.43	-1304.65	-980.06	-145.91	1160.29	3123.56	4550.13	4771.87	5185.57	5333.22
7	弥补以前年度亏损												
8	应纳税所得额							1160.29	3123.56	4550.13	4771.87	5185.57	5333.22
9	所得税							290.07	780.89	1137.53	1192.97	1296.39	1333.30
10	净利润	-2706.71	-3090.57	-1777.43	-1304.65	-980.06	-145.91	870.22	2342.67	3412.60	3578.90	3889.18	3999.92
11	法定盈余公积金	-270.67	-309.06	-177.74	-130.47	-98.01	-14.59	87.02	234.27	341.26	357.89	388.92	399.99
12	各投资方利润分配												
13	当期未分配利润	-2436.04	-2781.51	-1599.69	-1174.19	-882.06	-131.32	783.20	2108.40	3071.34	3221.01	3500.26	3599.92
14	未分配利润	-11428.41	-14518.97	-16118.66	-17292.85	-18174.90	-18306.22	-17523.03	-15414.62	-12343.28	-9122.27	-5622.01	-2022.08
15	息税前利润	-2695.33	-3000.47	-1367.12	-924.30	-282.20	648.84	1998.85	3956.36	5333.22	5333.22	5333.22	5333.22
16	息税折旧摊销前利润	-861.52	-1161.87	-295.86	146.96	789.06	1720.10	3070.11	5027.62	6404.48	6404.48	6404.48	6404.48

附表 6　借款还本付息计划表（优化前）

单位：万元

序号	项目名称	2010（上二年）	2011（上一年）	2012（第 1 年）	2013（第 2 年）	2014（第 3 年）	2015（第 4 年）	2016（第 5 年）	2017（第 6 年）	2018（第 7 年）	2019（第 8 年）	2020（第 9 年）	2021（第 10 年）
1	还本付息计划												
1. 1	原有借款												
1. 1. 1	原有借款年初累计	500. 00	500. 00	419. 24	6339. 24	259. 24	179. 24	90. 00					
1. 1. 2	原有借款本年借款			6000. 00									
1. 1. 3	原有借款应计利息			410. 31	380. 35	16. 59	11. 47	5. 76					
1. 1. 4	原有借款本年还本金			80. 00	6080. 00	80. 00	89. 24	90. 00					
1. 1. 5	原有借款本年付利息			410. 31	380. 35	16. 59	11. 47	5. 76					
1. 1. 6	原有借款年末累计	500. 00	419. 24	6339. 24	259. 24	179. 24	90. 00						
1. 2	新增借款												
1. 2. 1	新增借款年初累计												
1. 2. 2	新增借款本年借款												
1. 2. 3	新增借款应计利息												
1. 2. 4	新增借款本年还本金												
1. 2. 5	新增借款本年付利息												
1. 2. 6	新增借款年末累计												
1. 3	短期借款偿还												
1. 4	支付工程欠款												
1. 5	还本付息计划合计												
1. 5. 1	年初累计	500. 00	500. 00	419. 24	6339. 24	259. 24	179. 24	90. 00					
1. 5. 2	本年借款			6000. 00									

续表

序号	项目名称	2010（上二年）	2011（上一年）	2012（第1年）	2013（第2年）	2014（第3年）	2015（第4年）	2016（第5年）	2017（第6年）	2018（第7年）	2019（第8年）	2020（第9年）	2021（第10年）
1.5.3	应计利息			410.31	380.35	16.59	11.47	5.76					
1.5.4	本年还本金			80.00	6080.00	80.00	89.24	90.00					
1.5.5	本年付利息			410.31	380.35	16.59	11.47	5.76					
1.5.6	年末累计	500.00	419.24	6339.24	259.24	179.24	90.00						
2	还款能力指标												
2.1	息税前利润	-2695.33	-3000.47	-1367.12	-924.30	-282.20	648.84	1998.85	3956.36	5333.22	5333.22	5333.22	5333.22
2.2	息税折旧摊销前利润	-861.52	-1161.87	-295.86	146.96	789.06	1720.10	3070.11	5027.62	6404.48	6404.48	6404.48	6404.48
2.3	各种利息支出	11.38	90.10	410.31	380.35	16.59	11.47	5.76					
2.4	偿还债务本金			80.00	6080.00	80.00	89.24	90.00					
2.5	所得税						159.34	498.27	989.09	1333.30	1333.30	1333.30	1333.30
2.6	用于建设投资及自有流动资金			5753.56	593.96	861.24	1248.79	1810.75	2625.58	1846.77			
2.7	可用于还款的年初盈余资金			1769.83	1230.10							2251.04	6151.94
2.8	企业融资			6000.00									
2.9	资产变现												
2.10	利息备付率	-23684.80	-3330.16	-333.19	-243.01	-1700.90	5656.15	34702.18	200.00	200.00	200.00	200.00	200.00
2.11	偿债备付率	-7570.47	-1289.53	350.88	12.12	-74.72	309.76	794.79	130.00	130.00	130.00	130.00	130.00
2.12	累计平均偿债备付率			350.88	18.32	17.05	21.17	31.40	50.90	95.42	165.42	235.43	305.44
2.13	借款偿还期（年）	8.00											

附表7　借款还本付息计划表（优化后）

单位：万元

序号	项目名称	2010（上二年）	2011（上一年）	2012（第1年）	2013（第2年）	2014（第3年）	2015（第4年）	2016（第5年）	2017（第6年）	2018（第7年）	2019（第8年）	2020（第9年）	2021（第10年）
1	还本付息计划												
1.1	原有借款												
1.1.1	原有借款年初累计	500.00	500.00	419.24	6339.24	259.24	179.24	90.00					
1.1.2	原有借款本年借款			6000.00									
1.1.3	原有借款应计利息			410.31	380.35	16.59	11.47	5.76					
1.1.4	原有借款本年还本金			80.00	6080.00	80.00	89.24	90.00					
1.1.5	原有借款本年付利息			410.31	380.35	16.59	11.47	5.76					
1.1.6	原有借款年末累计	500.00	419.24	6339.24	259.24	179.24	90.00						
1.2	新增借款												
1.2.1	新增借款年初累计					5677.25	6527.28	6939.96	6939.96	6525.73	4677.91	1230.40	
1.2.2	新增借款本年借款				5677.25	850.04	412.68						
1.2.3	新增借款应计利息					681.27	783.27	832.80	832.80	783.09	561.35	147.65	
1.2.4	新增借款本年还本金								414.24	1847.82	3447.51	1230.40	
1.2.5	新增借款本年付利息					681.27	783.27	832.80	832.80	783.09	561.35	147.65	
1.2.6	新增借款年末累计				5677.25	6527.28	6939.96	6939.96	6525.73	4677.91	1230.40		
1.3	短期借款偿还												
1.4	支付工程欠款												
1.5	还本付息计划合计												
1.5.1	年初累计	500.00	500.00	419.24	6339.24	5936.49	6706.52	7029.96	6939.96	6525.73	4677.91	1230.40	
1.5.2	本年借款			6000.00	5677.25	850.04	412.68						

续表

序号	项目名称	2010（上二年）	2011（上一年）	2012（第1年）	2013（第2年）	2014（第3年）	2015（第4年）	2016（第5年）	2017（第6年）	2018（第7年）	2019（第8年）	2020（第9年）	2021（第10年）
1.5.3	应计利息			410.31	380.35	697.86	794.75	838.56	832.80	783.09	561.35	147.65	
1.5.4	本年还本金			80.00	6080.00	80.00	89.24	90.00	414.24	1847.82	3447.51	1230.40	
1.5.5	本年付利息			410.31	380.35	697.86	794.75	838.56	832.80	783.09	561.35	147.65	
1.5.6	年末累计	500.00	419.24	6339.24	5936.49	6706.52	7029.96	6939.96	6525.73	4677.91	1230.40		
2	还款能力指标												
2.1	息税前利润	−2695.33	−3000.47	−1367.12	−924.30	−282.20	648.84	1998.85	3956.36	5333.22	5333.22	5333.22	5333.22
2.2	息税折旧摊销前利润	−861.52	−1161.87	−295.86	146.96	789.06	1720.10	3070.11	5027.62	6404.48	6404.48	6404.48	6404.48
2.3	各种利息支出	11.38	90.10	410.31	380.35	697.86	794.75	838.56	832.80	783.09	561.35	147.65	
2.4	偿还债务本金			80.00	6080.00	80.00	89.24	90.00	414.24	1847.82	3447.51	1230.40	
2.5	所得税							290.07	780.89	1137.53	1192.97	1296.39	1333.30
2.6	用于建设投资及自有流动资金			5753.56	593.96	861.24	1248.79	1810.75	2625.58	1846.77			
2.7	可用于还款的年初盈余资金			1769.83	1230.10								2551.25
2.8	企业融资			6000.00	5677.25	850.04	412.68						
2.9	资产变现												
2.10	利息备付率	−23684.80	−3330.16	−333.19	−243.01	−40.44	81.64	238.37	475.07	681.05	950.07	3612.12	200.00
2.11	偿债备付率	−7570.47	−1289.53	350.88	100.00	100.00	100.00	104.39	130.00	130.00	130.00	370.68	130.00
2.12	累计平均偿债备付率			350.88	100.00	100.00	100.00	100.43	103.85	108.97	113.81	132.63	159.60
2.13	借款偿还期（年）	9.00											

附表8 财务计划现金流量表（优化前）

单位：万元

序号	项目名称	2010（上二年）	2011（上一年）	2012（第1年）	2013（第2年）	2014（第3年）	2015（第4年）	2016（第5年）	2017（第6年）	2018（第7年）	2019（第8年）	2020（第9年）	2021（第10年）
1	经营活动净现金流量			-295.86	146.96	789.06	1560.76	2571.83	4038.53	5071.17	5071.17	5071.17	5071.17
1.1	现金流入			2878.66	4031.19	5702.36	8125.55	11639.19	16733.95	20317.48	20317.48	20317.48	20317.48
1.1.1	营业收入			2634.66	3787.19	5458.36	7881.55	11395.19	16489.95	20073.48	20073.48	20073.48	20073.48
1.1.2	增值税销项税额												
1.1.3	补贴收入												
1.1.4	其他收入			244.00	244.00	244.00	244.00	244.00	244.00	244.00	244.00	244.00	244.00
1.2	现金流出			3174.52	3884.23	4913.30	6564.80	9067.35	12695.43	15246.31	15246.31	15246.31	15246.31
1.2.1	经营成本			3174.52	3884.23	4913.30	6405.46	8569.08	11706.34	13913.00	13913.00	13913.00	13913.00
1.2.2	增值税进项税额												
1.2.3	营业税金及附加												
1.2.4	增值税												
1.2.5	所得税						159.34	498.27	989.09	1333.30	1333.30	1333.30	1333.30
1.2.6	其他流出												
2	投资活动净现金流量			-5753.56	-593.96	-861.24	-1248.79	-1810.75	-2625.58	-1846.77			17333.36
2.1	现金流入												17333.36
2.1.1	回收固定资产余值												5350.51
2.1.2	回收流动资金												11482.85
2.1.3	回收投资												500.00
2.2	现金流出			5753.56	593.96	861.24	1248.79	1810.75	2625.58	1846.77			
2.2.1	建设投资			6000.00									

续表

序号	项目名称	2010（上二年）	2011（上一年）	2012（第1年）	2013（第2年）	2014（第3年）	2015（第4年）	2016（第5年）	2017（第6年）	2018（第7年）	2019（第8年）	2020（第9年）	2021（第10年）
2.2.2	维持运营投资												
2.2.3	流动资金			-246.44	593.96	861.24	1248.79	1810.75	2625.58	1846.77			
2.2.4	其他												
3	筹资活动净现金流量			5509.69	-6460.35	-96.59	-100.71	-95.76					
3.1	现金流入			6000.00									
3.1.1	项目资本金投入												
3.1.2	建设投资借款			6000.00									
3.1.3	流动资金借款												
3.1.4	债券												
3.1.5	应付账款												
3.1.6	短期借款												
3.1.7	其他												
3.2	现金流出			490.31	6460.35	96.59	100.71	95.76					
3.2.1	各种利息支出			410.31	380.35	16.59	11.47	5.76					
3.2.2	偿还债务本金			80.00	6080.00	80.00	89.24	90.00					
3.2.3	应付利润（股利分配）												
3.2.4	其他筹资活动现金流出												
4	净现金流量			-539.73	-6907.35	-168.77	211.25	665.33	1412.94	3224.41	5071.17	5071.17	22404.53
5	累计盈余资金	1548.30	1769.83	1230.10	-5677.25	-5846.01	-5634.76	-4969.43	-3556.49	-332.08	4739.09	9810.27	32214.80

附表9 财务计划现金流量表（优化后）

单位：万元

序号	项目名称	2010（上二年）	2011（上一年）	2012（第1年）	2013（第2年）	2014（第3年）	2015（第4年）	2016（第5年）	2017（第6年）	2018（第7年）	2019（第8年）	2020（第9年）	2021（第10年）
1	经营活动净现金流量			-295.86	146.96	789.06	1720.10	2780.03	4246.73	5266.95	5211.51	5108.09	5071.17
1.1	现金流入			2878.66	4031.19	5702.36	8125.55	11639.19	16733.95	20317.48	20317.48	20317.48	20317.48
1.1.1	营业收入			2634.66	3787.19	5458.36	7881.55	11395.19	16489.95	20073.48	20073.48	20073.48	20073.48
1.1.2	增值税销项税额												
1.1.3	补贴收入												
1.1.4	其他收入			244.00	244.00	244.00	244.00	244.00	244.00	244.00	244.00	244.00	244.00
1.2	现金流出			3174.52	3884.23	4913.30	6405.46	8859.15	12487.23	15050.53	15105.97	15209.39	15246.31
1.2.1	经营成本			3174.52	3884.23	4913.30	6405.46	8569.08	11706.34	13913.00	13913.00	13913.00	13913.00
1.2.2	增值税进项税额												
1.2.3	营业税金及附加												
1.2.4	增值税												
1.2.5	所得税							290.07	780.89	1137.53	1192.97	1296.39	1333.30
1.2.6	其他流出												
2	投资活动净现金流量			-5753.56	-593.96	-861.24	-1248.79	-1810.75	-2625.58	-1846.77			17333.36
2.1	现金流入												17333.36
2.1.1	回收固定资产余值												5350.51
2.1.2	回收流动资金												11482.85
2.1.3	回收投资												500.00
2.2	现金流出			5753.56	593.96	861.24	1248.79	1810.75	2625.58	1846.77			
2.2.1	建设投资			6000.00									

续表

序号	项目名称	2010（上二年）	2011（上一年）	2012（第1年）	2013（第2年）	2014（第3年）	2015（第4年）	2016（第5年）	2017（第6年）	2018（第7年）	2019（第8年）	2020（第9年）	2021（第10年）
2.2.2	维持运营投资												
2.2.3	流动资金			-246.44	593.96	861.24	1248.79	1810.75	2625.58	1846.77			
2.2.4	其他												
3	筹资活动净现金流量			5509.69	-783.11	72.18	-471.31	-928.56	-1247.03	-2630.91	-4008.86	-1378.05	
3.1	现金流入			6000.00	5677.25	850.04	412.68						
3.1.1	项目资本金投入												
3.1.2	建设投资借款			6000.00	5677.25	850.04	412.68						
3.1.3	流动资金借款												
3.1.4	债券												
3.1.5	应付账款												
3.1.6	短期借款												
3.1.7	其他												
3.2	现金流出			490.31	6460.35	777.86	883.99	928.56	1247.03	2630.91	4008.86	1378.05	
3.2.1	各种利息支出			410.31	380.35	697.86	794.75	838.56	832.80	783.09	561.35	147.65	
3.2.2	偿还债务本金			80.00	6080.00	80.00	89.24	90.00	414.24	1847.82	3447.51	1230.40	
3.2.3	应付利润（股利分配）												
3.2.4	其他筹资活动现金流出												
4	净现金流量			-539.73	-1230.10			40.73	374.11	789.27	1202.66	3730.04	22404.53
5	累计盈余资金	1548.30	1769.83	1230.10				40.73	414.84	1204.11	2406.77	6136.81	28541.34

附表 10　资产负债估算表

单位：万元

序号	项目名称	2010（上二年）	2011（上一年）	2012（第 1 年）	2013（第 2 年）	2014（第 3 年）	2015（第 4 年）	2016（第 5 年）	2017（第 6 年）	2018（第 7 年）	2019（第 8 年）	2020（第 9 年）	2021（第 10 年）
1	资产	14676. 86	15977. 07	20177. 23	18693. 92	18808. 85	19457. 55	20920. 98	23840. 06	26101. 64	26233. 03	28891. 81	29002. 84
1. 1	流动资产总额	4367. 59	5413. 96	4685. 38	4273. 33	5459. 52	7179. 48	9714. 17	13704. 51	17037. 35	18240. 00	21970. 04	29002. 84
1. 1. 1	货币资金	2362. 42	2724. 62	1379. 51	216. 63	314. 12	455. 47	701. 16	1372. 47	2370. 78	3573. 44	7303. 48	28541. 34
1. 1. 2	应收账款	1655. 68	1575. 23	1939. 99	2373. 69	3002. 57	3914. 44	5236. 66	7153. 87	8502. 39	8502. 39	8502. 39	
1. 1. 3	预付账款	55. 05	195. 87	507. 57	735. 97	1067. 16	1547. 39	2243. 71	3253. 38	3963. 56	3963. 56	3963. 56	
1. 1. 4	存货	188. 89	456. 74	396. 82	485. 53	614. 16	800. 68	1071. 13	1463. 29	1739. 13	1739. 13	1739. 13	
1. 1. 5	其他流动资产	105. 55	461. 50	461. 50	461. 50	461. 50	461. 50	461. 50	461. 50	461. 50	461. 50	461. 50	461. 50
1. 2	在建工程												
1. 3	固定资产净值	5196. 67	5772. 52	11122. 52	10472. 52	9822. 52	9172. 52	8522. 52	7872. 52	7222. 52	6572. 52	5922. 52	
1. 4	无形及其他资产净值	5112. 60	4290. 59	3869. 33	3448. 07	3026. 81	2605. 55	2184. 29	1763. 03	1341. 77	920. 51	499. 25	
1. 5	长期投资		500. 00	500. 00	500. 00	500. 00	500. 00	500. 00	500. 00	500. 00	500. 00	500. 00	
2	负债及所有者权益	14676. 87	15977. 08	13837. 99	18693. 93	18808. 85	19457. 56	20920. 99	23840. 07	26101. 65	26233. 04	28891. 82	29002. 85
2. 1	流动负债总额	182. 02	801. 35	858. 94	1083. 04	1407. 99	1879. 17	2562. 37	3553. 02	4249. 82	4249. 82	4249. 82	360. 93
2. 1. 1	短期借款												
2. 1. 2	应付账款	－177. 33	－246. 69										
2. 1. 3	预收账款		687. 11	498. 01	722. 11	1047. 06	1518. 24	2201. 44	3192. 09	3888. 89	3888. 89	3888. 89	
2. 1. 4	其他流动负债	359. 35	360. 93	360. 93	360. 93	360. 93	360. 93	360. 93	360. 93	360. 93	360. 93	360. 93	360. 93
2. 2	长期借款债券应付款	500. 00	419. 24		5936. 49	6706. 52	7029. 96	6939. 96	6525. 73	4677. 91	1230. 40		
2. 3	流动资金借款												
2. 4	其他长期负债	5220. 63	9072. 83	9072. 83	9072. 83	9072. 83	9072. 83	9072. 83	9072. 83	9072. 83	9072. 83	9072. 83	9072. 83

续表

序号	项目名称	2010（上二年）	2011（上一年）	2012（第1年）	2013（第2年）	2014（第3年）	2015（第4年）	2016（第5年）	2017（第6年）	2018（第7年）	2019（第8年）	2020（第9年）	2021（第10年）
2.5	负债小计	5902.65	10293.42	9931.77	16092.36	17187.34	17981.96	18575.17	19151.58	18000.55	14553.05	13322.65	9433.76
2.6	所有者权益	8774.22	5683.66	3906.23	2601.57	1621.51	1475.60	2345.82	4688.49	8101.09	11680.00	15569.17	19569.09
2.6.1	实收资本	20000.00	20000.00	20000.00	20000.00	20000.00	20000.00	20000.00	20000.00	20000.00	20000.00	20000.00	20000.00
2.6.2	资本公积	202.63	202.63	202.63	202.63	202.63	202.63	202.63	202.63	202.63	202.63	202.63	202.63
2.6.3	累计盈余公积			-177.74	-308.21	-406.21	-420.81	-333.78	-99.52	241.74	599.63	988.55	1388.54
2.6.4	未分配利润	-11428.41	-14518.97	-16118.66	-17292.85	-18174.90	-18306.22	-17523.03	-15414.62	-12343.28	-9122.27	-5622.01	-2022.08
计算指标	资产负债率（%）	40.22	64.43	49.22	86.08	91.38	92.42	88.79	80.33	68.96	55.48	46.11	40.50
计算指标	流动比率	24.00	6.76	5.45	3.95	3.88	3.82	3.79	3.86	4.01	4.29	5.17	6.36
计算指标	速动比率	22.65	5.94	4.40	2.82	2.68	2.57	2.50	2.53	2.67	2.95	3.83	5.02
计算指标	现金比率	12.98	3.40	1.61	0.20	0.22	0.24	0.27	0.39	0.56	0.84	1.72	2.91

第四节　流动资金贷款担保评价报告

报告封面：

上海××担保股份有限公司
某医药技术研发有限公司
流动资金贷款担保评价报告

担保金额： 170 万元

担保期限： 12 个月

合作银行： ××××银行

声明与保证

我们在此声明与保证：此报告是按照本担保公司相关规定，根据申请人提供的和本人收集的资料，经我们审慎调查、核实、分析和整理后完成的。报告全面反映了申请人及项目最主要、最基本的信息，我们对报告内容的真实性、准确性、完整性及所作判断的合理性负责。

A 角项目经理签名：　　　　**B 角项目经理签名：**

年　月　日　　　　年　月　日

部门经理签名：

年　月　日

目　录

一、担保送审审批表

二、借款人基本情况

三、公司简介

四、尽职调查情况

1．资料收集内容

2．财务报表简表

3．财务报表审核及说明

4．资料真实性评价

五、财务评价

1．财务评价参数

2．资金需求分析

3．财务分析

六、评级授信评价

1．信用评级

2．授信额度计算

七、风险评价

1．风险分析

2．反担保分析

八、借款用途及还款来源

1．借款用途

2．还款来源

九、经办初审意见

1．同意担保理由

2．具体担保方案

附表

附表 1 资料收集清单

附表 2 资产负债表

附表 3 利润表

附表 4 现金流量表

一、担保送审审批表

公司名称	某医药技术研发有限公司		
信用等级	B	债务承受额	250 万元
利息备付率	-414.83%	偿债备付率	340.74%
上年担保金额	200 万元	总投资净收益率	-20.39%
本年授信额度	170 万元	用信方式	授信即用信
担保金额	170 万元	担保期限	12 个月
担保费率	3%/年	保证金比例	25%
借款用途	流动资金		
反担保措施	1. 以上海**生物科技有限公司价值 50 万元的股权作为质押 2. 张*（免配偶）提供个人保证担保		
还款来源	经营收益作为第一还款来源，反担保作为第二还款来源		
还款方式	一年到期还本	付息方式	按月计息付息
合作状况	**医药技术研发有限公司是我公司的老客户，几年来合作愉快，没有发生逾期欠息，重大违约等事项		
客户经理 A	刘*	客户经理 B	何**
当否？请领导审核！ 签字：　　　　签字： 日期：　　　　日期：			
部门经理意见： 签字：　　　　日期：			
总经理意见： 签字：　　　　日期：			

二、借款人基本情况

基本信息（一）

注册地	**市**路***号*号楼		成立时间	2004-03-23
办公地址	**市**路***号*号楼		注册资本	700 万元
法定代表人	张*		身份证	15020219640312****
主要经营	生物制品生产研发		公司性质	有限责任公司
相关证照	营业执照	组织机构代码证	税务登记证	贷款卡
编号	310115*******32	76*******-9	310115*******89	310115*********19

基本信息（二）

<table>
<tr><td rowspan="4">往来银行账户情况</td><td colspan="2"></td><td colspan="2">开户银行</td><td colspan="2">账号</td></tr>
<tr><td colspan="2">基本户</td><td colspan="2">＊＊银行＊＊支行</td><td colspan="2">515672＊＊＊＊＊＊＊＊＊＊＊＊</td></tr>
<tr><td colspan="2">一般户</td><td colspan="2">＊＊银行＊＊支行</td><td colspan="2">543159＊＊＊＊＊＊＊＊＊＊＊＊</td></tr>
<tr><td colspan="2">一般户</td><td colspan="2">＊＊银行＊＊支行</td><td colspan="2">439227＊＊＊＊＊＊＊＊＊＊＊＊</td></tr>
<tr><td rowspan="6">股东结构</td><td colspan="3">股东名称</td><td>出资金额（万元）</td><td colspan="2">占比（%）</td></tr>
<tr><td colspan="3">张＊</td><td>358.00</td><td colspan="2">51.14</td></tr>
<tr><td colspan="3">刘＊＊</td><td>192.00</td><td colspan="2">27.43</td></tr>
<tr><td colspan="3">陈＊</td><td>50.00</td><td colspan="2">7.14</td></tr>
<tr><td colspan="3">＊＊创业投资有限公司</td><td>100.00</td><td colspan="2">14.29</td></tr>
<tr><td colspan="3">合计</td><td>700.00</td><td colspan="2">100.00</td></tr>
<tr><td rowspan="4">管理人员</td><td>姓名</td><td colspan="2">职务</td><td>电话</td><td>学历</td><td>从事行业年限</td></tr>
<tr><td>张＊</td><td colspan="2">董事长兼总经理</td><td>021－68＊＊＊＊82</td><td>博士</td><td>19.0</td></tr>
<tr><td>刘＊＊</td><td colspan="2">常务副总经理</td><td>139＊＊＊＊＊＊＊＊</td><td>硕士</td><td>20.0</td></tr>
<tr><td>陈＊</td><td colspan="2">副总经理</td><td>021－68＊＊＊＊15</td><td>硕士</td><td>12.0</td></tr>
<tr><td rowspan="2">最近期借款情况</td><td>贷款银行</td><td colspan="2">金额</td><td>贷款性质</td><td>担保方式</td><td>贷款起讫期限</td></tr>
<tr><td>＊＊银行</td><td colspan="2">200.0</td><td>流动资金</td><td>本公司
保证担保</td><td>2011－04－14
至2012－04－13</td></tr>
<tr><td rowspan="2">对外担保情况</td><td>被担保人</td><td colspan="2">金额</td><td>贷款银行</td><td>担保方式</td><td>起讫期限</td></tr>
<tr><td></td><td colspan="2"></td><td>无</td><td></td><td>至</td></tr>
<tr><td rowspan="2">法律诉讼与仲裁说明</td><td>原告</td><td colspan="2">被告</td><td colspan="2">案由</td><td>金额</td></tr>
<tr><td>无</td><td colspan="2">无</td><td colspan="2">无</td><td></td></tr>
<tr><td rowspan="4">企业资质及荣誉等相关证书</td><td colspan="3">内容</td><td colspan="2">时间</td><td>颁发机构</td></tr>
<tr><td colspan="3">重点华侨华人创业团队</td><td colspan="2">2011－08－11</td><td>国务院侨务办公室</td></tr>
<tr><td colspan="3">高新技术成果转化项目认定书</td><td colspan="2">2008－11－12</td><td>市高新技术成果转化项目认定办公室</td></tr>
<tr><td colspan="3">海外科技创新园知识产权奖励基金</td><td colspan="2">2008－02－09</td><td>＊＊区归国留学人员联合会</td></tr>
</table>

三、公司简介

借款人为海外引进人才创办的高新技术成果转化企业，创投机构投资100万元，政府无偿资助120万元。

主要领导人简历

<table>
<tr><td>姓名</td><td>张＊＊</td><td>职务</td><td>董事长兼总经理</td><td>性别</td><td>男</td><td>出生年月</td><td>1964－03－12</td></tr>
<tr><td colspan="4">住址：＊＊市＊＊路＊＊国际＊＊栋＊＊＊＊室</td><td>学历</td><td>博士</td><td>婚姻状况</td><td>已婚</td></tr>
<tr><td colspan="4">毕业院校：早稻田大学</td><td>专业</td><td>药学</td><td>联系电话</td><td>021－68＊＊＊＊82</td></tr>
<tr><td>序号</td><td>年限（起止日）</td><td colspan="3">工作单位</td><td colspan="2">职务</td><td>从事的行业</td></tr>
<tr><td>1</td><td>1993－07－14 至 1997－05－20</td><td colspan="3">＊＊制药株式会社</td><td colspan="2">研究员</td><td>医药</td></tr>
<tr><td>2</td><td>1997－06－12 至 2003－12－25</td><td colspan="3">＊＊株式会社</td><td colspan="2">研发部主任、临床试验安全部主任</td><td>医药</td></tr>
<tr><td>3</td><td>2004－03－23</td><td colspan="3">某医药技术研发有限公司</td><td colspan="2">董事长兼总经理</td><td>医药</td></tr>
</table>

四、尽职调查情况

尽职调查完成了企业现状资料收集和真实性验证两项任务，具体情况如下：

1. 资料收集内容

企业除提供了贷款评价定量分析必须提供的资料，如近三年的财务报表（包括资产负债表、利润表、现金流量表），近两年纳税申报表，近两年产品经营状况表、成本统计表，长期借款还本付息表等资料，还提供了大量非财务资料，具体见附件资料收集清单。

2. 财务报表简表

收集了近两年和最近月份资产负债表和利润表见附表，主要内容摘要见表 4－1 “财务报表简表”。

财务报表简表

表 4－1　　　　单位：万元

项目	上二年	上一年	本年最近月份	项目	上二年	上一年	本年最近月份
	200912	201012	201112		200912	201012	201112
货币资金	22.72	169.99	329.99	长期借款			
应收账款		36.00	49.78	实收资本	81.63	700.00	700.00
其他应收款	4.77	360.52	76.86	资本公积			
存货	13.86	31.36	53.53	盈余公积			
流动资产合计	41.34	730.16	524.12	未分配利润	－160.70	－272.34	－416.33
固定资产净值	16.70	50.81	115.51	所有者权益	－79.07	427.66	283.67

续表

项目	上二年	上一年	本年最近月份	项目	上二年	上一年	本年最近月份
	200912	201012	201112		200912	201012	201112
在建工程				主营业务收入	1.85	61.46	94.51
总资产	58.05	780.97	679.63	主营业务成本	1.2	35.90	69.61
短期借款		200.00	200.00	销售费用	0.31		6.20
应付账款		2.50	37.75	管理费用	159.78	157.01	193.49
应付票据				财务费用	1.25	13.98	6.06
其他应付款	0.19	0.05	43.93	利润总额	-160.71	-111.63	-134.61
				营业外收入	0.00	83.82	46.28
流动负债合计	0.19	203.80	276.39	净利润	-160.71	-111.63	-134.61

3. 财务报表审核及说明

对资产负债表最近月份数据与年初数据进行比较，变动较大的科目作了说明；分析了资产负债表非主要科目的占比，对于占比异常栏目作了说明；分析了企业债务结构，为企业债务结构优化指明方向。财务报表审核及说明见下表4-2，表中删除了部分变动无异常和占比正常的栏目。

财务报表审核结论及说明表

表4-2

序号	指标名称	单位	指标	结论及说明
1	主营业务收入增长幅度［同期］		53.77	
2	财务数据异常变动分析			
2.1	货币资金增减幅度	%	94.12	年末货币资金与年初比较增幅大，因其他应收账款减少
2.2	应收账款增减幅度	%	38.28	年末应收账款与年初比较增幅较大，主要因收入增加
2.3	存货增减幅度	%	70.70	年末存货与年初比较变化幅度较大，因收入增加
2.4	实收资本增减	万元		年末实收资本与年初比较没有变化
2.5	资本公积增减	万元		年末资本公积与年初比较没有变化
3	财务数据占比异常分析			
3.1	其他应收款占流动资产比例	%	14.66	上年末其他应收款占流动资产比例10%以上
3.4	无形资产占非流动资产比例	%	25.72	上年末无形资产占非流动资产比例20%以上，为研发成果
4	其他应付账款分析	万元	43.93	
4.1	其他应付账款占流动负债比例	%	15.89	政府无偿资助

续表

序号	指标名称	单位	指标	结论及说明
9	往来账款处置方法	万元	43.94	存在往来账款，企业拟采用的处置方法是：
9.1	其他应收款占用其他应付账款	万元	43.93	
9.2	其他应收款占用其他流动负债	万元	0.01	
9.3	其他应收款占用权益资金	万元	32.92	经营押金

4. 资料真实性评价

除了在现场验证资料原件之外，还重点对财务数据的真实性进行了验证。我们验证了资产负债表、利润表、现金流量表的钩稽关系；通过纳税申报表验证了利润表中主营业务收入；查验了资产负债表“货币资金”、现金流量表中“股利分配及支付利息”金额、资产负债表“应收账款”、现金流量表“偿还债务所支付的现金”、现金流量表“投资支付的现金”等重要科目，验证了企业息税折旧摊销前利润（可还款的经营收益）的真实性。得出的综合评价结论是提供数据误差较大，但可以接受。详见下表4-3“数据真实性综合评价表”。

数据真实性综合评价表

表4-3

序号	项目名称	指标（2011）	评价结论
1	未纳税申报的营业收入占比（%）	0.73	可信度高
2	钩稽关系验证（钩稽关系验证差额，万元）		资产负债表、利润表、现金流量表三者钩稽关系正确
3	未验证的息税折旧摊销前利润占比（%）	19.59	基本可接受
4	综合评价		提供数据误差较大，但可以接受

五、财务评价

通过统计企业现有财务报表，我们合理确定了收入预测、成本预测和流动资金需求预测参数。在未来收入预测、成本预测、流动资金预测的基础上，计算了利润估算表、企业还本付息计划、财务计划现金流量表、资产负债估算表、全部投资现金流量表等财务分析报表，对企业未来的经营状况、获利能力、偿债能力得出了可信的结论。

1. 财务评价参数

（1）财务评价基本参数

财务评价基本参数见表5－1“基本参数表”。

基本参数表

表5－1

序号	项目名称	单位	数据
1	计算期	年	5.00
2	流动资金借款利率	%	5.85
3	最低偿债备付率	%	130.00
4	最低现金比率		0.30
5	正常年份所得税税率	%	25.00
6	自有流动资金最低比例	%	0
7	新增固定投资	万元	0
8	新增固定投资借款	万元	0
9	新增固定投资借款偿还期	年	5.00
10	新增借款利率	%	6.40
11	新增注册资金	万元	0
12	新增借款偿还方式		3.00
13	基准收益率	%	8.00
14	流动资金贷款申请额	万元	200
15	近期到期流动资金贷款	万元	0

（2）主营业务收入预测参数

经统计，上二年、上一年、本年的收入增长幅度分别为3222.16%、53.77%、53.77%，根据统计数据确定的本年收入增长幅度预测参数为100.00%，详见表5－2。产品每年生产负荷见表5－3。

主营业务收入预测参数表

表5－2

序号	项目名称	单位	参数
1	主营业务收入增长率［上二年］	%	3222.16
2	主营业务收入增长率［上一年］	%	53.77
3	主营业务收入增长率［本年同期］	%	53.77
4	本年增长幅度限额	%	1201.66
5	主营业务收入增长率（预测参数）	%	100.00

产品每年生产负荷

表 5 – 3

年份 / 产品名称	2010	2011	2012	2013	2014	2015	2016
生物制品	7.68	11.81	23.63	47.26	94.51	100	100

（3）成本估算参数

统计并确定了达产年费用、可变成本比例参数，见表 5 – 4。

成本估算参数

表 5 – 4

序号	项目名称	2010	2011	达产年费用统计（万元）	达产年费用预测参数（万元）	上一年可变成本比例（%）	可变成本预测参数（%）
0	产量	61.46	94.51	800	800		
1	生产成本	35.90	69.61	387	127	100.00	27.00
1.1	原材料费	29.78	23.89		81	100.00	80.00
1.2	燃料及动力费						
1.3	工资及福利费						
1.4	折旧费（含维简费）	6.11	45.71	387	46	100.00	
1.5	修理费						
1.6	其他制造费用						
2	管理费用	157.01	193.49	972	263	90.83	30.00
2.1	摊销费						
2.2	其他管理费用	157.01	193.49	972	263	90.83	30.00
3	财务费用	13.98	6.06			100.00	
4	营业费用		6.20	52	52	100.00	100.00
5	总成本费用	206.89	275.35	1412	442		
6	经营成本	186.79	223.58	1025	397		

（4）流动资金估算参数

根据统计数据确定的流动资金估算参数见表 5 – 5。

流动资金估算参数表

表5-5

序号	项目名称	上二年	上一年	上两年平均周转天数	预测参数
		2009 年	2010 年		
一	周转天数（天）				
1	流动资产				
1.1	应收账款	69.38	80.15	74.77	80.00
1.2	预付账款	1599.09	210.36	904.73	210.00
1.3	存货	60.44	86.19	73.32	73.32
1.4	现金	151.17	108.00	129.59	86.00
2	流动负债				
2.1	应付账款	45.33	463.98	254.66	45.00
2.2	预收账款		6.32	3.16	3.00
3	流动资金				
二	流动资金占经营成本比例（%）	150.68	60.42	105.55	105.55
三	流动资金占营业收入比例（%）	457.94	142.93	300.44	300.44
四	旺季调整系数	1.00	1.00	1.00	1.00

2. 资金需求分析

根据企业业务发展预测和财务平衡分析，得出的企业融资需求与资金筹措计划是292万元，详见表5-6。本年流动资金贷款需求170万元。

融资需求与筹措计划表

表5-6　　单位：万元

序号	项目名称	合计	2012（第1年）	2013（第2年）	2014（第3年）	2015（第4年）	2016（第5年）
1	资金需求	292	171	38	75	9	
1.1	流动资金	292	171	38	75	9	
1.2	债务优化融资						
1.3	新增固定投资						
2	资金筹措	292	171	38	75	9	
2.1	权益资金						
2.1.1	年初自有流动资金						
2.1.2	经营收益及盈余资金						

续表

序号	项目名称	合计	2012（第1年）	2013（第2年）	2014（第3年）	2015（第4年）	2016（第5年）
2.1.3	拟股权融资						
2.2	债务资金	292	171	38	75	9	
2.2.1	流动资金贷款	292	171	38	75	9	
2.2.2	债务优化贷款						
2.2.3	新增固定投资贷款						

3. 财务分析

（1）财务评价指标

经过财务评价分析，分析结果详见表5－7“财务评价指标汇总表”。

财务评价指标汇总表

表5－7

序号	指　　标	单位	上二年	上一年	预测指标	
					本年	计算期平均
1	经营状况评价指标					
1.1	主营业务收入	万元	61.46	94.51	189.02	584.63
1.2	主营业务收入增长幅度	%	3222.16	53.77	100.00	61.16
1.3	生产能力利用率	%	7.68	11.81	23.63	73.08
1.4	盈亏平衡点	%			43.05	40.37
1.5	存货周转率		1.14	1.30	1.54	0.88
1.6	应收账款周转率		1.71	1.90	3.45	5.43
2	获利能力评价指标					
2.1	净利润	万元	－111.63	－134.61	－71.03	192.57
2.2	净利润增长率	%		－20.59	47.24	105.37
2.3	息税折旧摊销前利润	万元	－91.54	－82.84	－11.52	287.01
2.4	息税折旧摊销前利润增长率	%		9.51	86.09	309.94
2.5	总投资收益率	%	－29.39	－44.24	－20.39	70.74
2.6	总投资净收益率	%	－29.39	－44.24	－20.39	52.88
2.7	全投资税后内部收益率	%				184.79
2.8	权益资金内部收益率	%				167.85
2.9	每股价值	元			1.49	1.49
3	财务状况评价指标					

续表

序号	指　　标	单位	上二年	上一年	预测指标	
					本年	计算期平均
3.1	资产负债率	%	45.24	58.26	61.52	44.52
3.2	流动比率		3.58	1.90	2.01	3.04
3.3	速动比率		2.78	1.65	1.70	2.70
3.4	现金比率		0.83	1.19	1.10	2.19
4	偿债能力评价指标					
4.1	利息备付率	%	-698.57	-2120.19	-414.83	1678.19
4.2	贷款偿还期	年				1.00
4.3	偿债备付率	%	-654.86	-1366.27	340.74	967.17
4.4	累计平均偿债备付率最低值	%			340.74	340.74
4.5	偿债备付率（优化前）	%	-654.86	-1366.27	340.74	340.74
4.6	累计平均偿债备付率最低值（优化前）	%			340.74	340.74
5	发展潜力评价指标					
5.1	累计盈余资金	万元	84.43	279.73	189.50	657.33
5.2	净资产	万元	427.66	283.67	212.64	655.46

（2）经营状况评价

经统计，融资主体上二年、上一年、本年的收入增长幅度分别为3222.16%、53.77%、53.77%。主营业务收入持续三个年度以超过15%的幅度增长，经营状况良好。

（3）获利能力评价

经测算，本年总投资净收益率、全投资税后内部收益率、权益资金内部收益率分别为-20.39%、184.79%、167.85%。基本参数规定的基准收益率为8.00%。

评价结论：虽然融资主体眼前处于亏损状态，总投资净收益率小于0，但其前景较好，内部收益率超过基准收益率，说明经济效益良好。

（4）偿债能力评价

经测算，本年的利息备付率为-414.83%，本年偿债备付率340.74%，基本参数规定的最低偿债备付率评价标准为130.00%。

评价结论：虽然利息备付率小于0，但企业盈余资金较多，偿债备付率大于评价标准（最低偿债备付率），说明偿债能力强。

六、评级授信评价

1. 信用评级

上述分析论证，对企业的贷款需求、企业经营状况、盈利能力、债务结构、偿债能力等，在数据真实性认证的基础上，已经进行了全面的定量分析，已经能够对客户的优劣，以及是否可以满足客户的贷款需求有了初步判断。企业评级授信将进一步确定客户信用等级和授信额度，作为用信依据。

本报告的评级授信采用了“定性分析与定量分析相结合，以定量分析为主”的评价方法，在分析论证企业数据真实性的基础上，强化了财务评价指标在信用评级中的作用。并在商业银行贷款评价基础上，增加了小贷政策加分因素。通过企业现状和未来趋势分析，客户的信用等级评定为B级，可将该客户划入慎重担保对象。

详见表6－1“客户评分评级表”。

客户评分评级表

表6－1

序号	指标大类	指标名称	指标	评价	评分
1	经营者素质	1. 学历		（1）主要领导人硕士以上学历	5
		2. 行业经验		（1）从事本行业5年以上	5
		3. 信用记录		（1）无不良记录	5
		4. 公司团队		（1）技术实力和销售能力俱强	5
2	经营状况	1. 生产能力利用率	0.44	（5）生产能力利用率<1	
		2. 总投资净收益率	－29.93	（7）总投资净收益率<0	
		3. 存货周转率	1.44	（4）1< =存货周转率<2	1
		4. 应收账款周转率	2.83	（3）2< =应收账款周转率<3	3
3	偿债能力	1. 现金比率	1.14	（1）现金比率> =0.4	4
		2. 流动比率	1.97	（1）流动比率> =1.5	4
		3. 偿债备付率	340.74	（1）偿债备付率> =170	9
		4. 资产负债率	47.23	（4）45<资产负债率< =55	4
4	发展潜力	1. 净资产	241.05	（4）200< =净资产<900	1
		2. 销售增长率	81.51	（1）销售增长率> =12	5
		3. 净利润增长率	20.11	（1）净利润增长率> =9	5
		4. 累计盈余资金	225.59	（7）累计盈余资金<500	
5	数据真实性	1. 综合评价		（2）提供数据误差较大，但可以接受	5

续表

序号	指标大类	指标名称	指标	评价	评分
6	特例事项	1. 信用记录		(5) 无	
		2. 重大事项		(8) 无	
		3. 经营情况		(7) 无	
7	分值汇总	分值汇总			61
8		评定等级		B	61

2. 授信额度计算

客户授信建立在资料真实性分析和债务优化基础上，完全采用定量分析方法，避免了人为因素干扰。不仅核定了综合授信边界，还分别核定了固定资产、流动资金和表外业务等单品种授信额度。核定方法及核定结果详见表6-2。

授信额度计算表

表6-2

序号	参数或指标	变量名称	按本年估算值测算
1	综合授信控制边界测算		
1.1	可接受的最高资产负债率	R_m	0.7
1.2	客户最近资产总额		680
1.3	客户最近负债总额	L_0	396
1.4	客户最近资产负债率	R_0	0.58
1.5	账面净资产		284
1.6	无法变现资产		0
1.7	客户最近有效净资产	N_A	284
1.8	客户信用等级		B
1.9	客户信用等级调整系数	C	0.5
1.10	本年利润再投资默认值	I	-71.
1.11	本年利润再投资确认值	I_0	-71.
1.12	综合授信控制边界计算值	M	250
1.13	建议综合授信边界	M_0	250
2	流动资金授信额度计算值		
2.1	估算的流动资金		171
2.2	流动资金最大贷款比例		1.0
2.3	流动资金授信额度计算值		171
2.4	建议流动资金授信额度	F_B	170

续表

序号	参数或指标	变量名称	按本年估算值测算
3	固定资产授信额度计算值		
3.1	息税折旧摊销前利润		-12.
3.2	所得税		0
3.3	经营活动净现金流量		-12.
3.4	可接受的固定资产贷款偿还期	T	5
3.5	折现率		0.08
3.6	净现值		812
3.7	最低偿债备付率		1.3
3.8	客户最近固定资产贷款余额1		0
3.9	新增固定资产授信额度计算值	F_A	625
3.10	新增固定投资授信额度需要值	F_{A2}	0
4	表外业务授信额度计算		
4.1	表外业务授信额度计算值	F_C	0
4.2	表外业务授信额度建议值	F_{C1}	0
5	建议单品种授信额度		
5.1	客户最近固定资产贷款余额2	F_{A0}	0
5.2	流动资金授信额度	F_{B0}	170
5.3	未用固定资产授信额度	F_{A1}	0
5.4	表外业务授信额度	F_{C0}	0
6	授信总额	F_0	170

根据客户信用等级和资产负债率合理范围，经测算的债务承受额为250万元。

授信额度根据资金需求与债务承受额综合确定。流动资金需求根据财务评价流动资金估算表确定需求；新增固定投资根据企业购置固定资产、无形资产、技术研发和节能减排等资金需要，结合融资主体未来经营收益的偿债能力综合确定；表外业务，根据近几年统计数据和企业发展需要确定。遵循“所有单品种授信额度之和不能超过综合授信控制边界”的原则，提出了企业授信总额和单品种授信额度建议。

建议授信总额170万元，即流动资金授信额度170万元。

七、风险评价

1. 风险分析

根据融资主体新增固定投资需求、年初财务报表，分析了融资主体本年内可能出现的重大经营和财务风险，得出的结论是：借款人暂无新增固定投资需求，债务结构合理，经营活动净现金流量为负，存在一定的经营风险，但不影响企业平稳运行，未见重大风险隐患。

2. 反担保分析

本贷款担保方案落实的反担保措施如下：

（1）以上海＊＊生物科技有限公司价值50万元的股权作为质押；（2）张＊（免配偶）提供个人保证担保。

反担保分析表

表7－1

序号	反担保方式	评估价值	清算值	操作程序
1	股权质押	50万元	40万元	
2	个人保证担保			

八、借款用途及还款来源

1. 借款用途

流动资金贷款用于购买原材料、工资及管理费用。

2. 还款来源

经营收益作为第一还款来源，反担保作为第二还款来源。

九、经办初审意见

1. 同意担保理由

某医药技术研发有限公司申请流动资金贷款担保200万元；企业信用等级B，属于慎重担保对象；年度流动资金授信额度170万元，采用授信即用信；本年利息备付率－414.83%，本年偿债备付率340.74%，虽然利息备付率小于0，但偿债备付率大于评价标准（最低偿债备付率130%），说明企业有偿债能力。建议按担保方案提供流动资金贷款担保170万元。

2. 具体担保方案

公司名称	某医药技术研发有限公司		
信用等级	B	债务承受额	250万元
利息备付率	－414.83%	偿债备付率	340.74%
上年担保金额	200万元	总投资净收益率	－20.39%

续表

本年授信额度	170 万元	用信方式	授信即用信
担保金额	170 万元	担保期限	12 个月
担保费率	3%/年	保证金比例	25%
借款用途	流动资金		
反担保措施	1. 以上海＊＊生物科技有限公司价值 50 万元的股权作为质押 2. 张＊（免配偶）提供个人保证担保		
还款来源	经营收益作为第一还款来源，反担保作为第二还款来源		
还款方式	一年到期还本	付息方式	按月计息付息
合作状况	某医药技术研发有限公司是我公司的老客户，几年来合作愉快，没有发生逾期欠息、重大违约等事项		
客户经理 A	刘＊	客户经理 B	何＊＊

附表

附表1 资料收集清单

序号	选择	内容
一		借款人资料
1	√	营业执照
2	√	组织机构代码证
3	√	税务登记证
4	√	外商投资企业批准证书（如有）
5		外汇登记证（如有）
6		公司章程
7		验资报告
8	√	贷款卡查询资料（详细版）
9	√	法定代表人身份证复印件
10	√	法定代表人履历表
11	√	法定代表人个人征信系统查询资料及同意查询授权书
12	√	企业连续两年的财务年度报表和最近一期（包括上一年同期）的财务月报表
13	√	现场验证数据表
14	√	房地产租赁合同（如为租赁）
15		主要固定资产清单
16		环保评估及验收文件
17		公司及关联企业股权结构图或组织结构图
18		许可证（如：进出口备案文件、印刷、特种行业经营）（如有）
19		因项目需要，须提供的其他资料（如产品认证、专利证书、企业宣传册等）
二		企业经营状况资料
1	√	前、上年度及本年度最近月（包括上一年同期）增值税纳税申报表
2		政府部门（如海关、外管局、外经委等）编制的进出口情况统计表
3	√	经营状况统计表（工业类）
4	√	企业成本统计资料（工业类）
5	√	上一年及本年最近月银行非本行账户对账单（含其他结算账户）
6	√	前6个月前3大供应商\下家客户的购货合同和销货合同
7		前6个月电（或水、气）费凭证
8		企业的出库单证\销售月报表\运输发票（完整月份）
9		他行对其核定的授信批复通知书

续表

序号	选择	内　容
10		其他可以证实销售收入情况的材料
三		保证人资料
1		营业执照
2		组织机构代码证
3		税务登记证（国、地税）
4		公司章程
5		验资报告
6		贷款卡查询资料
7		法定代表人身份证复印件
8		连续两年的财务年度报表和最近一期的财务月报表
四		抵质押资料
1	√	相关产权证，如房、地产权证等
2		资产评估报告（或预评估报告）
3		存单和有价证券等质物
五		固定资产贷款资料
1		企业现有固定资产贷款还本付息计划
2		批复文件（如有）
3		项目可行性报告（如有）
4		土地出让合同（如有）
5		工程建造合同、设备购买合同
6		其他配套条件落实文件

附表2　资产负债表

单位：万元

序号	项目名称	200912	201012	2011
1	资产	58.05	780.97	679.63
1.1	流动资产总额	41.34	730.16	524.12
1.1.1	货币资金	22.72	169.99	329.99
1.1.2	短期投资			
1.1.3	应收票据			
1.1.4	应收股利			
1.1.5	应收利息			
1.1.6	应收账款		36.00	49.78
1.1.7	减坏账准备			

续表

序号	项目名称	200912	201012	2011
1.1.8	应收账款净额		36.00	49.78
1.1.9	预付账款		132.28	13.96
1.1.10	应收补贴款			
1.1.11	其他应收款	4.77	360.52	76.86
1.1.12	存货	13.86	31.36	53.53
1.1.13	待摊费用			
1.1.14	待处理流动资产净损失			
1.1.15	一年到期的长期债权投资			
1.1.16	其他流动资产		0.01	
1.2	长期投资			
1.2.1	长期股权投资			
1.2.2	长期债权投资			
1.3	固定资产			
1.3.1	固定资产原值	28.90	69.12	179.54
1.3.2	减：累计折旧	12.20	18.31	64.03
1.3.3	固定资产净值	16.70	50.81	115.51
1.3.4	减：固定资产减值准备			
1.3.5	固定资产净额	16.70	50.81	115.51
1.3.6	工程物资			
1.3.7	在建工程			
1.3.8	固定资产清理			
1.3.9	固定资产合计	16.70	50.81	115.51
1.4	无形资产及其他资产			40.00
1.4.1	无形资产			40.00
1.4.2	长期待摊费用			
1.4.3	其他长期资产			
1.5	递延税款			
1.5.1	递延税款借项			
2	负债及所有者权益	58.05	780.97	679.62
2.1	流动负债总额	0.19	203.80	276.39
2.1.1	短期借款		200.00	200.00
2.1.2	应付票据			
2.1.3	应付账款		2.50	37.75

续表

序号	项目名称	200912	201012	2011
2.1.4	预收账款			1.66
2.1.5	其他应付账款	0.19	0.05	43.93
2.1.6	应付工资		5.45	10.41
2.1.7	应付福利费			
2.1.8	应付股利			
2.1.9	应缴税金		-4.20	-17.37
2.1.10	一年到期的长期负债			
2.1.11	其他			0.01
2.2	长期负债	136.92	149.51	119.56
2.2.1	长期借款			
2.2.2	应付债券			
2.2.3	长期应付款			
2.2.4	住房周转金			
2.2.5	其他长期负债	136.93	149.51	119.56
2.3	递延税款贷项			
2.4	负债总额	137.12	353.31	395.95
2.5	所有者权益	-79.07	427.66	283.67
2.5.1	实收资本 [股本]	81.63	700.00	700.00
2.5.2	资本公积			
2.5.3	盈余公积			
2.5.4	任意公积金			
2.5.5	未分配利润	-160.70	-272.34	-416.33

附表3 利润表

单位：万元

序号	项目名称	200912	201012	201112
一	**主营业务**	**1.85**	**61.46**	**94.51**
	减：折扣与折让			
二	**主营业务收入净额**	**1.85**	**61.46**	**94.51**
	减：主营业务成本	1.20	35.90	69.61
	主营业务税金及附加			
三	**主营业务利润 [毛利润]**	**0.65**	**25.56**	**24.90**
	加：其他业务利润			
	减：存货跌价准备			

续表

序号	项目名称	200912	201012	201112
	营业费用［销售费用］	0.31		6.20
	管理费用	159.78	157.01	193.49
	财务费用	1.25	13.98	6.06
四	**主营利润**	**-160.69**	**-145.43**	**-180.84**
	加：投资收益		-50.00	
	补贴收入			
	营业外收入		83.82	46.28
	减：营业外支出	0.02	0.02	0.05
	加：以前年度损益调整			
五	**利润总额**	**-160.71**	**-111.63**	**-134.61**
	减：所得税			
	少数股东损益			
六	**净利润**	**-160.71**	**-111.63**	**-134.61**
七	**本年利息**	**1.25**	**13.98**	**6.06**
	息税前利润	-159.46	-97.66	-128.55
	本年折旧	6.64	6.11	45.71
	本年摊销			
	息税折旧摊销前利润	-152.82	-91.54	-82.84

附表4　现金流量表

单位：万元

序号	项目名称	200912	201012	2011
一	**经营活动产生的现金流量**			
1	经营活动现金流入	123.06	120.19	466.81
1.1	销售商品、提供劳务收到的现金	1.91	61.50	96.51
1.2	收到的税费返还	121.00	58.44	46.28
1.3	收到的其他与经营活动有关的现金	0.15	0.25	324.02
2	经营活动现金流出	119.91	687.12	150.01
2.1	购买商品、接受劳务支出的现金	3.48	187.38	2.07
2.2	支付给职工以及为职工支付的现金	41.87	36.73	55.31
2.3	支付的各种税费	0.40	0.09	
2.4	支付的其他与经营活动有关的现金	74.16	462.92	92.63
3	经营活动产生的现金流量净额	3.15	-566.93	316.80

续表

序号	项目名称	200912	201012	2011
二	**投资活动产生的现金流量**			
1	投资活动现金流入			
1.1	收回投资所收到的现金			
1.2	取得投资收益而收到的现金			
1.3	处置固定资产、无形资产和其他长期资产而收到的现金			
1.4	收到的其他与投资活动有关的现金			
2	投资活动现金流出	0.52	90.22	150.41
2.1	投资支付的现金		50.00	
2.2	支付其他与投资活动有关的现金	0.52	40.22	150.41
3	投资活动产生的现金流量净额	-0.52	-90.22	-150.41
三	**筹资活动产生的现金流量**			
1	筹资活动现金流入		818.37	200.00
1.1	吸收投资所收到的现金		618.37	
1.2	借款所收到的现金		200.00	200.00
1.3	收到其他与筹资活动有关的现金			
2	筹资活动现金流出		13.94	206.39
2.1	偿还债务所支付的现金			200.00
2.2	分配股利、利润和偿付利息所支付的现金		13.94	6.39
2.3	支付的其他与筹资活动有关的现金			
3	筹资活动产生的现金流量净额		804.42	-6.39
四	**汇率变动对现金的影响**			
五	**现金及现金等价物净增加额**	**2.63**	**147.28**	**160.00**

第五节　固定资产贷款担保评价报告

报告封面：

××担保有限公司
北京某信息技术股份有限公司
固定资产贷款担保评价报告

担保金额： 1000 万元

担保期限： 36 个月

合作银行： 中国××银行

声明与保证

我们在此声明与保证：此报告是按照本担保公司相关规定，根据申请人提供的和本人收集的资料，经我们审慎调查、核实、分析和整理后完成的。报告全面反映了申请人及项目最主要、最基本的信息，我们对报告内容的真实性、准确性、完整性及所作判断的合理性负责。

A 角项目经理签名：

年　　月　　日

B 角项目经理签名：

年　　月　　日

部门经理签名：

年　　月　　日

目 录

一、担保送审审批表

二、借款人基本情况

三、公司简介

四、尽职调查情况

1. 资料收集内容

2. 财务报表简表

3. 财务报表审核及说明

4. 资料真实性评价

五、财务评价

1. 财务评价参数

2. 资金需求分析

3. 财务分析

六、评级授信评价

1. 信用评级

2. 授信额度计算

七、风险评价

1. 风险分析

2. 反担保分析

八、借款用途及还款来源

1. 借款用途

2. 还款来源

九、经办初审意见

1. 同意担保理由

2. 具体担保方案

附表

附表 1 资料收集清单

附表 2 资产负债表

附表 3 利润表

附表 4 现金流量表

附表5 利润估算表

附表6 借款还本付息计划表（优化后）

附表7 财务计划现金流量表（优化后）

附表8 资产负债估算表

一、担保送审审批表

公司名称	北京某信息技术股份有限公司		
信用等级	BBB	债务承受额	9087.0 万元
利息备付率	284.82%	偿债备付率	205.79%
上年担保金额	0.0 万元	总投资净收益率	5.23%
本年授信额度	1000.0 万元	贷款偿还期	3.0
担保金额	1000.0 万元	担保期限	36.0 个月
担保费率	3.0%/年	保证金比例	20.0%
借款用途	用于“＊＊＊＊云计算服务平台”的建设推广		
反担保措施	1. 以何＊＊夫妇劲松路＊＊号一处清房作为抵押　2. 以＊＊信息技术股份有限公司 100 万股票作为质押		
还款来源	第一还款来源为经营收益中的折旧摊销及利润，第二还款来源为该公司的反担保		
还款方式	等额还本金	付息方式	按季计息及付息
合作状况	首次合作		
客户经理 A	张＊	客户经理 B	胡＊＊
当否？请领导审核！ 签字：　日期：　签字：　日期： 部门经理意见： 签字：　日期：			
总经理意见： 签字：　日期：			

二、借款人基本情况

基本信息（一）

注册地	北京市＊＊区＊＊＊路＊＊号＊号楼	成立时间	2002－07－24
办公地址	北京市＊＊区＊＊＊路＊＊号＊号楼	注册资本	4407 万元
法定代表人	何＊＊	身份证	1101051965＊＊＊＊＊＊14
主要经营	网络信息化建设，软件开发	公司性质	股份有限责任公司

相关证照	营业执照	组织机构代码证	税务登记证	贷款卡
编号	110108＊＊＊＊＊＊＊40	741＊＊＊＊5－3	110108＊＊＊＊＊＊＊53	11010810001＊＊＊＊＊＊

基本信息（二）

<table>
<tr><td rowspan="4">往来银行账户情况</td><td></td><td colspan="2">开户银行</td><td colspan="2">账号</td></tr>
<tr><td>基本户</td><td colspan="2">中国工商银行北京＊＊分行</td><td colspan="2">110060＊＊＊＊＊＊＊＊＊＊＊</td></tr>
<tr><td>一般户</td><td colspan="2">建设银行北京＊＊支行</td><td colspan="2">020006＊＊＊＊＊＊＊＊＊＊＊</td></tr>
<tr><td>一般户</td><td colspan="2">中国银行北京＊＊支行</td><td colspan="2">121908＊＊＊＊＊＊＊＊＊＊＊</td></tr>
<tr><td rowspan="7">股东结构</td><td colspan="2">股东名称</td><td colspan="1">出资金额（万元）</td><td colspan="2">占比（%）</td></tr>
<tr><td colspan="2">何＊＊</td><td>3650.32</td><td colspan="2">82.83</td></tr>
<tr><td colspan="2">＊＊＊＊投资管理公司</td><td>291.30</td><td colspan="2">6.61</td></tr>
<tr><td colspan="2">张＊</td><td>150.28</td><td colspan="2">3.41</td></tr>
<tr><td colspan="2">＊＊＊＊＊科贸有限公司</td><td>70.07</td><td colspan="2">1.59</td></tr>
<tr><td colspan="2">李＊</td><td>69.63</td><td colspan="2">1.58</td></tr>
<tr><td colspan="2">合计</td><td>4407.00</td><td colspan="2">100.00</td></tr>
<tr><td rowspan="4">管理人员</td><td>姓名</td><td>职务</td><td>电话</td><td>学历</td><td>从事行业年限</td></tr>
<tr><td>何＊＊</td><td>总经理</td><td>181＊＊＊＊＊＊＊＊</td><td>本科</td><td>22.0</td></tr>
<tr><td>张＊</td><td>财务负责人</td><td>139＊＊＊＊＊＊＊＊</td><td>本科</td><td>10.0</td></tr>
<tr><td>张＊</td><td>副总经理</td><td>130＊＊＊＊＊＊＊＊</td><td>本科</td><td>12.0</td></tr>
<tr><td rowspan="2">最近期借款情况</td><td>贷款银行</td><td>金 额</td><td>贷款性质</td><td>担保方式</td><td>贷款起讫期限</td></tr>
<tr><td>无</td><td>0.0</td><td>无</td><td>无</td><td>至</td></tr>
<tr><td rowspan="2">对外担保情况</td><td>被担保人</td><td>金 额</td><td>贷款银行</td><td>担保方式</td><td>起讫期限</td></tr>
<tr><td>无</td><td>0.0</td><td>无</td><td></td><td>至</td></tr>
<tr><td rowspan="2">法律诉讼与仲裁说明</td><td>原告</td><td>被告</td><td colspan="2">案由</td><td>金额</td></tr>
<tr><td>无</td><td>无</td><td colspan="2">无</td><td>0.0</td></tr>
<tr><td rowspan="4">企业资质及荣誉等相关证书</td><td colspan="2">内容</td><td colspan="2">时间</td><td>颁发机构</td></tr>
<tr><td colspan="2">中国电子政务 IT 百强企业</td><td colspan="2">2006－06－12</td><td>《互联网周刊》</td></tr>
<tr><td colspan="2">瞪羚企业</td><td colspan="2">2008－05－13</td><td>＊＊＊管委会</td></tr>
<tr><td colspan="2">2012 第六届中国自主创新产品新锐奖</td><td colspan="2">2012－05－27</td><td>中国＊＊国际科技产业博览会</td></tr>
</table>

三、公司简介

公司多年研发一种社会化服务的云计算平台软件，软件在北京某区应用试点成功，建立了可行的商业模式，计划投入 1000 万元购置设备和建设网络服务中心。

主要领导人简历

<table>
<tr><td>姓名</td><td>何＊＊</td><td>职务</td><td>总经理</td><td>性别</td><td>男</td><td>出生年月</td><td>1965－7－26</td></tr>
<tr><td colspan="4">住址：＊＊路丽华苑＊＊幢＊＊室</td><td>学历</td><td>本科</td><td>婚姻状况</td><td>已婚</td></tr>
<tr><td colspan="4">毕业院校：北京理工大学</td><td>专业</td><td>无线通信</td><td>联系电话</td><td>181＊＊＊＊＊＊＊＊</td></tr>
<tr><td>序号</td><td colspan="2">年限（起止日）</td><td colspan="2">工作单位</td><td colspan="2">职务</td><td>从事的行业</td></tr>
<tr><td>1</td><td colspan="2">1987－07－21 至 1991－08－15</td><td colspan="2">中科院＊＊＊＊研究所</td><td colspan="2">项目负责人、副总经理</td><td>专业技术服务</td></tr>
<tr><td>2</td><td colspan="2">1991－09－11 至 2002－07－23</td><td colspan="2">北京＊＊＊＊电子技术公司</td><td colspan="2">总经理</td><td>信息技术业</td></tr>
<tr><td>3</td><td colspan="2">2002－07－24</td><td colspan="2">北京＊＊信息技术有限公司</td><td colspan="2">总经理</td><td>信息技术业</td></tr>
<tr><td>姓名</td><td>陈＊＊</td><td>职务</td><td>技术总监</td><td>性别</td><td>男</td><td>出生年月</td><td>1974－6－12</td></tr>
<tr><td colspan="4">住址：＊＊路＊＊花园＊＊幢＊＊室</td><td>学历</td><td>本科</td><td>婚姻状况</td><td>已婚</td></tr>
<tr><td colspan="4">毕业院校：北京航空航天大学</td><td>专业</td><td>计算机科学与技术</td><td>联系电话</td><td>158＊＊＊＊＊＊＊＊</td></tr>
<tr><td>1</td><td colspan="2">1997－07－16 至 2000－05－17</td><td colspan="2">＊＊＊＊集团公司
自动化部软件所</td><td colspan="2">高级软件工程师</td><td>软件业</td></tr>
<tr><td>2</td><td colspan="2">2000－06－14 至 2004－07－14</td><td colspan="2">＊＊集团＊＊软件公司</td><td colspan="2">高级软件工程师</td><td>软件业</td></tr>
<tr><td>3</td><td colspan="2">2004－07－14</td><td colspan="2">北京＊＊信息技术有限公司</td><td colspan="2">技术总监</td><td>软件业</td></tr>
</table>

四、尽职调查情况

尽职调查完成了企业现状资料收集和真实性验证两项任务，具体情况如下：

1. 资料收集内容

企业除提供了贷款评价定量分析必须提供的资料，如近三（两）年及最近月份（包括上年同期）的财务报表（包括资产负债表、利润表、现金流量表），近两年及最近月份（包括上年同期）纳税申报表，近两年产品经营状况表、成本统计表，长期借款还本付息表等资料，还提供了大量非财务资料，具体见附件资料收集清单。

2. 财务报表简表

收集了近两年和最近月份资产负债表和利润表见附表，主要内容摘要见表 4－1 “财务报表简表”。

财务报表简表

表4－1 单位：万元

项目	上二年	上一年	本年最近月份	项目	上二年	上一年	本年最近月份
	201012	201112	201206		201012	201112	201206
货币资金	406.96	1274.92	893.55	长期借款			
应收账款	509.50	646.67	519.69	实收资本	2800.00	3147.93	4407.10
其他应收款	505.02	153.45	190.35	资本公积	100.00	1262.07	2.90
存货	771.31	290.52	307.44	盈余公积	88.94	91.05	91.05
流动资产合计	2379.79	2411.01	2101.49	未分配利润	779.76	796.87	734.41
固定资产净值	147.44	275.64	260.08	所有者权益	3768.70	5297.92	5235.46
在建工程				主营业务收入	1530.95	1634.96	547.03
总资产	4777.35	5789.23	5680.37	主营业务成本	407.53	844.72	111.71
短期借款	300.00	16.00	6.00	销售费用	267.97	287.29	160.73
应付账款	198.86	79.50	48.21	管理费用	808.53	670.37	342.88
应付票据				财务费用	13.48	18.46	－12.19
其他应付款	26.76	2.34	3.23	利润总额	7.77	23.78	－62.47
				营业外收入			
流动负债合计	800.16	180.32	133.56	净利润	5.92	19.23	－62.47

3. 财务报表审核及说明

对资产负债表最近月份数据与年初数据进行比较，变动较大的科目作了说明；分析了资产负债表非主要科目的占比，对于占比异常栏目作了说明；分析了企业债务结构，为企业债务结构优化指明方向。财务报表审核及说明见下表4－2，表中删除了部分变动无异常和占比正常的栏目。

财务报表审核结论及说明表

表4－2

序号	指标名称	单位	指标	结论及说明
1	主营业务收入增长幅度［同期］		18.21	
2	财务数据异常变动分析			
2.1	货币资金增减幅度	%	－29.91	本年最近月份的货币资金与年初比较变化较大
2.2	应收账款增减幅度	%	－19.64	本年最近月份的应收账款与年初比较，变化正常
2.3	存货增减幅度	%	5.82	本年最近月份的存货与年初比较，变化幅度正常
2.4	实收资本增减	万元	1259.17	本年最近月份的实收资本有变化，公积金转资本金

续表

序号	指标名称	单位	指标	结论及说明
2.5	资本公积增减	万元	-1259.17	本年最近月份的资本公积与年初比较有变化，转增资本
3	财务数据占比异常分析			
3.1	其他应收款占流动资产比例	%	6.36	上年末其他应收款占流动资产比例小于10%，占比正常
3.2	待摊费用占流动资产比例	%		
3.3	长期待摊费用占非流动资产比例	%	5.80	上年末长期待摊费用占非流动资产比例小于10%，占比正常
3.4	无形资产占非流动资产比例	%	31.24	上年末无形资产占非流动资产比例20%以上，研发的软件
3.5	在建工程占固定资产比例	%		
4	其他应付账款分析	万元	2.34	正常
5	其他流动负债分析	万元	0.01	正常
7	“短债长用”释疑			无“短债长用”现象
9	往来账款处置方法	万元	2.36	存在往来账款，但数额小

4. 资料真实性评价

除了在现场验证资料原件之外，还重点对财务数据的真实性进行了验证。我们验证了资产负债表、利润表、现金流量表的钩稽关系；通过纳税申报表验证了利润表中主营业务收入；查验了资产负债表“货币资金”、现金流量表中“股利分配及支付利息”金额、资产负债表“应收账款”、现金流量表“偿还债务所支付的现金”、现金流量表“投资支付的现金”等重要科目，验证了企业息税折旧摊销前利润（可还款的经营收益）的真实性。得出的综合评价结论是提供数据误差较大，但可以接受。详见下表4-3“数据真实性综合评价表”。

数据真实性综合评价表

表4-3

序号	项目名称	指标（2011）	评价结论
1	未纳税申报的营业收入占比（%）	0	可信度高
2	钩稽关系验证（钩稽关系验证差额，万元）	0	资产负债表、利润表、现金流量表三者钩稽关系正确
3	未验证的息税折旧摊销前利润占比（%）	18.31	基本可接受
4	综合评价		提供数据误差较大，但可以接受

五、财务评价

通过统计企业现有财务报表，我们合理确定了收入预测、成本预测和流动资金需求预测参数。在未来收入预测、成本预测、流动资金预测的基础上，计算了利润估算表、企业还本付息计划、财务计划现金流量表、资产负债估算表、全部投资现金流量表等财务分析报表，对企业未来的经营状况、获利能力、偿债能力得出了可信的结论。

1. 财务评价参数

（1）财务评价基本参数

财务评价基本参数见表5－1“基本参数表”。

基本参数表

表5－1

序号	项目名称	单位	数据
1	计算期	年	10.00
2	流动资金借款利率	%	6.70
3	最低偿债备付率	%	130.00
4	最低现金比率		0.30
5	正常年份所得税税率	%	25.00
6	自有流动资金最低比例	%	100.00
7	新增固定投资	万元	1000.00
8	新增固定投资借款	万元	1000.00
9	新增固定投资借款偿还期	年	3.00
10	新增借款利率	%	7.74
11	新增注册资金	万元	0
12	新增借款偿还方式		1.00
13	基准收益率	%	8.00
14	流动资金贷款申请额	万元	0
15	近期到期流动资金贷款	万元	0

（2）主营业务收入预测参数

经统计，上二年、上一年、本年的收入增长幅度分别为－29.05%、6.79%、18.21%，根据统计数据确定的本年收入增长幅度预测参数为18.00%。详见表5－2。每年收入环比增长幅度见表5－3。

主营业务收入预测参数表

表5-2

序号	项目名称	单位	参数
1	主营业务收入增长率［上二年］	%	-29.05
2	主营业务收入增长率［上一年］	%	6.79
3	主营业务收入增长率［本年同期］	%	18.21
4	主营业务收入增长率（预测参数）	%	18.00

每年收入环比增长幅度

表5-3

项目名称	单位	2010	2011	2012	2013	2014	2015	2016	2017	2018	2019	2020	2021
增长幅度		-29.05	6.79	18.00	18.00	18.00	18.00	18.00	0	0	0	0	0

（3）成本估算参数

统计上两年的统计参数，确定成本预测参数见表5-4。

成本估算参数

表5-4

序号	项目名称	2010	2011	2010年占比（%）	2011年占比（%）	上两年平均占比（%）	成本预测参数（%）
	营业收入（万元）	1530.95	1634.96				
1	进价（营业）成本	407.53	844.72	26.62	51.67	39.15	40.00
2	管理费用	808.53	670.37	52.81	41.00	46.91	39.00
2.1	折旧费	29.05	43.00	1.90	2.63	2.27	2.00
2.2	租赁费						
2.3	摊销费	262.54	271.55	17.15	16.61	16.88	15.00
2.4	其他管理费用	516.94	355.82	33.77	21.76	27.77	22.00
3	财务费用	13.48	18.46	0.88	1.13	1.01	1.00
4	营业费用	267.97	287.29	17.50	17.57	17.54	15.00
5	总成本费用	1497.51	1820.84	97.82	111.37	104.60	
6	经营费用	1192.44	1487.83	77.89	91.00	84.45	

（4）流动资金估算参数

根据统计数据确定的流动资金估算参数见表5-5。

流动资金估算参数表

表 5 – 5

序号	项目名称	上二年	上一年	上两年平均周转天数	预测参数
		2010 年	2011 年		
一	周转天数（天）				
1	流动资产				
1.1	应收账款	153.82	156.47	155.14	156.00
1.2	预付账款	165.19	19.37	92.28	20.00
1.3	存货	232.86	70.30	151.58	70.00
1.4	现金	189.58	851.89	520.74	108.00
2	流动负债				
2.1	应付账款	227.95	65.81	146.88	60.00
2.2	预收账款	50.49	1.66	26.08	2.00
3	流动资金				
二	流动资金占经营成本比例（%）	117.57	83.47	100.52	100.52
三	流动资金占营业收入比例（%）	91.58	75.95	83.77	83.77
四	旺季调整系数				

2. 资金需求分析

根据企业业务发展预测和财务平衡分析，得出的企业融资需求与资金筹措计划是 2707 万元，本年需求 1016 万元，详见表 5 – 6。企业申请固定资产贷款 1000 万元。

融资需求与筹措计划表

表 5 – 6　　单位：万元

序号	名称	合计	2012	2013	2014	2015	2016	2017	2018	2019	2020	2021
1	资金需求	2707	1883	158	186	220	260					
1.1	流动资金	1707	883	158	186	220	260					
1.2	债务优化融资											
1.3	新增固定投资	1000	1000									
2	资金筹措	2707	1883	158	186	220	260					
2.1	权益资金	1691	867	158	186	220	260					
2.1.1	年初自有流动资金	867	867									
2.1.2	经营收益及盈余资金	824		158	186	220	260					

续表

序号	名称	合计	2012	2013	2014	2015	2016	2017	2018	2019	2020	2021
2.1.3	拟股权融资											
2.2	债务资金	1016	1016									
2.2.1	流动资金贷款	16	16									
2.2.2	债务优化贷款											
2.2.3	新增固定投资贷款	1000	1000									

3. 财务分析

(1) 财务评价指标

经过财务评价分析，分析结果详见表5－7“财务评价指标汇总表”。

财务评价指标汇总表

表5－7

序号	项目名称	单位	2010（上二年）	2011（上一年）	2012（本年）	计算期平均
1	经营状况评价指标					
1.1	主营业务收入	万元	1530.95	1634.96	1929.25	3250.42
1.2	主营业务收入增长幅度	%	－29.05	6.79	18.00	9.00
1.3	销售利润率	%	0.51	1.29	3.81	9.89
1.4	主营业务收入现金含量		84.30	32.26	100.00	100.00
1.5	存货周转率		0.53	2.91	2.67	
1.6	应收账款周转率		3.00	2.53	3.00	
2	获利能力评价指标					
2.1	净利润	万元	5.92	19.23	55.13	263.71
2.2	净利润增长率	%		224.83	186.69	54.44
2.3	息税折旧摊销前利润	万元	312.84	356.79	441.25	743.43
2.4	息税折旧摊销前利润增长率	%		14.05	23.67	9.57
2.5	总投资收益率	%	0.56	0.91	2.30	13.77
2.6	总投资净收益率	%	0.51	0.82	1.92	10.50
2.7	全投资税后内部收益率	%				9.45
2.8	权益资金内部收益率	%				7.83
2.9	每股价值	元			1.67	1.67
3	财务状况评价指标					

续表

序号	项目名称	单位	2010（上二年）	2011（上一年）	2012（本年）	计算期平均
3.1	资产负债率	%	21.11	8.49	21.53	10.49
3.2	流动比率		2.97	13.37	17.58	18.88
3.3	速动比率		1.78	11.51	15.47	16.68
3.4	现金比率		0.51	7.07	10.42	11.77
4	偿债能力评价指标					
4.1	利息备付率	%	157.64	228.82	284.82	30653.48
4.2	贷款偿还期	年				3.00
4.3	偿债备付率	%	2307.05	1908.13	4112.85	205.79
4.4	累计平均偿债备付率最低值	%			4112.85	205.79
4.5	偿债备付率（优化前）	%	2307.05	1908.13	4112.85	205.79
4.6	累计平均偿债备付率最低值（优化前）	%			4112.85	205.79
5	发展潜力评价指标					
5.1	累计盈余资金	万元		853.78	1595.99	3258.86
5.2	净资产	万元	3768.70	5297.92	5353.05	6181.90

（2）经营状况评价

经统计，融资主体上二年、上一年、本年的收入增长幅度分别为-29.05%、6.79%、18.21%。主营业务收入持续两年增长，本年增长幅度超过前两年，且超过15%，增长势头看好。

（3）获利能力评价

经测算，总投资净收益率、全投资税后内部收益率分别为10.50%、9.45%、7.83%。基本参数规定的基准收益率为8.00%。

评价结论：静态和动态的评价指标均高于基准收益率，说明融资主体效益较好。

（4）偿债能力评价

经测算，企业固定投资贷款偿还期3年，基本参数规定的贷款偿还期限为3年；在贷款偿还期内，偿债备付率最低值205.79%，基本参数规定的最低偿债备付率评价标准130.00%。

评价结论：企业借款还本付息计划安排的贷款偿还期等于规定的贷款期限，各年偿债备付率最低值大于偿债备付率高于评价标准（最低偿债备付率），说明借款人每年的偿债能力都很强。

六、评级授信评价

1. 信用评级

上述分析论证，对企业的贷款需求、企业经营状况、盈利能力、债务结构、偿债能力等，在数据真实性认证的基础上，已经进行了全面的定量分析，已经能够对客户的优劣，以及是否可以满足客户的贷款需求有了初步判断。企业评级授信将进一步确定客户信用等级和授信额度，作为用信依据。

本报告的评级授信采用了“定性分析与定量分析相结合，以定量分析为主”的评价方法，在分析论证企业数据真实性的基础上，强化了财务评价指标在信用评级中的作用。并在商业银行贷款评价基础上，增加了小贷政策加分因素。通过企业现状和未来趋势分析，客户的信用等级评定为 BBB 级，可将该客户划入慎重担保对象。

详见表 6－1“客户评分评级表”。

客户评分评级表

表 6－1

序号	指标大类	指标名称	指标	评价	评分
1	经营者素质	1. 学历		（2）主要领导人本科以上学历	4
		2. 行业经验		（1）从事本行业 5 年以上	5
		3. 信用记录		（1）无不良记录	7
		4. 公司团队		（1）市场开发能力强	3
2	经营状况	1. 销售利润率	2.80	（6）销售利润率 <4	1
		2. 总投资净收益率	1.48	（6）0 < = 总投资净收益率 < = 0.9 × 一年期法定贷款利率	5
		3. 存货周转率	2.77	（4）2 < = 存货周转率 <3	1
		4. 应收账款周转率	2.81	（4）2 < = 应收账款周转率 <4	1
3	偿债能力	1. 现金比率	9.08	（1）现金比率 > = 0.5	5
		2. 流动比率	15.90	（1）流动比率 > = 1.5	5
		3. 偿债备付率	205.79	（1）偿债备付率 > = 180	7
		4. 资产负债率	16.31	（1）资产负债率 < = 60	8
4	发展潜力	1. 净资产	5331.00	（1）净资产 > = 1000	4
		2. 销售增长率	13.52	（2）12 < = 销售增长率 <18	4
		3. 净利润增长率	201.95	（1）净利润增长率 > = 15	5
		4. 累计盈余资金	1299.11	（1）累计盈余资金 > = 1000	6

续表

序号	指标大类	指标名称	指标	评价	评分
5	数据真实性	1. 综合评价		（2）提供数据误差较大，但可以接受	5
6	特例事项	1. 信用记录		（5）无	
		2. 重大事项		（8）无	
		3. 经营情况		（7）无	
7	分值汇总	分值汇总			75
8		评定等级		BBB	75

2. 授信额度计算

客户授信建立在资料真实性分析和债务优化基础上，完全采用定量分析方法，避免了人为因素干扰。不仅核定了综合授信边界，还分别核定了固定资产、流动资金和表外业务等单品种授信额度。核定方法及核定结果详见表6－2。

授信额度计算表

表6－2

序号	参数或指标	变量名称	按本年估算值测算
1	综合授信控制边界测算		
1.1	可接受的最高资产负债率	R_m	0.7
1.2	客户最近资产总额		5789
1.3	客户最近负债总额	L_0	491
1.4	客户最近资产负债率	R_0	0.0
1.5	账面净资产		5298
1.6	无法变现资产		0
1.7	客户最近有效净资产	N_A	5298
1.8	客户信用等级		BBB
1.9	客户信用等级调整系数	C	0.7
1.10	本年利润再投资默认值	I	55
1.11	本年利润再投资确认值	I_0	55
1.12	综合授信控制边界计算值	M	9087
1.13	建议综合授信边界	M_0	9087
2	流动资金授信额度计算值		
2.1	估算的流动资金		992
2.2	流动资金最大贷款比例		0.0
2.3	流动资金授信额度计算值		0

续表

序号	参数或指标	变量名称	按本年估算值测算
2.4	建议流动资金授信额度	F_B	0
3	固定资产授信额度计算值		
3.1	息税折旧摊销前利润		460
3.2	所得税		18
3.3	经营活动净现金流量		442
3.4	可接受的固定资产贷款偿还期	T	3
3.5	折现率		0.08
3.6	净现值		1274
3.7	最低偿债备付率		1.3
3.8	客户最近固定资产贷款余额1		0
3.9	新增固定资产授信额度计算值	F_A	980
3.10	新增固定投资授信额度需要值	F_{A2}	1000
4	表外业务授信额度计算		
4.1	表外业务授信额度计算值	F_C	0
4.2	表外业务授信额度建议值	F_{C1}	0
5	建议单品种授信额度		
5.1	客户最近固定资产贷款余额2	F_{A0}	0
5.2	流动资金授信额度	F_{B0}	0
5.3	未用固定资产授信额度	F_{A1}	1000
5.4	表外业务授信额度	F_{C0}	0
6	授信总额	F_0	1000

根据客户信用等级和资产负债率合理范围，经测算的债务承受额为9087万元。

授信额度根据资金需求与债务承受额综合确定。流动资金需求根据财务评价流动资金估算表确定需求；新增固定投资根据企业购置固定资产、无形资产、技术研发和节能减排等资金需要，结合融资主体未来经营收益的偿债能力综合确定；表外业务，根据近几年统计数据和企业发展需要确定。遵循“所有单品种授信额度之和不能超过综合授信控制边界”的原则，提出了企业授信总额和单品种授信额度建议。

建议授信总额1000万元，固定资产授信额度1000万元。

七、风险评价

1. 风险分析

根据融资主体新增固定投资需求、年初财务报表，分析了融资主体本年内可能出现的重大经营和财务风险，得出的结论是：企业需要新增固定投资，虽然企业资金比较充足，但统筹下来还是需要债务融资才能完全满足资金需求，企业能平稳运行，不会出现资金断流风险。

2. 反担保分析

本贷款担保方案落实的反担保措施如下：

(1) 以何＊＊夫妇劲松路＊＊号一处清房作为抵押 (2) 以＊＊信息技术股份有限公司 100 万股票作为质押。

反担保分析表

表 7－1

序号	反担保方式	评估价值	清算值	操作程序
1	房产抵押	450	350	
2	股权质押	400	250	

八、借款用途及还款来源

1. 借款用途

用于“＊＊＊＊云计算服务平台”的建设推广购置设备。

2. 还款来源

第一还款来源为经营收益中的折旧摊销及利润，第二还款来源为该公司的反担保。

九、经办初审意见

1. 同意担保理由

北京某信息技术股份有限公司申请固定投资贷款担保 1000 万元；企业信用等级 BBB，属于慎重担保对象；贷款机构固定投资授信额度 1000 万元，贷款期限 3 年；偿债备付率最低值 205.79%。企业借款还本付息计划安排的贷款偿还期等于规定的贷款期限，各年偿债备付率最低值大于偿债备付率评价标准（最低偿债备付率），说明借款人每年的偿债能力都很强。建议按担保方案提供固定投资贷款担保 1000 万元。

2. 具体担保方案

公司名称	北京某信息技术股份有限公司		
信用等级	BBB	债务承受额	9087.0 万元
利息备付率	284.82%	偿债备付率	205.79%

上年担保金额	0.0 万元	总投资净收益率	10.50%
本年授信额度	1000 万元	贷款偿还期	3
担保金额	1000 万元	担保期限	36 个月
担保费率	3%/年	保证金比例	20%
借款用途	用于“＊＊＊＊云计算服务平台”的建设推广		
反担保措施	1. 以何＊＊夫妇劲松路＊＊号一处清房作为抵押 2. 以＊＊信息技术股份有限公司 100 万股票作为质押		
还款来源	第一还款来源为经营收益中的折旧摊销及利润，第二还款来源为该公司的反担保		
还款方式	等额还本金	付息方式	按季计息及付息
合作状况	首次合作		
客户经理 A	张＊	客户经理 B	胡＊＊

附表

附表1 资料收集清单

序号	选择	内容
一		**借款人资料**
1	√	营业执照
2	√	组织机构代码证
3	√	税务登记证
4	√	外商投资企业批准证书（如有）
5		外汇登记证（如有）
6		公司章程
7		验资报告
8	√	贷款卡查询资料（详细版）
9	√	法定代表人身份证复印件
10	√	法定代表人履历表
11	√	法定代表人个人征信系统查询资料及同意查询授权书
12	√	企业连续两年的财务年度报表和最近一期（包括上一年同期）的财务月报表
13	√	现场验证数据表
14	√	房地产租赁合同（如为租赁）
15		主要固定资产清单
16		环保评估及验收文件
17		公司及关联企业股权结构图或组织结构图
18		许可证（如：进出口备案文件、印刷、特种行业经营）（如有）
19		因项目需要，须提供的其他资料（如产品认证、专利证书、企业宣传册等）
二		**企业经营状况资料**
1	√	前、上年度及本年度最近月（包括上一年同期）增值税纳税申报表
2		政府部门（如海关、外管局、外经委等）编制的进出口情况统计表
3	√	经营状况统计表（工业类）
4	√	企业成本统计资料（工业类）
5	√	上一年及本年最近月银行非本行账户对账单（含其他结算账户）
6	√	前6个月前3大供应商\下家客户的购货合同和销货合同
7		前6个月电（或水、气）费凭证
8		企业的出库单证\销售月报表\运输发票（完整月份）
9		他行对其核定的授信批复通知书

续表

序号	选择	内　容
10		其他可以证实销售收入情况的材料
三		**保证人资料**
1		营业执照
2		组织机构代码证
3		税务登记证（国、地税）
4		公司章程
5		验资报告
6		贷款卡查询资料
7		法定代表人身份证复印件
8		连续两年的财务年度报表和最近一期的财务月报表
四		**抵质押资料**
1	√	相关产权证，如房、地产权证等
2		资产评估报告（或预评估报告）
3		存单和有价证券等质物
五		**固定资产贷款资料**
1		企业现有固定资产贷款还本付息计划
2		批复文件（如有）
3		项目可行性报告（如有）
4		土地出让合同（如有）
5		工程建造合同、设备购买合同
6		其他配套条件落实文件

附表2　资产负债表　　单位：万元

序号	项目名称	200912	201012	201112	201106	201206
1	资产	4081.72	4777.35	5789.23	4551.83	5680.37
1.1	流动资产总额	2304.01	2379.79	2411.01	1985.59	2101.49
1.1.1	货币资金	662.53	406.96	1274.92	233.38	893.55
1.1.2	短期投资					
1.1.3	应收票据					
1.1.4	应收股利					
1.1.5	应收利息					
1.1.6	应收账款	560.36	509.50	646.67	404.84	519.69
1.1.7	减坏账准备					

续表

序号	项目名称	200912	201012	201112	201106	201206
1.1.8	应收账款净额	560.36	509.50	646.67	404.84	519.69
1.1.9	预付账款	39.00	187.00	45.46	436.15	190.46
1.1.10	应收补贴款					
1.1.11	其他应收款	299.33	505.02	153.45	241.52	190.35
1.1.12	存货	742.79	771.31	290.52	669.70	307.44
1.1.13	待摊费用					
1.1.14	待处理流动资产净损失					
1.1.15	一年到期的长期债权投资					
1.1.16	其他流动资产			-0.01		
1.2	长期投资					
1.2.1	长期股权投资					
1.2.2	长期债权投资					
1.3	固定资产					
1.3.1	固定资产原值	94.63	192.17	363.37	287.43	402.33
1.3.2	减：累计折旧	15.68	44.73	87.73	107.47	142.25
1.3.3	固定资产净值	78.95	147.44	275.64	179.96	260.08
1.3.4	减：固定资产减值准备					
1.3.5	固定资产净额	78.95	147.44	275.64	179.96	260.08
1.3.6	工程物资					
1.3.7	在建工程					
1.3.8	固定资产清理					
1.3.9	固定资产合计	78.95	147.44	275.64	179.96	260.08
1.4	无形资产及其他资产	1698.76	2250.12	3102.58	2386.28	3318.80
1.4.1	无形资产	872.09	669.46	1055.24	535.81	898.62
1.4.2	长期待摊费用	30.51	23.25	195.78	14.86	180.01
1.4.3	其他长期资产	796.16	1557.41	1851.56	1835.61	2240.17
1.5	递延税款					
1.5.1	递延税款借项					
2	负债及所有者权益	4081.73	4777.36	5789.24	4551.84	5680.37
2.1	流动负债总额	268.85	800.16	180.32	461.09	133.56
2.1.1	短期借款		300.00	16.00	200.00	6.00
2.1.2	应付票据					
2.1.3	应付账款	66.08	198.86	79.50	14.90	48.21

续表

序号	项目名称	200912	201012	201112	201106	201206
2.1.4	预收账款	163.63	214.73	7.56	150.63	11.78
2.1.5	其他应付账款	25.03	26.76	2.34	51.59	3.23
2.1.6	应付工资			3.08	1.09	0.12
2.1.7	应付福利费					
2.1.8	应付股利					
2.1.9	应缴税金	14.12	59.19	71.83	42.89	64.08
2.1.10	一年到期的长期负债					
2.1.11	其他	-0.01	0.62	0.01	-0.01	0.14
2.2	长期负债	50.00	208.50	311.00	423.50	311.35
2.2.1	长期借款					
2.2.2	应付债券					
2.2.3	长期应付款					
2.2.4	住房周转金					
2.2.5	其他长期负债	50.00	208.50	311.00	423.50	311.35
2.3	递延税款贷项					
2.4	负债总额	318.85	1008.66	491.32	884.59	444.91
2.5	所有者权益	3762.88	3768.70	5297.92	3667.25	5235.46
2.5.1	实收资本［股本］	2800.00	2800.00	3147.93	2800.00	4407.10
2.5.2	资本公积	100.00	100.00	1262.07	100.00	2.90
2.5.3	盈余公积	88.36	88.94	91.05	88.94	91.05
2.5.4	任意公积金					
2.5.5	未分配利润	774.52	779.76	796.87	678.31	734.41

附表3 利润表

单位：万元

序号	项目名称	200912	201012	201112	201106	201206
一	**主营业务**	**2157.77**	**1530.95**	**1634.96**	**462.76**	**547.03**
	减：折扣与折让					
二	**主营业务收入净额**	**2157.77**	**1530.95**	**1634.96**	**462.76**	**547.03**
	减：主营业务成本	916.07	407.53	844.72	198.26	111.71
	主营业务税金及附加	-24.78	26.26	2.37	-22.14	6.37
三	**主营业务利润［毛利润］**	**1266.48**	**1097.16**	**787.87**	**286.64**	**428.95**
	加：其他业务利润	9.86	0.60	212.03	3.28	
	减：存货跌价准备					

续表

序号	项目名称	200912	201012	201112	201106	201206
	营业费用［销售费用］	200.45	267.97	287.29	104.78	160.73
	管理费用	1063.43	808.53	670.37	280.70	342.88
	财务费用	-7.21	13.48	18.46	5.90	-12.19
四	**主营利润**	**19.67**	**7.78**	**23.78**	**-101.46**	**-62.47**
	加：投资收益					
	补贴收入					
	营业外收入					
	减：营业外支出		0.01			
	加：以前年度损益调整					
五	**利润总额**	**19.67**	**7.77**	**23.78**	**-101.46**	**-62.47**
	减：所得税	4.37	1.85	4.55		
	少数股东损益					
六	**净利润**	**15.30**	**5.92**	**19.23**	**-101.46**	**-62.47**
七	**本年利息**		**13.48**	**18.46**	**5.90**	
	息税前利润	19.67	21.25	42.24	-95.56	-62.47
	本年折旧	15.68	29.05	43.00	19.74	34.78
	本年摊销	242.49	262.54	271.55	133.65	157.43
	息税折旧摊销前利润	277.84	312.84	356.79	57.83	129.74

附表4　现金流量表

单位：万元

序号	项目名称	200912	201012	201112	201106	201206
一	**经营活动产生的现金流量**					
1	经营活动现金流入	2391.14	1826.19	1662.78	1082.10	862.56
1.1	销售商品、提供劳务收到的现金	2187.51	1662.92	1290.63	527.44	662.29
1.2	收到的税费返还	1.86	0.60			0.89
1.3	收到的其他与经营活动有关的现金	201.77	162.67	372.15	554.66	199.38
2	经营活动现金流出	2002.46	1452.52	1004.21	927.08	1213.80
2.1	购买商品、接受劳务支出的现金	881.90	622.36	499.42	343.40	462.81
2.2	支付给职工以及为职工支付的现金	577.78	637.67	322.83	253.13	371.20
2.3	支付的各种税费	154.40	63.35	14.61	31.78	34.99
2.4	支付的其他与经营活动有关的现金	388.38	129.15	167.35	298.77	344.79
3	经营活动产生的现金流量净额	388.69	373.67	658.58	155.02	-351.23

续表

序号	项目名称	200912	201012	201112	201106	201206
二	**投资活动产生的现金流量**					
1	投资活动现金流入					
1.1	收回投资所收到的现金					
1.2	取得投资收益而收到的现金					
1.3	处置固定资产、无形资产和其他长期资产而收到的现金					
1.4	收到的其他与投资活动有关的现金					
2	投资活动现金流出	903.19	913.31	994.29	220.88	19.74
2.1	投资支付的现金					
2.2	支付其他与投资活动有关的现金	903.19	913.31	994.29	220.88	19.74
3	投资活动产生的现金流量净额	-903.19	-913.31	-994.29	-220.88	-19.74
三	**筹资活动产生的现金流量**					
1	筹资活动现金流入		300.00	2020.00	200.00	
1.1	吸收投资所收到的现金			1510.00		
1.2	借款所收到的现金		300.00	510.00	200.00	
1.3	收到其他与筹资活动有关的现金					
2	筹资活动现金流出		15.93	816.33	307.71	10.39
2.1	偿还债务所支付的现金			794.00	300.00	10.00
2.2	分配股利、利润和偿付利息所支付的现金		15.93	22.33	7.71	0.39
2.3	支付的其他与筹资活动有关的现金					
3	筹资活动产生的现金流量净额		284.07	1203.67	-107.71	-10.39
四	**汇率变动对现金的影响**					
五	**现金及现金等价物净增加额**	**-514.50**	**-255.57**	**867.96**	**-173.58**	**-381.36**

附表5　利润估算表

单位：万元

序号	项目名称	2010（上二年）	2011（上一年）	2012（第1年）	2013（第2年）	2014（第3年）	2015（第4年）	2016（第5年）	2017（第6年）	2018（第7年）	2019（第8年）	2020（第9年）	2021（第10年）
1	营业收入	1531.55	1846.99	1929.25	2276.52	2686.29	3169.82	3740.39	3740.39	3740.39	3740.39	3740.39	3740.39
2	营业税金及附加	26.26	2.37	2.48	2.92.	3.45	4.07	4.80	4.80	4.80	4.80	4.80	4.80
3	总成本费用	1497.51	1820.84	1853.27	2218.40	2564.89	2980.71	3517.04	3517.04	3427.16	2955.98	2955.98	2955.98
4	补贴收入												
5	营业外收支净额	-0.01											
6	利润总额	7.77	23.78	73.51	55.20	117.96	185.05	218.55	218.55	308.43	779.61	779.61	779.61
7	弥补以前年度亏损												
8	应纳税所得额	7.77	23.78	73.51	55.20	117.96	185.05	218.55	218.55	308.43	779.61	779.61	779.61
9	所得税	1.85	4.55	18.38	13.80	29.49	46.26	54.64	54.64	77.11	194.90	194.90	194.90
10	净利润	5.92	19.23	55.13	41.40	88.47	138.79	163.91	163.91	231.32	584.71	584.71	584.71
11	法定盈余公积金	0.59	1.92	5.51	4.14	8.85	13.88	16.39	16.39	23.13	58.47	58.47	58.47
12	各投资方利润分配												
13	当期未分配利润	5.33	17.31	49.62	37.26	79.62	124.91	147.52	147.52	208.19	526.24	526.24	526.24
14	未分配利润	779.76	796.87	846.49	883.75	963.37	1088.28	1235.80	1383.32	1591.51	2117.75	2643.99	3170.23
15	息税前利润	21.25	42.24	113.28	133.67	157.73	186.12	219.62	219.62	309.50	780.68	780.68	780.68
16	息税折旧摊销前利润	312.84	356.79	441.25	520.68	614.40	724.99	855.49	855.49	855.49	855.49	855.49	855.49

附表6　借款还本付息计划表（优化后）

单位：万元

序号	项目名称	2010（上二年）	2011（上一年）	2012（第1年）	2013（第2年）	2014（第3年）	2015（第4年）	2016（第5年）	2017（第6年）	2018（第7年）	2019（第8年）	2020（第9年）	2021（第10年）	2022（第11年）
1	还本付息计划													
1.1	原有借款													
1.1.1	原有借款年初累计													
1.1.2	原有借款本年借款													
1.1.3	原有借款应计利息													
1.1.4	原有借款本年还本金													
1.1.5	原有借款本年付利息													
1.1.6	原有借款年末累计													
1.2	新增借款													
1.2.1	新增借款年初累计				1000.00	500.00								
1.2.2	新增借款本年借款			1000.00										
1.2.3	新增借款应计利息			38.70	77.40	38.70								
1.2.4	新增借款本年还本金				500.00	500.00								
1.2.5	新增借款本年付利息			38.70	77.40	38.70								
1.2.6	新增借款年末累计			1000.00	500.00									
1.3	短期借款偿还													
1.4	支付工程欠款													
1.5	还本付息计划合计													
1.5.1	年初累计				1000.00	500.00								
1.5.2	本年借款			1000.00										

续表

序号	项目名称	2010（上二年）	2011（上一年）	2012（第1年）	2013（第2年）	2014（第3年）	2015（第4年）	2016（第5年）	2017（第6年）	2018（第7年）	2019（第8年）	2020（第9年）	2021（第10年）	2022（第11年）
1.5.3	应计利息			38.70	77.40	38.70								
1.5.4	本年还本金				500.00	500.00								
1.5.5	本年付利息			38.70	77.40	38.70								
1.5.6	年末累计			1000.00	500.00									
2	还款能力指标													
2.1	息税前利润	21.25	42.24	113.28	133.67	157.73								
2.2	息税折旧摊销前利润	312.84	356.79	441.25	520.68	614.40								
2.3	各种利息支出	13.48	18.46	39.77	78.47	39.77								
2.4	偿还债务本金				500.00	500.00								
2.5	所得税	1.85	4.55	18.38	13.80	29.49								
2.6	用于建设投资及自有流动资金			640.90	158.03	186.47								
2.7	可用于还款的年初盈余资金			853.78	1498.40	1188.28								
2.8	企业融资			1000.00										
2.9	资产变现													
2.10	利息备付率	157.64	228.82	284.82	170.34	396.59								
2.11	偿债备付率	2307.05	1908.13	4112.85	319.33	293.96								
2.12	累计平均偿债备付率			4112.85	321.01	205.79								
2.13	借款偿还期（年）	3.00												

附表7 财务计划现金流量表（优化后）

单位：万元

序号	项目名称	2010（上二年）	2011（上一年）	2012（第1年）	2013（第2年）	2014（第3年）	2015（第4年）	2016（第5年）	2017（第6年）	2018（第7年）	2019（第8年）	2020（第9年）	2021（第10年）
1	经营活动净现金流量			422.88	506.88	584.91	678.73	800.85	800.85	778.38	660.59	660.59	660.59
1.1	现金流入			1929.25	2276.52	2686.29	3169.82	3740.39	3740.39	3740.39	3740.39	3740.39	3740.39
1.1.1	营业收入			1929.25	2276.52	2686.29	3169.82	3740.39	3740.39	3740.39	3740.39	3740.39	3740.39
1.1.2	增值税销项税额												
1.1.3	补贴收入												
1.1.4	其他收入												
1.2	现金流出			1506.38	1769.64	2101.38	2491.09	2939.54	2939.54	2962.01	3079.80	3079.80	3079.80
1.2.1	经营成本			1485.52	1752.92	2068.44	2440.76	2880.10	2880.10	2880.10	2880.10	2880.10	2880.10
1.2.2	增值税进项税额												
1.2.3	营业税金及附加			2.48	2.92	3.45	4.07	4.80	4.80	4.80	4.80	4.80	4.80
1.2.4	增值税												
1.2.5	所得税			18.38	13.80	29.49	46.26	54.64	54.64	77.11	194.90	194.90	194.90
1.2.6	其他流出												
2	投资活动净现金流量			-640.90	-158.03	-186.47	-220.03	-259.64					2332.44
2.1	现金流入												2332.44
2.1.1	回收固定资产余值												625.56
2.1.2	回收流动资金												1706.89
2.1.3	回收投资												
2.2	现金流出			640.90	158.03	186.47	220.03	259.64					
2.2.1	建设投资			1000.00									

续表

序号	项目名称	2010（上二年）	2011（上一年）	2012（第1年）	2013（第2年）	2014（第3年）	2015（第4年）	2016（第5年）	2017（第6年）	2018（第7年）	2019（第8年）	2020（第9年）	2021（第10年）
2.2.2	维持运营投资												
2.2.3	流动资金			-359.10	158.03	186.47	220.03	259.64					
2.2.4	其他												
3	筹资活动净现金流量			960.23	-578.47	-539.77	-1.07	-1.07	-1.07	-1.07	-1.07	-1.07	-17.07
3.1	现金流入			1000.00									
3.1.1	项目资本金投入												
3.1.2	建设投资借款			1000.00									
3.1.3	流动资金借款												
3.1.4	债券												
3.1.5	应付账款												
3.1.6	短期借款												
3.1.7	其他												
3.2	现金流出			39.77	578.47	539.77	1.07	1.07	1.07	1.07	1.07	1.07	17.07
3.2.1	各种利息支出			39.77	78.47	39.77	1.07	1.07	1.07	1.07	1.07	1.07	1.07
3.2.2	偿还债务本金				500.00	500.00							16.00
3.2.3	应付利润（股利分配）												
3.2.4	其他筹资活动现金流出												
4	净现金流量			742.21	-229.62	-141.33	457.62	540.14	799.78	777.31	659.52	659.52	2975.96
5	累计盈余资金		853.78	1595.99	1366.37	1225.04	1682.66	2222.80	3022.59	3799.90	4459.41	5118.93	8094.89

附表 8 资产负债估算表

单位：万元

序号	项目名称	2010（上二年）	2011（上一年）	2012（第1年）	2013（第2年）	2014（第3年）	2015（第4年）	2016（第5年）	2017（第6年）	2018（第7年）	2019（第8年）	2020（第9年）	2021（第10年）
1	资产	4777.35	5789.23	6821.73	6388.21	6006.27	6179.98	6385.10	6549.02	6780.34	7365.05	7949.76	8248.33
1.1	流动资产总额	2379.79	2411.01	2771.48	2724.97	2799.70	3512.28	4353.27	5153.05	5930.36	6589.88	7249.39	8248.33
1.1.1	货币资金	406.96	1274.92	1642.59	1420.50	1288.04	1756.14	2308.65	3108.43	3885.74	4545.25	5204.77	8094.89
1.1.2	应收账款	509.50	646.67	643.73	759.60	896.33	1057.66	1248.04	1248.04	1248.04	1248.04	1248.04	
1.1.3	预付账款	187.00	45.46	42.87	50.59	59.70	70.44	83.12	83.12	83.12	83.12	83.12	
1.1.4	存货	771.31	290.52	288.85	340.85	402.20	474.59	560.02	560.02	560.02	560.02	560.02	
1.1.5	其他流动资产	505.02	153.44	153.44	153.44	153.44	153.44	153.44	153.44	153.44	153.44	153.44	153.44
1.2	在建工程												
1.3	固定资产净值	147.44	275.64	1237.05	1191.52	1137.80	1074.40	999.59	924.79	849.98	775.17	700.36	
1.4	无形及其他资产净值	2250.12	3102.58	2813.19	2471.71	2068.77	1593.30	1032.24	471.18				
1.5	长期投资												
2	负债及所有者权益	4777.36	5789.24	6821.74	6388.21	6006.28	6179.99	6385.11	6549.02	6780.35	7365.05	7949.76	8248.33
2.1	流动负债总额	500.16	164.32	141.68	166.77	196.36	231.28	272.49	272.49	272.49	272.49	272.49	2.35
2.1.1	短期借款												
2.1.2	应付账款	258.05	154.41	128.62	151.77	179.09	211.32	249.36	249.36	249.36	249.36	249.36	
2.1.3	预收账款	214.73	7.56	10.72	12.65	14.92	17.61	20.78	20.78	20.78	20.78	20.78	
2.1.4	其他流动负债	27.38	2.35	2.35	2.35	2.35	2.35	2.35	2.35	2.35	2.35	2.35	2.35
2.2	长期借款债券应付款			1000.00	500.00								
2.3	流动资金借款	300.00	16.00	16.00	16.00	16.00	16.00	16.00	16.00	16.00	16.00	16.00	
2.4	其他长期负债	208.50	311.00	311.00	311.00	311.00	311.00	311.00	311.00	311.00	311.00	311.00	311.00

续表

序号	项目名称	2010（上二年）	2011（上一年）	2012（第1年）	2013（第2年）	2014（第3年）	2015（第4年）	2016（第5年）	2017（第6年）	2018（第7年）	2019（第8年）	2020（第9年）	2021（第10年）
2.5	负债小计	1008.66	491.32	1468.68	993.77	523.36	558.28	599.49	599.49	599.49	599.49	599.49	313.35
2.6	所有者权益	3768.70	5297.92	5353.05	5394.45	5482.92	5621.71	5785.62	5949.53	6180.86	6765.57	7350.27	7934.98
2.6.1	实收资本	2800.00	3147.93	3147.93	3147.93	3147.93	3147.93	3147.93	3147.93	3147.93	3147.93	3147.93	3147.93
2.6.2	资本公积	100.00	1262.07	1262.07	1262.07	1262.07	1262.07	1262.07	1262.07	1262.07	1262.07	1262.07	1262.07
2.6.3	累计盈余公积	88.94	91.05	96.56	100.70	109.55	123.43	139.82	156.21	179.34	237.81	296.29	354.76
2.6.4	未分配利润	779.76	796.87	846.49	883.75	963.37	1088.28	1235.80	1383.32	1591.51	2117.75	2643.99	3170.23
计算指标	资产负债率（%）	21.11	8.49	21.53	15.56	8.71	9.03	9.39	9.15	8.84	8.14	7.54	7.02
计算指标	流动比率	2.97	13.37	17.58	14.91	13.18	14.20	15.09	17.86	20.56	22.84	25.13	27.41
计算指标	速动比率	1.78	11.51	15.47	12.77	11.01	12.00	12.86	15.63	18.33	20.61	22.90	25.19
计算指标	现金比率	0.51	7.07	10.42	7.77	6.07	7.10	8.00	10.77	13.47	15.76	18.04	20.33

第六节　银行年度授信评价报告

报告封面：

××银行
某银铜铅锌矿有限责任公司
年度授信调查评价报告

评估机构：

评估机构公章：

报告完成日期：　　　　年　　　月　　　日

直接评估人

姓名：

所在单位：

职称：

评估审核人

姓名：

所在单位：

职务：

职称：

声明与保证

我们在此声明与保证：此报告是按照本行相关规定，根据贷款申请人提供的和本人收集的资料，经我们审慎调查、核实、分析和整理后完成的。报告全面反映了贷款申请人及项目最主要、最基本的信息，我们对报告内容的真实性、准确性、完整性及所作判断的合理性负责。

直接评估人签字：

年　　月　　日

评估审核人签字：

年　　月　　日

目　录

一、授信送审审批表

二、借款人基本情况

三、公司简介

四、尽职调查情况

1. 资料收集内容

2. 财务报表简表

3. 财务报表审核及说明

4. 资料真实性评价

五、财务评价

1. 财务评价参数

2. 资金需求分析

3. 财务分析

六、评级授信评价

1. 信用评级

2. 授信额度计算

七、风险评价

1. 风险分析

2. 担保分析

八、借款用途及还款来源

1. 借款用途

2. 还款来源

九、经办初审意见

1. 同意授信理由

2. 具体授信方案

附表

附表 1 资料收集清单

附表 2 资产负债表

附表 3 利润表

附表 4 现金流量表

一、授信送审审批表

公司名称	某银铜铅锌矿有限责任公司	客户来源	存续
所属行业	有色金属矿	行业授信政策	维持
信用等级	A	债务承受额	20823.0万元
利息备付率	622.59%	偿债备付率	191.88%
授信总额	4500.00万元	总投资净收益率	8.49%
其中：	授信额度（万元）	借款期限（个月）	综合利率（%/年）
流动资金	2000.0	12.0	5.85
固定投资	2500.0	36.0	6.56
表外业务	0.0	0.0	0.0
担保措施	固定资产抵押及股票抵押		
抵质押率/担保率	37.6%		
还款来源	经营收益为第一还款来源，担保为第二还款来源		
还款方式	等额还本金	付息方式	每季结息
借款历史	上二年、上一年分别借流动资金2000万元，还款情况良好		
授信发起人	刘＊		
企业总体情况评述及上报意见	以下签署意见人员声明：该授信申请人为非关系人 该企业开采的多金属矿属于国内品位最高的矿石之一，保证了该企业在市场瞬息万变情况下多年持续盈利。近几年企业向我行申请流动资金贷款2000万元，没有出现还款和付息逾期情况，信誉较好。该企业现有开采矿段的矿石储量仅能满足未来三年开采，在附近发现新的矿体，已获得采矿权，计划投资2500万元开拓新的矿井接替现有矿井，除了保持2000万元流动资金贷款，申请固定资产贷款2500万元。经财务评价，总投资净收益率、全投资税后内部收益率、权益资金内部收益率分别为8.49%、15.42%、18.09%，财务效益较好，借款人综合贷款偿还期3.0年，在整个偿还期内最低偿债备付率为191.88%，贷款偿还能力强。 综合上述，建议提供流动资金授信额度2000万元，固定资产贷款2500万元，授信总额4500万元。 签字：　　　　日期：		
审核审批部经办人复审意见： 签字：　　　　日期：			
审核审批部经理意见： 签字：　　　　日期：			

二、借款人基本情况

基本信息（一）

注册地	江西省德兴县××镇		成立时间	2006-01-11
办公地址	江西省德兴县××镇		注册资本	1475 万元
联系电话	189********		是否为一般纳税人	是
法定代表人	梁×		法定代表人身份证	3623021965****295
实际控制人	梁×		实际控制人身份证	3623021965****295
实际控制人从业年限	21		如存在控股母公司且与本借款人经营内容相近，则该母公司经营年限	
主要经营	采选加工铜铅锌银矿石		公司性质	有限责任公司
相关证照	营业执照	组织机构代码证	税务登记证	贷款卡
编号	362302*********	15827****	362302*********	362302*******69

基本信息（二）

<table>
<tr><td rowspan="3">往来银行账户情况</td><td></td><td colspan="2">开户银行</td><td colspan="2">账号</td></tr>
<tr><td>基本存款户银行</td><td colspan="2">××银行</td><td colspan="2">361302*********</td></tr>
<tr><td>主要结算银行</td><td colspan="2">××银行</td><td colspan="2">181560*********</td></tr>
<tr><td rowspan="4">股东结构</td><td colspan="2">股东名称</td><td colspan="2">出资金额（万元）</td><td>占比（%）</td></tr>
<tr><td colspan="2">梁×</td><td colspan="2">885.00</td><td>60.00</td></tr>
<tr><td colspan="2">马×</td><td colspan="2">590.00</td><td>40.00</td></tr>
<tr><td colspan="2">合计</td><td colspan="2">1475.00</td><td>100.00</td></tr>
<tr><td colspan="3">近2年内是否存在重大股权变更，若有请说明</td><td colspan="3"></td></tr>
<tr><td colspan="6">企业主要管理人员情况</td></tr>
<tr><td>姓名</td><td>职务</td><td>任职时间</td><td>与实际控制人关系</td><td>学历</td><td>从事相关行业年限</td></tr>
<tr><td>梁×</td><td>董事长</td><td></td><td>实际控制人</td><td>本科</td><td>20.0</td></tr>
<tr><td>马×</td><td>总经理</td><td></td><td></td><td>本科</td><td>18.0</td></tr>
<tr><td>刘×</td><td>财务负责人</td><td></td><td></td><td>大专</td><td>28.0</td></tr>
<tr><td>员工总数</td><td>600</td><td>本科以上学历人数</td><td>106</td><td>管理人员人数</td><td>32</td></tr>
<tr><td rowspan="2">最近期借款情况</td><td>贷款银行</td><td>金额</td><td>贷款性质</td><td>担保方式</td><td>贷款起讫期限</td></tr>
<tr><td>××银行</td><td>2000.0</td><td>流动资金</td><td>固定资产及股票抵押</td><td>2011-01-03 至 2013-01-02</td></tr>
</table>

续表

信用状况	在人行信贷登记系统中，公司和关联/母公司最近一年是否有不良信用记录				无
	是否曾逾期或欠息，若有是否已结清				无
	当前是否涉及重大诉讼，若有请说明				无
	其他不良信用信息，若有请说明				无
对外担保情况	被担保人	金 额	贷款银行	担保方式	起讫期限
	无	0.0	无		至
法律诉讼与仲裁说明	原告	被告	案由	金额	
	无		0.0		
企业资质及荣誉等相关证书	内容		时间		颁发机构
	一种多金属矿石选矿新工艺发明专利		2010－11－02		国家知识产权局

借款企业实际控制人个人情况

姓名	梁×	性别	男	出生年月	1956－03－09
职务	高级工程师	证件类型	身份证	证件号码	3623021965＊＊＊＊295
当前常住地址	南昌＊＊	现址居住年份	5	现住宅所有权	自有
住宅电话	8268＊＊＊＊	手机号码	139613＊＊＊＊3	办公电话	628803＊＊
婚姻状况	已婚	子女情况	1女	是否为本地居民	是
国籍或地区	中国南昌	直系亲属是否在公司任职，如有填具体职务		无	
毕业院校：	江西冶金学院	专业	采矿	学历	本科
实际控制人从业经验		1991年7月毕业于南方江西冶金学院采矿专业，此后自1991年8月起至今先后历任江西某铅锌矿助工工程师、矿山车间主任、矿长助理、副矿长等职务。2001年担任江西某铜铅锌矿有限责任公司董事长			
实际控制人及子女配偶有无不良嗜好		无			
实际控制人不良记录（如有）		无			
民间借贷情况		无			
客户实际控制人个人银行授信情况（如有）					
行别	授信品种	期限	金额	担保方式	备注
无			0.0		
逾期说明					
对外担保情况（如有）					
被保证人	授信品种		金额	起讫日期	
无			0.0		
实际控制人个人主要资产分布状况			住房两套		

三、公司简介

基本信息（三）

借款人主要生产经营状况			
授信申请人	某银铜铅锌矿有限责任公司		
内部管理架构	公司实现董事会领导下的矿长负责制，内设采矿车间、选矿车间、机修厂、采购供应部、销售部、财务部、矿长办公室等部门		
职责分工情况	企业内设正副矿长3人，矿长主管财务部、矿长办公室，生产副矿长主管采矿车间、选矿车间、机修厂，经营副矿长主管采购供应部、销售部		
经营模式、主打产品及生产能力的简介	企业采矿能力10万吨，精矿含金属量年产铜铅锌精矿金属量3327吨，其中：银12吨、铜655吨、铅860吨、锌1800吨		
业务周期、销售特点（物流、资金流、淡旺季等）简介	一年四季持续生产，每月产量均衡，没有淡季旺季之分。产成品储存于产品库，销售情况基本不影响生产		
经营场所权属	企业资产	备注（若为租赁，租期及说明）	
主要销售市场国内市场占比	100.0%	国外市场占比	0.0%
企业经营管理能力及主要竞争优势分析	企业发明的一种多金属选矿新工艺可以提高各种金属的回收率，该矿品位高，单位精矿成本比同类企业低。具有明显的竞争优势。但是，由于该矿储量规模小，每年产量小，属于国内中小型矿山		

上下游情况					
主要交易对手情况	名称	前6个月所占业务比例	往来时间	交易商品	结算方式及账期
最大供应商	沈阳选矿药剂厂	80.0%	2011	选矿药剂	转账，货到30天
第二大供应商	浙江某火工材料厂	68.0%	2011	火工材料	转账，货到30天
第三大供应商	上海某炼油厂	72.0%	2011	洗油	转账，货到30天
最大销售客户	株洲冶炼厂	48.0%	2011	铅锌精矿	转账，货到15天
第二大销售客户	沈阳冶炼厂	33.0%	2011	铜精矿	转账，货到15天
第三大销售客户	浙江冶炼厂	12.0%	2011	铅锌精矿	转账，货到15天
在人行企业征信系统中的环评等级			AAA		

关联企业情况（如有）			
关联企业名称	企业基本情况简介及与借款人	授信余额	关联交易情况
无		0.0	

续表

对关联企业及交易的简要评价（主要包括关联企业的经营情况对整个集团的影响或贡献程度，是否对借款人造成不利影响。如有关联交易，其交易是否公允合理，确定与借款人的关联交易属于“索取型”还是“输出型”等）			无	
账户往来情况				
银行名称	上年出账累计金额	本期1—11月出账累计金额	上年入账累计金额	本期1—11月入账累计金额
××银行	2368.54	1554.0	3294.01	2179.0
合计	2368.54	1554.0	3294.01	2179.0

管理团队包括技术领军人才、销售领军人才、财务管理人才等已配备齐全，已形成以技术领军人物和销售领军人物为核心的团队，总经理个人简历如下：

主要领导人简历

姓名	马×	职务	总经理	性别	男	出生年月	1969－01－09
住址：XX花园12－903室				学历	本科	婚姻状况	已婚
毕业院校：江西冶金学院				专业	采矿	联系电话	189××××××××
序号	年限（起止日）		工作单位		职务		从事的行业
1	1991－08－09至1995－04－11		×××有色金属有限公司		技术员，车间主任		采矿
2	1995－05－09至今		×××铜矿有限公司		矿长，总经理		采矿

四、尽职调查情况

尽职调查完成了企业现状资料收集和真实性验证两项任务，具体情况如下：

1. 资料收集内容

企业除提供了贷款评价定量分析必须提供的资料，如近三（两）年及最近月份（包括上年同期）的财务报表（包括资产负债表、利润表、现金流量表），近两年及最近月份（包括上年同期）纳税申报表，近两年产品经营状况表、成本统计表，长期借款还本付息表等资料，还提供了大量非财务资料，具体见附件资料收集清单。

2. 财务报表简表

收集了近两年和最近月份资产负债表和利润表见附表，主要内容摘要见表4－1“财务报表简表”。

财务报表简表

表4-1　　　　单位：万元

项　目	上二年	上一年	本年最近月份
	200912	201012	201110
货币资金	1453.71	2094.99	2222.00
应收账款	42.95	13.37	435.00
其他应收款	314.75	2368.54	1554.00
存货	949.44	926.73	1012.00
流动资产合计	3048.86	5826.82	5791.00
固定资产净值	5181.00	5407.88	5101.00
在建工程	570.04	10.00	10.00
总资产	15301.96	17951.37	18375
短期借款		2000.00	2000.00
应付账款	77.69	88.84	107.00
应付票据			
其他应付款	3195.82	3294.01	2179.00
流动负债合计	4525.90	6308.24	5250.00
长期借款			
实收资本	1475.46	1475.46	1475.00
资本公积	6145.15	6412.88	6413.00
盈余公积	1847.20	1898.21	1898.00
未分配利润	599.62	1058.73	2183.00
所有者权益	10067.43	10845.28	11969.00
主营业务收入	3638.48	6254.71	7986.64
主营业务成本	2093.77	3143.99	3820.28
销售费用	54.36	51.62	56.55
管理费用	1631.59	2595.90	2761.84
财务费用	-26.84	-16.68	-71.34
利润总额	429.52	680.96	1518.80
营业外收入	324.96	20.32	39.04
净利润	318.95	510.13	1139.10

3. 财务报表审核及说明

对资产负债表最近月份数据与年初数据进行比较，变动较大的科目作了说明；分析了资产负债表非主要科目的占比，对于占比异常栏目作了说明；分析了企业债务结构，为企业债务结构优化指明方向。财务报表审核及说明见下表4－2，表中删除了部分变动无异常和占比正常的栏目。

财务报表审核结论及说明表

表4－2

序号	指标名称	单位	指标	分析结论及说明
1	主营业务收入增长幅度［同期］	%	48.86	
2	财务数据异常变动分析			
2.1	货币资金增减幅度	%	6.06	本年最近月份的货币资金与年初比较，变化幅度不大
2.2	应收账款增减幅度	%	3153.55	本年最近月份的应收账款与年初比较，变化幅度较大，主要原因是：本年收入增长幅度较大
2.3	存货增减幅度	%	9.20	本年最近月份的存货与年初比较，变化幅度正常
2.4	实收资本增减	万元	－0.03	本年最近月份的实收资本与年初比较没有变化
2.5	资本公积增减	万元		本年最近月份的资本公积与年初比较没有变化
3	财务数据占比异常分析			
3.1	其他应收款占流动资产比例	%	40.65	上年末其他应收款占流动资产比例10%以上，主要构成是：股东往来款
3.2	待摊费用占流动资产比例	%		上年末待摊费用占流动资产比例小于10%，占比正常
3.3	长期待摊费用占非流动资产比例	%	1.42	上年末长期待摊费用占非流动资产比例小于10%，占比正常
3.4	无形资产占非流动资产比例	%	0.82	上年末无形资产占非流动资产比例小于20%，占比正常
3.5	在建工程占固定资产比例	%	5.48	近两年在建工程占固定资产比例小于40%，占比在合理范围
4	其他应付账款分析	万元	3294.01	
4.1	其他应付账款占流动负债比例	%	52.22	上年末其他应付账款占流动负债比例10%以上，主要构成是：企业提取的环境治理基金及股东往来款
7	"短债长用"释疑			
7.1	短期借款用作固定投资	万元		
7.2	其他应付账款用于固定投资	万元	733.40	为企业提取的环境治理基金
8	其他短期借款处置方法			
9	往来账款处置方法	万元	2368.54	存在往来账款，企业拟采用的处置方法是：股东往来款

4. 资料真实性评价

除了在现场验证资料原件之外，还重点对财务数据的真实性进行了验证。我们验证了资产负债表、利润表、现金流量表的钩稽关系；通过纳税申报表验证了利润表中主营业务收入；查验了资产负债表“货币资金”、现金流量表中“股利分配及支付利息”金额、资产负债表“应收账款”、现金流量表“偿还债务所支付的现金”、现金流量表“投资支付的现金”等重要科目，验证了企业息税折旧摊销前利润（可还款的经营收益）的真实性。得出的综合评价结论是提供数据可信度高。详见下表4－3“数据真实性综合评价表”。

数据真实性综合评价表

表4－3

序号	指标名称	指标	评价结论
1	未纳税申报的营业收入占比（%）	0.11	可信度高
2	钩稽关系验证（钩稽关系验证差额，万元）	0	资产负债表、利润表、现金流量表三者钩稽关系正确，完全可接受
3	未验证的息税折旧摊销前利润占比（%）	0	可信度高
4	综合评价	0	提供数据可信度高

五、财务评价

通过统计企业现有财务报表，我们合理确定了收入预测、成本预测和流动资金需求预测参数。在未来收入预测、成本预测、流动资金预测的基础上，计算了利润估算表、企业还本付息计划、财务计划现金流量表、资产负债估算表、全部投资现金流量表等财务分析报表，对企业未来的经营状况、获利能力、偿债能力得出了可信的结论。

1. 财务评价参数

（1）财务评价基本参数

财务评价基本参数见表5－1“基本参数表”。

基本参数表

表5－1

序号	项目名称	单位	数据
1	计算期	年	5.00
2	流动资金借款利率	%	5.85

续表

序号	项目名称	单位	数据
3	最低偿债备付率	%	130.00
4	最低现金比率		0.30
5	正常年份所得税税率	%	25.00
6	自有流动资金最低比例	%	15.00
7	新增固定投资	万元	2500.00
8	新增固定投资借款	万元	2500.00
9	新增固定投资借款偿还期	年	3.00
10	新增借款利率	%	6.56
11	新增注册资金	万元	0
12	新增借款偿还方式		1.00（等额还本金）
13	基准收益率	%	10.00

（2）主营业务收入预测参数

经统计，上二年、上一年、本年的收入增长幅度分别为－39.6%、71.9%、48.86%，根据统计数据确定的本年收入增长幅度预测参数为48.86%，详见表5－2。产品每年生产负荷见表5－3。

主营业务收入预测参数表

表5－2

序号	项目名称	单位	参数
1	主营业务收入增长率［上二年］	%	－39.60
2	主营业务收入增长率［上一年］	%	71.90
3	主营业务收入增长率［本年同期］	%	48.86
4	本年增长幅度限额	%	80.77
5	主营业务收入增长率（预测参数）	%	48.86

产品每年生产负荷

表5－3

年份 产品名称	2009	2010	2011	2012	2013	2014	2015
铜金属含量（%）	32.18	55.32	82.35	100.00	100.00	100.00	100.00

（3）成本估算参数

统计上两年的统计参数，确定成本预测参数见表5－4。

成本估算参数

表 5－4

序号	项目名称	2009	2010	达产年费用统计（万元）	达产年费用预测参数（万元）	上一年可变成本比例（%）	可变成本预测参数（%）
0	产量	1585.40	1840.50	3327.00	3327.00		
1	生产成本	2093.76	3144.00	5395.36	4953.38	100.00	
1.1	原材料费	357.81	537.28	971.22	971.22	100.00	100.00
1.2	燃料及动力费	478.38	718.34	1298.52	1298.52	100.00	100.00
1.3	工资及福利费	425.84	639.44	1155.89	995.14	100.00	80.00
1.4	折旧费（含维简费）	423.24	433.98	496.56	496.57	28.21	28.21
1.5	修理费	219.17	530.67	959.27	825.87	100.00	80.00
1.6	其他制造费用	189.32	284.29	513.90	366.07	100.00	50.00
2	管理费用	1631.59	2595.90	4692.51	3955.18	100.00	
2.1	摊销费	127.56	152.35	275.40	152.35	100.00	
2.2	其他管理费用	1504.03	2443.55	4417.11	3802.83	100.00	80.00
3	财务费用	－26.84	－16.68			100.00	
4	营业费用	54.36	51.62	35.65	51.62		
5	总成本费用	3752.87	5774.84	10123.52	8960.18		
6	经营成本	3228.91	5205.19	9351.56	8311.27		

（3）流动资金估算参数

根据统计数据确定的流动资金估算参数见表 5－5。

流动资金估算参数表

表 5－5

序号	项目名称	上二年	上一年	上两年平均周转天数	预测参数
		2009 年	2010 年		
一	周转天数（天）				
1	流动资产				
1.1	应收账款	4.79	0.92	2.86	2.86
1.2	预付账款	15.50	49.08	32.29	32.29
1.3	存货	105.86	64.09	84.98	84.98
1.4	现金	119.29	108.00	113.65	113.65
2	流动负债				

续表

序号	项目名称	上二年	上一年	上两年平均周转天数	预测参数
		2009 年	2010 年		
2.1	应付账款	381.63	278.62	330.13	30.00
2.2	预收账款	43.90	2.44	23.17	2.00
3	流动资金				
二	流动资金占经营成本比例（%）	4.31	11.01	7.66	7.66
三	流动资金占营业收入比例（%）	3.82	9.17	6.50	6.50
四	旺季调整系数	1.00	1.00	1.00	1.00

2. 资金需求分析

根据企业业务发展预测和财务平衡分析，得出的企业融资需求与资金筹措计划是4844.55万元，详见表5-6。确定授信总额4500万元，其中：流动资金2000万元，固定资产贷款2500万元。

融资需求与筹措计划表

表5-6　　　　单位：万元

序号	名称	合计	2011	2012	2013	2014	2015
1	资金需求	5258	4850	408			
1.1	流动资金	2758	2350	408			
1.2	债务优化融资						
1.3	新增固定投资	2500	2500				
2	资金筹措	5258	4850	408			
2.1	权益资金	413	352	61			
2.1.1	年初自有流动资金						
2.1.2	经营收益及盈余资金	413	352	61			
2.1.3	拟股权融资						
2.2	债务资金	4845	4498	347			
2.2.1	流动资金贷款	2345	1998	347			
2.2.2	债务优化贷款						
2.2.3	新增固定投资贷款	2500	2500				

3. 财务分析

（1）财务评价指标

经过财务评价分析，分析结果详见表5-7“财务评价指标汇总表”。

财务评价指标汇总表

表 5－7

序号	指标	单位	上二年	上一年	预测指标	
					本年	计算期平均
1	**经营状况评价指标**					
1.1	主营业务收入	万元	3638.48	6254.71	9310.88	10907.36
1.2	主营业务收入增长幅度	%	－39.60	71.90	48.86	14.06
1.3	生产能力利用率	%	32.18	55.32	82.35	96.47
1.4	盈亏平衡点	%			53.08	49.11
1.5	存货周转率		2.21	3.39	2.53	2.02
1.6	应收账款周转率		84.71	467.82	165.73	136.07
2	**获利能力评价指标**					
2.1	净利润	万元	318.95	510.13	1106.52	1658.50
2.2	净利润增长率	%		59.94	116.91	35.76
2.3	息税折旧摊销前利润	万元	953.48	1250.61	2381.87	2972.75
2.4	息税折旧摊销前利润增长率	%		31.16	90.46	24.29
2.5	总投资收益率	%	3.25	5.23	10.75	16.19
2.6	总投资净收益率	%	2.36	3.89	8.49	12.65
2.7	全投资税后内部收益率	%				15.42
2.8	权益资金内部收益率	%				18.09
2.9	每股价值	元			9.66	9.66
3	**财务状况评价指标**					
3.1	资产负债率	%	34.21	39.59	42.40	32.67
3.2	流动比率		0.67	0.92	1.23	1.70
3.3	速动比率		0.46	0.75	0.89	1.34
3.4	现金比率		0.32	0.33	0.41	0.88
4	**偿债能力评价指标**					
4.1	利息备付率	%	200.00	200.00	622.59	1295.51
4.2	贷款偿还期	年				3.00
4.3	偿债备付率	%	130.00	130.00	191.88	175.65
4.4	累计平均偿债备付率最低值	%			191.88	175.65
4.5	偿债备付率（优化前）	%	130.00	130.00	191.88	175.65
4.6	累计平均偿债备付率最低值（优化前）	%			191.88	175.65
5	发展潜力评价指标					
5.1	累计盈余资金	万元	1012.97	1618.72	1570.26	6844.79
5.2	净资产	万元	10067.43	10845.28	11951.80	15474.82

（2）经营状况评价

经统计，融资主体上二年、上一年、本年的收入增长幅度分别为－39.6%、71.9%、48.86%。主营业务收入持续两年增长幅度均超过15%，增长势头好。

（3）获利能力评价

经测算，总投资净收益率、全投资税后内部收益率、权益资金内部收益率分别为8.49%、15.42%、18.09%。

获利能力评价结论：本年预测的总投资净收益率（静态指标）和反映整个计算期的全投资税后内部收益率指标，其中一个已经达到了基准收益率，认为融资主体的经济效益较好。

（4）偿债能力评价

经测算，固定资产贷款偿还期3年，融资主体本年偿债备付率为191.88%，偿还期内偿债备付率最低值175.65%。

评价结论：企业借款还本付息计划安排的贷款偿还期等于规定的贷款期限，各年偿债备付率最低值大于偿债备付率评价标准（最低偿债备付率130%），说明借款人每年的偿债能力都很强。

六、评级授信评价

1. 信用评级

上述分析论证，对企业的贷款需求、企业经营状况、盈利能力、债务结构、偿债能力等，在数据真实性论证的基础上，进行了全面的定量分析，已经能够对客户的优劣，以及是否可以满足客户的贷款需求有了初步判断。企业评级授信将进一步确定客户信用等级和授信额度，作为用信依据。

本报告的评级授信采用了“定性分析与定量分析相结合，以定量分析为主”的评价方法，在分析论证企业数据真实性的基础上，强化了财务评价指标在信用评级中的作用。通过企业现状和未来趋势分析，客户的信用等级评定为A级，可将该客户划入主要贷款对象。

详见表6－1“客户评分评级表”。

客户评分评级表

表6－1

序号	指标大类	指标名称	指标	评价	评分
1	经营者素质	1. 学历		(2) 主要领导人本科以上学历	4
		2. 行业经验		(1) 从事本行业5年以上	5
		3. 信用记录		(1) 无不良记录	5
		4. 公司团队		(1) 技术实力和销售能力俱强	5
2	经营状况	1. 生产能力利用率	1.34	(2) 1.3＜生产能力利用率＜＝1.5	4
		2. 总投资净收益率	6.65	(4) 三年期法定贷款利率＜总投资净收益率＜＝1.2×三年期法定贷款利率	7
		3. 存货周转率	2.87	(3) 2＜＝存货周转率＜3	3
		4. 应收账款周转率	286.57	(1) 应收账款周转率＞＝4	5
3	偿债能力	1. 现金比率	0.38	(2) 0.3＜＝现金比率＜0.4	3
		2. 流动比率	1.11	(2) 1＜＝流动比率＜1.5	3
		3. 偿债备付率	176.63	(1) 偿债备付率＞＝170	9
		4. 资产负债率	41.28	(3) 35＜资产负债率＜＝45	5
4	发展潜力	1. 净资产	11509.19	(1) 净资产＞＝2600	4
		2. 销售增长率	58.08	(1) 销售增长率＞＝12	5
		3. 净利润增长率	94.12	(1) 净利润增长率＞＝9	5
		4. 累计盈余资金	1589.64	(5) 1000＜＝累计盈余资金＜2000	2
5	数据真实性	1. 综合评价		(1) 提供数据可信度高	10
6	特例事项	1. 信用记录		(5) 无	
		2. 重大事项		(8) 无	
		3. 经营情况		(7) 无	
7	评价加分	承担利率			
		政府无偿资助			
		政府贴息			
		担保因素			
		政府承担风险			
8	分值汇总	分值汇总			84
9		评定等级		A	84

2. 授信额度计算

客户授信建立在资料真实性分析和债务优化基础上，完全采用定量分析方法，避免了人为因素干扰。不仅核定了综合授信边界，还分别核定了固定资产、流动资金和表外业务等单品种授信额度。核定方法及核定结果详见表6－2。

授信额度计算表

表6－2

序号	参数或指标	变量名称	按本年估算值测算
1	综合授信控制边界测算		
1.1	可接受的最高资产负债率	R_m	0.7
1.2	客户最近资产总额		17951
1.3	客户最近负债总额	L_0	7106
1.4	客户最近资产负债率	R_0	0.4
1.5	账面净资产		10845
1.6	无法变现资产		0
1.7	客户最近有效净资产	N_A	10845
1.8	客户信用等级		A
1.9	客户信用等级调整系数	C	0.75
1.10	本年利润再投资默认值	I	1107
1.11	本年利润再投资确认值	I_0	1107
1.12	综合授信控制边界计算值	M	20823
1.13	建议综合授信边界	M_0	20823
2	流动资金授信额度计算值		
2.1	估算的流动资金		2350
2.2	流动资金最大贷款比例		0.85
2.3	流动资金授信额度计算值		1998
2.4	建议流动资金授信额度	F_B	2000
3	固定资产授信额度计算值		
3.1	息税折旧摊销前利润		2382
3.2	所得税		369
3.3	经营活动净现金流量		2013
3.4	可接受的固定资产贷款偿还期	T	3
3.5	折现率		0.1
3.6	净现值		5882
3.7	最低偿债备付率		1.3
3.8	客户最近固定资产贷款余额1		0
3.9	新增固定资产授信额度计算值	F_A	4525

续表

序号	参数或指标	变量名称	按本年估算值测算
3.10	新增固定投资授信额度需要值	F_{A2}	2500
4	表外业务授信额度计算		
4.1	表外业务授信额度计算值	F_C	0
4.2	表外业务授信额度建议值	F_{C1}	0
5	建议单品种授信额度		
5.1	客户最近固定资产贷款余额 2	F_{A0}	0
5.2	流动资金授信额度	F_{B0}	2000
5.3	未用固定资产授信额度	F_{A1}	2500
5.4	表外业务授信额度	F_{C0}	0
6	授信总额	F_0	4500

根据客户信用等级和资产负债率合理范围，经测算的债务承受额为20823.0万元。

授信额度根据资金需求与债务承受额综合确定。流动资金需求根据财务评价流动资金估算表确定需求；新增固定投资根据企业购置固定资产、无形资产、技术研发和节能减排等资金需要，结合融资主体未来经营收益的偿债能力综合确定；表外业务，根据近几年统计数据和企业发展需要确定。遵循“所有单品种授信额度之和不能超过综合授信控制边界”的原则，提出了企业授信总额和单品种授信额度建议。

建议授信总额4500万元，其中流动资金授信额度2000万元，客户最近固定资产贷款余额0万元，未用固定资产授信额度2500万元。

七、风险评价

1. 风险分析

经过详细的调查及分析，对本次贷款可能出现的风险进行揭示，并对综合收益进行分析，具体见表7－1：

风险揭示及综合收益

表7－1

政策或地区风险	无	防范措施	
经营风险	有色金属价格变化大，材料价格与售价有联动关系	防范措施	每年做到产销基本平衡，价格低时成本也低
担保风险	无	防范措施	

续表

其他风险（成本风险、汇率风险、信用风险、投资风险、贸易环境风险、产品质量风险、劳动力风险等）	无	防范措施	
综合收益分析	客户在本行开设基本户和结算户，账户存款平均余额超过2000万元。除了贷款利息，其他业务收入也很可观，提供贷款可维持良好客户关系		
与他行授信条件比较			

根据融资主体新增固定投资需求、年初财务报表，分析了融资主体本年内可能出现的重大经营和财务风险，得出的结论是：企业需要新增固定投资，需要通过新增固定投资借款解决资金需求，只要按筹措计划融资到位，企业能平稳运行，不会出现资金断流风险。

2. 担保分析

本贷款方案落实的担保措施如下：

固定资产抵押及股票抵押。

八、借款用途及还款来源

1. 借款用途

流动资金贷款2000万元用于购买原材料、支付工资及管理费用，固定资产贷款2500万元用于矿井接替工程。

2. 还款来源

经营收益为第一还款来源，担保为第二还款来源。

九、经办初审意见

1. 同意授信理由

某银铜铅锌矿有限责任公司经过客户评价，内部评级确定的信用等级为A，属于主要贷款对象；测算的债务承受额（综合授信边界）20823万元，确定的授信总额在债务承受额合理范围内；财务效益和偿债能力分析结果，企业总投资净收益率为8.49%，利息备付率622.59%，偿债备付率191.88%，分析表明融资主体有足够偿债能力，不需为债务优化融资。授信评价建议如下：

建议向该客户提供授信总额为4500万元，其中流动资金授信额度2000万元，固定资产授信额度2500万元。

2. 具体授信方案

具体授信方案

公司名称	某银铜铅锌矿有限责任公司	客户来源	存续
所属行业	有色金属矿	行业授信政策	维持
信用等级	A	债务承受额	20823.0万元
利息备付率	622.59%	偿债备付率	191.88%
授信总额	4500.0万元	总投资净收益率	8.49%
其中：	授信额度（万元）	借款期限（个月）	综合利率（%/年）
流动资金	2000.0	12.0	5.85
固定投资	2500.0	36	6.56
表外业务	0.0	0.0	0.0
担保措施	固定资产抵押及股票抵押		
抵质押率/担保率	58.0%		
还款来源	经营收益为第一还款来源，担保为第二还款来源。		
还款方式	等额还本金	付息方式	每季结息
借款历史	上二年、上一年分别借流动资金2000万元，还款情况良好		
授信发起人	刘×		

附表

附表1 资料收集清单

序号	选择	内容
一		**借款人资料**
1	√	营业执照
2	√	组织机构代码证
3	√	税务登记证
4	√	外商投资企业批准证书（如有）
5		外汇登记证（如有）
6		公司章程
7		验资报告
8	√	贷款卡查询资料（详细版）
9	√	法定代表人身份证复印件
10	√	法定代表人履历表
11	√	法定代表人个人征信系统查询资料及同意查询授权书
12	√	企业连续两年的财务年度报表和最近一期（包括上一年同期）的财务月报表
13	√	现场验证数据表
14	√	房地产租赁合同（如为租赁）
15		主要固定资产清单
16		环保评估及验收文件
17		公司及关联企业股权结构图或组织结构图
18		许可证（如：进出口备案文件、印刷、特种行业经营）（如有）
19		因项目需要，须提供的其他资料（如产品认证、专利证书、企业宣传册等）
二		**企业经营状况资料**
1	√	前、上年度及本年度最近月（包括上一年同期）增值税纳税申报表
2		政府部门（如海关、外管局、外经委等）编制的进出口情况统计表
3	√	经营状况统计表（工业类）
4	√	企业成本统计资料（工业类）
5	√	上一年及本年最近月银行非本行账户对账单（含其他结算账户）
6	√	前6个月前3大供应商\下家客户的购货合同和销货合同
7		前6个月电（或水、气）费凭证
8		企业的出库单证\销售月报表\运输发票（完整月份）
9		他行对其核定的授信批复通知书

续表

序号	选择	内　　容
10		其他可以证实销售收入情况的材料
三		**保证人资料**
1		营业执照
2		组织机构代码证
3		税务登记证（国、地税）
4		公司章程
5		验资报告
6		贷款卡查询资料
7		法定代表人身份证复印件
8		连续两年的财务年度报表和最近一期的财务月报表
四		**抵质押资料**
1	√	相关产权证，如房、地产权证等
2		资产评估报告（或预评估报告）
3		存单和有价证券等质物
五		**固定资产贷款资料**
1		企业现有固定资产贷款还本付息计划
2		批复文件（如有）
3		项目可行性报告（如有）
4		土地出让合同（如有）
5		工程建造合同、设备购买合同
6		其他配套条件落实文件

附表2　资产负债表　　　　单位：万元

序号	项目名称	200812	200912	201012	201010	201110
1	资产	13553.45	15301.96	17951.37	17631.00	18375.00
1.1	流动资产总额	6735.69	3048.86	5826.82	3776.00	5791.00
1.1.1	货币资金	1807.79	1453.71	2094.99	2260.00	2222.00
1.1.2	短期投资					
1.1.3	应收票据	25.50				
1.1.4	应收股利					
1.1.5	应收利息		252.00	252.00	252.00	252.00
1.1.6	应收账款	498.98	42.95	13.37	23.00	435.00
1.1.7	减坏账准备					

续表

序号	项目名称	200812	200912	201012	201010	201110
1.1.8	应收账款净额	498.98	42.95	13.37	23.00	435.00
1.1.9	预付账款	460.94	36.01	171.19	155.00	316.00
1.1.10	应收补贴款					
1.1.11	其他应收款	3206.37	314.75	2368.54	299.00	1554.00
1.1.12	存货	736.11	949.44	926.73	787.00	1012.00
1.1.13	待摊费用					
1.1.14	待处理流动资产净损失					
1.1.15	一年到期的长期债权投资					
1.1.16	其他流动资产					
1.2	长期投资	910.69	6077.67	6434.64	6663.00	7354.00
1.2.1	长期股权投资					
1.2.2	长期债权投资	910.69	6077.67	6434.64	6663.00	7354.00
1.3	固定资产					
1.3.1	固定资产原值	5460.98	5181.00	5407.88	6910.00	5101.00
1.3.2	减：累计折旧					
1.3.3	固定资产净值	5460.98	5181.00	5407.88	6910.00	5101.00
1.3.4	减：固定资产减值准备					
1.3.5	固定资产净额	5460.98	5181.00	5407.88	6910.00	5101.00
1.3.6	工程物资					
1.3.7	在建工程	18.10	570.04	10.00	10.00	10.00
1.3.8	固定资产清理					
1.3.9	固定资产合计	5479.08	5751.04	5417.88	6920.00	5111.00
1.4	无形资产及其他资产	427.99	424.39	272.03	272.00	119.00
1.4.1	无形资产	1.93	125.17	99.66	100.00	74.00
1.4.2	长期待摊费用	426.06	299.22	172.37	172.00	45.00
1.4.3	其他长期资产					
1.5	递延税款					
1.5.1	递延税款借项					
2	负债及所有者权益	13553.46	15301.96	17951.39	17631.00	18374.00
2.1	流动负债总额	5463.35	4525.90	6308.24	6391.00	5250.00
2.1.1	短期借款			2000.00	2000.00	2000.00
2.1.2	应付票据					
2.1.3	应付账款	153.96	77.69	88.84	94.00	107.00

续表

序号	项目名称	200812	200912	201012	201010	201110
2.1.4	预收账款	76.57	443.66	42.45	69.00	57.00
2.1.5	其他应付账款	3619.66	3195.82	3294.01	3348.00	2179.00
2.1.6	应付工资	1685.89	726.97	803.99	799.00	812.00
2.1.7	应付福利费					
2.1.8	应付股利					
2.1.9	应缴税金	-72.73	81.76	78.95	81.00	95.00
2.1.10	一年到期的长期负债					
2.1.11	其他					
2.2	长期负债					
2.2.1	长期借款					
2.2.2	应付债券					
2.2.3	长期应付款					
2.2.4	住房周转金					
2.2.5	其他长期负债					
2.3	递延税款贷项	116.88	708.63	797.87	709.00	1155.00
2.4	负债总额	5580.23	5234.53	7106.11	7100.00	6405.00
2.5	所有者权益	7973.23	10067.43	10845.28	10531.00	11969.00
2.5.1	实收资本［股本］	1475.46	1475.46	1475.46	1475.00	1475.00
2.5.2	资本公积	4369.92	6145.15	6412.88	6145.00	6413.00
2.5.3	盈余公积	1815.30	1847.20	1898.21	1847.00	1898.00
2.5.4	任意公积金					
2.5.5	未分配利润	312.55	599.62	1058.73	1064.00	2183.00

附表3 利润表

单位：万元

序号	项目名称	200812	200912	201012	201010	201110
一	**主营业务**	**6024.15**	**3638.48**	**6254.71**	**5365.20**	**7986.64**
	减：折扣与折让					
二	**主营业务收入净额**	**6024.15**	**3638.48**	**6254.71**	**5365.20**	**7986.64**
	减：主营业务成本	3418.60	2093.77	3143.99	2741.78	3820.28
	主营业务税金及附加	62.99	51.23	98.11	85.39	142.75
三	**主营业务利润［毛利润］**	**2542.56**	**1493.48**	**3012.61**	**2538.03**	**4023.61**
	加：其他业务利润					
	减：存货跌价准备					

续表

序号	项目名称	200812	200912	201012	201010	201110
	营业费用［销售费用］	148.35	54.36	51.62	42.38	56.55
	管理费用	2362.12	1631.59	2595.90	2123.81	2761.84
	财务费用	-165.42	-26.84	-16.68	-8.47	-71.34
四	**主营利润**	**197.51**	**-165.63**	**381.77**	**380.31**	**1276.56**
	加：投资收益		272.39	282.58	240.42	211.30
	补贴收入					
	营业外收入	266.37	324.96	20.32	2.34	39.04
	减：营业外支出	94.02	2.20	3.71	3.70	8.10
	加：以前年度损益调整					
五	**利润总额**	**369.86**	**429.52**	**680.96**	**619.37**	**1518.80**
	减：所得税	103.44	110.57	170.83	154.84	379.70
	少数股东损益					
六	**净利润**	**266.42**	**318.95**	**510.13**	**464.53**	**1139.10**
七	**本年利息**					
	息税前利润	369.86	429.52	680.96	619.37	1518.80
	本年折旧	230.75	423.24	433.98	305.51	325.49
	本年摊销	109.11	127.56	152.35	99.09	102.88
	息税折旧摊销前利润	709.72	980.32	1267.29	1023.97	1947.17

附表4 现金流量表

单位：万元

序号	项目名称	200812	200912	201012	201010	201110
一	**经营活动产生的现金流量**					
1	经营活动现金流入	6879.53	8258.18	9882.70		
1.1	销售商品、提供劳务收到的现金	6647.74	5106.35	6942.71		
1.2	收到的税费返还					
1.3	收到的其他与经营活动有关的现金	231.79	3151.83	2939.99		
2	经营活动现金流出	10797.86	5013.50	11320.22		
2.1	购买商品、接受劳务支出的现金	1872.15	565.89	3103.60		
2.2	支付给职工以及为职工支付的现金					
2.3	支付的各种税费	869.15	429.11	1135.19		
2.4	支付的其他与经营活动有关的现金	8056.56	4018.50	7081.43		
3	经营活动产生的现金流量净额	-3918.33	3244.68	-1437.52		

续表

序号	项目名称	200812	200912	201012	201010	201110
二	**投资活动产生的现金流量**					
1	投资活动现金流入		20.39	282.58		
1.1	收回投资所收到的现金					
1.2	取得投资收益而收到的现金		20.39	282.58		
1.3	处置固定资产、无形资产和其他长期资产而收到的现金					
1.4	收到的其他与投资活动有关的现金					
2	投资活动现金流出	383.81	3619.16	100.82		
2.1	投资支付的现金	383.81	3619.16	100.82		
2.2	支付其他与投资活动有关的现金					
3	投资活动产生的现金流量净额	-383.81	-3598.77	181.76		
三	**筹资活动产生的现金流量**					
1	筹资活动现金流入			2000.00		
1.1	吸收投资所收到的现金					
1.2	借款所收到的现金			2000.00		
1.3	收到其他与筹资活动有关的现金					
2	筹资活动现金流出			102.97		
2.1	偿还债务所支付的现金					
2.2	分配股利、利润和偿付利息所支付的现金			102.97		
2.3	支付的其他与筹资活动有关的现金					
3	筹资活动产生的现金流量净额			1897.03		
四	**汇率变动对现金的影响**					
五	**现金及现金等价物净增加额**	**-4302.14**	**-354.09**	**641.27**		

第七节 银行流动资金贷款评价报告

报告封面：

北京×银行
北京某软件股份有限公司
流动资金贷款调查评价报告

评估机构：

评估机构公章：

报告完成日期： 年 月 日

直接评估人

姓名：

所在单位：

职称：

评估审核人

姓名：

所在单位：

职务：

职称：

声 明 与 保 证

我们在此声明与保证：此报告是按照本行相关规定，根据贷款申请人提供的和本人收集的资料，经我们审慎调查、核实、分析和整理后完成的。报告全面反映了贷款申请人及项目最主要、最基本的信息，我们对报告内容的真实性、准确性、完整性及所作判断的合理性负责。

直接评估人签字：

年　　月　　日

评估审核人签字：

年　　月　　日

目　录

一、授信送审批表
二、借款人基本情况
三、公司简介
四、尽职调查情况
1. 资料收集内容
2. 财务报表简表
3. 财务报表审核及说明
4. 资料真实性评价
五、财务评价
1. 财务评价参数
2. 资金需求分析
3. 财务分析
六、评级授信评价
1. 信用评级
2. 授信额度计算
3. 流动资金贷款审核
七、风险评价
1. 风险分析
2. 担保分析
八、借款用途及还款来源
1. 借款用途
2. 还款来源
九、经办初审意见
1. 同意放贷理由
2. 具体贷款方案
附表
附表1 资料收集清单
附表2 资产负债表
附表3 利润表
附表4 现金流量表

一、授信送审审批表

<table>
<tr><td>公司名称</td><td>北京某软件股份有限公司</td><td>客户来源</td><td>存续</td></tr>
<tr><td>所属行业</td><td>计算机服务业</td><td>行业授信政策</td><td>支持</td></tr>
<tr><td>信用等级</td><td>AAA</td><td>债务承受额</td><td>29629 万元</td></tr>
<tr><td>利息备付率</td><td>777.79%</td><td>偿债备付率</td><td>1967.77%</td></tr>
<tr><td>上年授信额度</td><td>2200 万元</td><td>总投资净收益率</td><td>29.42%</td></tr>
<tr><td>本年授信额度</td><td>5000 万元</td><td>用信方式</td><td>授信即用信</td></tr>
<tr><td>借款金额</td><td>5000 万元</td><td>借款期限</td><td>12.0 个月</td></tr>
<tr><td>综合利率</td><td>7.47%/年</td><td>抵质押率/担保率</td><td>0.0%</td></tr>
<tr><td>借款用途</td><td colspan="3">流动资金</td></tr>
<tr><td>担保措施</td><td colspan="3">该企业质优，为多家银行争夺的贷款对象，企业固定资产少，建议提供免担保贷款</td></tr>
<tr><td>还款来源</td><td colspan="3">经营收益为唯一还款来源</td></tr>
<tr><td>还款方式</td><td>到期一次还本金</td><td>付息方式</td><td>按季结息</td></tr>
<tr><td>借款历史</td><td colspan="3">该企业多年为本行贷款客户，随业务扩大逐年增加，上一年贷款 2200 万元。按期偿还贷款本金，本息无逾期</td></tr>
<tr><td>授信发起人</td><td colspan="3">刘×</td></tr>
<tr><td>企业总体情况评述及上报意见</td><td colspan="3">以下签署意见人员声明：该授信申请人为非关系人
企业经营状况：主营业务收入持续两年增长，上一年涨幅超过 15%，经营状况良好。
获利能力评价：无论本年预测的总投资净收益率（静态指标），还是反映整个计算期的全投资税后内部收益率指标，均达到了基准收益率，认为融资主体的经济效益良好。
偿债能力评价：企业借款还本付息计划安排的贷款偿还期等于规定的贷款期限，各年偿债备付率最低值大于偿债备付率评价标准（最低偿债备付率），说明借款人每年的偿债能力都很强。
风险评价：借款人暂无新增固定投资需求，债务结构合理，经营活动净现金流量为正，企业能平稳运行，未见重大风险隐患。
建议：综上所述，建议本行提供 5000 万元流动资金免担保贷款。

签字：　　　　日期：</td></tr>
<tr><td colspan="4">业务端有权签字人意见：

签字：　　　　日期：</td></tr>
<tr><td colspan="4">审核审批部经办人复审意见：

签字：　　　　日期：</td></tr>
<tr><td colspan="4">审核审批部经理意见：

签字：　　　　日期：</td></tr>
</table>

二、借款人基本情况

基本信息（一）

注册地	北京市**电脑城*****		成立时间	1998-01-05
办公地址	北京市**电脑城*****		注册资本	5000万元
联系电话	010-6288**56		是否为一般纳税人	否
法定代表人	俞**		法定代表人身份证	110101**********12
实际控制人	俞**		实际控制人身份证	110101**********12
实际控制人从业年限	20		如存在控股母公司且与本借款人经营内容相近，则该母公司经营年限	无
主要经营	软件开发及系统集成		公司性质	股份有限责任公司
相关证照	营业执照	组织机构代码证	税务登记证	贷款卡
编号	110108*******47	110108***	110108*******34	110108*******69

基本信息（二）

		开户银行	账号
往来银行账户情况	基本存款户银行	××银行	10011*************51
	主要结算银行	××银行	

股东结构	股东名称	出资金额（万元）	占比（%）
	俞**	2598.88	64.97
	宗**	328.03	8.20
	合计	5000.00	100.00

近2年内是否存在重大股权变更，若有请说明

企业主要管理人员情况

姓名	职务	任职时间	与实际控制人关系	学历	从事相关行业年限
俞**	董事长兼总经理			博士	20.0
宗**	副总经理			大专	15.0
张**	副总经理			本科	10.0
员工总数	0	本科以上学历人数	0	管理人员人数	0

续表

<table>
<tr><td rowspan="4">最近期借款情况</td><td>贷款银行</td><td>金额（万元）</td><td>贷款性质</td><td>担保方式</td><td>贷款起讫期限</td></tr>
<tr><td>招商银行股份有限公司北京×××</td><td>200.0</td><td>流动资金</td><td>保证</td><td>2011－10－21 至 2014－04－20</td></tr>
<tr><td>招商银行股份有限公司北京×××</td><td>300.0</td><td>流动资金</td><td>保证</td><td>2011－08－26 至 2012－02－25</td></tr>
<tr><td>北京银行××支行</td><td>500.0</td><td>流动资金</td><td>保证</td><td>2011－11－02 至 2012－11－02</td></tr>
<tr><td rowspan="4">信用状况</td><td colspan="4">在人行信贷登记系统中，公司和关联/母公司最近一年是否有不良信用记录</td><td>无</td></tr>
<tr><td colspan="4">是否曾逾期或欠息，若有是否已结清</td><td>无</td></tr>
<tr><td colspan="4">当前是否涉及重大诉讼，若有请说明</td><td>无</td></tr>
<tr><td colspan="4">其他不良信用信息，若有请说明</td><td>无</td></tr>
<tr><td rowspan="2">对外担保情况</td><td>被担保人</td><td>金 额</td><td>贷款银行</td><td>担保方式</td><td>起讫期限</td></tr>
<tr><td></td><td>0.0</td><td>无</td><td></td><td>至</td></tr>
<tr><td rowspan="2">法律诉讼与仲裁说明</td><td>原告</td><td>被告</td><td>案由</td><td>金额</td><td></td></tr>
<tr><td>无</td><td></td><td></td><td>0.0</td><td></td></tr>
<tr><td rowspan="3">企业资质及荣誉等相关证书</td><td colspan="2">内容</td><td colspan="2">时间</td><td>颁发机构</td></tr>
<tr><td colspan="2">中关村高新技术企业证书</td><td colspan="2">2009－05－11</td><td>中关村科技园区管理委员会</td></tr>
<tr><td colspan="2">高新技术企业证书</td><td colspan="2">2011－10－11</td><td>北京市科学技术委员会、北京市财政局、北京市国家税务局、北京市地方税务局</td></tr>
</table>

借款企业实际控制人个人情况

<table>
<tr><td>姓名</td><td>俞＊＊</td><td>性别</td><td>男</td><td>出生年月</td><td>1965－03－26</td></tr>
<tr><td>职务</td><td>董事长兼总经理</td><td>证件类型</td><td>身份证</td><td>证件号码</td><td>110101＊＊＊＊＊＊＊＊255</td></tr>
<tr><td>当前常住地址</td><td>北京中关村</td><td>现址居住年份</td><td>10</td><td>现住宅所有权</td><td>自有</td></tr>
<tr><td>住宅电话</td><td>010－6288＊＊55</td><td>手机号码</td><td>139638＊＊＊430</td><td>办公电话</td><td>010－6288＊＊57</td></tr>
<tr><td>婚姻状况</td><td>已</td><td>子女情况</td><td>1子</td><td>是否为本地居民</td><td>是</td></tr>
<tr><td>国籍或地区</td><td>中国</td><td colspan="2">直系亲属是否在公司任职，如有填具体职务</td><td colspan="2">无</td></tr>
<tr><td>毕业院校：</td><td>清华大学</td><td>专业</td><td>软件</td><td>学历</td><td>博士</td></tr>
<tr><td colspan="2">实际控制人从业经验</td><td colspan="4">10 年以上</td></tr>
</table>

续表

实际控制人及子女配偶有无不良嗜好		无			
实际控制人不良记录（如有）		无			
民间借贷情况		无			
客户实际控制人个人银行授信情况（如有）					
行别	授信品种	期限	金额	担保方式	备注
无					
逾期说明					

对外担保情况（如有）			
被保证人	授信品种	金额	起讫日期
无		0.0	
实际控制人个人主要资产分布状况		住房一套	

三、公司简介

基本信息（三）

借款人主要生产经营状况			
授信申请人	北京某软件股份有限公司		
内部管理架构	公司实行董事会领导下的总经理负责制，内设研发部、销售部、财务部、办公室等机构		
职责分工情况	董事长是企业技术领头人，主管研发，张＊＊副总是经营方面领头人，主管销售部，宗副总主管行政财务		
经营模式、主打产品及生产能力的简介	企业为软件开发集成商，以本公司产品为核心集成其他产品销售，已经培养典型客户，推广势头良好		
业务周期、销售特点（物流、资金流、淡旺季等）简介	由该公司为核心营销客户，营销成功从其他供应商提供配套软件，项目实施周期、收款周期均在60天内		
经营场所权属	租用	备注（若为租赁，租期及说明）	租期3年，可续租
主要销售市场国内市场占比	100.0%	国外市场占比	0.0%
企业经营管理能力及主要竞争优势分析	公司研发的产品在国内处于领先水平，是系统集成的核心部分，竞争优势明显，与其他软件供应商关系良好		

上下游情况					
主要交易对手情况	名称	前6个月所占业务比例	往来时间	交易商品	结算方式及账期
最大供应商	某软件有限公司A	60.0%	2011	A应用软件	转账，账期60天

续表

第二大供应商	某软件有限公司 B	40.0%		B 应用软件	转账，账期 60 天
第三大供应商		0.0			
最大销售客户		0.0			
第二大销售客户		0.0			
第三大销售客户		0.0			
在人行企业征信系统中的环评等级					

关联企业情况（如有）			
关联企业名称	企业基本情况简介与借款人	授信余额	关联交易情况
无		0.0	
对关联企业及交易的简要评价（主要包括关联企业的经营情况对整个集团的影响或贡献程度，是否对借款人造成不利影响。如有关联交易，其交易是否公允合理，确定与借款人的关联交易属于“索取型”还是“输出型”等）			

账户往来情况				
银行名称	上年出账累计金额	本期 1—11 月出账累计金额	上年入账累计金额	本期 1—11 月入账累计金额
××银行	28000.0	13000.0	30000.0	14000.0
合计	28000.0	13000.0	30000.0	14000.0

主要领导人简历

姓名	俞＊＊	职务	董事长兼总经理	性别	男	出生年月	1965－03－26
住址：北京中关村				学历	博士	婚姻状况	已
毕业院校：清华大学				专业	计算机软件	联系电话	010－6288＊＊56

序号	年限（起止日）	工作单位	职务	从事的行业
1	1990－08－01 至 1996－04－01	北大＊＊集团	部门经理	软件
2	1996－05－01 至 1997－12－01	某软件公司 A	副总经理	软件
3	1998－01－01	北京某软件股份有限公司	董事长兼总经理	软件

四、尽职调查情况

尽职调查完成了企业现状资料收集和真实性验证两项任务，具体情况如下：

1. 资料收集内容

企业除提供了贷款评价定量分析必须提供的资料，如近两年及最近月份（包括上年同期）的财务报表（包括资产负债表、利润表、现金流量表），近两年及最近月份

（包括上年同期）纳税申报表，近两年产品经营状况表、成本统计表，长期借款还本付息表等资料，还提供了大量非财务资料，具体见附件资料收集清单。

2. 财务报表简表

收集了近两年和最近月份资产负债表和利润表见附表，主要内容摘要见表4－1“财务报表简表”。

财务报表简表

表4－1　　单位：万元

项　目	上二年	上一年	本年最近月份
	201012	201112	201206
货币资金	2822.60	6682.24	5599.86
应收账款	3866.80	2875.04	4081.87
其他应收款	404.03	725.74	823.46
存货	3725.89	4502.14	5372.35
流动资产合计	11421.37	15376.25	17729.27
固定资产净值	181.86	219.41	232.16
在建工程			
总资产	12166.62	16011.94	18364.71
短期借款	2200.00	1890.00	
应付账款	2792.54	3837.13	2110.84
应付票据			
其他应付款	17.66	148.49	73.85
流动负债合计	6163.26	6902.83	2846.91
长期借款			
实收资本	4000.00	4000.00	5000.00
资本公积	51.60	51.60	4651.60
盈余公积	394.26	711.45	711.45
未分配利润	1557.51	4238.34	5047.87
所有者权益	6003.37	9049.11	15457.81
主营业务收入	25097.86	30131.87	14268.06
主营业务成本	21707.12	23751.93	11082.71
销售费用	553.97	1228.33	779.26
管理费用	1268.69	1699.78	901.74
财务费用	62.80	163.52	12.72

续表

项　　目	上二年	上一年	本年最近月份
	201012	201112	201206
利润总额	1899.18	3560.48	1601.42
营业外收入	401.16	373.62	189.87
净利润	1631.00	3145.71	1388.94

3. 财务报表审核及说明

对资产负债表最近月份数据与年初数据进行比较，变动较大的科目作了说明；分析了资产负债表非主要科目的占比，对于占比异常栏目作了说明；分析了企业债务结构，为企业债务结构优化指明方向。财务报表审核及说明见下表4－2，表中删除了部分变动无异常和占比正常的栏目。

财务报表审核结论及说明表

表4－2

序号	指标名称	单位	指标	结论及说明
1	主营业务收入增长幅度［同期］		12.00	
2	财务数据异常变动分析			
2.1	货币资金增减幅度	%	－16.20	本年最近月份的货币资金与年初比较，变化幅度不大
2.2	应收账款增减幅度	%	41.98	本年最近月份的应收账款与年初比较，变化幅度较大，主要原因是：收入增长
2.3	存货增减幅度	%	19.33	本年最近月份的存货与年初比较，变化幅度正常
2.4	实收资本增减	万元	25.00	本年最近月份的实收资本与年初比较有变化，主要原因是：
2.5	资本公积增减	万元	8914.73	本年最近月份的资本公积与年初比较有变化，主要原因是：
3	财务数据占比异常分析			
3.1	其他应收款占流动资产比例	%	4.72	上年末其他应收款占流动资产比例小于10%，占比正常
3.2	待摊费用占流动资产比例	%		上年末待摊费用占流动资产比例小于10%，占比正常
3.3	长期待摊费用占非流动资产比例	%	21.06	上年末长期待摊费用占非流动资产比例10%以上，主要构成是：软件开发成本

续表

序号	指标名称	单位	指标	结论及说明
3.4	无形资产占非流动资产比例	%	16.84	上年末无形资产占非流动资产比例小于20%，占比正常
3.5	在建工程占固定资产比例	%		近两年在建工程占固定资产比例小于40%，占比在合理范围
4	其他应付账款分析	万元	148.49	
4.1	其他应付账款占流动负债比例	%	2.15	上年末其他应付账款占流动负债比例小于10%，占比正常
9	往来账款处置方法	万元	148.49	存在往来账款，企业拟采用的处置方法是：
9.1	其他应收款占用其他应付账款	万元	148.49	
9.2	其他应收款占用其他流动负债	万元		
9.3	其他应收款占用权益资金	万元	577.25	其他应收款占用权益资金，疑存在转出资本，实际情况是：资本公积未到账部分

4. 资料真实性评价

除了在现场验证资料原件之外，还重点对财务数据的真实性进行了验证。我们验证了资产负债表、利润表、现金流量表的钩稽关系；通过纳税申报表验证了利润表中主营业务收入；查验了资产负债表“货币资金”、现金流量表中“股利分配及支付利息”金额、资产负债表“应收账款”、现金流量表“偿还债务所支付的现金”、现金流量表“投资支付的现金”等重要科目，验证了企业息税折旧摊销前利润（可还款的经营收益）的真实性。得出的综合评价结论是提供数据可信度高。详见下表4－3“数据真实性综合评价表”。

数据真实性综合评价表

表4－3

序号	指标名称	指标	评价结论
1	未纳税申报的营业收入占比（%）	0	可信度高
2	钩稽关系验证（钩稽关系验证差额，万元）	0.01	资产负债表、利润表、现金流量表三者钩稽关系正确，完全可接受
3	未验证的息税折旧摊销前利润占比（%）	0	可信度高
4	综合评价	0	提供数据可信度高

五、财务评价

通过统计企业现有财务报表，我们合理确定了收入预测、成本预测和流动资金需求预测参数。在未来收入预测、成本预测、流动资金预测的基础上，计算了利润估算表、企业还本付息计划、财务计划现金流量表、资产负债估算表、全部投资现金流量表等财务分析报表，对企业未来的经营状况、获利能力、偿债能力得出了可信的结论。

1. 财务评价参数

（1）财务评价基本参数

财务评价基本参数见表5－1“基本参数表”。

基本参数表

表5－1

序号	项目名称	单位	数据
1	计算期	年	5.00
2	流动资金借款利率	%	7.47
3	最低偿债备付率	%	130.00
4	最低现金比率		0.30
5	正常年份所得税税率	%	25.00
6	自有流动资金最低比例	%	30.00
7	新增固定投资	万元	0
8	新增固定投资借款	万元	0
9	新增固定投资借款偿还期	年	0
10	新增借款利率	%	7.74
11	新增注册资金	万元	0
12	新增借款偿还方式		1.00
13	基准收益率	%	8.00
14	流动资金贷款申请额	万元	5000
15	近期到期流动资金贷款	万元	

（2）主营业务收入预测参数

经统计，上一年、本年的收入增长幅度分别为20.06%、12.0%，根据统计数据确定的本年收入增长幅度预测参数为12.00%，详见表5－2。每年收入环比增长幅度见表5－3。

主营业务收入预测参数表

表 5－2

序号	项目名称	单位	参数
1	主营业务收入增长率［上一年］	%	20.06
2	主营业务收入增长率［本年同期］	%	12.00
3	主营业务收入增长率（预测参数）	%	12.00

每年收入环比增长幅度

表 5－3

年份 / 项目名称	2010	2011	2012	2013	2014	2015	2016
增长幅度（%）		20.06	12.00	12.00	12.00	12.00	12.00

（3）成本估算参数

统计上两年的统计参数，确定成本预测参数见表 5－4。

成本估算参数

表 5－4

序号	项目名称	2010	2011	2010 年占比（%）	2011 年占比（%）	上两年平均占比（%）	成本预测参数（%）
	营业收入（万元）	25097.86	30131.87				
1	营业成本	21707.12	23751.93	86.49	78.83	82.66	82.66
2	管理费用	1268.69	1699.78	5.05	5.64	5.35	5.35
2.1	折旧费						
2.2	租赁费						
2.3	摊销费						
2.4	其他管理费用	1268.69	1699.78	5.05	5.64	5.35	5.35
3	财务费用	62.80	163.52	0.25	0.54	0.40	0.40
4	营业费用	553.97	1228.33	2.21	4.08	3.15	3.14
5	总成本费用	23592.58	26843.56	94.00	89.09	91.55	91.54
6	经营费用	23529.78	26680.04	93.75	88.54	91.15	91.15

（4）流动资金估算参数

根据统计数据确定的流动资金估算参数见表 5－5。

流动资金估算参数表

表 5 - 5

序号	项目名称	上二年	上一年	上两年平均周转天数	预测参数
		2010 年	2011 年		
一	周转天数（天）				
1	流动资产				
1.1	应收账款	59.16	38.79	48.97	48.98
1.2	预付账款	9.98	8.96	9.47	9.47
1.3	存货	57.01	60.75	58.88	58.88
1.4	现金	165.34	182.01	173.68	173.68
2	流动负债				
2.1	应付账款	53.90	65.51	59.71	59.71
2.2	预收账款	9.98	6.48	8.23	8.23
3	流动资金				
二	流动资金占经营成本比例（%）	30.05	24.43	27.24	27.24
三	流动资金占营业收入比例（%）	28.18	21.63	24.91	24.91
四	旺季调整系数				

2. 资金需求分析

根据企业业务发展预测和财务平衡分析，得出的企业融资需求与资金筹措计划为8604万元，详见表 5 - 6。本年测算的流动资金贷款需求5468万元，申请流动资金贷款5000万元。

融资需求与筹措计划表

表 5 - 6　　单位：万元

序号	名称	合计	2012	2013	2014	2015	2016
1	资金需求	12291	7811	937	1050	1176	1317
1.1	流动资金	12291	7811	937	1050	1176	1317
1.2	债务优化融资						
1.3	新增固定投资						
2	资金筹措	12291	7811	937	1050	1176	1317
2.1	权益资金	3687	2343	281	315	353	395
2.1.1	年初自有流动资金	2343	2343				
2.1.2	经营收益及盈余资金	1344		281	315	353	395

续表

序号	名称	合计	2012	2013	2014	2015	2016
2.1.3	拟股权融资						
2.2	债务资金	8604	5468	656	735	823	922
2.2.1	流动资金贷款	8604	5468	656	735	823	922
2.2.2	债务优化贷款						
2.2.3	新增固定投资贷款						

3. 财务分析

(1) 财务评价指标

经过财务评价分析，分析结果详见表5-7“财务评价指标汇总表”。

财务评价指标汇总表

表5-7

序号	指标	单位	上二年	上一年	预测指标	
					本年	计算期平均
1	**经营状况评价指标**					
1.1	主营业务收入	万元	25097.86	30131.87	33747.69	42878.79
1.2	主营业务收入增长幅度	%		20.06	12.00	12.00
1.3	销售利润率	%	7.56	11.81	8.20	8.00
1.4	主营业务收入现金含量		140.60	49.08	100.00	100.00
1.5	存货周转率		5.83	5.28	5.54	
1.6	应收账款周转率		6.49	10.48	8.06	
2	**获利能力评价指标**					
2.1	净利润	万元	1631.00	3145.71	2076.36	2567.41
2.2	净利润增长率	%		92.87	-33.99	1.75
2.3	息税折旧摊销前利润	万元	1961.98	3724.00	3176.94	3942.19
2.4	息税折旧摊销前利润增长率	%		89.81	-14.69	5.75
2.5	总投资收益率	%	25.10	52.05	37.61	37.35
2.6	总投资净收益率	%	21.67	46.25	29.42	29.24
2.7	全投资税后内部收益率	%				58.20
2.8	权益资金内部收益率	%				39.26
2.9	每股价值	元			4.08	4.08
3	**财务状况评价指标**					
3.1	资产负债率	%	50.66	43.49	49.61	46.52

续表

序号	指标	单位	上二年	上一年	预测指标	
					本年	计算期平均
3.2	流动比率		1.85	2.23	1.96	2.11
3.3	速动比率		1.15	1.49	1.43	1.58
3.4	现金比率		0.46	0.97	0.99	1.15
4	**偿债能力评价指标**					
4.1	利息备付率	%	3124.17	2277.40	777.79	761.35
4.2	贷款偿还期	年				
4.3	偿债备付率	%	2697.13	2023.75	1967.77	
4.4	累计平均偿债备付率最低值	%			1967.77	1967.77
4.5	偿债备付率（优化前）	%	2697.13	2023.75	1967.77	
4.6	累计平均偿债备付率最低值（优化前）	%			1967.77	1967.77
5	**发展潜力评价指标**					
5.1	累计盈余资金	万元		3267.27	7629.10	12965.77
5.2	净资产	万元	6003.37	9049.10	11125.46	16231.56

（2）经营状况评价

经统计，融资主体上一年、本年的收入增长幅度分别为20.06%、12.0%。主营业务收入持续两年增长，上一年涨幅超过15%。

（3）获利能力评价

经测算，总投资净收益率、全投资税后内部收益率、权益资金内部收益率分别为29.42%、58.20%、39.26%。获利能力评价结论：无论本年预测的总投资净收益率（静态指标），还是反映整个计算期的全投资税后内部收益率指标，均达到了基准收益率，认为融资主体的经济效益良好。

（4）偿债能力评价

经测算，融资企业的利息备付率为777.79%，偿债备付率为1967.77%。

评价结论：该客户的利息备付率和偿债备付率均大大高于评价标准（最低偿债备付率130%和最低利息备付率200%），说明借款人还本付息能力很强。

六、评级授信评价

1. 信用评级

上述分析论证，对企业的贷款需求、企业经营状况、盈利能力、债务结构、偿债能力等，在数据真实性认证的基础上，已经进行了全面的定量分析，已经能够对客户的优劣，以及是否可以满足客户的贷款需求有了初步判断。企业评级授信将进一步确定客户信用等级和授信额度，作为用信依据。

本报告的评级授信采用了“定性分析与定量分析相结合，以定量分析为主”的评价方法，在分析论证企业数据真实性的基础上，强化了财务评价指标在信用评级中的作用。并在商业银行贷款评价基础上，增加了小贷政策加分因素。通过企业现状和未来趋势分析，客户的信用等级评定为AAA级，可将该客户划入主要贷款对象。

详见表6-1“客户评分评级表”。

客户评分评级表

表6-1

序号	指标大类	指标名称	指标	评价	评分
1	经营者素质	1. 学历		（1）主要领导人硕士以上学历	5
		2. 行业经验		（1）从事本行业5年以上	5
		3. 信用记录		（1）无不良记录	7
		4. 公司团队		（1）市场开发能力强	3
2	经营状况	1. 销售利润率	9.64	（4）6<=销售利润率<10	2
		2. 总投资净收益率	36.15	（1）总投资净收益率>1.8×一年期法定贷款利率	10
		3. 存货周转率	5.44	（2）5<=存货周转率<7	4
		4. 应收账款周转率	9.03	（1）应收账款周转率>=8	5
3	偿债能力	1. 现金比率	0.98	（1）现金比率>=0.5	5
		2. 流动比率	2.07	（1）流动比率>=1.5	5
		3. 偿债备付率	1967.77	（1）偿债备付率>=180	7
		4. 资产负债率	47.16	（1）资产负债率<=60	8
4	发展潜力	1. 净资产	10294.92	（1）净资产>=1000	4
		2. 销售增长率	15.22	（2）12<=销售增长率<18	4
		3. 净利润增长率	16.75	（1）净利润增长率>=15	5
		4. 累计盈余资金	5884.37	（1）累计盈余资金>=1000	6
5	数据真实性	1. 综合评价		（1）提供数据可信度高	10
6	特例事项	1. 信用记录		（5）无	
		2. 重大事项		（8）无	
		3. 经营情况		（7）无	
7	分值汇总	分值汇总			95
8		评定等级		AAA	95

2. 授信额度计算

客户授信建立在资料真实性分析和债务优化基础上，完全采用定量分析方法，避免了人为因素干扰。不仅核定了综合授信边界，还分别核定了固定资产、流动资金和表外业务等单品种授信额度。核定方法及核定结果详见表6－2。

根据客户信用等级和资产负债率合理范围，经测算的债务承受额为29629万元。

授信额度根据资金需求与债务承受额综合确定。流动资金需求根据财务评价流动资金估算表确定需求；新增固定投资根据企业购置固定资产、无形资产、技术研发和节能减排等资金需要，结合融资主体未来经营收益的偿债能力综合确定；表外业务，根据近几年统计数据和企业发展需要确定。遵循“所有单品种授信额度之和不能超过综合授信控制边界”的原则，提出了企业授信总额和单品种授信额度建议。

建议授信流动资金授信额度5000万元。

授信额度计算表

表6－2

序号	参数或指标	变量名称	按本年估算值测算
1	综合授信控制边界测算		
1.1	可接受的最高资产负债率	R_m	0.7
1.2	客户最近资产总额		16012
1.3	客户最近负债总额	L_0	6963
1.4	客户最近资产负债率	R_0	0.0
1.5	账面净资产		9049
1.6	无法变现资产		0
1.7	客户最近有效净资产	N_A	9049
1.8	客户信用等级		AAA
1.9	客户信用等级调整系数	C	0.9
1.10	本年利润再投资默认值	I	2076
1.11	本年利润再投资确认值	I_0	2076
1.12	综合授信控制边界计算值	M	29629
1.13	建议综合授信边界	M_0	29629
2	流动资金授信额度计算值		
2.1	估算的流动资金		7811
2.2	流动资金最大贷款比例		0.7
2.3	流动资金授信额度计算值		5468
2.4	建议流动资金授信额度	F_B	5000

续表

序号	参数或指标	变量名称	按本年估算值测算
3	固定资产授信额度计算值		
3.1	息税折旧摊销前利润		3177
3.2	所得税		692
3.3	经营活动净现金流量		2485
3.4	可接受的固定资产贷款偿还期	T	0
3.5	折现率		0.08
3.6	净现值		7081
3.7	最低偿债备付率		1.3
3.8	客户最近固定资产贷款余额 1		60
3.9	新增固定资产授信额度计算值	F_A	5387
3.10	新增固定投资授信额度需要值	F_{A2}	0
4	表外业务授信额度计算		
4.1	表外业务授信额度计算值	F_C	0
4.2	表外业务授信额度建议值	F_{C1}	0
5	建议单品种授信额度		
5.1	客户最近固定资产贷款余额 2	F_{A0}	0
5.2	流动资金授信额度	F_{B0}	5000
5.3	未用固定资产授信额度	F_{A1}	0
5.4	表外业务授信额度	F_{C0}	0
6	授信总额	F_0	5000

3. 流动资金贷款审核

流动资金贷款（用信）可选择“授信即用信”或“先授信后用信”两种方式之一确定每次贷款金额。采用“授信即用信”方式时，贷款可一次性发放，贷款金额等于授信额度。若采用“先授信后用信”方式，可分次发放，授信额度可循环使用，每次放款数额不超过下式核定的贷款金额。

贷款额度 = Min（申请额度，授信额度 - 现有贷款余额 + 近期到期贷款）

本贷款提案建议采用授信即用信方式，核定的本次贷款额度为5000万元。

七、风险评价

1. 风险分析

经过详细的调查及分析，对本次贷款可能出现的风险进行揭示，并对综合收益进行分析，具体见表7－1：

风险揭示及综合收益

表7－1

政策或地区风险	无	防范措施	
经营风险	每个客户都是新客户，营销是增长的主要动力	防范措施	加强营销，提高服务质量，口碑相传
担保风险	无	防范措施	
其他风险（成本风险、汇率风险、信用风险、投资风险、贸易环境风险、产品质量风险、劳动力风险等）	无	防范措施	
综合收益分析	该企业现金流大，盈余资金较多，除了贷款利息，其他业务收入也很可观		
与他行授信条件比较	无		

根据融资主体新增固定投资需求、年初财务报表，分析了融资主体本年内可能出现的重大经营和财务风险，得出的结论是：借款人暂无新增固定投资需求，债务结构合理，经营活动净现金流量为正，企业能平稳运行，未见重大风险隐患。

2. 担保分析

本贷款方案落实的担保措施如下：

该企业信用等级评为AAA，是多家银行争相贷款的优质企业，企业固定资产少，建议提供免担保贷款。

八、借款用途及还款来源

1. 借款用途

流动资金用于采购被集成的其他软件，工资、管理费用等。

2. 还款来源

经营收益为唯一还款来源。

九、经办初审意见

1. 同意放贷理由

北京某软件股份有限公司申请流动资金贷款5000万元；企业信用等级AAA，属于主要贷款对象；年度流动资金授信额度5000万元，采用授信即用信方式；核定的贷款额度为5000万元，额度够用；利息备付率777.79%，偿债备付率1967.77%，分析本年的偿债能力，融资主体有足够偿债能力，不需为债务优化融资。建议按贷款方案提供流动资金贷款5000万元。

2. 具体贷款方案

公司名称	北京某软件股份有限公司	客户来源	存续
所属行业	计算机服务业	行业授信政策	支持
信用等级	AAA	债务承受额	29629 万元
利息备付率	777.79%	偿债备付率	1967.77%
上年授信额度	2200 万元	总投资净收益率	29.42%
本年授信额度	5000 万元	用信方式	授信即用信
借款金额	5000 万元	借款期限	12 个月
综合利率	7.47%/年	抵质押率/担保率	0.0%
借款用途	流动资金		
担保措施	该企业质优，企业固定资产少，建议提供免担保贷款		
还款来源	经营收益为唯一还款来源		
还款方式	到期一次还本金	付息方式	按季结息
借款历史	该企业多年为本行贷款客户，随业务扩大逐年增加，上一年贷款 2200 万元。按期偿还贷款本金，本息无逾期		
授信发起人	刘×		

附表

附表1　资料收集清单

序号	选择	内　容
一		**借款人资料**
1	√	营业执照
2	√	组织机构代码证
3	√	税务登记证
4	√	外商投资企业批准证书（如有）
5		外汇登记证（如有）
6		公司章程
7		验资报告
8	√	贷款卡查询资料（详细版）
9	√	法定代表人身份证复印件
10	√	法定代表人履历表
11	√	法定代表人个人征信系统查询资料及同意查询授权书
12	√	企业连续两年的财务年度报表和最近一期（包括上一年同期）的财务月报表
13	√	现场验证数据表
14	√	房地产租赁合同（如为租赁）
15		主要固定资产清单
16		环保评估及验收文件
17		公司及关联企业股权结构图或组织结构图
18		许可证（如：进出口备案文件、印刷、特种行业经营）（如有）
19		因项目需要，须提供的其他资料（如产品认证、专利证书、企业宣传册等）
二		**企业经营状况资料**
1	√	前、上年度及本年度最近月（包括上一年同期）增值税纳税申报表
2		政府部门（如海关、外管局、外经委等）编制的进出口情况统计表
3	√	经营状况统计表（工业类）
4	√	企业成本统计资料（工业类）
5	√	上一年及本年最近月银行非本行账户对账单（含其他结算账户）
6	√	前6个月前3大供应商\下家客户的购货合同和销货合同
7		前6个月电（或水、气）费凭证
8		企业的出库单证\销售月报表\运输发票（完整月份）
9		他行对其核定的授信批复通知书

续表

序号	选择	内　　容
10		其他可以证实销售收入情况的材料
三		**保证人资料**
1		营业执照
2		组织机构代码证
3		税务登记证（国、地税）
4		公司章程
5		验资报告
6		贷款卡查询资料
7		法定代表人身份证复印件
8		连续两年的财务年度报表和最近一期的财务月报表
四		**抵质押资料**
1	√	相关产权证，如房、地产权证等
2		资产评估报告（或预评估报告）
3		存单和有价证券等质物
五		**固定资产贷款资料**
1		企业现有固定资产贷款还本付息计划
2		批复文件（如有）
3		项目可行性报告（如有）
4		土地出让合同（如有）
5		工程建造合同、设备购买合同
6		其他配套条件落实文件

附表2　资产负债表　　单位：万元

序号	项目名称	200912	201012	201112	201106	201206
1	资产		12166.62	16011.94	11545.84	18364.71
1.1	流动资产总额		11421.37	15376.25	10990.32	17729.27
1.1.1	货币资金		2822.60	6682.24	1351.27	5599.86
1.1.2	短期投资					
1.1.3	应收票据					268.58
1.1.4	应收股利					
1.1.5	应收利息					
1.1.6	应收账款		3866.80	2875.04	3668.45	4081.87
1.1.7	减坏账准备					

续表

序号	项目名称	200912	201012	201112	201106	201206
1.1.8	应收账款净额		3866.80	2875.04	3668.45	4081.87
1.1.9	预付账款		602.04	591.09	784.53	1583.15
1.1.10	应收补贴款					
1.1.11	其他应收款		404.03	725.74	1358.50	823.46
1.1.12	存货		3725.89	4502.14	3827.57	5372.35
1.1.13	待摊费用					
1.1.14	待处理流动资产净损失					
1.1.15	一年到期的长期债权投资					
1.1.16	其他流动资产					
1.2	长期投资		345.06	157.50	157.50	157.50
1.2.1	长期股权投资		345.06	157.50	157.50	157.50
1.2.2	长期债权投资					
1.3	固定资产		400.19	478.20	398.02	477.95
1.3.1	固定资产原值		181.86	219.41	173.42	232.16
1.3.2	减：累计折旧					
1.3.3	固定资产净值		181.86	219.41	173.42	232.16
1.3.4	减：固定资产减值准备					
1.3.5	固定资产净额		181.86	219.41	173.42	232.16
1.3.6	工程物资					
1.3.7	在建工程					
1.3.8	固定资产清理					
1.3.9	固定资产合计		181.86	219.41	173.42	232.16
1.4	无形资产及其他资产		195.47	240.95	194.69	227.94
1.4.1	无形资产		53.94	107.08	56.99	97.89
1.4.2	长期待摊费用		141.53	133.88	137.70	130.05
1.4.3	其他长期资产					
1.5	递延税款		22.87	17.84	29.92	17.84
1.5.1	递延税款借项		22.87	17.84	29.92	17.84
2	负债及所有者权益		12166.62	16011.94	11545.84	18364.71
2.1	流动负债总额		6163.26	6902.83	4382.59	2846.91
2.1.1	短期借款		2200.00	1890.00	2200.00	
2.1.2	应付票据					
2.1.3	应付账款		2792.54	3837.13	1237.90	2110.84

续表

序号	项目名称	200912	201012	201112	201106	201206
2.1.4	预收账款		695.78	542.44	385.78	629.24
2.1.5	其他应付账款		17.66	148.49	232.34	73.85
2.1.6	应付工资		215.98	82.75	14.15	
2.1.7	应付福利费					
2.1.8	应付股利					
2.1.9	应缴税金		241.30	402.02	312.41	32.98
2.1.10	一年到期的长期负债					
2.1.11	其他					
2.2	长期负债			60.00		60.00
2.2.1	长期借款					
2.2.2	应付债券					
2.2.3	长期应付款			60.00		60.00
2.2.4	住房周转金					
2.2.5	其他长期负债					
2.3	递延税款贷项					
2.4	负债总额		6163.26	6962.83	4382.59	2906.91
2.5	所有者权益		6003.37	9049.11	7163.25	15457.81
2.5.1	实收资本［股本］		4000.00	4000.00	4000.00	5000.00
2.5.2	资本公积		51.60	51.60	51.60	4651.60
2.5.3	盈余公积		394.26	711.45	394.26	711.45
2.5.4	任意公积金			47.71		46.88
2.5.5	未分配利润		1557.51	4238.34	2717.39	5047.87

附表3　利润表

单位：万元

序号	项目名称	200912	201012	201112	201106	201206
一	**主营业务**		**25097.86**	**30131.87**	**12739.86**	**14268.06**
	减：折扣与折让					
二	**主营业务收入净额**		**25097.86**	**30131.87**	**12739.86**	**14268.06**
	减：主营业务成本		21707.12	23751.93	10345.95	11082.71
	主营业务税金及附加		76.91	142.04	50.46	74.84
三	**主营业务利润［毛利润］**		**3313.83**	**6237.90**	**2343.44**	**3110.51**
	加：其他业务利润					
	减：存货跌价准备		66.32	32.73	59.77	

续表

序号	项目名称	200912	201012	201112	201106	201206
	营业费用［销售费用］		553.97	1228.33	322.11	779.26
	管理费用		1268.69	1699.78	717.55	901.74
	财务费用		62.80	163.52	75.48	12.72
四	**主营利润**		**1494.69**	**3179.00**	**1168.53**	**1416.81**
	加：投资收益		15.76	15.85	0.14	4.15
	补贴收入					
	营业外收入		401.16	373.62	125.10	189.87
	减：营业外支出		12.43	8.00	8.00	1.11
	加：以前年度损益调整					
五	**利润总额**		**1899.18**	**3560.48**	**1285.77**	**1601.42**
	减：所得税		268.18	414.77	125.88	212.48
	少数股东损益					
六	**净利润**		**1631.00**	**3145.71**	**1159.89**	**1388.94**
七	**本年利息**					
	息税前利润					
	本年折旧					
	本年摊销					
	息税折旧摊销前利润					

附表4　现金流量表

单位：万元

序号	项目名称	200912	201012	201112	201106	201206
一	**经营活动产生的现金流量**					
1	经营活动现金流入		28604.11	40352.92	16704.39	18871.57
1.1	销售商品、提供劳务收到的现金		27937.20	35288.44	14790.01	15170.58
1.2	收到的税费返还		170.68	412.70	177.44	189.87
1.3	收到的其他与经营活动有关的现金		496.23	4651.79	1736.94	3511.12
2	经营活动现金流出		28493.74	36102.11	17922.93	22467.43
2.1	购买商品、接受劳务支出的现金		26434.62	26925.50	13947.37	16662.39
2.2	支付给职工以及为职工支付的现金		734.53	963.80	542.91	630.70
2.3	支付的各种税费		491.95	1398.37	545.51	968.51
2.4	支付的其他与经营活动有关的现金		832.64	6814.44	2887.14	4205.84
3	经营活动产生的现金流量净额		110.38	4250.81	1218.55	3595.86

续表

序号	项目名称	200912	201012	201112	201106	201206
二	**投资活动产生的现金流量**					
1	投资活动现金流入		83.97	15.75		
1.1	收回投资所收到的现金					
1.2	取得投资收益而收到的现金		15.75	15.75		
1.3	处置固定资产、无形资产和其他长期资产而收到的现金		68.22			
1.4	收到的其他与投资活动有关的现金					
2	投资活动现金流出		166.96	249.21	85.00	33.09
2.1	投资支付的现金			220.00	70.00	
2.2	支付其他与投资活动有关的现金		166.96	29.21	15.00	33.09
3	投资活动产生的现金流量净额		82.99	233.46	85.00	33.09
三	**筹资活动产生的现金流量**					
1	筹资活动现金流入		2200.00	2990.00	600.00	5606.39
1.1	吸收投资所收到的现金					5606.39
1.2	借款所收到的现金		2200.00	2990.00	600.00	
1.3	收到其他与筹资活动有关的现金					
2	筹资活动现金流出		1370.38	3577.98	670.13	2514.83
2.1	偿还债务所支付的现金		1300.00	3300.00	600.00	1890.00
2.2	分配股利、利润和偿付利息所支付的现金		70.38	277.98	70.13	624.83
2.3	支付的其他与筹资活动有关的现金					
3	筹资活动产生的现金流量净额		829.62	587.98	70.13	3091.56
四	**汇率变动对现金的影响**					
五	**现金及现金等价物净增加额**		**857.01**	**3429.37**	**1373.68**	**537.39**

第八节　银行固定资产贷款评价报告

报告封面：

××银行新街口支行
某土特产零售有限公司
固定资产贷款调查评价报告

评估机构：

评估机构公章：

报告完成日期：　　　年　　月　　日

直接评估人

姓名：

所在部门：

职称：

评估审核人

姓名：

所在部门：

职务：

职称：

声 明 与 保 证

我们在此声明与保证：此报告是按照本行相关规定，根据贷款申请人提供的和本人收集的资料，经我们审慎调查、核实、分析和整理后完成的。报告全面反映了贷款申请人及项目最主要、最基本的信息，我们对报告内容的真实性、准确性、完整性及所作判断的合理性负责。

直接评估人签字：

年　　月　　日

评估审核人签字：

年　　月　　日

目　录

一、授信送审审批表

二、借款人基本情况

三、公司简介

四、尽职调查情况

1. 资料收集内容

2. 财务报表简表

3. 财务报表审核及说明

4. 资料真实性评价

五、财务评价

1. 财务评价参数

2. 资金需求分析

3. 财务分析

六、评级授信评价

1. 信用评级

2. 授信额度计算

3. 贷款审核

七、风险评价

1. 风险分析

2. 担保分析

八、借款用途及还款来源

1. 借款用途

2. 还款来源

九、经办初审意见

1. 同意授信理由

2. 具体贷款方案

附表

附表 1 资料收集清单

附表 2 资产负债表

附表 3 利润表

附表 4 现金流量表

附表 5 利润估算表

附表 6 借款还本付息计划表（优化前）

附表 7 借款还本付息计划表（优化后）

附表 8 财务计划现金流量表（优化前）

附表 9 财务计划现金流量表（优化后）

附表 10 资产负债估算表

一、授信送审审批表

<table>
<tr><td>公司名称</td><td colspan="4">某土特产零售有限公司</td></tr>
<tr><td>授信总额（万元）</td><td colspan="2">1040.00</td><td>客户来源</td><td>存续</td></tr>
<tr><td>所属行业</td><td colspan="2">零售业</td><td>行业授信政策</td><td>维持</td></tr>
<tr><td>授信品种和条件</td><td colspan="2">流动资金授信</td><td>固定投资授信</td><td>表外业务授信</td></tr>
<tr><td>授信额度（万元）</td><td colspan="2">400.0</td><td>640.0</td><td>0.0</td></tr>
<tr><td>借款期限（个月）</td><td colspan="2">12.0</td><td>96.0</td><td>0.0</td></tr>
<tr><td>综合利率（%/年）</td><td colspan="2">4.8</td><td>6.0</td><td>0.0</td></tr>
<tr><td colspan="5">贷款评价指标</td></tr>
<tr><td>信用等级</td><td colspan="2">CCC</td><td>债务承受额（万元）</td><td>1295</td></tr>
<tr><td>利息备付率（%）</td><td colspan="2">238.74</td><td>偿债备付率（%）</td><td>121.76</td></tr>
<tr><td>贷款综合偿还期（年）</td><td colspan="2">8.0</td><td>总投资净收益率</td><td>8.48</td></tr>
<tr><td colspan="5">新增固定投资贷款</td></tr>
<tr><td>贷款金额（万元）</td><td>宽限期（年）</td><td>偿还期（年）</td><td>还款方式</td><td>付息方式</td></tr>
<tr><td>640</td><td>1.0</td><td>7.0</td><td>每年指定还本金</td><td>按季计息</td></tr>
<tr><td>担保措施</td><td colspan="4">固定资产抵押</td></tr>
<tr><td>抵质押率/担保率</td><td colspan="4">59.7%</td></tr>
<tr><td>还款来源</td><td colspan="4">经营收益中折旧摊销利润为固贷第一还款来源，担保为第二还款来源</td></tr>
<tr><td>借款历史</td><td colspan="4">企业没有长期借款，近3年短期借款超过1000万元。企业没有出现拖欠借款本息情况</td></tr>
<tr><td>授信发起人</td><td colspan="4">吴×</td></tr>
<tr><td>企业总体情况评述及上报意见</td><td colspan="4">以下签署意见人员声明：该授信申请人为非关系人
某土特产零售有限公司经过客户评价，信用评级确定的信用等级为CCC，属于慎重贷款对象；申请固定投资借款640万元，其中：100万元固定资产贷款，540万元债务优化贷款，固定投资授信额度640万元，在授信额度控制范围内。
测算了借款人未来9年的现金流量，其总投资净收益率、全投资税后内部收益率、权益资金内部收益率分别为8.48%、7.82%、10.53%。本年预测的总投资净收益率（静态指标）和反映整个计算期的全投资税后内部收益率指标，都已经达到了银行贷款利率，认为融资主体的经济效益还好。
借款人综合贷款偿还期8年，在整个偿还期内，债务优化前偿债备付率最低值24.73%，需要债务优化贷款。优化后的偿债备付率最低值100%，偿还期内平均值121.76%，表明通过债务优化，在贷款偿还期8年内，融资主体每年均有足够偿债能力。
综上所述，建议按贷款提案拟定的条件向该客户提供固定投资贷款640万元。
签字：　　　　日期：</td></tr>
<tr><td colspan="5">业务端有权签字人意见：

签字：　　　　日期：</td></tr>
</table>

续表

审核审批部经办人复审意见： 签字：　　　　日期：
审核审批部经理意见： 签字：　　　　日期：

二、借款人基本情况

基本信息（一）

注册地	南京市新街口2＊1号		成立时间	2005－03－15
办公地址	南京市新街口2＊1号		注册资本	358.32万元
联系电话	025－3320＊＊56		是否为一般纳税人	否
法定代表人	王×		法定代表人身份证	320101198＊＊＊＊＊256
实际控制人	王×		实际控制人身份证	320101198＊＊＊＊＊256
实际控制人从业年限	10		如存在控股母公司且与本借款人经营内容相近，则该母公司经营年限	
主要经营	土特产采购销售		公司性质	有限责任公司
相关证照	营业执照	组织机构代码证	税务登记证	贷款卡
编号	320101＊＊＊＊＊＊＊98	320101＊＊＊	320101＊＊＊＊＊3233	320101＊＊＊＊＊6788

基本信息（二）

往来银行账户情况			开户银行	账号	
	基本存款户银行		××银行	310101＊＊＊＊＊＊＊＊＊＊＊＊＊＊86	
	主要结算银行		无		
股东结构	股东名称		出资金额（万元）	占比（%）	
	王×		250.82	70.00	
	刘×		107.50	30.00	
	合计		358.32	100.00	
近2年内是否存在重大股权变更，若有请说明			无变更		
企业主要管理人员情况					
姓名	职务	任职时间	与实际控制人关系	学历	从事相关行业年限
刘×	总经理			本科	10.0

续表

员工总数	48	本科以上学历人数	18		管理人员人数	5
最近期借款情况	贷款银行	金 额（万元）	贷款性质	担保方式	贷款起讫期限	
	××银行	1285.0	短期借款	无限连带保证责任	2009－11－27 至 2010－11－26	
					年　月至　年　月	
信用状况	在人行信贷登记系统中，公司和关联/母公司最近一年是否有不良信用记录				无不良记录	
	是否曾逾期或欠息，若有是否已结清				未曾逾期或欠息	
	当前是否涉及重大诉讼，若有请说明				无	
	其他不良信用信息，若有请说明				无	
对外担保情况	被担保人	金 额	贷款银行	担保方式	起讫期限	
	无	0.0	无		至	
法律诉讼与仲裁说明	原告	被告	案由	金额		
	无		0.0			
企业资质及荣誉等相关证书	内容		时间		颁发机构	
	无					

借款企业实际控制人个人情况

姓名	王×	性别	男	出生年月	1980－03－08
职务	董事长	证件类型	身份证	证件号码	320101198＊＊＊＊＊256
当前常住地址	南京市新街口＊＊＊号	现址居住年份	5	现住宅所有权	自有
住宅电话	025－3205＊＊＊＊6	手机号码	139613＊＊＊23	办公电话	025－3233＊＊＊6
婚姻状况	已	子女情况	1子	是否为本地居民	是
国籍或地区	中国	直系亲属是否在公司任职，如有填具体职务		无	
毕业院校：	南京经济学院	专业	国际贸易	学历	本科
实际控制人从业经验		10年以上			
实际控制人及子女配偶有无不良嗜好		无			
实际控制人不良记录（如有）		无			
民间借贷情况		无			

续表

客户实际控制人个人银行授信情况（如有）					
行别	授信品种	期限	金额	担保方式	备注
无					
逾期说明					

对外担保情况（如有）			
被保证人	授信品种	金额	起讫日期
无			
实际控制人个人主要资产分布状况		住房2套	

三、公司简介

基本信息（三）

借款人主要生产经营状况			
授信申请人	某土特产零售有限公司		
内部管理架构	实行董事会领导下的总经理负责制，公司内设采购部、销售部、财务部、综合办公室等职能部门		
职责分工情况	总经理主管财务部、办公室，经营副总主管采购、销售		
经营模式、主打产品及生产能力的简介	销售全国各地名土特产，连锁经营		
业务周期、销售特点（物流、资金流、淡旺季等）简介	土特产季节性强，采购后储存于公司自备冷库，供一年中销售。销售前，进行人工分装		
经营场所权属	自有	备注（若为租赁，租期及说明）	
主要销售市场国内市场占比	100.0	国外市场占比	0.0
企业经营管理能力及主要竞争优势分析	该企业已成当地知名品牌，货源充足，产品有特色，具有较强的竞争能力		

上下游情况					
主要交易对手情况	名称	前6个月所占业务比例	往来时间	交易商品	结算方式及账期
最大供应商		0.0			
第二大供应商		0.0			
第三大供应商		0.0			
最大销售客户		0.0			
第二大销售客户		0.0			
第三大销售客户		0.0			

续表

在人行企业征信系统中的环评等级			
关联企业情况（如有）			
关联企业名称	企业基本情况简介及与借款人	授信余额	关联交易情况
无		0.0	
对关联企业及交易的简要评价（主要包括关联企业的经营情况对整个集团的影响或贡献程度，是否对借款人造成不利影响。如有关联交易，其交易是否公允合理，确定与借款人的关联交易属于"索取型"还是"输出型"等）			

账户往来情况				
银行名称	上年出账累计金额	本期1—11月出账累计金额	上年入账累计金额	本期1—11月入账累计金额
无	0.0	0.0	0.0	0.0
合计	0.0	0.0	0.0	0.0

主要领导人简历

姓名	王×	职务	董事长	性别	男	出生年月	1975-03-15
住址：南京新街口＊＊号				学历	大学本科	婚姻状况	已
毕业院校：南京经济学院				专业	国际贸易	联系电话	025-3320＊＊56

序号	年限（起止日）	工作单位	职务	从事的行业
1	1997-06-25 至 2004-12-30	××百货	销售经理	商业零售
2	2005-01-01	某土特产零售有限公司	董事长	商业零售

四、尽职调查情况

尽职调查完成了企业现状资料收集和真实性验证两项任务，具体情况如下：

1. 资料收集内容

企业除提供了贷款评价定量分析必须提供的资料，如近三（两）年及最近月份（包括上年同期）的财务报表（包括资产负债表、利润表、现金流量表），近两年及最近月份（包括上年同期）纳税申报表，近两年产品经营状况表、成本统计表，长期借款还本付息表等资料，还提供了大量非财务资料，具体见附件资料收集清单。

2. 财务报表简表

收集了近两年和最近月份资产负债表和利润表见附表，主要内容摘要见表4-1"财务报表简表"。

财务报表简表

表4－1　　单位：万元

项　　目	上二年	上一年	本年最近月份
	200812	200912	201009
货币资金	324.81	291.96	310.63
应收账款	3.33	5.23	6.45
其他应收款	61.51	101.17	200.85
存货	351.85	598.45	619.72
流动资产合计	946.74	1021.44	1150.87
固定资产净值	953.73	660.12	710.74
在建工程	202.82	312.18	379.68
总资产	2505.98	2632.35	2791.60
短期借款	1045.00	1115.00	1285.00
应付账款	154.01	108.89	86.32
应付票据	8.22	24.42	10.24
其他应付款	40.40	26.63	30.94
流动负债合计	1539.75	1583.05	1714.85
长期借款			
实收资本	358.32	358.32	358.32
资本公积	412.76	415.12	412.80
盈余公积	118.24	130.87	130.87
未分配利润	71.50	137.88	170.03
所有者权益	960.83	1042.18	1072.01
主营业务收入	1650.61	1409.06	1093.22
主营业务成本	1238.77	1032.71	834.51
销售费用	114.68	85.60	26.10
管理费用	162.61	143.37	121.81
财务费用	31.81	21.90	9.42
利润总额	100.07	110.43	94.29
营业外收入	6.65	0.47	0.43
净利润	74.12	88.68	71.52

3. 财务报表审核及说明

对资产负债表最近月份数据与年初数据进行比较，变动较大的科目作了说明；分析了资产负债表非主要科目的占比，对于占比异常栏目作了说明；分析了企业债务结构，为企业债务结构优化指明方向。财务报表审核及说明见下表4－2，表中删除了部分变动无异常和占比正常的栏目。

财务报表审核结论及说明表

表4－2

序号	指标名称	单位	指标	评价结论及说明
1	主营业务收入增长幅度［同期］		11.05	
2	财务数据异常变动分析			
2.1	货币资金增减幅度	%	6.39	本年最近月份的货币资金与年初比较，变化幅度不大
2.2	应收账款增减幅度	%	23.33	本年最近月份的应收账款与年初比较，变化幅度较大，主要原因是：营业收入增加
2.3	存货增减幅度	%	3.55	本年最近月份的存货与年初比较，变化幅度正常
2.4	实收资本增减	万元		本年最近月份的实收资本与年初比较没有变化
2.5	资本公积增减	万元	－0.56	本年最近月份的资本公积与年初比较没有变化
3	财务数据占比异常分析			
3.1	其他应收款占流动资产比例	%	9.90	上年末其他应收款占流动资产比例小于10%，占比正常
3.2	待摊费用占流动资产比例	%		上年末待摊费用占流动资产比例小于10%，占比正常
3.3	长期待摊费用占非流动资产比例	%	0.75	上年末长期待摊费用占非流动资产比例小于10%，占比正常
3.4	无形资产占非流动资产比例	%	3.92	上年末无形资产占非流动资产比例小于20%，占比正常
3.5	在建工程占固定资产比例	%	31.91	近两年在建工程占固定资产比例小于40%，占比在合理范围
4	其他应付账款分析	万元	26.63	
4.1	其他应付账款占流动负债比例	%	1.68	上年末其他应付账款占流动负债比例小于10%，占比正常
7	“短债长用”释疑			
7.1	短期借款用作固定投资	万元	571.20	年初存在短期借款用作固定投资的“短债长用”现象，拟通过债务优化融资解决
7.2	其他应付账款用于固定投资	万元		

续表

序号	指标名称	单位	指标	评价结论及说明
7.3	其他流动负债用于固定投资	万元		
8	其他短期借款处置方法		62.19	存在其他短期借款
8.1	其他应收款占用短期借款	万元	62.19	处理方法：不考虑变现“其他应收账款”还款
8.2	其他流动资产占用短期借款	万元		
8.3	其他应收收益占用短期借款	万元		
9	往来账款处置方法	万元	38.98	存在往来账款，企业拟采用的处置方法是：
9.1	其他应收款占用其他应付账款	万元	26.63	
9.2	其他应收款占用其他流动负债	万元	12.35	

4. 资料真实性评价

除了在现场验证资料原件之外，还重点对财务数据的真实性进行了验证。我们验证了资产负债表、利润表、现金流量表的钩稽关系；通过纳税申报表验证了利润表中主营业务收入；查验了资产负债表“货币资金”、现金流量表中“股利分配及支付利息”金额、资产负债表“应收账款”、现金流量表“偿还债务所支付的现金”、现金流量表“投资支付的现金”等重要科目，验证了企业息税折旧摊销前利润（可还款的经营收益）的真实性。得出的综合评价结论是提供数据可信度高。详见下表4-3“数据真实性综合评价表”。

数据真实性综合评价表

表4-3

序号	指标名称	指标	评价结论
1	未纳税申报的营业收入占比（%）	1.21	可信度高
2	钩稽关系验证 （钩稽关系验证差额，万元）	0	资产负债表、利润表、现金流量表三者钩稽关系正确
3	未验证的息税折旧摊销前利润占比（%）	0	可信度高
4	综合评价	0	提供数据可信度高

五、财务评价

通过统计企业现有财务报表，我们合理确定了收入预测、成本预测和流动资金需求预测参数。在未来收入预测、成本预测、流动资金预测的基础上，计算了利润估算表、企业还本付息计划、财务计划现金流量表、资产负债估算表、全部投资现金流量表等财务分析报表，详见附表5至附表10。对企业未来的经营状况、获利能力、偿债能力得出了可信的结论。

1. 财务评价参数

（1）财务评价基本参数

财务评价基本参数见表5-1“基本参数表”。

基本参数表

表5-1

序号	项目名称	单位	数据
1	计算期	年	9.00
2	流动资金借款利率	%	4.80
3	最低偿债备付率	%	130.00
4	最低现金比率		0.30
5	正常年份所得税税率	%	25.00
6	自有流动资金最低比例	%	30.00
7	新增固定投资	万元	100.00
8	新增固定投资借款	万元	100.00
9	新增固定投资借款偿还期	年	8.00
10	新增借款利率	%	6.00
11	新增注册资金	万元	0
12	新增借款偿还方式		3.00（按最大能力）
13	基准收益率	%	8.00
14	流动资金贷款申请额	万元	400
15	近期到期流动资金贷款	万元	

（2）主营业务收入预测参数

经统计，上一年、本年的收入增长幅度分别为-14.63%、11.05%，根据统计数据确定的本年收入增长幅度预测参数为11.00%，详见表5-2。每年收入环比增长幅度见表5-3。

主营业务收入预测参数表

表5－2

序号	项目名称	单位	参数
1	主营业务收入增长率［上二年］	%	0
2	主营业务收入增长率［上一年］	%	－14.63
3	主营业务收入增长率［本年同期］	%	11.05
4	本年增长幅度限额	%	
5	主营业务收入增长率（预测参数）	%	11.00

每年收入环比增长幅度

表5－3

项目名称	单位	2008	2009	2010	2011	2012	2013	2014	2015	2016	2017	2018
增长幅度	%		－14.63	11.00	11.00	11.00	11.00	11.00	11.00	11.00	11.00	11.00

（3）成本估算参数

统计上两年的统计参数，确定成本预测参数见表5－4。

成本估算参数

表5－4

序号	项目名称	2008	2009	2008年占比（%）	2009年占比（%）	上两年平均占比（%）	成本预测参数（%）
	营业收入（万元）	1650.61	1409.06				
1	进价（营业）成本	1238.77	1032.71	75.05	73.29	74.17	74.17
2	管理费用	162.61	143.37	9.85	10.17	10.01	10.01
2.1	折旧费	42.83	31.39	2.59	2.23	2.41	2.41
2.2	租赁费						
2.3	摊销费	2.61	2.32	0.16	0.16	0.16	0.16
2.4	其他管理费用	117.17	109.66	7.10	7.78	7.44	7.44
3	财务费用	31.81	21.90	1.93	1.55	1.74	1.74
4	营业费用	114.68	85.60	6.95	6.07	6.51	6.51
5	总成本费用	1547.87	1283.58	93.78	91.09	92.44	92.44
6	经营费用	1470.62	1227.97	89.10	87.15	88.13	88.12

（4）流动资金估算参数

根据统计数据确定的流动资金估算参数见表5－5。

流动资金估算参数表

表 5－5

序号	项目名称	上二年	上一年	上两年平均周转天数	预测参数
		2008 年	2009 年		
一	周转天数（天）				
1	流动资产				
1.1	应收账款	1.01	4.49	2.75	2.75
1.2	预付账款	56.64	1.50	29.07	29.07
1.3	存货	86.13	175.45	130.79	130.79
1.4	现金	108.00	108.00	108.00	108.00
2	流动负债				
2.1	应付账款	75.27	84.97	80.12	80.12
2.2	预收账款	41.21	47.19	44.20	44.20
3	流动资金				
二	流动资金占经营成本比例（%）	23.05	37.02	30.04	30.04
三	流动资金占营业收入比例（%）	20.54	32.26	26.40	26.40
四	旺季调整系数				1

2. 资金需求分析

根据企业业务发展预测和财务平衡分析，得出的企业融资需求与资金筹措计划是1231.39 万元，详见表 5－6。本评价主要为本年（2010）贷款提供决策依据，本年的融资需求取整数为 1040 万元，其中流动资金贷款 400 万元，固定资产贷款 100 万元，债务优化贷款 540 万元。

融资需求与筹措计划表

表 5－6　　　　单位：万元

序号	名称	合计	2010	2011	2012	2013	2014	2015	2016	2017	2018
1	资金需求	1485	1040	42	35	39	44	58	68	75	84
1.1	流动资金	845	400	42	35	39	44	58	68	75	84
1.2	债务优化融资	540	540								
1.3	新增固定投资	100	100								
2	资金筹措	1485	1040	42	35	39	44	58	68	75	84
2.1	权益资金	254		42	35	39	44	25	20	23	25
2.1.1	年初自有流动资金										

续表

序号	名称	合计	2010	2011	2012	2013	2014	2015	2016	2017	2018
2.1.2	经营收益及盈余资金	254		42	35	39	44	25	20	23	25
2.1.3	拟股权融资										
2.2	债务资金	1231	1040					33	48	53	59
2.2.1	流动资金贷款	592	400					33	48	53	59
2.2.2	债务优化贷款	540	540								
2.2.3	新增固定投资贷款	100	100								

3. 财务分析

财务分析过程也是企业债务结构优化过程，计算了“优化前”和“优化后”两套报表和指标，当“优化后”与“优化前”的借款还本付息计划表完全相同时，或者融资需求与筹措计划表中债务优化贷款为0时，说明借款人现有债务结构合理，无须为了优化债务结构而贷款。反之，为调整借款人的债务结构，需要债务优化融资，能否按计划实现债务优化融资，关系到持续稳定经营，需引起注意。

(1) 财务评价指标

经过财务评价分析，分析结果详见表5-7“财务评价指标汇总表”。

财务评价指标汇总表

表5-7

序号	指标	单位	上二年	上一年	预测指标	
					本年	计算期平均
1	经营状况评价指标					
1.1	主营业务收入	万元	1650.61	1409.06	1564.06	2461.47
1.2	主营业务收入增长幅度	%		-14.63	11.00	11.00
1.3	销售利润率	%	5.97	7.78	4.75	6.08
1.4	主营业务收入现金含量		97.29	79.88	100.00	100.00
1.5	存货周转率		3.52	1.73	2.32	
1.6	应收账款周转率		399.66	91.92	148.55	
2	获利能力评价指标					
2.1	净利润	万元	74.12	88.68	56.08	117.01
2.2	净利润增长率	%		19.64	-36.76	11.22
2.3	息税折旧摊销前利润	万元	177.32	166.04	168.91	264.87
2.4	息税折旧摊销前利润增长率	%		-6.36	1.73	9.90

续表

序号	指标	单位	上二年	上一年	预测指标	
					本年	计算期平均
2.5	总投资收益率	%	6.95	6.41	6.21	10.40
2.6	总投资净收益率	%	5.58	5.35	5.31	8.48
2.7	全投资税后内部收益率	%				7.82
2.8	权益资金内部收益率	%				10.53
2.9	每股价值	元			3.47	3.47
3	财务状况评价指标					
3.1	资产负债率	%	61.66	60.41	58.27	51.04
3.2	流动比率	%	0.61	0.65	1.08	1.31
3.3	速动比率	%	0.26	0.26	0.41	0.54
3.4	现金比率	%	0.21	0.18	0.28	0.43
4	偿债能力评价指标					
4.1	利息备付率	%	414.59	604.25	238.74	497.71
4.2	贷款偿还期	年				8.00
4.3	偿债备付率	%	475.83	658.86	100.00	121.76
4.4	累计平均偿债备付率最低值	%			100.00	100.00
4.5	偿债备付率（优化前）	%	475.83	658.86	24.73	127.02
4.6	累计平均偿债备付率最低值（优化前）	%			24.73	24.73
5	发展潜力评价指标					
5.1	累计盈余资金	万元	88.71	27.06		351.17
5.2	净资产	万元	960.82	1042.19	1098.27	1506.29

（2）经营状况评价

经统计，融资主体上一年、本年的收入增长幅度分别为 -14.63%、11.05%。近两年主营业务收入不稳定，上一年负增长，本年有增长，但增长幅度低于15%。需注意观察，正确判断增长趋势。

（3）获利能力评价

经测算，总投资净收益率、全投资税后内部收益率、权益资金内部收益率分别为8.48%、7.82%、10.53%。获利能力评价结论：本年预测的总投资净收益率（静态指标）和反映整个计算期的全投资税后内部收益率指标，都已经达到了银行贷款利率，认为融资主体的经济效益还好。

（4）偿债能力评价

债务优化前偿债备付率最低值24.73%，需要债务优化贷款。借款人综合贷款偿还期8年，在整个偿还期内，优化后的偿债备付率最低值100%，偿还期内偿债备付率平均值121.76%，表明通过债务优化，在贷款偿还期8年内，融资主体每年均有足够偿债能力。

六、评级授信评价

1. 信用评级

上述分析论证，对企业的贷款需求、企业经营状况、盈利能力、债务结构、偿债能力等，在数据真实性认证的基础上，已经进行了全面的定量分析，已经能够对客户的优劣，以及是否可以满足客户的贷款需求有了初步判断。企业评级授信将进一步确定客户信用等级和授信额度，作为用信依据。

本报告的评级授信采用了“定性分析与定量分析相结合，以定量分析为主”的评价方法，在分析论证企业数据真实性的基础上，强化了财务评价指标在信用评级中的作用。并在商业银行贷款评价基础上，增加了小贷政策加分因素。通过企业现状和未来趋势分析，客户的信用等级评定为CCC级，可将该客户划入限制贷款对象。

详见表6－1“客户评分评级表”。

客户评分评级表

表6－1

序号	指标大类	指标名称	指标	评价	评分
1	经营者素质	1. 学历		（2）主要领导人本科以上学历	4
		2. 行业经验		（1）从事本行业5年以上	5
		3. 信用记录		（1）无不良记录	7
		4. 公司团队		（1）市场开发能力强	3
2	经营状况	1. 销售利润率	5.96	（4）4＜＝销售利润率＜6	2
		2. 总投资净收益率	5.33	（4）一年期法定贷款利率＜总投资净收益率＜＝1.2×一年期法定贷款利率	7
		3. 存货周转率	2.08	（4）2＜＝存货周转率＜4	1
		4. 应收账款周转率	125.90	（1）应收账款周转率＞＝8	5
3	偿债能力	1. 现金比率	0.24	（4）0.2＜＝现金比率＜0.3	2
		2. 流动比率	0.91	（3）0.5＜＝流动比率＜1	1
		3. 偿债备付率	24.73	（6）偿债备付率＜100	2
		4. 资产负债率	59.13	（5）55＜资产负债率＜＝65	4

续表

序号	指标大类	指标名称	指标	评价	评分
4	发展潜力	1. 净资产	1075.84	(1) 净资产>=1000	4
		2. 销售增长率	0.75	(6) 销售增长率<1	
		3. 净利润增长率	-14.20	(6) 净利润增长率<1	
		4. 累计盈余资金	10.82	(7) 累计盈余资金<100	
5	数据真实性	1. 综合评价		(1) 提供数据可信度高	10
6	特例事项	1. 信用记录		(5) 无不良记录	
		2. 重大事项		(8) 无	
		3. 经营情况		(7) 无	
8	分值汇总	分值汇总			57
9		评定等级		CCC	57

2. 授信额度计算

客户授信建立在资料真实性分析和债务优化基础上，完全采用定量分析方法，避免了人为因素干扰。不仅核定了综合授信边界，还分别核定了固定资产、流动资金和表外业务等单品种授信额度。核定方法及核定结果详见表6-2。

授信额度计算表

表6-2

序号	参数或指标	变量名称	按本年估算值测算
1	综合授信控制边界测算		
1.1	可接受的最高资产负债率	R_m	0.6
1.2	客户最近资产总额		2632
1.3	客户最近负债总额	L_0	1590
1.4	客户最近资产负债率	R_0	0.0
1.5	账面净资产		1042
1.6	无法变现资产		0
1.7	客户最近有效净资产	N_A	1042
1.8	客户信用等级		CCC
1.9	客户信用等级调整系数	C	0.4
1.10	本年利润再投资默认值	I	56
1.11	本年利润再投资确认值	I_0	56
1.12	综合授信控制边界计算值	M	1295
1.13	建议综合授信边界	M_0	1295

续表

序号	参数或指标	变量名称	按本年估算值测算
2	流动资金授信额度计算值		
2.1	估算的流动资金		400
2.2	流动资金最大贷款比例		0.7
2.3	流动资金授信额度计算值		280
2.4	建议流动资金授信额度	F_B	400
3	固定资产授信额度计算值		
3.1	息税折旧摊销前利润		169
3.2	所得税		19
3.3	经营活动净现金流量		150
3.4	可接受的固定资产贷款偿还期	T	8
3.5	折现率		0.08
3.6	净现值		1153
3.7	最低偿债备付率		1.3
3.8	客户最近固定资产贷款余额 1		3
3.9	新增固定资产授信额度计算值	F_A	884
3.10	新增固定投资授信额度需要值	F_{A2}	640
4	表外业务授信额度计算		
4.1	表外业务授信额度计算值	F_C	16
4.2	表外业务授信额度建议值	F_{C1}	0
5	建议单品种授信额度		
5.1	客户最近固定资产贷款余额 2	F_{A0}	0
5.2	流动资金授信额度	F_{B0}	400
5.3	未用固定资产授信额度	F_{A1}	640
5.4	表外业务授信额度	F_{C0}	0
6	授信总额	F_0	1040

根据客户信用等级和资产负债率合理范围，经测算的债务承受额为1295万元。

授信额度根据资金需求与债务承受额综合确定。流动资金需求根据财务评价流动资金估算表确定需求；新增固定投资根据企业购置固定资产、无形资产、技术研发和节能减排等资金需要，结合融资主体未来经营收益的偿债能力综合确定；表外业务，根据近几年统计数据和企业发展需要确定。遵循“所有单品种授信额度之和不能超过综合授信控制边界”的原则，提出了企业授信总额和单品种授信额度建议。

建议授信总额1040万元，其中流动资金授信额度400万元，固定资产授信额度640万元。

七、风险评价

1. 风险分析

经过详细的调查及分析，对本次贷款可能出现的风险进行揭示，并对综合收益进行分析，具体见表 7－1：

风险揭示及综合收益

表 7－1

政策或地区风险	无	防范措施	
经营风险	销售产品季节性强，需要在全国各地收购，对储存条件要求高	防范措施	公司自建冷藏库
担保风险	无	防范措施	
其他风险（成本风险、汇率风险、信用风险、投资风险、贸易环境风险、产品质量风险、劳动力风险等）	无	防范措施	
综合收益分析	本行为该企业基本开户行，公司现金流动较大，对本行其他业务收入贡献较大		
与他行授信条件比较	无		

根据融资主体新增固定投资需求、年初财务报表，分析了融资主体本年内可能出现的重大经营和财务风险，得出的结论是：据测算，本年经营活动净现金流量大于 0，说明借款人的主要风险不是来自于经营，新增投资筹措缺口或现有债务结构不合理（短债长用）可能是主要风险因素，需通过融资解决资金缺口或优化债务结构（见表 5－6“融资需求与筹措计划表”），否则，可能在一年内出现资金断流风险。

2. 担保分析

本贷款方案落实的担保措施如下：

用固定资产抵押，抵押率 59.7%。

八、借款用途及还款来源

1. 借款用途

固定资产贷款 100 万元用于商铺装修；债务优化贷款 540 万元用于替换“短债长用”的现有短期借款。

2. 还款来源

经营收益中折旧摊销利润为固贷第一还款来源，担保为第二还款来源。

九、经办初审意见

1. 同意授信理由

某土特产零售有限公司经过客户评价，信用评级确定的信用等级为CCC，属于限制贷款对象；固定投资授信额度640万元，固定投资借款640万元，在授信额度控制范围内。

测算了借款人未来9年的现金流量，其总投资净收益率、全投资税后内部收益率、权益资金内部收益率分别为8.48%、7.82%、10.53%。得出获利能力评价结论：本年预测的总投资净收益率（静态指标）和反映整个计算期的全投资税后内部收益率指标，都已经达到了银行贷款利率，认为融资主体的经济效益还好。

债务优化前偿债备付率最低值24.73%，需要债务优化贷款。借款人综合贷款偿还期8年，在整个偿还期内，优化后的偿债备付率最低值100%，偿还期内偿债备付率平均值121.76%，表明通过债务优化，在贷款偿还期8年内，融资主体每年均有足够偿债能力。综上所述，建议按贷款提案拟定的条件向该客户提供固定投资贷款640万元。

2. 具体贷款方案

公司名称	某土特产零售有限公司			
授信总额（万元）	1040.00	客户来源	存续	
所属行业	零售业	行业授信政策	维持	
授信品种和条件	流动资金授信	固定投资授信	表外业务授信	
授信额度（万元）	400.0	640.0	0.0	
借款期限（个月）	12.0	96.0	0.0	
综合利率（%/年）	4.8	6.0	0.0	
贷款评价指标				
信用等级	CCC	债务承受额（万元）	1295	
利息备付率（%）	238.74	偿债备付率（%）	121.76	
综合贷款偿还期（年）	8.0	总投资净收益率	8.48	
新增固定投资贷款				
贷款金额（万元）	宽限期（年）	偿还期（年）	还款方式	付息方式
640	1.0	7.0	每年指定还本金	按季计息
担保措施	固定资产抵押			
抵质押率/担保率	59.7%			
还款来源	经营收益中折旧摊销利润为固贷第一还款来源，担保为第二还款来源			
借款历史	企业没有长期借款，近3年短期借款超过1000万元。企业没有出现拖欠借款本息情况			
授信发起人	吴×			

附表

附表1　资料收集清单

序号	选择	内容
一		**借款人资料**
1	√	营业执照
2	√	组织机构代码证
3	√	税务登记证
4	√	外商投资企业批准证书（如有）
5		外汇登记证（如有）
6		公司章程
7		验资报告
8	√	贷款卡查询资料（详细版）
9	√	法定代表人身份证复印件
10	√	法定代表人履历表
11	√	法定代表人个人征信系统查询资料及同意查询授权书
12	√	企业连续两年的财务年度报表和最近一期（包括上一年同期）的财务月报表
13	√	现场验证数据表
14	√	房地产租赁合同（如为租赁）
15		主要固定资产清单
16		环保评估及验收文件
17		公司及关联企业股权结构图或组织结构图
18		许可证（如：进出口备案文件、印刷、特种行业经营）（如有）
19		因项目需要，须提供的其他资料（如产品认证、专利证书、企业宣传册等）
二		**企业经营状况资料**
1	√	前、上年度及本年度最近月（包括上一年同期）增值税纳税申报表
2		政府部门（如海关、外管局、外经委等）编制的进出口情况统计表
3	√	经营状况统计表（工业类）
4	√	企业成本统计资料（工业类）
5	√	上一年及本年最近月银行非本行账户对账单（含其他结算账户）
6	√	前6个月前3大供应商\下家客户的购货合同和销货合同
7		前6个月电（或水、气）费凭证
8		企业的出库单证\销售月报表\运输发票（完整月份）

续表

序号	选择	内容
9		他行对其核定的授信批复通知书
10		其他可以证实销售收入情况的材料
三		**保证人资料**
1		营业执照
2		组织机构代码证
3		税务登记证（国、地税）
4		公司章程
5		验资报告
6		贷款卡查询资料
7		法定代表人身份证复印件
8		连续两年的财务年度报表和最近一期的财务月报表
四		**抵质押资料**
1	√	相关产权证，如房、地产权证等
2		资产评估报告（或预评估报告）
3		存单和有价证券等质物
五		**固定资产贷款资料**
1		企业现有固定资产贷款还本付息计划
2		批复文件（如有）
3		项目可行性报告（如有）
4		土地出让合同（如有）
5		工程建造合同、设备购买合同
6		其他配套条件落实文件

附表2 资产负债表

单位：万元

序号	项目名称	200712	200812	200912	200909	201009
1	资产		2505.98	2632.35	2527.93	2791.60
1.1	流动资产总额		946.74	1021.44	950.07	1150.87
1.1.1	货币资金		324.81	291.96	258.51	310.63
1.1.2	短期投资					
1.1.3	应收票据		0.80	10.10	0.29	3.94
1.1.4	应收股利		8.88	9.59	9.49	1.17
1.1.5	应收利息					
1.1.6	应收账款		3.33	5.23	5.52	6.45

续表

序号	项目名称	200712	200812	200912	200909	201009
1.1.7	减坏账准备					
1.1.8	应收账款净额		3.33	5.23	5.52	6.45
1.1.9	预付账款		194.91	4.31	198.41	8.02
1.1.10	应收补贴款					
1.1.11	其他应收款		61.51	101.17	91.96	200.85
1.1.12	存货		351.85	598.45	385.80	619.72
1.1.13	待摊费用					
1.1.14	待处理流动资产净损失					
1.1.15	一年到期的长期债权投资					
1.1.16	其他流动资产		0.65	0.62	0.08	0.09
1.2	长期投资		230.36	502.64	495.62	418.22
1.2.1	长期股权投资		223.81	489.18	485.81	407.84
1.2.2	长期债权投资		6.55	13.45	9.82	10.37
1.3	固定资产					
1.3.1	固定资产原值		953.73	660.12	658.78	710.74
1.3.2	减：累计折旧					
1.3.3	固定资产净值		953.73	660.12	658.78	710.74
1.3.4	减：固定资产减值准备					
1.3.5	固定资产净额		953.73	660.12	658.78	710.74
1.3.6	工程物资					
1.3.7	在建工程		202.82	312.18	286.43	379.68
1.3.8	固定资产清理					
1.3.9	固定资产合计		1156.55	972.30	945.21	1090.41
1.4	无形资产及其他资产		147.61	108.91	116.52	104.96
1.4.1	无形资产		77.59	63.20	63.88	62.24
1.4.2	长期待摊费用		29.99	12.02	12.69	9.10
1.4.3	其他长期资产		40.03	33.69	39.95	33.62
1.5	递延税款		24.73	27.07	20.50	27.14
1.5.1	递延税款借项		24.73	27.07	20.50	27.14
2	负债及所有者权益		2505.98	2632.35	2527.93	2791.60
2.1	流动负债总额		1539.75	1583.05	1511.60	1714.85
2.1.1	短期借款		1045.00	1115.00	1133.00	1285.00
2.1.2	应付票据		8.22	24.42	12.06	10.24

续表

序号	项目名称	200712	200812	200912	200909	201009
2.1.3	应付账款		154.01	108.89	77.40	86.32
2.1.4	预收账款		188.94	184.69	184.23	190.81
2.1.5	其他应付账款		40.40	26.63	21.57	30.94
2.1.6	应付工资		89.21	109.34	73.51	92.72
2.1.7	应付福利费					
2.1.8	应付股利		4.51	11.28	11.28	16.91
2.1.9	应缴税金		7.56	1.10	-3.11	
2.1.10	一年到期的长期负债					
2.1.11	其他		1.90	1.70	1.66	1.90
2.2	长期负债		2.58	2.56	2.57	2.54
2.2.1	长期借款					
2.2.2	应付债券					
2.2.3	长期应付款		2.58	2.56	2.57	2.54
2.2.4	住房周转金					
2.2.5	其他长期负债					
2.3	递延税款贷项		2.83	4.55	3.64	2.20
2.4	负债总额		1545.16	1590.17	1517.81	1719.58
2.5	所有者权益		960.83	1042.18	1010.12	1072.01
2.5.1	实收资本［股本］		358.32	358.32	358.32	358.32
2.5.2	资本公积		412.76	415.12	410.69	412.80
2.5.3	盈余公积		118.24	130.87	117.85	130.87
2.5.4	任意公积金					
2.5.5	未分配利润		71.50	137.88	123.25	170.03

附表3　利润表　　单位：万元

序号	项目名称	200712	200812	200912	200909	201009
一	**主营业务**		**1650.61**	**1409.06**	**984.44**	**1093.22**
	减：折扣与折让					
二	**主营业务收入净额**		**1650.61**	**1409.06**	**984.44**	**1093.22**
	减：主营业务成本		1238.77	1032.71	728.19	834.51
	主营业务税金及附加		17.34	16.80	9.67	11.71
三	**主营业务利润［毛利润］**		**394.50**	**359.55**	**246.57**	**247.00**
	加：其他业务利润					

续表

序号	项目名称	200712	200812	200912	200909	201009
	减：存货跌价准备		-0.84	7.28	-0.01	-1.39
	营业费用［销售费用］		114.68	85.60	28.51	26.10
	管理费用		162.61	143.37	126.07	121.81
	财务费用		31.81	21.90	19.50	9.42
四	**主营利润**		**86.23**	**101.40**	**72.50**	**91.05**
	加：投资收益		25.62	9.48	6.01	7.50
	补贴收入					
	营业外收入		6.65	0.47	2.16	0.43
	减：营业外支出		18.43	0.91	0.85	4.70
	加：以前年度损益调整					
五	**利润总额**		**100.07**	**110.43**	**79.82**	**94.29**
	减：所得税		25.96	21.75	18.83	22.77
	少数股东损益					
六	**净利润**		**74.12**	**88.68**	**60.99**	**71.52**
七	**本年利息**		**31.81**	**21.90**	**19.50**	**9.42**
	息税前利润		131.88	132.33	99.32	103.71
	本年折旧		42.83	31.39	23.54	23.54
	本年摊销		2.61	2.32	1.74	1.74
	息税折旧摊销前利润		177.32	166.04	124.60	128.99

附表4　现金流量表

单位：万元

序号	项目名称	200712	200812	200912	200909	201009
一	**经营活动产生的现金流量**					
1	经营活动现金流入		1953.68	1648.98	1155.81	1273.36
1.1	销售商品、提供劳务收到的现金		1905.68	1605.85	1125.53	1246.24
1.2	收到的税费返还		0.79			
1.3	收到的其他与经营活动有关的现金		47.21	43.13	30.28	27.12
2	经营活动现金流出		1987.13	1531.43	1135.52	1225.61
2.1	购买商品、接受劳务支出的现金		1549.04	1189.45	879.54	965.29
2.2	支付给职工以及为职工支付的现金		163.00	153.73	123.62	119.02
2.3	支付的各种税费		137.32	117.17	79.84	86.33
2.4	支付的其他与经营活动有关的现金		137.76	71.08	52.53	54.97
3	经营活动产生的现金流量净额		-33.45	117.55	20.29	47.75

续表

序号	项目名称	200712	200812	200912	200909	201009
二	**投资活动产生的现金流量**					
1	投资活动现金流入		60.02	6.77	-44.10	84.59
1.1	收回投资所收到的现金		0.03			4.00
1.2	取得投资收益而收到的现金		13.54	6.64	5.40	15.92
1.3	处置固定资产、无形资产和其他长期资产而收到的现金		45.41	0.06	0.03	0.62
1.4	收到的其他与投资活动有关的现金		1.04	0.07	-49.53	64.05
2	投资活动现金流出		289.89	154.37	79.79	97.43
2.1	投资支付的现金		288.60	104.79	79.74	97.37
2.2	支付其他与投资活动有关的现金		1.28	49.58	0.05	0.07
3	投资活动产生的现金流量净额		-229.87	-147.60	-123.89	-12.84
三	**筹资活动产生的现金流量**					
1	筹资活动现金流入		1483.34	1783.00	1218.00	1100.00
1.1	吸收投资所收到的现金					
1.2	借款所收到的现金		1480.00	1733.00	1218.00	1100.00
1.3	收到其他与筹资活动有关的现金		3.34	50.00		
2	筹资活动现金流出		1109.12	1785.79	1180.71	1116.25
2.1	偿还债务所支付的现金		1031.00	1583.00	1050.00	930.00
2.2	分配股利、利润和偿付利息所支付的现金		75.34	96.87	79.95	73.76
2.3	支付的其他与筹资活动有关的现金		2.78	105.93	50.76	112.49
3	筹资活动产生的现金流量净额		374.22	-2.79	37.29	-16.25
四	**汇率变动对现金的影响**					
五	**现金及现金等价物净增加额**		**110.89**	**-32.85**	**-66.31**	**18.66**

附表 5 利润估算表单位

单位：万元

序号	项目名称	2008（上二年）	2009（上一年）	2010（第 1 年）	2011（第 2 年）	2012（第 3 年）	2013（第 4 年）	2014（第 5 年）	2015（第 6 年）	2016（第 7 年）	2017（第 8 年）	2018（第 9 年）
1	营业收入	1676.23	1418.54	1573.54	1745.58	1936.55	2148.53	2383.83	2645.01	2934.91	3256.71	3613.91
2	营业税金及附加	17.34	16.80	18.64	20.67	22.93	25.45	28.23	31.33	34.76	38.57	42.80
3	总成本费用	1547.87	1283.58	1472.41	1632.12	1803.04	1991.84	2200.96	2434.17	2692.09	2977.55	3297.42
4	补贴收入											
5	营业外收支净额	-10.94	-7.72	-7.72	-7.72	-7.72	-7.72	-7.72	-7.72	-7.72	-7.72	-7.72
6	利润总额	100.07	110.43	74.77	85.07	102.86	123.52	146.92	171.79	200.34	232.87	265.97
7	弥补以前年度亏损											
8	应纳税所得额	100.07	110.43	74.77	85.07	102.86	123.52	146.92	171.79	200.34	232.87	265.97
9	所得税	25.96	21.75	18.69	21.27	25.71	30.88	36.73	42.95	50.09	58.22	66.49
10	净利润	74.12	88.68	56.08	63.80	77.14	92.64	110.19	128.84	150.26	174.65	199.47
11	法定盈余公积金	7.41	8.87	5.61	6.38	7.71	9.26	11.02	12.88	15.03	17.47	19.95
12	各投资方利润分配											
13	当期未分配利润	66.71	79.81	50.47	57.42	69.43	83.38	99.17	115.96	135.23	157.19	179.53
14	未分配利润	71.50	137.88	188.35	245.77	315.20	398.58	497.75	613.71	748.94	906.13	1085.65
15	息税前利润	131.88	132.33	128.67	142.64	158.15	175.36	194.47	215.68	239.23	265.36	294.37
16	息税折旧摊销前利润	177.32	166.04	168.91	187.30	207.73	230.39	255.56	283.49	314.49	348.90	387.10

附表6　借款还本付息计划表（优化前）

单位：万元

序号	项目名称	2008（上二年）	2009（上一年）	2010（第1年）	2011（第2年）	2012（第3年）	2013（第4年）	2014（第5年）	2015（第6年）	2016（第7年）	2017（第8年）	2018（第9年）
1	还本付息计划											
1.1	原有借款											
1.1.1	原有借款年初累计		2.58	2.56								
1.1.2	原有借款本年借款											
1.1.3	原有借款应计利息											
1.1.4	原有借款本年还本金			2.56								
1.1.5	原有借款本年付利息											
1.1.6	原有借款年末累计	2.58	2.56									
1.2	新增借款											
1.2.1	新增借款年初累计				100.00	35.84						
1.2.2	新增借款本年借款			100.00								
1.2.3	新增借款应计利息			3.00	6.00	2.15						
1.2.4	新增借款本年还本金				64.16	35.84						
1.2.5	新增借款本年付利息			3.00	6.00	2.15						
1.2.6	新增借款年末累计			100.00	35.84							
1.3	短期借款偿还			660.45								
1.4	支付工程欠款											
1.5	还本付息计划合计											
1.5.1	年初累计		2.58	663.01	100.00	35.84						
1.5.2	本年借款			100.00								

续表

序号	项目名称	2008（上二年）	2009（上一年）	2010（第1年）	2011（第2年）	2012（第3年）	2013（第4年）	2014（第5年）	2015（第6年）	2016（第7年）	2017（第8年）	2018（第9年）
1.5.3	应计利息			3.00	6.00	2.15						
1.5.4	本年还本金			663.01	64.16	35.84						
1.5.5	本年付利息			3.00	6.00	2.15						
1.5.6	年末累计	2.58	2.56	100.00	35.84							
2	还款能力指标											
2.1	息税前利润	131.88	132.33	128.67	142.64	158.15	175.36	194.47	215.68	239.23	265.36	294.37
2.2	息税折旧摊销前利润	177.32	166.04	168.91	187.30	207.73	230.39	255.56	283.49	314.49	348.90	387.10
2.3	各种利息支出	31.81	21.90	53.89	25.19	21.34	19.19	19.19	20.77	23.05	25.59	28.40
2.4	偿还债务本金			663.01	64.16	35.84						
2.5	所得税	25.96	21.75	18.69	29.36	34.20	39.04	43.82	48.73	54.04	59.94	66.49
2.6	用于建设投资及自有流动资金			100.00	41.78	35.38	39.28	43.60	25.40	20.40	22.64	25.13
2.7	可用于还款的年初盈余资金			27.06							19.26	198.53
2.8	企业融资			100.00								
2.9	资产变现											
2.10	利息备付率	414.59	604.25	238.74	566.20	741.00	913.72	1013.28	1038.49	1037.71	1037.00	1036.36
2.11	偿债备付率	475.83	658.86	24.73	130.00	241.59	792.38	876.08	1008.04	1041.26	1115.99	1739.19
2.12	累计平均偿债备付率			24.73	36.39	49.98	66.13	83.36	104.18	127.02	151.10	176.36
2.13	借款偿还期（年）	8.00										

附表7　借款还本付息计划表（优化后）

单位：万元

序号	项目名称	2008（上二年）	2009（上一年）	2010（第1年）	2011（第2年）	2012（第3年）	2013（第4年）	2014（第5年）	2015（第6年）	2016（第7年）	2017（第8年）	2018（第9年）
1	还本付息计划											
1.1	原有借款											
1.1.1	原有借款年初累计		2.58	2.56								
1.1.2	原有借款本年借款											
1.1.3	原有借款应计利息											
1.1.4	原有借款本年还本金			2.56								
1.1.5	原有借款本年付利息											
1.1.6	原有借款年末累计	2.58	2.56									
1.2	新增借款											
1.2.1	新增借款年初累计				639.63	601.62	544.12	472.70	385.46	263.87	115.06	
1.2.2	新增借款本年借款			639.63								
1.2.3	新增借款应计利息			3.00	38.38	36.10	32.65	28.36	23.13	15.83	6.90	
1.2.4	新增借款本年还本金				38.01	57.50	71.42	87.24	121.60	148.81	115.06	
1.2.5	新增借款本年付利息			3.00	38.38	36.10	32.65	28.36	23.13	15.83	6.90	
1.2.6	新增借款年末累计			639.63	601.62	544.12	472.70	385.46	263.87	115.06		
1.3	短期借款偿还			660.45								
1.4	支付工程欠款											
1.5	还本付息计划合计											
1.5.1	年初累计		2.58	663.01	639.63	601.62	544.12	472.70	385.46	263.87	115.06	
1.5.2	本年借款			639.63								

续表

序号	项目名称	2008（上二年）	2009（上一年）	2010（第1年）	2011（第2年）	2012（第3年）	2013（第4年）	2014（第5年）	2015（第6年）	2016（第7年）	2017（第8年）	2018（第9年）
1.5.3	应计利息			3.00	38.38	36.10	32.65	28.36	23.13	15.83	6.90	
1.5.4	本年还本金			663.01	38.01	57.50	71.42	87.24	121.60	148.81	115.06	
1.5.5	本年付利息			3.00	38.38	36.10	32.65	28.36	23.13	15.83	6.90	
1.5.6	年末累计	2.58	2.56	639.63	601.62	544.12	472.70	385.46	263.87	115.06		
2	还款能力指标											
2.1	息税前利润	131.88	132.33	128.67	142.64	158.15	175.36	194.47	215.68	239.23	265.36	294.37
2.2	息税折旧摊销前利润	177.32	166.04	168.91	187.30	207.73	230.39	255.56	283.49	314.49	348.90	387.10
2.3	各种利息支出	31.81	21.90	53.89	57.57	55.29	51.84	47.55	43.90	38.89	32.49	28.40
2.4	偿还债务本金			663.01	38.01	57.50	71.42	87.24	121.60	148.81	115.06	
2.5	所得税	25.96	21.75	18.69	21.27	25.71	30.88	36.73	42.95	50.09	58.22	66.49
2.6	用于建设投资及自有流动资金			100.00	41.78	35.38	39.28	43.60	25.40	20.40	22.64	25.13
2.7	可用于还款的年初盈余资金			27.06								58.64
2.8	企业融资			639.63								
2.9	资产变现											
2.10	利息备付率	414.59	604.25	238.74	247.77	286.04	338.28	408.95	491.34	615.21	816.68	1036.36
2.11	偿债备付率	475.83	658.86	100.00	130.00	130.00	130.00	130.00	130.00	130.00	181.66	1246.69
2.12	累计平均偿债备付率			100.00	103.53	106.76	109.49	111.82	114.05	116.00	121.76	136.99
2.13	借款偿还期（年）	8.00										

附表8　财务计划现金流量表（优化前）

单位：万元

序号	项目名称	2008（上二年）	2009（上一年）	2010（第1年）	2011（第2年）	2012（第3年）	2013（第4年）	2014（第5年）	2015（第6年）	2016（第7年）	2017（第8年）	2018（第9年）
1	经营活动净现金流量			150.21	157.94	173.52	191.35	211.74	234.76	260.45	288.96	320.61
1.1	现金流入			1565.82	1737.86	1928.83	2140.81	2376.11	2637.29	2927.19	3248.99	3606.19
1.1.1	营业收入			1573.54	1745.58	1936.55	2148.53	2383.83	2645.01	2934.91	3256.71	3613.91
1.1.2	增值税销项税额											
1.1.3	补贴收入											
1.1.4	其他收入			−7.72	−7.72	−7.72	−7.72	−7.72	−7.72	−7.72	−7.72	−7.72
1.2	现金流出			1415.60	1579.92	1755.31	1949.46	2164.37	2402.53	2666.75	2960.03	3285.58
1.2.1	经营成本			1378.28	1529.89	1698.17	1884.97	2092.32	2322.47	2577.95	2861.52	3176.29
1.2.2	增值税进项税额											
1.2.3	营业税金及附加			18.64	20.67	22.93	25.45	28.23	31.33	34.76	38.57	42.80
1.2.4	增值税											
1.2.5	所得税			18.69	29.36	34.20	39.04	43.82	48.73	54.04	59.94	66.49
2	投资活动净现金流量			−45.29	−41.78	−35.38	−39.28	−43.60	−58.25	−67.99	−75.47	1902.58
2.1	现金流入											1986.36
2.1.1	回收固定资产余值											611.28
2.1.2	回收流动资金											845.36
2.1.3	回收投资											529.71
2.2	现金流出			45.29	41.78	35.38	39.28	43.60	58.25	67.99	75.47	83.77
2.2.1	建设投资			100.00								
2.2.2	维持运营投资											

续表

序号	项目名称	2008（上二年）	2009（上一年）	2010（第1年）	2011（第2年）	2012（第3年）	2013（第4年）	2014（第5年）	2015（第6年）	2016（第7年）	2017（第8年）	2018（第9年）
2.2.3	流动资金			-54.71	41.78	35.38	39.28	43.60	58.25	67.99	75.47	83.77
3	筹资活动净现金流量			-671.62	-89.35	-57.18	-19.19	-19.19	12.08	24.54	27.24	-561.52
3.1	现金流入			45.29					32.85	47.60	52.83	58.64
3.1.1	项目资本金投入											
3.1.2	建设投资借款			100.00								
3.1.3	流动资金借款			-54.71					32.85	47.60	52.83	58.64
3.2	现金流出			716.91	89.35	57.18	19.19	19.19	20.77	23.05	25.59	620.16
3.2.1	各种利息支出			53.89	25.19	21.34	19.19	19.19	20.77	23.05	25.59	28.40
3.2.2	偿还债务本金			663.01	64.16	35.84						591.75
3.2.3	应付利润（股利分配）											
3.2.4	其他筹资活动现金流出											
4	净现金流量			-566.70	26.81	80.96	132.88	148.95	188.59	216.99	240.73	1661.67
5	累计盈余资金	88.71	27.06	-539.63	-512.83	-431.87	-298.98	-150.04	38.55	255.55	496.27	2157.95

附表9　财务计划现金流量表（优化后）

单位：万元

序号	项目名称	2008（上二年）	2009（上一年）	2010（第1年）	2011（第2年）	2012（第3年）	2013（第4年）	2014（第5年）	2015（第6年）	2016（第7年）	2017（第8年）	2018（第9年）
1	经营活动净现金流量			150.21	166.04	182.01	199.51	218.83	240.54	264.40	290.68	320.61
1.1	现金流入			1565.82	1737.86	1928.83	2140.81	2376.11	2637.29	2927.19	3248.99	3606.19
1.1.1	营业收入			1573.54	1745.58	1936.55	2148.53	2383.83	2645.01	2934.91	3256.71	3613.91
1.1.2	增值税销项税额											
1.1.3	补贴收入											
1.1.4	其他收入			-7.72	-7.72	-7.72	-7.72	-7.72	-7.72	-7.72	-7.72	-7.72
1.2	现金流出			1415.60	1571.83	1746.82	1941.30	2157.28	2396.75	2662.79	2958.31	3285.58
1.2.1	经营成本			1378.28	1529.89	1698.17	1884.97	2092.32	2322.47	2577.95	2861.52	3176.29
1.2.2	增值税进项税额											
1.2.3	营业税金及附加			18.64	20.67	22.93	25.45	28.23	31.33	34.76	38.57	42.80
1.2.4	增值税											
1.2.5	所得税			18.69	21.27	25.71	30.88	36.73	42.95	50.09	58.22	66.49
1.2.6	其他流出											
2	投资活动净现金流量			-45.29	-41.78	-35.38	-39.28	-43.60	-58.25	-67.99	-75.47	1902.58
2.1	现金流入											1986.36
2.1.1	回收固定资产余值											611.28
2.1.2	回收流动资金											845.36
2.1.3	回收投资											529.71
2.2	现金流出			45.29	41.78	35.38	39.28	43.60	58.25	67.99	75.47	83.77
2.2.1	建设投资			100.00								

续表

序号	项目名称	2008（上二年）	2009（上一年）	2010（第1年）	2011（第2年）	2012（第3年）	2013（第4年）	2014（第5年）	2015（第6年）	2016（第7年）	2017（第8年）	2018（第9年）
2.2.2	维持运营投资											
2.2.3	流动资金			-54.71	41.78	35.38	39.28	43.60	58.25	67.99	75.47	83.77
2.2.4	其他											
3	筹资活动净现金流量			-131.99	-95.58	-112.79	-123.26	-134.79	-132.65	-140.10	-94.72	-561.52
3.1	现金流入			584.92					32.85	47.60	52.83	58.64
3.1.1	项目资本金投入											
3.1.2	建设投资借款			639.63								
3.1.3	流动资金借款			-54.71					32.85	47.60	52.83	58.64
3.2	现金流出			716.91	95.58	112.79	123.26	134.79	165.49	187.70	147.55	620.16
3.2.1	各种利息支出			53.89	57.57	55.29	51.84	47.55	43.90	38.89	32.49	28.40
3.2.2	偿还债务本金			663.01	38.01	57.50	71.42	87.24	121.60	148.81	115.06	591.75
3.2.3	应付利润（股利分配）											
3.2.4	其他筹资活动现金流出											
4	净现金流量			-27.06	28.67	33.84	36.98	40.44	49.65	56.31	120.49	1661.67
5	累计盈余资金	88.71	27.06		28.67	62.51	99.49	139.93	189.57	245.88	366.38	2028.05

附表 10　资产负债估算表

单位：万元

序号	项目名称	2008（上二年）	2009（上一年）	2010（第 1 年）	2011（第 2 年）	2012（第 3 年）	2013（第 4 年）	2014（第 5 年）	2015（第 6 年）	2016（第 7 年）	2017（第 8 年）	2018（第 9 年）
1	资产	2505. 98	2632. 35	2632. 12	2707. 44	2782. 05	2864. 29	2954. 97	3070. 24	3202. 73	3407. 79	2139. 44
1. 1	流动资产总额	946. 74	1021. 44	961. 44	1081. 42	1205. 61	1342. 88	1494. 64	1677. 72	1885. 47	2174. 06	2139. 44
1. 1. 1	货币资金	324. 81	291. 96	245. 11	298. 55	348. 87	404. 16	464. 91	546. 97	642. 59	806. 72	2028. 05
1. 1. 2	应收账款	4. 13	15. 33	10. 53	11. 69	12. 97	14. 40	15. 98	17. 74	19. 69	21. 86	
1. 1. 3	预付账款	194. 91	4. 31	93. 67	103. 98	115. 42	128. 11	142. 21	157. 85	175. 21	194. 48	
1. 1. 4	存货	351. 85	598. 45	500. 74	555. 82	616. 96	684. 82	760. 15	843. 77	936. 58	1039. 61	
1. 1. 5	其他流动资产	71. 04	111. 39	111. 39	111. 39	111. 39	111. 39	111. 39	111. 39	111. 39	111. 39	111. 39
1. 2	在建工程											
1. 3	固定资产净值	1156. 55	972. 30	1034. 59	992. 72	946. 26	894. 68	837. 43	773. 88	703. 34	625. 04	
1. 4	无形及其他资产净值	147. 61	108. 91	106. 39	103. 58	100. 47	97. 02	93. 19	88. 94	84. 22	78. 97	
1. 5	长期投资	255. 09	529. 71	529. 71	529. 71	529. 71	529. 71	529. 71	529. 71	529. 71	529. 71	
2	负债及所有者权益	2505. 98	2632. 35	2632. 11	2707. 43	2782. 04	2864. 28	2954. 96	3070. 23	3202. 72	3407. 78	2139. 43
2. 1	流动负债总额	1200. 70	1128. 50	489. 82	539. 34	594. 31	655. 33	723. 06	798. 24	881. 69	974. 32	39. 61
2. 1. 1	短期借款	705. 95	660. 45									
2. 1. 2	应付账款	259. 00	243. 75	258. 18	286. 58	318. 10	353. 09	391. 93	435. 04	482. 90	536. 02	
2. 1. 3	预收账款	188. 94	184. 69	192. 03	213. 15	236. 60	262. 63	291. 52	323. 58	359. 18	398. 69	
2. 1. 4	其他流动负债	46. 81	39. 61	39. 61	39. 61	39. 61	39. 61	39. 61	39. 61	39. 61	39. 61	39. 61
2. 2	长期借款债券应付款	2. 58	2. 56	639. 63	601. 62	544. 12	472. 70	385. 46	263. 87	115. 06		
2. 3	流动资金借款	339. 05	454. 55	399. 84	399. 84	399. 84	399. 84	399. 84	432. 69	480. 28	533. 11	
2. 4	其他长期负债	2. 83	4. 55	4. 55	4. 55	4. 55	4. 55	4. 55	4. 55	4. 55	4. 55	4. 55

续表

序号	项目名称	2008（上二年）	2009（上一年）	2010（第1年）	2011（第2年）	2012（第3年）	2013（第4年）	2014（第5年）	2015（第6年）	2016（第7年）	2017（第8年）	2018（第9年）
2.5	负债小计	1545.16	1590.16	1533.84	1545.35	1542.82	1532.42	1512.91	1499.34	1481.58	1511.98	44.16
2.6	所有者权益	960.82	1042.19	1098.27	1162.07	1239.22	1331.86	1442.05	1570.89	1721.15	1895.80	2095.27
2.6.1	实收资本	358.32	358.32	358.32	358.32	358.32	358.32	358.32	358.32	358.32	358.32	358.32
2.6.2	资本公积	412.76	415.12	415.12	415.12	415.12	415.12	415.12	415.12	415.12	415.12	415.12
2.6.3	累计盈余公积	118.24	130.87	136.48	142.86	150.57	159.84	170.86	183.74	198.77	216.23	236.18
2.6.4	未分配利润	71.50	137.88	188.35	245.77	315.20	398.58	497.75	613.71	748.94	906.13	1085.65
计算指标	资产负债率（%）	61.66	60.41	58.27	57.08	55.46	53.50	51.20	48.83	46.26	44.37	44.40
计算指标	流动比率	0.61	0.65	1.08	1.15	1.21	1.27	1.33	1.36	1.38	1.44	1.57
计算指标	速动比率	0.26	0.26	0.41	0.45	0.48	0.50	0.53	0.55	0.57	0.62	0.75
计算指标	现金比率	0.21	0.18	0.28	0.32	0.35	0.38	0.41	0.44	0.47	0.54	0.67

第九节　创投机构风险投资评价报告

报告封面：

上海某创投股份有限公司
某软件科技股份有限公司风险投资评价报告

直接评估人

姓名：
所在部门：
职称：

评估审核人

姓名：
所在部门：
职务：
职称：

目 录

一、投资计划审批表
二、融资企业基本情况
三、公司简介
四、市场分析
五、技术分析
六、生产过程及设施调查
七、尽职调查情况
1. 资料收集内容
2. 财务报表简表
3. 财务报表审核及说明
4. 资料真实性评价
八、财务评价
1. 财务评价参数
2. 资金需求分析
3. 财务分析
九、信用评级
十、风险分析及对策
十一、经办初审意见
1. 同意投资理由
2. 具体投资方案
附表
附表1 资料收集清单
附表2 资产负债表
附表3 利润表
附表4 现金流量表
附表5 利润估算表
附表6 财务计划现金流量表
附表7 资产负债估算表
附表8 全部投资现金流量表
附表9 权益资金现金流量表

一、投资计划审批表

公司名称	某软件科技股份有限公司		
拟投资金额（万元）	2000		
投资分期情况	不分期，一步到位		
占股比例（%）	20		
溢价情况	每股溢价 4 元		
财务综合评价指标			
信用等级	A	内部收益率（%）	35. 96
每股净利润（元）	0. 88	每股价值（元）	6. 75
销售增长率（%）	17. 5	净利润增长率（%）	12. 26
利息备付率（%）	200. 0	偿债备付率（%）	130. 0
投资经理对项目的总体评价	公司创业团队领军人是行业学术领头人，具备超前的经营理念，公司已形成研发和销售优秀团队。所开创的领域有巨大发展潜力，企业产品具有垄断潜质。主营业务收入持续三个年度以超过 30% 的幅度增长，经营状况良好。全投资税后内部收益率指标 35. 96%，经济效益良好。具有较大的投资价值，而且风险较低。		
投资方案	拟投资 2000 万元，拥有股份 400 万股，每股价格 5 元		
投资经理 A		投资经理 B	
当否？请领导审核！ 签字：　　　　签字： 日期：　　　　日期： 公司业务部经理意见： 签字：　　　　日期：			
审核审批部经办人复审意见： 签字：　　　　日期： 审核审批部经理意见： 签字：　　　　日期：			

二、融资企业基本情况

基本信息（一）

注册地	江苏省＊＊＊工业园区××科技园		成立时间	2001－11－26
办公地址	江苏省＊＊＊工业园区××科技园		注册资本	1600 万元
法定代表人	程＊＊		身份证	3209301955＊＊＊＊＊＊59
主要经营	计算机软件开发、转让、销售、服务		公司性质	股份有限责任公司
相关证照	营业执照	组织机构代码证	税务登记证	贷款卡
编号	320594000＊＊＊＊8	1377＊＊＊＊－1	320508＊＊＊＊＊＊＊61	32020100＊＊＊＊＊＊16

基本信息（二）

往来银行账户情况		开户银行		账号	
	基本户	＊＊银行		6225＊＊＊＊＊＊＊＊＊＊＊＊	
	一般户	＊＊银行		6230＊＊＊＊＊＊＊＊＊＊＊＊	
股东结构	股东名称	出资金额（万元）		占比（%）	
	程＊＊	515.00		32.19	
	郭＊＊	150.00		9.38	
	木＊＊	120.00		7.50	
	文＊＊	120.00		7.50	
	谢＊＊	110		6.88	
	其他	585		36.55	
	合计	1600.00		100.00	
管理人员	姓名	职务	电话	学历	从事行业年限
	程＊＊	董事长兼总经理	051272＊＊＊＊51	本科	30
	文＊＊	副总经理	051272＊＊＊＊52	本科	20
	谢＊＊	副总经理	051272＊＊＊＊53	硕士	15
	毛＊＊	副总经理	051272＊＊＊＊55	本科	29
最近期借款情况	贷款银行	金 额	贷款性质	担保方式	贷款起讫期限
	无				
对外担保情况	被担保人	金 额	贷款银行	担保方式	起讫期限
	无				
法律诉讼与仲裁说明	原告	被告	案由	金额	
	无				

续表

企业资质及荣誉等相关证书	内容	时间	颁发机构
	高新技术企业	2011-05-09	省科技厅、财政厅、税务厅
	电信增值业务经营许可证	2012-06-08	省电信管理局

三、公司简介

某软件科技股份有限公司（以下简称“××科技”）成立于2002年，是江苏省信息产业厅认定的软件企业，2006年由江苏省科技厅认定为高新技术企业，公司的专家团队已有近三十年从事项目评估方法研究和软件开发史。目前形成了用于银行贷款评价的银行贷款项目评估软件和用于项目可行性研究的建设项目经济评价软件两大系列。

××科技以投融资“评价”定位，集理论方法研究、软件开发、专业培训和投资咨询为一体，形成良性循环，是国内投融资评价领域最具实力的技术与服务供应商。

××科技围绕“投融资评价”形成“企业投融资评价”与“项目投融资评估”两大方法体系，两大系列理论方法专著，两大系列软件，两大系列培训课程。

公司有一支出色的专家团队，其领军人物程＊＊董事长是参与我国引进世界银行贷款评价方法的知名专家，在业界口碑相传。

主要领导人简历

姓名	程＊＊	职务	董事长兼总经理	性别	男	出生年月	1955-04-01
住址：苏州＊＊花园				学历	本科	婚姻状况	已婚
毕业院校：＊＊科技大学				专业	采矿	联系电话	051262＊＊＊＊＊＊

序号	年限（起止日）	工作单位	职务	从事的行业
1	1979-04-01至2001-04-01	某国家级设计研究院	所长	工程经济
2	2001-04-01至2013-04-01	某软件科技股份有限公司	董事长兼总经理	软件

四、市场分析

<table>
<tr><td>行业背景</td><td colspan="4">对于融资主体来说，提高融资成功率和降低融资成本是其主要诉求；对于投资者来说，降低投资风险和降低风险控制成本是其主要诉求。投融资评价方法为达到投融资各方诉求奠定了基础，但双方都还共同需要一个工具才能完全达到自己的诉求。
计算机的普及，使我们可以通过“单机版”的计算机软件完成投融资评价，比手工操作可提高效率7～10倍；利用因特网和云计算等现代科技开发的“网络版”软件，可以在大企业集团或金融机构内部建立平台，所有评价人员都可以在线完成评价，内部实现信息共享；再进一步，由投资者（或金融机构）建立独立于内部系统的“SaaS”服务平台，除了满足金融机构客户经理和风险经理的评价作业，也向融资企业开放，由融资企业在网上提供资料，完成“自我评价”，银行根据“自我评价”筛选客户，既可寻觅到较为优质的客户，也可降低金融机构成本，尤其是小微企业贷款。这三个层次的评价软件核心内容都是相同的，已由××科技的专家团队开发成功。
公司开发的系列评价软件已构成一个完整体系，按融资主体分为“企业”与“项目”两大系列。</td></tr>
<tr><td>目标产品市场规模与增长潜力分析</td><td colspan="4">面向企业集团、贷款机构、担保机构、创投机构的“在线评价平台软件”，潜在用户包括：营业收入100亿以上的企业集团352家；大中型银行535家，村镇银行1433家；小贷公司6000多家；担保公司8400多家；国家发改委备案的创投公司882家。
面向融资企业与金融机构，实现银企双向选择的“超市式金融服务平台”，拟在全国每个地级以上城市建立平台，共350个地级以上城市。
面向个人注册用户的“中国评价在线”，是为个人长期投资（如长期股票投资）提供“在线评价”服务的公共服务平台。</td></tr>
<tr><td>目标客户</td><td colspan="4"></td></tr>
<tr><td>公司产品的主要竞争对手名单及市场份额估计</td><td>竞争对手名称</td><td>目前所占市场份额</td><td>未来三年能占市场份额</td><td>依据资料</td></tr>
<tr><td rowspan="2">营销策略及与竞争对手比较</td><td>项 目</td><td colspan="2">本公司</td><td>竞争公司</td></tr>
<tr><td>产品品种、产品性能</td><td colspan="2">1. 在线评价平台软件
《企业融资在线评价平台软件》
《银行贷款在线评价平台软件》
《小贷公司在线贷款评价平台软件》
《担保机构在线担保评价平台软件》
《信托投资在线评价平台软件》
《风险投资在线评价平台软件》
2. “金融超市”平台软件
《政府金融服务平台软件》
3. “在线评价”公共服务平台软件
《中国评价在线SaaS平台软件》
产品性能：集成了银行贷款评估工具软件和行业参数管理系统，软件分企业贷款评估、项目贷款评估两大体系，可以覆盖银行全部贷款；行业参数系统根据国家统计局的行业分类体系构建，涵盖所有行业类型。是银行贷款评估信息化的整体解决方案，是国内独一无二的技术创新成果。</td><td>OFFICE EXCEL电子表格，需要可以自己设置公式，如果没有比较高的理论及EXCEL应用基础的情况下，难以完成工作。同时增加了使用者调整参数的难度，无形当中增加了使用者的时间成本。</td></tr>
</table>

续表

营销策略及与竞争对手比较	产品价格	大致分为单机版和网络版，单机版按照数量计价，网络版根据用户使用网点数计价或申请账号收费，具体价格根据市场实时调整，可咨询公司。	EXCEL作为OFFICE组成部分一并销售，正版价格相对较贵
	营销机构及销售半径	营销机构主要分为母公司营销团队及分布全国各地的代理机构，经过多年的深耕发展，营销网络覆盖全国，形成了完整的营销体系。	基本普及
	销售人员地域分布及人数、培训计划	销售团队建设，公司本部暂分为四个销售团队，银行客户一团队，银行客户二团队，银行客户三团队，咨询机构、企业、高校客户团队。每个银行客户团队配备团队经理1人、区域经理5人（每人负责3个省市），销售助理2人，岗位定员8人。银行客户一团队，银行客户二团队主攻培训咨询，银行客户三团队主攻软件销售，咨询机构、企业、高校客户团队负责辖内软件、培训、咨询。	通过软件代理商销售
	销售程序	客户经理发起业务，根据销售金额确定审批权限，由销售总监或总经理签字批准，技术部门负责制作软件安装光盘及加密狗，行政管理部分负责合同备案等。	
	分销渠道配套市场直销分销代理分布	已按照地域分布划分并指定多个分销代理渠道，具体包括华东区、华南区、西南区、华北区、东北区等8个区域，各销售代理机构业绩增速迅速，每年实现20%的递增，销售渠道顺畅，技术服务能够满足客户需求。	销售代理网络普及
	广告与促销计划	主要通过在投资咨询类门户网站投放广告的方式，扩大在全国范围的影响力。其他辅助方式包括邮寄书面宣传材料等。	软件知名度较高

五、技术分析

<table>
<tr><td rowspan="23">核心技术</td><td rowspan="6">来源及所有权</td><td>专利/专有技术名称</td><td>所有权人</td><td>来源方式</td><td>备注</td></tr>
<tr><td></td><td></td><td></td><td></td></tr>
<tr><td></td><td></td><td></td><td></td></tr>
<tr><td></td><td></td><td></td><td></td></tr>
<tr><td></td><td></td><td></td><td></td></tr>
<tr><td></td><td></td><td></td><td></td></tr>
<tr><td rowspan="7">主要技术指标及技术先进性</td><td>专利/专有技术名称</td><td>主要技术指标</td><td>领先程度</td><td>其他说明</td></tr>
<tr><td></td><td></td><td></td><td></td></tr>
<tr><td></td><td></td><td></td><td></td></tr>
<tr><td></td><td></td><td></td><td></td></tr>
<tr><td></td><td></td><td></td><td></td></tr>
<tr><td></td><td></td><td></td><td></td></tr>
<tr><td></td><td></td><td></td><td></td></tr>
<tr><td rowspan="4">研发能力说明</td><td>技术依托</td><td colspan="3"></td></tr>
<tr><td>研发小组组成</td><td colspan="3"></td></tr>
<tr><td>技术更新周期</td><td colspan="3"></td></tr>
<tr><td>其他说明</td><td colspan="3"></td></tr>
<tr><td rowspan="5">主导产品/业务/拟投资项目技术水平</td><td colspan="2">产品名称</td><td>所用专利/专有技术名称</td><td>产品性能水平</td><td>备注</td></tr>
<tr><td colspan="2"></td><td></td><td></td><td></td></tr>
<tr><td colspan="2"></td><td></td><td></td><td></td></tr>
<tr><td colspan="2"></td><td></td><td></td><td></td></tr>
<tr><td colspan="2"></td><td></td><td></td><td></td></tr>
<tr><td rowspan="6">产品生产技术所处阶段（基础研究\中试小批\大批量生产）</td><td colspan="2">产品/技术名称</td><td>所处阶段</td><td colspan="2">生产/试验情况</td></tr>
<tr><td colspan="2"></td><td></td><td colspan="2"></td></tr>
<tr><td colspan="2"></td><td></td><td colspan="2"></td></tr>
<tr><td colspan="2"></td><td></td><td colspan="2"></td></tr>
<tr><td colspan="2"></td><td></td><td colspan="2"></td></tr>
<tr><td colspan="2"></td><td></td><td colspan="2"></td></tr>
</table>

续表

后续开发能力（技术贮备与创新安排）	贮备技术/项目名称	研发单位	投资规模	研发周期说明	其他
技术存在的纠纷或潜在的纠纷说明	技术名称	纠纷情况或潜在风险说明			

六、生产过程及设施调查

主要设施	生产用地	生产车间位置						
		总建筑面积			总使用面积			
		所有权属						
		使用成本						
		其他说明						
	重要设备来源	设备/生产线名称	位置	来源	购买价/年租金	按使用年限估计总成本	附加条件	备注
	设施维修保养资本化与折旧政策	设备名称	维修/保养记录		所耗费用		折旧政策	
生产过程	生产原料及主要辅助材料	原料名称	主要用途	单价	进货渠道	订货周期	占材料成本比例	其他说明
	生产流程图							
	独有的生产工艺设施及技术说明							

续表

<table>
<tr><td rowspan="2">质量保证情况</td><td>质量认证情况</td><td></td></tr>
<tr><td>质量检验流程</td><td></td></tr>
<tr><td rowspan="3">环保问题</td><td>目前与潜在的环保问题评估</td><td></td></tr>
<tr><td>已完成的环保工程及效果</td><td></td></tr>
<tr><td>面临经费问题估计</td><td></td></tr>
<tr><td>其他说明</td><td colspan="2"></td></tr>
</table>

七、尽职调查情况

尽职调查完成了企业现状资料收集和真实性验证两项任务，具体情况如下：

1. 资料收集内容

企业除提供了贷款评价定量分析必须提供的资料，如近三年的财务报表（包括资产负债表、利润表、现金流量表），近两年的纳税申报表，近两年产品经营状况表、成本统计表，长期借款还本付息表等资料，还提供了大量非财务资料，具体见附件资料收集清单。

2. 财务报表简表

收集了近两年和最近月份资产负债表和利润表见附表，主要内容摘要见表 7－1 “财务报表简表”。

财务报表简表

表 7－1　　　　单位：万元

项目	上二年	上一年	本年最近月份	项目	上二年	上一年	本年最近月份
	200912	201012	201112		200912	201012	201112
货币资金	369.16	423.57	202.13	长期借款			
应收账款	23.96	26.83	2.44	实收资本	500.00	1000.00	1600.00
其他应收款	18.70	6.98	56.74	资本公积		162.00	

续表

项目	上二年	上一年	本年最近月份	项目	上二年	上一年	本年最近月份
	200912	201012	201112		200912	201012	201112
存货	76.77	159.10	221.27	盈余公积			
流动资产合计	488.59	616.47	482.57	未分配利润	381.35	448.51	577.30
固定资产净值	16.18	12.80	17.84	所有者权益	881.35	1610.51	2177.30
在建工程				主营业务收入	1166.74	1750.85	2626.27
总资产	904.77	1638.77	2409.91	主营业务成本	816.72	1061.89	1592.83
短期借款				销售费用			
应付账款	1.64	3.17		管理费用	122.88	209.08	424.08
应付票据				财务费用	-1.24	-2.03	-2.73
其他应付款	15.10	15.93		利润总额	381.19	599.24	787.88
				营业外收入			
流动负债合计	488.59	616.47	482.57	净利润	362.65	567.17	728.79

3. 财务报表审核及说明

对资产负债表最近月份数据与年初数据进行比较，变动较大的科目做了说明；分析了资产负债表非主要科目的占比，对于占比异常栏目做了说明；分析了企业债务结构，为企业债务机构优化指明方向。财务报表审核及说明见下表7-2，表中删除了部分变动无异常和占比正常的栏目。

财务报表审核结论及说明表

表7-2

序号	指标名称	单位	指标	结论及说明
1	主营业务收入增长幅度［同期］		50.00	
2	财务数据异常变动分析			
2.1	货币资金增减幅度	%	-52.28	年末货币资金与年初减少幅度大，用于项目研发投资
2.2	应收账款增减幅度	%	-90.91	年末应收账款与年初减少，公司应收账款较少
2.3	存货增减幅度	%	39.08	本年最近月份的存货与年初增加幅度较大，规模扩大
2.4	实收资本增减	万元	600	年末实收资本与年初比较有变化，股东增资
2.5	资本公积增减	万元	-100	年末资本公积减少100万元，为政府资助冲减开发成本
3	财务数据占比异常分析			

续表

序号	指标名称	单位	指标	结论及说明
3.1	其他应收款占流动资产比例	%	11.76	上年末其他应收款占流动资产比例10%以上，主要构成是：
3.2	待摊费用占流动资产比例	%		上年末待摊费用占流动资产比例小于10%，占比正常
3.3	长期待摊费用占非流动资产比例	%	98.58	上年末长期待摊费用占非流动资产比例大，主要是开发成本
3.4	无形资产占非流动资产比例	%		上年末无形资产占非流动资产比例小于20%，占比正常
3.5	在建工程占固定资产比例	%		近两年在建工程占固定资产比例小于40%，占比在合理范围
4	其他应付账款分析	万元		无
5	其他流动负债分析	万元	0.02	
5.1	其他流动负债占流动负债比例	%	0.03	上年末其他流动负债占流动负债比例小于10%，占比正常
9	往来账款处置方法	万元	0.03	存在往来账款，企业拟采用的处置方法是：
9.1	其他应收款占用其他应付账款	万元		
9.2	其他应收款占用其他流动负债	万元	0.03	
9.3	其他应收款占用权益资金	万元	56.71	其他应收款占用权益资金大于0，租用经营场所押金

4. 资料真实性评价

除了在现场验证资料原件之外，还重点对财务数据的真实性进行了验证。我们验证了资产负债表、利润表、现金流量表的钩稽关系；通过纳税申报表验证了利润表中主营业务收入；查验了资产负债表“货币资金”、现金流量表中“股利分配及支付利息”金额、资产负债表“应收账款”、现金流量表“偿还债务所支付的现金”、现金流量表“投资支付的现金”等重要科目，验证了企业息税折旧摊销前利润（可还款的经营收益）的真实性。得出的综合评价结论是提供数据可信度高。详见下表7－3“数据真实性综合评价表”。

数据真实性综合评价表

表 7 – 3

序号	指标名称	指标	评价结论
1	未纳税申报的营业收入占比（%）	0	可信度高
2	钩稽关系验证（钩稽关系验证差额，万元）	0	资产负债表、利润表、现金流量表三者钩稽关系正确
3	未验证的息税折旧摊销前利润占比（%）	0	可信度高
4	综合评价	0	提供数据可信度高

八、财务评价

通过统计企业现有财务报表，我们合理确定了收入预测、成本预测和流动资金需求预测参数。在未来收入预测、成本预测、流动资金预测的基础上，计算了利润估算表、企业还本付息计划、财务计划现金流量表、资产负债估算表、全部投资现金流量表、权益资金现金流量表等财务分析报表，详见附表 5 至附表 10。对企业未来的经营状况、获利能力、偿债能力得出了可信的结论。

1. 财务评价参数

（1）财务评价基本参数

财务评价基本参数见表 8 – 1“基本参数表”。

基本参数表

表 8 – 1

序号	项目名称	单位	数据
1	计算期	年	10.00
2	流动资金借款利率	%	7.47
3	最低偿债备付率	%	130.00
4	最低现金比率		0.30
5	正常年份所得税税率	%	25.00
6	自有流动资金最低比例	%	100.00
7	新增固定投资	万元	2000.00
8	新增固定投资借款	万元	0
9	新增固定投资借款偿还期	年	0
10	新增借款利率	%	7.74

续表

序号	项目名称	单位	数据
11	新增注册资金	万元	400
12	新增借款偿还方式		1.00
13	基准收益率	%	8
14	拟投资溢价	万元	1600
15	每股溢价	元	4

（2）主营业务收入预测参数

经统计，上二年、上一年的收入增长幅度分别为50.06%、50.0%，根据统计数据确定的未来每年收入增长幅度预测参数为35%，详见表8－2。每年的收入增长幅度详见表8－3。

主营业务收入预测参数表

表8－2

序号	项目名称	单位	参数
1	主营业务收入增长率［上二年］	%	50.06
2	主营业务收入增长率［上一年］	%	50.00
3	主营业务收入增长率（预测参数）	%	35.00

每年收入环比增长幅度

表8－3

项目名称	2010	2011	2012	2013	2014	2015	2016	2017	2018	2019	2020	2021
增长幅度（%）	50.06	50.00	35.00	35.00	35.00	35.00	35.00	0	0	0	0	0

（3）成本估算参数

统计上两年的成本参数，取平均值为未来成本估算参数，详见表8－4。

成本估算参数

表8－4

序号	项目名称	2010	2011	2010年占比（%）	2011年占比（%）	上两年平均占比（%）	成本预测参数（%）
	营业收入（万元）	1750.85	2626.27				
1	进价（营业）成本	1061.89	1592.83	60.65	60.65	60.65	60.65
2	管理费用	209.08	424.08	11.94	16.15	14.05	14.04
2.1	折旧费						

续表

序号	项目名称	2010	2011	2010 年占比（%）	2011 年占比（%）	上两年平均占比（%）	成本预测参数（%）
2.2	租赁费						
2.3	摊销费						
2.4	其他管理费用	209.08	424.08	11.94	16.15	14.05	14.04
3	财务费用	-2.03	-2.73	-0.12	-0.10	-0.11	-0.11
4	营业费用						
5	总成本费用	1268.94	2014.18	72.48	76.69	74.59	74.58
6	经营费用	1270.97	2016.91	72.59	76.80	74.70	74.69

（4）流动资金估算参数

统计上两年的参数，取平均值为流动资金估算参数，详见表 8-5。

流动资金估算参数表

表 8-5

序号	项目名称	上二年	上一年	上两年平均周转天数	预测参数
		2010 年	2011 年		
一	周转天数（天）				
1	流动资产				
1.1	应收账款	7.60	0.44	4.02	4.02
1.2	预付账款	0	0	0	0
1.3	存货	45.06	39.49	42.28	42.28
1.4	现金	2378.51	488.98	1433.75	1433.75
2	流动负债				
2.1	应付账款	3.38	15.82	9.60	9.60
2.2	预收账款	0.43	0.08	0.26	0.26
3	流动资金				
二	流动资金占经营成本比例（%）	19.95	12.35	16.15	16.15
三	流动资金占营业收入比例（%）	14.48	9.48	11.98	11.98
四	旺季调整系数				

2. 资金需求分析

根据企业业务发展预测和财务平衡分析，得出的企业融资需求与资金筹措计划是 2000 万元，详见表 8-6。第 1 年拟股权融资 2000 万元，其中溢价 1600 万元，注册资金 400 万元。

融资需求与筹措计划表

表 8－6　　　　单位：万元

序号	名称	合计	2011	2012	2013	2014	2015	2016	2017	2018	2019	2020
1	资金需求	2992	2299	105	141	191	257					
1.1	流动资金	992	299	105	141	191	257					
1.2	债务优化融资											
1.3	新增固定投资	2000	2000									
2	资金筹措	2992	2299	105	141	191	257					
2.1	权益资金	2992	2299	105	141	191	257					
2.1.1	年初自有流动资金	249	249									
2.1.2	经营收益及盈余资金	743	50	105	141	191	257					
2.1.3	拟股权融资	2000	2000									
2.2	债务资金											
2.2.1	流动资金贷款											
2.2.2	债务优化贷款											
2.2.3	新增固定投资贷款											

3. 财务分析

财务分析过程也是企业债务结构优化过程，计算了“优化前”和“优化后”两套报表和指标，当“优化后”与“优化前”的借款还本付息计划表完全相同时，或者融资需求与筹措计划表中债务优化贷款为 0 时，说明借款人现有债务结构合理，无须为了优化债务结构而贷款。反之，为调整借款人的债务结构，需要债务优化融资，能否按计划实现债务优化融资，关系到持续稳定经营，需引起注意。

(1) 财务评价指标

经过财务评价分析，分析结果详见表 8－7“财务评价指标汇总表”。

财务评价指标汇总表

表 8－7

序号	指标	单位	上二年	上一年	预测指标	
					本年	计算期平均
1	经营状况评价指标					
1.1	主营业务收入	万元	1750.85	2626.27	3545.46	9417.43
1.2	主营业务收入增长幅度	%	50.06	50.00	35.00	17.50

续表

序号	指标	单位	上二年	上一年	预测指标	
					本年	计算期平均
1.3	销售利润率	%	34.22	30.00	29.46	25.47
1.4	主营业务收入现金含量		151.39	100.93	100.00	100.00
1.5	存货周转率		6.67	7.20	6.91	
1.6	应收账款周转率		65.26	1076.34	119.89	
2	获利能力评价指标					
2.1	净利润	万元	567.17	728.79	783.35	1761.12
2.2	净利润增长率	%		28.50	7.49	12.26
2.3	息税折旧摊销前利润	万元	597.21	785.15	1044.46	2348.16
2.4	息税折旧摊销前利润增长率	%		31.47	33.03	14.82
2.5	总投资收益率	%	46.81	36.08	24.72	49.04
2.6	总投资净收益率	%	44.30	33.36	18.54	36.78
2.7	全投资税后内部收益率	%				35.96
2.8	权益资金内部收益率	%				38.36
2.9	每股价值	元			6.75	6.75
3	财务状况评价指标					
3.1	资产负债率	%	1.72	9.65	4.28	2.88
3.2	流动比率		21.81	6.83	20.96	50.47
3.3	速动比率		16.18	3.70	15.77	45.27
3.4	现金比率		14.99	2.86	14.33	44.35
4	偿债能力评价指标					
4.1	利息备付率	%	200.00	200.00	200.00	200.00
4.2	贷款偿还期	年				
4.3	偿债备付率	%	130.00	130.00	130.00	
4.4	累计平均偿债备付率最低值	%			130.00	130.00
4.5	偿债备付率（优化前）	%	130.00	130.00	130.00	
4.6	累计平均偿债备付率最低值（优化前）	%			130.00	130.00
5	发展潜力评价指标					
5.1	累计盈余资金	万元	343.89	106.25	839.94	8418.42
5.2	净资产	万元	1610.51	2177.30	4960.65	12541.84

（2）经营状况评价

经统计，融资主体上二年、上一年的收入增长幅度分别为50.06%、50.0%。主营业务收入持续两年度以达到50%的幅度增长，经营状况良好。

（3）获利能力评价

经测算，总投资净收益率、全投资税后内部收益率、权益资金内部收益率分别为36.78%、35.96%、38.36%。获利能力评价结论：无论本年预测的总投资净收益率（静态指标），还是反映整个计算期的全投资税后内部收益率指标，均显著高于基准收益率（8%），认为融资主体的经济效益良好。

（4）偿债能力评价

该企业没有贷款。

九、信用评级

本报告的信用评级采用了“定性分析与定量分析相结合，定性、定量分析各占50%权重”的评价方法。通过企业现状和未来趋势分析，客户的信用等级评定为A级，可将该客户划入主要投资对象。

详见表9－1“创投评分评级表”。表中满分200分，定性分析、定量分析各占100分，各按50%加权得到总分值84.5分。

创投评分评级表

表9－1

序号	指标大类	指标名称	指标	评价	评分
1	创业者素质	1.1 创业者精神特质		（1）创业者志向高远、执行力强、有坚强毅力	6
		1.2 创业者的经历和背景		（1）从事本行业8年以上，曾带领团队取得突出业绩	4
		1.3 创业者能力素质		（2）创业者是技术和经营双料创新型人才，已形成研发和经营团队	7
		1.4 创业者商业模式创新能力		（1）商业模式有重大创新，已获成功案例，具备大规模推广的条件	4
2	技术条件	2.1 技术的先进性		（1）经查新或鉴定确认创新属于国际领先	5
		2.2 技术的可替代性		（1）具有不可替代性	2
		2.3 技术的发展阶段		（1）规模生产阶段	5
		2.4 技术成果认定		（1）科技成果6项或1项发明专利	5

续表

序号	指标大类	指标名称	指标	评价	评分
3	运营能力	3.1 荣誉与资质		(2) 获得省部级以上科技部门其他奖项或创新基金	5
		3.2 营销能力		(2) 已建立较稳定的营销团队，由优秀营销人才领军，绩效已显现	4
		3.3 法人结构治理		(1) 股权结构明晰、内控机制完善、组织架构合理、规章制度完善	5
		3.4 人力资源管理能力		(1) 创业管理层及核心技术人员稳定，激励机制合理、员工工作热情高	2
4	市场前景	4.1 行业前景		(3) 行业规模预期100亿元~1000亿元	4
		4.2 行业发展阶段		(1) 成长期（上升阶段每年增幅15%以上，下行阶段增幅5%以上）	5
		4.3 市场竞争能力		(1) 市场竞争能力很强，独家经营，同业尚无潜在竞争者和替代品出现	9
5	退出机制	5.1 退出方式		(1) 预计通过首次公开上市（IPO）退出	4
		5.2 IPO预期		(5) 完成内核正式递交申请代办股份转让材料（新三板）	6
6	政策支持	6.1 政府无偿资助和贴息		(3) 150 < 本年已经落实的政府无偿资助金额≤250	3
7	偿债能力	7.1 现金比率	9.74	(1) 现金比率 > =0.5	5
		7.2 流动比率	15.31	(1) 流动比率 > =1.5	5
		7.3 偿债备付率	130.00	(3) 130 < =偿债备付率 < 140	3
		7.4 资产负债率	6.43	(1) 资产负债率 < =60	5
8	发展潜力	8.1 销售增长率	41.00	(1) 销售增长率 > =35	15
		8.2 净利润增长率	15.89	(1) 净利润增长率 > =15	15
9	财务效益	9.1 每股价值	6.75	(4) 3 < =每股价值 < 8	4
		9.2 内部收益率	35.96	(3) 30 < =内部收益率 < 50	12
		9.3 每股净利润	0.88	(1) 每股净利润 > =0.80	10
10	数据真实性	10.1 综合评价		(1) 提供数据可信度高	10
11	分值汇总	分值汇总			84.50
12		评定等级	A		84.50

十、风险分析及对策

根据融资主体新增固定投资需求、年初财务报表，分析了融资主体本年内可能出现的重大经营和财务风险，得出的结论是：企业需要新增固定投资，需要通过新增注册资金解决资金需求，只要按筹措计划融资到位，企业能平稳运行，不会出现资金断流风险。

分类		风险分析	对策
原材料供应与储运		软件以安装光盘及加密锁配套销售的方式，不存在原材料供应与储运的风险	无需对策
融资能力局限		公司暂时未向银行等金融机构贷款，主要靠自有资金维持运营，融资空间很大，随着国家加大对科技型企业的扶持力度，融资能力将进一步扩大	无需对策
行业风险		公司属于高新技术企业，涉及领域输入国家重点扶植对象，实现全社会投资决策的信息化，尚无行业风险	无需对策
市场风险	销售	销售力度不大，市场占有率不高，用户未形成使用产品的习惯	通过加大销售力度，扩大市场占有率，提高产品的知名度和美誉度
	市场发展不平衡	无	无
	价格	因为目前 EXCEL 使用盗版现象严重，对于公司产品价格形成一定优势	通过扩大销售量，平摊单一产品成本，形成价格优势
政策性风险		本项目是防范金融风险的重要技术手段，符合目前银行信息化尚待解决课题，符合国家产业政策，不存在政策风险。公司拥有完全的自主知识产权，也不存在法律风险	无需对策
竞争性风险		目前在该领域没有相识产品出现，主要是通过不断替代传统 EXCEL 使用习惯，市场占有率在持续扩大中	无需对策
其他		无	无

十一、经办初审意见

1. 同意投资理由

某软件科技股份有限公司经信用评级确定的信用等级为A，属于主要投资对象。

测算了投资对象未来 10 年的现金流量，其总投资净收益率、全投资税后内部收益率、权益资金内部收益率分别为36.78%、35.96%、38.36%。评价结论：无论本年预测的总投资净收益率（静态指标），还是反映整个计算期的全投资税后内部收益率指标，均显著高于基准收益率，认为融资主体的经济效益良好。

企业当前无贷款，由于盈利能力强，即使贷款也有较强的偿还能力。

综上所述，建议按投资提案拟定的条件每股5元向该客户投资金额2000万元。

2. 具体投资方案

公司名称	某软件科技股份有限公司		
拟投资金额（万元）	2000.0		
投资分期情况	一期到位		
占股比例（%）	20		
溢价情况	每股溢价4元		
财务综合评价指标			
信用等级	A	内部收益率（%）	35.96
每股净利润（元）	0.88	每股价值（元）	6.75
销售增长率（%）	17.5	净利润增长率（%）	12.26
利息备付率（%）	200.0	偿债备付率（%）	130.0
投资经理对项目的总体评价	公司创业团队领军人是行业学术领头人，具备超前的经营理念，公司已形成研发和销售优秀团队。所开创的领域有巨大发展潜力，企业产品具有垄断潜质。主营业务收入持续三个年度以超过30%的幅度增长，经营状况良好。全投资税后内部收益率指标35.96%，经济效益良好。具有较大的投资价值，而且风险较低		
投资方案	拟投资2000万元，拥有股份400万股，每股价格5元		
投资经理A		投资经理B	

附表

附表1　资料收集清单

序号	选择	内　容
一		**投资对象资料**
1	√	营业执照
2	√	组织机构代码证
3	√	税务登记证
4	√	外商投资企业批准证书（如有）
5		外汇登记证（如有）
6		公司章程
7		验资报告
8	√	贷款卡查询资料（详细版）
9	√	法定代表人身份证复印件
10	√	法定代表人履历表
11	√	法定代表人个人征信系统查询资料及同意查询授权书
12	√	企业连续两年的财务年度报表和最近一期（包括上一年同期）的财务月报表
13	√	现场验证数据表
14	√	房地产租赁合同（如为租赁）
15		主要固定资产清单
16		环保评估及验收文件
17		公司及关联企业股权结构图或组织结构图
18		许可证（如：进出口备案文件、印刷、特种行业经营）（如有）
19		因项目需要，须提供的其他资料（如产品认证、专利证书、企业宣传册等）
二		**企业经营状况资料**
1	√	前、上年度及本年度最近月（包括上一年同期）增值税纳税申报表
2		政府部门（如海关、外管局、外经委等）编制的进出口情况统计表
3	√	经营状况统计表（工业类）
4	√	企业成本统计资料（工业类）
5	√	上一年及本年最近月银行非本行账户对账单（含其他结算账户）
6	√	前6个月前3大供应商\下家客户的购货合同和销货合同
7		前6个月电（或水、气）费凭证
8		企业的出库单证\销售月报表\运输发票（完整月份）
9		他行对其核定的授信批复通知书

续表

序号	选择	内　容
10		其他可以证实销售收入情况的材料
三		**保证人资料**
1		营业执照
2		组织机构代码证
3		税务登记证（国、地税）
4		公司章程
5		验资报告
6		贷款卡查询资料
7		法定代表人身份证复印件
8		连续两年的财务年度报表和最近一期的财务月报表
四		**抵质押资料**
1	√	相关产权证，如房、地产权证等
2		资产评估报告（或预评估报告）
3		存单和有价证券等质物
五		**固定资产贷款资料**
1		企业现有固定资产贷款还本付息计划
2		批复文件（如有）
3		项目可行性报告（如有）
4		土地出让合同（如有）
5		工程建造合同、设备购买合同
6		其他配套条件落实文件

附表2　资产负债表

单位：万元

序号	项目名称	200912	201012	201112
1	资产	904.77	1638.77	2409.91
1.1	流动资产总额	488.59	616.47	482.57
1.1.1	货币资金	369.16	423.57	202.13
1.1.2	短期投资			
1.1.3	应收票据			
1.1.4	应收股利			
1.1.5	应收利息			
1.1.6	应收账款	23.96	26.83	2.44
1.1.7	减坏账准备			

续表

序号	项目名称	200912	201012	201112
1.1.8	应收账款净额	23.96	26.83	2.44
1.1.9	预付账款			
1.1.10	应收补贴款			
1.1.11	其他应收款	18.70	6.98	56.74
1.1.12	存货	76.77	159.10	221.27
1.1.13	待摊费用			
1.1.14	待处理流动资产净损失			
1.1.15	一年到期的长期债权投资			
1.1.16	其他流动资产		-0.01	-0.01
1.2	长期投资		9.50	9.50
1.2.1	长期股权投资		9.50	9.50
1.2.2	长期债权投资			
1.3	固定资产			
1.3.1	固定资产原值	53.62	60.77	82.26
1.3.2	减：累计折旧	37.44	47.97	64.42
1.3.3	固定资产净值	16.18	12.80	17.84
1.3.4	减：固定资产减值准备			
1.3.5	固定资产净额	16.18	12.80	17.84
1.3.6	工程物资			
1.3.7	在建工程			
1.3.8	固定资产清理			
1.3.9	固定资产合计	16.18	12.80	17.84
1.4	无形资产及其他资产	400.00	1000.00	1900.00
1.4.1	无形资产			
1.4.2	长期待摊费用	400.00	1000.00	1900.00
1.4.3	其他长期资产			
1.5	递延税款			
1.5.1	递延税款借项			
2	负债及所有者权益	904.78	1638.77	2409.91
2.1	流动负债总额	23.43	28.26	70.61
2.1.1	短期借款			
2.1.2	应付票据			
2.1.3	应付账款	1.64	3.17	

续表

序号	项目名称	200912	201012	201112
2.1.4	预收账款		2.10	0.61
2.1.5	其他应付账款	15.10	15.93	
2.1.6	应付工资	4.44	4.44	49.44
2.1.7	应付福利费			
2.1.8	应付股利			
2.1.9	应缴税金	2.06	2.35	20.54
2.1.10	一年到期的长期负债			
2.1.11	其他	0.19	0.27	0.02
2.2	长期负债			162.00
2.2.1	长期借款			
2.2.2	应付债券			
2.2.3	长期应付款			162.00
2.2.4	住房周转金			
2.2.5	其他长期负债			
2.3	递延税款贷项			
2.4	负债总额	23.43	28.26	232.61
2.5	所有者权益	881.35	1610.51	2177.30
2.5.1	实收资本［股本］	500.00	1000.00	1600.00
2.5.2	资本公积		162.00	
2.5.3	盈余公积			
2.5.4	任意公积金			
2.5.5	未分配利润	381.35	448.51	577.30

附表3　利润表

单位：万元

序号	项目名称	200912	201012	201112
一	**主营业务**	**1750.85**	**2626.27**	**2626.27**
	减：折扣与折让			
二	**主营业务收入净额**	**1750.85**	**2626.27**	**2626.27**
	减：主营业务成本	1061.89	1592.83	1592.83
	主营业务税金及附加	54.42	81.51	81.51
三	**主营业务利润［毛利润］**	**634.54**	**951.93**	**951.93**
	加：其他业务利润	0.17	0.28	0.28
	减：存货跌价准备			

续表

序号	项目名称	200912	201012	201112
	营业费用［销售费用］			
	管理费用	209.08	424.08	424.08
	财务费用	-2.03	-2.73	-2.73
四	**主营利润**	**427.66**	**530.86**	**530.86**
	加：投资收益			
	补贴收入	171.58	257.02	257.02
	营业外收入			
	减：营业外支出			
	加：以前年度损益调整			
五	**利润总额**	**599.24**	**787.88**	**787.88**
	减：所得税	32.07	59.09	59.09
	少数股东损益			
六	**净利润**	**567.17**	**728.79**	**728.79**
七	**本年利息**			
	息税前利润	599.24	787.88	787.88
	本年折旧			
	本年摊销			
	息税折旧摊销前利润	599.24	787.88	787.88

附表4 现金流量表 单位：万元

序号	项目名称	200912	201012	201112
一	**经营活动产生的现金流量**			
1	经营活动现金流入	1635.56	1919.73	2857.96
1.1	销售商品、提供劳务收到的现金	1365.08	1747.98	2650.66
1.2	收到的税费返还	133.96	171.58	207.02
1.3	收到的其他与经营活动有关的现金	136.52	0.17	0.28
2	经营活动现金流出	934.07	1412.70	2157.91
2.1	购买商品、接受劳务支出的现金	416.72	1508.78	1081.47
2.2	支付给职工以及为职工支付的现金	65.23	138.67	547.94
2.3	支付的各种税费	246.28	294.84	394.04
2.4	支付的其他与经营活动有关的现金	205.84	-529.59	134.46
3	经营活动产生的现金流量净额	701.49	507.03	700.05

续表

序号	项目名称	200912	201012	201112
二	**投资活动产生的现金流量**			
1	投资活动现金流入			
1.1	收回投资所收到的现金			
1.2	取得投资收益而收到的现金			
1.3	处置固定资产、无形资产和其他长期资产而收到的现金			
1.4	收到的其他与投资活动有关的现金			
2	投资活动现金流出	402.00	616.65	921.49
2.1	投资支付的现金	402.00	616.65	921.49
2.2	支付其他与投资活动有关的现金			
3	投资活动产生的现金流量净额	-402.00	-616.65	-921.49
三	**筹资活动产生的现金流量**			
1	筹资活动现金流入		162.00	
1.1	吸收投资所收到的现金			
1.2	借款所收到的现金			
1.3	收到其他与筹资活动有关的现金		162.00	
2	筹资活动现金流出	-1.24	-2.03	
2.1	偿还债务所支付的现金			
2.2	分配股利、利润和偿付利息所支付的现金	-1.24	-2.03	
2.3	支付的其他与筹资活动有关的现金			
3	筹资活动产生的现金流量净额	1.24	164.03	
四	**汇率变动对现金的影响**			
五	**现金及现金等价物净增加额**	**300.73**	**54.41**	**-221.44**

附表5　利润估算表

单位：万元

序号	项目名称	2009（上二年）	2010（上一年）	2011（第1年）	2012（第2年）	2013（第3年）	2014（第4年）	2015（第5年）	2016 第6年）	2017（第7年）	2018（第8年）	2019（第9年）	2020（第10年）
1	营业收入	1751.02	2626.55	3545.74	4786.66	6461.89	8723.45	11776.56	11776.56	11776.56	11776.56	11776.56	11776.56
2	营业税金及附加	54.42	81.51	110.04	148.54	200.53	270.72	365.46	365.46	365.46	365.46	365.46	365.46
3	总成本费用	1268.94	2014.18	2648.27	3575.16	4826.47	6515.73	8796.24	8796.24	8796.24	8796.24	8796.24	8796.24
4	补贴收入	171.58	257.02	257.02	257.02	257.02	257.02	257.02	257.02	257.02	257.02	257.02	257.02
5	营业外收支净额												
6	利润总额	599.24	787.88	1044.46	1319.97	1691.91	2194.02	2871.88	2871.88	2871.88	2871.88	2871.88	2871.88
7	弥补以前年度亏损												
8	应纳税所得额	599.24	787.88	1044.46	1319.97	1691.91	2194.02	2871.88	2871.88	2871.88	2871.88	2871.88	2871.88
9	所得税	32.07	59.09	261.12	329.99	422.98	548.51	717.97	717.97	717.97	717.97	717.97	717.97
10	净利润	567.17	728.79	783.35	989.98	1268.93	1645.52	2153.91	2153.91	2153.91	2153.91	2153.91	2153.91
11	法定盈余公积金	56.72	72.88	78.33	99.00	126.89	164.55	215.39	215.39	215.39	215.39	215.39	215.39
12	各投资方利润分配												
13	当期未分配利润	510.45	655.91	705.01	890.98	1142.04	1480.96	1938.52	1938.52	1938.52	1938.52	1938.52	1938.52
14	未分配利润	448.51	577.30	1282.31	2173.29	3315.33	4796.29	6734.81	8673.33	10611.84	12550.36	14488.88	16427.39
15	息税前利润	597.21	785.15	1044.46	1319.97	1691.91	2194.02	2871.88	2871.88	2871.88	2871.88	2871.88	2871.88
16	息税折旧摊销前利润	597.21	785.15	1044.46	1319.97	1691.91	2194.02	2871.88	2871.88	2871.88	2871.88	2871.88	2871.88

附表6　财务计划现金流量表

单位：万元

序号	项目名称	2009（上二年）	2010（上一年）	2011（第1年）	2012（第2年）	2013（第3年）	2014（第4年）	2015（第5年）	2016 第6年）	2017（第7年）	2018（第8年）	2019（第9年）	2020（第10年）
1	经营活动净现金流量			783.35	989.98	1268.93	1645.52	2153.91	2153.91	2153.91	2153.91	2153.91	2153.91
1.1	现金流入			3802.76	5043.68	6718.91	8980.47	12033.58	12033.58	12033.58	12033.58	12033.58	12033.58
1.1.1	营业收入			3545.74	4786.66	6461.89	8723.45	11776.56	11776.56	11776.56	11776.56	11776.56	11776.56
1.1.2	增值税销项税额												
1.1.3	补贴收入			257.02	257.02	257.02	257.02	257.02	257.02	257.02	257.02	257.02	257.02
1.1.4	其他收入												
1.2	现金流出			3019.42	4053.70	5449.98	7334.96	9879.67	9879.67	9879.67	9879.67	9879.67	9879.67
1.2.1	经营成本			2648.27	3575.16	4826.47	6515.73	8796.24	8796.24	8796.24	8796.24	8796.24	8796.24
1.2.2	增值税进项税额												
1.2.3	营业税金及附加			110.04	148.54	200.53	270.72	365.46	365.46	365.46	365.46	365.46	365.46
1.2.4	增值税												
1.2.5	所得税			261.12	329.99	422.98	548.51	717.97	717.97	717.97	717.97	717.97	717.97
1.2.6	其他流出												
2	投资活动净现金流量			-2049.66	-104.53	-141.12	-190.51	-257.19					4919.35
2.1	现金流入												4919.35
2.1.1	回收固定资产余值												3917.84
2.1.2	回收流动资金												992.01
2.1.3	回收投资												9.50
2.2	现金流出			2049.66	104.53	141.12	190.51	257.19					
2.2.1	建设投资			2000.00									

续表

序号	项目名称	2009（上二年）	2010（上一年）	2011（第1年）	2012（第2年）	2013（第3年）	2014（第4年）	2015（第5年）	2016第6年）	2017（第7年）	2018（第8年）	2019（第9年）	2020（第10年）
2.2.2	维持运营投资												
2.2.3	流动资金			49.66	104.53	141.12	190.51	257.19					
2.2.4	其他												
3	筹资活动净现金流量			2000.00									
3.1	现金流入			2000.00									
3.1.1	项目资本金投入			2000.00									
3.1.2	建设投资借款												
3.1.3	流动资金借款												
3.1.4	债券												
3.1.5	应付账款												
3.1.6	短期借款												
3.1.7	其他												
3.2	现金流出												
3.2.1	各种利息支出												
3.2.2	偿还债务本金												
3.2.3	应付利润（股利分配）												
3.2.4	其他筹资活动现金流出												
4	净现金流量			733.68	885.44	1127.81	1455.01	1896.72	2153.91	2153.91	2153.91	2153.91	7073.26
5	累计盈余资金	343.89	106.25	839.94	1725.38	2853.19	4308.20	6204.92	8358.83	10512.74	12666.64	14820.55	21893.81

附表7　资产负债估算表

单位：万元

序号	项目名称	2009（上二年）	2010（上一年）	2011（第1年）	2012（第2年）	2013（第3年）	2014（第4年）	2015（第5年）	2016 第6年）	2017（第7年）	2018（第8年）	2019（第9年）	2020（第10年）
1	资产	1638.77	2409.91	5182.52	6193.45	7490.66	9174.35	11379.80	13533.71	15687.62	17841.53	19995.44	21950.54
1.1	流动资产总额	616.47	482.57	1255.18	2266.11	3563.32	5247.01	7452.46	9606.37	11760.28	13914.19	16068.10	21950.54
1.1.1	货币资金	423.57	202.13	857.89	1749.62	2885.92	4352.38	6264.56	8418.47	10572.38	12726.29	14880.19	21893.81
1.1.2	应收账款	26.83	2.44	29.57	39.92	53.90	72.76	98.22	98.22	98.22	98.22	98.22	
1.1.3	预付账款												
1.1.4	存货	159.10	221.27	310.99	419.83	566.78	765.15	1032.95	1032.95	1032.95	1032.95	1032.95	
1.1.5	其他流动资产	6.97	56.73	56.73	56.73	56.73	56.73	56.73	56.73	56.73	56.73	56.73	56.73
1.2	在建工程												
1.3	固定资产净值	12.80	17.84	2017.84	2017.84	2017.84	2017.84	2017.84	2017.84	2017.84	2017.84	2017.84	
1.4	无形及其他资产净值	1000.00	1900.00	1900.00	1900.00	1900.00	1900.00	1900.00	1900.00	1900.00	1900.00	1900.00	
1.5	长期投资	9.50	9.50	9.50	9.50	9.50	9.50	9.50	9.50	9.50	9.50	9.50	
2	负债及所有者权益	1638.77	2409.91	5182.52	6193.44	7490.65	9174.35	11379.80	13533.71	15687.62	17841.52	19995.43	21950.54
2.1	流动负债总额	28.26	70.61	59.87	80.82	109.10	147.28	198.82	198.82	198.82	198.82	198.82	0.02
2.1.1	短期借款												
2.1.2	应付账款	9.96	69.98	57.34	77.41	104.51	141.08	190.46	190.46	190.46	190.46	190.46	
2.1.3	预收账款	2.10	0.61	2.51	3.39	4.58	6.18	8.34	8.34	8.34	8.34	8.34	
2.1.4	其他流动负债	16.20	0.02	0.02	0.02	0.02	0.02	0.02	0.02	0.02	0.02	0.02	0.02
2.2	长期借款债券应付款		162.00										
2.3	流动资金借款												
2.4	其他长期负债			162.00	162.00	162.00	162.00	162.00	162.00	162.00	162.00	162.00	162.00

续表

序号	项目名称	2009（上二年）	2010（上一年）	2011（第1年）	2012（第2年）	2013（第3年）	2014（第4年）	2015（第5年）	2016第6年）	2017（第7年）	2018（第8年）	2019（第9年）	2020（第10年）
2.5	负债小计	28.26	232.61	221.87	242.82	271.10	309.28	360.82	360.82	360.82	360.82	360.82	162.02
2.6	所有者权益	1610.51	2177.30	4960.65	5950.62	7219.55	8865.07	11018.98	13172.88	15326.79	17480.70	19634.61	21788.52
2.6.1	实收资本	1000.00	1600.00	2000.00	2000.00	2000.00	2000.00	2000.00	2000.00	2000.00	2000.00	2000.00	2000.00
2.6.2	资本公积	162.00		1600.00	1600.00	1600.00	1600.00	1600.00	1600.00	1600.00	1600.00	1600.00	1600.00
2.6.3	累计盈余公积			78.33	177.33	304.23	468.78	684.17	899.56	1114.95	1330.34	1545.73	1761.12
2.6.4	未分配利润	448.51	577.30	1282.31	2173.29	3315.33	4796.29	6734.81	8673.33	10611.84	12550.36	14488.88	16427.39
计算指标	资产负债率（%）	1.72	9.65	4.28	3.92	3.62	3.37	3.17	2.67	2.30	2.02	1.80	1.63
	流动比率	21.81	6.83	20.96	28.04	32.66	35.63	37.48	48.32	59.15	69.98	80.82	91.65
	速动比率	16.18	3.70	15.77	22.84	27.47	30.43	32.29	43.12	53.95	64.79	75.62	86.45
	现金比率	14.99	2.86	14.33	21.65	26.45	29.55	31.51	42.34	53.17	64.01	74.84	85.67

附表8 全部投资现金流量表

单位：万元

序号	项目名称	合计	2010（上一年）	2011（第1年）	2012（第2年）	2013（第3年）	2014（第4年）	2015（第5年）	2016 第6年）	2017（第7年）	2018（第8年）	2019（第9年）	2020（第10年）
1	现金流入	101772.92	106.25	3802.76	5043.68	6718.91	8980.47	12033.58	12033.58	12033.58	12033.58	12033.58	16952.93
1.1	营业收入	94177.12		3545.74	4786.66	6461.89	8723.45	11776.56	11776.56	11776.56	11776.56	11776.56	11776.56
1.2	补贴收入	2570.20		257.02	257.02	257.02	257.02	257.02	257.02	257.02	257.02	257.02	257.02
1.3	回收固定资产	3917.84											3917.84
1.4	回收流动资金	992.01											992.01
1.5	其他收入	115.75	106.25										9.50
2	现金流出	78185.05	2176.34	4807.97	3828.24	5168.12	6976.96	9418.89	9161.71	9161.71	9161.71	9161.71	9161.71
2.1	建设投资	3927.34	1927.34	2000.00									
2.2	流动资金	992.01	249.00	49.66	104.53	141.12	190.51	257.19					
2.3	经营成本	70343.09		2648.27	3575.16	4826.47	6515.73	8796.24	8796.24	8796.24	8796.24	8796.24	8796.24
2.4	营业税金及附加	2922.61		110.04	148.54	200.53	270.72	365.46	365.46	365.46	365.46	365.46	365.46
2.5	维持运营投资												
2.6	其他现金流出												
3	所得税前净现金流量(1－2)	23587.88	－2070.09	－1005.20	1215.44	1550.79	2003.51	2614.69	2871.88	2871.88	2871.88	2871.88	7791.23
4	所得税	5870.41		261.12	329.99	422.98	548.51	717.97	717.97	717.97	717.97	717.97	717.97
5	所得税后净现金流量(3－5)	17717.47	－2070.09	－1266.32	885.44	1127.81	1455.01	1896.72	2153.91	2153.91	2153.91	2153.91	7073.26
6	累计所得税后净现金流量		－2070.09	－3336.40	－2450.96	－1323.15	131.86	2028.58	4182.49	6336.40	8490.30	10644.21	17717.47
计算指标	全投资税后财务净现值(I＝8%)	8903.75	－2070.09	－1172.52	759.13	895.29	1069.47	1290.88	1357.33	1256.78	1163.69	1077.49	3276.29
	全投资税后财务内部收益率(%)	35.96											
	全投资税后投资回收期(年)	3.91											

附表9 权益资金现金流量表

单位：万元

序号	项目名称	合计	2010（上一年）	2011（第1年）	2012（第2年）	2013（第3年）	2014（第4年）	2015（第5年）	2016 第6年）	2017（第7年）	2018（第8年）	2019（第9年）	2020（第10年）
1	现金流入	101772.92	106.25	3802.76	5043.68	6718.91	8980.47	12033.58	12033.58	12033.58	12033.58	12033.58	16952.93
1.1	销售（营业）收入	94177.12		3545.74	4786.66	6461.89	8723.45	11776.56	11776.56	11776.56	11776.56	11776.56	11776.56
1.2	补贴收入	2570.20		257.02	257.02	257.02	257.02	257.02	257.02	257.02	257.02	257.02	257.02
1.3	回收固定资产余值	3917.84											3917.84
1.4	回收流动资金	992.01											992.01
1.5	其他现金流入	115.75	106.25										9.50
2	现金流出	83313.40	2177.30	5019.42	4053.70	5449.98	7334.96	9879.67	9879.67	9879.67	9879.67	9879.67	9879.67
2.1	资本金	4177.30	2177.30	2000.00									
2.2	借款本金偿还												
2.3	借款利息支付												
2.4	经营成本	70343.09		2648.27	3575.16	4826.47	6515.73	8796.24	8796.24	8796.24	8796.24	8796.24	8796.24
2.5	销售（营业）税金及附加	2922.61		110.04	148.54	200.53	270.72	365.46	365.46	365.46	365.46	365.46	365.46
2.6	所得税	5870.41		261.12	329.99	422.98	548.51	717.97	717.97	717.97	717.97	717.97	717.97
2.7	维持运营投资中的项目资本金												
3	净现金流量（1－2）	18459.52	－2071.05	－1216.65	989.98	1268.93	1645.52	2153.91	2153.91	2153.91	2153.91	2153.91	7073.26
4	股东权益（3＋2.1）	22636.82	106.25	783.35	989.98	1268.93	1645.52	2153.91	2153.91	2153.91	2153.91	2153.91	7073.26
5	股东权益现值（I＝8%）	13494.63	106.25	725.32	848.75	1007.32	1209.50	1465.91	1357.33	1256.78	1163.69	1077.49	3276.29
计算指标	资本金内部收益率（%）	38.36											

第十节　融资企业自我评价报告

为给投资者提供评价资料，融资企业有必要先进行自我评价，以自我评价报告方式向投资者提供。融资企业向投资者提供的信息应该尽可能详实，以便投资者能够花费最少的工作量完成调查评价报告，降低投资者评价难度和缩短评价周期，无论对融资企业还是投资者都是有利的。

针对不同类型的投资者，调查评价的侧重点有所不同，融资企业提供给投资者的自我评价报告内容也应该有所不同，如果融资企业想编一个能够满足所有投资者的自我评价报告，则报告应该编写得面面俱到。对于一般企业来说，不是所有融资渠道都有意愿对你投资，因此，融资方向是基本确定的。我们可以为有投资意愿的投资者定制自我评价报告，定制的方法即根据不同的投资者，用类似投资者的评价模板编制报告。

我们可以将商业银行评价模板、小贷公司评价模板、担保机构评价模板、创投机构评价模板等，换个角度修改成企业自我评价模板，提供内容与投资者的评价报告相同，但叙述的角度有所不同。

本书作者开发的“在线评价”平台软件，已按各投资者的要求定制一系列自我评价模板。有兴趣的读者，可登陆平台了解详细细节，就不在此赘述了。

第九章　企业投融资简要评价方法

第一节　简要评价与初评

本书第一章至第八章介绍了一个完整的企业投融资评价方法体系，这套方法体系为投资者控制风险，构筑了尽职调查（保证数据完整性与数据真实性）、评价参数、财务评价、评级授信评价、担保评价等一道道“防火墙”。评价人员若能按照规范操作，有理由相信投资风险是可预见的，也是可控的。

但是，在投融资操作过程中，决策是最后一道重要程序，之前还有筛选投资对象的过程。筛选投资对象与投资决策目的不同，对尽职调查的要求可以不同，对于可选对象不多的情况下，也可以一步到位，筛选对象与投资决策采取相同的标准，这样可提高受理客户的融资成功率。当可选对象很多时，若由投资者完成筛选客户的全部工作，可能会因工作量太大而影响效率和提高成本。为此，我们也可以在筛选阶段适当降低尽职调查的要求，减少筛选对象的工作量，本章将介绍的简要评价方法，就是一种尽职调查工作量较少、财务分析计算有所不同的评价方法。为区别详细评价，可称之为“简要模式”，详细评价可简称为“标准模式”。若将投融资评价分为两个阶段，筛选对象阶段的评价可称之为“初评”，决策阶段的评价可称之为“详评”。

“简要模式”与“标准模式”代表评价方法详细程度，“初评”与“详评”代表评价阶段。评价方法与评价阶段有一定的对应关系，“简要模式”主要用于“初评”阶段筛选客户，用于决策则依据不够充足，导致评价深度不够；“详评”阶段要求必须采用“标准模式”。但是，也有不分“初评”与“详评”，一步评价到位的，如可选对象较少或由融资主体先完成自我评价的情况下，从筛选对象阶段即用“标准模式”。

因此，需要根据具体情况确定是否先“初评”再“详评”分段评价，还是一次到位达到“详评”深度，不能一概而论。

“简要模式”的具体内容与方法，从资料收集、参数确定、财务评价、评级授信评价等，均有所不同，将结合案例分节详述。在此重点就“简要模式”与“标准模式”对比，建立整体概念。

第二节　简要评价内容综述

“简要模式”的内容在“标准模式”基础上做减法，内容与方法对比详见表9.1。

“简要模式”主要用于“初评”，判断融资主体融资的可能性，若有可能再做详评。只要根据财务报表统计参数和确定参数，完成财务评价和评级授信评价，即能作出判断。“简要模式”假设资料是真实的，不需要核实和论证资料的真实性；评价结果不用于投资决策，不需落实担保，不需编制评价报告。所以，“简要模式”收集数据少、方法更简单，能够大量节省尽职调查的工作量。

评价模式内容与方法对比表

表9.1

序号	内容	标准模式		简要模式	
		工业类	商业或其他类	工业类	商业或其他类
一	尽职调查				
(一)	定量分析资料内容				
1	财务报表及验证材料				
1.1	企业连续三年（最少两年）的财务年度报表和最近一期（含上一年同期）的财务月报表	√	√	与标准模式相同	与标准模式相同
1.2	企业连续三年（最少两年）的财务审计报告	√	√	×	×
1.3	企业连续两年（最少一年）现场验证记录表	√	√	×	×
2	企业连续两年年度及本年最近月(含上一年同期)增值税、地税纳税申报表	√	√	×	×
3	企业连续两年产品经营状况表	√	×	×	×
4	企业连续两年产品成本费用统计表	√	×	×	×
5	企业连续两年及未来长期借款还本付息表	√	√	与标准模式相同	与标准模式相同
(二)	定性分析资料内容				
1	信用评级定性分析打分依据	√	√	与标准模式相同	与标准模式相同
2	编制评价报告有关资料	√	√	×	×
(三)	真实性验证	√	√	×	×
二	财务评价参数	√	√	与标准模式不同	与标准模式相同
三	财务分析计算	√	√	与标准模式不同	与标准模式相同
四	评级授信				
1	信用评级	√	√	与标准模式不同	与标准模式相同
2	授信额度计算	√	√	与标准模式相同	与标准模式相同
五	授信提案	√	√	×	×
六	担保评价（落实担保）	√	√	×	×
七	编制评价报告	√	√	×	×

第三节　工业类简要评价案例

工业类比商业及其他行业的“简要评价”与“标准模式”差异更大。工业类不要求收集经营状况统计数据及产品成本统计数据，成本估算参数统计方法和成本预测方法完全不同。以本书工业类案例为例，第二章至第五章介绍了该案例“标准模式”的内容，本节介绍它的简要评价内容，读者通过对比可以更易理解。

一、资料收集内容

某银铜铅锌矿有限责任公司为贵金属和多种有色金属采选联合企业，2011 年 11 月申请流动资金授信额度2000 万元和矿井延深固定资产贷款2500 万元。某银行客户经理于2011 年11 月完成尽职调查，收集到最近月份为2011 年10 月、上年同期和过去三年的财务报表，企业没有长期借款。见表9. 2 ~ 表9. 5。

资产负债表（工业类简要评价举例）

表9. 2　　　　单位：万元

序号	项目名称	上三年	上二年	上一年	上年同期	本年最近月份
		2008	2009	2010	201010	201110
1	资产	13553. 45	15301. 96	17951. 37	17631. 00	18375. 00
1. 1	流动资产总额	6735. 69	3048. 86	5826. 82	3776. 00	5791. 00
1. 1. 1	货币资金	1807. 79	1453. 71	2094. 99	2260. 00	2222. 00
1. 1. 2	短期投资					
1. 1. 3	应收票据	25. 50				
1. 1. 4	应收股利					
1. 1. 5	应收利息		252. 00	252. 00	252. 00	252. 00
1. 1. 6	应收账款	498. 98	42. 95	13. 37	23. 00	435. 00
1. 1. 7	减坏账准备					
1. 1. 8	应收账款净额	498. 98	42. 95	13. 37	23. 00	435. 00
1. 1. 9	预付账款	460. 94	36. 01	171. 19	155. 00	316. 00
1. 1. 10	应收补贴款					
1. 1. 11	其他应收款	3206. 37	314. 75	2368. 54	299. 00	1554. 00
1. 1. 12	存货	736. 11	949. 44	926. 73	787. 00	1012. 00
1. 1. 13	待摊费用					
1. 1. 14	待处理流动资产净损失					
1. 1. 15	一年到期的长期债权投资					

续表

序号	项目名称	上三年	上二年	上一年	上年同期	本年最近月份
		2008	2009	2010	201010	201110
1.1.16	其他流动资产					
1.2	长期投资	910.69	6077.67	6434.64	6663.00	7354.00
1.2.1	长期股权投资					
1.2.2	长期债权投资	910.69	6077.67	6434.64	6663.00	7354.00
1.3	固定资产					
1.3.1	固定资产原值	5460.98	5181.00	5407.88	6910.00	5101.00
1.3.2	减：累计折旧					
1.3.3	固定资产净值	5460.98	5181.00	5407.88	6910.00	5101.00
1.3.4	减：固定资产减值准备					
1.3.5	固定资产净额	5460.98	5181.00	5407.88	6910.00	5101.00
1.3.6	工程物资					
1.3.7	在建工程	18.10	570.04	10.00	10.00	10.00
1.3.8	固定资产清理					
1.3.9	固定资产合计	5479.08	5751.04	5417.88	6920.00	5111.00
1.4	无形资产及其他资产	427.99	424.39	272.03	272.00	120.00
1.4.1	无形资产	1.93	125.17	99.66	100.00	74.00
1.4.2	长期待摊费用	426.06	299.22	172.37	172.00	45.00
1.4.3	其他长期资产					
1.5	递延税款					
1.5.1	递延税款借项					
2	负债及所有者权益	13553.46	15301.96	17951.39	17631.00	18375.00
2.1	流动负债总额	5463.35	4525.90	6308.24	6390.00	5250.00
2.1.1	短期借款			2000.00	2000.00	2000.00
2.1.2	应付票据					
2.1.3	应付账款	153.96	77.69	88.84	94.00	107.00
2.1.4	预收账款	76.57	443.66	42.45	69.00	57.00
2.1.5	其他应付账款	3619.66	3195.82	3294.01	3348.00	2179.00
2.1.6	应付工资	1685.89	726.97	803.99	799.00	812.00
2.1.7	应付福利费					
2.1.8	应付股利					
2.1.9	应缴税金	-72.73	81.76	78.95	81.00	95.00
2.1.10	一年到期的长期负债					
2.1.11	其他					
2.2	长期负债					

续表

序号	项目名称	上三年	上二年	上一年	上年同期	本年最近月份
		2008	2009	2010	201010	201110
2.2.1	长期借款					
2.2.2	应付债券					
2.2.3	长期应付款					
2.2.4	住房周转金					
2.2.5	其他长期负债					
2.3	递延税款贷项	116.88	708.63	797.87	709.00	1155.00
2.4	负债总额	5580.23	5234.53	7106.11	7099.00	6405.00
2.5	所有者权益	7973.23	10067.43	10845.28	10532.00	11970.00
2.5.1	实收资本［股本］	1475.46	1475.46	1475.46	1475.00	1475.00
2.5.2	资本公积	4369.92	6145.15	6412.88	6145.00	6413.00
2.5.3	盈余公积	1815.30	1847.20	1898.21	1847.00	1898.00
2.5.4	任意公积金					
2.5.5	未分配利润	312.55	599.62	1058.73	1064.00	2183.00

利润表（工业类简要评价举例）

表9.3　　　　单位：万元

序号	项目名称	上三年	上二年	上一年	上年同期	本年最近月份
		2008	2009	2010	201010	201110
一	**主营业务**	**6024.15**	**3638.48**	**6254.71**	**5365.20**	**7986.64**
	减：折扣与折让					
二	**主营业务收入净额**	**6024.15**	**3638.48**	**6254.71**	**5365.20**	**7986.64**
	减：主营业务成本	3418.60	2093.77	3143.99	2741.78	3820.28
	主营业务税金及附加	62.99	51.23	98.11	85.39	142.75
三	**主营业务利润［毛利润］**	**2542.56**	**1493.48**	**3012.61**	**2538.03**	**4023.61**
	加：其他业务利润					
	减：存货跌价准备					
	营业费用［销售费用］	148.35	54.36	51.62	42.38	56.55
	管理费用	2362.12	1631.59	2595.90	2123.81	2761.84
	财务费用	-165.42	-26.84	-16.68	-8.47	-71.34
四	**主营利润**	**197.51**	**-165.63**	**381.77**	**380.31**	**1276.56**
	加：投资收益		272.39	282.58	240.42	211.30
	补贴收入					
	营业外收入	266.37	324.96	20.32	2.34	39.04
	减：营业外支出	94.02	2.20	3.71	3.70	8.10

续表

序号	项目名称	上三年	上二年	上一年	上年同期	本年最近月份
		2008	2009	2010	201010	201110
	加：以前年度损益调整					
五	**利润总额**	**369.86**	**429.52**	**680.96**	**619.37**	**1518.80**
	减：所得税	103.44	110.57	170.83	154.84	379.70
	少数股东损益					
六	**净利润**	**266.42**	**318.95**	**510.13**	**464.53**	**1139.10**
七	**本年利息**					
	息税前利润	369.86	429.52	680.96	619.37	1518.80
	本年折旧	230.75	423.24	433.98	305.51	325.49
	本年摊销	109.11	127.56	152.35	99.09	102.88
	息税折旧摊销前利润	709.72	980.32	1267.29	1023.97	1947.17

现金流量表（工业类简要评价举例）

表9.4　　单位：万元

序号	项目名称	上三年	上二年	上一年	上年同期	本年最近月份
		2008	2009	2010	201010	201110
一	**经营活动产生的现金流量**					
1	经营活动现金流入	6879.53	8258.18	9882.70		
1.1	销售商品、提供劳务收到的现金	6647.74	5106.35	6942.71		
1.2	收到的税费返还					
1.3	收到的其他与经营活动有关的现金	231.79	3151.83	2939.99		
2	经营活动现金流出	10797.86	5013.50	11320.22		
2.1	购买商品、接受劳务支出的现金	1872.15	565.89	3103.60		
2.2	支付给职工以及为职工支付的现金					
2.3	支付的各种税费	869.15	429.11	1135.19		
2.4	支付的其他与经营活动有关的现金	8056.56	4018.50	7081.43		
3	经营活动产生的现金流量净额	－3918.33	3244.68	－1437.52		
二	**投资活动产生的现金流量**					
1	投资活动现金流入		20.39	282.58		
1.1	收回投资所收到的现金					
1.2	取得投资收益而收到的现金		20.39	282.58		
1.3	处置固定资产、无形资产和其他长期资产而收到的现金					
1.4	收到的其他与投资活动有关的现金					
2	投资活动现金流出	383.81	3619.16	100.82		

续表

序号	项目名称	上三年	上二年	上一年	上年同期	本年最近月份
		2008	2009	2010	201010	201110
2.1	投资支付的现金	383.81	3619.16	100.82		
2.2	支付其他与投资活动有关的现金					
3	投资活动产生的现金流量净额	−383.81	−3598.77	181.76		
三	**筹资活动产生的现金流量**					
1	筹资活动现金流入			2000.00		
1.1	吸收投资所收到的现金					
1.2	借款所收到的现金			2000.00		
1.3	收到其他与筹资活动有关的现金					
2	筹资活动现金流出			102.97		
2.1	偿还债务所支付的现金					
2.2	分配股利、利润和偿付利息所支付的现金			102.97		
2.3	支付的其他与筹资活动有关的现金					
3	筹资活动产生的现金流量净额			1897.03		
四	**汇率变动对现金的影响**					
五	**现金及现金等价物净增加额**	**−4302.14**	**−354.09**	**641.27**		

长期借款还本付息表（工业类简要评价举例）

表9.5　　　　　　　　　　　　　　　　　　　　　　　　单位：万元

序号	项目名称	2009	2010	2011	2012	2013	2014	2015
1	年初借款余额							
2	本年借款							
3	贷款利率							
4	本年应计利息							
5	本年还本金							
6	本年付利息							
7	年末借款余额							

二、评价参数确定

1. 基本参数

简要评价基本参数确定方法与标准模式完全相同，见表9.6。

基本参数（工业类举例）

表9.6

序号	项目名称	单位	数据	备注
1	计算期	年	5.00	一般5~20年，可取贷款年限，无固贷取下限，股权投资取8~20年
2	流动资金借款利率	%	5.85	一般取一年期当前法定贷款利率
3	最低偿债备付率	%	130.00	一般取130，不低于100。
4	最低现金比率		0.30	一般取0.3，一般0.2~0.3，周转现金占流动负债比例
5	正常年份所得税税率	%	25.00	一般取25，需核实企业实际情况
6	自有流动资金最低比例	%	15.00	一般取30，一般在0~30之间
7	新增固定投资	万元	2500.00	为满足更新投资、节能减排、产品研发等需求估算
8	新增固定投资借款	万元	2500.00	根据新增固定投资筹措计划确定
9	新增固定投资借款偿还期	年	3.00	贷款机构规定的贷款偿还期限
10	新增长期借款利率	%	6.56	一般取同期法定贷款利率，可取利率定价实际利率
11	新增注册资金	万元		一般取0，可核实企业融资计划。
12	新增借款偿还方式		1.00	1-等额还本金；2-等额还本利；3-按最大能力偿还
13	基准收益率	%	10.00	可取贷款利率加2%~4%，应高于存款利率或银行贷款利率
14	流动资金贷款申请额	万元	2000.00	填写年度授信额度或本次贷款额度
15	近期到期流动资金贷款	万元		指拟由本次贷款替换的最近到期贷款

2. 确定成本估算参数

总成本费用统计表（工业类简要评价举例）

表9.7　　单位：万元

序号	项目名称	上二年	上一年	备注
		2009	2010	
	主营业务收入	3638.48	6254.71	默认=利润表！主营业务收入净额
1	生产成本	2093.77	3143.99	默认=利润表！主营业务成本
1.1	折旧费	423.24	433.98	默认=利润表！本年折旧
1.2	其他生产成本	1670.53	2710.01	默认=1-1.1
2	管理费用	1631.59	2595.90	默认=利润表！管理费用
2.1	摊销费	127.56	152.35	默认=利润表！本年摊销
2.2	其他管理费用	1504.03	2443.55	默认=2-2.1
3	财务费用	-26.84	-16.68	默认=利润表！财务费用
4	营业费用	54.36	51.62	默认=利润表！营业费用
5	总成本费用	3752.88	5774.83	计算=1+2+3+4
6	经营成本	3228.92	5205.18	计算=5-1.4-2.1-3

简要评价只统计两张表，表9.7“总成本费用统计表”和表9.8“成本估算参数统计表”。“总成本费用统计表”中数据完全取自“利润表”，数据来源及计算公式见表中“备注”栏说明。与标准模式不同，标准模式由产品生产成本汇总。

简要评价统计可变成本比例的方法与标准模式不同，由于没有提供产品设计能力，简要评价统计的可变成本比例不是占达产年成本的比例，而是占一年成本中的比例。计算公式如下：

可变成本比例(%)=Min(if(上一年主营业务收入×(上一年成本-上二年成本)×100/(上一年成本×(上一年主营业务收入-上二年主营业务收入))>0,上一年主营业务收入×(上一年成本-上二年成本)×100/(上一年成本×(上一年主营业务收入-上二年主营业务收入)),0),100)；

对比标准模式（见表3.5）“简要模式”在未来成本预测中用到的预测参数包括生产成本、折旧费、管理费用、摊销费、营业费用等5个参数。先用“生产成本预测参数”、“折旧预测参数”分别估算“生产成本”、“折旧费”后，用“生产成本”减去“折旧费”得到“其他生产成本”；先用“管理费用预测参数”、“摊销费预测参数”分别估算“管理费用”、“摊销费”后，用“管理费用”减去“摊销费”得到“其他管理费用”；用“营业费用预测参数”估算“营业费用”。“财务费用”不用预测参数估算，根据贷款额与利率估算。预测的未来“生产成本”、“管理费用”、“营业费用”、“财务费用”相加即预测的“总成本费用”。

在确定预测参数时，以统计的“上一年可变成本比例（%）”为依据。确定“生产成本预测参数”的方法，先确定“折旧费预测参数”和“其他生产成本预测参数”，如本例中上一年统计参数分别为5.92%、91.7%，确定为6%、90%，“生产成本预测参数”用下式加权平均推算，并取整数，如下：

生产成本预测参数=(上一年折旧费×折旧费预测参数+上一年其他生产成本×其他生产成本预测参数)/上一年生产成本

$=(433.98\times5.92\%+2710.01\times90\%)/3143.99$

$=78.39\%\approx78\%$

确定管理费用的预测参数方法与上述相同，先确定“摊销费预测参数”、“其他管理费用预测参数”，加权平均推算“管理费用预测参数”，并取整数，如下：

管理费用预测参数=(上一年摊销费×摊销费预测参数+上一年其他管理费用×其他管理费用预测参数)/上一年管理费用

$=(152.35\times0\%+2443.55\times80\%)/2595.90$

$=75.30\%\approx75\%$

营业费用估算参数统计数据为0，故取值为0。

表中“预测基数”默认等于“上一年”，当确信“上一年”成本中某个栏目数据异常时，如“其他生产成本”、“其他管理费用”一次摊入了过多的投资性成本费用，使得成本奇高，而且这种费用不是每年都发生的，应在“预测基数”中扣除。本例不存此种扣除的情况，科技企业研发费容易发生此种情况。

成本估算参数统计表（工业类简要评价举例）

表9.8

序号	项目名称	（上二年）	（上一年）	预测基数	上一年可变成本比例（%）	可变成本预测参数（%）
		2009（万元）	2010（万元）			
	主营业务收入	3638.48	6254.71	6254.71		
1	生产成本	2093.77	3143.99	3143.99	79.86	78.00
1.1	折旧费	423.24	433.98	433.98	5.92	6.00
1.2	其他生产成本	1670.53	2710.01	2710.01	91.70	90.00
2	管理费用	1631.59	2595.90	2595.90	88.81	75.00
2.1	摊销费	127.56	152.35	152.35	38.90	0
2.2	其他管理费用	1504.03	2443.55	2443.55	91.92	80.00
3	财务费用	-26.84	-16.68	-16.68	0	0
4	营业费用	54.36	51.62	51.62	0	0
5	总成本费用	3752.88	5774.83	5774.83	83.71	
6	经营成本	3228.92	5205.18	5205.18	90.77	
7	可变成本	3121.10	4816.21	4816.21		
8	固定成本	631.78	958.62	958.62		

3. 确定流动资金估算参数

简要评价有两个统计表，即表9.9“流动资金统计表”和表9.10“流动资金估算参数”。

（1）流动资金统计表

流动资金统计表的内容及格式与标准模式相同，统计结果也与工业类举例相同。数据来源及计算方法说明如下：

应收账款=资产负债表！应收账款+资产负债表！应收票据；

预付账款=资产负债表！预付账款；

存货=资产负债表！存货+资产负债表！待摊费用；

现金 = Min(货币资金,(应收账款 + 预付账款 + 存货) × 行业参数！最低现金比率/(1 - 行业参数！最低现金比率))；

流动资产 = 应收账款 + 预付账款 + 存货 + 现金；

应付账款 = 资产负债表！应付账款 + 资产负债表！应付票据 + 资产负债表！应付工资 + 资产负债表！应付福利费 + 资产负债表！应缴税金；

预收账款 = 资产负债表！预收账款；

流动负债 = 应付账款 + 预收账款；

流动资金 = 流动资产 - 流动负债；

流动资金当期增加额(本年) = 流动资金(本年) - 流动资金[上一年]；

流动资金借款累计 = Min(流动资金,短期借款)；

流动资金借款[上二年] = Min(流动资金,短期借款)；

流动资金借款[上一年] = 流动资金借款累计[上一年] - 流动资金借款累计[上二年]；

自有流动资金 = 流动资金当期增加额(本年) - 流动资金借款(本年)

流动资金统计表（工业类简要评价举例）

表 9.9　　　　单位：万元

序号	项目名称	上二年	上一年	备注
		2009	2010	
1	流动资产	1469.14	1587.56	
1.1	应收账款	42.95	13.37	
1.2	预付账款	36.01	171.19	
1.3	存货	949.44	926.73	
1.4	现金	440.74	476.27	
2	流动负债	1330.08	1014.23	
2.1	应付账款	886.42	971.78	
2.2	预收账款	443.66	42.45	
3	流动资金平均值	139.06	573.33	
4	旺季调整系数	1.00	1.00	
5	流动资金	139.06	573.33	
6	流动资金当期增加额	139.06	434.27	
7	自有流动资金	139.06	-139.06	

（2）流动资金估算参数

流动资金估算参数统计口径与标准模式不完全相同，数据来源及计算公式如下：

原材料燃料 = 总成本费用统计表！其他生产成本；

原材料燃料动力 = 总成本费用统计表！其他生产成本；

经营成本 = 总成本费用统计表！经营成本；

主营业务收入 = 利润表！主营业务收入净额；

流动负债总额 = 流动资金统计表！流动负债 + 流动资金统计表！流动资金借款累计；

应收账款 = 流动资金统计表！应收账款 ×360/经营成本；

预付账款 = 流动资金统计表！预付账款 ×360/原材料燃料；

存货 = 流动资金统计表！存货 ×360/经营成本；

现金 = 流动资金统计表！现金 ×360/流动负债总额；

应付账款 = 流动资金统计表！应付账款 ×360/原材料燃料动力；

预收账款 = 流动资金统计表！预收账款 ×360/营业收入；

流动资金占经营成本比例（%）= 流动资金统计表！流动资金/经营成本 ×100；

流动资金占营业收入比例（%）= 流动资金统计表！流动资金/营业收入 ×100

与标准模式不同之处，主要是成本统计方法不同。简要模式成本构成简化了，只能用生产成本中的其他生产成本代替原材料燃料动力。

本例确定预测参数，一是以上两年统计参数为依据，二是根据企业提出的流动资金贷款需求。流动资产分项的周转天数取了上两年平均周转天数，流动负债分项应付账款取 30 天，预收账款取了 2 天，通过减少应付账款来增加流动资金需求。

流动资金预测只用到应收账款、预付账款、存货、应付账款、预收账款、旺季调整系数等预测参数。

流动资金估算参数（工业类简要评价举例）

表 9.10

序号	项目名称	上二年	上一年	上两年平均周转天数	预测参数
		2009	2010		
一	**周转天数（天）**				
1	流动资产				
1.1	应收账款	4.79	0.92	2.86	2.86
1.2	预付账款	7.76	22.74	15.25	15.25
1.3	存货	105.86	64.09	84.98	84.98
1.4	现金	119.29	108.00	113.65	113.65

续表

序号	项目名称	上二年	上一年	上两年平均周转天数	预测参数
		2009	2010		
2	流动负债				
2.1	应付账款	191.02	129.09	160.06	30.00
2.2	预收账款	43.90	2.44	23.17	2.00
3	流动资金				
二	**流动资金占经营成本比例（%）**	**4.31**	**11.01**	**7.66**	
三	**流动资金占营业收入比例（%）**	**3.82**	**9.17**	**6.50**	
四	**旺季调整系数**	**1.00**	**1.00**	**1.00**	**1.00**
五	**指标统计基础**				
1	原材料燃料动力	1670.53	2710.01		
2	经营成本	3228.92	5205.18		
3	主营业务收入	3638.48	6254.71		
4	流动负债总额	1330.08	1587.56		

4. 确定主营业务收入预测参数

主营业务收入预测参数详见表9.11，“简要评价”与“标准模式”不同之处是，未收集“经营状况统计表”，无法确定“本年增长幅度限额”，本年增长幅度取1—9月份增长幅度，统计数据接近年末，误差不会太大。但对于以后年份预测，不能采用同样的增长幅度参数，因为工业类企业受生产能力限制，不能无限制地增长。

每年主营业务收入估算参数，采用“每年收入环比增长幅度”，详见表9.12。由于从第2年开始，因依据不足，为慎重起见，每年增长设为0。

主营业务收入预测参数（工业类简要评价举例）

表9.11

序号	项目名称	单位	参数
1	主营业务收入增长率［上二年］	%	-39.60
2	主营业务收入增长率［上一年］	%	71.90
3	主营业务收入增长率［本年同期］	%	48.86
4	主营业务收入增长率（预测参数）	%	48.86

每年收入环比增长幅度（工业类简要评价举例）

表9.12

年份	上二年	上一年	第1年（本年）	第2年	第3年	第4年	第5年
	2009	2010	2011	2012	2013	2014	2015
增长幅度（%）	-39.60	71.90	48.86	0	0	0	0

收益分配参数统计和确定方法与“标准模式”完全相同，工业类案例见表9.13。

收益分配参数（工业类简要评价举例）

表9.13

序号	项目名称	单位	上二年	上一年	第1年	第2年	第3年	第4年	第5年
			2009	2010	2011	2012	2013	2014	2015
1	所得税税率	%	25.74	25.09	25.00	25.00	25.00	25.00	25.00
2	补贴收入	万元							
3	各投资方利润分配	万元							
4	盈余公积金比例	%	10.00	10.00	10.00	10.00	10.00	10.00	10.00
5	营业外收支净额	万元	322.76	16.61	16.61	16.61	16.61	16.61	16.61
6	其他业务收入	万元	272.39	282.58	282.58	282.58	282.58	282.58	282.58

5. 债务结构分析及说明

债务结构分析结果与工业类标准模式表3.19债务结构分析表完全相同，见表9.14。

债务结构分析表（工业类简要评价举例）

表9.14　　单位：万元

序号	项目	上三年	上二年	上一年	上年同期	本年最近月份
		2008	2009	2010	201010	201110
1	资产	13553.45	15301.96	17951.37	17631.00	18375.00
1.1	流动资产	6735.69	3048.86	5826.82	3776.00	5791.00
1.1.1	货币资金	1807.79	1453.71	2094.99	2260.00	2222.00
1.1.1.1	周转现金	737.80	440.74	476.27	413.57	755.57
1.1.1.2	盈余资金	1069.99	1012.97	1618.72	1846.43	1466.43
1.1.2	应收账款	524.48	42.95	13.37	23.00	435.00
1.1.3	预付账款	460.94	36.01	171.19	155.00	316.00
1.1.4	存货	736.11	949.44	926.73	787.00	1012.00
1.1.5	应收其他收益	0.00	252.00	252.00	252.00	252.00
1.1.6	其他应收款	3206.37	314.75	2368.54	299.00	1554.00
1.1.7	其他流动资产	0.00	0.00	0.00	0.00	0.00
1.2	固定资产	5479.08	5751.04	5417.88	6920.00	5111.00
1.3	无形资产及其他资产	427.99	424.39	272.03	272.00	119.00
1.4	其他长期资产	910.69	6077.67	6434.64	6663.00	7354.00
2	负债及所有者权益	13553.46	15301.96	17951.39	17631.00	18374.00
2.1	流动负债总额	5463.35	4525.90	6308.24	6391.00	5250.00

续表

序号	项目	上三年	上二年	上一年	上年同期	本年最近月份
		2008	2009	2010	201010	201110
2.1.1	应付账款	1767.12	886.42	971.78	974.00	1014.00
2.1.2	预收账款	76.57	443.66	42.45	69.00	57.00
2.1.3	短期借款	0.00	0.00	2000.00	2000.00	2000.00
2.1.4	其他应付账款	3619.66	3195.82	3294.01	3348.00	2179.00
2.1.5	其他流动负债	0.00	0.00	0.00	0.00	0.00
2.2	长期负债	116.88	708.63	797.87	709.00	1155.00
2.2.1	长期借款债券应付款	0.00	0.00	0.00	0.00	0.00
2.2.2	其他长期负债	116.88	708.63	797.87	709.00	1155.00
2.3	所有者权益	7973.23	10067.43	10845.28	10531.00	11969.00
2.3.1	实收资本	1475.46	1475.46	1475.46	1475.00	1475.00
2.3.2	资本公积	4369.92	6145.15	6412.88	6145.00	6413.00
2.3.3	盈余公积	1815.30	1847.20	1898.21	1847.00	1898.00
2.3.4	未分配利润	312.55	599.62	1058.73	1064.00	2183.00
3	总投资	7433.40	12392.16	12697.88	14190.57	14031.57
3.1	固定投资	6817.76	12253.10	12124.55	13855.00	12584.00
3.2	流动资金	615.64	139.06	573.33	335.57	1447.57
4	总投资筹措	7433.40	12392.16	12697.88	14190.57	14031.57
4.1	固定投资筹措	6817.76	12253.10	12124.55	13855.00	12584.00
4.1.1	长期负债用于固定投资	116.88	708.63	797.87	709.00	1155.00
4.1.2	权益资金用于固定投资	6700.88	9815.43	10593.28	10279.00	11429.00
4.1.3	其他应付账款用于固定投资	0.00	1729.04	733.40	2867.00	0.00
4.1.4	短期借款用作固定投资	0.00	0.00	0.00	0.00	0.00
4.1.5	其他流动负债用于固定投资	0.00	0.00	0.00	0.00	0.00
4.2	流动资金筹措	615.64	139.06	573.33	335.57	1447.57
4.2.1	流动资金短期借款	0.00	0.00	573.33	335.57	1447.57
4.2.2	自有流动资金	615.64	0.00	0.00	0.00	0.00
4.2.3	中长期流动资金借款	0.00	0.00	0.00	0.00	0.00
4.2.4	其他流动负债用于流动资金	0.00	0.00	0.00	0.00	0.00
4.2.5	其他应付账款用于流动资金	0.00	139.06	0.00	0.00	0.00
5	其他应收收益来源	0.00	252.00	252.00	252.00	252.00
5.1	其他应收收益占用权益资金	0.00	252.00	252.00	252.00	252.00
5.2	其他应收收益占用短期借款	0.00	0.00	0.00	0.00	0.00
5.3	其他应收收益占用其他应付账款	0.00	0.00	0.00	0.00	0.00
5.4	其他应收收益占用其他流动负债	0.00	0.00	0.00	0.00	0.00

续表

序号	项目	上三年	上二年	上一年	上年同期	本年最近月份
		2008	2009	2010	201010	201110
5.5	其他应收收益占用长期负债	0.00	0.00	0.00	0.00	0.00
6	其他应收款来源	3206.37	314.75	2368.54	299.00	1554.00
6.1	其他应收款占用其他应付账款	3206.37	314.75	2368.54	299.00	1554.00
6.2	其他应收款占用其他流动负债	0.00	0.00	0.00	0.00	0.00
6.3	其他应收款占用短期借款	0.00	0.00	0.00	0.00	0.00
6.4	其他应收款占用长期负债	0.00	0.00	0.00	0.00	0.00
6.5	其他应收款占用权益资金	0.00	0.00	0.00	0.00	0.00
7	其他流动资产来源	0.00	0.00	0.00	0.00	0.00
7.1	其他流动资产占用其他流动负债	0.00	0.00	0.00	0.00	0.00
7.2	其他流动资产占用其他应付账款	0.00	0.00	0.00	0.00	0.00
7.3	其他流动资产占用短期借款	0.00	0.00	0.00	0.00	0.00
7.4	其他流动资产占用长期负债	0.00	0.00	0.00	0.00	0.00
7.5	其他流动资产占用权益资金	0.00	0.00	0.00	0.00	0.00
8	盈余资金来源	1069.99	1012.97	1618.72	1846.43	1465.43
8.1	盈余资金来源于短期借款	0.00	0.00	1426.67	1664.43	552.43
8.2	盈余资金来源于其他应付账款	413.29	1012.97	192.05	182.00	625.00
8.3	盈余资金来源于其他流动负债	0.00	0.00	0.00	0.00	0.00
8.4	盈余资金来源于长期负债	0.00	0.00	0.00	0.00	0.00
8.4	盈余资金来源于权益资金	656.70	0.00	0.00	0.00	288.00

财务报表审核结论及说明表简要评价与标准模式评价中表3.21相同，见表9.15。目的是为了确定是否存在应付工程款，在“其他应付账款中应付工程款”、“其他流动负债中应付工程款”栏目中填写数据。确定资产是否可以变现用于还短期借款，在“能够变现还款的其他应收账款”、“能够变现还款的其他流动资产”、“能够变现还款的其他应收收益”栏目中输入数据。本例不存在应付工程款，也没有变现资产用于还款。

财务报表审核结论及说明表（工业类简要评价举例）

表9.15

序号	项目名称	单位	指标	结论
1	主营业务收入增长幅度［同期］		48.86	
2	财务数据异常变动分析			
2.1	货币资金增减幅度	%	6.06	本年最近月份的货币资金与年初比较，变化幅度不大

续表

序号	项目名称	单位	指标	结论
2.2	应收账款增减幅度	%	3153.55	本年最近月份的应收账款与年初比较，变化幅度较大，主因是：
2.3	存货增减幅度	%	9.20	本年最近月份的存货与年初比较，变化幅度正常
2.4	实收资本增减	万元	-0.03	本年最近月份的实收资本与年初比较没有变化
2.5	资本公积增减	万元		本年最近月份的资本公积与年初比较没有变化
3	财务数据占比异常分析			
3.1	其他应收款占流动资产比例	%	40.65	上年末其他应收款占流动资产比例10%以上，主要构成是：
3.2	待摊费用占流动资产比例	%		上年末待摊费用占流动资产比例小于10%，占比正常
3.3	长期待摊费用占非流动资产比例	%	1.42	上年末长期待摊费用占非流动资产比例小于10%，占比正常
3.4	无形资产占非流动资产比例	%	0.82	上年末无形资产占非流动资产比例小于20%，占比正常
3.5	在建工程占固定资产比例	%	5.48	近两年在建工程占固定资产比例小于40%，占比在合理范围
4	其他应付账款分析	万元	3294.01	
4.1	其他应付账款占流动负债比例	%	52.22	上年末其他应付账款占流动负债比例10%以上，主要构成是：
4.2	其他应付账款中应付工程款	万元		
4.3	其他应付账款中股东借款	万元		
4.4	其他应付账款中企业提留	万元	2144	
4.5	其他应付账款中其他	万元	1150	
5	其他流动负债分析	万元		
5.1	其他流动负债占流动负债比例	%		上年末其他流动负债占流动负债比例小于10%，占比正常
5.2	其他流动负债中应付工程款	万元		
5.3	其他流动负债中股东借款	万元		
5.4	其他流动负债中企业提留	万元		
5.5	其他流动负债中的其他	万元		
6	可以调整的栏目			
6.1	一年到期的长期负债	万元		
7	“短债长用”释疑			
7.1	短期借款用作固定投资	万元		
7.2	其他应付账款用于固定投资	万元	733.40	存在其他应付账款用于固定投资的“短债长用”现象，但清偿顺序可以安排在银行贷款之后
7.3	其他流动负债用于固定投资	万元		

续表

序号	项目名称	单位	指标	结论
8	其他短期借款处置方法			
8.1	其他应收款占用短期借款	万元		
8.1.1	能够变现还款的其他应收账款	万元		
8.1.2	不能变现还款的其他应收账款	万元		
8.2	其他流动资产占用短期借款	万元		
8.2.1	能够变现还款的其他流动资产	万元		
8.2.2	不能变现还款的其他流动资产	万元		
8.3	其他应收收益占用短期借款	万元		
8.3.1	能够变现还款的其他应收收益	万元		
8.3.2	不能变现还款的其他应收收益	万元		
9	往来账款处置方法	万元	2368.54	存在往来账款，企业拟采用的处置方法是：
9.1	其他应收款占用其他应付账款	万元	2368.54	
9.2	其他应收款占用其他流动负债	万元		
9.3	其他应收款占用权益资金	万元		

三、财务评价

财务评价与标准模式一样，分成辅助报表计算、财务分析计算、财务评价指标汇总表三部分。简要模式与标准模式的辅助报表计算方法存在较大的差异；财务报表的内容与计算方法完全相同；评价指标汇总表基本相同，只有个别经营状况评价指标不同。

（一）辅助报表计算

辅助报表包括营业收入估算表、企业经营成本估算表、流动资金估算表等三个报表，三个辅助报表的计算方法，在标准模式基础上做了简化，以工业类简要评价为例说明如下：

1. 营业收入估算

工业类简要评价的主营业务收入估算方法，不分产品也不按生产负荷估算，因为没有收集经营状况数据，无法判断当前生产能力利用率，采用与商业及其他行业标准模式相同的计算方法。计算如下：

（1）主营业务收入

主营业务收入[上二年、上一年]=利润表！主营业务收入净额；

主营业务收入[第1~5年]=(主营业务收入[上年])×(1+每年收入环比增长幅度[第1~5年]/100)；

（2）其他业务收入

其他业务收入[上二年、上一年]=收益分配参数！其他业务收入；

其他业务收入[第1~5年]=收益分配参数！其他业务收入[第1~5年]

（3）营业收入

营业收入[上二年~第5年]=主营业务收入[上二年~第5年]+其他业务收入[上二年~第5年]；

（4）补贴收入

补贴收入[上二年、上一年]=收益分配参数！补贴收入；

补贴收入[第1~5年]=补贴收入[上一年]

（5）营业外收支净额

营业外收支净额[上二年、上一年]=收益分配参数！营业外收支净额；

营业外收支净额[第1~5年]=营业外收支净额[上一年]

（6）营业税金及附加

营业税金及附加按主营业务收入比例变化，具体算法如下：

营业税金及附加[上二年、上一年]=利润表！主营业务税金及附加；

营业税金及附加[第1~5年]=(营业收入[第1~5年])×(营业税金及附加[上一年]/营业收入[上一年])

计算结果见表9.16。

营业收入估算表（工业类简要评价举例）

表9.16

序号	项目名称	上二年	上一年	第1年	第2年	第3年	第4年	第5年
		2009	2010	2011	2012	2013	2014	2015
1	主营业务收入	3638.48	6254.71	9310.76	9310.76	9310.76	9310.76	9310.76
2	其他业务收入	272.39	282.58	282.58	282.58	282.58	282.58	282.58
3	营业收入（1+2）	3910.87	6537.29	9593.34	9593.34	9593.34	9593.34	9593.34
4	补贴收入							
5	营业外收支净额	322.76	16.61	16.61	16.61	16.61	16.61	16.61
6	营业税金及附加	51.23	98.11	143.97	143.97	143.97	143.97	143.97

2. 企业经营成本估算

工业类简要评价经营成本估算方法与工业类标准模式不同，也与商业及其他行业成本估算方法不同，计算结果见表9.17。

上二年、上一年的经营成本直接从成本估算参数统计表中取值，从第1年开始至计算期末，时间用“T”表示，按下述公式计算：

（1）主营业务收入

主营业务收入[上二年、上一年]=成本估算参数统计表！主营业务收入[上二年、上一年]；

主营业务收入[T]=营业收入估算表！主营业务收入

（2）折旧费

折旧费[上二年、上一年]=成本估算参数统计表！折旧费[上二年、上一年]；

折旧费[T]=折旧费[上一年]×(折旧费可变成本预测参数/100)×(营业收入估算表！主营业务收入[T]/营业收入估算表！主营业务收入[上一年])+折旧费[上一年]×(1-折旧费可变成本预测参数/100)；

折旧费[T]=Min(折旧费[T],固定资产净值)；

固定资产净值=Max(固定资产净值-折旧费[T],0)

（3）其他生产成本

其他生产成本[上二年、上一年]=成本估算参数统计表！其他生产成本[上二年、上一年]；

其他生产成本[T]=其他生产成本[上一年]×(其他生产成本可变成本预测参数/100)×(营业收入估算表！主营业务收入[T]/营业收入估算表！主营业务收入[上一年])+其他生产成本[上一年]×(1-其他生产成本可变成本预测参数/100)

（4）生产成本

生产成本[上二年、上一年]=成本估算参数统计表！生产成本[上二年、上一年]；

生产成本[T]=折旧费[T]+其他生产成本[T]

（5）摊销费

摊销费[上二年、上一年]=成本估算参数统计表！摊销费[上二年、上一年]；

摊销费[T]=摊销费[上一年]×(摊销费可变成本预测参数/100)×(营业收入估算表！主营业务收入[T]/营业收入估算表！主营业务收入[上一年])+摊销费[上一年]×(1-摊销费可变成本预测参数/100)；

摊销费[T]=Min(摊销费[T],无形资产)；

无形资产=Max(无形资产-摊销费[T],0)

（6）其他管理费用

其他管理费用[上二年、上一年]=成本估算参数统计表！其他管理费用[上二年、上一年]；

其他管理费用[T]=其他管理费用[上一年]×(其他管理费用可变成本预测参数/

100)×(营业收入估算表！主营业务收入[T]/营业收入估算表！主营业务收入[上一年])+其他管理费用[上一年]×(1－其他管理费用可变成本预测参数/100)

(5) 管理费用

管理费用[上二年、上一年]=成本估算参数统计表！管理费用[上二年、上一年]；

管理费用[T]=摊销费[T]+其他管理费用[T]

(8) 财务费用

财务费用[上二年、上一年]=成本估算参数统计表！财务费用[上二年、上一年]；

财务费用[T]=0;//在财务分析中根据贷款余额计算

(9) 营业费用

营业费用[上二年、上一年]=成本估算参数统计表！营业费用[上二年、上一年]；

营业费用[T]=营业费用[上一年]×(营业费用可变成本预测参数/100)×(营业收入估算表！主营业务收入[T]/营业收入估算表！主营业务收入[上一年])+营业费用[上一年]×(1－营业费用可变成本预测参数/100)

(10) 总成本费用

总成本费用[上二年、上一年]=成本估算参数统计表！总成本费用[上二年、上一年]；

总成本费用[T]=生产成本[T]+管理费用[T]+财务费用[T]+营业费用[T]

(11) 经营成本

经营成本[上二年、上一年]=成本估算参数统计表！经营成本[上二年、上一年]；

经营成本[T]=总成本费用[T]－折旧费[T]－摊销费[T]－财务费用[T]

企业经营成本估算表（工业类简要评价举例）

表 9.17 单位：万元

序号	项目名称	上二年	上一年	第1年	第2年	第3年	第4年	第5年
		2009	2010	2011	2012	2013	2014	2015
	主营业务收入	3638.48	6254.71	9310.76	9310.76	9310.76	9310.76	9310.76
1	生产成本	2093.77	3143.99	4348.41	4348.41	4348.41	4348.41	4348.41
1.1	折旧费	423.24	433.98	446.70	446.70	446.70	446.70	446.70
1.2	其他生产成本	1670.53	2710.01	3901.71	3901.71	3901.71	3901.71	3901.71
2	管理费用	1631.59	2595.90	3551.03	3518.36	3398.68	3398.68	3398.68
2.1	摊销费	127.56	152.35	152.35	119.68			
2.2	其他管理费用	1504.03	2443.55	3398.68	3398.68	3398.68	3398.68	3398.68
3	财务费用	－26.84	－16.68					

续表

序号	项目名称	上二年	上一年	第1年	第2年	第3年	第4年	第5年
		2009	2010	2011	2012	2013	2014	2015
4	营业费用	54.36	51.62	51.62	51.62	51.62	51.62	51.62
5	总成本费用	3752.88	5774.83	7951.07	7918.40	7798.72	7798.72	7798.72
6	经营成本	3228.92	5205.18	7352.01	7352.01	7352.01	7352.01	7352.01

3. 流动资金估算

工业类详评、工业类初评、商业及其他类只有“预付账款”、“应付账款”两个栏目数据计算基数不同，其他计算公式相同。

工业类简要评价流动资金估算表见表9.18，内容及格式与标准模式相同。简要模式数据来源及计算公式如下：

表中上二年、上一年的数据取自表9.9“流动资金统计表”。

流动资产=应收账款+预付账款+存货+现金；

应收账款=流动资金估算参数！应收账款预测参数×经营成本估算表！经营成本(本年)/360；

预付账款=流动资金估算参数！预付账款预测参数×经营成本估算表！其他生产成本(本年)/360；

注：标准模式为经营成本估算表！原材料（本年）+经营成本估算表！燃料动力。

存货=流动资金估算参数！存货预测参数×经营成本估算表！经营成本(本年)/360；

现金[T]=If(((应收账款[T]+预付账款[T]+存货[T]+流动负债[T]×最低现金比率-流动负债[T])/(1-(1-自有流动资金最低比例/100)×最低现金比率)<=流动资金借款累计[T-1]),((应收账款[T]+预付账款[T]+存货[T]+流动负债[T]×最低现金比率-流动负债[T])/(1-(1-自有流动资金最低比例/100)×最低现金比率)+流动负债[T])×最低现金比率,If(((应收账款[T]+预付账款[T]+存货[T]+流动负债[T]×最低现金比率-流动负债[T])/(1-(1-自有流动资金最低比例/100)×最低现金比率)×(1-自有流动资金最低比例/100)<流动资金借款累计[T-1]),(流动资金借款累计[T-1]+流动负债[T])×最低现金比率,(流动负债[T]+(应收账款[T]+预付账款[T]+存货[T]-流动负债[T])×(1-自有流动资金最低比例/100))×最低现金比率/(1-(1-自有流动资金最低比例/100)×最低现金比率)))

式中“T”为年份，本年；“T-1”表示上年，下同。检查流动资金估算表中“现金”是否正确，一般情况下只要满足“现金[T]/(流动负债[T]+流动资金借款累计[T]) = 最低现金比率" 等式，即可认定符合要求。

流动负债 = 应付账款 + 预收账款；

应付账款 = 流动资金估算参数！应付账款预测参数 × 经营成本估算表！其他生产成本(本年)/360；

注：标准模式计算基数为经营成本估算表！原材料(本年) + 经营成本估算表！燃料动力(本年)。

预收账款 = 流动资金估算参数！预收账款预测参数 × 利润表！主营业务收入净额(上一年) ×(1 + 本年预测参数！主营业务收入增长率(预测参数)/100)/360；

流动资金平均值 = 流动资产 - 流动负债；

流动资金当期增加额 = 流动资金(本年) - 流动资金[上一年]；

流动资金借款累计 = if(流动资金[T] < = 流动资金借款累计[T - 1]，流动资金[T]，if(流动资金[T] ×(1 - 自有流动资金最低比例/100) < 流动资金借款累计[T - 1]，流动资金借款累计[T - 1]，流动资金[T] ×(1 - 自有流动资金最低比例/100)))；

流动资金借款 = 流动资金借款累计(本年) - 流动资金借款累计(上年)；

自有流动资金 = 流动资金当期增加额(本年) - 流动资金借款(本年)

流动资金估算表（工业类简要评价举例）

表 9.18　　　　单位：万元

序号	项目名称	统计周转天数	预测周转天数	上二年	上一年	第1年	第2年	第3年	第4年	第5年
				2009	2010	2011	2012	2013	2014	2015
1	流动资产			1469.14	1587.56	2652.25	2652.25	2652.25	2652.25	2652.25
1.1	应收账款	2.86	2.86	42.95	13.37	58.31	58.31	58.31	58.31	58.31
1.2	预付账款	15.25	15.25	36.01	171.19	165.28	165.28	165.28	165.28	165.28
1.3	存货	84.98	84.98	949.44	926.73	1735.38	1735.38	1735.38	1735.38	1735.38
1.4	现金			440.74	476.27	693.28	693.28	693.28	693.28	693.28
2	流动负债			1330.08	1014.23	376.87	376.87	376.87	376.87	376.87
2.1	应付账款	160.06	30.00	886.42	971.78	325.14	325.14	325.14	325.14	325.14
2.2	预收账款	23.17	2.00	443.66	42.45	51.73	51.73	51.73	51.73	51.73
3	平均流动资金			139.06	573.33	2275.38	2275.38	2275.38	2275.38	2275.38
4	流动资金最高值	1.00	1.00	139.06	573.33	2275.38	2275.38	2275.38	2275.38	2275.38
5	流动资金增加额			139.06	434.27	1702.05				
6	自有流动资金			139.06	-139.06	341.31				
7	流动资金借款				573.33	1360.75				
8	流动资金借款累计				573.33	1934.08	1934.08	1934.08	1934.08	1934.08

（二）财务分析计算

包括总成本费用估算表、利润估算表、借款还本付息计划表、财务计划现金流量表、资产负债表、融资需求与筹措计划表、全部投资现金流量表、权益资金现金流量表。

简要评价的财务报表内容、格式及分析计算方法均与标准模式完全相同，不在此重复介绍，财务报表计算结果详见表 9.19“总成本费用估算表”、表 9.20“利润估算表”、表 9.21“借款还本付息计划表”、表 9.22“财务计划现金流量表”、表 9.23“资产负债表”、表 9.24“融资需求与筹措计划表”、表 9.25“全部投资现金流量表”、表 9.26“权益资金现金流量表”。

总成本费用估算表（工业类简要评价举例）

表 9.19　　单位：万元

序号	项目名称	上二年	上一年	第 1 年	第 2 年	第 3 年	第 4 年	第 5 年
		2009	2010	2011	2012	2013	2014	2015
	主营业务收入	3638.48	6254.71	9310.76	9310.76	9310.76	9310.76	9310.76
1	生产成本	2093.77	3143.99	4348.41	4348.41	4348.41	4348.41	4348.41
1.1	折旧费	423.24	433.98	446.70	446.70	446.70	446.70	446.70
1.2	其他生产成本	1670.53	2710.01	3901.71	3901.71	3901.71	3901.71	3901.71
2	管理费用	1631.59	2595.90	3551.03	3518.36	3398.68	3398.68	3398.68
2.1	摊销费	127.56	152.35	152.35	119.68			
2.2	其他管理费用	1504.03	2443.55	3398.68	3398.68	3398.68	3398.68	3398.68
3	财务费用	-26.84	-16.68	278.60	277.14	195.14	113.14	113.14
4	营业费用	54.36	51.62	51.62	51.62	51.62	51.62	51.62
5	总成本费用	3752.88	5774.83	8229.67	8195.54	7993.86	7911.86	7911.86
6	经营成本	3228.92	5205.18	7352.01	7352.01	7352.01	7352.01	7352.01

利润估算表（工业类简要评价举例）

表 9.20　　单位：万元

序号	项目名称	上二年	上一年	第 1 年	第 2 年	第 3 年	第 4 年	第 5 年
		2009	2010	2011	2012	2013	2014	2015
1	营业收入	3910.87	6537.29	9593.34	9593.34	9593.34	9593.34	9593.34
2	营业税金及附加	51.23	98.11	143.97	143.97	143.97	143.97	143.97
3	总成本费用	3752.88	5774.83	8229.67	8195.54	7993.86	7911.86	7911.86
4	补贴收入							
5	营业外收支净额	322.76	16.61	16.61	16.61	16.61	16.61	16.61

续表

序号	项目名称	上二年	上一年	第1年	第2年	第3年	第4年	第5年
		2009	2010	2011	2012	2013	2014	2015
6	利润总额	429.52	680.96	1236.31	1270.44	1472.12	1554.12	1554.12
7	弥补以前年度亏损							
8	应纳税所得额	429.52	680.96	1236.31	1270.44	1472.12	1554.12	1554.12
9	所得税	110.57	170.83	309.08	317.61	368.03	388.53	388.53
10	净利润	318.95	510.13	927.23	952.83	1104.09	1165.59	1165.59
11	法定盈余公积金	31.90	51.01	92.72	95.28	110.41	116.56	116.56
12	各投资方利润分配							
13	当期未分配利润	287.06	459.12	834.51	857.54	993.68	1049.03	1049.03
14	未分配利润	599.62	1058.73	1893.24	2750.78	3744.46	4793.49	5842.52
15	息税前利润	402.68	664.28	1514.91	1547.58	1667.26	1667.26	1667.26
16	息税折旧摊销前利润	953.48	1250.61	2113.96	2113.96	2113.96	2113.96	2113.96

借款还本付息计划表（工业类简要评价举例）

表9.21　　单位：万元

序号	项目名称	上二年	上一年	第1年	第2年	第3年	第4年	第5年
		2009	2010	2011	2012	2013	2014	2015
1	还本付息计划							
1.1	原有借款							
1.1.1	原有借款年初累计							
1.1.2	原有借款本年借款							
1.1.3	原有借款应计利息							
1.1.4	原有借款本年还本金							
1.1.5	原有借款本年付利息							
1.1.6	原有借款年末累计							
1.2	新增借款							
1.2.1	新增借款年初累计				2500.00	1250.00		
1.2.2	新增借款本年借款			2500.00				
1.2.3	新增借款应计利息			82.00	164.00	82.00		
1.2.4	新增借款本年还本金				1250.00	1250.00		
1.2.5	新增借款本年付利息			82.00	164.00	82.00		
1.2.6	新增借款年末累计			2500.00	1250.00			
1.3	短期借款偿还			1426.67				
1.4	支付工程欠款							
1.5	还本付息计划合计							

续表

序号	项目名称	上二年	上一年	第1年	第2年	第3年	第4年	第5年
		2009	2010	2011	2012	2013	2014	2015
1.5.1	年初累计			1426.67	2500.00	1250.00		
1.5.2	本年借款			2500.00				
1.5.3	应计利息			82.00	164.00	82.00		
1.5.4	本年还本金			1426.67	1250.00	1250.00		
1.5.5	本年付利息			82.00	164.00	82.00		
1.5.6	年末累计			2500.00	1250.00			
2	还款能力指标							
2.1	息税前利润	402.68	664.28	1514.91	1547.58	1667.26	1667.26	1667.26
2.2	息税折旧摊销前利润	953.48	1250.61	2113.96	2113.96	2113.96	2113.96	2113.96
2.3	各种利息支出	-26.84	-16.68	278.60	277.14	195.14	113.14	113.14
2.4	偿还债务本金			1426.67	1250.00	1250.00		
2.5	所得税	110.57	170.83	309.08	317.61	368.03	388.53	388.53
2.6	用于建设投资及自有流动资金			2841.31				
2.7	可用于还款的年初盈余资金			1618.72	1039.28	893.94	791.82	2005.94
2.8	企业融资			2500.00				
2.9	资产变现							
2.10	利息备付率	200.00	200.00	543.75	558.40	854.38	1473.58	1473.58
2.11	偿债备付率	130.00	130.00	180.75	185.68	182.67	2224.84	3297.91
2.12	累计平均偿债备付率	180.75	150.93	141.62	174.30	205.46		
2.13	借款偿还期（年）				3.00			

财务计划现金流量表（工业类简要评价举例）

表9.22　　单位：万元

序号	项目名称	上二年	上一年	第1年	第2年	第3年	第4年	第5年
		2009	2010	2011	2012	2013	2014	2015
1	经营活动净现金流量			1804.89	1796.35	1745.93	1725.43	1725.43
1.1	现金流入			9609.95	9609.95	9609.95	9609.95	9609.95
1.1.1	营业收入			9593.34	9593.34	9593.34	9593.34	9593.34
1.1.2	增值税销项税额							
1.1.3	补贴收入							
1.1.4	其他收入			16.61	16.61	16.61	16.61	16.61
1.2	现金流出			7805.07	7813.60	7864.02	7884.52	7884.52
1.2.1	经营成本			7352.01	7352.01	7352.01	7352.01	7352.01

续表

序号	项目名称	上二年	上一年	第1年	第2年	第3年	第4年	第5年
		2009	2010	2011	2012	2013	2014	2015
1.2.2	增值税进项税额							
1.2.3	营业税金及附加			143.97	143.97	143.97	143.97	143.97
1.2.4	增值税							
1.2.5	所得税			309.08	317.61	368.03	388.53	388.53
1.2.6	其他流出							
2	投资活动净现金流量			-4202.05				14394.39
2.1	现金流入							14394.39
2.1.1	回收固定资产余值							5684.37
2.1.2	回收流动资金							2275.38
2.1.3	回收对外投资							6434.64
2.2	现金流出			4202.05				
2.2.1	建设投资			2500.00				
2.2.2	维持运营投资							
2.2.3	流动资金			1702.05				
2.2.4	其他							
3	筹资活动净现金流量			2155.47	-1527.14	-1445.14	-113.14	-2047.22
3.1	现金流入			3860.75				
3.1.1	项目资本金投入							
3.1.2	建设投资借款			2500.00				
3.1.3	流动资金借款			1360.75				
3.1.4	债券							
3.1.5	应付账款							
3.1.6	短期借款							
3.1.7	其他							
3.2	现金流出			1705.28	1527.14	1445.14	113.14	2047.22
3.2.1	各种利息支出			278.60	277.14	195.14	113.14	113.14
3.2.2	偿还债务本金			1426.67	1250.00	1250.00		1934.08
3.2.3	应付利润（股利分配）							
3.2.4	其他筹资活动现金流出							
4	净现金流量			-241.70	269.21	300.79	1612.29	14072.60
5	累计盈余资金	1012.97	1618.72	1377.02	1646.23	1947.02	3559.31	17631.92

资产负债估算表（工业类简要评价举例）

表 9.23　　单位：万元

序号	项目名称	上二年	上一年	第 1 年（本年）	第 2 年	第 3 年	第 4 年	第 5 年
		2009	2010	2011	2012	2013	2014	2015
1	资产	15301.96	17951.37	20675.31	20378.14	20232.23	21397.82	20252.46
1.1	流动资产总额	3048.86	5826.82	6649.82	6919.03	7219.82	8832.11	20252.46
1.1.1	货币资金	1453.71	2094.99	2070.31	2339.52	2640.31	4252.60	17631.92
1.1.2	应收账款	42.95	13.37	58.31	58.31	58.31	58.31	
1.1.3	预付账款	36.01	171.19	165.28	165.28	165.28	165.28	
1.1.4	存货	949.44	926.73	1735.38	1735.38	1735.38	1735.38	
1.1.5	其他流动资产	566.75	2620.54	2620.54	2620.54	2620.54	2620.54	2620.54
1.2	在建工程							
1.3	固定资产净值	5751.04	5417.88	7471.18	7024.47	6577.77	6131.07	
1.4	无形及其他资产净值	424.39	272.03	119.68				
1.5	长期投资	6077.67	6434.64	6434.64	6434.64	6434.64	6434.64	
2	负债及所有者权益	15301.96	17951.39	20675.33	20378.16	20232.25	21397.84	20252.48
2.1	流动负债总额	4525.90	5734.91	3670.88	3670.88	3670.88	3670.88	3294.01
2.1.1	短期借款		1426.67					
2.1.2	应付账款	886.42	971.78	325.14	325.14	325.14	325.14	
2.1.3	预收账款	443.66	42.45	51.73	51.73	51.73	51.73	
2.1.4	其他流动负债	3195.82	3294.01	3294.01	3294.01	3294.01	3294.01	3294.01
2.2	长期借款债券应付款			2500.00	1250.00			
2.3	流动资金借款		573.33	1934.08	1934.08	1934.08	1934.08	
2.4	其他长期负债	708.63	797.87	797.87	797.87	797.87	797.87	797.87
2.5	负债小计	5234.53	7106.11	8902.82	7652.82	6402.82	6402.82	4091.88
2.6	所有者权益	10067.43	10845.28	11772.51	12725.34	13829.42	14995.01	16160.60
2.6.1	实收资本	1475.46	1475.46	1475.46	1475.46	1475.46	1475.46	1475.46
2.6.2	资本公积	6145.15	6412.88	6412.88	6412.88	6412.88	6412.88	6412.88
2.6.3	累计盈余公积	1847.20	1898.21	1990.93	2086.22	2196.62	2313.18	2429.74
2.6.4	未分配利润	599.62	1058.73	1893.24	2750.78	3744.46	4793.49	5842.52
计算指标	资产负债率（%）	34.21	39.59	43.06	37.55	31.65	29.92	28.38
计算指标	流动比率	0.67	0.92	1.19	1.23	1.29	1.58	1.86
计算指标	速动比率	0.46	0.75	0.85	0.90	0.95	1.24	1.52
计算指标	现金比率	0.32	0.33	0.37	0.42	0.47	0.76	1.05

融资需求与筹措计划表（工业类简要评价举例）

表9.24

单位：万元

序号	项目名称	合计	第1年	第2年	第3年	第4年	第5年
			2011	2012	2013	2014	2015
1	资金需求	4775.38	4775.38				
1.1	流动资金	2275.38	2275.38				
1.2	债务优化融资						
1.3	新增固定投资	2500.00	2500.00				
2	资金筹措	4775.38	4775.38				
2.1	权益资金	341.31	341.31				
2.1.1	年初自有流动资金						
2.1.2	经营收益及盈余资金	341.31	341.31				
2.1.3	拟股权融资						
2.2	债务资金	4434.08	4434.08				
2.2.1	流动资金贷款	1934.08	1934.08				
2.2.2	债务优化贷款						
2.2.3	新增固定投资贷款	2500.00	2500.00				

全部投资现金流量表（工业类简要评价举例）

表9.25

单位：万元

序号	项目名称	合计	上一年	第1年	第2年	第3年	第4年	第5年
			2010	2011	2012	2013	2014	2015
1	现金流入	64062.87	1618.72	9609.95	9609.95	9609.95	9609.95	24004.34
1.1	营业收入	47966.71		9593.34	9593.34	9593.34	9593.34	9593.34
1.2	补贴收入							
1.3	回收固定资产余值	5684.37						5684.37
1.4	回收流动资金	2275.38						2275.38
1.5	其他收入	8136.41	1618.72	16.61	16.61	16.61	16.61	6451.25
2	现金流出	54379.88	12697.88	11698.04	7495.99	7495.99	7495.99	7495.99
2.1	建设投资	14624.55	12124.55	2500.00				
2.2	流动资金	2275.38	573.33	1702.05				
2.3	经营成本	36760.07		7352.01	7352.01	7352.01	7352.01	7352.01
2.4	营业税金及附加	719.87		143.97	143.97	143.97	143.97	143.97
2.5	维持运营投资							
2.6	其他现金流出							
3	所得税前净现金流量(1-2)	9682.99	-11079.16	-2088.09	2113.96	2113.96	2113.96	16508.35

续表

序号	项目名称	合计	上一年	第1年	第2年	第3年	第4年	第5年
			2010	2011	2012	2013	2014	2015
4	所得税	1771.77		309.08	317.61	368.03	388.53	388.53
5	所得税后净现金流量（3-5）	7911.22	-11079.16	-2397.17	1796.35	1745.93	1725.43	16119.82
6	累计所得税后净现金流量		-11079.16	-13476.32	-11679.97	-9934.04	-8208.60	7911.22
计算指标	全投资税后财务内部收益率（%）	725.57	-11079.16	-2179.24	1484.59	1311.75	1178.49	10009.14
	全投资税后投资回收期（年）	11.39						
	全投资税后财务净现值（I=10.0%）	4.51						

权益资金现金流量表（工业类简要评价举例）

表9.26 单位：万元

序号	项目名称	合计	上一年	第1年	第2年	第3年	第4年	第5年
			2010	2011	2012	2013	2014	2015
1	现金流入	64062.87	1618.72	9609.95	9609.95	9609.95	9609.95	24004.34
1.1	销售（营业）收入	47966.71		9593.34	9593.34	9593.34	9593.34	9593.34
1.2	补贴收入							
1.3	回收固定资产余值	5684.37						5684.37
1.4	回收流动资金	2275.38						2275.38
1.5	其他现金流入	8136.41	1618.72	16.61	16.61	16.61	16.61	6451.25
2	现金流出	56934.92	10845.28	9510.34	9340.74	9309.16	7997.66	9931.74
2.1	资本金	10845.28	10845.28					
2.2	借款本金偿还	5860.75		1426.67	1250.00	1250.00		1934.08
2.3	借款利息支付	977.18		278.60	277.14	195.14	113.14	113.14
2.4	经营成本	36760.07		7352.01	7352.01	7352.01	7352.01	7352.01
2.5	销售(营业)税金及附加	719.87		143.97	143.97	143.97	143.97	143.97
2.6	所得税	1771.77		309.08	317.61	368.03	388.53	388.53
2.7	维持运营投资中的项目资本金							
3	净现金流量（1-2）	7127.95	-9226.56	99.61	269.21	300.79	1612.29	14072.60
4	股东权益（3+2.1）	17973.23	1618.72	99.61	269.21	300.79	1612.29	14072.60
计算指标	股东权益现值（I=10.0%）	11996.95	1618.72	90.55	222.49	225.99	1101.22	8737.98
	资本金内部收益率（%）	12.76						

（三）财务评价指标汇总表

工业类简要评价财务指标汇总表详见表9.27，同一个企业标准模式财务分析计算结果见表9.28“财务指标汇总表”。

同一个工业类企业的简要评价与标准模式差异较大，财务评价指标汇总表的内容与指标都有明显差别，报表内容的主要差异是“经营状况评价指标”，简要评价未设“生产能力利用率”和“盈亏平衡点”两个指标，取而代之的是“销售利润率”和“主营业务收入现金含量”，两个都不是财务评价决策指标，只是满足信用评级定量分析需要。

简要评价与标准模式评价指标的差额也是存在明显差异的，如前者的全投资税后内部收益率为11.39%、权益资金内部收益率为12.76%、每股价值为8.13元，比后者的15.42%、18.09%、9.66元等都要低；两者的贷款偿还期都是3年，但前者的平均偿债备付率141.62%低于后者的175.65%。主要因简要评价计算期平均主营业务收入增长幅度9.77%低于标准模式计算期平均主营业务收入增长幅度14.06%，简要评价因缺少经营状况统计数据，不能对企业生产能力利用率作出分析，对预测未来收入增长采取了必要的慎重做法，即第1年（本年）比上年增长48.48%，从第2年开始每年增长幅度设为0。而标准模式第1年的增长幅度与简要评价一样，但从第2年开始生产负荷由第1年的82.35%提高到100%，以后每年持续按100%计算。标准模式因采集数据多，分析更精准，预测更大胆。

财务评价指标汇总表（工业类简要评价举例）

表9.27

序号	项目名称	单位	上二年	上一年	未来预测	
			2009	2010	2011（本年）	计算期平均
1	**经营状况评价指标**					
1.1	主营业务收入	万元	3638.48	6254.71	9310.76	9310.76
1.2	主营业务收入增长幅度	%	-39.60	71.90	48.86	9.77
1.3	销售利润率	%	10.98	10.42	12.89	14.78
1.4	主营业务收入现金含量		190.81		100.00	100.00
1.5	存货周转率		2.21	3.39	2.51	2.00
1.6	应收账款周转率		84.71	467.82	159.69	127.75

续表

序号	项目名称	单位	上二年	上一年	未来预测	
			2009	2010	2011（本年）	计算期平均
2	**获利能力评价指标**					
2.1	净利润	万元	318.95	510.13	927.23	1063.06
2.2	净利润增长率	%		59.94	81.76	21.19
2.3	息税折旧摊销前利润	万元	953.48	1250.61	2113.96	2113.96
2.4	息税折旧摊销前利润增长率	%		31.16	69.03	13.81
2.5	总投资收益率	%	3.25	5.23	9.29	11.10
2.6	总投资净收益率	%	2.36	3.89	7.40	8.79
2.7	全投资税后内部收益率	%				11.39
2.8	权益资金内部收益率	%				12.76
2.9	每股价值	元			8.13	8.13
3	**财务状况评价指标**					
3.1	资产负债率	%	34.21	39.59	43.06	34.11
3.2	流动比率		0.67	0.92	1.19	1.43
3.3	速动比率		0.46	0.75	0.85	1.09
3.4	现金比率		0.32	0.33	0.37	0.61
4	**偿债能力评价指标**					
4.1	利息备付率	%	200.00	200.00	543.75	980.74
4.2	贷款偿还期	年				3.00
4.3	偿债备付率	%	130.00	130.00	180.75	141.62
4.4	累计平均偿债备付率最低值	%			180.75	141.62
4.5	偿债备付率（优化前）	%	130.00	130.00	180.75	141.62
4.6	累计平均偿债备付率最低值（优化前）	%			180.75	141.62
5	**发展潜力评价指标**					
5.1	累计盈余资金	万元	1012.97	1618.72	1377.02	5232.30
5.2	净资产	万元	10067.43	10845.28	11772.51	13896.58

财务评价指标汇总表（工业类标准模式举例）

表 9.28

序号	项目名称	单位	2009（上二年）	2010（上一年）	2011（本年）	计算期平均
1	**经营状况评价指标**					
1.1	主营业务收入	万元	3638.48	6254.71	9310.88	10907.36
1.2	主营业务收入增长幅度	%	-39.60	71.90	48.86	14.06
1.3	生产能力利用率	%	32.18	55.32	82.35	96.47
1.4	盈亏平衡点	%			53.08	49.11
1.5	存货周转率		2.21	3.39	2.53	2.02
1.6	应收账款周转率		84.71	467.82	165.73	136.07
2	**获利能力评价指标**					
2.1	净利润	万元	318.95	510.13	1106.52	1658.50
2.2	净利润增长率	%		59.94	116.91	35.76
2.3	息税折旧摊销前利润	万元	953.48	1250.61	2381.87	2972.75
2.4	息税折旧摊销前利润增长率	%		31.16	90.46	24.29
2.5	总投资收益率	%	3.25	5.23	10.75	16.19
2.6	总投资净收益率	%	2.36	3.89	8.49	12.65
2.7	全投资税后内部收益率	%				15.42
2.8	权益资金内部收益率	%				18.09
2.9	每股价值	元			9.66	9.66
3	**财务状况评价指标**					
3.1	资产负债率	%	34.21	39.59	42.40	32.67
3.2	流动比率		0.67	0.92	1.23	1.70
3.3	速动比率		0.46	0.75	0.89	1.34
3.4	现金比率		0.32	0.33	0.41	0.88
4	**偿债能力评价指标**					
4.1	利息备付率	%	200.00	200.00	622.59	1295.51
4.2	贷款偿还期	年				3.00
4.3	偿债备付率	%	130.00	130.00	191.88	175.65
4.4	累计平均偿债备付率最低值	%			191.88	175.65
4.5	偿债备付率（优化前）	%	130.00	130.00	191.88	175.65
4.6	累计平均偿债备付率最低值（优化前）	%			191.88	175.65
5	**发展潜力评价指标**					
5.1	累计盈余资金	万元	1012.97	1618.72	1570.26	6844.79
5.2	净资产	万元	10067.43	10845.28	11951.80	15474.82

四、评级授信评价方法

简要评价的评级授信方法与标准模式相同，但信用评级打分模板略有差别，主要差异是删除了“生产能力利用率”指标，将分值加到总投资收益率上。简要评价的评价标准与标准模式完全相同。

1. 定性分析打分表

简要评价定性分析打分表见表9.29。

定性分析打分表（工业类简要评价举例）

表9.29

序号	指标大类	指标名称	指标	选择	指标分档	分值	得分
1	经营者素质 20	学历			主要领导人硕士以上学历	5	
				√	主要领导人本科以上学历	4	4
					主要领导人大专以上学历	3	
					主要领导人大专以下学历	2	
		行业经验		√	从事本行业5年以上	5	5
					从事本行业3~5年	3	
					从事本行业1~3年	2	
					从事本行业1年以下	1	
		信用记录		√	无不良记录	5	5
					存在第三方负面评价	3	
					存在贷款违约记录	2	
					发生重大事故或经济纠纷	0	
		公司团队		√	技术实力和销售能力俱强	5	5
					技术实力强和销售能力稍弱	4	
					销售能力强和技术实力稍弱	3	
					技术实力和销售能力一般	2	
6	特例事项	信用记录			经营者个人的信用征信记录	-5	
					第三方负面评价	-2	
					他行逾期记录	-5	
					重大事故和经济纠纷	-5	
		重大事项			资金问题	-5	
					主业无关投资	-5	
					股权转让或纠纷	-5	
					纳税额及水电费	-5	
					关键经营人员离职	-5	

续表

序号	指标大类	指标名称	指标	选择	指标分档	分值	得分
6	特例事项	重大事项			借款人企业超能力对外担保	-5	
					重大诉讼	-5	
		经营情况			资本金不到位	-10	
					所有者权益为负	-5	
					环保问题	-5	
					安全生产问题	-10	
					政策问题	-5	
					为大型企业提供配套生产	5	

2. 定量分析打分表

简要评价定量分析打分表见表9.30，本简要评价举例与第五章第三节客户信用评级操作方法中企业类举例为同一个企业，标准模式打分见表5.11，简要评价与标准模式存在的差异是经营状况删除了“生产能力利用率”指标，将分值加入“总投资收益率”。

定量分析打分表（工业类简要评价举例）

表9.30

序号	指标大类	指标名称	指标	选择	指标分档	分值	得分
2	经营状况 25	总投资净收益率	6.00		总投资净收益率 >1.6×三年期法定贷款利率	15	
					1.4×三年期法定贷款利率 < 总投资净收益率 < =1.6×三年期法定贷款利率	13	
					1.2×三年期法定贷款利率 < 总投资净收益率 < =1.4×三年期法定贷款利率	11	
					三年期法定贷款利率 < 总投资净收益率 < =1.2×三年期法定贷款利率	9	
				√	0.7×三年期法定贷款利率 < 总投资净收益率 < =三年期法定贷款利率	7	7
					0 < =总投资净收益率 < =0.7×三年期法定贷款利率	5	
					总投资净收益率 <0	0	
		存货周转率	2.86		存货周转率 > =4	5	
					3 < =存货周转率 <4	4	
				√	2 < =存货周转率 <3	3	3
					1 < =存货周转率 <2	1	
					存货周转率 <1	0	
		应收账款周转率	282.94	√	应收账款周转率 > =4	5	5
					3 < =应收账款周转率 <4	4	
					2 < =应收账款周转率 <3	3	
					1 < =应收账款周转率 <2	1	
					应收账款周转率 <1	0	

续表

序号	指标大类	指标名称	指标	选择	指标分档	分值	得分
3	偿债能力 25	现金比率	0.35		现金比率 > =0.4	4	
				√	0.3 < = 现金比率 <0.4	3	3
					0.2 < = 现金比率 <0.3	2	
					0.1 < = 现金比率 <0.2	1	
					现金比率 <0.1	0	
		流动比率	1.08		流动比率 > =1.5	4	
				√	1 < = 流动比率 <1.5	3	3
					0.5 < = 流动比率 <1	1	
					流动比率 <0.5	0	
		偿债备付率	141.62		偿债备付率 > =170	9	
					150 < = 偿债备付率 <170	8	
					130 < = 偿债备付率 <150	7	7
					115 < = 偿债备付率 <130	6	
					110 < = 偿债备付率 <115	5	
					105 < = 偿债备付率 <110	4	
					100 < = 偿债备付率 <105	3	
				√	偿债备付率 <100	1	
		资产负债率	41.67		资产负债率 < =25	8	
					25 < 资产负债率 < =35	6	
				√	35 < 资产负债率 < =45	5	5
					45 < 资产负债率 < =55	4	
					55 < 资产负债率 < =65	2	
					资产负债率 >65	1	
4	发展潜力 20	企业净资产	11401.62	√	企业净资产 > =2600	4	4
					1700 < = 企业净资产 <2600	3	
					900 < = 企业净资产 <1700	2	
					200 < = 企业净资产 <900	1	
					企业净资产 <200	0	
		销售增长率	58.08	√	销售增长率 > =12	5	5
					8 < = 销售增长率 <12	4	
					4 < = 销售增长率 <8	3	
					2 < = 销售增长率 <4	2	
					1 < = 销售增长率 <2	1	
					销售增长率 <1	0	

续表

序号	指标大类	指标名称	指标	选择	指标分档	分值	得分
4	发展潜力 20	净利润增长率	73.03	√	净利润增长率 > =9	5	5
					6 < =净利润增长率 <9	4	
					3 < =净利润增长率 <6	3	
					1 < =净利润增长率 <3	2	
					0 < =净利润增长率 <1	1	
					净利润增长率 <0	0	
		累计盈余资金	1473.7		企业投资能力 > =5000	6	
					4000 < =企业投资能力 <5000	5	
					3000 < =企业投资能力 <4000	4	
					2000 < =企业投资能力 <3000	3	
				√	1000 < =企业投资能力 <2000	2	2
					500 < =企业投资能力 <1000	1	
					企业投资能力 <500	0	0
5	数据真实性 10	综合评价	1	√	综合评价 = (1)	10	10
					综合评价 = (2)	8	
					综合评价 = (3)	6	
					综合评价 = (4)	5	
					综合评价 = (5)	4	
					综合评价 = (6)	3	

3. 客户评分评级表

简要评价的评分评级表见表 9.31，与标准模式工业类举例表 5.12 比较，存在的差异也是在经营状况中删除了“生产能力利用率”指标。简要评价得分 78 分，信用等级为 BBB，标准模式平均得分 84 分，信用等级为 A。简要评价比标准模式降低了一个等级，因简要评价收集资料较少，未来预测采用了谨慎原则，结果在情理之中。

简要评价的评价标准与标准模式相同，复制表 5.3 见表 9.32。

客户评分评级表（工业类举例）

表 9.31

序号	指标大类	指标名称	指标	评价	评分
1	经营者素质	1. 学历		(2) 主要领导人本科以上学历	4
		2. 行业经验		(1) 从事本行业 5 年以上	5
		3. 信用记录		(1) 无不良记录	5
		4. 公司团队		(1) 技术实力和销售能力俱强	5

续表

序号	指标大类	指标名称	指标	评价	评分
2	经营状况	1. 总投资净收益率	6.00	(5) 0.7×三年期法定贷款利率<总投资净收益率<=三年期法定贷款利率	7
		2. 存货周转率	2.86	(3) 2<=存货周转率<3	3
		3. 应收账款周转率	282.94	(1) 应收账款周转率>=4	5
3	偿债能力	1. 现金比率	0.35	(2) 0.3<=现金比率<0.4	3
		2. 流动比率	1.08	(2) 1<=流动比率<1.5	3
		3. 偿债备付率	141.62	(3) 130<=偿债备付率<150	7
		4. 资产负债率	41.67	(3) 35<资产负债率<=45	5
4	发展潜力	1. 净资产	11401.62	(1) 净资产>=2600	4
		2. 销售增长率	58.08	(1) 销售增长率>=12	5
		3. 净利润增长率	73.03	(1) 净利润增长率>=9	5
		4. 累计盈余资金	1473.70	(5) 1000<=累计盈余资金<2000	2
5	数据真实性	1. 综合评价		(1) 提供数据可信度高	10
6	特例事项	1. 信用记录		(5) 无	
		2. 重大事项		(8) 无	
		3. 经营情况		(7) 无	
7	分值汇总	分值汇总			78
8		评定等级		BBB	78

评级标准

表 9.32

序号	信用等级	对应分值下限	对应分值上限
1	AAA	>90	<=100
2	AA	>85	<=90
3	A	>80	<=85
4	BBB	>70	<=80
5	BB	>65	<=70
6	B	>60	<=65
7	CCC	>50	<=60
8	CC	>45	<=50
9	C	>40	<=45
10	D	>=0	<=40

4. 授信额度计算表

简要评价的授信额度计算见表 9.33，计算方法与标准模式相同，标准模式工业类举例见表 5.18。

简要评价与标准模式比较，授信额度相同，授信总额4500万元，其中流动资金授信额度2000万元，固定资产授信额度2500万元。差异较大的是“综合授信控制边界计算值”，标准模式为20823万元，简要模式为19141万元。不过，两种分析结果对于承受4500万元授信额度都绰绰有余，说明企业财务状况优良。

授信额度计算表（工业类简要评价举例）

表9.33

序号	参数或指标	变量名称	测算
1	综合授信控制边界测算		
1.1	可接受的最高资产负债率	R_m	0.7
1.2	客户最近资产总额		17951
1.3	客户最近负债总额	L_0	7106
1.4	客户最近资产负债率	R_0	0.4
1.5	账面净资产		10845
1.6	无法变现资产		0
1.7	客户最近有效净资产	N_A	10845
1.8	客户信用等级		BBB
1.9	客户信用等级调整系数	C	0.7
1.10	本年利润再投资默认值	I	927
1.11	本年利润再投资确认值	I_0	927
1.12	综合授信控制边界计算值	M	19141
1.13	建议综合授信边界	M_0	19141
2	流动资金授信额度计算值		
2.1	估算的流动资金		2275
2.2	流动资金最大贷款比例		0.85
2.3	流动资金授信额度计算值		1934
2.4	建议流动资金授信额度	F_B	2000
3	固定资产授信额度计算值		
3.1	息税折旧摊销前利润		2114
3.2	所得税		309
3.3	经营活动净现金流量		1805
3.4	可接受的固定资产贷款偿还期	T	3
3.5	折现率		0.1
3.6	净现值		4437
3.7	最低偿债备付率		1.3
3.8	客户最近固定资产贷款余额1		0

续表

序号	参数或指标	变量名称	测算
3.9	新增固定资产授信额度计算值	F_A	3413
3.10	新增固定投资授信额度需要值	F_{A2}	2500
4	表外业务授信额度计算		
4.1	表外业务授信额度计算值	F_C	0
4.2	表外业务授信额度建议值	F_{C1}	0
5	建议单品种授信额度		
5.1	客户最近固定资产贷款余额2	F_{A0}	0
5.2	流动资金授信额度	F_{B0}	2000
5.3	未用固定资产授信额度	F_{A1}	2500
5.4	表外业务授信额度	F_{C0}	0
6	授信总额	F_0	4500

第四节　商业及其他类简要评价案例

商业类企业的简要评价方法与标准模式比较，只是资料收集和真实性验证不同，减少了收集资料内容和不做真实性验证，从确定参数开始至评级授信的整个评价模型完全相同，简要评价的财务分析计算和信用评级，可以获得与标准模式完全相同的评价结果。作者用本书商业类案例数据，经过确定参数、财务评价、评级授信评价等分析验证，确认简要评价与标准模式评价结果相同。

因此，商业类简要评价不必要在此用大量篇幅重复本书第四章企业财务评价方法第十四节商业类企业案例和第五章企业评级授信方法第八节商业类评级授信案例等内容。有需要了解简要评价具体算法的读者，请阅读标准模式商业类举例相关章节。

第十章　小微企业贷款评价方法

第一节　小微企业贷款评价方法综述

一、小微企业划分标准

1. 小微企业概念与分类方法

小微企业是小型企业和微型企业的总称。

世界银行和我国有关规范主要按资产规模或经营规模划分小微企业。也可以按企业所能提供的资料和贷款评价适用的模型区分一般企业和小微企业。

2. 小微企业按规模划分的方法

据世界银行专家介绍，按照世界银行的定义，微型企业应该是雇员数目少于10人，总资产和年销售额都在100万美元以下的企业，小型企业的雇员数目在10~50人之间，资产和销售额在100万~300万美元之间。

国家银监会在《银行开展小企业贷款业务指导意见》中明确了小型企业的划分标准，即参照《中小企业标准暂行规定》(国经贸中小企〔2003〕143号)、《统计上大中小型企业划分办法（暂行)》(国统字〔2003〕17号）和《部分非工企业大中小型划分补充标准（草案)》(国资厅评价函〔2003〕327号）的规定。

根据国家经济贸易委员会、国家发展计划委员会、财政部、国家统计局颁发的《中小企业标准暂行规定》(国经贸中小企〔2003〕143号)，国内小企业划分标准与世界银行划分标准对照如下：

小微企业划分标准

表10.1

标准	企业类型	人数	资产	销售额
世行标准	微型企业	少于10人	小于100万美元	小于100万美元
	小型企业	10~50人	100万~300万美元	100万~300万美元

续表

标准	企业类型	人数	资产	销售额
国家标准	工业小型企业	少于300人	小于4000万元	小于3000万元
	建筑业小型企业	少于600人	小于4000万元	小于3000万元
	零售业小型企业	少于100人		小于1000万元
	批发业小型企业	少于100人		小于3000万元
	交通运输业小型企业	少于500人		小于3000万元
	邮政业小型企业	少于400人		小于3000万元
	住宿和餐饮业小型企业	少于400人		小于3000万元

表中人数、资产、销售额只要符合条件之一的，即划为小企业。

3. 小微企业与小微企业评价模型

企业提供的贷款评价资料主要是财务报表和纳税申报表，而且两者具有一定的联系。我国企业税收征管方法分为查账征收和核定征收两大类型，采用何种类型由税务部门根据企业财务制度是否健全确定。

查账征收，是指税务机关按照纳税人提供的账表所反映的经营情况，依照适用税率计算缴纳税款的方式。该方法适用于财务制度健全，能认真履行纳税义务的单位。

核定征收，是指由于纳税人的会计账簿不健全，资料残缺难以查账，或者其他原因难以准确确定纳税人应纳税额时，由税务机关采用合理的方法依法核定纳税人应纳税款的一种征收方式，简称核定征收。

显然，本书第一章至第九章介绍的方法，要求提供的财务资料和纳税申报资料齐全，而且可以查证，适合于能够提供财务报表和流转税采用查账征收的企业，收集资料内容详见标准模式和简要评价。对于不能完整提供财务报表或者流转税采用核定征收的企业，宜采用本章介绍的小微企业评价模型（以下简称“小微模式”）。

按照上述要求分类，小微企业评价模型的使用对象将主要定位于个体工商企业和农户。根据全国工商联发布的2012年度《中国民营经济发展形势分析报告》，2012年底中国个体工商户总户数已突破4000万户，是一个巨大的群体。

有些能够提供完整财务报表但流转税采用核定征收的企业有限责任公司，如小规模商业零售、餐饮服务等有限责任公司，也存在客户不要求开具发票情况，税务部门难以确定应纳税额，税务部门采用核定征收方法。企业向贷款机构提供的利润表可能包含了没有开具发票的营业收入，利润表中的营业收入可能会高于纳税申报表中收入，使得营业收入数据的真实性难以用纳税申报收入准确验证。此类有限责任公司的贷款评价也可以采用小微模式。

二、小微企业贷款评价方法原理

小微企业管理不规范、提供资料不足和成活率低等特点，是小微企业贷款有别于一般企业贷款的风险特征。小微企业也同时存在规模小、经营模式简单、调查核实工作量不大等有利贷款评价的条件。根据世界银行和国内贷款机构提供的经验，可以从四个方面建立小微企业贷款评价模型和风险控制体系：一是识别借款人的还款意愿；二是分析资金需求与偿债能力；三是控制贷款期限；四是建立贷款风险补偿机制。

1. 识别借款人还款意愿的调查评价方法

信用评价是识别借款人还款意愿的常用方法，但根据小微企业的特点，不能用一般企业的调查取证方法。主要通过对借款人以往的历史、声誉、信用的调查来判断其是否有还款意愿。评价指标即信用等级，依据客户信用等级确定贷款对象，将客户划分为主要贷款对象、慎重贷款对象和限制贷款对象。

关于客户的以往历史和信用，可以通过授权查询个人征信系统，也可以查询客户在评价系统中积累历史资料和历年评定的信用等级。

关于客户的声誉，常用方法是走访客户周围人群，获取客户口碑信息；听取当地政府基层组织或德高望重人士对客户的评价。

在尽职调查基础上，结合财务评价指标，完成客户信用评价，评价结果用“客户评分评级表”表示。

2. 贷款需求与还款能力调查评价方法

世界银行专家认为，根据尽职调查资料，帮助借款人编制简单的利润表和资产负债表，是分析资金需求与偿债能力的主要方法。

尽职调查，由借款人填写一张“尽职调查表”，主要填写“上一年”（年初调查）或“本年”（年末调查）的经营数据，内容不多且简单，是一个合格的经营者能够提供的。

贷款机构客户经理在审核借款人填写的“上一年”经营数据的基础上，对照“上一年”数据，与借款人一起填写“本年计划”数据。

根据“上一年”统计数据和“本年计划”数据，完成简单的财务分析，分析结果集中于一张表，表中分为“利润估算简表”、“流动资金估算表”、“资产负债简表”、“财务评价指标”等四部分。

根据财务评价指标和信用等级，可以对客户的贷款需求、偿债能力和信用得出评价结论，确定是否贷款或贷款金额。

3. 限制授信品种和缩短贷款期限的措施

由于小微企业抗风险能力差，容易倒闭，限制授信品种和缩短贷款期限是控制贷款风险的措施之一，故不宜提供周期较长的贷款如固定资产贷款，引导企业在扩张过程中量力而行。

因此，小微企业将以提供流动资金贷款为主。

4. 关于建立贷款风险补偿机制

正确的利率定价是建立贷款风险补偿机制的有效方法，利率中的“风险溢价”部分与企业贷款风险（信用等级）挂钩。这也是国内外通行的方法，企业也能接受。关于利率定价方法，将在本书第十一章利率定价理论与操作实务中介绍。

三、贷款评价模型小微模式

小微模式的评价包括“尽职调查表”、“财务分析表”、“客户评分评级表”等三张表。信用评价过程包括打分模板、信用评级标准等内容。

小微模式的评价模板需要按行业适当分类，一般至少分为工业类、商业类、餐饮服务类、其他、农户等五类，详见本章第二节～第六节。

四、关于数据真实性问题的解决方法

小微企业经营品种单一，经营方式简单，客户经理只要在现场与借款人一起填写尽职调查表，客户经理有能力对借款人的经营状况作出判断，同时与借款人一起制订本年的经营计划，如果客户经理对行业比较熟悉，可以用行业数据进行分析判断。除了填写尽职调查表之外，还需要收集客户的证明性材料，如营业执照复印件、税务登记证复印件、银行开户材料、抵质押物权证、证明“货币资金”的存折或银行对账单、身份证复印件、贷款卡查询资料、个人征信查询授权书及查询资料、借款人面谈、社会调查访谈，等等。

第二节　工业类小微企业贷款评价模板

一、尽职调查方法

小微企业尽职调查方法，客户经理实地与借款人一起填写“尽职调查表”，内容与格式详见表 10.2。

表中内容分为 7 个部分，具体如下：

1. 授信情况

每个行业模板内容相同。流动资金贷款额度的核定，需要与“财务分析表”中“流动资金估算表”的“流动资金”比较核定，满足：

流动资金贷款额（本年计划）≤流动资金

尽职调查表（工业类小微企业）

表 10.2

序号	项目	单位	上一年	本年计划	备注
1	**授信情况**				
1.1	流动资金贷款申请额	万元			调查填写
1.2	流动资金贷款额	万元			调查填写，注意本年计划≤流动资金
1.3	贷款年利率	%			调查填写
2	**经营状况**				
2.1	主营产品名称				调查填写
2.2	产能				调查填写，单位数量级为“一”
2.3	产量				调查填写，单位数量级为“一”
2.4	年销售量				调查填写，单位数量级为“一”
2.5	年销售收入	万元			调查填写
2.6	年缴税金	万元			调查填写，含流转税和所得税
2.7	年经营成本	万元			调查填写或计算 =2.7.1 +2.7.2，不含折旧、摊销、利息
2.7.1	可变成本	万元			调查填写（材料、燃料、水电等费用，以及随收入变动的工资、管理费用等）
2.7.2	固定成本	万元			调查填写（固定工资、固定的管理费用）
2.8	年利息支出	万元			调查填写，计算(本年计划) =1.2×1.3/100
2.9	年净利润	万元			默认 =2.5 -2.6 -2.7 -2.8
3	**资产**			**默认 =3.1 +3.2 +3.3 +3.4 +3.5 +3.6 +3.7**	
3.1	货币资金	万元		调查填写，本年计划由计算确定，不需填写	
3.2	应收账款	万元		调查填写，本年计划由计算确定，不需填写	
3.3	存货			调查填写（预付款、库存材料、在产品、产成品）	
3.4	押金（保证金）	万元		调查填写，本年计划由计算确定，不需填写	
3.5	购置厂房	万元		调查填写，本年计划由计算确定，不需填写	
3.6	购置设备	万元		调查填写，本年计划由计算确定，不需填写	
3.7	其他资产	万元		调查填写，本年计划由计算确定，不需填写	
4	**负债**			**默认 =4.1 +4.2 +4.3**	
4.1	应付账款	万元		调查填写，本年计划由计算确定，不需填写	
4.2	借款	万元		调查填写，本年计划由计算确定，不需填写	

续表

序号	项目	单位	上一年	本年计划	备注
4.3	其他负债	万元		调查填写，本年计划由计算确定，不需填写	
5	**权益资金**			**默认 =5.1 +5.2 +5.3**	
5.1	注册资本	万元		调查填写，本年计划由计算确定，不需填写	
5.2	未分配利润	万元		调查填写，本年计划由计算确定，不需填写	
5.3	投入其他自有资金	万元		调查填写，本年计划由计算确定，不需填写	
6	**经营者素质调查**			**勾选**	**备注**
6.1 品质	1 – 艰苦创业，谈吐诚实，社会反映良好				依据社会调查判断
	2 – 其余				
6.2 行业经历	1 – 经营年限≥3 年				社会调查判断
	2 – 经营年限 <3 年				
	3 – 曾从事经营的企业发生关、停、破产				
6.3 经营能力	1 – 经营稳健、思路清晰、轻松填写本调查表				根据面谈与调查数据填写情况判断
	2 – 能完整填写本调查表				
	3 – 其他				
6.4 健康状况	1 – 年龄在 50 周岁以内，身体健康				根据身份证、面谈和社会调查判断
	2 – 其他				
6.5 经营业绩	1 – 纳税款逐年增加				收集连续几年的纳税凭证判断
	2 – 其余				
6.6 开户情况	1 – 在本行独家开户				填写开户行
	2 – 在 2 家以上银行开户，我行基本户				
	3 – 其余				
6.7 信用情况	1 – 信用查证无不良记录				授权查询个人征信系统判断
	2 – 信用查证有违约记录已还款				
	3 – 信用查证违约未结				
6.8 社会声誉	1 – 口碑很好				社会调查判断
	2 – 无负面评价				
	3 – 存在负面评价				
6.9 市场竞争力	1 – 产品供不应求或具有独有技术				企业提供信息，经核实判断
	2 – 产品供求平衡或为大企业配套				
	3 – 其余				
6.10 拖欠费现象	1 – 未发生拖欠现象				问询企业负责人，经过核实
	2 – 发生 3 个月以内欠税（费、工资）现象的				
	3 – 发生 3 个月以上欠税（费、工资）现象的				

续表

序号	项目	单位	上一年	本年计划	备注
7	**担保能力**				
7.1 担保方式	1－资产抵押				落实担保方式，提供抵质押权证
	2－质押				
	3－第三方担保				
7.2 担保比率	（1）担保比率（%）<50				担保比率＝对外担保额度×100/净资产
	（2）50<＝担保比率（%）<＝70				
	（3）70<担保比率（%）<＝90				
	（4）90<担保比率（%）<＝100				
	（5）担保比率（%）>100				

2. 经营情况

经营情况是每个行业模板不同之处，但目的是相同的，都是为了确定“年销售收入”、“年缴税金”、“年经营成本”、“年利息支出”、“年净利润”等统计数据和经营计划数据。不同之处主要表现在不同行业的收入和成本估算方法。

上一年填写统计数据，本年计划填写预测数据。

“产量”不能超过“产能”。本年计划“年销售量”取数据一般与“产量”相同。

年销售收入(本年计划)＝年销售收入[上一年]×年销售量(本年计划)/年销售量[上一年]；

年缴税金(本年计划)＝年缴税金[上一年]×年销售量(本年计划)/年销售量[上一年]；

可变成本(本年计划)＝可变成本[上一年]×年销售量(本年计划)/年销售量[上一年]；

固定成本(本年计划)＝固定成本[上一年]；

年经营成本(本年计划)＝可变成本(本年计划)＋固定成本(本年计划)；

利息支出(本年计划)＝流动资金贷款额(本年计划)×贷款年利率(本年计划)/100；

年净利润(本年计划)＝年销售收入－年缴税金－年经营成本－利息支出

3. 资产

每种模板内容与格式相同，数据填写方法也完全相同。数据取自账本或财务报表。

4. 负债

每种模板内容与格式相同，数据填写方法也完全相同。数据取自账本或财务报表。

5. 权益资金

每种模板内容与格式相同，数据填写方法也完全相同。数据取自账本或财务报表。

6. 经营者素质调查

是评价客户信用的定性分析依据，各种模板内容与格式相同。内容包括借款人品质、行业经历、经营能力、健康状况、经营业绩、开户情况、信用情况、社会声誉、市场竞争力、拖欠费现象等十项，由客户经理调查后作出判断。

7. 担保能力

每种模板内容与格式相同，数据填写方法也完全相同。

选择担保方式，由企业提供担保方式，由客户经理确定。计算担保比率指标，确定选项。

二、财务评价

每种模板财务评价方法完全相同，财务分析内容与格式详见表10.3。内容包括“利润估算简表”、“流动资金估算表”、“资产负债简表”、“财务评价指标”四个部分。

计算公式见表中备注栏，不再重复说明。

财务分析表

表10.3

序号	项目	单位	上一年	本年计划	备注
1	**利润估算简表**				
1.1	营业收入	万元			计算=尽职调查表！年销售收入
1.2	流转税及附加和所得税	万元			计算=尽职调查表！年缴税金
1.3	经营成本	万元			计算=尽职调查表！年经营成本
1.4	各种利息支出	万元			计算=尽职调查表！年利息支出，本年计划=尽职调查表！流动资金贷款额×尽职调查表！贷款年利率/100
1.5	净利润	万元			计算=尽职调查表！年净利润，本年计划=1.1-1.2-1.3-1.4
1.6	息税前利润	万元			计算=净利润+各种利息支出
2	**流动资金估算表**				
2.1	流动资产	万元			计算[上一年]=货币资金+应收账款+存货+其他应收账款；计算（本年计划）=流动资产[上一年]×营业收入（本年计划）/营业收入[上一年]

续表

序号	项目	单位	上一年	本年计划	备注
2.2	流动负债	万元			计算[上一年]=应付账款;计算(本年计划)=流动负债[上一年]×营业收入(本年计划)/营业收入[上一年]
2.3	流动资金	万元			计算=流动资产-流动负债
2.4	流动资金借款	万元			计算=尽职调查表！流动资金贷款额
3	**资产负债简表**				
3.1	资产	万元			计算=尽职调查表！资产+Max(尽职调查表！负债+尽职调查表！权益资金-尽职调查表！资产,0),计算(本年计划)=负债及所有者权益
3.1.1	货币资金	万元			计算=尽职调查表！货币资金,计算(本年计划)=3.1 - 3.1.2 - 3.1.3 - 3.1.4 - 3.1.5 - 3.1.6 -3.1.7
3.1.2	应收货款	万元			计算=尽职调查表！应收账款,计算(本年计划)=应收账款[上一年]×营业收入(本年计划)/营业收入[上一年]
3.1.3	存货	万元			计算=尽职调查表！存货,计算(本年计划)=存货[上一年]×营业收入(本年计划)/营业收入[上一年]
3.1.4	其他应收账款	万元			计算=尽职调查表！押金(保证金),计算(本年计划)=其他应收账款[上一年]×营业收入(本年计划)/营业收入[上一年]
3.1.5	购置厂房	万元			计算=尽职调查表！购置厂房,计算(本年计划)=购置厂房[上一年]
3.1.6	购置设备	万元			计算=尽职调查表！购置设备,计算(本年计划)=购置设备[上一年]
3.1.7	其他资产	万元			计算=尽职调查表！其他资产+Max(尽职调查表！负债+尽职调查表！权益资金-尽职调查表！资产,0)
3.2	负债总额	万元			计算=尽职调查表！负债+尽职调查表！权益资金+Max(尽职调查表！资产-尽职调查表！负债-尽职调查表！权益资金,0),计算(本年计划)=3.2.1+3.2.2+3.2.3
3.2.1	应付账款	万元			计算=尽职调查表！应付账款,计算(本年计划)=应付账款[上一年]×营业收入(本年计划)/营业收入[上一年]
3.2.2	借款	万元			计算=尽职调查表！借款,计算(本年计划)=尽职调查表！流动资金贷款额
3.2.3	其他负债	万元			计算=尽职调查表！其他负债+Max(尽职调查表！资产-尽职调查表！负债-尽职调查表！权益资金,0),计算(本年计划)=其他负债[上一年]

续表

序号	项目	单位	上一年	本年计划	备注
3.3	所有者权益				计算=尽职调查表！所有者权益,计算(本年计划)=3.3.1+3.3.2+3.3.3
3.3.1	注册资本	万元			计算=尽职调查表！注册资本,计算(本年计划)=注册资本[上一年]
3.3.2	利润	万元			计算=尽职调查表！未分配利润,计算(本年计划)=利润[上一年]+利润估算简表！净利润(本年计划)
3.3.3	其他自有资金	万元			计算=投入其他自有资金,计算(本年计划)=其他自有资金[上一年]
3.4	负债及所有者权益	万元			计算=负债总额+所有者权益
3.5	资产负债率	%			计算=负债总额×100/资产
4	**财务评价指标**				
4.1	流动资金	万元			计算=流动资金估算表！流动资金
4.2	固定资产投资	万元			计算=购置厂房+购置设备
4.3	资产负债率	%			计算=资产负债简表！资产负债率
4.4	总投资收益率	%			计算=息税前利润×100/(流动资金+固定资产投资)
4.5	利息备付率	%			计算=息税前利润×100/财务费用

三、客户信用评级

每种模型的客户信用评级方法相同，内容包括信用评级打分表、客户评分评级表和信用评级标准等。

1. 信用评级打分表

信用评级打分表的内容与格式见表10.4。

信用评级打分表

表10.4

评价指标名称	评价指标	选项	标准分值	得分	评价标准
1. 定性分析					
1.1 品质			4		1－艰苦创业，谈吐诚实，社会反映良好
			1		2－其余
1.2 行业经历			3		1－经营年限≥3年
			2		2－经营年限<3年
			0		3－曾从事经营的企业发生关、停、破产

续表

评价指标名称	评价指标	选项	标准分值	得分	评价标准
1.3 经营能力			5		1－经营稳健、思路清晰、轻松填写本调查表
			3		2－能完整填写本调查表
			1		3－其他
1.4 健康状况			3		1－年龄在50周岁以内，身体健康
			1		2－其他
1.5 经营业绩			3		1－纳税款逐年增加
			2		2－其余
1.6 开户情况			4		1－在本行独家开户
			3		2－在2家以上银行开户，我行基本户
			1		3－其余
1.7 信用情况			8		1－信用查证无不良记录
			4		2－信用查证有违约记录已还款
			0		3－信用查证违约未结
1.8 社会声誉			5		1－口碑很好
			3		2－无负面评价
			0		3－存在负面评价
1.9 市场竞争力			5		1－产品供不应求或具有独有技术
			3		2－产品供求平衡或为大企业配套
			0		3－其余
1.10 拖欠费现象			0		1－未发生拖欠现象
			-5		2－发生3个月以内欠税（费、工资）现象的
			-10		3－发生3个月以上欠税（费、工资）现象的
2. 定量分析					
2.1 实收资本			10		实收资本≥100
			9		80≤实收资本<100
			8		65≤实收资本<80
			7		50≤实收资本<65
			6		40≤实收资本<50
			5		30≤实收资本<40
			3		20≤实收资本<30
			1		10≤实收资本<20
			0		实收资本<10
2.2 担保比率			15		（1）担保比率（%）<50
			12		（2）50<=担保比率（%）<=70
			8		（3）70<担保比率（%）<=90

续表

评价指标名称	评价指标	选项	标准分值	得分	评价标准
2.2 担保比率			4		(4) 90 < 担保比率（%） < =100
			0		(5) 担保比率（%） >100
2.3 上缴税额			5		纳税额≥5 万元
			4		4 万元≤纳税额 <5 万元
			3		3 万元≤纳税额 <4 万元
			2		2 万元≤纳税额 <3 万元
			1		1 万元≤纳税额 <2 万元
			0		纳税额 <1 万元
2.4 总投资净收益率			10		总投资净收益率 >1.6 × 贷款利率
			9		1.4 × 贷款利率 < 总投资净收益率 < =1.6 × 贷款利率
			8		1.2 × 贷款利率 < 总投资净收益率 < =1.4 × 贷款利率
			7		贷款利率 < 总投资净收益率 < =1.2 × 贷款利率
			6		0.7 × 贷款利率 < 总投资净收益率 < = 贷款利率
			5		0 < = 总投资净收益率 < =0.7 × 贷款利率
			0		总投资净收益率 <0
2.5 利息备付率			10		利息备付率 > =250
			9		220 < = 利息备付率 <250
			8		200 < = 利息备付率 <220
			7		180 < = 利息备付率 <200
			6		160 < = 利息备付率 <180
			5		140 < = 利息备付率 <160
			4		120 < = 利息备付率 <140
			3		100 < = 利息备付率 <120
			0		利息备付率 <100
2.6 资产负债率			10		资产负债率 < =25
			8		25 < 资产负债率 < =35
			7		35 < 资产负债率 < =45
			6		45 < 资产负债率 < =55
			4		55 < 资产负债率 < =65
			2		65 < 资产负债率 < =70
			0		资产负债率 >70

2. 客户评分评级表

客户评分评级表内容与格式见表 10.5。

客户评分评级表

表 10.5

指标名称	指标	评价	满分	得分
1. 定性分析			**40**	
1.1 品质			4	
1.2 行业经历			3	
1.3 经营能力			5	
1.4 健康状况			3	
1.5 经营业绩			3	
1.6 开户情况			4	
1.7 信用情况			8	
1.8 社会声誉			5	
1.9 市场竞争力			5	
1.10 拖欠费现象			0	
2. 定量分析			**60**	
2.1 实收资本			10	
2.2 担保比率			15	
2.3 上缴税额			5	
2.4 总投资净收益率			10	
2.5 利息备付率			10	
2.6 资产负债率			10	
评分汇总			100	
评定等级				

3. 信用评级标准

信用评级标准见表 10.6。

评级标准

表 10.6

序号	信用等级	对应分值下限	对应分值上限
1	AAA	>90	< =100
2	AA	>85	< =90
3	A	>80	< =85
4	BBB	>70	< =80
5	BB	>65	< =70
6	B	>60	< =65
7	CCC	>50	< =60
8	CC	>45	< =50
9	C	>40	< =45
10	D	> =0	< =40

五、编制评价报告

小微企业评价报告可以简化为“小微企业客户基本情况表”、“尽职调查表”、“财务分析表”、“客户评分评级表”等。“小微企业客户基本情况表”内容与格式见表 10.7。

小微企业客户基本情况表

表 10.7

<table>
<tr><td colspan="5">填报行：</td><td colspan="2">调查时间：</td><td colspan="2">金额：　　万元</td></tr>
<tr><td>企业名称</td><td colspan="8"></td></tr>
<tr><td>企业地址</td><td colspan="5"></td><td colspan="2">经营范围（企业类型）</td><td></td></tr>
<tr><td>成立时间</td><td colspan="2"></td><td colspan="2">注册资本</td><td></td><td colspan="2">法定代表人</td><td></td></tr>
<tr><td rowspan="2">基本账户行</td><td>本币</td><td></td><td rowspan="2">基本账户号</td><td>本币</td><td></td><td rowspan="2">本行存款账号</td><td>本币</td><td></td></tr>
<tr><td>外币</td><td></td><td>外币</td><td></td><td>外币</td><td></td></tr>
<tr><td rowspan="2">营业执照</td><td>号码</td><td></td><td rowspan="2">贷款证（卡）</td><td>号码</td><td></td><td rowspan="2">生产经营许可证</td><td>号码</td><td></td></tr>
<tr><td>年检时间</td><td></td><td>年检时间</td><td></td><td>年检时间</td><td></td></tr>
<tr><td rowspan="7">主要管理人员情况</td><td rowspan="2">董事长</td><td>姓名</td><td></td><td>年龄</td><td></td><td>身份证号码</td><td colspan="2"></td></tr>
<tr><td>学历</td><td></td><td>任本职务年限</td><td></td><td>有无不良记录</td><td colspan="2"></td></tr>
<tr><td rowspan="2">总经理或厂长</td><td>姓名</td><td></td><td>年龄</td><td></td><td>身份证号码</td><td colspan="2"></td></tr>
<tr><td>学历</td><td></td><td>任本职务年限</td><td></td><td>有无不良记录</td><td colspan="2"></td></tr>
<tr><td rowspan="2">财务主管</td><td>姓名</td><td></td><td>年龄</td><td></td><td>身份证号码</td><td colspan="2"></td></tr>
<tr><td>学历</td><td></td><td>任本职务年限</td><td></td><td>有无不良记录</td><td colspan="2"></td></tr>
<tr><td colspan="8">上述主要管理人员在个人征信系统的信用记录情况：</td></tr>
<tr><td rowspan="13">近两年财务及经营状况</td><td colspan="3">年份</td><td colspan="2">年 月（时点数为年末数）</td><td colspan="3">年（时点数为年末数）</td></tr>
<tr><td colspan="3">实收资本</td><td colspan="2"></td><td colspan="3"></td></tr>
<tr><td colspan="3">主要资产</td><td colspan="2"></td><td colspan="3"></td></tr>
<tr><td colspan="3">其中：房地产</td><td colspan="2"></td><td colspan="3"></td></tr>
<tr><td colspan="3">机器设备</td><td colspan="2"></td><td colspan="3"></td></tr>
<tr><td colspan="3">存货</td><td colspan="2"></td><td colspan="3"></td></tr>
<tr><td colspan="3">应收账款</td><td colspan="2"></td><td colspan="3"></td></tr>
<tr><td colspan="3">主要负债</td><td colspan="2"></td><td colspan="3"></td></tr>
<tr><td colspan="3">其中：银行贷款</td><td colspan="2"></td><td colspan="3"></td></tr>
<tr><td colspan="3">应付账款</td><td colspan="2"></td><td colspan="3"></td></tr>
<tr><td colspan="3">或有负债</td><td colspan="2"></td><td colspan="3"></td></tr>
<tr><td colspan="3">销售收入</td><td colspan="2"></td><td colspan="3"></td></tr>
<tr><td colspan="3">纳税额</td><td colspan="2"></td><td colspan="3"></td></tr>
</table>

续表

	机构	本行		其他金融机构		合计	
上年末信用情况	种类	本币	外币	本币	外币	本币	外币
	流动资金贷款						
	固定资产贷款						
	承兑						
	贴现						
	信用证						
	银行保函						
	合计						
	本行贷款及评级授信情况	正常	关注	次级	可疑	损失	
		信用		保证	抵押	质押	
		信用等级		授信类型	授信额度	已占用授信额度	

第三节　商业类小微企业贷款评价模板

一、尽职调查方法

商业类小微企业尽职调查除了填写“尽职调查表”之外，还需填写“进货清单与本年销售计划表”。

“进货清单与本年销售计划表”的内容与格式详见表10.8。此表有三大作用：一是用作本年销售收入估算依据，累计每种商品“售价”与“本年计划销售量”的乘积即为本年销售收入；二是流动资金估算依据，累计每种商品“进价”与“本年计划销售量”的乘积即为流动资金；三是贷后检查依据，贷后检查时可以对照清单给每个货架上的商品拍照，以验证贷款用途。

进货清单与本年销售计划表

表 10.8

序号	商品名称	单位	进价	售价	货架满载数量	本年计划销售量	备注

商业类小微企业“尽职调查表”的内容与格式详见表10.9。

“尽职调查表”中只有“经营状况”数据的获取方法与工业类小微企业有所不同，其他数据的获取方法与工业类小微企业完全相同。数据含义及获取方法见表中备注栏。

尽职调查表（商业类小微企业）

表 10.9

序号	项目	单位	上一年	本年计划	备注
1	**授信情况**				
1.1	流动资金贷款申请额	万元			调查填写
1.2	流动资金贷款额	万元			调查填写，注意本年计划≤流动资金
1.3	贷款年利率	%			调查填写
2	**经营状况**				
2.1	年销售收入	万元			调查填写，默认（本年计划）= Σ售价 × 本年计划销售量/10000
2.2	年缴税金	万元			调查填写，含流转税和所得税
2.3	年进货成本	万元			调查填写，默认（本年计划）= Σ进价 × 本年计划销售量/10000
2.4	年营业费用	万元			调查填写，经营过程全部现金支出，不含折旧、摊销、利息

续表

序号	项目	单位	上一年	本年计划	备注
2.5	年利息支出	万元			调查填写,计算(本年计划)=1.2×1.3/100
2.6	年净利润	万元			默认=2.1-2,2-2.3-2.4+2.5
3	**资产**				**默认=3.1+3.2+3.3+3.4+3.5+3.6+3.7**
3.1	货币资金	万元			调查填写,本年计划由计算确定,不需填写
3.2	应收账款	万元			调查填写,本年计划由计算确定,不需填写
3.3	存货				调查填写(预付款、库存材料、在产品、产成品)
3.4	押金(保证金)	万元			调查填写,本年计划由计算确定,不需填写
3.5	购置厂房	万元			调查填写,本年计划由计算确定,不需填写
3.6	购置设备	万元			调查填写,本年计划由计算确定,不需填写
3.7	其他资产	万元			调查填写,本年计划由计算确定,不需填写
4	**负债**				**默认=4.1+4.2+4.3**
4.1	应付账款	万元			调查填写,本年计划由计算确定,不需填写
4.2	借款	万元			调查填写,本年计划由计算确定,不需填写
4.3	其他负债	万元			调查填写,本年计划由计算确定,不需填写
5	**权益资金**				**默认=5.1+5.2+5.3**
5.1	注册资本	万元			调查填写,本年计划由计算确定,不需填写
5.2	未分配利润	万元			调查填写,本年计划由计算确定,不需填写
5.3	投入其他自有资金	万元			调查填写,本年计划由计算确定,不需填写

6	**经营者素质调查**	**勾选**	**备注**
6.1 品质	1-艰苦创业,谈吐诚实,社会反映良好		依据社会调查判断
	2-其余		
6.2 行业经历	1-经营年限≥3年		社会调查判断
	2-经营年限<3年		
	3-曾从事经营的企业发生关、停、破产		
6.3 经营能力	1-经营稳健、思路清晰、轻松填写本调查表		根据面谈与调查数据填写情况判断
	2-能完整填写本调查表		
	3-其他		
6.4 健康状况	1-年龄在50周岁以内,身体健康		根据身份证、面谈和社会调查判断
	2-其他		
6.5 经营业绩	1-纳税款逐年增加		收集连续几年的纳税凭证判断
	2-其余		
6.6 开户情况	1-在本行独家开户		填写开户行
	2-在2家以上银行开户,我行基本户		
	3-其余		

续表

序号	项目	单位	上一年	本年计划	备注
6.7 信用情况	1 - 信用查证无不良记录				授权查询个人征信系统判断
	2 - 信用查证有违约记录已还款				
	3 - 信用查证违约未结				
6.8 社会声誉	1 - 口碑很好				社会调查判断
	2 - 无负面评价				
	3 - 存在负面评价				
6.9 市场竞争力	1 - 借款人开同类店铺三家以上				企业提供信息，经核实判断
	2 - 借款人开同类店铺两家				
	3 - 借款人开同类店铺一家				
6.10 拖欠费现象	1 - 未发生拖欠现象				问询企业负责人，经过核实
	2 - 发生3个月以内欠税（费、工资）现象的				
	3 - 发生3个月以上欠税（费、工资）现象的				
7	**担保能力**				
7.1 担保方式	1 - 资产抵押				落实担保方式，提供抵质押权证
	2 - 质押				
	3 - 第三方担保				
7.2 担保比率	（1）担保比率（%）<50				担保比率 = 对外担保额度 ×100/净资产
	（2）50 < = 担保比率（%） < =70				
	（3）70 < 担保比率（%） < =90				
	（4）90 < 担保比率（%） < =100				
	（5）担保比率（%）>100				

二、财务评价

商业类小微企业财务评价模板与其他模板内容与格式完全相同，只是个别数据来源略有差异，如经营成本、流动资金，财务分析表内容与格式详见表10.10。内容包括“利润估算简表”、“流动资金估算表”、“资产负债简表”、“财务评价指标”等四个部分。

财务分析表

表10.10

序号	项目	单位	上一年	本年计划	备注
1	**利润估算简表**				
1.1	营业收入	万元			计算 = 尽职调查表！年销售收入

续表

序号	项目	单位	上一年	本年计划	备注
1.2	流转税及附加和所得税	万元			计算=尽职调查表！年缴税金
1.3	经营成本	万元			计算=尽职调查表！年经营成本+尽职调查表！年营业费用
1.4	各种利息支出	万元			计算=尽职调查表！年利息支出,本年计划=尽职调查表！流动资金贷款额×尽职调查表！贷款年利率/100
1.5	净利润	万元			计算=尽职调查表！年净利润,本年计划=1.1-1.2-1.3-1.4
1.6	息税前利润	万元			计算=净利润+各种利息支出
2	**流动资金估算表**				
2.1	流动资产	万元			计算[上一年]=货币资金+应收账款+存货+其他应收账款;计算(本年计划)=流动资产[上一年]×营业收入(本年计划)/营业收入[上一年]
2.2	流动负债	万元			计算[上一年]=应付账款;计算(本年计划)=流动负债[上一年]×营业收入(本年计划)/营业收入[上一年]
2.3	流动资金(按资产负债)	万元			计算=流动资产-流动负债
2.4	流动资金(按进货清单)	万元			计算=∑进价×货架满载数量/10000
2.5	流动资金借款	万元			计算=尽职调查表！流动资金贷款额
3	**资产负债简表**				
3.1	资产	万元			计算=尽职调查表！资产+Max(尽职调查表！负债+尽职调查表！权益资金-尽职调查表！资产,0),计算(本年计划)=负债及所有者权益
3.1.1	货币资金	万元			计算=尽职调查表！货币资金,计算(本年计划)=3.1-3.1.2-3.1.3-3.1.4-3.1.5-3.1.6-3.1.7
3.1.2	应收货款	万元			计算=尽职调查表！应收账款,计算(本年计划)=应收账款[上一年]×营业收入(本年计划)/营业收入[上一年]
3.1.3	存货	万元			计算=尽职调查表！存货,计算(本年计划)=存货[上一年]×营业收入(本年计划)/营业收入[上一年]
3.1.4	其他应收账款	万元			计算=尽职调查表！押金(保证金),计算(本年计划)=其他应收账款[上一年]×营业收入(本年计划)/营业收入[上一年]
3.1.5	购置厂房	万元			计算=尽职调查表！购置厂房,计算(本年计划)=购置厂房[上一年]

续表

序号	项目	单位	上一年	本年计划	备注
3.1.6	购置设备	万元			计算=尽职调查表！购置设备,计算(本年计划)=购置设备[上一年]
3.1.7	其他资产	万元			计算=尽职调查表！其他资产+Max(尽职调查表！负债+尽职调查表！权益资金-尽职调查表！资产,0)
3.2	负债总额	万元			计算=尽职调查表！负债+尽职调查表！权益资金+Max(尽职调查表！资产-尽职调查表！负债-尽职调查表！权益资金,0),计算(本年计划)=3.2.1+3.2.2+3.2.3
3.2.1	应付账款	万元			计算=尽职调查表！应付账款,计算(本年计划)=应付账款[上一年]×营业收入(本年计划)/营业收入[上一年]
3.2.2	借款	万元			计算=尽职调查表！借款,计算(本年计划)=尽职调查表！流动资金贷款额
3.2.3	其他负债	万元			计算=尽职调查表！其他负债+Max(尽职调查表！资产-尽职调查表！负债-尽职调查表！权益资金,0),计算(本年计划)=其他负债[上一年]
3.3	所有者权益				计算=尽职调查表！所有者权益,计算(本年计划)=3.3.1+3.3.2+3.3.3
3.3.1	注册资本	万元			计算=尽职调查表！注册资本,计算(本年计划)=注册资本[上一年]
3.3.2	利润	万元			计算=尽职调查表！未分配利润,计算(本年计划)=利润[上一年]+利润估算简表！净利润(本年计划)
3.3.3	其他自有资金	万元			计算=投入其他自有资金,计算(本年计划)=其他自有资金[上一年]
3.4	负债及所有者权益	万元			计算=负债总额+所有者权益
3.5	资产负债率	%			计算=负债总额×100/资产
4	**财务评价指标**				
4.1	流动资金	万元			计算=流动资金估算表！流动资金
4.2	固定资产投资	万元			计算=购置厂房+购置设备
4.3	资产负债率	%			计算=资产负债简表！资产负债率
4.4	总投资收益率	%			计算=息税前利润×100/(流动资金+固定资产投资)
4.5	利息备付率	%			计算=息税前利润×100/财务费用

三、客户信用评级

商业类小微企业信用评级模型与其他类型的客户信用评级方法相同，内容包括信用评级打分表、客户评分评级表和信用评级标准等。但打分模板选项略有差异。

1. 信用评级打分表

商业类信用评级打分表的内容与格式见表 10.11，与其他模板的差异主要是市场竞争能力选项不同。

信用评级打分表（商业类小微企业）

表 10.11

评价指标名称	评价指标	选项	标准分值	得分	评价标准
1. 定性分析					
1.1 品质			4	4	1 – 艰苦创业，谈吐诚实，社会反映良好
			1		2 – 其余
1.2 行业经历			3	3	1 – 经营年限≥3 年
			2		2 – 经营年限 <3 年
			0		3 – 曾从事经营的企业发生关、停、破产
1.3 经营能力			5	5	1 – 经营稳健、思路清晰、轻松填写本调查表
			3		2 – 能完整填写本调查表
			1		3 – 其他
1.4 健康状况			3	3	1 – 年龄在 50 周岁以内，身体健康
			1		2 – 其他
1.5 经营业绩			3	3	1 – 纳税款逐年增加
			2		2 – 其余
1.6 开户情况			4	4	1 – 在本行独家开户
			3		2 – 在 2 家以上银行开户，我行基本户
			1		3 – 其余
1.7 信用情况			8	8	1 – 信用查证无不良记录
			4		2 – 信用查证有违约记录已还款
			0		3 – 信用查证违约未结
1.8 社会声誉			5	5	1 – 口碑很好
			3		2 – 无负面评价
			0		3 – 存在负面评价
1.9 市场竞争力			5	5	1 – 借款人开同类店铺三家以上
			3		2 – 借款人开同类店铺两家
			0		3 – 借款人开同类店铺一家

续表

评价指标名称	评价指标	选项	标准分值	得分	评价标准
1.10 拖欠费现象			0	0	1－未发生拖欠现象
			－5		2－发生3个月以内欠税（费、工资）现象的
			－10		3－发生3个月以上欠税（费、工资）现象的
2. 定量分析					
2.1 实收资本			10	10	实收资本≥100
			9		80≤实收资本<100
			8		65≤实收资本<80
			7		50≤实收资本<65
			6		40≤实收资本<50
			5		30≤实收资本<40
			3		20≤实收资本<30
			1		10≤实收资本<20
			0		实收资本<10
2.2 担保比率			15	15	（1）担保比率（%）<50
			12		（2）50<=担保比率（%）<=70
			8		（3）70<担保比率（%）<=90
			4		（4）90<担保比率（%）<=100
			0		（5）担保比率（%）>100
2.3 上缴税额			5	5	纳税额≥5万元
			4		4万元≤纳税额<5万元
			3		3万元≤纳税额<4万元
			2		2万元≤纳税额<3万元
			1		1万元≤纳税额<2万元
			0		纳税额<1万元
2.4 总投资净收益率			10	10	总投资净收益率>1.6×贷款利率
			9		1.4×贷款利率<总投资净收益率<=1.6×贷款利率
			8		1.2×贷款利率<总投资净收益率<=1.4×贷款利率
			7		贷款利率<总投资净收益率<=1.2×贷款利率
			6		0.7×贷款利率<总投资净收益率<=贷款利率
			5		0<=总投资净收益率<=0.7×贷款利率
			0		总投资净收益率<0
2.5 利息备付率			10	10	利息备付率>=250
			9		220<=利息备付率<250
			8		200<=利息备付率<220
			7		180<=利息备付率<200

续表

评价指标名称	评价指标	选项	标准分值	得分	评价标准
2.5 利息备付率			6		160 < = 利息备付率 < 180
			5		140 < = 利息备付率 < 160
			4		120 < = 利息备付率 < 140
			3		100 < = 利息备付率 < 120
			0		利息备付率 < 100
2.6 资产负债率			10	10	资产负债率 < = 25
			8		25 < 资产负债率 < = 35
			7		35 < 资产负债率 < = 45
			6		45 < 资产负债率 < = 55
			4		55 < 资产负债率 < = 65
			2		65 < 资产负债率 < = 70
			0		资产负债率 > 70

2. 客户评分评级表

客户评分评级表内容与格式见表 10.12，与其他模板内容与格式相同。

客户评分评级表

表 10.12

指标名称	指标	评价	满分	得分
1. 定性分析			**40**	
1.1 品质			4	
1.2 行业经历			3	
1.3 经营能力			5	
1.4 健康状况			3	
1.5 经营业绩			3	
1.6 开户情况			4	
1.7 信用情况			8	
1.8 社会声誉			5	
1.9 市场竞争力			5	
1.10 拖欠费现象			0	
2. 定量分析			**60**	
2.1 实收资本			10	
2.2 担保比率			15	
2.3 上缴税额			5	
2.4 总投资净收益率			10	

续表

指标名称	指标	评价	满分	得分
2.5 利息备付率			10	
2.6 资产负债率			10	
评分汇总			100	
评定等级				

3. 信用评级标准

信用评级标准见表 10.13，与其他模板内容与格式相同。

评级标准

表 10.13

序号	信用等级	对应分值下限	对应分值上限
1	AAA	>90	< =100
2	AA	>85	< =90
3	A	>80	< =85
4	BBB	>70	< =80
5	BB	>65	< =70
6	B	>60	< =65
7	CCC	>50	< =60
8	CC	>45	< =50
9	C	>40	< =45
10	D	> =0	< =40

第四节　餐饮类小微企业贷款评价模板

一、尽职调查方法

餐饮业小微企业尽职调查填写“尽职调查表”，内容与格式见表 10.14。与其他模板比较，表中“经营情况”和“市场竞争能力”内容有差异。

尽职调查表（餐饮业小微企业）

表 10.14

序号	项目	单位	上一年	本年计划	备注
1	**授信情况**				
1.1	流动资金贷款申请额	万元			调查填写

续表

序号	项目	单位	上一年	本年计划	备注
1.2	流动资金贷款额	万元			调查填写，注意本年计划≤流动资金
1.3	贷款年利率	%			调查填写
2	**经营状况**				
2.1	座位	个			调查填写
2.2	上座率	%			调查填写
2.3	食品人均消费	元			调查填写
2.4	饮料人均消费	元			调查填写
2.5	年销售收入	万元			计算 = if（2.5.1 + 2.5.2 > 0，2.5.1 + 2.5.2，填写）
2.5.1	食品年销售收入	万元			计算 = if（2.1 > 0 和 2.2 > 0 和 2.3 > 0，2.1 × 2.2 × 365 × 2.3/10000，填写）
2.5.2	饮料销售收入	万元			计算 = if（2.1 > 0 和 2.2 > 0 和 2.4 > 0，2.1 × 2.2 × 365 × 2.4/10000，填写）
2.6	年缴税金	万元			计算 = Max（2.6.1，2.6.2 × 2.5/10000）
2.6.1	核定征收税额	万元			调查填写，含流转税和所得税
2.6.2	按发票计征税率	%			调查填写，含流转税和所得税
2.7	年营业成本	万元			计算 = 2.5.1 ×（1 − 2.7.1/100）+ 2.5.2 × 2.7.2/100
2.7.1	食品毛利率	%			调查填写
2.7.2	饮料成本率	%			调查填写
2.8	年经营费用	万元			调查填写，经营管理全部现金支出，不含折旧、摊销、利息
2.8.1	房租费	万元			根据租赁合同填写
2.8.2	人工固定费用	万元			包括员工的工资、福利等所有固定费用支出
2.8.3	人工可变费用占比	%			包括与收入挂钩所有人工费用支出占收入比例
2.8.4	水电燃料洗涤费占比	%			包括水电、燃料、洗涤材料等费用占收入比例
2.8.5	其他费用占比	%			管理、销售、维修、装饰、餐茶具消耗等费用占收入比例
2.9	年利息支出	万元			调查填写，计算（本年计划）= 1.2 × 1.3/100
2.10	年净利润	万元			默认 = 2.5 − 2.6 − 2.7 − 2.8 − 2.9
3	**资产**			**默认 = 3.1 + 3.2 + 3.3 + 3.4 + 3.5 + 3.6 + 3.7**	
3.1	货币资金	万元		调查填写，本年计划由计算确定，不需填写	
3.2	应收账款	万元		调查填写，本年计划由计算确定，不需填写	
3.3	存货			调查填写（预付款、库存材料、在产品、产成品）	
3.4	押金（保证金）	万元		调查填写，本年计划由计算确定，不需填写	
3.5	购置厂房	万元		调查填写，本年计划由计算确定，不需填写	
3.6	购置设备	万元		调查填写，本年计划由计算确定，不需填写	

续表

序号	项目	单位	上一年	本年计划	备注
3.7	其他资产	万元			调查填写，本年计划由计算确定，不需填写
4	**负债**				**默认 =4.1 +4.2 +4.3**
4.1	应付账款	万元			调查填写，本年计划由计算确定，不需填写
4.2	借款	万元			调查填写，本年计划由计算确定，不需填写
4.3	其他负债	万元			调查填写，本年计划由计算确定，不需填写
5	**权益资金**				**默认 =5.1 +5.2 +5.3**
5.1	注册资本	万元			调查填写，本年计划由计算确定，不需填写
5.2	未分配利润	万元			调查填写，本年计划由计算确定，不需填写
5.3	投入其他自有资金	万元			调查填写，本年计划由计算确定，不需填写

6	**经营者素质调查**	**勾选**	**备注**
6.1 品质	1－艰苦创业，谈吐诚实，社会反映良好		依据社会调查判断
	2－其余		
6.2 行业经历	1－经营年限≥3年		社会调查判断
	2－经营年限<3年		
	3－曾从事经营的企业发生关、停、破产		
6.3 经营能力	1－经营稳健、思路清晰、轻松填写本调查表		根据面谈与调查数据填写情况判断
	2－能完整填写本调查表		
	3－其他		
6.4 健康状况	1－年龄在50周岁以内，身体健康		根据身份证、面谈和社会调查判断
	2－其他		
6.5 经营业绩	1－纳税款逐年增加		收集连续几年的纳税凭证判断
	2－其余		
6.6 开户情况	1－在本行独家开户		填写开户行
	2－在2家以上银行开户，我行基本户		
	3－其余		
6.7 信用情况	1－信用查证无不良记录		授权查询个人征信系统判断
	2－信用查证有违约记录已还款		
	3－信用查证违约未结		
6.8 社会声誉	1－口碑很好		社会调查判断
	2－无负面评价		
	3－存在负面评价		
6.9 市场竞争力	1－座无虚席，食品有特色		企业提供信息，经核实判断
	2－上座率高，回头客较多		
	3－上座率一般		

续表

序号	项目	单位	上一年	本年计划	备注
6.10 拖欠费现象	1－未发生拖欠现象				问询企业负责人，经过核实
	2－发生3个月以内欠税（费、工资）现象的				
	3－发生3个月以上欠税（费、工资）现象的				
7	**担保能力**				
7.1 担保方式	1－资产抵押				落实担保方式，提供抵质押权证
	2－质押				
	3－第三方担保				
7.2 担保比率	（1）担保比率（%）<50				担保比率＝对外担保额度×100/净资产
	（2）50< =担保比率（%）< =70				
	（3）70<担保比率（%）< =90				
	（4）90<担保比率（%）< =100				
	（5）担保比率（%）>100				

二、财务评价

餐饮业小微企业财务分析内容与格式详见表10.15。内容包括“利润估算简表”、“流动资金估算表”、“资产负债简表”、“财务评价指标”四个部分。与其他模板主要差异是经营成本计算、流动资金估算。计算公式见表中备注栏，不再重复说明。

财务分析表（餐饮业小微企业）

表10.15

序号	项目	单位	上一年	本年计划	备注
1	**利润估算简表**				
1.1	营业收入	万元			计算＝尽职调查表！年销售收入
1.2	流转税及附加和所得税	万元			计算＝尽职调查表！年缴税金
1.3	经营成本	万元			计算＝尽职调查表！年营业成本＋尽职调查表！年经营费用
1.4	各种利息支出	万元			计算＝尽职调查表！年利息支出，本年计划＝尽职调查表！流动资金贷款额×尽职调查表！贷款年利率/100
1.5	净利润	万元			计算＝尽职调查表！年净利润，本年计划＝1.1－1.2－1.3－1.4
1.6	息税前利润	万元			计算＝净利润＋各种利息支出

续表

序号	项目	单位	上一年	本年计划	备注
2	**流动资金估算表**				
2.1	流动资产	万元			计算［上一年］=货币资金+应收账款+存货+其他应收账款；计算（本年计划）=流动资产［上一年］×营业收入（本年计划）/营业收入［上一年］
2.2	流动负债	万元			计算［上一年］=应付账款；计算（本年计划）=流动负债［上一年］×营业收入（本年计划）/营业收入［上一年］
2.3	流动资金（按资产负债）	万元			计算=流动资产-流动负债
2.4	流动资金（按成本费用）	万元			计算=食品年销售收入×（1-食品毛利率/100）/365+饮料销售收入×饮料成本率/100/12
2.4	流动资金借款	万元			计算=尽职调查表！流动资金贷款额
3	**资产负债简表**				
3.1	资产	万元			计算=尽职调查表！资产+Max（尽职调查表！负债+尽职调查表！权益资金-尽职调查表！资产，0），计算（本年计划）=负债及所有者权益
3.1.1	货币资金	万元			计算=尽职调查表！货币资金，计算（本年计划）=3.1-3.1.2-3.1.3-3.1.4-3.1.5-3.1.6-3.1.7
3.1.2	应收货款	万元			计算=尽职调查表！应收账款，计算（本年计划）=应收账款［上一年］×营业收入（本年计划）/营业收入［上一年］
3.1.3	存货	万元			计算=尽职调查表！存货，计算（本年计划）=存货［上一年］×营业收入（本年计划）/营业收入［上一年］
3.1.4	其他应收账款	万元			计算=尽职调查表！押金（保证金），计算（本年计划）=其他应收账款［上一年］×营业收入（本年计划）/营业收入［上一年］
3.1.5	购置厂房	万元			计算=尽职调查表！购置厂房，计算（本年计划）=购置厂房［上一年］
3.1.6	购置设备	万元			计算=尽职调查表！购置设备，计算（本年计划）=购置设备［上一年］
3.1.7	其他资产	万元			计算=尽职调查表！其他资产+Max（尽职调查表！负债+尽职调查表！权益资金-尽职调查表！资产，0）
3.2	负债总额	万元			计算=尽职调查表！负债+尽职调查表！权益资金+Max（尽职调查表！资产-尽职调查表！负债-尽职调查表！权益资金，0），计算（本年计划）=3.2.1+3.2.2+3.2.3

续表

序号	项目	单位	上一年	本年计划	备注
3.2.1	应付账款	万元			计算 = 尽职调查表！应付账款，计算（本年计划）= 应付账款［上一年］× 营业收入（本年计划）/营业收入［上一年］
3.2.2	借款	万元			计算 = 尽职调查表！借款，计算（本年计划）= 尽职调查表！流动资金贷款额
3.2.3	其他负债	万元			计算 = 尽职调查表！其他负债 + Max（尽职调查表！资产 - 尽职调查表！负债 - 尽职调查表！权益资金，0），计算（本年计划）= 其他负债［上一年］
3.3	所有者权益				计算 = 尽职调查表！所有者权益，计算（本年计划）= 3.3.1 + 3.3.2 + 3.3.3
3.3.1	注册资本	万元			计算 = 尽职调查表！注册资本，计算（本年计划）= 注册资本［上一年］
3.3.2	利润	万元			计算 = 尽职调查表！未分配利润，计算（本年计划）= 利润［上一年］+ 利润估算简表！净利润（本年计划）
3.3.3	其他自有资金	万元			计算 = 投入其他自有资金，计算（本年计划）= 其他自有资金［上一年］
3.4	负债及所有者权益	万元			计算 = 负债总额 + 所有者权益
3.5	资产负债率	%			计算 = 负债总额 ×100/资产
4	**财务评价指标**				
4.1	流动资金	万元			计算 = 流动资金估算表！流动资金
4.2	固定资产投资	万元			计算 = 购置厂房 + 购置设备
4.3	资产负债率	%			计算 = 资产负债简表！资产负债率
4.4	总投资收益率	%			计算 = 息税前利润 ×100/（流动资金 + 固定资产投资）
4.5	利息备付率	%			计算 = 息税前利润 ×100/财务费用

三、客户信用评级

每种模型的客户信用评级方法相同，内容包括信用评级打分表、客户评分评级表和信用评级标准等。

1. 信用评级打分表

餐饮业小微企业信用评级打分表的内容与格式见表 10.16。与其他模板的主要差异是市场竞争能力的含义不同。

信用评级打分表（餐饮业小微企业）

表 10.16

评价指标名称	评价指标	选项	标准分值	得分	评价标准
1. 定性分析					
1.1 品质			4	4	1－艰苦创业，谈吐诚实，社会反映良好
			1		2－其余
1.2 行业经历			3	3	1－经营年限≥3 年
			2		2－经营年限＜3 年
			0		3－曾从事经营的企业发生关、停、破产
1.3 经营能力			5	5	1－经营稳健、思路清晰、轻松填写本调查表
			3		2－能完整填写本调查表
			1		3－其他
1.4 健康状况			3	3	1－年龄在 50 周岁以内，身体健康
			1		2－其他
1.5 经营业绩			3	3	1－纳税款逐年增加
			2		2－其余
1.6 开户情况			4	4	1－在本行独家开户
			3		2－在 2 家以上银行开户，我行基本户
			1		3－其余
1.7 信用情况			8	8	1－信用查证无不良记录
			4		2－信用查证有违约记录已还款
			0		3－信用查证违约未结
1.8 社会声誉			5	5	1－口碑很好
			3		2－无负面评价
			0		3－存在负面评价
1.9 市场竞争力			5	5	1－座无虚席，食品有特色
			3		2－上座率高，回头客较多
			0		3－上座率一般
1.10 拖欠费现象			0	0	1－未发生拖欠现象
			－5		2－发生 3 个月以内欠税（费、工资）现象的
			－10		3－发生 3 个月以上欠税（费、工资）现象的
2. 定量分析					
2.1 实收资本			10	10	实收资本≥100
			9		80≤实收资本＜100
			8		65≤实收资本＜80
			7		50≤实收资本＜65
			6		40≤实收资本＜50

续表

评价指标名称	评价指标	选项	标准分值	得分	评价标准
2.1 实收资本			5		30≤实收资本<40
			3		20≤实收资本<30
			1		10≤实收资本<20
			0		实收资本<10
2.2 担保比率			15	15	(1) 担保比率（%） <50
			12		(2) 50<=担保比率（%） <=70
			8		(3) 70<担保比率（%） <=90
			4		(4) 90<担保比率（%） <=100
			0		(5) 担保比率（%） >100
2.3 上缴税额			5	5	纳税额≥5 万元
			4		4 万元≤纳税额<5 万元
			3		3 万元≤纳税额<4 万元
			2		2 万元≤纳税额<3 万元
			1		1 万元≤纳税额<2 万元
			0		纳税额<1 万元
2.4 总投资净收益率			10	10	总投资净收益率>1.6×贷款利率
			9		1.4×贷款利率<总投资净收益率<=1.6×贷款利率
			8		1.2×贷款利率<总投资净收益率<=1.4×贷款利率
			7		贷款利率<总投资净收益率<=1.2×贷款利率
			6		0.7×贷款利率<总投资净收益率<=贷款利率
			5		0<=总投资净收益率<=0.7×贷款利率
			0		总投资净收益率<0
2.5 利息备付率			10	10	利息备付率>=250
			9		220<=利息备付率<250
			8		200<=利息备付率<220
			7		180<=利息备付率<200
			6		160<=利息备付率<180
			5		140<=利息备付率<160
			4		120<=利息备付率<140
			3		100<=利息备付率<120
			0		利息备付率<100
2.6 资产负债率			10	10	资产负债率<=25
			8		25<资产负债率<=35
			7		35<资产负债率<=45
			6		45<资产负债率<=55
			4		55<资产负债率<=65
			2		65<资产负债率<=70
			0		资产负债率>70

2. 客户评分评级表

客户评分评级表内容与格式见表 10.17。

客户评分评级表

表 10.17

指标名称	指标	评价	满分	得分
1. 定性分析			**40**	
1.1 品质			4	
1.2 行业经历			3	
1.3 经营能力			5	
1.4 健康状况			3	
1.5 经营业绩			3	
1.6 开户情况			4	
1.7 信用情况			8	
1.8 社会声誉			5	
1.9 市场竞争力			5	
1.10 拖欠费现象			0	
2. 定量分析			**60**	
2.1 实收资本			10	
2.2 担保比率			15	
2.3 上缴税额			5	
2.4 总投资净收益率			10	
2.5 利息备付率			10	
2.6 资产负债率			10	
评分汇总			100	
评定等级				

3. 信用评级标准

信用评级标准见表 10.18。

评级标准

表 10.18

序号	信用等级	对应分值下限	对应分值上限
1	AAA	>90	< =100
2	AA	>85	< =90
3	A	>80	< =85
4	BBB	>70	< =80

续表

序号	信用等级	对应分值下限	对应分值上限
5	BB	>65	< =70
6	B	>60	< =65
7	CCC	>50	< =60
8	CC	>45	< =50
9	C	>40	< =45
10	D	> =0	< =40

第五节　其他小微企业贷款评价模板

一、尽职调查方法

除了工业类、商业类和餐饮业小微企业之外的其他类型小微企业的尽职调查填写“尽职调查表”，内容与格式见表10.19。与其他模板比较，表中“经营情况”和“市场竞争能力”内容有差异。

尽职调查表（其他小微企业）

表10.19

序号	项目	单位	上一年	本年计划	备注
1	**授信情况**				
1.1	流动资金贷款申请额	万元			调查填写
1.2	流动资金贷款额	万元			调查填写，注意本年计划≤流动资金
1.3	贷款年利率	%			调查填写
2	**经营状况**				
2.1	主营业务名称				调查填写
2.2	年销售收入	万元			调查填写
2.3	年缴税金	万元			调查填写，含流转税和所得税
2.4	年经营成本	万元			调查填写或计算 =2.4.1 +2.4.2，不含折旧、摊销、利息
2.4.1	可变成本	万元			调查填写（材料、燃料、水电等费用，以及随收入变动的工资、管理费用等）
2.4.2	固定成本	万元			调查填写（固定工资、固定的管理费用）
2.5	年利息支出	万元			调查填写，计算（本年计划）=1.2 ×1.3/100
2.6	年净利润	万元			默认 =2.2 –2.3 –2.4 –2.5

续表

序号	项目	单位	上一年	本年计划	备注
3	**资产**			**默认 =3.1 +3.2 +3.3 +3.4 +3.5 +3.6 +3.7**	
3.1	货币资金	万元		调查填写，本年计划由计算确定，不需填写	
3.2	应收账款	万元		调查填写，本年计划由计算确定，不需填写	
3.3	存货			调查填写（预付款、库存材料、在产品、产成品）	
3.4	押金（保证金）	万元		调查填写，本年计划由计算确定，不需填写	
3.5	购置厂房	万元		调查填写，本年计划由计算确定，不需填写	
3.6	购置设备	万元		调查填写，本年计划由计算确定，不需填写	
3.7	其他资产	万元		调查填写，本年计划由计算确定，不需填写	
4	**负债**			**默认 =4.1 +4.2 +4.3**	
4.1	应付账款	万元		调查填写，本年计划由计算确定，不需填写	
4.2	借款	万元		调查填写，本年计划由计算确定，不需填写	
4.3	其他负债	万元		调查填写，本年计划由计算确定，不需填写	
5	**权益资金**			**默认 =5.1 +5.2 +5.3**	
5.1	注册资本	万元		调查填写，本年计划由计算确定，不需填写	
5.2	未分配利润	万元		调查填写，本年计划由计算确定，不需填写	
5.3	投入其他自有资金	万元		调查填写，本年计划由计算确定，不需填写	
6	**经营者素质调查**			**勾选**	**备注**
6.1 品质	1－艰苦创业，谈吐诚实，社会反映良好				依据社会调查判断
	2－其余				
6.2 行业经历	1－经营年限≥3 年				社会调查判断
	2－经营年限 <3 年				
	3－曾从事经营的企业发生关、停、破产				
6.3 经营能力	1－经营稳健、思路清晰、轻易填写本调查表				根据面谈与调查数据填写情况判断
	2－能完整填写本调查表				
	3－其他				
6.4 健康状况	1－年龄在 50 周岁以内，身体健康				根据身份证、面谈和社会调查判断
	2－其他				
6.5 经营业绩	1－纳税款逐年增加				收集连续几年的纳税凭证判断
	2－其余				
6.6 开户情况	1－在本行独家开户				填写开户行
	2－在 2 家以上银行开户，我行基本户				
	3－其余				
6.7 信用情况	1－信用查证无不良记录				授权查询个人征信系统判断
	2－信用查证有违约记录已还款				
	3－信用查证违约未结				

续表

序号	项目	单位	上一年	本年计划	备注
6.8 社会声誉	1 - 口碑很好				社会调查判断
	2 - 无负面评价				
	3 - 存在负面评价				
6.9 市场竞争力	1 - 产品和服务技术含量高，不易模仿				企业提供信息，经核实判断
	2 - 产品和服务技术含量较高				
	3 - 产品和服务技术含量一般				
6.10 拖欠费现象	1 - 未发生拖欠现象				问询企业负责人，经过核实
	2 - 发生 3 个月以内欠税（费、工资）现象的				
	3 - 发生 3 个月以上欠税（费、工资）现象的				
7	**担保能力**				
7.1 担保方式	1 - 资产抵押				落实担保方式，提供抵质押权证
	2 - 质押				
	3 - 第三方担保				
7.2 担保比率	（1）担保比率（%）<50				担保比率 = 对外担保额度 ×100/净资产
	（2）50 < = 担保比率（%）< =70				
	（3）70 < 担保比率（%）< =90				
	（4）90 < 担保比率（%）< =100				
	（5）担保比率（%）>100				

二、财务评价

其他小微企业财务分析内容与格式详见表 10.20。内容包括“利润估算简表”、“流动资金估算表”、“资产负债简表”、“财务评价指标”等四个部分。与工业类、商业类和餐饮业小微企业的主要差异是经营成本计算、流动资金估算。计算公式见表中备注栏。

财务分析表

表 10.20

序号	项目	单位	上一年	本年计划	备注
1	**利润估算简表**				
1.1	营业收入	万元			计算 = 尽职调查表！年销售收入
1.2	流转税及附加和所得税	万元			计算 = 尽职调查表！年缴税金
1.3	经营成本	万元			计算 = 尽职调查表！年经营成本

续表

序号	项目	单位	上一年	本年计划	备注
1.4	各种利息支出	万元			计算=尽职调查表！年利息支出,本年计划=尽职调查表！流动资金贷款额×尽职调查表！贷款年利率/100
1.5	净利润	万元			计算=尽职调查表！年净利润,本年计划=1.1-1.2-1.3-1.4
1.6	息税前利润	万元			计算=净利润+各种利息支出
2	**流动资金估算表**				
2.1	流动资产	万元			计算[上一年]=货币资金+应收账款+存货+其他应收账款;计算(本年计划)=流动资产[上一年]×营业收入(本年计划)/营业收入[上一年]
2.2	流动负债	万元			计算[上一年]=应付账款;计算(本年计划)=流动负债[上一年]×营业收入(本年计划)/营业收入[上一年]
2.3	流动资金	万元			计算=流动资产-流动负债
2.4	流动资金借款	万元			计算=尽职调查表！流动资金贷款额
3	**资产负债简表**				
3.1	资产	万元			计算=尽职调查表！资产+Max(尽职调查表！负债+尽职调查表！权益资金-尽职调查表！资产,0),计算(本年计划)=负债及所有者权益
3.1.1	货币资金	万元			计算=尽职调查表！货币资金,计算(本年计划)=3.1-3.1.2-3.1.3-3.1.4-3.1.5-3.1.6-3.1.7
3.1.2	应收货款	万元			计算=尽职调查表！应收账款,计算(本年计划)=应收账款[上一年]×营业收入(本年计划)/营业收入[上一年]
3.1.3	存货	万元			计算=尽职调查表！存货,计算(本年计划)=存货[上一年]×营业收入(本年计划)/营业收入[上一年]
3.1.4	其他应收账款	万元			计算=尽职调查表！押金(保证金),计算(本年计划)=其他应收账款[上一年]×营业收入(本年计划)/营业收入[上一年]
3.1.5	购置厂房	万元			计算=尽职调查表！购置厂房,计算(本年计划)=购置厂房[上一年]
3.1.6	购置设备	万元			计算=尽职调查表！购置设备,计算(本年计划)=购置设备[上一年]
3.1.7	其他资产	万元			计算=尽职调查表！其他资产+Max(尽职调查表！负债+尽职调查表！权益资金-尽职调查表！资产,0)

续表

序号	项目	单位	上一年	本年计划	备注
3.2	负债总额	万元			计算=尽职调查表！负债+尽职调查表！权益资金+Max(尽职调查表！资产-尽职调查表！负债-尽职调查表！权益资金,0),计算(本年计划)=3.2.1+3.2.2+3.2.3
3.2.1	应付账款	万元			计算=尽职调查表！应付账款,计算(本年计划)=应付账款[上一年]×营业收入(本年计划)/营业收入[上一年]
3.2.2	借款	万元			计算=尽职调查表！借款,计算(本年计划)=尽职调查表！流动资金贷款额
3.2.3	其他负债	万元			计算=尽职调查表！其他负债+Max(尽职调查表！资产-尽职调查表！负债-尽职调查表！权益资金,0),计算(本年计划)=其他负债[上一年]
3.3	所有者权益				计算=尽职调查表！所有者权益,计算(本年计划)=3.3.1+3.3.2+3.3.3
3.3.1	注册资本	万元			计算=尽职调查表！注册资本,计算(本年计划)=注册资本[上一年]
3.3.2	利润	万元			计算=尽职调查表！未分配利润,计算(本年计划)=利润[上一年]+利润估算简表！净利润(本年计划)
3.3.3	其他自有资金	万元			计算=投入其他自有资金,计算(本年计划)=其他自有资金[上一年]
3.4	负债及所有者权益	万元			计算=负债总额+所有者权益
3.5	资产负债率	%			计算=负债总额×100/资产
4	**财务评价指标**				
4.1	流动资金	万元			计算=流动资金估算表！流动资金
4.2	固定资产投资	万元			计算=购置厂房+购置设备
4.3	资产负债率	%			计算=资产负债简表！资产负债率
4.4	总投资收益率	%			计算=息税前利润×100/(流动资金+固定资产投资)
4.5	利息备付率	%			计算=息税前利润×100/财务费用

三、客户信用评级

每种模型的客户信用评级方法相同，内容包括信用评级打分表、客户评分评级表和信用评级标准等。

1. 信用评级打分表

其他小微企业信用评级打分表的内容与格式见表10.21。与工业类、商业类、餐饮业等小微企业比较，主要差异在市场竞争能力的含义。

信用评级打分表

表 10.21

评价指标名称	评价指标	选项	标准分值	得分	评价标准
1. 定性分析					
1.1 品质			4	4	1 – 艰苦创业，谈吐诚实，社会反映良好
			1		2 – 其余
1.2 行业经历			3	3	1 – 经营年限≥3 年
			2		2 – 经营年限 <3 年
			0		3 – 曾从事经营的企业发生关、停、破产
1.3 经营能力			5	5	1 – 经营稳健、思路清晰、轻松填写本调查表
			3		2 – 能完整填写本调查表
			1		3 – 其他
1.4 健康状况			3	3	1 – 年龄在 50 周岁以内，身体健康
			1		2 – 其他
1.5 经营业绩			3	3	1 – 纳税款逐年增加
			2		2 – 其余
1.6 开户情况			4	4	1 – 在本行独家开户
			3		2 – 在 2 家以上银行开户，我行基本户
			1		3 – 其余
1.7 信用情况			8	8	1 – 信用查证无不良记录
			4		2 – 信用查证有违约记录已还款
			0		3 – 信用查证违约未结
1.8 社会声誉			5	5	1 – 口碑很好
			3		2 – 无负面评价
			0		3 – 存在负面评价
1.9 市场竞争力			5	5	1 – 产品和服务技术含量高，不易模仿
			3		2 – 产品和服务技术含量较高
			0		3 – 产品和服务技术含量一般
1.10 拖欠费现象			0	0	1 – 未发生拖欠现象
			–5		2 – 发生 3 个月以内欠税（费、工资）现象的
			–10		3 – 发生 3 个月以上欠税（费、工资）现象的
2. 定量分析					
2.1 实收资本			10	10	实收资本≥100
			9		80≤实收资本 <100
			8		65≤实收资本 <80

续表

评价指标名称	评价指标	选项	标准分值	得分	评价标准
2.1 实收资本			7		50≤实收资本<65
			6		40≤实收资本<50
			5		30≤实收资本<40
			3		20≤实收资本<30
			1		10≤实收资本<20
			0		实收资本<10
2.2 担保比率			15	15	(1) 担保比率(%)<50
			12		(2) 50<=担保比率(%)<=70
			8		(3) 70<担保比率(%)<=90
			4		(4) 90<担保比率(%)<=100
			0		(5) 担保比率(%)>100
2.3 上缴税额			5	5	纳税额≥5万元
			4		4万元≤纳税额<5万元
			3		3万元≤纳税额<4万元
			2		2万元≤纳税额<3万元
			1		1万元≤纳税额<2万元
			0		纳税额<1万元
2.4 总投资净收益率			10	10	总投资净收益率>1.6×贷款利率
			9		1.4×贷款利率<总投资净收益率<=1.6×贷款利率
			8		1.2×贷款利率<总投资净收益率<=1.4×贷款利率
			7		贷款利率<总投资净收益率<=1.2×贷款利率
			6		0.7×贷款利率<总投资净收益率<=贷款利率
			5		0<=总投资净收益率<=0.7×贷款利率
			0		总投资净收益率<0
2.5 利息备付率			10	10	利息备付率>=250
			9		220<=利息备付率<250
			8		200<=利息备付率<220
			7		180<=利息备付率<200
			6		160<=利息备付率<180
			5		140<=利息备付率<160
			4		120<=利息备付率<140
			3		100<=利息备付率<120
			0		利息备付率<100
2.6 资产负债率			10	10	资产负债率<=25
			8		25<资产负债率<=35
			7		35<资产负债率<=45
			6		45<资产负债率<=55
			4		55<资产负债率<=65
			2		65<资产负债率<=70
			0		资产负债率>70

2. 客户评分评级表

其他小微企业“客户评分评级表”内容与格式见表10.22。

客户评分评级表

表10.22

指标名称	指标	评价	满分	得分
1. 定性分析			**40**	
1.1 品质			4	
1.2 行业经历			3	
1.3 经营能力			5	
1.4 健康状况			3	
1.5 经营业绩			3	
1.6 开户情况			4	
1.7 信用情况			8	
1.8 社会声誉			5	
1.9 市场竞争力			5	
1.10 拖欠费现象			0	
2. 定量分析			**60**	
2.1 实收资本			10	
2.2 担保比率			15	
2.3 上缴税额			5	
2.4 总投资净收益率			10	
2.5 利息备付率			10	
2.6 资产负债率			10	
评分汇总			100	
评定等级				

3. 信用评级标准

信用评级标准见表10.23。

评级标准

表10.23

序号	信用等级	对应分值下限	对应分值上限
1	AAA	>90	< =100
2	AA	>85	< =90
3	A	>80	< =85
4	BBB	>70	< =80

续表

序号	信用等级	对应分值下限	对应分值上限
5	BB	>65	< =70
6	B	>60	< =65
7	CCC	>50	< =60
8	CC	>45	< =50
9	C	>40	< =45
10	D	> =0	< =40

第六节　农户贷款评价模板

一、信用评级

包括农户基本情况、农户贷款调查表、评级标准。见表 10.24、表 10.25、表 10.26。

农户基本情况

表 10.24

户主姓名		家庭人口		住址	
身份证号		贷款证编号		联系方式	

农户贷款调查打分表

表 10.25

序号	指标大类	指标名称	指标	选项	评价标准	标准分值	得分
一	农户基本情况 15	户口状况			常住户口	1	
					无户口	0	
		户主年龄			18 岁至 25 岁（以下）	2	
					25 岁（以上）至 35 岁（以下）	3	
					35 岁（以上）至 50 岁（以下）	4	
					50 岁以上	1	
		家庭关系			家庭和睦	2	
					正常	1	
					家庭成员之间关系存在问题	0	

续表

序号	指标大类	指标名称	指标	选项	评价标准	标准分值	得分
一	农户基本情况 15	社会关系			融洽、经常往来	2	
					一般	1	
					相互不往来	0	
		家庭成员健康状况			有严重疾病且长期治疗	0	
					无严重疾病	2	
		居住稳定性			长期在家	1	
					长期外出	0	
		个人品行			有从事违法、违规经营行为的	-100	
					吸毒	-100	
					赌博	-100	
					其他不良行为	-30	
					品行良好，无上述行为	3	
二	农户生产经营情况 30	粮食作物种植			种植责任田	2	
					超责任田范围租种他人田地	4	
					未种植或出租责任田	1	
		经济作物种植	烤烟		规模达到当地平均水平	5	
					规模低于当地平均水平	3	
					规模超过当地平均水平	7	
			经济林木		规模达到当地平均水平	5	
					规模低于当地平均水平	3	
					规模超过当地平均水平	7	
			果树种植		规模达到当地平均水平	5	
					规模低于当地平均水平	3	
					规模超过当地平均水平	7	
			蔬菜种植		规模达到当地平均水平	5	
					规模低于当地平均水平	3	
					规模超过当地平均水平	7	
			花卉种植		规模达到当地平均水平	5	
					规模低于当地平均水平	3	
					规模超过当地平均水平	7	
			其他经济类		规模达到当地平均水平	5	
					规模低于当地平均水平	3	
					规模超过当地平均水平	7	

续表

序号	指标大类	指标名称	指标	选项	评价标准	标准分值	得分
二	农户生产经营情况30	养殖业	水产品		规模达到当地平均水平	5	
					规模低于当地平均水平	3	
					规模超过当地平均水平	7	
			传统牲畜		规模达到当地平均水平	5	
					规模低于当地平均水平	3	
					规模超过当地平均水平	7	
			特色牲畜		规模达到当地平均水平	5	
					规模低于当地平均水平	3	
					规模超过当地平均水平	7	
		运输业	货运		有长期稳定货源	6	
					零散货运	3	
			客运		稳定线路客运	6	
					零散客运	2	
		其他副业	经商做小生意		零售	4	
					适度规模批发	6	
			手工业加工		零售	4	
					有稳定市场	6	
			其他具有稳定收入副业		零售	4	
					有稳定市场	6	
三	农户经营能力10	经营能力			经验丰富、能力强	5	
					经验与能力均一般	3	
					经验欠缺、能力较低	0	
		产品情况			产品对路、销路好	5	
					产品销路一般	3	
					产品积压、滞销	3	
四	农户家庭收支情况及年偿贷能力25	家庭收入情况			5 万元以上	10	
					3 万元至 5 万元	10	
					1 万元至 3 万元	9	
					8000 元至 1 万元	8	
					6000 元至 8000 元	6	
					4000 元至 6000 元	5	
					2000 元至 4000 元	4	
					1000 元至 2000 元	3	
		偿贷能力			5 万元以上	15	
					3 万元至 5 万元	15	

续表

序号	指标大类	指标名称	指标	选项	评价标准	标准分值	得分
四	农户家庭收支情况及年偿贷能力25	偿贷能力			1万元至3万元	12	
					8000元至1万元	10	
					6000元至8000元	8	
					4000元至6000元	6	
					2000元至4000元	4	
					1000元至2000元	2	
五	信用情况20	社会信誉评价			好	5	
					中	3	
					差	0	
		信用社贷款情况			经常贷款，能积极主动按期还本付息	15	
					经常贷款，偶有逾期，但经催收能主动还本付息	13	
					偶有贷款，能按期还本付息	12	
					偶有贷款，逾期后，经催收能主动还本付息	10	
					现有贷款，尚未逾期，能按期付息	10	
					无贷款但与信用社有业务往来，支持信用社工作	10	
					有多笔贷款，均已逾期或呆滞（账）	-100	
得分总计							
信用等级							

评级标准

表10.26

序号	信用等级	对应分值下限	对应分值上限	评价
1	AAA	> =90		优秀
2	AA	> =75	<90	较好
3	A	> =60	<75	一般
4	B		<60	等外

二、农户授信额度确定方法

农户最高授信额度可按家庭收入乘以家庭收入限额系数计算，计算结果与预计的家庭还款能力比较，取小值。

按家庭收入可核定的贷款额度 = 家庭收入 × 家庭年收入限额系数

可将最大授信额度列表计算，见表 10.27。

农户授信额度

表 10.27

序号	项目	单位	指标	备注
1	总得分			根据农户小额信用贷款等级评定表评分
2	信用评级			85 分（含）以上为 AAA；75 分（含）至 85 分为 AA；60 分（含）至 75 分为 A
3	家庭年收入	元		超过 5 万元可直接输入，5 万元以下按评分表选择范围取平均
4	家庭还款能力	元		超过 5 万元可直接输入，5 万元以下按评分表选择范围取平均
5	家庭年收入限额系数			对应信用等级：AAA 为 0.8；AA 为 0.7；A 为 0.6
6	按家庭收入可核定的贷款额度	元		家庭年收入 × 限额乘数
7	可核定贷款额度	元		家庭还款能力与按家庭收入可核定的贷款额度两者取小值

第十一章　利率定价理论与操作实务

第一节　利率定价理论方法综述

一、利率定价的目标

利率定价以实现贷款机构利润最大化为目标。衡量利润最大化可以分为四个层次：

1. 覆盖成本，实现目标利润

利润最大化，首先要求利率能够覆盖贷款成本，利率若不能覆盖成本则谈不上利润最大化。在覆盖成本基础上至少应该能够获得最低目标利润，进而实现计划利润。成本利润加成也是利率定价方法之一，称之为成本导向利率定价方法。

此处的成本概念是广义的，包含税费和贷款风险损失。

2. 符合市场规律，能高则高

利润最大化必须符合市场规律才能被客户接受，能高则高。以市场利率为基准在合理范围内上下浮动也是一种利率定价方法，可称之为价格导向利率定价方法。

3. 利于促进其他业务，考虑客户贡献

利润最大化，不仅要考虑贷款利润，还应包括促进其他业务增加的收益。综合其他业务收益是度量利率定价因素的一个更高层次，也是一种利率定价方法，可称之为综合客户贡献利率定价方法。

4. 优中差各种客户搭配，风险与收益平衡

利润最大化，应该在风险与收益平衡中实现。一般可以将客户分为优、中、差三个群体。贷款条件优质的客户，一般指信用评级为 A 以上的客户，因其贷款风险低且对其他业务贡献大，通常是各家贷款机构争抢的对象，贷款利率优惠幅度大，贷款收益最低；贷款条件中等的客户，一般指信用评级为 BBB、BB、B 的客户，风险稍大，各家银行提供贷款比较慎重，利率谈判空间较大，除了较高的风险溢价，一般都能保住计划利润，还有可能争取经营策略利润；对于贷款条件较差的客户，一般指信用评级为 CCC 的客户，常被一般商业银行定为限制贷款对象，此类客户贷款风险大，除了愿意承担很高的风险溢价，保住计划利润，还有可能争取较高的经营策略利润。

在宏观经济运行正常的情况下，各种贷款客户群体都能以自身利率定价中的风险溢价补偿贷款风险损失，贷款条件差的客户比优质客户贡献的利润大。但在宏观经济形势恶化的情况下，贷款条件较差的客户将首先违约，贷款损失可能超过预期。因此，优中差各种客户合理搭配，既可以在正常情况下获得较高的利润，同时在宏观经济形势恶化的情况下将风险控制在可接受的范围内。优中差客户组合不属于利率定价考虑范围，但却是实现利润最大化的一个重要策略。

经验表明，测算利率定价即使不能实现利润最大化，但至少可以让经营者在利率谈判中明白能否盈利或盈利多少，为利率定价提供科学决策依据。

二、利率定价原理

1. 价格组成

任何价格都不可能永远地脱离价值，价值是价格形成的内因。利率的价值由成本、营业税金及附加、风险补偿、利润构成。以百分比表示，即成本费用率、税负成本率、风险溢价、利润率。即：

价格 = 成本费用率 + 税负成本率 + 风险溢价 + 利润率

2. 成本费用率

成本费用率可用下式表示：

成本费用率 =（付息成本 + 费用成本）/平均贷款余额

费用成本 = 营业费用 + 其他营业支出 + 营业外支出

成本费用率是利率定价的基础，成本费用率高低，与社会平均成本比较，高于平均成本水平则意味着需要提高利率补偿成本，影响企业的竞争力。

3. 税负成本率

税负成本率可用下式表示：

税负成本率 = 营业税金及附加/平均贷款余额

营业税金及附加：营业税、城市建设维护税及教育附加。

4. 风险溢价

风险溢价是价格中用于补偿风险成本的部分。考虑风险溢价不是以追求风险收益为目标，而是通过风险溢价补偿其风险成本，保证目标利润或最大利润的实现。风险溢价由信用风险溢价、期限风险溢价、市场风险溢价等组成。

从风险度量角度，信用风险、期限风险主要表现为客户违约及违约损失，导致贷款本金的损失。在财务损益表中由“贷款减值损失”栏目反映。在利率定价中，风险成本应该在风险溢价中反映，而且应该根据每个客户预计的风险损失来确定溢价。

市场风险主要由汇率变动和利率变动形成，汇兑损失在“其他营业支出”反映，主要因外币贷款与还款时间差和汇率变动所产生，当外币贷款占比很小的情况下可以忽略。利率风险主要因贷款利率变化跟不上平均存款利率变化而产生，当采用固定贷款利率和存款利率不断升高时容易产生利率风险，具体表现在利差缩小。

风险溢价可用下式表示：

风险溢价=(贷款损失+利差缩小)/平均贷款余额

识别风险能力强，可准确确定风险溢价，使风险溢价正好补偿风险成本（预期损失），风险溢价估计不足，可能导致溢价不足于补偿风险成本而影响利润，甚至导致亏损，估计过高会影响客户成交。

5. 利润率

我们可以把利润水平分为最低目标利润、目标利润和最大利润三个层次，即：

最低利润率→目标利润率→最大利润

一般来说，最低利润率≤目标利润率≤最大利润率

最低目标利润率是对最优质客户贷款，在市场竞争激烈的情况下，需要保证的利润水平，属于客户竞争底线。

目标利润率是根据金融企业贷款应该承担的目标利润，即按公司经营计划目标利润推算，要求达到的平均利润水平。目标利润率与最低目标利润率的差额即目标利润调整点数。

最大利润是在目标利润率的基础上，加上经营策略调整点数，即为报价中所含全部利润点数。

因此，利率定价有必要确定最低利率、目标利率、报价利率等三个价格，利率构成如下：

最低利率=成本费用率+税负成本率+风险溢价+最低目标利润率

目标利率=成本费用率+税负成本率+风险溢价+最低目标利润率+目标利润调整点数

报价利率=成本费用率+税负成本率+风险溢价+最低目标利润率+目标利润调整点数+经营策略调整点数

能否获得最大利润，除了正确定价，经营能力也是关键，采用正确的营销策略在利率谈判中掌握主动权，可以获得更高的利润水平。一般来说，贷款条件较差的客户风险高，除了应该承担更高的风险溢价，还可能因为获得贷款的难度更大而承担更高的经营策略调整点数。

三、利率定价流程

系统管理员→	设计定价模板 ↓ 收集整理内部管理资料 ↓ 测算固定参数
客户经理→	↓ 更新固定参数 ↓ 收集客户信息 ↓ 测算客户利率定价

图 11.1　定价流程图

利率定价工作分两部分，第一部分是管理模板和参数，由管理部门设专人负责维护，每年测算一次年度固定参数，每月或每季测算一次月季度参数，并通知每个客户经理更新；第二部分是客户利率定价和更新固定参数，由客户经理完成。

四、国外商业银行定价方法简介

西方商业银行业已形成了科学完备的贷款定价理论，建立了符合市场竞争要求的贷款定价模型。具体归纳为 4 大类。

1. 成本加成定价模型

这是一种较为传统的、属于成本导向模型。要求贷款价格要弥补银行提供贷款服务的成本，并能从中获取一定的目标利润。在这种模式下，贷款价格包括以下 4 部分：(1) 贷款资金的筹集成本；(2) 与贷款有关的各项营业费用；(3) 贷款的风险升水，即对贷款可能发生的违约风险作出的必要补偿；(4) 目标利润，即银行从每笔贷款中应获得的收益。

可表达成下式：

贷款利率 = 贷款的资金成本率 + 贷款的营业费用率 + 贷款的风险升水 + 目标利润率

该模型与所有成本导向模型具有同样的特点，最大的优点是经营者能够明白自己测算的定价能否盈利或盈利多少，不足之处是“一厢情愿”，测算的定价没有与金融市场中其他竞争者比较，不知道是否适中，也许偏低，也可能偏高。定价偏低则没有充分利用资源实现利润最大化，定价偏高则可能缺乏市场竞争力，容易导致市场份额下降和客户流失。

2. 价格领导模型

也称基准利率加点模型，要求首先选择利率市场某种基准利率作为“基价”，然后针对不同信用等级或风险程度的客户确定不同水平的风险溢价，以基准利率加上风险溢价作为该笔贷款的实际利率。由此可得：

贷款利率 = 基准利率 + 风险溢价点数

该模型由于选择市场利率为基准利率而属于市场导向模型，与所有市场导向模型具有共同特点，正好与成本导向型模型的特点相反，其最大优点是具备较强的可操作性，容易被客户接受，缺点是没有充分考虑借款人的综合贡献度和银行的经营成本，不清楚自己测算的定价能否盈利或盈利多少。

3. 成本—收益定价模型

该模型认为银行贷款定价要从银行与客户的整体关系入手全面分析借款人对银行的贡献度，这些贡献包括了资产、负债和中间业务等方面。银行在综合计算与客户各种业务往来的成本和收益的基础上，根据银行的目标利润及客户风险水平等给贷款定价。其中，银行提供服务所耗费的成本包括该客户存款账户的管理费用、支票账户的服务费用、贷款的管理费用、贷款所需资金的利息成本、贷款的违约成本。银行从业务往来中获得的收益，有客户存款的投资收入、各种服务费收入、贷款的利息收入。由此可得：

贷款利率 =（银行的目标利润 + 为该客户提供服务的总成本 − 提供服务中除贷款利息以外的其他收入）/ 贷款额

这是一种客户导向模型，是一种较为复杂的贷款定价模式，通常应用于中小型企业贷款。

五、国内定价方法与人民银行定价模板

2006 年人民银行总行率先在农村信用社推行利率定价，向全国农村信用社推荐了四个利率定价模板，分别命名为“一般模板”、“河南模板”、“浙江模板”、“黑龙江模板”，为推动农村信用社的利率定价起到重要作用。其中的“一般模板”不仅可供农村信用社参考，对一般商业银行也具有指导意义，已在不少商业银行得到应用。四个模板的原理及特点具体如下：

1. 一般模板

贷款利率 = 基准利率 + 风险溢价点数

基准利率 = 法定基准利率或最优惠贷款利率

风险溢价点数 = 信用风险溢价点数 + 期限风险溢价点数 + 市场风险溢价点数 + 经营策略调整点数

2. 河南模板

贷款利率 = 基准利率 ×（1 + 浮动幅度）

基准利率 = 人民银行法定贷款利率

浮动幅度 = 信用等级浮动 + 资产负债率浮动 + 担保方式浮动 + 投资入股浮动 + 存贷比浮动 + 单笔贷款额浮动 + 以新还旧上浮 + 贷款用途浮动

3. 浙江模板

贷款目标利率 = 基准利率 ×（1 + 浮动幅度）

基准利率 = Max（法定基准利率，基本目标利率，最优惠贷款利率）

浮动幅度由打分决定（信用等级分 20 + 担保方式分 20 + 贷款比例分 10 + 信贷投向分 10 + 存贷比得分 25 + 国际业务分 10 + 保险收入分 5 + 附加分 5）。

4. 黑龙江模板

贷款利率 = 基准利率 + 调整点数基本单位 K 值 × 综合调整（单位 K）

综合调整（单位 K）= 资金用途调整（单位 K）+ 贷款期限调整（单位 K）+ 客户信用情况调整（单位 K）+ 担保方式调整（单位 K）+ 其他情况调整（单位 K）

基准利率 = 资金成本率 + 贷款的管理费用率 + 税负成本率 + 目标利润率

基准利率确定方法

表 11.1

模板名称	基准利率名称	基准利率定价方法
一般模板	最优惠贷款利率	由成本导向模式或价格领导模式确定均可
河南模板	法定贷款利率	法定基准利率
浙江模板	基准利率	混合模式 Max（法定基准利率，基本目标利率，最优惠贷款利率）
黑龙江模板	基本利率	基本利率 = 资金成本率 + 贷款的管理费用率 + 税负成本率 + 目标利润率

5. 定价方法与模板特点

定价方法，首先要确定一个定价基准，然后确定浮动规则、幅度（浮动档次 × 每档浮动幅度）。

（1）基准利率与最优惠贷款利率

一般定价模板、河南定价模板、浙江定价模板等三个模板基本上都是以对最优质客户的贷款利率为基准利率，其他客户的利率在此基础上上浮。黑龙江定价模板的基准利率是企业的平均贷款利率，所有客户在平均贷款利率基础上上下浮动。

（2）最优惠利率的定价水平

浙江模板定价水平最高，基准利率（最优惠利率）中包含的可以是目标利润，而一般模板、河南模板的基准利率一般只包含最低目标利润率。

六、本书推荐模型的特点

本书推荐模型以人民银行“一般定价模板”为基础，并取长补短综合了其他模型的优点，具体如下：

1. 反映主要关切

对风险的关切，包括信用风险、期限风险、市场风险。对利润的关切，分最低利润、目标利润、最大利润三个层次。对贡献的关切，重点反映存款和投资的贡献。对政策的关切，分不同贷款类型控制最低和最高浮动幅度。

2. 利润目标明确

贷款应承担的利润目标必须量化到定价参数中，分解到每笔贷款。

3. 参数容易确定

将目标利润与风险分开，综合目标利润、贡献、政策确定目标利润率。

4. 定价操作方便

测算客户利率定价需要的客户信息容易采集。

第二节　定价模型的表示方法

一、利率定价测算表

定价模型即客户经理或风险经理用于测算利率定价的模板，模板由“年度固定参数”、“月季度固定参数”、“客户基本信息”、“利率定价测算”等四部分组成。模板用一张利率定价测算表表示，利率定价测算表内容与格式详见表 11.2。

年度固定参数每年年初测算一次，全年不变。月季度固定参数每月或每季更新一次。客户基本信息，是反映每个客户个性化的参数，根据客户调查和评价获得。利率定价测算，测算结果将以“利率、浮动幅度”两种方式和以“最低、目标、报价”三个层次表示，利率方式包括最低利率、目标利率、报价利率三个指标，浮动幅度方式包括最低利率浮动幅度、目标利率浮动幅度、报价利率浮动幅度三个指标。

利率定价测算表（举例）

表 11.2　　　　单位：%

序号	数据名称	数据	数据来源或表达式
1	最优惠利率	5.30	计算 = 付息成本率 + 贷款机构平均费用率 + 税负成本率 + 最低目标利润率
1.1	付息成本率	2.21	默认 = 利率定价固定参数测算表！付息成本率
1.2	贷款机构平均费用率	2.56	默认 = 利率定价固定参数测算表！贷款机构平均费用率
1.3	税负成本率	0.24	默认 = 利率定价固定参数测算表！税负成本率
1.4	最低目标利润率	0.30	默认 = 利率定价固定参数测算表！最低目标利润率
2	法定基准利率	6.00	默认 = 利率定价可变参数表！一年期法定贷款利率
3	贷款利率定价调整点数	2.42	计算 = 信用风险溢价点数 + 期限风险溢价点数 + 市场风险溢价点数 + 目标利润率调整点数 + 经营策略调整点数
3.1	信用风险溢价点数	0.41	计算 = 信用风险违约概率（PD）× 信用风险违约损失率（LGD）/100
3.1.1	信用等级	AA	输入 = 输入省联社系统评级结果
3.1.2	信用风险违约概率（PD）	1.03	默认 = 查“信用等级与 PD 值对应表”，信用等级与违约概率匹配
3.1.3	担保类型	4	输入 = 1 - 系统内质押；2 - 系统外质押；3 - 抵押；4 - 保证；5 - 非全额担保
3.1.4	信用风险违约损失率（LGD）	40	默认 = 查“违约损失率参数表”，违约损失类型与违约损失率匹配
3.2	期限风险溢价点数	0	计算 = 期限风险违约概率（PD）× 期限风险违约损失率（LGD）/100
3.2.1	贷款期限	1	默认 = 1，可修改
3.2.2	期限风险违约概率（PD）	0	默认 = 查“贷款期限与 PD 值对应表”，贷款期限与违约概率（PD）匹配
3.2.3	期限风险违约损失率（LGD）	40	默认 = 信用风险违约损失率（LGD）
3.3	市场风险溢价点数	0.50	默认 = 利率定价固定参数测算表！市场风险溢价点数
3.4	目标利润率调整点数	0.91	默认 = 利率定价固定参数测算表！目标利润率调整点数
3.5	经营策略调整点数	0.60	默认 = 利率定价固定参数测算表！经营策略调整点数
4	客户贡献优惠点数	0.00	计算 = 客户存款优惠点数 + 客户投资优惠点数

续表

序号	数据名称	数据	数据来源或表达式
4.1	贷款额度（万元）	0.00	输入
4.2	客户存款优惠点数	0.00	计算＝客户存款优惠幅度×法定基准利率/100
4.2.1	日均存款（万元）	0.00	输入
4.2.2	存贷比	0.00	计算＝if（贷款额度＞0，日均存款/贷款额度×100，0）
4.2.3	客户存款优惠幅度	0.00	默认＝查“客户存款优惠幅度参数表”，存贷比与优惠幅度匹配
4.3	客户投资优惠点数	0.00	计算＝客户投资优惠幅度×法定基准利率/100
4.3.1	投资金额（万元）	0.00	输入
4.3.2	投贷比	0.00	计算＝if（贷款额度＞0，投资金额/贷款额度×100，0）
4.3.3	客户投资优惠幅度	0.00	默认＝查“客户投资优惠幅度参数表”，投贷比与优惠幅度匹配
5	政策导向利率浮动幅度		
5.1	贷款类型	1	输入＝1－工商业；2－助学；3－农业生产；4－个体经营；5－家庭消费；6－房地产开发
5.2	政策最低浮动幅度	－10	默认＝查“政策导向利率浮动区间表”，贷款类型与最低浮动幅度匹配
5.3	政策最高浮动幅度	200	默认＝查“政策导向利率浮动区间表”，贷款类型与最高浮动幅度匹配
6	确定利率浮动幅度		
6.1	报价利率浮动幅度	29	计算＝Min（((最优惠利率＋贷款利率定价调整点数－客户贡献优惠点数）/法定基准利率－1）×100，政策最高上浮幅度）
6.2	目标利率浮动幅度	19	计算＝Min（((最优惠利率＋贷款利率定价调整点数－客户贡献优惠点数－经营策略调整点数）/法定基准利率－1）×100，政策最高上浮幅度）
6.3	最低利率浮动幅度	4	计算＝Max（((最优惠利率＋贷款利率定价调整点数－客户贡献优惠点数－经营策略调整点数－目标利率调整点数）/法定基准利率－1）×100，政策最低下浮幅度）
7	确定利率		
7.1	报价利率	7.72	计算＝法定基准利率×（1＋报价利率浮动幅度/100）
7.2	目标利率	7.12	计算＝法定基准利率×（1＋目标利率浮动幅度/100）
7.3	最低利率	6.21	计算＝法定基准利率×（1＋最低利率浮动幅度/100）

二、利率定价年度固定参数

利率定价测算表中的12个年度固定参数，其中6个独立参数，6个参数表，具体如下：

1. 贷款机构平均费用率
2. 税负成本率
3. 最低目标利润率
4. 市场风险溢价点数
5. 目标利润率调整点数
6. 经营策略调整点数
7. 信用等级与 PD 值对应表
8. 违约损失率参数表
9. 贷款期限与 PD 值对应表
10. 政策导向利率浮动区间表
11. 客户存款优惠幅度参数表
12. 客户投资优惠幅度参数表

6 个独立参数测算方法见表 11.3。

利率定价固定参数测算表（举例）

表 11.3

序号	数据名称	单位	数额	表达式
1	贷款机构平均费用率	%	2.56	计算 = 营业费用 + 其他营业支出 + 营业外支出
1.1	营业费用	%	2.29	默认 = 贷款利润统计表！营业费用［费率］
1.2	其他营业支出	%	0.00	默认 = 贷款利润统计表！其他营业支出［费率］
1.3	营业外支出	%	0.27	默认 = 贷款利润统计表！营业外支出［费率］
2	付息成本率	%	2.21	默认 = 贷款利润统计表！利息支出［费率］
3	税负成本率	%	0.24	默认 = 贷款利润统计表！营业税金及附加［费率］
4	最低目标利润率	%	0.30	输入 = 计划指标
5	市场风险溢价点数	%	0.50	输入 = 计划指标（若每月根据上月存款利率统计调整“付息成本率”，则此项可忽略）
6	目标利润率调整点数	%	0.91	计算 = 目标利润率 - 最低目标利润率
6.1	本年年初贷款余额	元	2177688329	默认 = 存贷款平均余额统计表！贷款［上年末］
6.2	本年贷款增长幅度	%	25	输入 = 计划指标
6.3	计划本年年末贷款余额	元	2722110411	默认 = 本年年初贷款余额 ×（1 + 本年贷款增长幅度/100）；可修改
6.4	贷款业务应承担的年度目标利润总额	元	12000000	默认 =（本年年初贷款余额 + 计划本年年末贷款余额）× 上年贷款平均利润率/200；可修改

续表

序号	数据名称	单位	数额	表达式
6.5	以前年度已发放未到期贷款在本年的利润	元	2405056	默认=贷款利润统计表！以前年度已发放未到期贷款在本年的利润
6.6	本年贷款目标利润	元	9594944	计算=贷款业务应承担的年度目标利润总额-以前年度已发放未到期贷款在本年的利润
6.7	当年发放贷款额	元	2722110411	默认=计划本年年末贷款余额；可修改
6.8	贷款优惠下浮点数	%	0.50	计算=（客户存款平均下浮幅度+客户投资平均下浮幅度）×法定基准利率/100
6.8.1	客户存款平均下浮幅度	%	7.50	默认=客户存款优惠幅度参数表！平均下浮幅度[合计]
6.8.2	客户投资平均下浮幅度	%	0.84	默认=客户投资优惠幅度参数表！平均下浮幅度[合计]
6.8.3	法定基准利率	%	6.00	默认=当前有效的人民银行一年期法定贷款利率
6.9	目标利润率	%	1.21	计算=本年贷款目标利润/（当年发放贷款额/2）×100+贷款优惠下浮点数
7	经营策略调整点数	%	0.60	输入=计划指标

6个参数表的内容与格式见表11.4~11.9。

政策导向利率浮动区间表（举例）

表11.4

序号	贷款类型	政策最低浮动幅度	政策最高浮动幅度	备注
1	工商业	-10	200	下浮用“—”表示，下同
2	助学	0	30	
3	农业生产	-10	35	
4	个体经营	-10	35	
5	家庭消费	10	50	
6	房地产开发	0	200	

客户存款优惠幅度参数表（举例）

表11.5

序号	存贷比（%）	优惠幅度（%）	上年贷款占比（%）	本年计划贷款占比（%）	平均下浮幅度
1	>60	20		5	1.00
2	(45，60]	15		10	1.50
3	(30，45]	10		30	3.00

续表

序号	存贷比（%）	优惠幅度（%）	上年贷款占比（%）	本年计划贷款占比（%）	平均下浮幅度
4	(15, 30]	5		40	2.00
5	≤15	0		15	0.00
	合计			100	7.5
	备注	平均下浮幅度＝本年计划贷款占比×优惠幅度/100，每年根据计划修改			

客户投资优惠幅度参数表（举例）

表 11.6

序号	投贷比（%）	优惠幅度（%）	上年贷款占比（%）	本年计划贷款占比（%）	平均下浮幅度
1	>60	10		2	0.20
2	(45, 60]	8		3	0.24
3	(30, 45]	5		5	0.25
4	(15, 30]	3		5	0.15
5	≤15	0		85	0.00
	合计			100	0.84
		平均下浮幅度＝本年计划贷款占比×优惠幅度/100，每年根据计划修改			

信用等级与 PD 值对应表（举例）

表 11.7

等级	S 得分区间	违约概率区间（%）	平均违约概率（%）
AAA+	S>95	0.00	0.00
AAA	90<S<=95	[0.00, 0.20)	0.10
AAA-	89<S<=90	[0.20, 0.42)	0.31
AA+	87<S<=89	[0.42, 0.66)	0.54
AA	85<S<=87	[0.66, 1.40)	1.03
AA-	84<S<=85	[1.40, 1.46)	1.43
A+	82<S<=84	[1.46, 2.58)	2.02
A	80<S<=82	[2.58, 3.06)	2.82
A-	77<S<=80	[3.06, 4.46)	3.76
BBB+	74<S<=77	[4.46, 6.00)	5.23
BBB	70<S<=74	[6.00, 8.86)	7.43
BBB-	68<S<=70	[8.86, 12.72)	10.79
BB	65<S<=68	[12.72, 17.72)	15.22
B	60<S<=65	[17.72, 26.56)	22.14
CCC	50<S<=60	[26.56, 39.08)	32.82

续表

等级	S得分区间	违约概率区间（%）	平均违约概率（%）
CC	45 < S < =50	[39.08, 47.92)	43.50
C	40 < S < =45	[47.92, 100.00)	73.96
D	0 < =S < =40	100.00	100.00
备注	每年根据信用评级系统统计的违约率调整		

违约损失率参数表（举例）

表11.8

担保类型	系统内质押	系统外质押	抵押	保证	非全额担保
违约损失率（%）	5	10	20	40	60
备注	违约贷款按担保分类，并每年统计损失率。违约损失率 = 贷款损失/违约贷款发放金额 ×100				

贷款期限与PD值对应表（举例）

表11.9

贷款期限	1（含）年以下	1~3（含）年	3~5（含）年	5年以上
违约概率（%）	0	0.38	1.00	1.38
备注	违约概率 =（某期限法定贷款基准利率 - 一年期法定贷款基准利率）/贷款违约损失率 [保证]			

三、利率定价月季度固定参数

利率定价测算表中有两个需要按月或按季或随时调整的固定参数，即：

（1）付息成本率

（2）法定基准利率

以往将“付息成本率”视为年度固定参数，年初确定后年内保持不变，由“市场风险溢价点数”反映存款利率变化对利润的影响。随着国家放宽存款利率限制，存款利率波动将成为影响年度贷款利润目标的首要因素，故需每月或每季更新“付息成本率”，直接将利率变动反映在客户利率定价中，可设“市场风险溢价点数”为0。

四、利率定价客户基本信息

利率定价测算表中需要采集的客户信息有7个，具体如下：

（1）信用等级

（2）违约损失类型（选）

（3）贷款期限

（4）贷款额度

（5）日均存款

（6）投资金额

（7）贷款类型（选）

五、利率定价测算公式

利率定价测算表中，六个计算公式如下：

报价利率浮动幅度 = Min(((最优惠利率 + 风险溢价点数 + 目标利润率调整点数 + 经营策略调整点数 - 客户贡献优惠点数)/法定基准利率 - 1) × 100,政策最高上浮幅度)　(11 - 1)

目标利率浮动幅度 = Min(((最优惠利率 + 风险溢价点数 + 目标利润率调整点数 - 客户贡献优惠点数)/法定基准利率 - 1) × 100,政策最高上浮幅度)　(11 - 2)

最低利率浮动幅度 = Max(((最优惠利率 + 风险溢价点数 - 客户贡献优惠点数)/法定基准利率 - 1) × 100,政策最低下浮幅度)　(11 - 3)

报价利率 = 法定基准利率 × (1 + 报价利率浮动幅度/100)　(11 - 4)

目标利率 = 法定基准利率 × (1 + 目标利率浮动幅度/100)　(11 - 5)

最低利率 = 法定基准利率 × (1 + 最低利率浮动幅度/100)　(11 - 6)

式中：

最优惠利率 = 付息成本率 + 贷款机构平均费用率 + 税负成本率 + 最低目标利润率

风险溢价点数 = 信用风险溢价点数 + 期限风险溢价点数 + 市场风险溢价点数

六、利率定价结果使用

违约概率与信用等级是否吻合、违约损失估计是否准确是影响定价的关键因素，因此，加强信用评级工作与利率定价密不可分，是一个系统工程。

实现利润最大化的有效方法应该是对贷款进行科学定价，科学定价最重要的着眼点有两个：一是利润最大化，二是风险补偿。

本模型提供三个测算价格，最低利率是利率定价红线任何人无权逾越，目标利率是贷款机构完成年度贷款计划利润应该坚守的底线，优质客户可以适当下浮，目标利润调整点数下浮权限只能授予贷款机构经营决策者。一般客户经理应按报价利率向客户报价，根据客户反馈意见或其他金融机构同意向该客户提供贷款的利率水平，适当调整经营策略调整点数。

风险补偿，在每个客户的价格中将承担与该客户的贷款风险相应的风险溢价，结果可能是每户一价。

第三节　固定参数统计确定方法

利率定价应以独立核算的贷款机构为单位统计确定参数，贷款机构指定部门安排专人（简称“系统管理员”）负责管理，内容包括模板修订、固定参数测定、参数发布。

一、贷款机构内部核算资料

需要贷款机构提供资产负债表和财务损益表，内容与格式如下：

1. 财务损益表

贷款机构的损益表内容与格式详见表11.10。

财务损益表（举例）

表11.10　　单位：元

序号	项目名称	行号	上二年	上一年
			2×××-2	2×××-1
1	一、营业收入	1	124275526	159767391
1.1	6011 利息收入	2	91952527	132886362
1.1.1	1. 贷款利息收入	3	91010938	130325750
1.1.1.1	其中：农户小额贷款利息收入	4	5346331	7392455
1.1.2	2. 信用卡透支利息收入	5		
1.1.3	3. 贸易融资利息收入	6		
1.1.4	4. 贴现利息收入	7	941589	2185302
1.1.5	5. 垫款利息收入	8		
1.1.6	6. 其他利息收入	9	0	375310
1.1.7		10		
1.2	6012 金融机构往来收入	11	12479554	8944854
1.2.1	1. 存放中央银行款项利息收入	12	0	0
1.2.2	2. 存放同业款利息收入	13	26256	16933
1.2.3	3. 存放系统内款项利息收入	14		
1.2.4	4. 拆放同业款项利息收入	15	0	0
1.2.5	5. 拆放系统内款项利息收入	16	2872286	834357
1.2.6	6. 存出保证金利息收入	17	4485727	5014170

续表

序号	项目名称	行号	上二年	上一年
			2×××年	2×××年
1.2.7	7. 买入返售金融资产利息收入	18		
1.2.8	8. 转（再）贴现利息收入	19		
1.2.9	9. 其他金融机构往来收入	20	5095284	3079394
1.2.10		21		
1.3	6021 手续费及佣金收入	22	364221	611084
1.3.1	1. 银行卡业务收入	23		
1.3.2	2. 结算业务收入	24	364220	611084
1.3.3	3. 电子银行业务收入	25		
1.3.4	4. 外汇业务收入	26		
1.3.5	5. 委托贷款业务收入	27		
1.3.6	6. 代理业务收入	28	0	0
1.3.7	7. 担保业务收入	29		
1.3.8	8. 账户管理费收入	30		
1.3.9	9. 咨询顾问业务收入	31		
1.3.10	10. 代保管业务收入	32		
1.3.11	11. 其他手续费及佣金收入	33		
1.4	6051 其他业务收入	34	85413	39633
1.4.1	1. 租赁收入	35		
1.4.2	2. 抵债资产租赁收入	36		
1.4.3	3. 服务费收入	37		
1.4.4	4. 其他业务收入	38	85413	39633
1.4.5		39		
1.5	6061 汇兑损益	40	30858	44167
1.5.1	1. 代客外汇买卖损益	41	30858	44167
1.5.2	2. 自营外汇买卖损益	42		
1.5.3	3. 其他汇兑损益	43		
1.5.4		44		
1.6	6101 公允价值变动损益	45	0	0
1.6.1	1. 交易性金融资产公允价值变动损益	46		
1.6.2	2. 交易性金融负债公允价值变动损益	47		
1.6.3	3. 衍生金融工具公允价值变动损益	48		
1.6.4	4. 其他公允价值变动损益	49		

续表

序号	项目名称	行号	上二年	上一年
			2×××年	2×××年
1.6.5		50		
1.7	6111 投资收益	51	19362953	17241291
1.7.1	1. 债券利息收入	52		
1.7.2	2. 投资买卖差价	53		
1.7.3	3. 股利收入	54		
1.7.4	4. 其他投资收益	55	19362953	17241291
1.7.5		56		
2	二、营业支出	57	120675858	145431870
2.1	6411 利息支出	58	53618792	51555597
2.1.1	1. 单位活期存款利息支出	59	4705629	8109019
2.1.2	2. 单位定期存款利息支出	60	2807070	3956151
2.1.3	3. 个人活期存款利息支出	61	3239583	4063761
2.1.4	4. 个人定期存款利息支出	62	42863950	34296700
2.1.5	5. 财政性存款利息支出	63		
2.1.6	6. 保证金存款利息支出	64	0	0
2.1.7	7. 其他利息支出	65	2560	1129966
2.1.8		66		
2.2	6412 金融机构往来支出	67	3388469	610371
2.2.1	1. 向中央银行借款利息支出	68	0	0
2.2.2	2. 同业存放款利息支出	69	3817	2518
2.2.3	3. 系统内存放款项利息支出	70		
2.2.4	4. 同业拆入款项利息支出	71	280449	297825
2.2.5	5. 系统内拆入款项利息支出	72	45052	299168
2.2.6	6. 转贴现利息支出	73		
2.2.7	7. 再贴现利息支出	74		
2.2.8	8. 卖出回购金融资产款利息支出	75		
2.2.9	9. 其他金融机构往来支出	76	3059151	10860
2.2.10		77		
2.3	6421 手续费及佣金支出	78	489283	616332
2.3.1	1. 银行卡业务手续费支出	79		
2.3.2	2. 结算业务手续费支出	80		
2.3.3	3. 代理业务手续费支出	81	489283	616332

续表

序号	项目名称	行号	上二年	上一年
			2×××年	2×××年
2.3.4	4. 外汇业务手续费支出	82		
2.3.5	5. 其他手续费支出	83		
2.3.6		84		
2.4	6601 业务及管理费	85	42286060	49833410
2.4.1	1. 业务宣传费	86	462165	667900
2.4.2	2. 广告费	87	100311	59503
2.4.3	3. 印刷费	88	611482	744618
2.4.4	4. 业务招待费	89	524563	512630
2.4.5	5. 电子设备运转费	90	2441579	3731011
2.4.6	6. 钞币运送费	91	741873	946228
2.4.7	7. 安全保卫费	92	620848	517511
2.4.8	8. 保险费	93	363643	348751
2.4.9	9. 邮电费	94	1066354	1105095
2.4.10	10. 诉讼费	95	185562	131276
2.4.11	11. 审计费	96	214800	103552
2.4.12	12. 公证费	97	0	0
2.4.13	13. 咨询费	98	11175	232300
2.4.14	14. 监管费	99	656885	801465
2.4.15	15. 技术转让费	100	0	0
2.4.16	16. 研究开发费	101	0	0
2.4.17	17. 外事费	102	0	0
2.4.18	18. 公杂费	103	281369	231020
2.4.19	19. 差旅费	104	2312202	2400954
2.4.20	20. 水电费	105	1268027	1118904
2.4.21	21. 会议费	106	696835	1060568
2.4.22	22. 绿化费	107	309397	51000
2.4.23	23. 理（董）事会费	108	0	0
2.4.24	24. 会费	109	0	0
2.4.25	25. 税费	110	202657	848198
2.4.26	26. 交通工具耗用费	111		
2.4.27	27. 开办费	112		
2.4.28	28. 服务费	113		

续表

序号	项目名称	行号	上二年	上一年
			2×××年	2×××年
2.4.29	29. 物业费	114		
2.4.30	30. 工会经费	115	201313	265223
2.4.31	31. 取暖及降温费	116	165920	245440
2.4.32	32. 劳动竞赛费	117	80000	800000
2.4.33	33. 职工福利费	118	1409193	1856568
2.4.34	34. 职工工资	119	10065663	13261200
2.4.35	35. 职工教育经费	120	201313	265224
2.4.36	36. 劳动保护费	121	804100	628421
2.4.37	37. 股份支付	122		
2.4.38	38. 辞退福利	123		
2.4.39	39. 非货币性福利	124		
2.4.40	40. 住房公积金	125	1296760	1674848
2.4.41	41. 派遣工费用	126	463000	508008
2.4.42	42. 基本养老保险费	127	2893947	4254929
2.4.43	43. 基本医疗保险费	128		
2.4.44	44. 工伤保险费	129		
2.4.45	45. 生育保险费	130		
2.4.46	46. 失业保险费	131	201313	0
2.4.47	47. 补充养老保险费	132		
2.4.48	48. 补充医疗保险费	133		
2.4.49	49. 租赁费	134	988600	863960
2.4.50	50. 修理费	135	3142706	2135608
2.4.51	51. 低值易耗品摊销	136	199844	278874
2.4.52	52. 长期待摊费用摊销	137	0	0
2.4.53	53. 无形资产摊销	138	0	0
2.4.54	54. 固定资产折旧费	139	6707591	6613172
2.4.55	55. 其他费用	140	393070	569451
2.4.56		141		
2.5	6602 其他业务支出	142	0	0
2.5.1	1. 抵债资产保管费用	143		
2.5.2	2. 租赁资产折旧及摊销	144		
2.5.3	3. 租赁资产维修费	145		

续表

序号	项目名称	行号	上二年	上一年
			2×××年	2×××年
2.5.4	4. 其他	146		
2.5.5		147		
2.6	6403 营业税金及附加	148	5794225	5138792
2.6.1	1. 营业税	149	5794225	5138792
2.6.2	2. 其他税金及附加	150		
2.6.3		151		
2.7	6701 资产减值损失	152	15099029	37677368
2.7.1	1. 存放同业坏账损失	153		
2.7.2	2. 拆出款项坏账损失	154		
2.7.3	3. 应收利息坏账损失	155		
2.7.4	4. 其他应收款坏账损失	156	0	0
2.7.5	5. 应收款项类投资坏账损失	157		
2.7.6	6. 贷款减值损失	158	15000000	37578580
2.7.7	7. 可供出售金融资产减值损失	159		
2.7.8	8. 持有至到期投资减值损失	160		
2.7.9	9. 买入返售金融资产减值损失	161		
2.7.10	10. 长期股权投资减值损失	162	0	0
2.7.11	11. 投资性房地产减值损失	163		
2.7.12	12. 固定资产减值损失	164		
2.7.13	13. 在建工程减值损失	165		
2.7.14	14. 无形资产减值损失	166		
2.7.15	15. 抵债资产减值损失	167		
2.7.16	16. 贵金属跌价损失	168		
2.7.17	17. 存出保证金减值损失	169		
2.7.18	18. 其他	170	99029	98788
2.7.19		171		
3	三、营业利润（净亏损以“－”号填列）	172	3599668	14335521
3.1	加：6301 营业外收入	173	7101568	525666
3.1.1	1. 资产清理收入	174		
3.1.2	2. 抵债资产处置收入	175		
3.1.3	3. 长款收入	176		
3.1.4	4. 罚没款收入	177		

续表

序号	项目名称	行号	上二年	上一年
			2×××年	2×××年
3.1.5	5. 补贴收入	178		
3.1.6	6. 捐赠利得	179		
3.1.7	7. 久悬未取款项收入	180		
3.1.8	8. 债务重组收入	181		
3.1.9	9. 其他营业外收入	182	7101568	525666
3.1.10		183		
3.2	减：6711 营业外支出	184	9679134	4781188
3.2.1	1. 抵债资产处置	185		
3.2.2	2. 非常损失	186		
3.2.3	3. 资产盘亏及清理损失	187		
3.2.4	4. 出纳结算赔款	188		
3.2.5	5. 罚没支出	189		
3.2.6	6. 久悬未取款项支出	190		
3.2.7	7. 债务重组损失	191		
3.2.8	8. 捐赠支出	192		
3.2.9	9. 预计负债支出	193		
3.2.10	10. 其他营业外支出	194	9679134	4781188
3.2.11		195		
4	四、利润总额（净亏损以“－”号填列）	196	1022102	10079999
4.1	减：6801 所得税费用	197	0	934230
4.1.1	1. 当期所得税费用	198	0	934230
4.1.2	2. 递延所得税费用	199		
4.1.3		200		
5	五、净利润（净亏损以“－”号填列）	201	1022102	9145769

2. 资产负债表

贷款机构的资产负债表内容与格式见表 11.11。

资产负债表（举例）

表 11.11　　　　单位：元

序号	项目名称	行号	上二年	上一年
			2×××-2	2×××-1
1	资产			
1.1	现金及存放中央银行款项	1	239381087	423146817
1.2	贵金属	2		
1.3	存放联行款项	3	0	0
1.4	存放同业款项	4	213347521	216737503
1.5	拆出资金	5	0	0
1.6	交易性金融资产	6	0	0
1.7	衍生金融资产	7		
1.8	买入返售金融资产	8		
1.9	应收款项类金融资产	9	0	0
1.10	应收利息	10		
1.11	应收股利	11		
1.12	其他应收款	12	18051597	24224565
1.13	发放贷款和垫款	13	1373530872	2177688329
1.14	可供出售金融资产	14		
1.15	持有至到期投资	15	381721660	152128342
1.16	长期股权投资	16	230298561	458704871
1.17	投资性房地产	17		
1.18	固定资产	18	61335157	54680164
1.19	在建工程	19	1000000	1000000
1.20	固定资产清理	20	0	0
1.21	无形资产	21	0	0
1.22	长期待摊费用	22	0	5828800
1.23	抵债资产	23	352704105	286433481
1.24	递延所得税资产	24		
1.25	待处理财产损益	25	0	0
1.26	其他资产	26	82353245	326308896
1.27		27		
1.28	资产总计	28	2953723805	4126881768
2	负债及所有者权益			

续表

序号	项目名称	行号	上二年	上一年
			2×××年	2×××年
2.1	负债	29		
2.1.1	向中央银行借款	30	20000000	20000000
2.1.2	联行存放款项	31		
2.1.3	同业及其他金融机构存放款	32	75	75
2.1.4	拆入资金	33	0	0
2.1.5	交易性金融负债	34		
2.1.6	衍生金融负债	35		
2.1.7	卖出回购金融资产款	36		
2.1.8	吸收存款	37	2729592817	3529424956
2.1.9	应付职工薪酬	38	7603526	8587960
2.1.10	应交税费	39	2633902	1491319
2.1.11	应付利息	40		
2.1.12	应付股利	41	2691275	9550603
2.1.13	其他应付款	42	129300543	209744997
2.1.14	预计负债	43	0	283772932
2.1.15	应付债券	44	44032	164850
2.1.16	递延所得税负债	45		
2.1.17	其他负债	46	0	0
	负债总计	47	2891866170	4062737692
2.2	所有者权益	48		
2.2.1	实收资本（股本）	49	60000000	60000000
2.2.2	其中：法人股股本	50		
2.2.3	自然人股股本	51		
2.2.4	资本公积	52	0	0
2.2.5	盈余公积	53	1857635	4144078
2.2.6	一般风险准备	54		
2.2.7	未分配利润	55	0	0
	所有者权益合计	56	61857635	64144078
	负债及所有者权益总计	57	2953723805	4126881770

二、贷款机构定价参数统计方法

根据贷款机构统计如下参数：

（1）贷款平均余额统计表

（2）贷款利润统计表

（3）贷款分类统计（按行业）

（4）贷款分类统计（按存贷比）

（5）贷款分类统计（按投贷比）

（6）违约率统计（按信用等级）

（7）不良贷款损失率统计

（8）违约率统计（按贷款期限）

具体内容与统计方法如下。

1. 贷款平均余额统计表

贷款余额统计的目的，主要为了统计贷款占比。贷款占比是统计贷款分担资金成本的依据。贷款机构通过资金获利的主要途径包括贷款、金融机构调剂、投资等三种，可将全部资金成本由这三种途径分担。因此，需要统计贷款占比。

贷款占比统计的内容与格式详见表 11. 12，数据来源与计算公式见“表达式”。

贷款平均余额统计表（举例）

表 11. 12　　单位：元

序号	项目名称	上二年 2005 年	上一年 2006 年	上一年 全年平均余额	占比（%）	表达式
1	贷款	1373530872	2177688329	1775609601	76. 0	默认 = 资产负债表！发放贷款和垫款
2	金融机构调剂	213347521	216737503	215042512	9. 2	2. 1 + 2. 2 + 2. 3 + 2. 4
2. 1	存放联行款项	0	0	0		默认 = 资产负债表！存放联行款项
2. 2	存放同业款项	213347521	216737503	215042512		默认 = 资产负债表！存放同业款项
2. 3	拆出资金	0	0	0		默认 = 资产负债表！拆出资金
2. 4	交易性金融资产	0	0	0		默认 = 资产负债表！交易性金融资产
3	投资	230298561	458704871	344501716	14. 8	默认 = 资产负债表！长期股权投资 + 资产负债表！投资性房地产
	合计	**1817176954**	**2853130703**	**2335153829**	**100. 0**	**1 + 2 + 3**

2. 贷款利润统计表

贷款机构的财务损益表是汇集所有获利途径的损益表，为了准确统计贷款的利率定价参数，需要将贷款的收入与支出从贷款机构的财务损益表中分离出来，统计贷款的获利能力和参数。

贷款利润统计表内容、格式和计算公式详见表 11.13。表中以某贷款机构统计数据为例示范。

贷款利润统计表（举例）

表 11.13 单位：元

序号	项目名称	金额	贷款余额	费率（%）	备注
1	利息收入	130325750	1775609601	7.34	默认 = 财务损益表！贷款利息收入［上一年］
2	费用支出	117430743	1775609601	6.61	计算 = 利息支出 + 营业费用 + 其他营业支出 + 贷款减值损失
2.1	利息支出	39201963	1775609601	2.21	默认 = 财务损益表！6411 利息支出［上一年］×贷款平均余额统计表！贷款［占比］/100
2.2	营业费用	40650201	1775609601	2.29	默认 = 财务损益表！6601 业务及管理费［上一年］×利息收入/财务损益表！营业收入［上一年］
2.3	其他营业支出	0	1775609601	0.00	默认 = 财务损益表！6602 其他业务支出［上一年］
2.4	贷款减值损失	37578580	1775609601	2.12	默认 = 财务损益表！贷款减值损失［上一年］
3	营业税金及附加	4191825	1775609601	0.24	默认 = 财务损益表！6403 营业税金及附加［上一年］×利息收入/财务损益表！营业收入［上一年］
4	营业外支出	4781188	1775609601	0.27	默认 = 财务损益表！营业外支出［上一年］
5	贷款利润	3921994	1775609601	0.22	计算 = 利息收入 - 费用支出 - 营业税金及附加 - 营业外支出
6	以前年度已发放未到期贷款在本年的利息收入	79918712			计算 = 存贷款平均余额统计表！贷款［上一年］×利息收入［费率］/200
7	以前年度已发放未到期贷款在本年的利润	2405056			计算 = 以前年度已发放未到期贷款在本年的利息收入×贷款利润/利息收入

3. 贷款分类统计（按行业）

贷款机构为整体控制贷款浮动幅度，往往按行业或用途规定不同的贷款浮动范围。需要统计不同贷款类型的贷款比例。确定最低和最高浮动幅度。详见表 11.14。表中数据以某贷款机构为例。

政策导向利率浮动区间表（举例）

表 11.14　　　　单位：%

序号	贷款类型	上年统计贷款比例	政策最低浮动幅度	政策最高浮动幅度	备注
1	工商业		-10	200	下浮用“—”表示，下同
2	助学		0	30	
3	农业生产		-10	35	
4	个体经营		-10	35	
5	家庭消费		10	50	
6	房地产开发		0	200	

4. 贷款分类统计（按存贷比）

表 11.15 是按“存贷比”分类统计贷款比例，“存贷比”是客户获得贷款优惠的重要条件，是“以贷促存”的重要措施，得到贷款机构的普遍重视。

需要贷款机构按“存贷比”统计上年各类贷款占比和计划本年各类贷款占比，计算平均下浮幅度，平均下浮幅度［合计］是确定利率定价固定参数的重要数据。

客户存款优惠幅度参数表（举例）

表 11.15

序号	存贷比（%）	优惠幅度（%）	上年贷款占比（%）	本年计划贷款占比（%）	平均下浮幅度（%）
1	>60	20		5	1.00
2	(45，60]	15		10	1.50
3	(30，45]	10		30	3.00
4	(15，30]	5		40	2.00
5	≤15	0		15	0.00
	合计			100	7.5
	备注	平均下浮幅度 = 本年计划贷款占比 × 优惠幅度/100，每年根据计划修改			

5. 贷款分类统计（按投贷比）

表 11.16 是按“投贷比”分类统计贷款比例，“投贷比”也是客户获得贷款优惠的一个考量。

需要贷款机构按“投贷比”统计上年各类贷款占比和计划本年各类贷款占比，计算平均下浮幅度，平均下浮幅度［合计］是确定利率定价固定参数的数据。

客户投资优惠幅度参数表（举例）

表 11.16

序号	投贷比（%）	优惠幅度（%）	上年贷款占比（%）	本年计划贷款占比（%）	平均下浮幅度（%）
1	>60	10		2	0.20
2	(45, 60]	8		3	0.24
3	(30, 45]	5		5	0.25
4	(15, 30]	3		5	0.15
5	≤15	0		85	0.00
	合计			100	0.84
	平均下浮幅度 = 本年计划贷款占比 × 优惠幅度/100，每年根据计划修改				

6. 违约率统计（按信用等级）

表 11.17“信用等级与 PD 值对应表”是信用等级对应的违约概率。违约概率用于测算信用风险溢价，是影响利率定价的重要参数。

“信用等级与 PD 值对应表”中的违约概率应取自信用评级系统规定的信用等级对应的违约概率，而且要求每年统计信用评级系统的违约率，对比违约概率与违约率，校准信用评级模型。或者，直接将统计的违约率应用于“信用等级与 PD 值对应表”。

信用等级与 PD 值对应表（举例）

表 11.17

等级	S 得分区间	违约概率区间（%）	平均违约概率（%）
AAA +	S > 95	0.00	0.00
AAA	90 < S < = 95	[0.00, 0.20)	0.10
AAA −	89 < S < = 90	[0.20, 0.42)	0.31
AA +	87 < S < = 89	[0.42, 0.66)	0.54
AA	85 < S < = 87	[0.66, 1.40)	1.03
AA −	84 < S < = 85	[1.40, 1.46)	1.43
A +	82 < S < = 84	[1.46, 2.58)	2.02
A	80 < S < = 82	[2.58, 3.06)	2.82
A −	77 < S < = 80	[3.06, 4.46)	3.76
BBB +	74 < S < = 77	[4.46, 6.00)	5.23
BBB	70 < S < = 74	[6.00, 8.86)	7.43
BBB −	68 < S < = 70	[8.86, 12.72)	10.79
BB	65 < S < = 68	[12.72, 17.72)	15.22

续表

等级	S得分区间	违约概率区间（%）	平均违约概率（%）
B	60 < S < =65	[17.72，26.56)	22.14
CCC	50 < S < =60	[26.56，39.08)	32.82
CC	45 < S < =50	[39.08，47.92)	43.50
C	40 < S < =45	[47.92，100.00)	73.96
D	0 < =S < =40	100.00	100.00

7. 不良贷款损失率统计

每年统计损失率。将违约贷款按担保分类，违约损失率用下式计算：

违约损失率 = 贷款损失/违约贷款发放金额 ×100

统计结果填入表 11.18 违约损失率参数表。

违约损失率参数表（举例）

表 11.18

担保类型	系统内质押	系统外质押	抵押	保证	非全额担保
违约损失率（%）	5	10	20	40	60

8. 违约率统计（按贷款期限）

表 11.19 贷款期限与 PD 值对应表，表示贷款期限越长风险越大。统计方法，以 1 年期贷款的违约概率为基准，以人民银行各种期限贷款基准利率与一年期贷款基准利率的差额为调整点数，除以违约损失率（假设为保证贷款），反推违约概率。

违约概率 =（某期限法定贷款基准利率 – 一年期法定贷款基准利率）/贷款违约损失率[保证]

贷款期限与 PD 值对应表（举例）

表 11.19

贷款期限	1（含）年以下	1 ~3（含）年	3 ~5（含）年	5 年以上
违约概率（%）	0	0.38	1.00	1.38

三、确定利率定价固定参数

以某贷款机构为例，确定的固定参数详见表 11.20 利率定价固定参数测算表。

利率定价固定参数测算表（举例）

表 11.20

序号	数据名称	单位	数额	表达式
1	贷款机构平均费用率	%	2.56	计算＝营业费用＋其他营业支出＋营业外支出
1.1	营业费用	%	2.29	默认＝贷款利润统计表！营业费用［费率］
1.2	其他营业支出	%	0.00	默认＝贷款利润统计表！其他营业支出［费率］
1.3	营业外支出	%	0.27	默认＝贷款利润统计表！营业外支出［费率］
2	付息成本率	%	2.21	默认＝贷款利润统计表！利息支出［费率］
3	税负成本率	%	0.24	默认＝贷款利润统计表！营业税金及附加［费率］
4	最低目标利润率	%	0.30	输入＝计划指标
5	市场风险溢价点数	%	0.50	输入＝计划指标（若每月根据上月存款利率统计调整“付息成本率”，则此项可忽略）
6	目标利润率调整点数	%	0.91	计算＝目标利润率－最低目标利润率
6.1	本年年初贷款余额	元	2177688329	默认＝存贷款平均余额统计表！贷款［上年末］
6.2	本年贷款增长幅度	%	25	输入＝计划指标
6.3	计划本年年末贷款余额	元	2722110411	默认＝本年年初贷款余额×(1＋本年贷款增长幅度/100)，可修改
6.4	贷款业务应承担的年度目标利润总额	元	12000000	默认＝(本年年初贷款余额＋计划本年年末贷款余额)×上年贷款平均利润率/200；可修改
6.5	以前年度已发放未到期贷款在本年的利润	元	2405056	默认＝贷款利润统计表！以前年度已发放未到期贷款在本年的利润
6.6	本年贷款目标利润	元	9594944	计算＝贷款业务应承担的年度目标利润总额－以前年度已发放未到期贷款在本年的利润
6.7	当年发放贷款额	元	2722110411	默认＝计划本年年末贷款余额；可修改
6.8	贷款优惠下浮点数	%	0.50	计算＝(客户存款平均下浮幅度＋客户投资平均下浮幅度)×法定基准利率/100
6.8.1	客户存款平均下浮幅度	%	7.50	默认＝客户存款优惠幅度参数表！平均下浮幅度［合计］
6.8.2	客户投资平均下浮幅度	%	0.84	默认＝客户投资优惠幅度参数表！平均下浮幅度［合计］
6.8.3	法定基准利率	%	6.00	默认＝当前有效的人民银行一年期法定贷款利率
6.9	目标利润率	%	1.21	计算＝本年贷款目标利润/(当年发放贷款额/2)×100＋贷款优惠下浮点数
7	经营策略调整点数	%	0.60	输入＝计划指标（可参考市场利率水平与本模型目标利率的差额确定）

表中固定参数的确定方法，有些固定参数直接默认等于上年统计数据，有的参数需要计算，有些参数还需要通过校验，平衡利率整体水平后才能最终确定。

一般通过统计直接确定的参数有：贷款机构平均费用率、付息成本率、税负成本率。

需要测算的主要参数是最低目标利润率、目标利润率、目标利润率调整点数。

需要平衡利率整体水平确定的参数有：市场风险溢价点数、目标利润率调整点数、经营策略调整点数。

表中参数确定方法如下：

1. 付息成本率

付息成本率通常作为年度固定参数，年内付息成本变化导致的风险由“市场风险溢价点数”反映。但随着利率市场化改革深入，逐步放开存款利率将加大利率定价的市场风险。调整付息成本将是规避市场风险的重要手段。付息成本率可以至少每季度调整一次，存款利率波动幅度较大时，可每月调整一次。

年初付息成本率用下述公式统计：

贷款承担利息支出＝财务损益表！利息支出[上一年]×贷款平均余额统计表！贷款[占比]/100

付息成本率＝贷款承担利息支出/贷款平均余额×100

当付息成本率每个季度调整一次时，取本年度前三个月新增存款的加权平均年利率为付息成本率；当付息成本率每个月度调整一次时，取本上月新增存款的加权平均年利率为付息成本率。精确统计很难做到，可采用抽样方法，跟踪占比最大的一种或多种存款，用上月利率除以上年末利率，得到调整系数。

付息成本率[月或季]＝付息成本率[年初]×调整系数

2. 最低目标利润率

最低目标利润率指贷款机构必须达到的利润水平，是贷款机构制定的利润红线，当低于最低目标利润率时宁愿放弃客户也不能承诺贷款。最低目标利润率固定参数可用下式计算确定：

最低目标利润率＝资本金充足率×最低资本金利润率/100

上式计算的最低目标利润率主要反映贷款中来源于资本金的必要回报（资金成本），利率定价固定参数测算表中的“付息成本率”反映贷款中来源于债务资金的成本，两者相加则反映贷款应承担的全部资金成本。

最低目标利润率也可在目标利润率基础上打折确定。

3. 目标利润率与目标利润调整点数

测算过程比较复杂，需要经过下述计算步骤：

本年年初贷款余额 = 存贷款平均余额统计表！贷款[上年末]

本年贷款增长幅度 = 贷款机构年度计划指标

计划本年年末贷款余额 = 本年年初贷款余额 ×（1 + 本年贷款增长幅度/100）

贷款业务应承担的年度目标利润总额 =（本年年初贷款余额 + 计划本年年末贷款余额）× 上年贷款平均利润率/200

以前年度已发放未到期贷款在本年的利润 = 贷款利润统计表！以前年度已发放未到期贷款在本年的利润

本年贷款目标利润 = 贷款业务应承担的年度目标利润总额 - 以前年度已发放未到期贷款在本年的利润

当年发放贷款额 = 计划本年年末贷款余额

贷款优惠下浮点数 =（客户存款平均下浮幅度 + 客户投资平均下浮幅度）× 法定基准利率/100

目标利润率 = 本年贷款目标利润/（当年发放贷款额/2）×100 + 贷款优惠下浮点数

目标利润调整点数 = 目标利润率 - 最低目标利润率

4. 市场风险溢价点数

含义：市场风险溢价点数用于补偿存款利率和汇率变化减少的利润。

取值：以上年度全年平均存款利率与偏差最大的月份存款利率的差额，作为市场风险溢价点数取值的上限。

当每月根据上月统计的存款利率水平调整“付息成本率”时，则此项可忽略，取市场风险溢价点数为 0。

5. 经营策略调整点数

经营策略调整点数属于贷款机构计划指标，可比较市场利率水平与用本模型测算的目标利率，将其差额确定为经营策略调整点数。当市场利率低于测算的目标利率时，经营策略调整点数为 0，并适当降低目标利率。

经营策略调整点数是留给决策者和客户经理与客户谈判的回旋余地，是在目标利润的基础上寻求自身利益最大化的空间。

6. 利率整体水平调整技巧

首先对现有贷款案例利用本模型测算利率定价，通过分析对比，判断利率定价整体水平是否适中，还是偏低或偏高。

若存在利率整体水平偏低情况，则可通过调高经营策略调整点数或目标利润调整点数；若存在利率整体水平偏高情况，可按先调低市场风险溢价点数、再调低经营策略调整点数、最后调低目标利润点数，按顺序调整。

第四节　利率定价操作方法

利率定价操作很简单，只要提供 7 个客户基本信息，利用定价模板即可测算出利率定价。大量案例分析表明，影响客户利率高低最重要的因素是客户信用等级和担保类型，信用等级决定违约概率，担保类型决定违约损失率，两者乘积即信用风险溢价点数。贷款条件或担保方式，两者都好的风险溢价点数最低，其中一个因素占优的风险损失也不高，两者都差的风险溢价最高。

以某贷款机构定价模板为例，信用等级 AAA，保证方式担保，客户基本信息见表 11.21。测算结果见表 11.22，最低利率下浮幅度 3%，目标利率上浮幅度 12%，报价利率上浮 22%。

客户基本信息（举例）

表 11.21

序号	数据名称	数据	备注（引用报表及栏目数据或表达式）
1	信用等级	AAA	输入 = 输入信用评级结果
2	担保类型	4	输入 =1 – 系统内质押；2 – 系统外质押；3 – 抵押；4 – 保证；5 – 非全额担保
3	贷款期限	1	默认 =1，可修改
4	贷款额度（万元）	0.00	输入
5	日均存款（万元）	0.00	输入
6	投资金额（万元）	0.00	输入
7	贷款类型	1	输入 =1 – 工商业；2 – 助学；3 – 农业生产；4 – 个体经营；5 – 家庭消费；6 – 房地产开发

定价测算表（举例）

表 11.22　　　　单位：%

序号	数据名称	数据	数据来源或表达式
1	最优惠利率	5.30	计算 = 付息成本率 + 贷款机构平均费用率 + 税负成本率 + 最低目标利润率
1.1	付息成本率	2.21	默认 = 利率定价固定参数测算表！付息成本率

续表

序号	数据名称	数据	数据来源或表达式
1.2	贷款机构平均费用率	2.56	默认=利率定价固定参数测算表！贷款机构平均费用率
1.3	税负成本率	0.24	默认=利率定价固定参数测算表！税负成本率
1.4	最低目标利润率	0.30	默认=利率定价固定参数测算表！最低目标利润率
2	法定基准利率	6.00	默认=利率定价可变参数表！一年期法定贷款利率
3	贷款利率定价调整点数	2.05	计算=信用风险溢价点数+期限风险溢价点数+市场风险溢价点数+目标利润率调整点数+经营策略调整点数
3.1	信用风险溢价点数	0.04	计算=信用风险违约概率（PD）×信用风险违约损失率（LGD）/100
3.1.1	信用等级	AAA	输入=输入信用评级结果
3.1.2	信用风险违约概率（PD）	0.10	默认=查“信用等级与PD值对应表”，信用等级与违约概率匹配
3.1.3	担保类型	4	输入=1-系统内质押；2-系统外质押；3-抵押；4-保证；5-非全额担保
3.1.4	信用风险违约损失率（LGD）	40	默认=查“违约损失率参数表”，违约损失类型与违约损失率匹配
3.2	期限风险溢价点数	0	计算=期限风险违约概率（PD）×期限风险违约损失率（LGD)/100
3.2.1	贷款期限	1	默认=1，可修改
3.2.2	期限风险违约概率（PD）	0	默认=查“贷款期限与PD值对应表”，贷款期限与违约概率（PD）匹配
3.2.3	期限风险违约损失率（LGD）	40	默认=信用风险违约损失率（LGD）
3.3	市场风险溢价点数	0.50	默认=利率定价固定参数测算表！市场风险溢价点数
3.4	目标利润率调整点数	0.91	默认=利率定价固定参数测算表！目标利润率调整点数
3.5	经营策略调整点数	0.60	默认=利率定价固定参数测算表！经营策略调整点数
4	客户贡献优惠点数	0.00	计算=客户存款优惠点数+客户投资优惠点数
4.1	贷款额度（万元）	0.00	输入
4.2	客户存款优惠点数	0.00	计算=客户存款优惠幅度×法定基准利率/100
4.2.1	日均存款（万元）	0.00	输入
4.2.2	存贷比	0.00	计算=if（贷款额度>0，日均存款/贷款额度×100，0）
4.2.3	客户存款优惠幅度	0.00	默认=查“客户存款优惠幅度参数表”，存贷比与优惠幅度匹配
4.3	客户投资优惠点数	0.00	计算=客户投资优惠幅度×法定基准利率/100
4.3.1	投资金额（万元）	0.00	输入

续表

序号	数据名称	数据	数据来源或表达式
4.3.2	投贷比	0.00	计算 = if（贷款额度 > 0，投资金额/贷款额度 × 100，0）
4.3.3	客户投资优惠幅度	0.00	默认 = 查“客户投资优惠幅度参数表”，投贷比与优惠幅度匹配
5	政策导向利率浮动幅度		
5.1	贷款类型	1	输入 = 1 - 工商业；2 - 助学；3 - 农业生产；4 - 个体经营；5 - 家庭消费；6 - 房地产开发
5.2	政策最低下浮幅度	-10	默认 = 查“政策导向利率浮动区间表”，贷款类型与政策最低下浮幅度匹配
5.3	政策最高上浮幅度	200	默认 = 查“政策导向利率浮动区间表”，贷款类型与政策最高上浮幅度匹配
6	确定利率浮动幅度		
6.1	报价利率浮动幅度	22	计算 = Min（((（最优惠利率 + 贷款利率定价调整点数 - 客户贡献优惠点数）/法定基准利率 - 1) × 100，政策最高上浮幅度）
6.2	目标利率浮动幅度	12	计算 = Min（((（最优惠利率 + 贷款利率定价调整点数 - 客户贡献优惠点数 - 经营策略调整点数)/法定基准利率 - 1) × 100，政策最高上浮幅度）
6.3	最低利率浮动幅度	-3	计算 = Max(((（最优惠利率 + 贷款利率定价调整点数 - 客户贡献优惠点数 - 经营策略调整点数 - 目标利率调整点数)/法定基准利率 - 1) × 100，政策最低下浮幅度）
7	确定利率		
7.1	报价利率	7.35	计算 = 法定基准利率 × (1 + 报价利率浮动幅度/100)
7.2	目标利率	6.75	计算 = 法定基准利率 × (1 + 目标利率浮动幅度/100)
7.3	最低利率	5.84	计算 = 法定基准利率 × (1 + 最低利率浮动幅度/100)

测算客户在不同信用等级和不同担保条件下的利率定价，汇总于表 11.23。

信用等级与担保方式对比

表 11.23　　　　单位：%

序号	数据名称	AAA/保证	AAA/系统内质押	B/保证	B/系统内质押
1	最优惠利率	5.30	5.30	5.30	5.30
1.1	付息成本率	2.21	2.21	2.21	2.21
1.2	贷款机构平均费用率	2.56	2.56	2.56	2.56
1.3	税负成本率	0.24	0.24	0.24	0.24
1.4	最低目标利润率	0.30	0.30	0.30	0.30
2	法定基准利率	6.00	6.00	6.00	6.00
3	贷款利率定价调整点数	2.05	2.01	10.86	3.11

续表

序号	数据名称	AAA/保证	AAA/系统内质押	B/保证	B/系统内质押
3.1	信用风险溢价点数	0.04	0.01	8.86	1.11
3.1.1	信用等级	AAA	AAA	B	B
3.1.2	信用风险违约概率（PD）	0.10	0.10	22.14	22.14
3.1.3	担保类型	保证	系统内质押	保证	系统内质押
3.1.4	信用风险违约损失率（LGD）	40.00	5.00	40.00	5.00
3.2	期限风险溢价点数	0.00	0.00	0.00	0.00
3.2.1	贷款期限	1.00	1.00	1.00	1.00
3.2.2	期限风险违约概率（PD）	0.00	0.00	0.00	0.00
3.2.3	期限风险违约损失率（LGD）	40.00	5.00	40.00	5.00
3.3	市场风险溢价点数	0.50	0.50	0.50	0.50
3.4	目标利润率调整点数	0.91	0.91	0.91	0.91
3.5	经营策略调整点数	0.60	0.60	0.60	0.60
4	客户贡献优惠点数	0.00	0.00	0.00	0.00
4.1	贷款额度（万元）	0.00	0.00	0.00	0.00
4.2	客户存款优惠点数	0.00	0.00	0.00	0.00
4.2.1	日均存款（万元）	0.00	0.00	0.00	0.00
4.2.2	存贷比	0.00	0.00	0.00	0.00
4.2.3	客户存款优惠幅度	0.00	0.00	0.00	0.00
4.3	客户投资优惠点数	0.00	0.00	0.00	0.00
4.3.1	投资金额（万元）	0.00	0.00	0.00	0.00
4.3.2	投贷比	0.00	0.00	0.00	0.00
4.3.3	客户投资优惠幅度	0.00	0.00	0.00	0.00
5	政策导向利率浮动幅度	0.00	0.00	0.00	0.00
5.1	贷款类型	1.00	1.00	1.00	1.00
5.2	政策最低下浮幅度	-10.00	-10.00	-10.00	-10.00
5.3	政策最高上浮幅度	200.00	200.00	200.00	200.00
6	确定利率浮动幅度	0.00	0.00	0.00	0.00
6.1	报价利率浮动幅度	22.46	21.88	169.40	40.25
6.2	目标利率浮动幅度	12.46	11.88	159.40	30.25
6.3	最低利率浮动幅度	-2.62	-3.21	144.31	15.16
7	确定利率	0.00	0.00	0.00	0.00
7.1	报价利率	7.35	7.31	16.16	8.41
7.2	目标利率	6.75	6.71	15.56	7.81
7.3	最低利率	5.84	5.81	14.66	6.91

第十二章　构建投融资评价软件平台

第一节　投融资评价平台综述

本书第一章至第十章已构建了一个完整的企业投融资评价方法体系，从评价指标的科学性，到验证资料的真实性，评价参数的合理性，分析计算的准确性，再到实际应用的可操作性，是否能够满足需要，相信读者心中已经感受到了或已作出了判断。但是，本书推荐的评价方法能否得到全面推广，为实现全社会投资决策科学化的宏伟目标服务，可能还需要具备除方法以外的其他条件加以辅助，这就是我们这个时代不可缺少的信息化工具。

对于融资主体来说，提高融资成功率和降低融资成本是其主要诉求；对于投资者来说，降低投资风险和降低风险控制成本是其主要诉求。无疑相对成熟的评价方法为达到投融资各方诉求奠定了基础，但双方都还共同需要一个工具才能完全达到自己的诉求。计算机的普及，使我们可以通过“单机版”的计算机软件完成投融资评价，可比手工操作提高效率 7 ~ 10 倍；利用因特网和云计算等现代科技建立的“SaaS”服务平台，所有融资主体或投资者将无需购买软件，都可以独自在网上廉价地完成投融资评价，不仅提高效率还可降低成本；再进一步，若有权威机构或第三方组织投融资双方在网上平台双向对接，便可以形成“投融资超市”，投融资各方可在网上轻松实现双向选择，不仅融资主体可以提高融资成功率，投资者可以选择到相对优质的客户，而且可以降低各方成本，这是近阶段投融资活动能够达到的最高境界。这三个层次的评价软件由编写本书的专家团队均已开发成功，在技术上已无障碍。

为了实现全社会投资决策科学化需要，上述三个层次的评价软件可以形成下述四种推广应用模式：

1. “单机版”模式，每个投资者或融资主体配备一套“单机版”软件，安装在个人电脑上使用。

2. 使用人数较多的机构，在局域网服务器上安装“平台软件”，供机构内部员工使用，可以实现信息共享，与办公软件平台使用可实现网上审查、审批。

3. 单个使用者，可以登陆“中国评价在线”网站，注册进入“在线评价”平台软件完成投融资评价。

4. 由政府或行业协会支持，每个地级以上城市建立一个“网上金融超市”。按照下述步骤完成投融资决策：

（1）投资者在网上注册，提出“受理基本条件”，在网上受理客户；

（2）融资主体在网上注册，先进行“自我评价”，系统自动完成“自我评价”与各投资者的“受理基本条件”比较，列出符合条件的投资者清单，供融资主体选择，并向投资者开放必要的“自我评价”信息；

（3）投资者看到“融资申请”后，投资者根据融资主体提供的“自我评价”信息决定是否“受理”，决定后信息反馈到融资主体；

（4）受理后，融资主体向投资者提供详细信息，投资者在线或离线作出“投资评估”，最后作出投资决策。

本章第二节将简单介绍建立机构内部平台的方法；第三节介绍中国评价在线；第四节介绍金融超市。

第二节　建立机构投融资评价平台

一、适用对象

企业集团、贷款机构、担保机构、创投机构等机构，对在企业内网安装投融资评价平台有需求。

二、用途

软件平台将评价方法体系固化在软件中，为投融资评价提供方法、工具和行业参数。是企业投融资评价的整体解决方案。

投融资评价系统与企业管理流程结合，直接为决策提供科学依据。

三、主要功能

1. 收集数据与真实性验证功能

提供标准化的企业调查资料清单，录入收集的资料，可以验证数据的真实性，除了收入验证、钩稽关系验证，还创新了更加严密的息税折旧摊销前利润验证方法，比银行现有方法更科学，而且自动验证。

2. 统计与确定评价参数功能

自动统计评价参数为合理确定参数提供科学依据；对比历史统计参数确定合理预测参数。

3. 企业财务评价功能

包括未来预测、债务结构分析、债务结构优化、财务评价报表和指标计算。通过债务结构分析可判断企业是否存在可能导致企业倒闭的重大风险。

4. 评级授信功能

评测企业信用等级和授信额度，为银行选择贷款对象和确定贷款额度提供决策依据；评级授信模板可根据用户要求定制；也可以直接利用银行内部评级系统得出的信用等级和授信额度作为决策依据。按行业设置模板，评价指标更科学。

5. 生成报告

根据评价类型，自动生成年度授信评价报告、流动资金贷款评价报告、固定资产贷款评价报告。

6. 行业参数统计功能

统计行业参数，为确定企业财务评价参数提供依据。

四、系统主要特点

系统具备以下四大特点：

1. 解决了行业参数重大难题，确保评价的准确性

首次提供行业参数，为项目评估提供了重要依据，也是项目贷款风险缓释的关键环节。

2. 操作便捷，提高效率

采用智能化数据输入和处理方法，利用内置专家系统和行业参数，自动默认项目评价参数和指标，只需输入少量的数据和参数，就能自动安排投资计划、成本计划、收入税金计划，生成相应的辅助报表。

3. 具有广泛的通用性

软件在输入和计算方面综合了各行业的特点，能完成几乎所有行业的投融资评价，适用性强，通用性广。

4. 具有可靠的安全性

采用标准输入模式，用户在不需要修改评价模型的基础上完成各种评价，安全可靠。

第三节　在线评价公共服务平台

一、中国评价在线概述

《中国评价在线》是苏州铭星科技股份有限公司（以下简称“铭星科技”）的门户网站，除了担负传递公司信息和公司产品之外，网站设“产品信息”、“评价案例”、“行业信息”、“在线培训”、“评价在线”等专区。“评价案例”和“在线评价”为核心内容。中国评价在线首页见图 12. 1。“评价案例”专区免费向社会开放，展现以绝大多数上市公司为融资主体的企业投融资评价案例，以及以项目为融资主体的项目评价案例。每个案例均用评价软件展现其投融资评价的全过程。对于了解投融资评价方法、评价手段和参数具有一定的示范作用。

图 12. 1

“评价在线”专区向社会提供可操作的投融资评价工具和行业参数，是铭星科技面向全社会的一种新的服务模式，通过较为低廉的服务收费方式，大大降低了铭星软件用户的使用门槛，是全社会实现投资决策科学化的先进手段。通过注册获取订购服务，由“评价在线”窗口登陆进入平台。“评价在线”平台页面见图 12. 2。

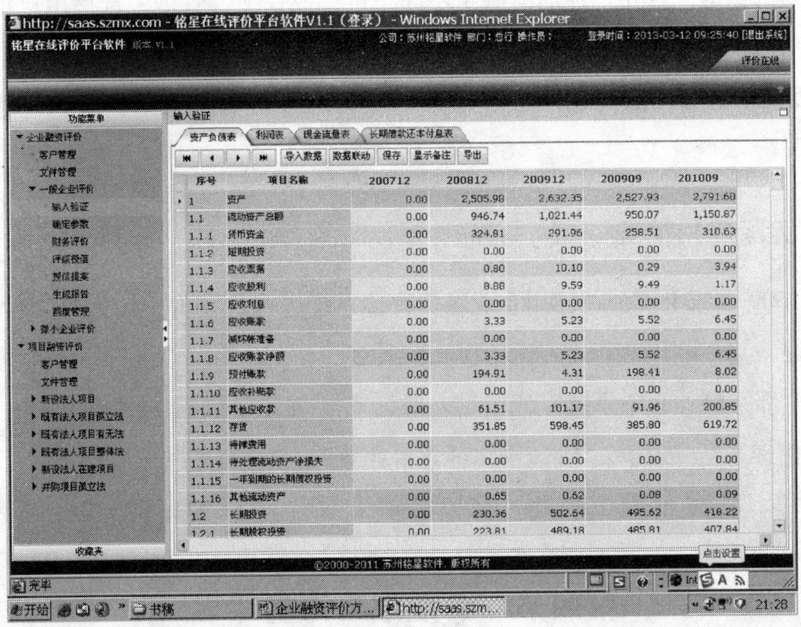

图 12.2

二、评价在线适用范围

《中国评价在线》是“评价领域”全过程、全方位、信息化的整体解决方案。全过程指项目整个生命周期内的融资评价和贷款评估，如项目初步可行性研究经济评价、项目可行性研究经济评价、项目初步设计经济评价、银行贷款项目评估、项目后评价、企业融资评价、企业贷款评估、担保评价等。全方位指投资与融资两个方面，如融资主体的自我评价和投资者的评估，财务评价方法基本一致，评价报告内容与格式不同。信息化即采用“信息自循环理论”，解决行业参数来源与应用。

评价方法由企业融资评价与项目融资评价两大方法体系组成。企业融资评价分类，首先分为“一般企业”和“小微企业”。一般企业按行业分类，初步分为：制造业、批发和零售业、房地产开发业、建筑业、住宿业、旅游业、交通运输业、公用设施业、综合类、新组建企业、生产类小型企业、流通类小型企业、医疗机构、教育机构、其他事业法人等，还可以根据需要增加类别。项目评价方法分类：新设法人项目评价方法、既有法人项目有无法、既有法人项目孤立法、新设法人在建项目、兼并项目评价方法、房地产开发项目评价方法等。

三、用户角色与评价模型

中国评价在线的用户分为：担保公司、小贷公司、贷款银行、企事业单位、创投机构、咨询机构等。在用户注册时确定不同角色，或在文件管理中选择用户角色。

不同角色执行的软件菜单核心功能相同，辅助功能差别较大，数据“输入验证”、“确定参数”、“财务评价”等方面完全相同，“评级授信”、“授信提案”、“生成报告”等模型不同。

四、实际应用情况

目前1600多家上市公司已用企业融资评价系统进行过评价，作为“评价案例”可供免费查询。

本书全部案例均有本系统完成“输入验证”、“确定参数”、“财务评价”、“评级授信”、“授信提案”、“生成报告”等全部评价作业。

2011年以来，已有1000多位银行客户经理在线体验，创建数据文件超过10000个。

第四节　金融超市服务平台

一、建立金融超市的必要性

1. 金融超市建设有客观需求

中小企业融资难是一个国际性问题，有的国家解决的好，有的不尽如人意。解决好了可以有力地促进一个国家或一个地区的经济发展，反之亦然。纵观世界各国，解决中小企业融资难需要调动全社会的力量，尤其离不开政府的政策引导和推动，政府应起关键作用。

2. 符合政府中长期规划

2011年9月22日开幕的第八届中国国际中小企业博览会上，工业和信息化部公布了《“十二五”中小企业成长规划》。依据规划，“十二五”期间，我国将实施中小企业公共服务平台网络建设工程，支持建设和完善4000个中小企业公共服务示范平台，重点培育500个国家中小企业公共服务示范平台，以带动各类社会服务机构开展中小企业服务。到“十二五”末，中小企业公共服务平台将基本覆盖全国80%以上的省（区、市）。

解决中小企业融资难是当前中小企业亟待解决的重大难题，中小企业融资服务平台应该是国家“十二五”规划建设4000个平台中重中之重的平台，其重要性不言而喻。金融超市服务平台建设符合政府中长期发展规划。

3. 两大问题影响平台的效果

国内已有不少省市已经尝试建设中小企业金融服务平台，但发现不少平台对解决中小企业融资难没有起到实质性的作用，而且自身生存出现问题。这些平台得到了当地政府大力支持，平台运营者觉得该想的都想到了，该做的也做了，就是效果不佳。殊不知，还有两大关键因素影响其成功：其一，平台缺少以“评价”为核心的技术支撑，即使各方面工作都做得很到位，也只能暂时地聚集客户，不能帮银行有效地筛选客户，没有减少银行筛选客户的工作量，银行兴趣锐减，银行对平台失去兴趣企业也就不上平台了；其二，平台运营没有建立长期有效的运营模式，使平台运营者难以为继。

4. 技术已经成熟

本书作者开发的平台以“评价”为核心，融资企业在平台上先做“自我评价”，根据“自我评价”对接贷款机构；贷款机构根据“自我评价”筛选客户，减少了大量筛选客户的工作量，贷款机构只要验证融资企业提供资料的真实性，可以轻松完成贷款评估报告，显著提高效率和降低银行贷款成本。

5. 长效运营模式基本成型

铭星科技正在探索多种金融超市运营模式，如：高科技园区模式、地级以上城市模式、金融机构主导模式等，争取近期取得成果，为大范围推广示范。

二、高科技园区“金融超市”运营模式

以高科技园区为单位，建立金融服务平台，运营模式详见图12.3。运营模式由“实体企业”、“贷款机构”、“政府和第三服务机构”参与，具体描述如下：

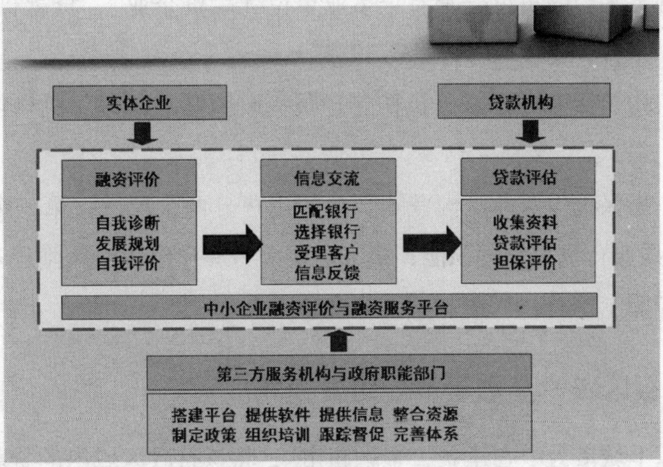

图12.3

（1）政府的主导作用：由高科技园区政府主导建立中小企业金融风险补偿基金，政府以基金管理为切入点，由第三方提供技术、投资和管理，建立服务于整个高科技

园区中小企业的金融服务平台。

（2）贷款机构的动力：作为行政措施，基金管理要求贷款机构必须在金融服务平台上受理客户、贷款评估、贷后管理，才能享受风险补偿基金的政策；作为长效机制，以平台上筛选客户显著提高效率和降低成本，在线评估有效控制风险等实惠，吸引贷款机构主动提供在线服务。

政府投资的小贷公司、担保公司应率先上线起示范作用，初期还可以利用高科技园区的公信力和资产担保，借助平台的风险控制能力，吸收银行的中小企业贷款转贷给园区的中小企业，将规模做大，带动银行上线直接向中小企业贷款。

（3）企业的配合作用：作为引导措施，政府主管部门或贷款机构要求融资企业必须在平台上完成“自我评价”，有利于减少贷款机构工作量；作为长效机制，通过企业“自我评价”对自身进行“自我诊断”，有利企业提高管理水平，获得更多贷款机会和更好的贷款条件，可提高融资效率和降低融资成本，激励企业上线寻求服务。

（4）融资渠道多管齐下：通过平台，为企业融资开辟更多渠道。对于较为优质的融资企业，选择机会多，可以选择利率较低的银行贷款；对于一般企业，选择机会少，可以选择利率稍高的小额公司贷款；对于担保不足且不是十分优质的企业，可以选择担保机构担保获得贷款；对于承担重要研发课题但暂时不能满足银行贷款条件的初创型科技企业，可以向创投机构推荐，其发展前景可能获得创投机构的青睐，有的银行采用“跟投跟贷”政策，对创投机构支持的企业提供研发贷款。

登陆金融服务平台的角色分别有企事业单位（融资企业）、贷款机构、担保机构、股权投资机构、平台管理机构。详见图 12.4。

平台管理机构包括第三方服务机构管理员、政府职能部门。机构内可注册多人参与管理。

贷款机构、担保机构两种机构登陆平台的用户分两个层次：第一个层次为“机构会员”，主要在线履行机构管理职能；第二个层次为客户经理或风险经理，主要履行评价和贷后管理职能。

三、地市级区域“金融超市”运营模式

以地市级以上城市为中心建立“金融超市”，将该行政区域内的贷款机构、担保机构、创投机构、信托机构、融资企业等都聚集到金融服务平台上，实现银企“双向选择”。

建立以地级市为服务范围的“金融超市”，主要是为了更好实施运营管理，便于服

平台登陆用户菜单

企事业用户菜单	平台管理机构菜单	贷款机构用户菜单	担保机构用户菜单	股权投资用户菜单
企业融资评价	融资信息管理	贷款评估	担保评价	投资评估
1. 客户信息	1. 企业融资指标统计表	1. 机构会员	1. 机构会员	1. 客户管理
2. 贷款申请	2. 注册中小企业名录	1.1客户受理	1.1客户受理	2. 文件管理
3. 融资评价	3. 融资评价企业名录	1.2申请企业	1.2申请企业	3. 投资评估
4. 匹配银行	4. 自动匹配企业名录	1.3受理企业	1.3受理企业	3.1在线评估
5. 匹配担保	5. 银行受理企业名录	1.4授信信息	1.4担保信息	3.2离线评估
6. 提供资料	6. 贷款承诺企业名录	1.5绩效统计	1.5绩效统计	4. 投资信息
6.1共享信息	7. 贷款发放企业名录	2. 客户管理	2. 客户管理	5. 投资后评价
6.2担保信息	8. 还款违约企业名录	3. 文件管理	3. 文件管理	
6.3补充资料	9. 申请担保企业名录	4. 贷款评估	4. 担保评估	
7. 贷款管理	10. 担保成功企业名录	4.1在线评估	4.1在线评估	
	11. 贷款机构信息	4.2离线评估	4.2离线评估	
	12. 担保机构信息	5. 贷款信息	5. 担保信息	
	13. 融资企业信息	5.1贷款承诺	5.1担保承诺	
	14. 创投机构信息	5.2贷款发放	5.2违约信息	
		5.3违约信息		

图 12.4

务范围内的金融机构与服务范围内的融资企业对接，因为每个金融机构都在不同程度上限制跨地区贷款，服务范围不仅要求限制在地市级范围内，还要根据每家金融机构分支机构设置情况，可能有的金融机构的分支机构还可能需要限定在区县范围内。融资企业注册时，需要明确住址所在地，才能准确地与当地金融机构对接。

运营模式与高科技园区“金融超市”运营模式相同。每个地级市分别建立中小企业金融风险补偿基金，由基金管理需要，要求或吸引金融机构积极为“金融超市”提供金融产品。

全国布局，将有可能建立350个独立运营的“金融超市”网站。详见表12.1。表中中小企业数量没有包括全国超过4000万户个体工商户，平台专设小微企业评价模型。

区域网站分布表

表12.1

序号	省/直辖市/自治区	地级以上城市（个）	区县（个）	中小企业数量（万个）	计划用户数（万个）
1	北京市	1	18	36.8	53.5
2	天津市	1	18	27.3	39.7
3	河北省	11	172	22.8	33.1

续表

序号	省/直辖市/自治区	地级以上城市（个）	区县（个）	中小企业数量（万个）	计划用户数（万个）
4	山西省	11	119	12.0	17.5
5	内蒙古自治区	12	101	20.4	29.7
6	辽宁省	14	100	47.6	69.2
7	吉林省	9	60	16.4	23.8
8	黑龙江省	13	127	23.2	33.7
9	上海市	1	19	50.4	73.3
10	江苏省	13	106	54.1	78.6
11	浙江省	11	90	88.8	129.0
12	安徽省	17	105	19.9	29.0
13	福建省	9	85	34.1	49.6
14	江西省	11	99	13.7	19.8
15	山东省	17	140	68.3	99.2
16	河南省	17	159	51.9	75.4
17	湖北省	12	102	34.1	49.6
18	湖南省	14	122	24.9	36.1
19	广东省	21	121	173.9	252.8
20	广西壮族自治区	14	109	8.6	12.5
21	海南省	2	20	10.9	15.9
22	重庆市	15	25	26.4	38.3
23	四川省	21	181	54.6	79.4
24	贵州省	9	88	10.0	14.6
25	云南省	16	129	11.9	17.3
26	西藏自治区	7	73	1.6	2.3
27	陕西省	10	107	57.3	83.3
28	甘肃省	14	86	11.0	16.0
29	青海省	8	43	4.1	6.0
30	宁夏回族自治区	5	21	2.1	3.1
31	新疆维吾尔自治区	14	99	12.8	18.7
合计		350	2844	1032.1	1500

四、专卖店式“金融超市”运营模式

专卖店式的“金融超市”，即由一家金融机构建立独立于内部系统的“SaaS”服务平台，除了满足金融机构客户经理和风险经理的在线评价作业，也向融资企业开放，由融资企业在网上提供资料，完成“自我评价”，银行根据“自我评价”筛选客户，既可寻觅到较为优质的客户，也可降低金融机构成本，尤其是小微企业贷款。

对融资企业而言，能在线进行“自我评价”，减少了银行工作量，降低银行成本，提高融资效率，间接为企业带来好处。“自我评价”也为企业掌握自身的命运带来帮助，企业可以根据“自我评价”诊断自身的问题，判断企业在银行眼里的“优劣”，企业认识了自己，可以成为企业同银行贷款谈判的依据，有助于企业获得更好的贷款条件。相信融资企业有积极性配合。

一般做法，由银行建立系统，吸引企业申请贷款，免费向企业开放。

第五节　行业参数信息化架构

一、企业历史统计参数

随着每个企业在平台软件中持续应用的时间越来越长，系统积累的企业数据也会越来越多，每个企业都可以将历史统计参数显示出来，为该企业下次评价时参考。

历史统计的参数内容与格式，与“确定参数”中的内容和格式相同，由“收入增长幅度”、“成本参数”、“流动资金估算参数”三部分组成。工业类企业参数统计内容与商业及其他类型企业略有不同。历史统计参数的内容与格式分别见表 12. 2 和表 12. 3。

企业历史统计参数，只供本企业下次评价使用，不提供给其他企业参考。

历史统计参数（工业类）

表 12. 2

序号	参数名称	上十年	……	上三年	上二年	上一年
		最近年份 - 10	……	最近年份 - 3	最近年份 - 2	最近年份 - 1
一	**收入增长幅度（%）**					
二	**产品可变成本比例（%）**					
1	生产成本					
1. 1	原材料费					
1. 2	燃料及动力费					
1. 3	工资及福利费					
1. 4	折旧费					
1. 5	修理费					

续表

序号	参数名称	上十年	……	上三年	上二年	上一年
		最近年份 -10	……	最近年份 -3	最近年份 -2	最近年份 -1
1.6	其他制造费用					
2	管理费用					
2.1	摊销费					
2.2	其他管理费用					
3	财务费用					
4	营业费用					
三	**流动资金估算参数**					
（一）	周转天数（天）					
1	流动资产					
1.1	应收账款					
1.2	预付账款					
1.3	存货					
1.4	现金					
2	流动负债					
2.1	应付账款					
2.2	预收账款					
3	流动资金					
（二）	流动资金占经营成本比例(%)					
（三）	流动资金占营业收入比例(%)					

历史统计参数（商业及其他类）

表 12.3

序号	参数名称	上十年	……	上三年	上二年	上一年
		最近年份 -10	……	最近年份 -3	最近年份 -2	最近年份 -1
一	**收入增长幅度（%）**					
二	**成本占收入比例（%）**					
1	进价（营业）成本					
2	管理费用					
2.1	折旧费					
2.2	租赁费					
2.3	摊销费					
2.4	其他管理费用					
3	财务费用					
4	营业费用					

续表

序号	参数名称	上十年	……	上三年	上二年	上一年
		最近年份－10	……	最近年份－3	最近年份－2	最近年份－1
5	总成本费用					
6	经营成本					
三	**流动资金估算参数**					
(一)	周转天数（天）					
1	流动资产					
1.1	应收账款					
1.2	预付账款					
1.3	存货					
1.4	现金					
2	流动负债					
2.1	应付账款					
2.2	预收账款					
3	流动资金					
(二)	流动资金占经营成本比例(%)					
(三)	流动资金占营业收入比例(%)					

二、行业统计参数

行业统计参数是由相同行业的多家企业统计参数。表 12.4 中行为行业划分，列为参数。参数内容与企业历史统计参数相同，还可以增加“财务评价指标汇总表”中主要评价指标。

行业指标分类表

表 12.4

一级	二级	行业名称	收入增长幅度	成本…	……	流动资金占营业收入比例（%）
A	A	农、林、牧、渔业				
A	0100	农业				
A	0220	木材和竹材的采运				
A	0240	其他林业				
A	0300	畜牧业				
A	0400	渔业				
A	0500	农林牧渔服务业				
B	B	采矿业				

续表

一级	二级	行业名称	收入增长幅度	成本…	……	流动资金占营业收入比例（%）
B	0600	煤炭开采和洗选业				
B	0700	石油和天然气开采业				
B	0800	黑色金属矿采选业				
B	0920	贵金属矿采选				
B	0940	其他有色金属矿采选				
B	1020	化学矿采选				
B	1030	采盐				
B	1090	非金属矿采选				
B	1100	开采辅助活动				
B	1200	其他采矿业				
C	C	制造业				
C	1300	农副食品加工业				
C	1400	食品制造业				
C	1500	饮料制造业				
C	1600	烟草制品业				
C	1700	纺织业				
C	1800	服装、鞋、帽制造业				
C	1900	皮革毛皮羽毛（绒）及其制品业				
C	2000	木材加工及木、竹、藤、棕、草制品业				
C	2100	家具制造业				
C	2200	造纸及纸制品业				
C	2230	纸制品制造				
C	2300	印刷业和记录媒介复制				
C	2400	文教体育用品制造业				
C	2510	精炼石油产品的制造				
C	2520	炼焦				
C	2530	核燃料加工				
C	2620	肥料制造				
C	2630	农药制造				
C	2690	其他化学制造业				
C	2700	医药制造业				
C	2800	化学纤维制造业				
C	2900	橡胶制品业				
C	3000	塑料制品业				

续表

一级	二级	行业名称	收入增长幅度	成本…	……	流动资金占营业收入比例（%）
C	3110	水泥石灰和石膏的制造				
C	3120	水泥及石膏制品制造				
C	3130	砖瓦、石材及其他建筑材料制造				
C	3140	玻璃及玻璃制品制造				
C	3150	陶瓷制品制造				
C	3160	耐火材料制品制造				
C	3190	非金属矿物制品制造				
C	3210	炼铁				
C	3220	炼钢				
C	3320	贵金属冶炼				
C	3360	有色金属冶压延加工业				
C	3400	金属制品业				
C	3500	通用设备制造业				
C	3661	电工机械专用设备制造				
C	3662	电子工业专用设备制造				
C	3663	武器弹药制造				
C	3669	航空航天专用设备制造				
C	3690	环保、社会公共安全及其他专用设备制造				
C	3720	汽车制造				
C	3750	船舶及浮动装置制造				
C	3761	飞机制造及修理				
C	3762	航天器制造				
C	3769	其他飞行器制造				
C	3790	交通器材及其他交通运输设备制造				
C	3930	电线、电缆、光缆及电工器材制造				
C	3990	电气机械及器材制造				
C	4010	通信设备制造				
C	4020	雷达及配套设备制造				
C	4040	电子计算机制造				
C	4050	电子器件制造				
C	4060	电子元件制造				
C	4090	其他电子设备制造				
C	4110	通用仪器仪表制造				
C	4120	专用仪器仪表制造				

续表

一级	二级	行业名称	收入增长幅度	成本…	……	流动资金占营业收入比例（%）
C	4140	光学仪器及眼镜制造				
C	4190	其他仪器仪表的制造及修理				
C	4200	工艺品及其他制造业				
C	4300	废弃资源和废旧材料回收加工业				
D	D	电力、燃气及水的生产和供应业				
D	4411	火力发电				
D	4412	水力发电				
D	4413	核力发电				
D	4419	其他能源发电				
D	4421	农网				
D	4422	城网				
D	4423	一般电网				
D	4430	热力生产和供应				
D	4500	燃气生产和供应业				
D	4610	自来水的生产和供应				
D	4620	污水处理及其再生利用				
D	4690	其他水的处理、利用与分配				
D	4700	房屋和土木工程建筑业				
D	4800	建筑安装业				
D	4900	建筑装饰业				
D	5000	其他建筑业				
F	F	交通运输、仓储和邮政业				
F	5170	国铁				
F	5180	合营铁路				
F	5190	地方铁路				
F	5200	道路运输业				
F	5310	公共电汽车客运				
F	5320	轨道交通				
F	5330	出租车客运				
F	5340	城市轮渡				
F	5390	其他城市公共交通				
F	5400	水上运输业				
F	5580	机场				
F	5590	航空公司				

续表

一级	二级	行业名称	收入增长幅度	成本…	……	流动资金占营业收入比例（%）
F	5600	管道运输业				
F	5700	装卸搬运和其他运输服务业				
F	5810	谷物、棉花等农产品仓储				
F	5890	其他仓储				
F	5900	邮政业				
G	G	信息传输、计算机服务和软件业				
G	6010	电信				
G	6020	互联网信息服务				
G	6030	广播电视传输服务				
G	6040	卫星传输服务				
G	6100	计算机服务业				
G	6200	软件业				
H	H	批发和零售业				
H	6310	农畜产品批发				
H	6390	其他批发				
H	6500	零售业				
I	I	住宿和餐饮业				
I	6600	住宿业				
I	6700	餐饮业				
J	J	金融业				
J	6800	银行业				
J	6900	证券业				
J	7010	人寿保险				
J	7100	其他金融活动				
K	K	房地产业				
K	7210	房地产开发经营				
K	7220	物业管理				
K	7230	房地产中介服务				
K	7281	政府收购整理居住用地				
K	7282	政府收购整理公共实施用地				
K	7283	政府收购整理工业用地				
K	7284	政府收购整理仓储用地				
K	7285	政府收购整理对外交通用地				
K	7286	政府收购整理道路广场用地				

续表

一级	二级	行业名称	收入增长幅度	成本…	……	流动资金占营业收入比例（%）
K	7287	政府收购整理市政公用设施用地				
K	7288	政府收购整理特殊用地				
K	7289	政府收购整理水域或其他用地				
K	7290	其他房地产活动				
L	L	租赁和商务服务业				
L	7300	租赁业				
L	7400	商务服务业				
M	M	科学研究、技术服务和地质勘查业				
M	7500	研究与试验发展				
M	7600	专业技术服务业				
M	7700	科技交流和推广服务业				
M	7800	地质勘查业				
N	N	水利、环境和公共设施管理业				
N	7910	防洪管理				
N	7920	水资源管理				
N	7990	其他水利管理				
N	8010	自然保护				
N	8021	城市市容管理				
N	8022	城市环境卫生管理				
N	8023	水污染治理				
N	8029	其他环境治理				
N	8110	市政公共设施管理				
N	8120	城市绿化管理				
N	8130	游览景区管理				
O	O	居民服务和其他服务业				
O	8200	居民服务业				
O	8300	其他服务业				
P	P	教育				
P	8400	教育				
P	8440	高等教育				
P	8490	其他教育				
Q	Q	卫生、社会保障和社会福利业				
Q	8500	卫生				
Q	8600	社会保障业				

续表

一级	二级	行业名称	收入增长幅度	成本…	……	流动资金占营业收入比例（%）
Q	8700	社会福利业				
R	R	文化、体育和娱乐业				
R	8800	新闻出版业				
R	8900	广播、电视、电影和音像业				
R	9000	文化艺术业				
R	9100	体育				
R	9200	娱乐业				
S	S	公共管理和社会组织				
S	9300	中国共产党机关				
S	9400	国家机构				
S	9500	人民政协和民主党派				
S	9600	群众团体、社会团体和宗教组织				
S	9700	基层群众自治组织				
T	T	国际组织				
T	9800	国际组织				

三、信息自循环理论

本书作者创新了一套实现信息化的理论，即工作产生“信息”、“信息”统计“参数与指标”、“参数与指标”应用于下次工作，三者无限制地顺序循环称之为“信息自循环理论”。应用“信息自循环理论”既解决了信息来源，也包含了信息处理方法和信息应用的方法，其中起标准化作用的就是模板。信息化模板管理，将三个环节减少到两个环节，即行业参数和指标应用环节、行业参数与指标处理环节。应用环节，需要计算出企业或项目的参数（指标）与行业参数（指标）比较，行业参数（指标）充当了判断标准，企业或项目测算的参数（指标）则是数据大集中的信息来源。

四、行业分类与行业模板管理

本书所有表格几乎都是某个行业的模板，评价方法已经固化在模板中，构成一套完整体系。但随着实际应用的增多，为了更加贴近企业实际情况，将表格中某些没有数据的内容删除，可以简化表格内容，这个工作叫定制行业模板，将行业进一步细化。行业细化程度逐步达到表 12. 4 中所列。若每个行业（小类）都要分别编制模板。经过研究认为，至少有 4000 个行业小类有分别编制模板的需求。

模板来源：有主动与被动两种管理模式。第一种是被动管理模式，有了客户才建立模板，每个行业有了第一个客户后，其作业模式由铭星工程师将其完善，保存为模板；第二种是主动管理模式，由铭星工程师按照规划，主动调研每个行业，编制模板。应该两种模式都要采用。

附　录

银监会《商业银行授信工作尽职指引》

第一章　总则

第一条　为促进商业银行审慎经营，进一步完善授信工作机制，规范授信管理，明确授信工作尽职要求，依据《中华人民共和国商业银行法》、《中华人民共和国银行业监督管理法》和《贷款通则》等法律法规，制定本指引。

第二条　本指引中的授信指对非自然人客户的表内外授信。表内授信包括贷款、项目融资、贸易融资、贴现、透支、保理、拆借和回购等；表外授信包括贷款承诺、保证、信用证、票据承兑等。

授信按期限分为短期授信和中长期授信。短期授信指一年以内（含一年）的授信，中长期授信指一年以上的授信。

第三条　本指引中的授信工作、授信工作人员、授信工作尽职和授信工作尽职调查是指：

（一）授信工作指商业银行从事客户调查、业务受理、分析评价、授信决策与实施、授信后管理与问题授信管理等各项授信业务活动。

（二）授信工作人员指商业银行参与授信工作的相关人员。

（三）授信工作尽职指商业银行授信工作人员按照本指引规定履行了最基本的尽职要求。

（四）授信工作尽职调查指商业银行总行及分支机构授信工作尽职调查人员对授信工作人员的尽职情况进行独立地验证、评价和报告。

第四条　授信工作人员对《中华人民共和国商业银行法》规定的关系人申请的客户授信业务，应申请回避。

第五条　商业银行应建立严格的授信风险垂直管理体制，对授信进行统一管理。

第六条　商业银行应建立完整的授信政策、决策机制、管理信息系统和统一的授信业务操作程序，明确尽职要求，定期或在有关法律法规发生变化时，及时对授信业务规章制度进行评审和修订。

第七条 商业银行应创造良好的授信工作环境，采取各种有效方式和途径，使授信工作人员明确授信风险控制要求，熟悉授信工作职责和尽职要求，不断提高授信工作能力，并确保授信工作人员独立履行职责。

第八条 商业银行应加强授信文档管理，对借贷双方的权利、义务、约定、各种形式的往来及违约纠正措施记录并存档。

第九条 商业银行应建立授信工作尽职问责制，明确规定各个授信部门、岗位的职责，对违法、违规造成的授信风险进行责任认定，并按规定对有关责任人进行处理。

第十条 本指引的《附录》列举了有关风险提示，商业银行应结合实际参照制定相应的风险防范工作要求。

第二章 客户调查和业务受理尽职要求

第十一条 商业银行应根据本行确定的业务发展规划及风险战略，拟定明确的目标客户，包括已建立业务关系的客户和潜在客户。

第十二条 商业银行确定目标客户时应明确所期望的客户特征，并确定可受理客户的基本要求。商业银行受理的所有客户原则上必须满足或高于这些要求。

第十三条 商业银行客户调查应根据授信种类搜集客户基本资料，建立客户档案。资料清单提示参见《附录》中的“客户基本资料清单提示”。

第十四条 商业银行应关注和搜集集团客户及关联客户的有关信息，有效识别授信集中风险及关联客户授信风险。

第十五条 商业银行应对客户提供的身份证明、授信主体资格、财务状况等资料的合法性、真实性和有效性进行认真核实，并将核实过程和结果以书面形式记载。

第十六条 商业银行对客户调查和客户资料的验证应以实地调查为主，间接调查为辅。必要时，可通过外部征信机构对客户资料的真实性进行核实。

第十七条 商业银行应酌情、主动向政府有关部门及社会中介机构索取相关资料，以验证客户提供材料的真实性，并作备案。

第十八条 客户资料如有变动，商业银行应要求客户提供书面报告，进一步核实后在档案中重新记载。

第十九条 对客户资料补充或变更时，授信工作人员之间应主动进行沟通，确保各方均能够及时得到相关信息。

授信业务部门授信工作人员和授信管理部门授信工作人员任何一方需对客户资料进行补充时，须通知另外一方，但原则上须由业务部门授信工作人员办理。

第二十条 商业银行应了解和掌握客户的经营管理状况，督促客户不断提高经营管理效益，保证授信安全。

第二十一条 当客户发生突发事件时，商业银行应立即派员实地调查，并依法及时做出是否更改原授信资料的意见。必要时，授信管理部门应及时会同授信业务部门派员实地调查。

第二十二条 商业银行应督促授信管理部门与其他商业银行之间就客户调查资料的完整性、真实性建立相互沟通机制。对从其他商业银行获得的授信信息，授信工作人员应注意保密，不得用于不正当业务竞争。

第三章 分析与评价尽职要求

第二十三条 商业银行应根据不同授信品种的特点，对客户申请的授信业务进行分析评价，重点关注可能影响授信安全的因素，有效识别各类风险。主要授信品种的风险提示参见《附录》中的“主要授信品种风险分析提示”。

第二十四条 商业银行应认真评估客户的财务报表，对影响客户财务状况的各项因素进行分析评价，预测客户未来的财务和经营情况。必要时应进行利率、汇率等的敏感度分析。

第二十五条 商业银行应对客户的非财务因素进行分析评价，对客户公司治理、管理层素质、履约记录、生产装备和技术能力、产品和市场、行业特点以及宏观经济环境等方面的风险进行识别，风险提示参见《附录》中的“非财务因素分析风险提示”。

第二十六条 商业银行应对客户的信用等级进行评定并予以记载。必要时可委托独立的、资质和信誉较高的外部评级机构完成。

第二十七条 商业银行应根据国家法律、法规、有关方针政策以及本行信贷制度，对授信项目的技术、市场、财务等方面的可行性进行评审，并以书面形式予以记载。

第二十八条 商业银行应对第二还款来源进行分析评价，确认保证人的保证主体资格和代偿能力，以及抵押、质押的合法性、充分性和可实现性。

第二十九条 商业银行应根据各环节授信分析评价的结果，形成书面的分析评价报告。

分析评价报告应详细注明客户的经营、管理、财务、行业和环境等状况，内容应真实、简洁、明晰。分析评价报告报出后，不得在原稿上作原则性更改；如需作原则性更改，应另附说明。

第三十条 在客户信用等级和客户评价报告的有效期内，对发生影响客户资信的重大事项，商业银行应重新进行授信分析评价。重大事项包括：

（一）外部政策变动；

（二）客户组织结构、股权或主要领导人发生变动；

（三）客户的担保超过所设定的担保警戒线；

（四）客户财务收支能力发生重大变化；

（五）客户涉及重大诉讼；

（六）客户在其他银行交叉违约的历史记录；

（七）其他。

第三十一条 商业银行对发生变动或信用等级已失效的客户评价报告，应随时进行审查，及时做出相应的评审意见。

第四章 授信决策与实施尽职要求

第三十二条 商业银行授信决策应在书面授权范围内进行，不得超越权限进行授信。

第三十三条 商业银行授信决策应依据规定的程序进行，不得违反程序或减少程序进行授信。

第三十四条 商业银行在授信决策过程中，应严格要求授信工作人员遵循客观、公正的原则，独立发表决策意见，不受任何外部因素的干扰。

第三十五条 商业银行不得对以下用途的业务进行授信：

（一）国家明令禁止的产品或项目；

（二）违反国家有关规定从事股本权益性投资，以授信作为注册资本金、注册验资和增资扩股；

（三）违反国家有关规定从事股票、期货、金融衍生产品等投资；

（四）其他违反国家法律法规和政策的项目。

第三十六条 客户未按国家规定取得以下有效批准文件之一的，或虽然取得，但属于化整为零、越权或变相越权和超授权批准的，商业银行不得提供授信：

（一）项目批准文件；

（二）环保批准文件；

（三）土地批准文件；

（四）其他按国家规定需具备的批准文件。

第三十七条 商业银行授信决策做出后，授信条件发生变更的，商业银行应依有关法律、法规或相应的合同条款重新决策或变更授信。

第三十八条 商业银行实施有条件授信时应遵循“先落实条件，后实施授信”的原则，授信条件未落实或条件发生变更未重新决策的，不得实施授信。

第三十九条 商业银行对拟实施的授信应制作相应的法律文件并审核法律文件的合法合规性，法律文件的主要条款提示参见《附录》中的“格式合同文本主要条款提示”。

第四十条 商业银行授信实施时，应关注借款合同的合法性。被授权签署借款合同的授信工作人员在签字前应对借款合同进行逐项审查，并对客户确切的法律名称、被授权代表客户签名者的授权证明文件、签名者身份以及所签署的授信法律文件合法性等进行确认。

第五章　授信后管理和问题授信处理尽职要求

第四十一条　商业银行授信实施后，应对所有可能影响还款的因素进行持续监测，并形成书面监测报告。重点监测以下内容：

（一）客户是否按约定用途使用授信，是否诚实地全面履行合同；

（二）授信项目是否正常进行；

（三）客户的法律地位是否发生变化；

（四）客户的财务状况是否发生变化；

（五）授信的偿还情况；

（六）抵押品可获得情况和质量、价值等情况。

第四十二条　商业银行应严格按照风险管理的原则，对已实施授信进行准确分类，并建立客户情况变化报告制度。

第四十三条　商业银行应通过非现场和现场检查，及时发现授信主体的潜在风险并发出预警风险提示。风险提示参见《附录》中的“预警信号风险提示”，授信工作人员应及时对授信情况进行分析，发现客户违约时应及时制止并采取补救措施。

第四十四条　商业银行应根据客户偿还能力和现金流量，对客户授信进行调整，包括展期，增加或缩减授信，要求借款人提前还款，并决定是否将该笔授信列入观察名单或划入问题授信。

第四十五条　商业银行对列入观察名单的授信应设立明确的指标，进一步观察判断是否将该笔授信从观察名单中删去或降级；对划入问题授信的，应指定专人管理。

第四十六条　商业银行对问题授信应采取以下措施：

（一）确认实际授信余额；

（二）重新审核所有授信文件，征求法律、审计和问题授信管理等方面专家的意见；

（三）对于没有实施的授信额度，依照约定条件和规定予以终止。依法难以终止或因终止将造成客户经营困难的，应对未实施的授信额度专户管理，未经有权部门批准，不得使用；

（四）书面通知所有可能受到影响的分支机构并要求承诺落实必要的措施；

（五）要求保证人履行保证责任，追加担保或行使担保权；

（六）向所在地司法部门申请冻结问题授信客户的存款账户以减少损失；

（七）其他必要的处理措施。

第六章 授信工作尽职调查要求

第四十七条 商业银行应设立独立的授信工作尽职调查岗位，明确岗位职责和工作要求。

从事授信尽职调查的人员应具备较完备的授信、法律、财务等知识，接受相关培训，并依诚信和公正原则开展工作。

第四十八条 商业银行应支持授信工作尽职调查人员独立行使尽职调查职能，调查可采取现场或非现场的方式进行。必要时，可聘请外部专家或委托专业机构开展特定的授信尽职调查工作。

第四十九条 商业银行对授信业务流程的各项活动都须进行尽职调查，评价授信工作人员是否勤勉尽责，确定授信工作人员是否免责。被调查人员应积极配合调查人员的工作。

授信工作尽职调查人员应及时报告尽职调查结果。

第五十条 商业银行对授信工作尽职调查人员发现的问题，经过确认的程序，应责成相关授信工作人员及时进行纠正。

第五十一条 商业银行应根据授信工作尽职调查人员的调查结果，对具有以下情节的授信工作人员依法、依规追究责任。

（一）进行虚假记载、误导性陈述或重大疏漏的；

（二）未对客户资料进行认真和全面核实的；

（三）授信决策过程中超越权限、违反程序审批的；

（四）未按照规定时间和程序对授信和担保物进行授信后检查的；

（五）授信客户发生重大变化和突发事件时，未及时实地调查的；

（六）未根据预警信号及时采取必要保全措施的；

（七）故意隐瞒真实情况的；

（八）不配合授信尽职调查人员工作或提供虚假信息的；

（九）其他。

第五十二条 对于严格按照授信业务流程及有关法规，在客户调查和业务受理、授信分析与评价、授信决策与实施、授信后管理和问题授信管理等环节都勤勉尽职地履行职责的授信工作人员，授信一旦出现问题，可视情况免除相关责任。

第七章 附则

第五十三条 本指引适用于在中华人民共和国境内依法设立的中资商业银行。其他银行业金融机构可参照执行。

第五十四条 商业银行应根据本指引制定相应的实施细则并报中国银行业监督管

理委员会或其派出机构备案。

第五十五条 中国银行业监督管理委员会及其派出机构应依据本指引加强对商业银行授信工作监管。

第五十六条 本指引由中国银行业监督管理委员会负责解释。

第五十七条 本指引自发布之日起施行。

附录

一、主要授信种类的风险提示

（一）票据承兑是否对真实贸易背景进行核实；是否取得或核实税收证明等相关文件；是否严格按要求履行了票据承兑的相关程序。

（二）贴现票据是否符合票据法规定的形式和实质要件；是否对真实贸易背景及相关证明文件进行核实；是否对贴现票据信用状况进行评估；是否对客户有无背书及付款人的承兑予以查实。

（三）开立信用证是否对信用证受益人与开证申请人之间的贸易关系予以核实；申请人是否按照信用证开立要求填写有关书面材料；受理因申请人开立信用证而产生的汇票时，是否按照票据法和监管部门要求对汇票本身的形式和实质要件进行审核。

（四）公司贷款是否严格审查客户的资产负债状况，认真独立计算客户的现金流量，并将有关情况存入档案，提示全部问题。

（五）项目融资除评估授信项目建议书、可行性研究报告及未来现金流量预测情况外，是否对质押权、抵押权以及保证或保险等严格调查，防止关联客户无交叉互保。

（六）关联企业授信是否了解统一授信的科学性、合理性和安全性，认真实施统一授信，及时调整额度并紧密跟踪。

（七）担保授信是否对保证人的偿还能力，违反国家规定担当保证人，抵押物、质押物的权属和价值以及实现抵押权、质押权的可行性进行严格审查；是否就开设担保扣款账户的余额控制及银行授权主动划账办法达成书面协议；是否对抵（质）押权的行使和过户制定可操作的办法。

二、客户基本信息提示

（一）营业执照（副本及影印件）和年检证明。

（二）法人代码证书（副本及影印件）。

（三）法定代表人身份证明及其必要的个人信息。

（四）近三年经审计的资产负债表、损益表、业主权益变动表以及销量情况。成立不足三年的客户，提交自成立以来年度的报表。

（五）本年度及最近月份存借款及对外担保情况。

（六）税务部门年检合格的税务登记证明和近两年税务部门纳税证明资料复印件。

（七）合同或章程（原件及影印件）。

（八）董事会成员和主要负责人、财务负责人名单和签字样本等。

（九）若为有限责任客户、股份有限客户、合资合作客户或承包经营客户，要求提供董事会或发包人同意申请授信业务的决议、文件或具有同等法律效力的文件或证明。

（十）股东大会关于利润分配的决议。

（十一）现金流量预测及营运计划。

（十二）授信业务由授权委托人办理的，需提供客户法定代表人授权委托书（原件）。

（十三）其他必要的资料（如海关等部门出具的相关文件等）。

对于中长期授信，还须有各类合格、有效的相关批准文件，预计资金来源及使用情况、预计的资产负债情况、损益情况、项目建设进度及营运计划。

三、主要授信品种风险分析提示

（一）流动性短期资金需求应关注：

1. 融资需求的时间性（常年性还是季节性）；

2. 对存货融资，要充分考虑当实际销售已经小于或将小于所预期的销售量时的风险和对策，以及存货本身的风险，如过时或变质；

3. 应收账款的质量与坏账准备情况；

4. 存货的周期。

（二）设备采购和更新融资需求应关注：

1. 时机选择，宏观经济情况和行业展望；

2. 未实现的生产能力；

3. 其他提供资金的途径：长期授信、资本注入、出售资产；

4. 其他因素可能对资金的影响。

（三）项目融资需求应关注：

1. 项目可行性；

2. 项目批准；

3. 项目完工时限。

（四）中长期授信需求应关注：

1. 客户当前的现金流量；

2. 利率风险；

3. 客户的劳资情况；

4. 法规和政策变动可能给客户带来的影响；

5. 客户的投资或负债率过大，影响其还款能力；

6. 原材料短缺或变质；

7. 第二还款来源情况恶化；

8. 市场变化；

9. 竞争能力及其变化；

10. 高管层组成及变化；

11. 产品质量可能导致产品销售的下降；

12. 汇率波动对进出口原辅料及产成品带来的影响；

13. 经营不善导致的盈利下降。

（五）对现有债务的再融资需求。

（六）贸易融资需求应关注：

1. 汇率风险；

2. 国家风险；

3. 法律风险；

4. 付款方式。

四、非财务因素分析风险提示

（一）客户管理者：

重点考核客户管理者的人品、诚信度、授信动机、赢利能力以及其道德水准。

对客户的管理者风险应关注：

1. 历史经营记录及其经验；

2. 经营者相对于所有者的独立性；

3. 品德与诚信度；

4. 影响其决策的相关人员的情况；

5. 决策过程；

6. 所有者关系、组织结构和法律结构；

7. 领导后备力量和中层主管人员的素质；

8. 管理的政策、计划、实施和控制。

（二）识别客户的产品风险应关注：

1. 产品定位、分散度与集中度、产品研发；

2. 产品实际销售，潜在销售和库存变化；

3. 核心产品和非核心产品，对市场变化的应变能力。

（三）识别客户生产过程的风险应关注：

1. 原材料来源，对供应商的依赖度；

2. 劳动密集型还是资本密集型；

3. 设备状况；

4. 技术状况。

（四）对客户的行业风险应关注：

1. 行业定位；

2. 竞争力和结构；

3. 行业特征；

4. 行业管制；

5. 行业成功的关键因素。

（五）对宏观经济环境的风险应关注：

1. 通货膨胀；

2. 社会购买力；

3. 汇率；

4. 货币供应量；

5. 税收；

6. 政府财政支出；

7. 价格控制；

8. 工资调整；

9. 贸易平衡；

10. 失业；

11. GDP 增长；

12. 外汇来源；

13. 外汇管制规定；

14. 利率；

15. 政府的其他管制。

五、格式合同文本主要条款提示

（一）客户必须提供的年度财务报告。

（二）客户必须持续保持银行要求的各项财务指标。

（三）未经银行允许，合同期内客户不得因主观原因关闭。

（四）未经银行允许，客户分红不得超过税后净收入的一定比例。

（五）客户的资本支出不得超过银行要求的一定数额。

（六）未经银行允许，客户不得出售特定资产（主要指固定资产）。

（七）未经银行同意，客户不得向其他授信人申请授信。

（八）未经银行允许，客户不得更改与其他授信人的债务条款。

（九）未经银行允许，客户不得提前清偿其他长期债务。

（十）未经银行允许，客户不得进行兼并收购等活动。

（十一）未经银行允许，客户不得为第三方提供额外债务担保。

（十二）未经银行允许，客户不得向其他债权人或授信人抵押资产。

六、预警信号风险提示

（一）与客户品质有关的信号：

1. 企业负责人失踪或无法联系；

2. 客户不愿意提供与信用审核有关的文件；

3. 在没有正当理由的情况下撤回或延迟提供与财务、业务、税收或抵押担保有关的信息或要求提供的其他文件；

4. 资产或抵押品高估；

5. 客户不愿意提供过去的所得税纳税单；

6. 客户的竞争者、供货商或其他客户对授信客户产生负面评价；

7. 改变主要授信银行，向许多银行借款或不断在这些银行中间借新还旧；

8. 客户频繁更换会计人员或主要管理人员；

9. 作为被告卷入法律纠纷；

10. 有破产经历；

11. 有些债务未在资产负债表上反映或列示；

12. 客户内部或客户的审计机构使用的会计政策不够审慎。

（二）客户在银行账户变化的信号：

1. 客户在银行的头寸不断减少；

2. 对授信的长期占用；

3. 缺乏财务计划，如总是突然向银行提出借款需求；

4. 短期授信和长期授信错配；

5. 在银行存款变化出现异常；

6. 经常接到供货商查询核实头寸情况的电话；

7. 突然出现大额资金向新交易商转移；

8. 对授信的需求增长异常。

（三）客户管理层变化的信号：

1. 管理层行为异常；

2. 财务计划和报告质量下降；

3. 业务战略频繁变化；

4. 对竞争变化或其他外部条件变化缺少对策；

5. 核心盈利业务削弱和偏离；

6. 管理层主要成员家庭出现问题；

7. 与以往合作的伙伴不再进行合作；

8. 不遵守授信的承诺；

9. 管理层能力不足或构成缺乏代表性；

10. 缺乏技术工人或有劳资争议。

（四）业务运营环境变化的信号：

1. 库存水平的异常变化；

2. 工厂维护或设备管理落后；

3. 核心业务发生变动；

4. 缺乏操作控制、程序、质量控制等；

5. 主要产品线上的供货商或客户流失。

（五）财务状况变化信号：

1. 付息或还本拖延，不断申请延期支付或申请实施新的授信或不断透支；

2. 申请实施授信支付其他银行的债务，不交割抵押品，授信抵押品情况恶化；

3. 违反合同规定；

4. 支票收益人要求核实客户支票账户的余额；

5. 定期存款账户余额减少；

6. 授信需求增加，短期债务超常增加；

7. 客户自身的配套资金不到位或不充足；

8. 杠杆率过高，经常用短期债务支付长期债务；

9. 现金流不足以支付利息；

10. 其他银行提高对同一客户的利率；

11. 客户申请无抵押授信产品或申请特殊还款方式；

12. 交易和文件过于复杂；

13. 银行无法控制抵押品和质押权。

（六）其他预警信号：

1. 业务领域收缩；

2. 无核心业务并过分追求多样化；

3. 业务增长过快；

4. 市场份额下降。

七、客户履约能力风险提示

（一）成本和费用失控。

（二）客户现金流出现问题。

（三）客户产品或服务的市场需求下降。

（四）还款记录不正常。

（五）欺诈，如在对方付款后故意不提供相应的产品或服务。

（六）弄虚作假（如伪造或涂改各种批准文件或相关业务凭证）。

（七）对传统财务分析的某些趋势，例如市场份额的快速下降未作解释。

（八）客户战略、业务或环境的重大变动。

（九）某些欺诈信号，如无法证明财务记录的合法性。

（十）财务报表披露延迟。

（十一）未按合同还款。

（十二）未作客户破产的应急预案。

（十三）对于信息的反应迟缓。

《企业贷款调查评价操作规范》

一、目的及意义

第一条　本规范是《××贷款机构企业贷款调查评价平台软件》（以下简称“在线评价”）的重要组成部分。本规范对评价人员的尽职调查和评价把关提出具体要求，“在线评价”为企业贷款评价提供先进手段和信息，分析、计算、判断和生成报告等均由“在线评价”完成，共同构筑贷款风险防范科学体系，以下简称“评价体系”。当贷款违约风险发生时，对照规范可精确区分人为操作失误与“在线评价”系统偏差，明确责任，有利于提高操作人员的风险意识，有效控制贷款风险。

第二条　贷款评价旨在为贷款决策提供科学依据，改变贷款调查评价“有调查”“无评价”，决策依据不足，评价与决策责任不清等现状。“评价体系”责任划分，尽职调查不够和确定参数依据不足的责任由评价人员领受，分析、计算失误由“在线评价”系统领受，人为判断失误由决策者领受。根据风险评价标准，将不良贷款控制在允许范围。

第三条 “评价体系”分初评和详评。初评是为筛选客户提供依据，初评省略真实性验证环节，不要求提供企业经营状况和成本资料，不能作为决策依据。详评是在真实性验证基础上，收集资料更详实，分析更准确，有利于识别看似不可行的低收益低风险企业，将其划入贷款范围，既能有效控制贷款风险又能拓宽贷款范围。

“在线评价”为贷款企业参与评价提供了机会，初评可交由贷款企业完成，评价人员尽职调查主要解决真实性验证，对分析中揭示的风险经过进一步调查，核实或排除风险，其余全部由“在线评价”专家系统完成，既能精确评价又能提高效率。“评价体系”必将为实现贷款决策科学化和信息化奠定坚实基础。为此，特制定本操作规范。

二、尽职调查要求

第四条 尽职调查的含义包括资料收集和真实性验证。

第五条 资料收集的内容必须满足“完整性”要求，即收集的资料能够满足贷款评价需要。资料的“完整性”是“合规性审查”的主要内容。贷款评价由定性分析与定量分析相结合，定量分析所需资料目录见表2－1。表中分“工业类”和“商业或其他”两大类型。工业类比商业类需多收集产品经营状况和产品成本数据。

已提供财务审计报告的年份，审计报告含年度财务报表，审计报告优先，可不重复提供财务报表。收集上二年、上一年连续两个年度及本年最近月（含上一年同期）增值税、地税纳税申报表，首选方法由企业提供纳税申报查询账号及密码，由评价人员打印申报表，或在评价人员见证下登陆纳税申报系统当场打印，次选方法由企业提供原件经现场查验后复印。

资料收集清单（定量分析）

表2－1

序号	统计报表名称	工业类	商业或其他类
1	财务报表及验证材料		
1.1	企业连续三年（最少两年）的财务年度报表和最近一期（含上一年同期）的财务月报表	√	√
1.2	企业连续三年（最少两年）的财务审计报告	√	√
1.3	上二年、上一年连续两年（最少一年）现场验证记录表	√	√

续表

序号	统计报表名称	工业类	商业或其他类
2	上二年、上一年连续两个年度及本年最近月（含上一年同期）增值税、地税纳税申报表	√	√
3	企业连续两年产品经营状况表	√	
4	企业连续两年产品成本费用统计表	√	
5	企业连续两年及未来长期借款还本付息表	√	√

定性分析必须提供：营业执照、组织机构代码证、贷款卡、税务登记证、银行开户许可证、身份证（法人代表、总经理、董事）等复印件，并验证原件。提供法人代表和总经理个人信用报告查询授权书、领导人简历、企业简介等文件。

评价人员还必须通过贷款卡查询获取“贷款卡查询资料（详细版）”，利用个人信用报告查询授权书查询获取个人信用记录情况。

企业贷款评价资料收集清单详细版见表2－2。表中打“√”的是定量分析和定性分析必须提供的资料目录。

资料收集清单（详细）

表2－2

序号	选择	内容
一		**借款人资料**
1	√	营业执照
2	√	组织机构代码证
3	√	税务登记证
4		外商投资企业批准证书（如有）
5		外汇登记证（如有）
6		公司章程
7	√	验资报告
8	√	贷款卡查询资料（详细版）
9	√	法定代表人身份证复印件
10	√	法定代表人履历表
11	√	法定代表人个人征信系统查询资料及同意查询授权书
12	√	企业连续三年（最少两年）的财务年度报表和最近一期（含上一年同期）的财务月报表
13	√	现场验证数据表
14		房地产租赁合同（如为租赁）
15		主要固定资产清单
16		环保评估及验收文件
17		公司及关联企业股权结构图或组织结构图

续表

序号	选择	内容
18		许可证（如：进出口备案文件、印刷、特种行业经营）（如有）
19		因项目需要，须提供的其他资料（如产品认证、专利证书、企业宣传册等）
二		**企业经营状况资料**
1	√	上二年、上一年年度及本年最近月（包括上一年同期）增值税纳税申报表
2		政府部门（如海关、外管局、外经委等）编制的进出口情况统计表
3	√	经营状况统计表（工业类）
4	√	企业成本统计资料（工业类）
5		上二年及上一年最近月银行非本行账户对账单（含其他结算账户）
6		前6个月前3大供应商\下家客户的购货合同和销货合同
7		前6个月电（或水、气）费凭证
8		企业的出库单证\销售月报表\运输发票（完整月份）
9		他行对其核定的授信批复通知书
10		其他可以证实销售收入情况的材料
三		**保证人资料**
1	√	营业执照
2	√	组织机构代码证
3	√	税务登记证（国、地税）
4	——	公司章程
5		验资报告
6	√	贷款卡查询资料
7	√	法定代表人身份证复印件
8	√	连续两年的财务年度报表和最近一期的财务月报表
四		**抵质押资料**
1		相关产权证，如房、地产权证等
2		资产评估报告（或预评估报告）
3		存单和有价证券等质物
五		**固定资产贷款资料**
1	√	企业现有固定资产贷款还本付息计划
2		批复文件（如有）
3	√	项目可行性报告（如有）
4		土地出让合同（如有）
5		工程建造合同、设备购买合同
6		其他配套条件落实文件

第六条 评价人员必须在现场收集证据验证五个重要数据，填入表2-3验证记录

表。验证方法如下：

1. 查验资产负债表“货币资金”

资产负债表“货币资金”金额，对照打印的银行对账单进行查验，资产负债表中的货币资金可能还包括一部分现金，现金数目一般不大可忽略，因为，验证允许一定误差。若企业已提供审计报告，可直接采集审计报告中“货币资金”填入“验证记录表”。

2. 查验资产负债表“应收账款”

资产负债表“应收账款”金额，包括应收账款、应收票据、应收利息、应收股利等资产负债表栏目内容。主要通过审计报告或企业账本查验，将查验数据填入验证记录表中。当“应收账款”年末值减年初值的增量很小或小于0时，可以直接将财务报表数据填入，不需查验，因为这种情况不影响数据真实性验证。

3. 查验现金流量表“股利分配及支付利息”

当“股利分配及支付利息”栏目的数额大于0时，需要核实股利分配及支付利息的构成。查验记账凭证，存在股利分配的需要核实分配股利缴纳个人所得税凭证。

4. 查验现金流量表“偿还债务所支付的现金”

当“偿还债务所支付的现金”大于0时，需要通过贷款卡信息核实还款金额。若企业已提供审计报告，可直接采集审计报告中“偿还债务所支付的现金”填入“验证记录表”。

5. 查验现金流量表“投资支付的现金”

当“投资支付的现金”大于0时，需要查实工程和付款是否真实存在，并核实金额。“投资支付的现金”包括对外投资和对内投资。若企业已提供审计报告，可直接采集审计报告中“投资支付的现金”填入“验证记录表”。

验证记录表

表2－3　　　　单位：万元

序号	项目名称	单位	上二年	上一年
			20××－2	20××－1
1	查验资产负债表“货币资金”金额	万元		
2	查验资产负债表“应收账款”金额	万元		
3	查验现金流量表“股利分配及支付利息”金额	万元		
4	查验现金流量表“偿还债务所支付的现金”金额	万元		
5	查验现金流量表“投资支付的现金”金额	万元		

第七条　对于信用评级定性分析打分项的选取，必须有现场收集资料为依据或

佐证。

信用评级定性分析要求提供并核实企业主要负责人学历、行业经验（从事本行业年限）、信用记录（有无不良记录）、公司团队（技术实力和销售能力领头人）。

信用评级还要求评价人员查清企业已经暴露的风险，如下述特例事项：

企业信用记录：经营者个人的信用征信记录、第三方负面评价、他行逾期记录、重大事故和经济纠纷。若未发现，则作出“无不良记录”判断。

企业重大事项：资金问题、主业无关投资、股权转让或纠纷、纳税额及水电费、关键经营人员离职、借款人企业超能力对外担保、重大诉讼。若未发现，则作出“无重大事项”判断。

企业经营情况：资本金不到位、所有者权益为负、环保问题、安全生产问题、政策问题。若未发现，则作出“无不良状况”判断。若有“为大型企业提供配套生产”的情况，可以加分。

落实小贷政策加分条件，如本年是否获得政府无偿资助、政府贴息；本次贷款落实的担保条件；是否属于政府可承担一定风险的企业，如高科技园区企业、非高科技园区的科技企业、小微企业；是否有创投企业承诺风险投资等。

第八条 数据真实性验证包括主营业务收入验证、财务报表钩稽关系验证、息税折旧摊销前利润验证。全部由“平台”自动完成，验证方法如下：

1. 主营业务收入验证

用纳税申报表中的“纳税申报收入”与利润表中的“主营业务收入”比较，用“未纳税申报的营业收入占比”来衡量利润表中营业收入的可信度。计算公式：

未纳税申报的营业收入占比(%)=(利润表营业收入－纳税申报收入)×100/利润表营业收入

2. 财务报表钩稽关系验证

首先验证资产负债表与利润表两者之间的关系，然后验证资产负债表、利润表与现金流量表三者之间的关系。如果资产负债表与利润表两者之间的关系正确，即使现金流量表钩稽关系有问题，现金流量表可以通过钩稽关系推算出来。

3. 息税折旧摊销前利润验证

经营活动产生的“息税折旧摊销前利润”如果现金到账的话，可用于偿还固定资产贷款本金、支付付息、分配股利、用作投资，剩下的应该增加货币资金。

“息税折旧摊销前利润”的真实性不仅重要，而且可以验证。若“息税折旧摊销前利润”得到验证，可以弥补其他验证方法的漏洞或不足。息税折旧摊销前利润验证表如表2－4。

表中“△”表示年末数据减年初数的增量。年份“2 ××× -1”中“2 ×××”表示当前年份，当前年份减1表示上一年，依此类推。

财务报表钩稽关系验证有问题的必须重新提供利润表和资产负债表，息税折旧摊销前利润验证偏差超过10% ~30%者建议重新提供资料，偏差超过30%的必须重新提供资料（未重新提供资料者信用评级降两级）。

息税折旧摊销前利润验证表

表2-4　　单位：万元

序号	项目	上三年	上二年	上一年
		2 ××× -3	2 ××× -2	2 ××× -1
1	应增加货币资金			
1.1	息税折旧摊销前利润			
1.2	所得税			
1.3	△查验的应收账款			
1.4	查验的股利分配及支付利息			
1.5	查验的偿还债务所支付的现金			
1.6	查验的投资支付的现金			
1.7	筹资活动现金流入			
1.8	收回投资收到现金			
1.9	△预付账款			
1.10	△存货			
1.11	△应付账款			
1.12	△预收账款			
1.13	△其他应收账款			
1.14	△其他应付账款			
2	△查验的货币资金			
3	未验证的息税折旧摊销前利润占比（%）			

三、财务评价参数确定方法

第九条　确定财务评价参数需分两步完成，先根据企业现状数据统计参数，再根据统计参数合理确定预测参数。需要确定的预测参数包括基本参数、成本估算参数、流动资金估算参数、收入预测参数等。

第十条　基本参数确定方法

财务评价有15个基本参数，详见表3-1。

基本参数

表 3－1

序号	项目名称	单位	数据	备注
1	计算期	年		一般 5～20 年，可取贷款年限，无固贷取下限，股权投资取 8～20 年
2	流动资金借款利率	%		一般取一年期当前法定贷款利率
3	最低偿债备付率	%		一般取 130，不低于 100
4	最低现金比率			一般取 0.3，一般 0.2～0.3，周转现金占流动负债比例
5	正常年份所得税税率	%		一般取 25，需核实企业实际情况
6	自有流动资金最低比例	%		一般取 30，一般在 0～30 之间
7	新增固定投资	万元		为满足更新投资、节能减排、产品研发等需求估算
8	新增固定投资借款	万元		根据新增固定投资筹措计划确定
9	新增固定投资借款偿还期	年		贷款机构规定的贷款偿还期限
10	新增长期借款利率	%		一般取同期法定贷款利率，可取利率定价实际利率
11	新增注册资金	万元		一般取 0，可核实企业融资计划
12	新增借款偿还方式			1－等额还本金；2－等额还本利；3－按最大能力偿还
13	基准收益率	%		可取贷款利率加 2%～4%，应高于存款利率或银行贷款利率
14	流动资金贷款申请额	万元		填写年度授信额度或本次贷款额度
15	近期到期流动资金贷款	万元		指拟由本次贷款替换的最近到期贷款

表中参数的作用，以及调整参数产生的影响说明如下：

1. 计算期

计算期即从本年开始至计算期末的时间长度，一般 5～20 年，应根据投融资评价需要加以确定。企业融资评价一般不低于 5 年；对于贷款偿还期限超过 5 年的企业，计算期一般不低于银行贷款偿还期限；若为股权投资评价一般不低于 8 年，最长不超过 20 年。计算期长短，主要影响报表长度和全投投资税后内部收益率、权益资金内部收益率、每股价值等指标。

2. 流动资金借款利率

一般可取当前人民银行发布的一年期法定贷款利率。当利率定价基本确定后，应取利率定价。

3. 最低偿债备付率

最低偿债备付率既是评价标准也是一个评价参数，作为评价标准在编制评价报告时用于判断贷款偿债能力；用于评价参数，当新增固定投资贷款选择“按最大能力偿还”时，用“经营活动净现金流量”除以“最低偿债备付率”得到可还本付息资金，保留一部分“经营活动净现金流量”备用。最低偿债备付率一般可取 130%，是《方法与参数》第三版提供的评价标准参考值，即备用 30%。调整最低偿债备付率将直接影响“债务优化贷款”金额或贷款偿还期。对于低收益低风险行业可降低，但不应低于 100%。

4. 最低现金比率

最低现金比率是一个估算流动资金的重要参数，最低现金比率的含义指周转现金占流动负债的最低比例。最低现金比率用于估算周转用的“现金”，一般可取 0.2 ~ 0.3。在估算流动资金中使用。提高最低现金比率会增加流动资金需求量，反之也然。

5. 正常年份所得税税率

一般企业 25%，计算净利润的重要参数，应注意了解企业是否有政策优惠情况。

6. 自有流动资金最低比例

自有流动资金最低比例是安排流动资金筹措计划的重要参数，一般可取 30%。降低比例会增加流动资金贷款需求，反之也然。

7. 新增固定投资

新增固定投资指固定资产更新或大修理投资、节能减排投资、产品研发投资的统称。填写的金额将列入本年投资计划。

8. 新增固定投资借款

指“更新投资、节能减排投资、产品研发投资”中借款筹措的资金。如果需要借款，则金额不可超过“新增固定投资”。若“新增固定投资借款”低于“新增固定投资”，则资金缺口由“经营活动净现金流量”或“新增注册资金”解决。

9. 新增固定投资借款偿还期

若新增固定投资借款采用等额还本金、等额还本利、指定还本利等还款方式，则必须确定借款偿还期。

“新增固定投资借款偿还期”是一个重要参数，不能超过贷款银行规定的最长贷款期限。应该与“授信额度计算表”中的期限一致。如果“新增借款偿还方式”选择按最大能力，则偿还期由计算获得，不需要事先给定。

当选用“1－等额还本金”、“2－等额还本利”两种偿还方式时，可能会使初期的还款压力过大，导致某些年份偿债备付率低于最低偿债备付率，甚至低于 100%，这也是一种还本付息计划不合理的表现，可以改“3－按最大能力偿还”，或在银行允许情况下可以通过延长偿还期提高偿债备付率。

10. 新增长期借款利率

企业融资评价可取人民银行同期法定贷款利率，若为银行贷款评价则根据银行要求的贷款利率。

11. 新增注册资金

当企业需“新增固定投资”或存在“债务优化贷款”时，企业可以采用股权融资方式筹措资金，股权融资即“新增注册资金”。企业自我评价时，“新增注册资金”可以最为方案优化的参数，同债务融资比较，既要考虑融资可能性又要考虑融资成本，不可行的方案不具可比性。当投资者做“贷款评价”、“担保评价”或“股权投资评价”时，“新增注册资金”数据来源于企业，是事先给定的参数。股东增资需要提供三份材料：股东会议决议、增资股东的承诺函和股东的出资能力证明。如果股东出资已经到位，可以免交增资股东的承诺函和股东的出资能力证明。

12. 新增借款偿还方式

“新增借款偿还方式”也是重要的方案优化参数。当贷款银行有要求时，按要求办。若没有硬性规定，可以分别按“1－等额还本金、2－等额还本利、3－按最大能力偿还”的顺序试算，直到每年的偿债备付率都满意为止。等额还本金初期压力最大，等额还本利初期压力次之，按最大能力偿还则安排的还本付息计划可以保证每年的偿债备付率正好等于最低偿债备付率，需要注意计算的借款偿还期是否小于或等于银行要求的贷款期限。

13. 基准收益率

基准收益率用在“全部投资现金流量表”中计算“全投资税后财务净现值”和用在“权益资金现金流量表”表中计算“股东权益现值”。若无确定投资者，可以采用利率加成方法确定基准收益率，5 年以上法定贷款利率加成 2%～4%，风险大的行业加 4%，风险小的行业加 2%，一般行业加 3%；若已有确定投资者，可取投资者的最低收益率。个人投资者基准收益率应高于长期存款利率，企业贷款评价的基准收益率应高于银行贷款利率。

14. 流动资金贷款申请额

“流动资金贷款申请额”用于流动资金用信审核，若采用“先授信后用信”方式，则每年可分 N 次用信，“流动资金贷款申请额”即为本次贷款额。若采用“授信即用信”，则“流动资金贷款申请额”为本年授信额度，即按核定授信额度一次性全额拨付企业。

15. 近期到期流动资金贷款

“近期到期流动资金贷款”用于流动资金用信审核，当采用“先授信后用信”方式时，即将到期的流动资金贷款其授信额度可循环使用。查看贷款卡流动资金贷款余额和到期情况确定金额。

第十一条 成本估算参数分类

根据财务评价方法分类，将成本估算参数分为工业类详评、工业类初评、商业及其他类型等三大类型，每种类型的成本估算参数内容和确定方法不同。

第十二条 工业类详评成本估算参数确定方法

工业类详评估算成本的方法，先估算产品的生产成本，再由产品成本汇总成企业生产成本。在统计和确定参数之前，先确定统计对象，界定成本统计范围。

统计对象可以是整个企业，也可以是某种产品或某项业务。若以整个企业为统计对象，不分产品或业务，统计对象的范围即整个企业；若以某个产品或某项业务为对象，则一个企业可能存在两个以上统计对象。一般来说，工业类企业可以以每种销售产品为统计对象，也可以将多种成本相近和用途相似的产品合并为一个统计对象，也可以以整个企业为统计对象。商业及其他行业，一般都以整个企业为统计对象。

成本估算参数内容与格式见表3－2。表中“达产年费用预测参数（万元）”、“可变成本比例预测参数（%）”是由评价人员确定的预测参数，“上二年费用”、“上一年费用”由企业提供，其余均由软件自动统计。

产品成本费用估算参数（工业类详评）

表3－2　　单位：万元

序号	项目名称	上二年费用 2×××－2	上一年费用 2×××－1	达产年费用统计（万元）	达产年费用预测参数（万元）	上一年可变成本比例（%）	可变成本比例预测参数（%）
	产量						
1	生产成本						
1.1	原材料费						
1.2	燃料及动力费						
1.3	工资及福利费						
1.4	折旧费						
1.5	修理费						
1.6	其他制造费用						
2	管理费用						
2.1	摊销费						
2.2	其他管理费用						
3	财务费用						
4	营业费用						
5	总成本费用						
6	经营成本						

成本估算参数确定方法，“可变成本比例”和“达产年成本费用”两个成本估算参数，只要先确定了其中一个，另一个可以通过公式推算出来。只要由评价人员先确定一个参数，另一个由软件自动推算。

若采用评价人员先确定“达产年成本费用预测参数”再由软件推算“可变成本比例预测参数”，最简单的方法是取表中“达产年费用统计（万元）”为预测参数。最准确的方法是消耗定额估算法，一般由企业成本核算人员完成，首先核定产品设计能力，再根据设计能力和单位产品消耗指标估算达产年消耗量，再根据当前价格估算达产年费用。

若采用评价人员先确定“可变成本比例预测参数”再由软件推算“达产年成本费用预测参数”，一般参考表中“上一年可变成本比例（%）”确定，具体如下：

（1）原材料

通常我们说的可变成本是完全指随生产负荷变化而变化的成本。根据常识，构成产品实体的称之为原料，原料一般都是100%的可变成本，不构成产品实体的消耗材料称之为辅助材料，消耗量不一定完全随生产负荷变化，原料和辅助材料统称为原材料合在一起，预测参数一般取100%，除非统计参数小于100%时，取实际统计参数。

（2）燃料及动力

一般情况下，燃料及动力消耗都是与生产负荷成正比的，即100%的可变成本。但也有例外，如窑炉需要保温或预热的，生产负荷不足时，频繁的保温或预热所消耗的燃料不随生产负荷变化，有一部分消耗是固定的。确定参数时一般取100%，当实际统计参数小于100%时，取实际统计参数。

（3）工资及福利费

在项目评估中，通常将工资及福利费全部当作固定成本。但可以肯定地说，工资及福利费不可能全部都是固定成本，也不可能全是可变成本。因为，即便是按件计酬的企业，也需要有个最低保障工资，即使是国有企业也有一部分绩效工资。近几年来工资上涨幅度较快，工资增长幅度高于劳动生产率增长幅度，导致统计的可变成本比例100%，有的计算值超过100%，从长远来说应该在50%～80%之间比较合理，在项目评估中工资及福利费的可变成本比例通常设为0，即100%都是固定的。

（4）折旧费

一般企业采用直线折旧，企业每年提取的折旧费是按固定资产原值、折旧年限、净残值率计算的，不随生产负荷变化的。可变成本比例为0。在项目评估中，通常将折旧全部当作固定成本。

对于矿山企业按产量提取的维简费是随生产负荷变化的，有的企业采用按产量法提取折旧。这种情况，折旧中存在一部分可变成本，预测参数可取统计数据。

（5）修理费

在项目评估中，通常将修理费全部当作固定成本。按常识，修理费既不可能完全随生产负荷变化，但负荷增大也必然多消耗一些设备配件。加上物价上涨因素，统计的可变成本比例可能会达到100%，消除物价因素合理的可变成本比例估计应在50% ~ 80%之间。当统计参数小于100%时，可实际统计参数选取。

（6）其他制造费用

在项目评估中，通常将其他制造费用全部当作固定成本。其他制造费用，相对比较固定，但人员工资存在一些可变因素，消除物价因素后，参数取值一般应在50%以下。

（7）摊销费

一般不会随生产负荷变化，无形资产摊销年限较短，一般情况只会越来越少。可变成本比例可取0。

（8）其他管理费等

其他管理费中，一般企业可变成本，比起其他制造费用可变成本占比稍大一些。矿山企业中，有的税费计入管理费用，这些税费与生产负荷有关。若统计参数为100%，建议预测参数取40% ~80%之间。

（9）财务费用

在项目评估中，通常将财务费用全部当作固定成本。实际情况，流动资金贷款利息与生产负荷有一定的关系。由于投融资评价中财务费用是根据贷款余额计算的，因此，可变成本比例不起作用，也可设其为0。

（10）营业费用

在项目评估中，通常将营业费用当作100%的可变成本。但也有例外，有些产品不需要借助别人的销售渠道完成，可变成本比例可以低一些。

第十三条 工业类初评的成本估算参数确定方法

工业类初评，不要求按产品统计成本，以整个企业为统计对象。成本估算参数内容与格式见表3-3。

表中“可变成本预测参数”的确定方法，可参考第十一条有关方法。

成本费用估算参数（工业类初评）

表3－3　　单位：费用，万元

序号	项目名称	上二年费用 2×××－2	上一年费用 2×××－1	上一年可变成本比例（%）	可变成本预测参数（%）
	主营业务收入				
1	生产成本				
1.1	折旧费				
1.2	其他生产成本				
2	管理费用				
2.1	摊销费				
2.2	其他管理费用				
3	财务费用				
4	营业费用				
5	总成本费用				
6	经营成本				
7	可变成本				
8	固定成本				

第十四条　商业及其他类型成本估算参数确定方法

商业及其他类型，以整个企业为统计对象，以成本费用占收入比例为成本估算参数。成本估算参数内容与格式见表3－4。评价人员可参考统计参数确定“预测参数”。

成本估算参数表（商业及其他类）

表3－4

序号	项目名称	总成本费用（万元）		成本费用占收入比例（%）		企业历史平均占比（%）	行业统计参数（%）	预测参数（%）
		2×××－2	2×××－1	2×××－2	2×××－1			
	主营业务收入							
1	进价（营业）成本							
2	管理费用							
2.1	折旧费							
2.2	租赁费							
2.3	摊销费							
2.4	其他管理费用							
3	财务费用							
4	营业费用							
5	总成本费用							
6	经营成本							

第十五条 流动资金估算参数确定方法

流动资金估算参数的确定需要经过流动资金统计、流动资金估算参数统计、流动资金预测参数确定等三个步骤。流动资金估算参数内容与格式见表3－5。

表中前5列由平台自动统计，“预测参数”由评价人员确定。

流动资金估算参数表

表3－5

序号	项目名称	上二年	上一年	上两年平均周转天数	企业历史平均周转天数	行业平均周转天数	预测参数
		2009	2010				
一	周转天数（天）	—	—	—	—	—	—
1	流动资产	—	—	—	—	—	—
1.1	应收账款						
1.2	预付账款						
1.3	存货						
1.4	现金						
2	流动负债	—	—	—	—	—	—
2.1	应付账款						
2.2	预收账款						
3	流动资金	—	—	—	—	—	—
二	流动资金占经营成本比例（%）						—
三	流动资金占营业收入比例（%）						—
四	旺季调整系数						

确定流动资金估算参数的方法，5列统计数据的最小和最大值划定了一个区间，平均值也可代表众值，确定流动资金预测参数的方法具有较大的灵活性，但必须符合某些规则，如众值优先、日期近者优先、可控分项优先等。

以统计参数为主要依据，可以将确定预测参数的过程看作流动资金筹措方案的优化过程。调整流动资金预测参数的目的是合理调整流动资金的需求量。确定预测参数首先选择一个组合，再进行个别参数的调整。

我们可以把流动资产和流动负债分项分为企业完全可控的和企业不能完全控制的分项。需要调整时，首先调整那些企业完全可控的分项，调整幅度可以大一些，以致于突破统计参数的波动范围，如果还不够，还可以适当调整企业不能完全控制的分项，允许在统计参数波动范围内调整。

流动资产中包括应收账款、存货、预收账款、现金等分项。

应收账款：包括应收票据和应收账款两个栏目，企业存在“应收票据”和“应收账款”两种选择。应收票据，即接受客户的承兑汇票，可能收款周期长一些，一般30天到180天，90天最为普遍。选择“货到付款”，即应收账款，期限可能长也可能短，甚至存在坏账风险。企业对应收账款的周转天数有一定的控制能力，但主动权一般不在自己手上。

存货：包括资产负债表上的“存货”及“待摊费用”两个栏目。存货包括库存的原材料、燃料，在产品，库存的产成品，看起来企业都可以控制，比应收账款的周转天数有更大的弹性，但也要注意根据企业管理水平、市场供应、价格等因素，每个企业客观上都有一个最低周转天数限制。

预付账款：即购买原材料、燃料可能需要预付款，一般占用资金不大，但企业控制能力有限或已在统计参数中反映。一般不作为主要调整对象。

现金：一般通过“最低现金比率”参数控制资金占用，最低现金比率一般可取0.2~0.3，理论分析认为，这与流动资金贷款在每个月的分散程度有密切关系，贷款越分散即贷款次数越多，且每次贷款数额越均衡，所需要的“还款准备金”就越少，如全年的流动资金贷款分4次（分4个月）贷出，每次额度相同，则“还款准备金”只需要占全年贷款总额的四分之一，即最低现金比率为0.25。注意，现金的周转天数在流动资金预测中不参与计算，即不起作用，调整现金只需要调整最低现金比率。

流动负债中包括应付账款、预收账款等分项。

应付账款：包括资产负债表中应付票据、应付账款、应付工资、应付福利费、应缴税金等栏目，企业对本分项具有完全控制权，因为是否减少应付账款，主动权主要掌握在企业自己手上。

譬如，不少中小企业存在这样的情形，企业流动资金贷款为0，但应付账款周转天数很长，历年统计的流动资金需要量很小，评价人员往往认为该企业不缺钱，不需要流动资金贷款，这与企业实际需求正好相反，企业感到资金短缺，大量拖欠供应商的货款，甚至拖欠员工工资。

当企业统计的应收账款周转天数比较大时，可以通过合理确定预测参数，降低应付账款的周转天数，增加流动资金需求量，增加流动资金贷款。合理降低应付账款周转天数，不仅不是与企业合伙作弊，而是解决问题的科学方法。这样既可以释放出贷款需求，也解决了企业资金短缺，避免长期拖欠客户货款、拖欠员工工资的问题，还可以为企业创造更好的经营环境，提高经济效益。

预收账款：除房地产行业和电信行业，一般行业预收账款不大，虽然企业有主动权决定是否收取预收款，但该收的预收款找不出理由不收，因此，预收账款预测参数主要参照统计参数，一般不做大的调整。

综合上述，可以得出如下结论：

（1）应付账款属于企业完全可控分项，需要调整流动资金需求量时，可作为首选调整对象，调整幅度可以超过统计范围。

（2）调整最低现金比率也可以考虑，但不能低于0.2。

（3）其他分项的预测参数也可以适当调整，但要求限定在“上一年”与“上二年”统计的周转天数范围内。

（4）用预测的流动资金除以经营成本或营业收入，推算的流动资金占经营成本比例或占收入比例，若在上两年的统计范围内则认为是合理的；若只调整了应付账款，即使占比超出统计范围也是可以接受的。

第十六条 主营业务收入增长率预测参数确定方法

工业类企业与商业类企业确定营业收入增长率的方法基本相同，不同之处是商业类企业的增长幅度不受生产能力限制，工业类企业收入增长幅度受设计能力限制生产负荷不能超过100%，所以，工业类比商业类多了“本年增长幅度限额”参数。工业类企业，确定“主营业务收入增长率（预测参数）”的主要依据有四个统计参数：主营业务收入增长率［上二年］；主营业务收入增长率［上一年］；主营业务收入增长率［本年同期］；本年增长幅度限额。

工业类详评主营业务收入预测参数的内容与格式见表3-6。

主营业务收入预测参数（工业类详评）

表3-6

序号	项目名称	单位	参数
1	主营业务收入增长率［上二年］	%	
2	主营业务收入增长率［上一年］	%	
3	主营业务收入增长率［本年同期］	%	
4	本年增长幅度限额	%	
5	主营业务收入增长率（预测参数）	%	

确定“主营业务收入增长率（预测参数）”可参考的统计参数值有三个：“主营业务收入增长率［上二年］”、“主营业务收入增长率［上一年］”或“主营业务收入增长率［本年同期］”，选择哪一个预测参数，可参照以下原则：

（1）若本年经营已超过半年，而且本年同期增长率低于上年，则以本年同期增长幅度为主；

（2）若本年经营已达3个季度，应以本年同期增长率为主；

(3) 若本年经营不足半年，以上年增长率为主；

(4) 若本年经营已达半年，且本年同期增长率超过上年，可采用本年同期增长率，但需慎重分析。

工业类企业在按上述方法确定“主营业务收入增长率（预测参数）”参数后，还需要用“本年增长幅度限额”参数校对，不宜超过“本年增长幅度限额”。

营业收入增长率统计参数和预测参数见表3-6。

上述确定参数的方法可参考的主营业务收入增长率最多只有三个值，在投融资评价信息化平台上确定预测参数，可将长期保存的历史统计参数全部显示供参考。当统计数据足够多时，可采用移动平均法预测企业主营业务收入增长率的变动趋势，更准确地确定预测参数。

第十七条　收益分配参数确定方法

收益分配参数是指利润表中与收入增长率不具有联动关系的一些参数，如补贴收入、营业外收支净额、其他业务收入等。一般不会随生产负荷变化而变化，通常可取过去三年的平均值为预测参数，也可以取“上一年”的统计数据为预测参数。

收益分配参数的内容与格式见表3-7。表中参数均有平台自动取值，评价人员针对特殊情况可修改。

收益分配参数

表3-7

序号	项目名称	单位	上二年	上一年	第1年	第2年	第3年	第4年	……
			2×××-2	2×××-1	2×××	2×××+1	2×××+2	2×××+3	……
1	所得税税率	%							
2	补贴收入	万元							
3	各投资方利润分配	万元							
4	盈余公积金比例	%							
5	营业外收支净额	万元							
6	其他业务收入	万元							

第十八条　债务结构分析

债务结构分析是揭示企业债务结构风险的有效方法，由“在线评价”专家系统自动分析完成，分析结果汇总于“债务结构分析表”，自动得出的分析结论见“财务报表审核及说明表”。可以用来判断企业是否存在可能导致资金链断裂的因素，即“短债长用”问题；其次，可以判断企业是否存在抽走资本的情况；第三，可以判断企业是否存在往来账款占用短期借款。当存在风险疑点时，需要评价人员查实或说明。

第十九条 财务报表审核及说明

财务报表审核及说明见表3－8。表中“结论”有“正常”与“异常”之分，给出“异常”结论的科目，会提示评价人员查实，并在“说明”栏中具体说明。具体要求如下：

1. 财务数据异常变动分析：本年最近月份与年初比较变动幅度大的主要栏目。本年最近月份与年初比较，当货币资金增减幅度超过20%、应收账款增减幅度超过20%、存货增减幅度超过20%，实收资本有变化或资本公积有变化时，需要说明变化主因。

2. 财务数据占比异常分析：年初（上年末）占比异常的非主要栏目。当上年末其他应收款占流动资产比例达到10%、待摊费用占流动资产比例达到10%、长期待摊费用占非流动资产比例达到10%、无形资产占非流动资产比例达到20%、在建工程连续两年占固定资产比例达到40%的栏目，认为占比异常，需要企业说明具体内容与构成。

3. 其他应付账款分析、其他流动负债分析：占流动负债10%以上时，要求按“应付工程款”、“股东借款”、“企业提留”、“其他”等需说明其构成。“应付工程款”是本年必须处理的“短债长用”债务，其余只需作技术处理或不处理。

4. 可以调整的栏目：若“一年到期的长期负债”大于0，提醒其修改资产负债表。

5. “短债长用”释疑：债务结构分析结果若“短期借款用作固定投资”大于0则说明“短债长用”，本年需处理；若“其他应付账款用于固定投资”、“其他流动负债用于固定投资”大于0，且“其他应付账款”、“其他流动负债”中存在应付工程款，则属于“短债长用”风险隐患。

6. 其他短期借款处置方法：若“其他应收款占用短期借款”大于0，需说明“其他应收款”能否变现用于还短期借款；若“其他流动资产占用短期借款”大于0，需说明“其他流动资产”能否变现用于还短期借款；若“其他应收收益占用短期借款”大于0，需说明“其他应收收益”能否变现用于还短期借款。填写数额，为财务分析计算确定处置方法。

7. 往来账款处置方法：若“其他应收款占用其他应付账款”大于或“其他应收款占用其他流动负债”大于0，疑存在往来账款，请企业说明拟采用的处置方法；若“其他应收款占用权益资金”大于0，疑存在转出资本金现象，若不是，请企业说明实际情况。

财务报表审核结论及说明表

表3-8

序号	指标名称	单位	指标	结论	说明	备注
1	**主营业务收入增长幅度［同期］**					
2	**财务数据异常变动分析**					
2.1	货币资金增减幅度	%				在“说明”栏说明原因释疑
2.2	应收账款增减幅度	%				在“说明”栏说明原因释疑
2.3	存货增减幅度	%				在“说明”栏说明原因释疑
2.4	实收资本增减	万元				在“说明”栏说明原因释疑
2.5	资本公积增减	万元				在“说明”栏说明原因释疑
3	**财务数据占比异常分析**					
3.1	其他应收款占流动资产比例	%				按“结论”要求,在“说明”栏说明构成
3.2	待摊费用占流动资产比例	%				按“结论”要求,在“说明”栏说明构成
3.3	长期待摊费用占非流动资产比例	%				按“结论”要求,在“说明”栏说明构成
3.4	无形资产占非流动资产比例	%				按“结论”要求,在“说明”栏说明构成
3.5	在建工程占固定资产比例	%				按“结论”要求,在“说明”栏说明构成
4	**其他应付账款分析**					
4.1	其他应付账款占流动负债比例	%				按“结论”要求,在“说明”栏说明构成
4.2	其他应付账款中应付工程款	万元				输入“指标”
4.3	其他应付账款中股东借款	万元				输入“指标”
4.4	其他应付账款中企业提留	万元				输入“指标”
4.5	其他应付账款中其他	万元				输入“指标”
5	**其他流动负债分析**					
5.1	其他流动负债占流动负债比例	%				按“结论”要求,在“说明”栏说明构成
5.2	其他流动负债中应付工程款	万元				在“指标”栏输入数据
5.3	其他流动负债中股东借款	万元				在“指标”栏输入数据
5.4	其他流动负债中企业提留	万元				在“指标”栏输入数据
5.5	其他流动负债中的其他	万元				在“指标”栏输入数据
6	**可以调整的栏目**					
6.1	一年到期的长期负债	万元				可修改财务报表
7	**“短债长用”释疑**					
7.1	短期借款用作固定投资	万元				关注结论，说明处置措施
7.2	其他应付账款用于固定投资	万元				关注结论，说明处置措施
7.3	其他流动负债用于固定投资	万元				关注结论，说明处置措施
8	**其他短期借款处置方法**					
8.1	其他应收款占用短期借款	万元				
8.1.1	能够变现还款的其他应收账款	万元				在“指标”栏输入数据

续表

序号	指标名称	单位	指标	结论	说明	备注
8.1.2	不能变现还款的其他应收账款	万元				在“指标”栏输入数据
8.2	其他流动资产占用短期借款	万元				
8.2.1	能够变现还款的其他流动资产	万元				在“指标”栏输入数据
8.2.2	不能变现还款的其他流动资产	万元				在“指标”栏输入数据
8.3	其他应收收益占用短期借款	万元				
8.3.1	能够变现还款的其他应收收益	万元				在“指标”栏输入数据
8.3.2	不能变现还款的其他应收收益	万元				在“指标”栏输入数据
9	**往来账款处置方法**					**在“说明”栏回答“结论”中的疑问**
9.1	其他应收款占用其他应付账款	万元				
9.2	其他应收款占用其他流动负债	万元				
9.3	其他应收款占用权益资金	万元				

四、财务评价与方案优化方法

第二十条 财务评价包括计算财务报表及指标、方案优化、得出评价结论。需计算的财务评价报表包括辅助报表、财务分析表。辅助报表包括：营业收入估算表、流动资金估算表、总成本费用估算表。财务分析表包括利润估算表、借款还本付息计划表、财务计划现金流量表、资产负债估算表、全部投资现金流量表、权益资金现金流量表、融资需求与筹措计划表、财务评价指标汇总表等。

全部计算由计算机自动完成，评价人员能做的只有判断计算结果的合理性，调整参数反复计算优化方案。

第二十一条 判断预测利润的合理性。在利润估算表中需要将本年预测利润与企业最近月份利润表上利润比较，判断其合理性，当有充分理由认为本年预测利润存在偏差时，可以通过合理调整评价参数，校准财务分析结果。

第二十二条 财务评价指标汇总表，按评价目标分为经营状况评价指标、获利能力评价指标、财务状况评价指标、偿债能力评价指标、发展潜力评价指标等五个方面；按用途分为财务评价决策指标、信用评级评价指标。评价人员可以根据评价指标对客户优劣、偿债能力做出判断，也可以直接查看“财务评价结论”。

第二十三条 方案优化包括债务结构优化和优化新增固定贷款还本付息计划。优化成果主要体现在“借款还本付息计划表（优化前)”、“借款还本付息计划表（优化后)”、“财务计划现金流量表（优化前)”、“财务计划现金流量表（优化后)”、“融资需求与筹措计划表”。

若企业债务结构存在问题或贷款偿还方式有问题，一定是优化前有的年份偿债备付率小于100%，“财务计划现金流量表（优化前）”累计盈余资金小于0。若优化后有的年份偿债备付率仍然小于100%，可能需要改变“基本参数”中“新增固定投资借款偿还期”、“新增借款偿还方式”。

“融资需求与筹措计划表”是优化后的结果，若表中“债务优化融资”大于0，则说明企业债务结构存在隐患，有调整债务结构的融资需求。若“拟股权融资”大于0，可将落实股权融资作为放款条件；若“债务优化贷款”大于0，可将落实债务优化贷款作为承诺其他贷款的条件。

一般来说，债务结构有问题的企业不等同于劣质企业，只能说明当初购置固定资产的投资融资不到位。对于存在债务结构问题的企业，需要通过信用评级或获利能力评价指标判断客户的优劣，通过偿债能力评价指标判断是否有足够的偿还能力，决定是否贷款。对于存在债务结构问题的优质企业，给予债务优化贷款可以消除企业债务结构隐患，使企业健康稳定持续发展。

若企业不存在长期借款，也不存在“短债长用”问题，“融资需求与筹措计划表”中“新增固定投资”也等于0，但“债务优化贷款”大于0，或“新增固定投资贷款”大于0，则有可能因“新增自有流动资金”筹措有困难，可以调低“基本参数”中的“自有流动资金最低比例”。

第二十四条 偿债能力评价方法。按银监会“三个办法一指引”，或按还款资金来源，贷款分为固定投资贷款与流动资金贷款两大类。固定投资贷款指用于购置固定资产、无形资产和其他长期资产的贷款总称，如固定资产贷款、研发贷款等。流动资金贷款指用于流动资产的贷款总称，包括应收账款、存货、预付账款、备用资金等全过程周转所需资金贷款，保理融资（对应应收账款）、仓单质押贷款（对应存货）、订单融资、供应链融资等均属流动资金贷款，流动资金贷款应避免与其重复。

当企业现已存在长期借款或需要新增固定贷款或有债务优化贷款需求时，必须关注长期借款还本付息计划。以“借款偿还期”、“偿债备付率”为决策指标，评价标准分别是“基本参数”中的“新增固定投资贷款偿还期限”、“最低偿债备付率”，两者同时满足要求时，可以判断贷款有偿债能力。流动资金贷款偿债能力判断随固定投资贷款。

当企业“借款还本付息计划表”中不存在长期借款时，也可用“偿债备付率”为决策指标，评价标准为“最低偿债备付率”。

原则上，要求每年的偿债备付率都能达到最低偿债备付率，但对于存在盈余资金或债务优化融资用于还款的年份，盈余资金和债务优化融资是不需要备用的，偿债备付率达到100%即可认定其有偿债能力。

对于经营收益不均衡的行业如房地产企业，经常需要利用企业积累资金还贷，用累计平均偿债备付率最低值说明每年的偿债能力更合适，评价标准与偿债备付率相同。

第二十五条 财务效益评价方法。贷款机构对财务效益评价的目标与直接投资者不同，贷款机构评价财务效益是间接说明企业的偿债能力。主要用总投资收益率或全部投资内部收益率作为决策指标。以基准收益率为评价标准。

基准收益率可用利率加成方法确定，不低于贷款利率或以法定贷款利率加2~4个点。风险大的行业取上限，风险小的行业取下限。

第二十六条 风险评价方法包括财务评价风险度量方法与信用评级方法。用评级授信方法得出的企业信用等级本身反映了企业违约的可能性大小。财务评价风险分析和度量方法，首先在评价参数的选取上，尽量取其变化范围内最有可能发生的值，或比较保守的值；在财务分析基础上做出判断，下述情况是企业倒闭的信号：

当财务计划现金流量表中经营活动净现金流量连续出现负数企业，可能因经营状况差而失去支撑能力，当累计盈余资金小于0时，企业面临倒闭。

当企业债务结构不合理（债务优化融资大于0）时，财务计划现金流量表中经营活动净现金流量连续出现负数的企业，不宜提供债务优化贷款，当累计盈余资金小于0时，企业面临倒闭。

上述两种情况，对于有重大技术创新、产品尚处研发阶段或市场进入期、风险投资支持的企业，贷款计划有偿债能力，可以贷款支持。

五、评级授信评价方法

第二十七条 信用评级方法。遵循定性分析与定量分析相结合，以定量分析为主的原则，特例事项或重大事项减分或加分，符合小额贷款政策支持的适当加分。

第二十八条 正确选择行业分类，与信用评级模板匹配。

第二十九条 定性分析方法。定性分析主要从学历、行业经验、信用记录、公司团队等四个方面衡量领导者的素质。要求每个选项都能拿出依据。

第三十条 定量分析选项，取财务评价指标汇总表中本年评价指标与上一年评价指标加权平均，与打分表中的选项匹配，由系统自动确定分值，评价人员直接干预不了，可避免人为因素。

第三十一条 特例事项或重大事项，若选择“无”，则要求评价人员认真核实，逐一排除。

第三十二条 授信评价方法。按照规定参数分别测算综合授信边界、流动资金授信额度、新增固定资产授信额度、表外业务授信额度等，再按单品种授信的优先顺序在综合授信边界控制下，确定单品种授信额度和授信总额。授信评价由计算机自动完成，计算结果见表5－3。

综合授信控制边界计算式如下：

$$M = \{[R_m/(1-R_m) - R_0/(1-R_0)] \times N_A + I_0 \times R_m/(1-R_m) + L_0\} \times C \quad (5-1)$$

授信额度计算式如下：

$$F_{B0} = Min(M_0, F_B) \quad (5-2)$$

$$F_{A10} = F_{A1} \quad (5-3)$$

$$F_{A20} = Min(M_0 - F_{B0} - F_{A10}, F_{A2}) \quad (5-4)$$

$$F_{C0} = Min(M_0 - F_{B0} - F_{A10} - F_{A20}, F_C) \quad (5-5)$$

$$F_0 = F_{B0} + F_{A10} + F_{A20} + F_{C0} \quad (5-6)$$

评价人员可以调整的参数是：无法变现资产，填写资产负债表中无法变现的资产；本年利润再投资确认值，默认利润全部用于投资或还款，也可为0；建议综合授信边界M_0，一般不修改，可取整数；建议流动资金授信额度F_B，可取整数。其余均由系统自动确定。

授信额度计算表

表5－3

序号	参数或指标	变量名称	按上年报表值测算	按本年估算值测算
1	**综合授信控制边界测算**			
1.1	可接受的最高资产负债率	Rm		
1.2	客户上年末资产总额			
1.3	客户上年末负债总额	L_0		
1.4	客户上年末资产负债率	R_0		
1.5	账面净资产			
1.6	无法变现资产			
1.7	客户最近有效净资产	N_A		
1.8	客户信用等级			
1.9	客户信用等级调整系数	C		
1.10	本年利润再投资默认值	I		
1.11	本年利润再投资确认值	I_0		
1.12	综合授信控制边界计算值	M		
1.13	建议综合授信边界	M_0		

续表

序号	参数或指标	变量名称	按上年报表值测算	按本年估算值测算
2	**流动资金授信额度计算值**			
2.1	估算的流动资金			
2.2	流动资金最大贷款比例			
2.3	流动资金授信额度计算结果			
2.4	建议流动资金授信额度	F_B		
3	**固定资产授信额度计算值**			
3.1	息税折旧摊销前利润			
3.2	所得税			
3.3	经营活动净现金流量			
3.4	可接受的固定资产贷款偿还期	T		
3.5	折现率			
3.6	净现值			
3.7	最低偿债备付率			
3.8	客户最近固定资产贷款余额	F_{A1}		
3.9	新增固定资产授信额度计算值	F_{A2}		
4	**表外业务授信额度计算值**	F_C		
5	**建议单品种授信额度**			
5.1	流动资金授信额度	F_{B0}		
5.2	客户最近固定资产贷款余额	F_{A10}		
5.3	未用固定资产授信额度	F_{A20}		
5.4	表外业务授信额度	F_{C0}		
6	授信总额	F_0		

六、用信（贷款）审核办法

第三十三条 企业贷款需选择“先授信后用信”或“授信即用信”两种方式。根据用途分流动资金贷款、固定资产贷款、表外业务三种。当采用“先授信后用信”方式时，需先进行年度授信评价，贷款时还需进行用信（贷款）审核，填写一张审核表。

第三十四条 年度授信评价。根据信用等级或财务效益评价指标判断客户的优劣，选定授信对象，再根据授信额度计算表，确定授信额度，审核批准新增固定资产贷款授信额度、流动资金贷款授信额度、表外业务授信额度等单品种授信额度和授信总额。

第三十五条 流动资金贷款评价与表外业务用信审核。不管采用何种授信管理方式，都应首先确定授信额度。放款时还需进行贷款审核。

当采用“先授信后用信”方式时，流动资金授信额度可循环使用，本次借款金额用下式审核：

借款金额 = Min(基本参数！流动资金贷款申请额,本年授信额度 - 资产负债表！短期借款[本年最近月份] + 基本参数！近期到期流动资金贷款)　　(6-1)

当采用“授信即用信”方式时，一年内贷款发放一次，借款金额等于授信额度。但需要注意，避免出现多家贷款机构重复贷款。

表外业务授信额度用信审核。与流动资金授信额度管理方法相同。

第三十六条　固定资产贷款评价。授信额度不能循环使用，每次用款不能超过剩余新增固定资产授信额度。

七、评价报告编制方法

第三十七条　编制评价报告的方法。根据评价报告的内容与格式，分为年度授信调查评价报告、流动资金贷款调查评价报告、固定资产贷款调查评价报告。内容由尽职调查与评价两个方面内容组成。“尽职调查”叙述内容不仅包括企业基本情况介绍，必须为“评价”提供依据。评价人员需按照“在线评价”中“授信提案”，以系统默认信息为基础，按评价报告模板要求填写尽职调查内容。“授信提案”内容填写完毕，进入“在线评价”中“生成报告”。根据需要可对生成的报告增加内容。评价报告提纲如下：

一、授信送审审批表

二、借款人基本情况

三、公司简介

四、尽职调查情况

1. 资料收集内容

2. 财务报表简表

3. 财务报表审核及说明

4. 资料真实性评价

五、财务评价

1. 财务评价参数

2. 资金需求分析

3. 财务分析

六、评级授信评价

1. 信用评级

2. 授信额度计算

3. 贷款审核

七、风险评价

1. 风险分析

2. 担保分析

八、借款用途及还款来源

1. 借款用途

2. 还款来源

九、经办初审意见

1. 同意授信理由

2. 具体贷款方案

附表

八、合规性审查办法

第三十八条 合规性审查是贷款机构风险部门的主要职责之一，也是督促评价人员尽职调查的重要形式，是贷款风险控制的必要环节。

合规性审查的主要内容一是检查收集资料的完整性，二是审查资料的有效性，三是审查评价参数的合理性，四是审查风险度量的准确性，五是审查评价结论的可靠性。

具体内容详见表8－1合规性审查表。低于80分者可要求评价人员补充，最低不低于75分。

企业贷款合规性审查表

表8－1

风险点	选择	评价标准或选项	标准分值	得分
一、借款人			**5**	
1. 融资主体合法性		1. 借款人已通过了上一年度的工商年检	5	
		2. 上年度工商年检在进行中，借款人未完成工商年检	2	
		3. 上年度工商年检期限已过，借款人未通过工商年检	－50	
二、资料完整性			**25**	
2. 财务报表		1. 提供了近三年（最少两年）和最近月（含上年同期）利润表、资产负债表、现金流量表	3	
		2. 提供了近三年（最少两年）和最近月（含上年同期）利润表、资产负债表	2	
		3. 未提供财务报表	0	
3. 审计报告		1. 提供的年度财务报表经过会计师事务所审计	3	
		2. 提供的年度财务报表未经会计师事务所审计	2	

续表

风险点	选择	评价标准或选项	标准分值	得分
4. 纳税申报表		1. 提供了上年度增值税、地税纳税申报表	3	
		2. 未提供上年度增值税、地税纳税申报表	0	
5. 经营状况		1. 非工业类企业	3	
		2. 提供了产品设计能力、产量、销售量、销售收入、平均售价等（工业类）	3	
		3. 未提供产品设计能力、产量、销售量、销售收入、平均售价等任何资料（工业类）	0	
6. 产品成本		1. 非工业类企业	2	
		2. 提供了产品成本（工业类）	2	
		3. 未提供产品成本（工业类）	0	
7. 借款还本付息计划		1. 没有固定资产贷款余额	3	
		2. 提供了现有借款还本付息计划	3	
		3. 未提供现有借款还本付息计划	0	
8. 现场调查验证		1. 经现场核实填写了验证记录，验证原件后的复印件可证明验证记录的真实性	3	
		2. 填写了验证记录，未提供复印件可证明验证记录的真实性	3	
		3. 未填写验证记录	0	
9. 非财务资料收集		1. 《规范》规定必须收集的资料全部齐全	5	
		2. 《规范》规定必须收集的资料能满足贷款提案编写要求	2	
		3. 收集的资料满足不了贷款提案编写要求	0	
三、资料真实性			**15**	
10. 钩稽关系验证		1. 利润表、资产负债表、现金流量表三者钩稽关系正确	2	
		2. 利润表、资产负债表钩稽关系正确	2	
		3. 利润表、资产负债表钩稽关系不正确	0	
11. 征信查证		1. 打印贷款卡、企业负责人查询信息	2	
		2. 打印企业负责人查询信息	1	
		3. 未打印查询信息	0	
12. 纳税申报收入验证		1. 验证收入偏差小于10%	3	
		2. 验证收入偏差10%～30%之间	1	
		3. 验证收入偏差大于30%	0	
13. 息税折旧摊销前利润		1. 未经验证的息税折旧摊销前利润小于10%	3	
		2. 未经验证的息税折旧摊销前利润10%～30%之间	2	
		3. 未经验证的息税折旧摊销前利润大于30%	0	
14. 数据真实性评价		1. 真实性验证结论：可信度高	5	
		2. 真实性验证结论：基本可信	3	
		3. 真实性验证结论：偏差太大，难以接受	0	

续表

风险点	选择	评价标准或选项	标准分值	得分
四、评价参数合理性			**20**	
15. 基本参数		1. 完全符合备注栏要求或本贷款机构规定	5	
		2. 部分参数不符合规定	0	
16. 企业收入增长率		1. 收入增长幅度预测参数在近三年统计参数变化区间内，接近平均值或下限	5	
		2. 收入增长幅度预测参数在近三年统计参数变化区间内，接近上限值	4	
		3. 收入增长幅度预测参数偏离近三年统计参数变化区间	0	
17. 成本估算参数		1. 企业未来可变成本增长与收入增长成正比	3	
		2. 企业未来可变成本未随收入增长，成本被低估	0	
18. 流动资金估算参数		1. 确定的流动资金预测参数符合《规范》	3	
		2. 流动资金估算参数不合理	0	
19. 财务报表分析说明		1. 对财务报表分析异常情况作了说明	4	
		2. 财务报表分析未发现异常情况	4	
		3. 对财务报表分析异常情况未作说明	0	
五、信用评级			**15**	
20. 定性分析		1. 定性分析打分全部有证明性材料佐证，一致	3	
		2. 定性分析打分有部分证明性材料佐证	2	
		3. 定性分析打分没有证明性材料佐证	0	
21. 小贷政策加分		1. 小贷政策加分全部有证明性材料佐证，一致	3	
		2. 小贷政策加分有部分证明性材料佐证	2	
		3. 小贷政策加分没有证明性材料佐证	0	
22. 特例事项		1. 客户无不良情况或已真实反映客户不良情况	9	
		2. 客户有轻微不良情况未发现或未反映	5	
		3. 客户有严重不良情况未发现或未反映	0	
六、授信额度			20	
23. 综合授信边界		1. 可接受的最高资产负债率、信用等级调整系数等参数正确，计算模型合规	5	
		2. 参数或计算模型不符合规定	0	
24. 流动资金建议授信额度		1. 符合本年估算流动资金	3	
		2. 授信额度为0	3	
		3. 高于本年估算流动资金	0	
25. 表外业务授信额度		1. 根据上年应付票据及本年收入增长幅度测算本年最大授信额度	3	
		2. 授信额度为0	3	
		3. 其他方法	0	

续表

风险点	选择	评价标准或选项	标准分值	得分
26. 固定资产授信额度		1. 等于“融资需求与筹措计划表”债务优化贷款与新增固定投资贷款之和	3	
		2. 授信额度为0	3	
		2. 其他情况	0	
27. 单品种授信额度确定		1. 授信总额小于或等于综合授信边界控制范围	6	
		2. 授信总额超过综合授信边界控制范围	−50	
合计			**100**	